Kurzlehrbücher
für das juristische Studium

Köhler
BGB · Allgemeiner Teil

BGB
Allgemeiner Teil

Ein Studienbuch

von

Dr. Helmut Köhler

em. o. Professor an der Universität München
Richter am OLG München a. D.

43., neu bearbeitete Auflage, 2019
des von Heinrich Lange begründeten Werkes

C.H.BECK

www.beck.de

ISBN 978 3 406 74030 5

Wilhelmstraße 9, 80801 München
Druck und Bindung: Druckhaus Nomos
In den Lissen 12, 76547 Sinzheim

Satz: Jung Crossmedia Publishing GmbH
Gewerbestraße 17, 35633 Lahnau

Umschlaggestaltung: Martina Busch, Grafikdesign, Homburg Saar

Gedruckt auf säurefreiem, alterungsbeständigem Papier
(hergestellt aus chlorfrei gebleichtem Zellstoff)

Vorwort

Für die Neuauflage wurde das Buch auf den derzeitigen Stand der Rechtsentwicklung in Gesetzgebung, Rechtsprechung und Schrifttum gebracht. Anregungen und Kritik sind stets willkommen (H.Koehler@jura.uni-muenchen.de).

München, im Juli 2019

Helmut Köhler

Inhaltsverzeichnis

Abkürzungsverzeichnis

aA . . . . anderer Ansicht
aaO . . . . am angegebenen Ort
aE . . . . am Ende
aF . . . . alte Fassung
Abs. . . . . Absatz
AcP . . . . Archiv für die civilistische Praxis
AEUV . . . . Vertrag über die Arbeitsweise der Europäischen Union
AG . . . . Aktiengesellschaft, Amtsgericht
AGB . . . . Allgemeine Geschäftsbedingungen
AGBGB . . . . Ausführungsgesetz zum Bürgerlichen Gesetzbuch
AGG . . . . Allgemeines Gleichbehandlungsgesetz
AktG . . . . Aktiengesetz
allgM . . . . allgemeine Meinung
AT . . . . Allgemeiner Teil
Aufl. . . . . Auflage

BAG . . . . Bundesarbeitsgericht
BauGB . . . . Baugesetzbuch
BayObLGZ . . . . . Entscheidungen des Bayerischen Obersten Landesgerichts in Zivilsachen
BB . . . . Betriebs-Berater
Bd. . . . . Band
BeurkG . . . . Beurkundungsgesetz
BGB . . . . Bürgerliches Gesetzbuch
BGH . . . . Bundesgerichtshof
BGHZ . . . . Entscheidungen des Bundesgerichtshofs in Zivilsachen
BJagdG . . . . Bundesjagdgesetz
BVerfG . . . . Bundesverfassungsgericht
BVerfGE . . . . Entscheidungen des Bundesverfassungsgerichts
bzw. . . . . beziehungsweise

cic . . . . culpa in contrahendo
CISG . . . . Übereinkommen der Vereinten Nationen über Verträge über den internationalen Warenkauf (Convention on Contracts for the International Sale of Goods)

DB . . . . Der Betrieb
DDR . . . . Deutsche Demokratische Republik
ders. . . . . derselbe
dh . . . . das heißt
DNotZ . . . . Deutsche Notar-Zeitschrift
DVBl . . . . Deutsches Verwaltungsblatt

e. G. . . . . eingetragene Genossenschaft
EGBGB . . . . Einführungsgesetz zum Bürgerlichen Gesetzbuch
EuZW . . . . Europäische Zeitschrift für Wirtschaftsrecht
eV . . . . eingetragener Verein
EVO . . . . Eisenbahn-Verkehrsordnung

f., ff. . . . . folgende, fortfolgende
FS . . . . Festschrift

GBO . . . . Grundbuchordnung
GebrMG . . . . Gebrauchsmustergesetz
gem. . . . . gemäß
GenG . . . . Gesetz betreffend die Erwerbs- und Wirtschaftsgenossenschaften
GG . . . . Grundgesetz für die Bundesrepublik Deutschland

GmbH .... Gesellschaft mit beschränkter Haftung
GmbHG .... Gesetz betreffend die Gesellschaften mit beschränkter Haftung
GRUR .... Gewerblicher Rechtsschutz und Urheberrecht
GVG .... Gerichtsverfassungsgesetz
GWB .... Gesetz gegen Wettbewerbsbeschränkungen

hM .... herrschende Meinung
HGB .... Handelsgesetzbuch
Hs. .... Halbsatz

i. Allg. .... im Allgemeinen
IBR .... Immobilien & Baurecht
idR .... in der Regel
ieS .... im engeren Sinne
InsO .... Insolvenzordnung
IPR .... Internationales Privatrecht
iSd .... im Sinne der/des
iSv .... im Sinne von
iVm .... in Verbindung mit
iZw .... im Zweifel

JA .... Juristische Arbeitsblätter
Jh. .... Jahrhundert
JR .... Juristische Rundschau
Jura .... Juristische Ausbildung
JuS .... Juristische Schulung
JZ .... Juristenzeitung

KG .... Kammergericht bzw. Kommanditgesellschaft

LadSchlG ...... Gesetz über den Ladenschluss
LG .... Landgericht
LM .... Lindenmaier-Möhring, Nachschlagewerk des Bundesgerichtshofs
LuftVG .... Luftverkehrsgesetz
LZ .... Leipziger Zeitschrift

maW .... mit anderen Worten
mE .... meines Erachtens
MDR .... Monatsschrift für deutsches Recht
Mot. .... Motive zum Entwurf eines BGB
mwN .... mit weiteren Nachweisen

NJW .... Neue Juristische Wochenschrift
NJW-RR .... Neue Juristische Wochenschrift, Rechtsprechungsreport
NZA .... Neue Zeitschrift für Arbeitsrecht
NZG .... Neue Zeitschrift für Gesellschaftsrecht

o. .... oben
oÄ .... oder Ähnliche(s)
OHG .... Offene Handelsgesellschaft
OLG .... Oberlandesgericht
OLGZ .... Entscheidungen der Oberlandesgerichte in Zivilsachen

PartG .... Partnerschaftsgesellschaft
PatG .... Patentgesetz
PBefG .... Personenbeförderungsgesetz
ProstG .... Gesetz zur Regelung der Rechtsverhältnisse der Prostituierten
PStG .... Personenstandsgesetz

R .... Recht
RDG .... Gesetz über außergerichtliche Rechtsdienstleistungen

RG	Reichsgericht
RGBl.	Reichsgesetzblatt
RGZ	Entscheidungen des Reichsgerichts in Zivilsachen
Rn.	Randnummer
Rspr.	Rechtsprechung
S.	Satz, Seite
s.	siehe
sa	siehe auch
s. o.	siehe oben
s. u.	siehe unten
sog.	sogenannt
StGB	Strafgesetzbuch
StPO	Strafprozessordnung
str.	streitig
StVG	Straßenverkehrsgesetz
ua	unter anderem
uU	unter Umständen
UKlaG	Gesetz über Unterlassungsklagen bei Verbraucherrechts- und anderen Verstößen
UrhG	Gesetz über Urheberrecht und verwandte Schutzrechte
UWG	Gesetz gegen den unlauteren Wettbewerb
VerschG	Verschollenheitsgesetz
vgl.	vergleiche
VO	Verordnung
VVG	Gesetz über den Versicherungsvertrag
VwGO	Verwaltungsgerichtsordnung
WiStrG	Gesetz zur weiteren Vereinfachung des Wirtschaftsstrafrechts
WM	Wertpapiermitteilungen
WRP	Wettbewerb in Recht und Praxis
WuW/E	Entscheidungssammlung der Zeitschrift Wirtschaft und Wettbewerb
ZfA	Zeitschrift für Arbeitsrecht
ZGB	Zivilgesetzbuch der Deutschen Demokratischen Republik
ZGR	Zeitschrift für Unternehmens- und Gesellschaftsrecht
ZGS	Zeitschrift für Vertragsgestaltung, Schuld- und Haftungsrecht
ZIP	Zeitschrift für Wirtschaftsrecht
ZPO	Zivilprozessordnung
zutr.	zutreffend
ZVG	Gesetz über die Zwangsversteigerung und die Zwangsverwaltung

Verzeichnis der abgekürzt zitierten Literatur

Bork	*Bork,* Allgemeiner Teil des BGB, 4. Aufl. 2016
Brox/Walker BGB AT	*Brox/Walker,* Allgemeiner Teil des BGB, 43. Aufl. 2019
Canaris HandelsR	*Canaris,* Handelsrecht, 24. Aufl. 2006
Jauernig/*Bearbeiter*	*Jauernig,* BGB, Kommentar, 17. Aufl. 2018
Köhler BGB AT PdW	*Köhler,* Prüfe dein Wissen (Bd. 1) – BGB Allgemeiner Teil, 28. Aufl. 2018
Larenz SchuldR AT	*Larenz,* Lehrbuch des Schuldrechts, Bd. 1: Allgemeiner Teil, 14. Aufl. 1987
Larenz SchuldR BT I	*Larenz,* Lehrbuch des Schuldrechts, Bd. 2: Besonderer Teil, Teilbd. 1, 13. Aufl. 1986
Larenz/Canaris Schuldr BT II	*Larenz/Canaris,* Lehrbuch des Schuldrechts, Bd. 2: Besonderer Teil, Teilbd. 2, 13. Aufl. 1994
Leenen	*Leenen,* BGB, Allgemeiner Teil: Rechtsgeschäftslehre, 2. Aufl. 2015
Medicus/Petersen AT	*Medicus/Petersen,* Allgemeiner Teil des BGB, 11. Aufl. 2016
MüKoBGB/*Bearbeiter*	Münchener Kommentar zum BGB, 7. Aufl. 2016
Palandt/*Bearbeiter*	*Palandt,* Bürgerliches Gesetzbuch, 78. Aufl. 2019
Stadler BGB AT . .	*Stadler,* Allgemeiner Teil des BGB, 19. Aufl. 2017
Schack	*Schack,* BGB – Allgemeiner Teil, 16. Aufl. 2019
Staudinger/*Bearbeiter*	*v. Staudinger,* Kommentar zum Bürgerlichen Gesetzbuch, 14. Aufl. 2013
Wolf/Neuner BGB AT	*Wolf/Neuner,* Allgemeiner Teil des Bürgerlichen Rechts, 11. Aufl. 2016.

Schrifttum zum Allgemeinen Teil des BGB

I. Kommentare

Bamberger/Roth/Hau/Poseck, Kommentar zum Bürgerlichen Gesetzbuch, 4. Aufl. 2019; *Dauner-Lieb/Heidel/Ring,* Nomos Kommentar BGB, 3. Aufl. 2016; *Schulze/Dörner u. a.,* Bürgerliches Gesetzbuch, Handkommentar, 10. Aufl. 2018; *Erman,* Handkommentar zum Bürgerlichen Gesetzbuch, 15. Aufl. 2017; *Jauernig,* Bürgerliches Gesetzbuch, 17. Aufl. 2018; *Jacoby/von Hinden,* Studienkommentar zum BGB, 16. Aufl. 2016; *Münchener Kommentar zum BGB,* 7. Aufl. 2016.; *Palandt,* Bürgerliches Gesetzbuch, 79. Aufl. 2019; *Prütting/Wegen/Weinreich,* BGB, 14. Aufl. 2019; *Soergel,* Bürgerliches Gesetzbuch, 13. Aufl. ab 2000; *Staudinger,* Kommentar zum BGB, Neubearb. 2019.

II. Lehrbücher

Bitter/Röder, BGB Allgemeiner Teil, 4. Aufl. 2018; *Boehmke/Ulrici,* BGB Allgemeiner Teil, 2. Aufl. 2014; *Bork,* Allgemeiner Teil des Bürgerlichen Gesetzbuchs, 4. Aufl. 2016; *Brehm,* Allgemeiner Teil des BGB, 6. Aufl. 2008; *Brox/Walker,* Allgemeiner Teil des BGB, 43. Aufl. 2019; *Eisenhardt,* Einführung in das Bürgerliche Recht, 6. Aufl. 2010; *Faust,* Bürgerliches Gesetzbuch Allgemeiner Teil, 6. Aufl. 2018; *Flume,* Allgemeiner Teil des Bürgerlichen Rechts, Bd. 1, Teilbd. 1: Die Personengesellschaft, 1977; Teilbd. 2: Die juristische Person, 1983; Bd. 2: Das Rechtsgeschäft, 4. Aufl. 1992; *Hirsch,* BGB Allgemeiner Teil, 9. Aufl., 2016; *Köhler,* BGB AT jura Kompakt, 6. Aufl. 2019; *Leenen,* BGB Allgemeiner Teil: Rechtsgeschäftslehre, 2. Aufl., 2015; *Leipold,* BGB I, Einführung und Allgemeiner Teil, 9. Aufl., 2017; *Medicus/Petersen,* Allgemeiner Teil des BGB, 11. Aufl. 2016; *Medicus/Petersen,* Bürgerliches Recht, 26. Aufl. 2017; *Musielak/Hau,* Grundkurs BGB, 15. Aufl. 2017; *Schack,* BGB – Allgemeiner Teil, 16. Aufl. 2019; *Schwab/Löhnig,* Einführung in das Zivilrecht, 20. Aufl. 2016; *Stadler,* Allgemeiner Teil des BGB, 19. Aufl. 2017; *Wertenbruch,* BGB Allgemeiner Teil, 4. Aufl. 2017; *Wolf/Neuner,* Allgemeiner Teil des Bürgerlichen Rechts, 11. Aufl. 2016; *Wörlen/Metzler-Müller,* BGB AT – Einführung in das Recht und Allgemeiner Teil des Bürgerlichen Rechts, 14. Aufl. 2016.

III. Fallsammlungen

Fezer/Obergfell, Klausurenkurs zum BGB, Allgemeiner Teil, 10. Aufl. 2018; *Fritzsche,* Fälle zum BGB Allgemeiner Teil, 7. Aufl. 2019; *Gottwald/Würdinger,* Examens-Repetitorium, BGB-Allgemeiner Teil, 4. Aufl. 2016; *Grigoleit/Herresthal,* BGB Allgemeiner Teil, 3. Aufl. 2015; *Köhler,* Prüfe dein Wissen – BGB Allgemeiner Teil, 28. Aufl. 2018; *Lindacher/Hau,* Fälle zum Allgemeinen Teil des BGB, 6. Aufl. 2018; *Riehm,* Examinatorium BGB Allgemeiner Teil, 2015; *Werner,* Fälle für Anfänger im Bürgerlichen Recht, 13. Aufl. 2017.

1. Kapitel. Einführung in das Privatrecht

§ 1. Recht und Rechtsquellen

I. Das Recht

1. Die Struktur des Rechts

Das Edelmannswort: Ein Herr v. Z. versprach seinem Betriebsleiter B für seine vorzüglichen Leistungen die Überlassung eines Hausgrundstücks. Als B ihn später bat, die Übertragung und Auflassung des Hauses zu veranlassen, erklärte ihm Herr v. Z., das eile nicht, das Haus sei ihm sicher; B habe sein festes Versprechen; er habe nie sein Wort gebrochen. Als nichts geschah, trug B nochmals sein Anliegen vor und bekam zur Antwort, der notarielle Akt sei nur Formsache, das sei gar nicht nötig, sein *Edelmannswort* sei dem B so gut wie ein Vertrag. Da Herr v. Z. sein Wort nicht hielt, verklagte ihn B auf Übereignung des Hausgrundstücks (nach RGZ 117, 121). – Mit Erfolg? 1

Das Recht hat **Normcharakter.** Es regelt das menschliche Zusammenleben und erlaubt oder verbietet bestimmte Verhaltensweisen. Nicht jede Norm, die das menschliche Verhalten regelt, ist aber schon deswegen eine Rechtsnorm. Normcharakter haben auch die Regeln der Sitte und der Sittlichkeit. Die Rechtsnorm unterscheidet sich von ihnen dadurch, dass hinter ihr der Staat steht, der für ihre Einhaltung Sorge trägt und gegen Zuwiderhandelnde Sanktionen verhängt.

Im *Edelmannsfall* bestand zwar eine *sittliche (moralische) Pflicht* des Herrn v. Z., sein Wort zu halten, aber keine *Rechtspflicht.* Denn eine Rechtspflicht zur Übereignung eines Hausgrundstücks besteht nur, wenn sie in einem notariell beurkundeten Vertrag (vgl. § 311b Abs. 1 S. 1 BGB) übernommen wurde. Zur Durchsetzung einer sittlichen Pflicht, die nicht zugleich eine Rechtspflicht ist, kann nicht der Staat angerufen werden. Die Klage des B war daher abzuweisen.

Rechtliche und außerrechtliche Normen stehen gleichwohl nicht unverbunden nebeneinander. 2 Der Gesetzgeber kann auf außerrechtliche Normen Bezug nehmen und ihnen dadurch mittelbar rechtliche Geltung verleihen. So ordnet § 157 BGB an, dass Verträge mit Rücksicht auf die *„Verkehrssitte"* (→ Rn. 13ff.) auszulegen sind. Nach § 138 Abs. 1 BGB sind Rechtsgeschäfte, die gegen die *„guten Sitten"*, also, wie man sagt, das „Anstandsgefühl aller billig und gerecht Denkenden" (vgl. BGHZ 69, 297) verstoßen, nichtig.

2. Die Aufgabe des Rechts

Das Recht soll zweierlei bewirken: den **Rechtsfrieden** und die **Gerechtigkeit.** Der 3 Rechtsfrieden besteht darin, dass die Entscheidung über Konflikte im Zusammenleben nicht unter der Herrschaft der Gewalt („Faustrecht"), sondern unter der Herrschaft des Rechts steht. Das Recht stellt verbindliche Regelungen für das Zusammenleben auf und der Staat sorgt dafür, dass sie eingehalten werden. Zum Wesen des Rechtsstaats gehört es, dass Streitigkeiten zwischen Privaten in einem gerichtlichen Verfahren auszutragen sind und dass die Entscheidung der Gerichte für die Beteiligten verbindlich ist (vgl. *Canaris* JuS 1996, 573). Ein ungestörtes Zusammenleben unter der Herrschaft des Rechts setzt jedoch auch die **Bestimmtheit der Rechtsnormen** voraus. Die Adressaten müssen wissen, wozu sie die einzelne Rechtsnorm verpflichtet oder berechtigt, damit sie sich entsprechend verhalten können (Gebot der **Rechtssicherheit**). Dadurch sollen auch unnötige und kostspielige Rechtsstreitigkeiten vermieden werden. Rechtsnormen, die nicht das nötige Maß an Bestimmtheit aufweisen, sind daher nicht verbindlich (vgl. zB BVerfGE 49, 168 (181)). Die Gerechtigkeit hat zunächst einmal einen formalen Aspekt. Er besteht darin, dass das Recht für alle gleich ist, dh Gleichartiges gleich behandelt wird **(Rechtsgleichheit).** Die Gerechtigkeit hat aber auch und vor allem einen inhaltlichen Aspekt: das Recht soll im Widerstreit der Interessen einen angemessenen Ausgleich gewähren. Dabei wird traditionell zwischen der **ausgleichenden (korrigierenden)** und der **verteilenden** Gerechtigkeit unterschieden (vgl. *Dreier* JuS 1996, 580). Das Privatrecht (Verhältnis der Bürger untereinander) wird dabei vornehmlich vom Gedanken der ausgleichenden Gerechtigkeit, das öffentliche Recht (Verhältnis des Staats zum Bürger) vornehmlich vom Gedanken der verteilenden Gerechtigkeit beherrscht. Die subjektiven Anschauungen darüber, was im Einzelfall gerecht ist, divergieren naturgemäß. Auch und vor allem aus diesem Grunde ist eine Entscheidung von Interessenkonflikten durch gerichtliche Verfahren unerlässlich. – Rechtssicherheit kann freilich häufig nur auf Kosten der Einzelfallgerechtigkeit und umgekehrt erzielt werden.

II. Die Rechtsquellen

1. Rechtsprinzip und Rechtssatz

4 Seiner inneren Struktur nach besteht das Recht aus Rechtsprinzipien und Rechtssätzen. Die **Rechtssätze** bestehen aus einem Tatbestand als der Umschreibung bestimmter Lebenssachverhalte und einer daran geknüpften Rechtsfolge. Sie bilden das unmittelbar anwendbare Recht. Die Rechtsprinzipien enthalten dagegen allgemeine Richtlinien für die Rechtsgestaltung. Sie bilden die Grundlage für die Entwicklung oder Bewertung von Rechtssätzen, nicht aber für die unmittelbare Entscheidung von Rechtsstreitigkeiten.

Rechtsprinzipien sind sowohl die unmittelbar aus der Rechtsidee oder der Verfassung abzuleitenden Grundsätze, etwa der Achtung der Menschenwürde, des Willkürverbots, der Verhältnismäßigkeit, der Rechtssicherheit, des Gebots von Treu und Glauben, als auch die einer Teilrechtsordnung zugrundeliegenden Grundsätze, etwa im bürgerlichen Recht des Grundsatzes des Minderjährigenschutzes oder des Rechtsscheinsprinzips.

2. Gesetztes Recht und Gewohnheitsrecht

5 Seinem Entstehungs- und Geltungsgrund nach besteht das Recht aus gesetztem Recht und Gewohnheitsrecht.

a) Gesetztes Recht

6 Das gesetzte Recht ist das von staatlichen oder staatlich ermächtigten Organen geschaffene („gesetzte") Recht. Es umfasst Gesetze, Verordnungen und Satzungen. Das **Gesetz** (im *formellen* Sinn) wird durch den Gesetzgeber (Legislative) erlassen. Zuständigkeit und Verfahren sind für die Bundesrepublik im Grundgesetz (vgl. Art. 20 Abs. 2, 70ff. GG) und in den Länderverfassungen geregelt. – Die **(Rechts-)Verordnung** wird durch die vollziehende Gewalt (Exekutive) auf Grund einer gesetzlichen Ermächtigung erlassen (vgl. Art. 80 Abs. 1 S. 1 GG). Sie steht im Rang unter dem formellen Gesetz, darf sich also zu ihm nicht in Widerspruch setzen. – Die **Satzung** wird von nichtstaatlichen Verbänden auf Grund einer ihnen durch Gesetz verliehenen

Rechtssetzungsbefugnis erlassen (zB Satzung einer Handwerkskammer). Von ihr zu unterscheiden ist die Satzung privatrechtlicher Verbände (Vereine), die keine Rechtsnormen, sondern privatautonome Regelungen enthält.

Das Privatrecht beruht fast ausschließlich auf Gesetzen im formellen Sinn (BGB, HGB usw). Verordnungen gibt es nur wenige, etwa die Erbbaurechtsverordnung oder die BGB-Informationspflichtenverordnung.

b) Gewohnheitsrecht

aa) Entstehung und Begriff des Gewohnheitsrechts

Gewohnheitsrecht entsteht durch eine längere tatsächliche Übung, die von den Beteiligten als *rechtsverbindlich* anerkannt ist (vgl. BVerfGE 28, 21 (28); BVerfG NJW 2009, 1469 Rn. 62). Es muss also eine einheitlich herrschende Rechtsüberzeugung (opinio necessitatis oder opinio iuris) bestehen. 7

Beispiel: Die Verpflichtung eines Rechtsanwalts vor Gerichten in Amtstracht (Robe) aufzutreten, beruht, soweit gesetzliche Vorschriften fehlen, auf Gewohnheitsrecht (vgl. BVerfGE 28, 21 (28)).

Gewohnheitsrechtliche Normen, die sich an alle Bürger wenden, können heutzutage praktisch nur noch durch *Richterrecht* (→ Rn. 12) entstehen. Allerdings kann aus einer ständigen Rechtsprechung noch nicht ohne Weiteres auf die Entstehung von Gewohnheitsrecht geschlossen werden. Denn ein Gericht ist nicht an die Rechtsauffassung gebunden, die es selbst oder andere Gerichte in vergleichbaren Fällen vertreten haben. Es kann grds. von ihr abweichen, wenn es sie für unrichtig hält (vgl. BGHZ 59, 343; 69, 323). Daraus zu schließen, es könne aus Richterrecht überhaupt kein Gewohnheitsrecht entstehen, wäre jedoch falsch. Viele Rechtsinstitute, die die Rechtsprechung unter Billigung der Rechtslehre in Fortentwicklung des bürgerlichen Rechts geschaffen hat, sind heute Gewohnheitsrecht, weil die beteiligten Kreise sie akzeptiert haben und danach verfahren. 8

Beispiel: Als Gewohnheitsrecht können angesehen werden die Rechtssätze über die Sicherungsübereignung und das allgemeine Persönlichkeitsrecht. Darüber hinaus hat der Gesetzgeber, zB im Schuldrechtsmodernisierungsgesetz, viele gewohnheitsrechtlich entwickelte Rechtsinstitute kodifiziert (vgl. zB § 311 Abs. 2 BGB hinsichtlich der culpa in contrahendo; § 313 BGB hinsichtlich der Störung der Geschäftsgrundlage).

bb) Gleichberechtigung von Gewohnheitsrecht und Gesetzesrecht

Gesetzesrecht und Gewohnheitsrecht sind, jedenfalls im Bereich des deutschen Privatrechts, gleichberechtigt und gleichwertig (BGHZ 37, 219 (224)). Dies ist in Art. 2 EGBGB, der jede Rechtsnorm als „Gesetz" iSd bürgerlichen Rechts gelten lässt, ausdrücklich anerkannt. Neben dem Gesetzesrecht kann sich also Gewohnheitsrecht entwickeln. Gewohnheitsrecht kann das Gesetzesrecht nicht nur konkretisieren *(intra legem)* oder ergänzen *(praeter legem),* sondern auch brechen *(contra legem).* Es darf jedoch nicht gegen Verfassungsrecht verstoßen. 9

cc) Außerkrafttreten des Gewohnheitsrechts

Da Gewohnheitsrecht dem Gesetzesrecht gleichwertig ist, kann es auch nur durch ein neues Gesetz *(lex posterior derogat legi priori)* oder Bildung entgegenstehenden Gewohnheitsrechts außer Kraft treten (BGHZ 37, 219 (224)). Solange dies nicht geschehen ist, ist der Richter an das Gewohnheitsrecht genauso gebunden wie an das Gesetz. 10

3. Richterrecht und Verkehrssitte

11 Keine unmittelbaren Rechtsquellen sind das Richterrecht und die Verkehrssitte, da es ihnen an der normativen Geltung fehlt.

a) Richterrecht

12 Der Richter ist dazu berufen, das Recht anzuwenden und damit zugleich zu konkretisieren und fortzubilden. Anders als im anglo-amerikanischen Recht mit seinem *case law* schafft die richterliche Entscheidung einer bestimmten Rechtsfrage, auch wenn sie von einem obersten Bundesgericht erfolgt, jedoch keine unmittelbar geltende und die anderen Rechtsanwender bindende Norm. Auch **höchstrichterliche Urteile sind Gesetzen nicht gleichzusetzen** und erzielen auch keine damit vergleichbare Rechtsbindung (BGHZ 132, 119 (129)). Sie haben Gültigkeit zunächst nur für den entschiedenen Fall. Die fachliche Autorität der höchsten Gerichte und die Wahrscheinlichkeit, dass diese Gerichte auch in Zukunft so entscheiden, geben ihren Entscheidungen jedoch für die Rechtspraxis ein sehr starkes Gewicht. Vor allem aus den höchstrichterlichen Entscheidungen zu einer Rechtsfrage erwächst das sog. Richterrecht. Er stellt kein Gewohnheitsrecht dar, kann aber die Quelle für die Bildung von Gewohnheitsrecht sein (→ Rn. 8).

Die Bedeutung des Richterrechts liegt darin, dass er den Rechtssuchenden Orientierungshilfen für die Vertragsgestaltung (Kautelarjurisprudenz) und Prozessführung gibt. Das Vertrauen des Rechtsverkehrs in eine bestimmte Rechtsprechung und die damit verbundenen Dispositionen sind auch der Grund dafür, dass die Gerichte an einer Kontinuität der Rechtsprechung interessiert sind. Sie weichen daher ungern von einer ständigen Rechtsprechung ab (vgl. BGHZ 85, 66; 87, 155; 106, 37) und geben in diesem Fall über § 242 BGB Vertrauensschutz (BGHZ 132, 119 (129)). Der BGH sieht es als eine Rechtspflicht des Anwalts an, die veröffentlichten höchstrichterlichen Entscheidungen zu kennen (BGH NJW 2009, 987 Rn. 9); es sei auch Amtspflicht des Richters, zweifelhafte Rechtsfragen unter Beachtung der einschlägigen Rechtsprechung zu prüfen (BGH NJW 2009, 987 Rn. 14).

b) Verkehrssitte

13 Unter **Verkehrssitte** ist eine den Rechtsverkehr tatsächlich beherrschende Übung zu verstehen. Ihrer Struktur nach ist die Verkehrssitte also eine Norm. Im Unterschied zum Gewohnheitsrecht sehen die Beteiligten sie aber nicht unmittelbar als rechtsverbindlich an, sie ist also keine Rechtsnorm. Rechtsfolgen ergeben sich aus ihr nur insoweit, als das Recht auf sie Bezug nimmt.

Im BGB ist dies in den §§ 157, 242 BGB geschehen. Danach sind Verträge so auszulegen und Leistungen so zu bewirken, wie Treu und Glauben mit Rücksicht auf die Verkehrssitte es erfordern. Der Grund liegt in der Annahme, dass die Parteien bei der Ausgestaltung ihrer Rechtsbeziehungen regelmäßig die in diesem Geschäftsbereich bestehenden Bräuche und Gewohnheiten zugrunde legen.

14 Die Verkehrssitte muss nicht notwendig eine allgemeine sein, sie kann sich auch in räumlich oder beruflich begrenzten Kreisen der Bevölkerung ausbilden. Verkehrssitten unter Kaufleuten bezeichnet man als **Handelsbrauch** (vgl. § 346 HGB).

Beispiele: Es besteht eine allgemeine Verkehrssitte dahingehend, dass beim Kauf von Kohlen oder Heizöl für den Haushalt der Verkäufer die Ware zum Käufer bringen muss. – Es besteht ein Handelsbrauch dahingehend, dass die Vertragsklausel „Kasse gegen Faktura" die Verpflichtung des Käufers zur Barzahlung bei Erhalt der Rechnung beinhaltet.

Eine Verkehrssitte kann, wenn die Überzeugung der Beteiligten von ihrer Rechtsverbindlichkeit hinzutritt (in aller Regel durch Richterrecht vermittelt), zum Gewohnheitsrecht erstarken. 15

Beispiel: Die Regel, dass der Inhalt eines *kaufmännischen Bestätigungsschreibens* Vertragsinhalt wird, wenn der Empfänger diesem nicht unverzüglich widerspricht, ist von einem bloßen Handelsbrauch heute zum Gewohnheitsrecht geworden (dazu → § 8 Rn. 31).

Literatur: *Langenbucher,* Die Entwicklung und Auslegung von Richterrecht, 1996; *Mertens,* Das System der Rechtsquellen, Jura 1981, 169; *Rehbinder,* Einführung in die Rechtswissenschaft, 8. Aufl. 1995; *Zippelius,* Rechtsphilosophie, 5. Aufl. 2007.

§ 2. Privatrecht und öffentliches Recht

I. Die Abgrenzung und ihre Bedeutung

Das Hausverbot: K, der sich im Bundesverteidigungsministerium um die Erteilung von Forschungs- und Entwicklungsaufträgen für seine Firma bemühte, hatte dort wegen angeblich unwahrer Behauptungen über Beamte Hausverbot bekommen. K erhob vor dem Verwaltungsgericht Klage auf Aufhebung dieses Hausverbots (nach BVerwG DVBl 1971, 111). – Ist das Verwaltungsgericht für diese Klage zuständig? 1

Das staatliche Recht unterteilt sich dem Inhalt nach in das Privatrecht und das öffentliche Recht. Das **Privatrecht** regelt die Rechtsbeziehungen der Privatpersonen („Bürger") untereinander. Kennzeichnend für das Privatrecht ist die Entscheidungsfreiheit des Einzelnen **(Privatautonomie).** Typische Handlungsform ist der **Vertrag.** 2

Wenn Bürger untereinander Kaufverträge, Mietverträge oder Arbeitsverträge schließen, Gesellschaften gründen, erben oder vererben, tun sie dies in den Gestaltungsformen des Privatrechts, und ihre Rechtsbeziehungen untereinander beurteilen sich nach Privatrecht.

Das **öffentliche Recht** regelt das hoheitliche Handeln des Staates. Dieses Handeln kann in Gestalt von Befehl und Zwang (Ausübung hoheitlicher Gewalt) oder als Daseinsvorsorge für den Bürger (schlichte oder fördernde Hoheitsverwaltung) erfolgen. Kennzeichnend für das öffentliche Recht ist die Bindung des hoheitlichen Handelns an „Gesetz und Recht" (vgl. Art. 20 Abs. 3 GG). Typische Handlungsform ist der **Verwaltungsakt.** 3

Erlässt das Landratsamt gegenüber dem Bauherrn eine Abrissverfügung wegen „Schwarzbauens", handelt es sich um obrigkeitliche Verwaltung. – Betreibt der Staat Schulen, zahlt das Arbeitsamt Arbeitslosengeld, unterhält die Gemeinde eine Bücherei, handelt es sich um Daseinsvorsorge für den Bürger.

Für die Abgrenzung von Privatrecht und öffentlichem Recht folgt daraus: Ein Rechtssatz gehört dem öffentlichen Recht an, soweit er ein Rechtsverhältnis regelt, an dem notwendigerweise ein Träger hoheitlicher Gewalt beteiligt ist. Er gehört dem Privatrecht an, soweit die Rechte und Pflichten aus dem geregelten Rechtsverhältnis grds. jedermann treffen können. Dies ist die Abgrenzung nach der heute herrschenden *Subjektstheorie,* die danach fragt, wer Zuordnungssubjekt eines Rechtssatzes sein kann (vgl. BGHZ 102, 280 (283)). 4

Daneben wird auch noch die sog. *Subjektionstheorie* vertreten. Sie sieht für das öffentliche Recht das Über- und Unterordnungsverhältnis der Beteiligten und für das Privatrecht das Gleichordnungsverhältnis der Beteiligten als kennzeichnend an. Diese Theorie verkennt aber, dass es auch zwischen Trägern hoheitlicher

Gewalt Beziehungen auf der Ebene der Gleichordnung (zB Staatsverträge zwischen Bundesländern) und umgekehrt Über- und Unterordnungsverhältnisse zwischen Privatpersonen (zB Beherrschungsverträge zwischen Unternehmen, vgl. § 308 AktG) geben kann.

5 Die Bedeutung der Abgrenzung zwischen Privatrecht und öffentlichem Recht ergibt sich aus Folgendem: Der Staat handelt nicht nur hoheitlich, sondern er nimmt auch – insoweit als Fiskus tätig – wie ein Privater am allgemeinen Rechts- und Wirtschaftsverkehr teil.

So, wenn ein Bundesland Büroräume anmietet, Büromöbel kauft oder der Bund Waffen für die Bundeswehr kauft oder Forschungsaufträge vergibt. – Dass damit mittelbar öffentliche Zwecke verfolgt werden, macht dieses Handeln noch nicht zu einem hoheitlichen, ebenso wenig, dass für die Vergabe von Aufträgen bestimmte Vorschriften einzuhalten sind.

6 Die Rechtsbeziehungen und dementsprechend die Rechtsstreitigkeiten zwischen Staat und Bürger können daher sowohl öffentlich-rechtlicher als auch privatrechtlicher Natur sein. Ob im Einzelfall das eine oder das andere anzunehmen ist, ist bedeutsam für den Rechtsweg: Für öffentlich-rechtliche Streitigkeiten sind grds. die *Verwaltungsgerichte* zuständig (vgl. § 40 Abs. 1 VwGO), für privatrechtliche Streitigkeiten sind grds. die *ordentlichen Gerichte* zuständig (vgl. § 13 GVG). Eine Streitigkeit ist dann öffentlich-rechtlicher Natur, wenn an ihr der Staat in seiner Eigenschaft als Hoheitsträger beteiligt ist und sein Verhalten dementsprechend nach den Normen des öffentlichen Rechts zu beurteilen ist.

Im *Hausverbotsfall* war das Verwaltungsgericht für die Klage des K nur zuständig, wenn es sich dabei um eine öffentlich-rechtliche Streitigkeit gem. § 40 VwGO handelte. Dies hing davon ab, ob der Streit nach öffentlichem Recht oder nach Privatrecht zu beurteilen ist. Dafür war wiederum maßgebend, ob der Staat (in diesem Falle handelnd durch das Bundesverteidigungsministerium) als Träger hoheitlicher Gewalt oder als Fiskus, also wie ein Privatmann, aufgetreten ist. Da das Hausverbot im Zusammenhang mit den Verhandlungen über privatrechtliche Verträge (Beschaffungstätigkeit der öffentlichen Hand) ausgesprochen war, nahm das BVerwG an, das Hausverbot habe privatrechtlichen Charakter.

7 Aus historischen und sachlichen Gründen sind für manche an sich öffentlich-rechtliche Streitigkeiten kraft ausdrücklicher gesetzlicher Regelung die ordentlichen Gerichte zuständig (vgl. § 40 Abs. 2 VwGO).

Hat beispielsweise der Beamte des Landratsamtes schuldhaft eine rechtswidrige Abrissverfügung erlassen, kann der Bauherr wegen des dadurch erlittenen Vermögensschadens nach § 839 BGB iVm Art. 34 GG vor den ordentlichen Gerichten gegen den Staat auf Schadensersatz klagen.

II. Die Einteilung des Privatrechts und des öffentlichen Rechts

1. Die Gebiete des Privatrechts

8 Innerhalb des Privatrechts unterscheidet man zwischen dem allgemeinen Privatrecht und den Sonderprivatrechten. Das **allgemeine Privatrecht** ist das bürgerliche Recht (Zivilrecht). Es regelt die wichtigsten allgemeinen Rechtsbeziehungen zwischen Privatpersonen („Bürgern") im BGB und in Nebengesetzen (zB WEG).

So die Rechtsfolgen von Geburt, Heirat und Tod, die Gründung von Vereinigungen, den Abschluss und Inhalt von Verträgen, die Haftung für unerlaubte Handlungen, den Erwerb von Eigentum und anderen Rechten.

Die früher in Spezialgesetzen enthaltenen **Verbraucherschutzregelungen** sind durch das Schuldrechtsmodernisierungsgesetz zum 1.1.2002 in das BGB überführt worden. Dadurch kommt es innerhalb des BGB zu einer Aufspaltung zwischen Regelungen, die für jedermann gelten, und solchen, die nur im Verhältnis zwischen Unternehmer (§ 14 Abs. 1 BGB) und Verbraucher (§ 13 BGB) gelten.

Zu den **Sonderprivatrechten** gehören insbes. das Handels- und Gesellschaftsrecht, 9
das Wertpapierrecht, das Immaterialgüterrecht, das Wirtschafts(privat)recht, das Privatversicherungsrecht und das Arbeitsrecht. Sie beziehen sich auf besondere Berufsgruppen und Lebensbereiche, die wegen ihrer Komplexität besonderer und eingehender Regelungen bedürfen. Historisch gesehen, haben sie sich aus dem bürgerlichen Recht herausentwickelt als Reaktion auf die technische, wirtschaftliche und soziale Entwicklung in diesen Lebensbereichen.

So ist beispielsweise das Vertragsrecht des bürgerlichen Rechts für die besonderen Bedürfnisse des Handelsverkehrs unzureichend. Das Handelsrecht als das Sonderprivatrecht der Kaufleute trägt dem Rechnung, indem es die Selbstverantwortlichkeit des Kaufmanns betont, die rasche Geschäftsabwicklung fördert und besondere Vertragsformen (zB Lager-, Fracht-, Speditionsvertrag) zur Verfügung stellt.

Das Verhältnis von bürgerlichem Recht und Sonderprivatrecht ist das von allgemeiner 10
und besonderer Regelung. Das bürgerliche Recht gilt daher auch für die von den Sonderprivatrechten abgedeckten Lebensbereiche, soweit diese keine speziellere Regelung vorsehen.

Die Regelungen des BGB für den Kaufvertrag (§§ 433ff. BGB) gelten daher grds. auch für den Kaufvertrag zwischen Kaufleuten. Jedoch greifen zusätzlich und vorrangig die Regeln des HGB für den Handelskauf (§§ 373ff. HGB) ein.

Die Sonderprivatrechte bauen zumeist auf den Grundformen des bürgerlichen Rechts 11
auf und differenzieren sie nur aus. So bildet der bürgerlich-rechtliche Verein die Grundform der Kapitalgesellschaften (GmbH, AG, KGaA), die bürgerlich-rechtliche Gesellschaft (§§ 705ff. BGB) die Grundform der Personenhandelsgesellschaften (OHG, KG). Die bürgerlich-rechtliche Anweisung (§§ 783ff. BGB) ist die Grundform von Wechsel und Scheck. Soweit für diese besonderen Rechtsinstitute Regelungen fehlen, ist ergänzend auf die Regelung ihrer Grundform im BGB zurückzugreifen. Für die offene Handelsgesellschaft (OHG) ist dies beispielsweise in § 105 Abs. 2 HGB ausdrücklich angeordnet.

2. Die Gebiete des öffentlichen Rechts

Die wichtigsten Materien des öffentlichen Rechts sind: Das *Verfassungsrecht,* das die 12
grundlegenden Rechte des einzelnen gegenüber dem Staat, die grundlegenden Wertentscheidungen für die Rechts-, Wirtschafts- und Sozialordnung und die Regelung der Staatsorganisation enthält; das *Verwaltungsrecht,* das die Aufgaben und Kompetenzen der öffentlichen Verwaltung in den verschiedenen Lebensbereichen regelt (zB Sozialrecht, Polizeirecht, Baurecht, Gewerberecht, Wasserrecht); das *Strafrecht,* das bestimmte sozialschädliche Verhaltensweisen unter Strafe stellt; das *Steuerrecht,* das Art und Umfang der Besteuerung der Bürger regelt; das *Prozessrecht,* das die gerichtlichen Verfahren zur Durchsetzung des materiellen Rechts regelt. Hinzu kommen noch das *Völkerrecht,* das die Beziehungen der Staaten untereinander regelt, und das *Staatskirchenrecht,* das die Beziehungen zwischen Staat und Kirchen zum Gegenstand hat.

III. Das Zusammenwirken von Privatrecht und öffentlichem Recht

13 **Der Nullpreis:** Die Bauunternehmer eines Gebietes hatten über Jahre hinweg bei Bauausschreibungen Preisabsprachen getroffen. Sie hatten sich planmäßig in den jeweiligen Besprechungen auf das niedrigste Gebot („Nullpreis") und auf den geeinigt, der es abgeben sollte. Die übrigen hatten sich verpflichtet, um ihm den Zuschlag zu sichern, preislich höhere Angebote („Schutzangebote") einzureichen. Wegen dieser sog. Submissionsabsprachen verhängte die Kartellbehörde Bußgelder gegen die Beteiligten (nach BGH WuW/E BGH 352).

14 Die Unterscheidung der einzelnen, dem Privatrecht und dem öffentlichen Recht zuzuordnenden Rechtsgebiete könnte den Eindruck erwecken, als stünden beide Bereiche völlig getrennt nebeneinander. Dies ist indessen nicht der Fall. Zur rechtlichen Gestaltung der einzelnen Lebensbereiche bedient sich der Gesetzgeber häufig nicht ausschließlich des Instrumentariums des Privatrechts oder des öffentlichen Rechts, sondern er verwendet sie nebeneinander, um ein bestimmtes Regelungsziel zu erreichen. Beispielhaft hierfür ist das Wirtschaftsrecht, das sich aus privatrechtlichen (Wirtschaftsprivatrecht) und öffentlich-rechtlichen (Wirtschaftsverwaltungsrecht) Elementen zusammensetzt. Dies geht sogar soweit, dass der Gesetzgeber in ein und demselben Gesetz, wie dem Gesetz gegen Wettbewerbsbeschränkungen (GWB), ein und denselben Lebenssachverhalt sowohl mit privatrechtlichen als auch mit öffentlich-rechtlichen Instrumenten regelt.

So bekämpft der Gesetzgeber Kartelle, wie die Submissionsabsprache im *Nullpreis-Fall,* zum Schutze des Wettbewerbs mit drei Mitteln: (1) mit einer *privatrechtlichen* Sanktion: Nichtigkeit des Vertrages gem. § 1 GWB iVm § 134 BGB, (2) mit einer *verwaltungsrechtlichen* Sanktion: Untersagung der Durchführung dieses Vertrages durch Verwaltungsakt gem. § 32 GWB und (3) mit einer *strafrechtlichen* Sanktion: Androhung eines Bußgeldes gem. § 81 Abs. 2 Nr. 1 GWB.

15 Privatrechtliche und öffentlich-rechtliche Normen können aber nicht nur in einem Lebensbereich nebeneinander anwendbar sein. Sie sind auch inhaltlich in mannigfaltiger Weise miteinander verbunden, ja verzahnt. Dies zeigt schon das Verhältnis von Privatrecht und Prozessrecht: die zwangsweise Durchsetzung privatrechtlicher Ansprüche ist grds. nur im Prozess unter Mitwirkung hoheitlich handelnder Staatsorgane möglich. Aber auch auf der Ebene des materiellen Rechts findet sich diese Verzahnung. Zum einen können sich an die Verletzung öffentlich-rechtlicher Vorschriften privatrechtliche Rechtsfolgen knüpfen.

So ordnet § 134 BGB an, dass ein Rechtsgeschäft, das gegen ein gesetzliches Verbot verstößt, nichtig ist, wenn sich nicht aus dem Gesetz ein anderes ergibt. Verbotsgesetz idS kann auch eine öffentlich-rechtliche Norm sein. – Und § 823 Abs. 2 BGB ordnet eine Schadensersatzpflicht desjenigen an, der gegen ein den Schutz eines anderen bezweckendes Gesetz verstößt. Schutzgesetz idS kann auch eine öffentlich-rechtliche Norm sein.

16 Zum anderen ist der privatrechtliche Gestaltungsraum des einzelnen, also der Gebrauch von Freiheit und Eigentum als den Grundpfeilern privater Lebensgestaltung, im öffentlichen Interesse vielfältigen Einschränkungen und Bindungen unterworfen, die es zu beachten gilt. Denn seit dem ausgehenden 19. Jh. hat der Staat immer mehr Aufgaben an sich gezogen und in ursprünglich rein privatrechtlich geregelte Lebensbereiche immer stärker mit dem Instrumentarium des öffentlichen Rechts eingegriffen.

So sind Grundstückskauf und -veräußerung in zahlreichen Fällen von einer staatlichen Genehmigung abhängig. Wer daher zB die Wirksamkeit eines Grundstückskaufs zu prüfen hat, muss über die Vorschriften des Privatrechts hinaus auch noch die Vorschriften des öffentlichen Rechts heranziehen. – Wer seinen Grund und Boden nutzt, hat nicht nur die Vorschriften des privaten Nachbarrechts, sondern zahlreiche öffentlich-rechtliche (zB baurechtliche, naturschutzrechtliche) Bestimmungen zu beachten.

Privatrecht und öffentliches Recht ergänzen also einander. In welchem Umfang beide 17
zur Regelung von Lebensbereichen herangezogen werden, ist innerhalb der von der Verfassung gezogenen Grenzen eine politische Entscheidung des Gesetzgebers, je nachdem, ob er mehr den privaten Gestaltungskräften oder der ordnenden Hand des Staates vertraut.

Literatur: *Renck,* Über die Unterscheidung zwischen öffentlichem und privatem Recht, JuS 1986, 268; *Zöllner,* Die politische Rolle des Privatrechts, JuS 1988, 329.

§ 3. Das bürgerliche Recht

I. Das Bürgerliche Gesetzbuch als Grundlage des bürgerlichen Rechts

Das Bürgerliche Gesetzbuch (BGB) von 1896 ist, trotz der zahlreich erlassenen Ände- 1
rungs- und Nebengesetze, trotz der umfangreichen richterlichen Rechtsfortbildung und trotz der politischen, wirtschaftlichen und sozialen Umwälzungen, noch heute die wesentliche Grundlage des deutschen bürgerlichen Rechts.

1. Die Entstehung des BGB

Im ausgehenden 19. Jh. bot die Landschaft des bürgerlichen Rechts in Deutschland 2
ein buntscheckiges Bild. In den meisten Landesteilen Preußens galt das **„Preußische Allgemeine Landrecht"** von 1794, im Gebiet zwischen Rhein und Elbe (Bayern, Württemberg, Hessen, Hannover, Hamburg, Bremen) galt überwiegend das **„Gemeine Recht"**, das von Wissenschaft und Praxis fortentwickelte römische Recht – beide freilich überlagert und durchsetzt von zahlreichen Partikularrechten (wie zB dem Bayerischen Landrecht von 1756 oder dem Hamburger Stadtrecht von 1603). In den rheinischen Gebieten galt das **„Rheinische Recht"**, nämlich der französische *code civil* von 1804 und in Baden dessen Übersetzung, das Badische Landrecht von 1808/1809. Im Königreich Sachsen galt das *„Sächsische Bürgerliche Gesetzbuch"* von 1863.

Die schon nach den Freiheitskriegen aus dem Streben nach nationaler Einigung heraus 3
geborene Forderung nach einem einheitlichen bürgerlichen Recht,

so von *Anton Friedrich Justus Thibaut* (1772–1840) in seiner Schrift „Über die Notwendigkeit eines allgemeinen bürgerlichen Rechts für Deutschland" von 1814 – bekämpft allerdings von *Friedrich Carl von Savigny* (1779–1861) in seiner Schrift „Vom Beruf unserer Zeit für Gesetzgebung und Rechtswissenschaft" von 1814,

erlangte durch die rasche Entwicklung von Verkehr, Handel und Industrie und der damit verbundenen Vergrößerung der Wirtschaftsräume besonderes Gewicht. Nach Gründung des Deutschen Zollvereins (1834) schritt man im Deutschen Bund zur partiellen Rechtsvereinheitlichung. Ein einheitliches Wechselrecht (Allgemeine Deutsche Wechselordnung von 1848) und ein einheitliches Handelsrecht (Allgemeines

Deutsches Handelsgesetzbuch von 1861) wurden geschaffen. Ein einheitliches Obligationenrecht (Dresdner Entwurf von 1866) ließ sich wegen Auflösung des Deutschen Bundes nicht mehr verwirklichen. Nach der Reichsgründung im Jahr 1871 war jedoch die politische Basis für eine Rechtsvereinheitlichung gegeben. Durch die lex Miquel-Lasker (1873) wurde die Gesetzgebungszuständigkeit des Reichs auf das Gebiet des gesamten bürgerlichen Rechts ausgedehnt. Damit war der Weg für eine Gesamtkodifikation des bürgerlichen Rechts frei.

4 Bereits im Jahre 1874 wurde eine *Vorkommission* zur Klärung von Plan und Methode des Gesetzgebungsvorhabens eingesetzt und noch im gleichen Jahre die *erste Kommission* berufen. Sie erarbeitete den *ersten Entwurf* und legte ihn nebst Begründung **(„Motive")** im Jahre 1887 vor. In der Öffentlichkeit wurde dieser Entwurf, der weitgehend auf dem Gemeinen Recht aufbaute (führendes Kommissionsmitglied war der berühmte Pandektist *Bernhard Windscheid*), lebhaft diskutiert.

Anton Menger kritisierte in seiner Schrift „Das Bürgerliche Recht und die besitzlosen Volksklassen" (1890) insbes. den fehlenden sozialen Schutz für die Arbeitnehmer. *Otto von Gierke* warf den Entwurfsverfassern in seiner Schrift „Der Entwurf eines bürgerlichen Gesetzbuchs und das deutsche Recht" (1889) vor, sie hätten das deutschrechtliche Gedankengut nicht berücksichtigt.

5 Im Jahre 1890 berief der Bundesrat eine *zweite Kommission* unter der Mitarbeit von *Gottlieb Planck*. Sie legte 1895 den *zweiten Entwurf* nebst Begründung **(„Protokolle")** vor, der sich stärker vom Gemeinen Recht löste und mehr den sozialen und wirtschaftlichen Gegenwartsfragen gerecht zu werden versuchte.

6 Aus der Beratung im Justizausschuss ging schließlich der *dritte Entwurf* hervor, der zusammen mit einer *„Denkschrift"* dem Reichstag vorgelegt wurde. Nach einigen Änderungen im Vereins-, Ehe- und Testamentsrecht und nach Zustimmung durch den Bundesrat wurde das **„Bürgerliche Gesetzbuch"** am 18.8.1896 ausgefertigt. Am 1.1.1900 trat es in Kraft.

2. Die geistigen, politischen und wirtschaftlichen Grundlagen des BGB

7 Oberstes Ziel der Gesetzesverfasser, im wesentlichen Beamte und Gelehrte, war die **Herstellung der Rechtseinheit** auf dem Gebiet des bürgerlichen Rechts. Tiefgreifende und umfassende Reformen konnten und wollten sie nicht durchführen, zumal diese politisch nicht zu verwirklichen gewesen wären. Die eigentliche Aufgabe erblickte man darin, aus dem Stoff der vorhandenen unterschiedlichen Rechtsordnungen praktikable und akzeptable Lösungen zu erarbeiten. Dabei griff man teils auf gemeinrechtliches (letztlich also römischrechtliches), teils auf deutschrechtliches Gedankengut zurück.

Beispiel: V verkauft an K ein Fahrrad (§ 433 BGB) und übereignet es ihm (§ 929 BGB). – Erweist sich das Fahrrad als mangelhaft, kann K ua den Kaufvertrag rückgängig machen (zurücktreten) oder Herabsetzung des Kaufpreises verlangen (mindern). Diese Rechtsbehelfe des § 437 Nr. 2 BGB gehen auf das römische Recht zurück, das beim Kauf von Sklaven oder Zugtieren die actio redhibitoria (= Rückgewährsklage) und die actio quanti minoris (= Minderungsklage) gewährte. – Erweist sich, dass das Fahrrad dem D gehört hatte, der es an V nur verliehen hatte, war aber K gutgläubig, so erwirbt K das Eigentum nach § 932 BGB. D kann daher das Fahrrad nicht von K herausverlangen, sondern nur Schadensersatzansprüche gegen V geltend machen. Diese Regelung geht auf deutschrechtliche Grundsätze („Hand wahre Hand", dh D kann sich nur an V, mit dem er sich eingelassen hat, halten) zurück. Das römische Recht entschied in diesem Punkte anders („nemo plus iuris transferre potest, quam ipse habet").

Inhalt und **Grundprinzipien** des BGB spiegeln die herrschenden politischen, wirtschaftlichen und sozialen Anschauungen des ausgehenden 19. Jh. wider. Das Bürgertum hatte die Fesseln der alten ständischen Ordnung und der obrigkeitlichen Bevormundung abgestreift und war als Träger des Fortschritts in Handel und Industrie zur führenden Gesellschaftsschicht aufgestiegen. Seine Interessen und Wertvorstellungen prägten daher auch das BGB. Unter dem Eindruck der erst überwundenen ständischen und obrigkeitlichen Beschränkungen und als Reaktion darauf suchte man in erster Linie die **Freiheit** und **Gleichheit** auch im bürgerlichen Recht zu sichern. Das BGB geht von der **Rechtsgleichheit** aller Bürger aus (vgl. § 1 BGB) und gewährleistet in weitem Umfang **Vertragsfreiheit** (vgl. § 311 Abs. 1 BGB = § 305 BGB aF), **Eigentumsfreiheit** (vgl. § 903 BGB) und **Testierfreiheit** (vgl. § 1937 BGB). Der einzelne Bürger sollte grds. in der Gestaltung seiner Rechtsverhältnisse, in der Nutzung seines Eigentums und in der Vererbung seines Vermögens frei sein. Das unausgesprochene ordnungspolitische Leitbild des BGB war der vernünftige, selbstverantwortliche und urteilsfähige Bürger, der seine Interessen selbst am besten wahrnehmen kann und daher möglichst wenigen gesetzlichen Beschränkungen unterliegen soll. Dementsprechend enthielt sich das BGB, von äußersten Schranken (vgl. §§ 134, 138 BGB) abgesehen, einer Kontrolle der Vertragsgerechtigkeit. Man glaubte, das „freie Walten der Verkehrskräfte", also das Prinzip der freien Konkurrenz, würde von sich aus einen gerechten Interessenausgleich bewirken, und schützte lediglich vor Gefahren mangelnder Urteilsfähigkeit und fehlerhafter Willensbildung beim Vertragsschluss (vgl. §§ 104ff., 119ff. BGB). 8

Diese extrem liberale Konzeption wurde jedoch den drängenden Fragen, die der Übergang zur Industriegesellschaft aufwarf, nicht gerecht. Schon die Abstimmung des bürgerlichen Rechts, insbes. des Erbrechts, mit dem Recht der Handelsgesellschaften war nicht bedacht worden. Vor allem hatte man aber das Problem des Missbrauchs der Vertrags- und Eigentumsfreiheit durch den wirtschaftlich Mächtigen und die Notwendigkeit des Schutzes des wirtschaftlich Schwächeren nicht grds. angegangen. Man versuchte, der „sozialen Frage" durch punktuelle Schutzvorschriften (vgl. §§ 138 Abs. 2, 343, 536a, 566, 616–619 BGB) bzw. durch Spezialgesetze, wie dem *Abzahlungsgesetz* von 1894 (vgl. jetzt §§ 491ff. BGB), gerecht zu werden. Das BGB war insoweit nur „mit einem Tropfen sozialistischen Öls" *(Gierke)* gesalbt. 9

Den Bereich der Familie beherrschten **patriarchalisch-konservative** Vorstellungen. Der Ehemann besaß das Entscheidungsrecht in ehelichen Angelegenheiten und die elterliche Gewalt. Der rechtliche Schutz des unehelichen Kindes und seiner Mutter waren unzureichend ausgestaltet.

Die Vereinsfreiheit war durch die Möglichkeit obrigkeitlicher Intervention gegen Vereine mit politischen, religiösen und sozialpolitischen Zielsetzungen (Kulturkampf; Arbeiterbewegung!) stark eingeschränkt, der nichtrechtsfähige Verein in seiner Bewegungsfreiheit durch Unterstellung unter das Gesellschaftsrecht (§ 54 S. 1 BGB) behindert worden.

Insgesamt trug das BGB daher im Verkehrs- und Vermögensrecht stark **liberale** Züge, die „soziale Frage" löste es unzureichend. Im Grunde konnte und wollte das BGB nicht Neubeginn, sondern nur Zusammenfassung und Abschluss einer Rechtsentwicklung sein, die im Ideengut der Aufklärung und des Wirtschaftsliberalismus wurzelte. Dessen war man sich bei den Beratungen im Reichstag durchaus bewusst: 10

„Wenn man aber verlangt, der Entw. soll überhaupt eine soziale Reform bewirken, so verkennt man vollständig die Aufgabe eines BGB. Ein solches kann nur abschließen, es kann auf eine Entwickelung, die sich bereits vollzogen hat, das Siegel drücken, ihr die plastische Gestalt geben, in welcher das Gesetz erscheinen muss; allein sozialreformatorisch schaffen, das kann kein BGB.“ (Abg. von Cuny, zitiert nach: *Mugdan*, Die gesamten Materialien zum BGB, 1899, S. 862).

3. Aufbau und Inhalt des BGB

11 Das BGB ist, dem Pandektensystem folgend, in fünf Bücher eingeteilt: den Allgemeinen Teil, das Recht der Schuldverhältnisse, das Sachenrecht, das Familienrecht und das Erbrecht.

Der **Allgemeine Teil** (§§ 1–240 BGB) enthält zunächst, der römisch-rechtlichen Einteilung in personae, res, actiones folgend, Vorschriften über natürliche und juristische Personen, Sachen und Rechtsgeschäfte. Daran schließen sich Vorschriften über Fristen und Termine, Anspruchsverjährung, Rechtsausübung und Sicherheitsleistung an.

Das **Schuldrecht** ist in einen Allgemeinen und einen Besonderen Teil untergliedert. Im Allgemeinen Schuldrecht sind allgemeine Regeln über Inhalt und Schicksal der Forderung, insbes. aus einem Vertragsverhältnis, enthalten. Der Besondere Teil regelt sodann einzelne Vertragsverhältnisse, wie Kauf, Schenkung, Miete, und gesetzliche Schuldverhältnisse, wie aus ungerechtfertigter Bereicherung und unerlaubter Handlung.

Das **Sachenrecht** beginnt mit einer Regelung des Besitzes und allgemeinen Vorschriften über die Rechte an Grundstücken, geht dann über zum Eigentum und den damit zusammenhängenden Fragen und stellt diesen die beschränkt dinglichen Rechte (Dienstbarkeiten, Grundpfandrechte, Pfandrechte) gegenüber.

Das **Familienrecht** regelt zunächst die mit der Ehe zusammenhängenden Fragen, wie Eheführung, Ehegüterrecht und Ehescheidung, sodann das Verhältnis der Eltern zu ihren Kindern, die Vormundschaft und die Pflegschaft.

Das **Erbrecht** regelt den Vermögensübergang im Wege der Erbfolge, die entweder auf Grund letztwilliger Verfügung (Testament, Erbvertrag) oder mangels einer solchen kraft Gesetzes eintritt.

4. Sprache und Regelungstechnik des BGB

12 Das BGB ist von Juristen für Juristen gemacht. Seine Verfasser waren um Knappheit des Ausdrucks, Schärfe des Begriffs und Klarheit des Aufbaus bemüht. Dies ging auf Kosten der Allgemeinverständlichkeit und Anschaulichkeit. Kennzeichnend für das BGB ist das Streben nach Abstrahierung und Generalisierung. Hierzu bediente man sich verschiedener Techniken.

13 Die **Bildung abstrakt-genereller Tatbestände.** Im Gegensatz zur sog. kasuistischen Methode (wie sie zB das Preußische Allgemeine Landrecht beherrschte) verzichtete man weitgehend auf die Aufzählung von Einzelfällen, für die eine bestimmte Regelung gelten soll, und normierte stattdessen abstrakt-generelle Tatbestände. Dies wurde ermöglicht und erleichtert durch die Verwendung von Begriffen der juristischen Fachsprache mit feststehendem oder sogar gesetzlich definiertem Inhalt **(Legaldefinitionen).**

Beispiel: V hat dem K einen Bauernhof verkauft und übereignet. Beide streiten jetzt darüber, ob K auch noch den zum Hofe gehörigen Traktor beanspruchen kann. – Zur Lösung solcher und ähnlicher Rechtsfälle hat der Gesetzgeber in § 311c BGB eine abstrakt-generelle Regelung aufgestellt: „Verpflichtet sich jemand zur Veräußerung [...] einer Sache, so erstreckt sich die Verpflichtung im Zweifel auch auf das Zubehör der Sache". Nahezu alle in dieser Norm verwendeten Begriffe sind solche der juristischen Fachsprache, einige davon wie der Begriff der *„Sache"* und des *„Zubehörs"* sogar gesetzlich definiert (vgl. §§ 90, 97 BGB). Zur näheren Erläuterung des Begriffs des „Zubehörs" nahm der Gesetzgeber sogar in § 98 BGB eine kasuistische Aufzählung vor. – Daraus ist auch zu entnehmen, dass der Traktor Zubehör des Bauernhofes ist (§ 98 Nr. 1 BGB) und damit von K beansprucht werden kann.

Die **Herausarbeitung gemeinsamer Regelungen.** Um Wiederholungen zu vermeiden und die Systematik zu fördern, bemühten sich die Gesetzesverfasser, die Gemeinsamkeiten einzelner Regelungsbereiche „vor die Klammer zu ziehen". Dieses logische Aufbauprinzip, dem Besonderen das Allgemeine voranzustellen, wird bereits durch die Voranstellung des Allgemeinen Teils vor die übrigen Bücher des BGB deutlich, durchzieht aber auch die einzelnen Bücher und sogar den Allgemeinen Teil selbst. So entstanden Regelungen von immer höherer Abstraktion und immer breiterer Anwendung. Der Nachteil dieser Technik ist es, dass zur Beurteilung eines Rechtsverhältnisses Normen aus ganz verschiedenen Bereichen heranzuziehen sind, deren Zusammenspiel oft schwer zu erfassen ist. 14

Beispiel: Verkauft Bauer A an den Bauern B einen Traktor, so gelten für die Rechte und Pflichten aus diesem Vertrag insgesamt fünf einander überlagernde Regelungskreise, die jeweils vom Allgemeinen zum Besonderen fortschreiten:
- die Vorschriften über Schuldverhältnisse (§§ 241ff. BGB)
- die Vorschriften über Schuldverhältnisse aus Verträgen (§§ 311ff. BGB)
- die Vorschriften über gegenseitige Verträge (§§ 320ff. BGB)
- die Vorschriften über den Kauf (§§ 433ff. BGB)
- die Vorschriften über die Mängelhaftung beim Kauf (§§ 433 Abs. 1 S. 2, 434ff. BGB).

Die **Verweisung auf andere Vorschriften.** Ein anderes Mittel, Wiederholungen zu vermeiden, ist die Verweisung auf andere Rechtssätze, die in Tatbestand und Rechtsfolge (sog. Rechtsgrundverweisung) oder nur in der Rechtsfolge (sog. Rechtsfolgenverweisung) entsprechende Anwendung finden sollen. Der Nachteil dieser Technik, besonders im Falle von Kettenverweisungen, besteht in der Einbuße an Übersichtlichkeit. 15

Beispiel: § 818 Abs. 4 BGB verweist für die Haftung des Empfängers einer ungerechtfertigten Bereicherung vom Eintritt der Rechtshängigkeit an auf die „allgemeinen Vorschriften". Damit wird auf die Vorschriften des Allgemeinen Schuldrechts Bezug genommen (vgl. BGH NJW 1982, 1585), insbes. aber auf § 292 BGB. Diese Vorschrift verweist ihrerseits wieder auf die „Vorschriften, welche für das Verhältnis zwischen dem Eigentümer und dem Besitzer von dem Eintritt der Rechtshängigkeit des Eigentumsanspruchs an gelten", also die §§ 987ff. BGB.

Der Einsatz von **Fiktion** und **unwiderleglicher *Vermutung*.** Dem gleichen Zweck wie die Verweisung dienen die Fiktion und die unwiderlegliche Vermutung. Die Fiktion stellt bewusst einen Tatbestand einem anderen, davon verschiedenen Tatbestand gleich, um die für diesen geltende Rechtsfolge auch auf jenen zu erstrecken. Die unwiderlegliche Vermutung soll dagegen Zweifel ausschließen, ob ein Tatbestand der Unterfall eines anderen Tatbestandes ist. Die Unterschiede sind fließend, auch bedient sich der Gesetzgeber beide Male des Begriffs „gilt". 16

Beispiel: Nach § 612 Abs. 1 BGB gilt eine Vergütung als stillschweigend vereinbart, wenn die Dienstleistung den Umständen nach nur gegen eine Vergütung zu erwarten ist. Es ist umstritten, ob es sich dabei um eine Fiktion (so *Larenz* SchuldR BT I § 52 I) oder eine unwiderlegliche Vermutung (so Palandt/*Weidenkaff* BGB § 612 Rn. 5) handelt.

17 Die Regelung der **Beweislast.** Das BGB geht unausgesprochen von dem Grundsatz aus, dass jede Partei die für sie günstigen Tatsachen zu beweisen und das Risiko der Beweislosigkeit (Beweislast) zu tragen hat. Will es davon abweichen, stellt es (widerlegliche) *Vermutungen* für das Vorliegen bestimmter Tatsachen auf. Sie sind aus der sprachlichen Fassung der jeweiligen Vorschriften kenntlich.

Beispiel: E entdeckt bei K ein Fahrrad, das er kürzlich dem V verliehen hatte, und verlangt es von ihm heraus. K behauptet, er habe es von V erworben; er habe nicht wissen können, dass es das Fahrrad des E war und habe daher gutgläubig gem. § 932 BGB Eigentum erworben. E bestreitet dies. – Aus der Formulierung des § 932 Abs. 1 BGB („es sei denn") ergibt sich, dass guter Glaube des K vermutet wird und E die Beweislast für die Bösgläubigkeit des K trifft.

5. Inhaltliche Einteilung der Normen des BGB

18 Für das inhaltliche Verständnis der Normen des BGB sind insbes. zwei Unterscheidungen bedeutsam: die Unterscheidung zwischen strengem und billigem und zwischen zwingendem und nachgiebigem Recht.

a) Strenges und billiges Recht

19 **Der betagte Eigenheimbewerber:** Ein Handwerker hatte in vorgerücktem Alter mit einer Wohnungsbaugenossenschaft einen „Kaufanwärtervertrag" geschlossen, wobei aus „Kostengründen" auf die notarielle Beurkundung verzichtet worden war. Obwohl der Handwerker bereits mehrere Jahre in dem gekauften Eigenheim gewohnt und den größten Teil des Kaufpreises bereits bezahlt hatte, war die Übereignung (gem. §§ 873, 925 BGB) noch nicht vollzogen worden. Seiner Klage auf Übereignung hielt die Genossenschaft die Formnichtigkeit des Kaufvertrages entgegen (nach BGH NJW 1972, 1189).

20 Rechtsnormen, die der Rechtssicherheit und -klarheit dienen sollen, bezeichnet man als **strenges** Recht *(ius strictum);* Rechtsnormen, die eine gerechte Lösung des Einzelfalls ermöglichen sollen, bezeichnet man als **billiges** Recht *(ius aequum).* Das strenge Recht beugt Streitigkeiten vor und erleichtert und vereinfacht die Entscheidung. Der Preis dafür ist die Unbilligkeit der Regelung im Einzelfall.

Beispiel: Die Vorschriften über die *beschränkte Geschäftsfähigkeit* von Jugendlichen (§§ 2, 106ff. BGB) dienen ihrem Schutz, da sie möglicherweise die Vor- und Nachteile von Verträgen noch nicht richtig beurteilen können. Im Interesse der Rechtssicherheit knüpfen diese Vorschriften aber an starre Altersgrenzen (7. bis 18. Lebensjahr) und nicht an die Urteilsfähigkeit des Jugendlichen im Einzelfall an. Denn das Alter lässt sich leicht feststellen, nicht dagegen die erforderliche Reife.

Das billige Recht ermöglicht die sachgerechte Entscheidung durch Berücksichtigung der Umstände des konkreten Falles und der widerstreitenden Interessen. Besonders deutlich kommt dies in § 314 Abs. 1 BGB zum Ausdruck. Danach ist ein Dauerschuldverhältnis fristlos kündbar, „wenn dem kündigenden Teil unter Berücksichtigung aller Umstände des Einzelfalls und unter Abwägung der beiderseitigen Interessen die Fortsetzung des Vertragsverhältnisses bis zur vereinbarten Beendigung oder bis zum Ablauf einer Kündigungsfrist nicht zugemutet werden kann." Der Preis der Billigkeit ist die mangelnde Berechenbarkeit der richterlichen Entscheidung und die Vermehrung von Rechtsstreitigkeiten.

Beispiele für billiges Recht enthalten neben dem erwähnten § 314 Abs. 1 BGB die § 253 („billige Entschädigung"), § 315 BGB („billiges Ermessen"), § 343 BGB („angemessener Betrag"), § 573 BGB („berechtigtes Interesse"), § 829 BGB („Billigkeit"), §§ 281, 323 BGB („angemessene Frist") und vor allem die Generalklauseln von „Treu und Glauben" (§§ 157, 242 BGB) und der „guten Sitten" (§§ 138, 826 BGB).

Das BGB enthält im Großen und Ganzen eine ausgewogene Mischung beider Regelungsmuster. Ein wichtiges Instrument, strengrechtliche Regelungen aufzulockern, ist dabei die *Generalklausel* von *Treu und Glauben* (§ 242 BGB). 21

Im Falle des *betagten Eigenheimbewerbers* hatte der BGH (NJW 1972, 1189) die (strengrechtliche) Rechtsfolge der Nichtigkeit des Kaufvertrages gem. § 125 S. 1 BGB wegen Verstoßes gegen § 311b Abs. 1 S. 1 BGB (früher: § 313 BGB aF) mit Hilfe des § 242 BGB durchbrochen und Wirksamkeit des Kaufvertrages angenommen: die Folgen der Nichtigkeit (uU Verpflichtung, das Haus wieder zu räumen; Geldentwertung) seien für den Eigenheimbewerber schlechthin untragbar gewesen.

b) Zwingendes und dispositives Recht; Auslegungsregeln

Die Schönheitsreparaturen-Klausel: Der Vermieter V verwendet in seinen Mietvertragsformularen die Klausel „Die Schönheitsreparaturen werden vom Mieter getragen." Der Mieter M möchte wissen, ob diese Klausel wirksam ist (nach BGHZ 92, 363). 22

Der Unterschied zwischen **zwingendem** Recht *(ius cogens)* und **dispositivem** Recht *(ius dispositivum)* bezieht sich auf den Grundsatz der Privatautonomie, der Freiheit des einzelnen also, seine Rechtsbeziehungen selbstverantwortlich zu gestalten. Diese Freiheit kann mit Rücksicht auf die schutzwürdigen Interessen anderer oder der Allgemeinheit nicht uneingeschränkt gewährt werden. Rechtsnormen, deren Geltung nicht durch Rechtsgeschäft abbedungen werden kann, sind *zwingendes Recht.* Ob eine Rechtsnorm zwingend ist, ergibt sich aus ihrem Wortlaut oder Zweck (Auslegung!). Die meisten Normen des Sachen-, Familien- und Erbrechts sind zwingend, in geringerem Umfang auch Normen des Schuldrechts (vgl. zB § 311b BGB). Vielfach legt das BGB ausdrücklich fest, dass bestimmte Vereinbarungen, durch die von gesetzlichen Vorschriften abgewichen wird, nichtig sind oder die davon begünstigte Partei sich nicht darauf berufen kann (vgl. zB §§ 444, 475 Abs. 1 S. 1, 536d, 619 BGB). Als *halbzwingend* bezeichnet man Normen, von denen nicht zum Nachteil, wohl aber zum Vorteil einer Partei abgewichen werden darf (vgl. §§ 312f., 651m S. 1 BGB). 23

Rechtsnormen, deren Geltung von den Beteiligten abbedungen werden kann, sind *dispositiven Rechts.* Die Masse der schuldrechtlichen Vorschriften ist dispositiv. Ihre Funktion besteht darin, eine interessengerechte Vertragsordnung zur Verfügung zu stellen und so den Parteien die Last abzunehmen, für alle Eventualitäten der Vertragsdurchführung Vereinbarungen treffen zu müssen. Sie sollen aber nicht im Wege stehen, wenn die Parteien für ihre besonderen Bedürfnisse und Interessen eine andere Regelung treffen wollen. 24

Die Abdingbarkeit kann jedoch nicht uneingeschränkt sein. Andernfalls hätte es eine wirtschaftlich oder intellektuell überlegene Partei in der Hand, die andere Partei zu übervorteilen und zu benachteiligen. Diese gerade bei der Verwendung von **Allgemeinen Geschäftsbedingungen** (AGB) bestehende Gefahr ist vom Gesetzgeber (vgl. §§ 305ff., 307ff. BGB) erkannt worden. Dem dispositiven Recht wird, soweit ihm Gerechtigkeits- und nicht nur Zweckmäßigkeitserwägungen zugrunde liegen, **Ordnungs-** und **Leitbildfunktion** zuerkannt (vgl. § 307 Abs. 2 Nr. 1 BGB). Eine Abweichung in AGB ist deshalb nur zulässig, wenn der Verwender der AGB ausnahmsweise 25 überwiegende, auch bei voller Würdigung der Interessen des Kunden berechtigte Gründe dartun kann.

Im Fall der *Schönheitsreparaturen-Klausel* handelt es sich um eine Allgemeine Geschäftsbedingung iSv § 305 Abs. 1 S. 1 BGB, da sie in einer Vielzahl von Verträgen verwendet wird. Daher unterliegt sie der sog. Inhaltskontrolle (näher → § 16 Rn. 28ff.) ua nach § 307 Abs. 1 S. 1 BGB. Danach ist eine Bestimmung in AGB unwirksam, wenn sie den Vertragspartner des Verwenders entgegen den Geboten von Treu und Glauben unangemessen benachteiligt. Nach § 307 Abs. 2 Nr. 1 BGB ist eine unangemessene Benachteiligung im Zweifel anzunehmen, wenn eine Bestimmung „mit wesentlichen Grundgedanken der gesetzlichen Regelung, von der abgewichen wird, nicht zu vereinbaren ist". Die fragliche Klausel weicht hier in der Tat von einem wesentlichen Grundgedanken der gesetzlichen Regelung ab. Denn § 535 Abs. 1 S. 2 BGB sieht als Hauptpflicht des Vermieters vor, dass er die Mietsache auch während der Mietzeit in einem zum vertragsgemäßen Gebrauch geeigneten Zustand zu erhalten hat, und unter diese Erhaltungspflichten fallen auch Schönheitsreparaturen. Allerdings ist eine unangemessene Benachteiligung nur „im Zweifel" anzunehmen. Es ist daher eine Interessenabwägung vorzunehmen. Sie führt hier dazu, dass eine unangemessene Benachteiligung zu verneinen ist, weil die Abwälzung der Schönheitsreparaturen auf den Mieter Verkehrssitte geworden ist und dieser Kostenfaktor im Allgemeinen bei der Kalkulation der Miete berücksichtigt wird. Die Klausel ist auch, obwohl auslegungsbedürftig (was fällt im Einzelnen unter den Begriff der Schönheitsreparaturen und wie oft sind sie vorzunehmen?), klar und verständlich iSv § 307 Abs. 1 S. 2 BGB. Sie ist daher wirksam (vgl. BGHZ 92, 363 (368f.); BGH NJW 2014, 1444 Rn. 19).

26 In engem Zusammenhang mit dem nachgiebigen Recht stehen die **Auslegungsvorschriften.** Beide wollen den mutmaßlichen Parteiwillen verwirklichen, haben aber unterschiedliche Anknüpfungspunkte. Die Auslegungsregeln knüpfen an eine Parteivereinbarung an, deren Inhalt in einem bestimmten Punkt zweifelhaft ist und geben der Vereinbarung für diesen Fall einen bestimmten Sinn. Das nachgiebige bzw. ergänzende Recht knüpft an eine Vereinbarung an, die einen bestimmten Punkt nicht geregelt hat und füllt diese Lücke aus.

Beispiel: § 722 BGB regelt die Gewinn- und Verlustbeteiligung bei einer Gesellschaft: Abs. 1 ist eine nachgiebige (ergänzende) Vorschrift, Abs. 2 eine Auslegungsregel.

II. Die Fortentwicklung des bürgerlichen Rechts

1. Das Kaiserreich

27 Rechtsprechung und Rechtswissenschaft standen zunächst im Banne der neuen Kodifikation, deren Systematik erst erarbeitet und deren Anwendungsbereich erst ausgeschöpft werden musste. Bei der Auslegung des Gesetzes war zunächst noch die Methode des begrifflichen Positivismus, der den Rechtsstoff in einem begrifflichen System zu erfassen und die Entscheidungen aus dem Begriff und Wortlaut logisch abzuleiten suchte, führend. Diese **„Begriffsjurisprudenz"** wurde allmählich durch die **„Interessenjurisprudenz"** (Hauptvertreter: *Philipp Heck*) abgelöst, die den Blick auf die hinter dem Wortlaut und der begrifflichen Fassung des Gesetzes stehende *Interessenbewertung* lenkte und sie zur Richtschnur der Gesetzesauslegung machte. Ihre Weiterentwicklung zur **„Wertungsjurisprudenz"** *(Karl Larenz, Harry Westermann)* in den 50er Jahren bestimmt noch heute, trotz mancherlei Kritik, die Rechtsprechung.

Im Laufe der Zeit ergingen zu den einzelnen Vorschriften immer mehr Entscheidungen, die deren Inhalt prägten. Neben den Gesetzeswortlaut trat zunehmend das Fallrecht. Lücken der Kodifikation gaben Anlass zur Rechtsfortbildung. So wurde etwa im Bereich der Leistungsstörungen das Rechtsinstitut der **„positiven Vertragsverletzung"** (*Hermann Staub;* jetzt aufgegangen in § 280 BGB) und im Bereich des Deliktsrechts das **„Recht am eingerichteten und ausgeübten Gewerbebetrieb“** und die **„vorbeugende Unterlassungsklage“** entwickelt.

Die Erfordernisse der Kriegswirtschaft im Ersten Weltkrieg brachten schwerwiegende Eingriffe in die Eigentums- und Vertragsfreiheit. *„Kontrahierungszwang und diktierter Vertrag“* wurden zu Instrumenten der Lenkung des privaten Wirtschaftslebens.

2. Die Weimarer Republik

Die wirtschaftliche und soziale Not nach dem Ersten Weltkrieg erzwang in der Wei- 28
marer Republik gesetzgeberische Änderungen auf dem Gebiet des Miet-, Arbeits- und Grundstücksrechts. Insbes. das Arbeitsrecht verselbständigte sich zu einem eigenständigen Rechtsgebiet.

In der Rechtsprechung versuchte man vor allem mit Hilfe der Generalklauseln den veränderten wirtschaftlichen Verhältnissen gerecht zu werden. Der Grundsatz von **„Treu und Glauben“** wurde zur beherrschenden Norm des gesamten bürgerlichen Rechts. Gestützt auf § 242 BGB und die daraus entwickelte **„Lehre von der Geschäftsgrundlage“** (*Paul Oertmann;* jetzt geregelt in § 313 BGB) wurde der missbräuchlichen Ausnutzung der Geldentwertung (Inflation der Nachkriegsjahre) ein Riegel vorgeschoben: die Gläubiger konnten nicht mehr nach dem Grundsatz „Mark gleich Mark“ mit wertlosem Papiergeld abgespeist werden *(Aufwertungsrechtsprechung).*

3. Die nationalsozialistische Herrschaft

Die 1933 zur Macht gelangte nationalsozialistische Bewegung trachtete danach, Staat 29
und Recht auf der Grundlage des Gemeinschafts- und Rassegedankens radikal umzugestalten.

Damit war auch dem auf dem Boden des Liberalismus und Individualismus stehenden BGB der Kampf angesagt. Begrifflichkeit und Abstraktion des Systems des bürgerlichen Rechts boten zusätzliche Angriffspunkte. Zahlreiche Vertreter der Rechtswissenschaft stellten sich in den Dienst der Aufgabe einer „Erneuerung des Bürgerlichen Rechts“. Schlagwort jener Zeit war das „konkrete Ordnungsdenken“: An die Stelle abstrakter Begriffe und lebensfremder Systematik sollten konkrete Sinnzusammenhänge und natürliche Lebensordnungen treten. Vorarbeiten zu einem Volksgesetzbuch, das das BGB ablösen sollte, waren weit gediehen, kamen aber während des Zweiten Weltkrieges zum Erliegen.

Wenngleich das BGB fortgalt, waren doch die Richter aufgefordert, das alte Recht im Geiste der nationalsozialistischen Weltanschauung auszulegen und anzuwenden, wozu in besonderem Maße die Generalklauseln („gute Sitten“, „Treu und Glauben“, „wichtiger Grund“) Gelegenheit gaben. Grundtendenz war dabei die Betonung der Pflichtstellung des Einzelnen gegenüber dem Volksganzen, die im Einzelfall auch die Entrechtung bestimmter Personengruppen ermöglichte. IÜ traten die Berücksichtigung des Einzelfalles, der Ausgleichsgedanke und die richterliche Gestaltung im bürgerlichen Recht noch stärker in den Vordergrund als bisher. Auf dem Gebiet des Vermögensrechts blieb das materielle Recht im Wesentlichen unangetastet; jedoch lockerten das Vollstreckungsrecht und die richterliche Vertragshilfe das strenge Recht auf. Die zunehmende staatliche Lenkung des Produktions- und Verteilungsprozesses ließen allerdings die Privatautonomie und damit die faktische Geltung des bürgerlichen Rechts stark in den Hintergrund treten.

Gesetzgeberische Eingriffe in das bürgerliche Recht erfolgten vor allem im Bereich des Familien- und Erbrechts. Dabei wurden auch berechtigte Reformanliegen aufgegriffen, wenngleich im nationalsozialistischen Sinne gelöst (zB Reichserbhofgesetz, Ehegesetz, Testamentsgesetz). Das dunkelste Kapitel bildeten die Gesetze zur Verhütung erbkranken Nachwuchses und zum Schutze des deutschen Blutes, sowie die sukzessive Einschränkung der Rechtsfähigkeit der Juden und anderer ethnischer Gruppen.

4. Die Besatzungszeit

30 Nach dem Zusammenbruch griffen die Besatzungsmächte auch in das bürgerliche Recht ein: Nationalsozialistische Gesetze wurden aufgehoben und alle Bestimmungen, die der Gleichheit vor dem Gesetz widersprachen, beseitigt („Kontrollratsgesetze").

Die Trennung von West- und Ostdeutschland ließ zunächst das bürgerliche Recht unberührt; auf Grund der unterschiedlichen politischen und weltanschaulichen Entwicklung gingen jedoch die Rechtshandhabung und schließlich auch die Gesetzgebung auseinander.

5. Die Entwicklung in der ehemaligen DDR

31 Die Entwicklung des Zivilrechts in der DDR war getragen vom Gedanken der Loslösung vom BGB. Nachdem zunächst Teilbereiche, wie das Familienrecht im Familiengesetzbuch von 1965 und das Arbeitsrecht im Arbeitsgesetzbuch in der Fassung von 1966, kodifiziert worden waren, trat am 1.1.1976 das neue Zivilgesetzbuch (ZGB) vom 19.6.1975 in Kraft und verdrängte damit das BGB.

Das ZGB verstand sich als Teil einer einheitlichen sozialistischen Rechtsordnung. Es sollte „die Übereinstimmung der individuellen und kollektiven Interessen mit den gesellschaftlichen Erfordernissen" sichern (§ 2 ZGB). Zugleich sollte das ZGB als Leitungsinstrument des sozialistischen Staates fungieren. Insbes. sollte der Vertrag als Gestaltungsmittel zur planmäßigen Versorgung der Bevölkerung mit Waren und Dienstleistungen dienen.

Durch den Beitritt der DDR zur Bundesrepublik zum 3.10.1990 wurde die Rechtseinheit auf dem Gebiet des Privatrechts weitgehend wiederhergestellt (vgl. Art. 230 Abs. 2 EGBGB). Allerdings gelten für das Gebiet der ehemaligen DDR die Übergangsbestimmungen der Art. 230–236 EGBGB.

6. Die Entwicklung in der Bundesrepublik

a) Die Bedeutung des Grundgesetzes

32 Die Entwicklung des bürgerlichen Rechts in der Bundesrepublik ist durch seine *Ausrichtung auf die Wertordnung des* **Grundgesetzes** geprägt. Diese Wertordnung, niedergelegt in den Grundrechtsartikeln und im Bekenntnis zum Rechts- und Sozialstaat, wurde zum verbindlichen Bewertungsmaßstab für die Fortgeltung, Auslegung und Fortbildung des bürgerlichen Rechts.

Im Wesentlichen bestätigte das Grundgesetz zwar die vorgefundene Ordnung des bürgerlichen Rechts und versah ihre Fundamente, die Vertragsfreiheit, das freie Eigentum und Erbrecht mit der Wesensgehaltsgarantie. Zugleich aber betonte es deren soziale Pflichtbindung.

Als unvereinbar mit der Wertordnung des Grundgesetzes erwiesen sich jedoch ua viele patriarchalische und konservative Regelungen des Ehe- und Familienrechts (vgl. BVerfGE 72, 155). IÜ erfolgte die Ausrichtung des bürgerlichen Rechts auf das Grundgesetz im Wege der **„verfassungskonformen Auslegung“.** Vor allem die unbestimmten Rechtsbegriffe und Generalklauseln erfuhren von den Wertungen des Grundgesetzes eine inhaltliche Konkretisierung und inhaltliche Neubestimmung **(„mittelbare Drittwirkung der Grundrechte“).** Im Bereich der Gesetzeslücken wurde dem Richter die Befugnis zugestanden, durch *„richterliche Rechtsfortbildung“* die Wertordnung des Grundgesetzes rechtsschöpferisch zu verwirklichen. In jüngster Zeit belebt sich die Diskussion über den Einfluss des Grundgesetzes auf das Privatrecht. Dabei wird auf die Funktion der Grundrechte als *„Eingriffsverbote“* und *„Schutzgebote“* hingewiesen, die der Gesetzgeber und der Richter bei der Gestaltung und Anwendung des Privatrechts zu berücksichtigen habe. Davon zu unterscheiden ist die Frage, ob es sinnvoll ist, dass das BVerfG zunehmend Detailfragen der Gesetzesanwendung durch die Gerichte entscheidet. 33

b) Die Rechtsentwicklung auf einzelnen Gebieten

Im **Allgemeinen Teil** und **Schuldrecht** stand in den letzten Jahrzehnten der Schutz der Persönlichkeit, vor allem aber der Schutz des wirtschaftlich Schwächeren, insbes. des **Verbrauchers** (§ 13 BGB), im Vordergrund. Die Rechtsprechung nutzte beispielsweise die Generalklausel des § 138 BGB, um übermäßig belastende Kredit- und Kreditsicherungsverträge zu verbieten. Durch den Ausbau der *Vertrauenshaftung* wurden Lücken der Vertragshaftung geschlossen. Die Unzulänglichkeit der deliktischen Haftung für Hilfspersonen (§ 831 BGB) war Anlass zur Entwicklung der *culpa in contrahendo* und des *Vertrags mit Schutzwirkung für Dritte.* Das Deliktsrecht selbst wurde durch die zunehmende Anerkennung von „Verkehrspflichten“ und durch Einführung einer Beweislastumkehr bei der *Produzentenhaftung* gestärkt. Der Gesetzgeber trat – in Umsetzung von gemeinschafts- bzw. unionsrechtlichen Richtlinien – mit einer Reihe von verbraucherschützenden Regelungen, insbes. in den Bereichen des Reiserechts, des Warenabsatzes, der Verbraucherkredite und der Produkthaftung hervor. Eine besonders wichtige Neuerung war der Schutz vor unangemessenen *Allgemeinen Geschäftsbedingungen.* Mit dem *Schuldrechtsmodernisierungsgesetz* vom 26.11.2001 wurde nicht nur das Recht der *Mängelhaftung* tiefgreifend reformiert, sondern zugleich das gesamte *Verjährungs-* und *Leistungsstörungsrecht* neu konzipiert. Zusätzlich wurden von der Rechtsprechung ausgeformte Rechtsinstitute, wie etwa die *culpa in contrahendo* in § 311 Abs. 2 BGB, der *Vertrag mit Schutzwirkung für Dritte* in § 311 Abs. 3 BGB, die *Störung der Geschäftsgrundlage* in § 313 BGB, kodifiziert. Außerdem wurden Rechtsmaterien, die zuvor in Spezialgesetzen geregelt waren, in das BGB überführt (vgl. §§ 305 ff. BGB; §§ 312 ff. BGB; §§ 481 ff. BGB; §§ 491 ff. BGB). 34

Im **Sachenrecht** ermöglichte das Wohnungseigentumsgesetz breiten Bevölkerungsschichten den Erwerb eigener Wohnungen. Den Bedürfnissen der Wirtschaft bei der Kreditsicherung diente die Ausformung eines **„Anwartschaftsrechts“** beim Kauf unter Eigentumsvorbehalt und die Anerkennung der **„Sicherungsübereignung“** und sonstiger Formen dinglicher Sicherheiten. Eine gesetzliche Neuregelung des Rechts der Mobiliarsicherheiten ist in der Diskussion. 35

36 Im **Familienrecht** kam es zu tiefgreifenden Reformen mit dem Ziel, die vom Grundgesetz gebotene **Gleichberechtigung von Mann und Frau** (Art. 3 Abs. 2 GG) zu verwirklichen. Das Ehe- und Kindschaftsrecht wurde zeitgemäß, zuletzt im Jahre 1998 fortentwickelt. Auch der Verfassungsauftrag zur **Gleichstellung von ehelichen und unehelichen Kindern** (Art. 6 Abs. 5 GG) wurde sukzessive erfüllt. Durch das Lebenspartnerschaftsgesetz von 2001 wurde die **Lebenspartnerschaft** als rechtlich anerkannte Form des Zusammenlebens von Personen gleichen Geschlechts geschaffen. Seit 2017 kann auch eine **Ehe** von Personen des gleichen Geschlechts geschlossen werden (§ 1353 Abs. 1 BGB). Die Rechtsstellung behinderter und psychisch kranker Menschen wurde ua durch Abschaffung der Entmündigung und Ersetzung der Vormundschaft und Gebrechlichkeitspflegschaft durch das Rechtsinstitut der **Betreuung** verbessert.

7. Der Einfluss des Unionsrechts auf das Bürgerliche Recht

a) Die Rechtsangleichung als Ziel der Union

37 Zunehmend wird die Fortentwicklung des Bürgerlichen Rechts durch das Recht der Europäischen Union (früher: Europäische Gemeinschaft) gesteuert. Denn zu den Zielen der Union gehört die Angleichung der innerstaatlichen Rechtsvorschriften, soweit dies für das Funktionieren des Binnenmarkts erforderlich ist. Die Angleichung soll den Austausch von Gütern innerhalb der Europäischen Union erleichtern und einen Binnenmarkt schaffen.

b) Die Mittel der Rechtsangleichung

38 Mittel der Rechtsangleichung („Harmonisierung") sind die Verordnung und die Richtlinie.

aa) Die Verordnung

Die Verordnung gilt gemäß Art. 288 Abs. 2 AEUV in jedem Mitgliedstaat unmittelbar und bedarf keines weiteren Umsetzungsakts. Sie wird vergleichsweise selten als Instrument der Rechtsangleichung benutzt. Beispiele sind die VO über die Europäische Wirtschaftliche Interessenvereinigung (EWIV) als einer unionsrechtlichen Gesellschaftsform und die Datenschutzgrundverordnung (DS-GVO).

bb) Die Richtlinie

Das hauptsächliche Instrument der Rechtsangleichung ist vielmehr die Richtlinie. Sie hat im Gegensatz zur Verordnung zunächst keine unmittelbare innerstaatliche Wirkung, muss vielmehr erst durch den nationalen Gesetzgeber in das innerstaatliche Recht umgesetzt werden. Der Gesetzgeber ist bei der Umsetzung an das durch die Richtlinie vorgegebene Ziel gebunden, hat jedoch einen Ermessensspielraum, wie er die Richtlinie umsetzt (vgl. Art. 288 Abs. 3 AEUV). Dem nationalen Gesetzgeber steht es beispielsweise frei, ob er die Vorgaben der Richtlinie in ein bereits bestehendes Gesetz einbaut oder ein eigenständiges Gesetz verabschiedet. Auch ist er nicht an die Formulierung der Richtlinie gebunden.

c) Der Einfluss der Richtlinien auf das Bürgerliche Recht

39 Im Bereich des Bürgerlichen Rechts hatten und haben die Richtlinien der Union vor allem das Ziel einer Rechtsangleichung beim **Verbraucherschutz.** Aus jüngster Zeit ist

vor allem die *Verbraucherrechterichtlinie 2011/83/EU* zu nennen, durch die die Pflichten des Unternehmers und die Rechte des Verbrauchers bei **Verbraucherverträgen** (§ 310 Abs. 3 BGB) geregelt wurden (vgl. ua §§ 312ff., 355ff. BGB). Auch das Recht der Allgemeinen Geschäftsbedingungen (§§ 305ff. BGB) geht auf eine EU-Richtlinie zurück, die *Richtlinie über missbräuchliche Klauseln in Verbraucherverträgen 13/93/EWG*. Sonstige Änderungen des BGB, zB das Reisevertragsrecht (§§ 651a ff. BGB) und das Bankrecht (§§ 675a ff. BGB), beruhen ebenfalls auf EU-Richtlinien. Die *Richtlinie über den Verbrauchsgüterkauf* wurde gleichfalls iRd Schuldrechtsmodernisierung umgesetzt (vgl. §§ 434ff., 474ff. BGB).

d) Die richtlinienkonforme Auslegung

Würde die Auslegung des nationalen Rechts, welches auf Richtlinien beruht, den Mitgliedstaaten überlassen werden, bestünde die Gefahr einer unterschiedlichen Auslegung in den einzelnen Mitgliedstaaten. Das Ziel einer Harmonisierung durch Richtlinien könnte so nicht vollständig erreicht werden. Daher ist das auf einer Richtlinie beruhende nationale Recht so weit wie möglich im Lichte des Wortlauts und Zwecks der Richtlinie auszulegen, um das mit der Richtlinie verfolgte Ziel zu erreichen (Gebot der **richtlinienkonformen Auslegung**; dazu EuGH WRP 2017, 31 Rn. 32f – Canal Digital Danmark; BGH NJW 2014, 2646 Rn. 20; 2016, 1718 Rn. 36; *Herresthal* JuS 2014, 289). In diesem Zusammenhang bedeutet Auslegung mehr als bloße Auslegung im engeren Sinne und erfasst auch die Fortbildung des Rechts im Wege der Analogie und der teleologischen Reduktion. Eine Grenze setzt insoweit nur das grundsätzliche Verbot der Rechtsfortbildung *contra legem* (EuGH NJW 2006, 2465 Rn. 110; BVerfG NJW 2012, 669 Rn. 45ff.). 40

Die Richtlinie kann jedoch ihrerseits auslegungsbedürftig sein. Die Auslegung erfolgt einheitlich und autonom. Um zu einer einheitlichen Auslegung der Richtlinie zu gelangen, gibt es das Verfahren der Vorabentscheidung durch den Europäischen Gerichtshof (EuGH) nach Art. 267 Abs. 2 und 3 AEUV. Die nationalen Gerichte können (Art. 267 Abs. 2 AEUV), und müssen (Art. 267 Abs. 3 AEUV) gegebenenfalls, in einem Rechtsstreit eine Frage zur Auslegung der Richtlinie dem Gerichtshof vorlegen. Die Vorlagepflicht entfällt nur, wenn unzweifelhaft nur eine einzige Auslegung möglich ist (*acte clair*-Doktrin) oder die Vorlagefrage bereits vom Gerichtshof in einem anderen Verfahren beantwortet wurde. Anhand der Entscheidung des Gerichtshofs kann das nationale Gericht die maßgebliche innerstaatliche Norm richtlinienkonform auslegen und den Rechtsstreit durch ein Urteil abschließen. Hingegen kann das nationale Gericht den EuGH nicht fragen, wie die innerstaatliche Norm auszulegen ist. Der EuGH hat gemäß Art. 267 Abs. 1 AEUV nur die Kompetenz, Unionsrecht auszulegen, nicht auch Vorschriften des nationalen Rechts. Die Auslegung von Richtlinien und Verordnungen hat sich nach der Rechtsprechung des EuGH am Wortlaut und Zweck der jeweiligen Regelung unter Berücksichtigung des systematischen Zusammenhangs zu orientieren, wobei auch die Erwägungsgründe heranzuziehen sind (EuGH NJW 2013, 922 Rn. 28). Dabei sind allerdings im Grundsatz alle Sprachfassungen (derzeit über 20) gleichrangig zu berücksichtigen, was zu zusätzlichen Auslegungsschwierigkeiten führen kann.

e) Fehlerhafte Umsetzung einer Richtlinie

41 Wird eine Richtlinie nicht innerhalb der vom europäischen Gesetzgeber vorgegebenen Frist oder unzutreffend in das nationale Recht umgesetzt, so haben die Vorschriften einer Richtlinie ausnahmsweise unmittelbare Wirkung. Voraussetzung hierfür ist, dass die Vorschriften der Richtlinie *erstens* rechtliche Beziehungen zwischen der öffentlichen Hand und dem Einzelnen regeln. *Zweitens* müssen die Richtlinienvorschriften von ihrem Inhalt her unbedingt und hinreichend bestimmt sein, um im Einzelfall angewendet zu werden. Die unmittelbare Wirkung einer Richtlinienbestimmung setzt nicht die Existenz eines subjektiven öffentlichen Rechts voraus (EuGH EuZW 1995, 743 Rn. 24ff., str.). Im Verhältnis Privater untereinander entfalten Richtlinien nach hM keine unmittelbare Wirkung.

Ungeachtet einer unmittelbaren Richtlinienwirkung (EuGH EuZW 1996, 206f. Rn. 20ff., str.) hat jeder Einzelne die Möglichkeit, für Nachteile, die er auf Grund einer unzutreffenden Umsetzung oder der Nichtumsetzung einer Richtlinie erlitten hat, gegenüber der öffentlichen Hand einen Schadensersatzanspruch geltend zu machen. Grundlage dieses ungeschriebenen Staatshaftungsanspruchs ist das Unionsrecht (BGHZ 134, 30).

f) Der Einfluss des AEUV auf das Bürgerliche Recht

42 Auch die Grundfreiheiten des AEUV (Vertrag über die Arbeitsweise der Europäischen Union), die einen freien Waren-, Dienstleistungs-, Personen- und Kapitalverkehr zwischen den einzelnen Mitgliedstaaten herstellen sollen, wirken auf das Bürgerliche Recht ein. Ein Beispiel mag dies verdeutlichen.

Nach § 239 Abs. 1 BGB ist ein Bürge nur dann tauglich, wenn er seinen allgemeinen Gerichtsstand im Inland hat. Diese Norm diskriminiert mittelbar Angehörige anderer Mitgliedstaaten und verstößt daher gegen die Dienstleistungsfreiheit iSv Art. 56 AEUV. Nach der Lehre vom Anwendungsvorrang des Unionsrechts gegenüber dem nationalen Recht darf eine innerstaatliche Norm nicht mehr angewendet werden, wenn die verletzte Unionsnorm unmittelbare Wirkung hat. Die Vorschriften der Grundfreiheiten sind unmittelbar anwendbar, dh sie müssen im innerstaatlichen Recht als normativer Maßstab herangezogen werden. Daher muss § 239 Abs. 1 BGB im Wege der unionsrechtskonformen Auslegung auch für Bürgen gelten, die ihren allgemeinen Gerichtsstand innerhalb der EU haben (vgl. Palandt/*Ellenberger* BGB § 239 Rn. 1).

g) Künftiges Europäisches Zivilgesetzbuch

43 Bereits 1989 und 1994 hat das Europäische Parlament die Organe der Europäischen Gemeinschaft aufgefordert, Vorbereitungen für die Schaffung eines europäischen Zivilgesetzbuches zu treffen. Vorarbeiten dazu sind im Gange. Insbes. in der Wissenschaft werden die Inhalte eines derartigen Gesetzbuches rege diskutiert (dazu Palandt/*Ellenberger* BGB Einl. Rn. 33). Derzeit liegt ein von einer Expertengruppe geschaffener *Draft Common Frame of Reference (DCRF)* vor, der möglicherweise die Grundlage für ein optionales europäisches Vertragsrecht bilden wird. Bis zu einer Ersetzung der nationalen Zivilrechtsordnungen durch ein einheitliches europäisches Zivilgesetzbuch werden aber sicherlich noch Jahre vergehen.

III. Der Geltungsbereich des Bürgerlichen Gesetzbuchs

Das BGB (mit Nebengesetzen) ist grds. auf alle bürgerlich-rechtlichen Streitigkeiten anzuwenden. Jedoch ist sein Geltungsbereich sachlich (im Verhältnis zum Landesprivatrecht), zeitlich (im Verhältnis zu früher geltendem Privatrecht) und räumlich (im Verhältnis zum ausländischen Privatrecht) begrenzt. Bestimmungen hierüber enthält das Einführungsgesetz zum BGB (EGBGB). 44

1. Der sachliche Geltungsbereich

Das BGB als Bundesrecht hat nach Art. 31 GG Vorrang gegenüber entgegenstehendem Landesprivatrecht (Bundesrecht bricht Landesrecht). Zwar steht den Ländern grds. die Gesetzgebungsbefugnis auf dem Gebiet des bürgerlichen Rechts zu (vgl. dazu BVerfG NJW 1983, 25 – Staatshaftung), solange und soweit der Bund von seinem Gesetzgebungsrecht keinen Gebrauch gemacht hat (Art. 72 Abs. 1, 74 Nr. 1 GG). Jedoch ist durch das BGB das bürgerliche Recht zusammenfassend geregelt worden, so dass für die Landesgesetzgebung nur insoweit Raum geblieben ist, als das EGBGB selbst Ausnahmen zugelassen hat (vgl. Art. 55–152 EGBGB). Heute sind den Ländern noch einzelne Rechtsmaterien, insbes. auf dem Gebiet des Grundstücksrechts, zur Regelung verblieben. Hierzu sind die Ausführungsgesetze der Länder zum BGB ergangen. 45

2. Der zeitliche Geltungsbereich

Das BGB löste mit seinem Inkrafttreten am 1. 1. 1900 das bis dahin geltende, weithin landesrechtlich geregelte Privatrecht ab. Die Frage nach seiner Geltung für die vor diesem Zeitpunkt entstandenen Rechtsverhältnisse stellt sich heute nicht mehr. Wohl aber stellte sich die Frage nach dem Beitritt der DDR zur Bundesrepublik und der Erstreckung des BGB auf das Gebiet der DDR. Hierfür wurden Übergangsvorschriften (Art. 230 ff. EGBGB) geschaffen. 46

3. Der räumliche Geltungsbereich

Die Anwendung des deutschen bürgerlichen Rechts auf einen Sachverhalt kann dann zweifelhaft sein, wenn er eine sog. *Auslandsberührung* aufweist. So etwa, wenn ein Beteiligter seinen Wohnsitz im Ausland hat oder ausländischer Staatsangehöriger ist oder wenn ein Vertrag im Ausland geschlossen oder erfüllt wird. Ob und inwieweit in solchen Fällen die Sachnormen des deutschen oder des ausländischen Rechts zur Anwendung kommen, bestimmt sich nach den Normen des **Internationalen Privatrechts** (IPR). Das IPR enthält also **Kollisionsnormen,** die das in der Sache anzuwendende Recht, das sog. **Sachstatut** festlegen. Trotz der missverständlichen Bezeichnung ist das IPR in weiten Bereichen noch einzelstaatliches und daher von Staat zu Staat verschiedenes Recht. Das deutsche IPR ist in den Art. 3–49 EGBGB geregelt. Weitere Rechtsquellen bilden die Staatsverträge. Allerdings tritt das deutsche IPR hinter dem IPR der Europäischen Union zurück. Insbes. ist durch die Rom I- und II-Verordnungen eine Vereinheitlichung im Bereich der vertraglichen und außervertraglichen Haftung geschaffen worden (dazu *Brödermann* NJW 2010, 807). Mittlerweile sind die Rom III-V-Verordnungen, betreffend das Familien- und Erbrecht, hinzugekommen. 47

Um einen Sachverhalt, der zu mehreren Rechtsordnungen Beziehungen aufweist, einer bestimmten, sei es der deutschen, sei es der ausländischen Rechtsordnung zuzu- 48 weisen, muss das IPR an bestimmte Merkmale anknüpfen. Solche **Anknüpfungspunkte** können in der *Person* der Beteiligten liegen (Staatsangehörigkeit, Wohnsitz bzw. Verwaltungssitz, gewöhnlicher Aufenthaltsort), in ihren *Willenserklärungen* (zB Vereinbarung der Geltung eines bestimmten Rechts, sog. Rechtswahl) oder im *Ort* ihrer *Handlungen* (zB Erfolgsort bei unerlaubten Handlungen, vgl. Art. 4 Abs. 1 Rom II-VO). Im Bereich des Personen-, Familien- und Erbrechts ist das Hauptanknüpfungsmittel des IPR die *Staatsangehörigkeit.*

Beispiel: Die Geschäftsfähigkeit eines Ausländers bestimmt sich nach Art. 7 Abs. 1 S. 1 EGBGB nach dem Recht des Staates, dem er angehört. Ist er 17 Jahre alt, nach seinem Heimatrecht aber voll geschäftsfähig, so kann er auch in Deutschland wirksam Rechtsgeschäfte vornehmen. Ist er 19 Jahre alt, nach seinem Heimatrecht – im Gegensatz zum deutschen Recht, § 2 BGB – aber noch nicht voll geschäftsfähig, kann er sich freilich zum Schutze des deutschen Rechtsverkehrs darauf nur berufen, wenn der Vertragsgegner bei Vertragsschluss diese Geschäftsunfähigkeit kannte oder kennen musste, Art. 12 S. 1 EGBGB.

49 Bei **schuldrechtlichen Verträgen** gilt nach Art. 27 Abs. 1 S. 1 EGBGB (bzw. Art. 3 Abs. 1 Rom I-VO) der Grundsatz der **freien Rechtswahl.** Die Parteien können also festlegen, welches Recht für den Vertrag gelten, zum Beispiel ob er dem deutschen oder dem österreichischen Recht unterliegen soll. Doch gilt dieser Grundsatz nicht uneingeschränkt. So darf die Rechtswahl nicht dazu führen, dass zwingende Vorschriften zum Schutze des Verbrauchers und des Arbeitnehmers umgangen werden (vgl. Art. 29, 29a, 30 EGBGB bzw. Art. 6, 8 Rom I-VO). – Haben die Parteien keine Rechtswahl getroffen, so gilt nach Art. 28 Abs. 1 S. 1 EGBGB bzw. Art. 4 Rom I-VO für einen Vertrag das Recht des Staates, mit dem er die engsten Verbindungen aufweist. Hierfür gelten wiederum bestimmte Regelungen.

Beispiel: Schließt ein deutsches Opernhaus mit einem in Frankreich lebenden Opernregisseur einen Vertrag über eine Inszenierung, ohne eine Rechtswahl zu treffen, so greift an sich die Regel des Art. 4 Abs. 1 Buchst. b bzw. Art. 4 Abs. 2 Rom I-VO ein. Danach unterliegt der Vertrag dem Recht des Staates, in dem der Dienstleister seinen gewöhnlichen Aufenthaltsort hat. Das wäre hier Frankreich. Demnach wäre französisches Recht auf den Vertrag anzuwenden. Doch gilt nach Art. 4 Abs. 3 Rom I-VO bzw. Art. 28 Abs. 5 EGBGB die genannte Regelung nicht, wenn sich aus der Gesamtheit der Umstände ergibt, dass der Vertrag eine offensichtlich engere Verbindung mit einem anderen Staat aufweist. Da die Leistung des Regisseurs in Deutschland zu erbringen ist und auch die Mitwirkung des Opernhauses hinzukommen muss, dürfte folglich eine engere Verbindung mit Deutschland und damit die Anwendbarkeit deutschen Rechts anzunehmen sein.

Literatur: *Canaris,* Grundrechte und Privatrecht, AcP 184 (1984), 201; *Canaris,* Grundrechte und Privatrecht – eine Zwischenbilanz, 1999; *Doralt,* Rote Karte oder Grünes Licht für den Blue Button? Zur Frage eines optionalen europäischen Vertragsrechts, AcP 211 (2011), 1; *Grigoleit,* Der Verbraucheracquis und die Entwicklung des Europäischen Privatrechts, AcP 210 (2010), 354; *Hattenhauer,* Die geistesgeschichtlichen Grundlagen des deutschen Rechts, 3. Aufl. 1983; *Herresthal,* Die richtlinienkonforme und die verfassungskonforme Auslegung im Privatrecht, JuS 2014, 289; *Hommelhoff,* Zivilrecht unter dem Einfluss europäischer Rechtsangleichung, AcP 192 (1992), 71; *Krause,* Der deutschrechtliche Anteil an der heutigen Privatrechtsordnung, JuS 1970, 313; *Laufs,* Die Begründung der Reichskompetenz für das gesamte bürgerliche Recht, JuS 1973, 740; *Leenen,* Die Auslegung von Richtlinien und die richtlinienkonforme Auslegung und Fortbildung des nationalen Rechts, Jura 2012, 753; *Lüderitz,* Kodifikation des bürgerlichen Rechts in Deutschland 1873–1977: Entstehung, Entwicklung und Aufgabe, FS „Vom Reichsjustizamt zum Bundesministerium der Justiz", 1977, 213ff.; *Müller-Graff,* Europäisches Gemeinschaftsrecht und Privatrecht, NJW 1993, 1; *Neuner,* Privatrecht und Sozialstaat, 1999; *Rüthers,* Die unbegrenzte Auslegung, 6. Aufl. 2005; *Wieacker,* Privatrechtsgeschichte der Neuzeit, 2. Aufl. 1967 (Nachdruck 1996).

§ 4. Anwendung, Auslegung und Fortbildung des Privatrechts

I. Die Rechtsanwendung im Allgemeinen

Der Hundebiss: K verlangt von B Erstattung von Arztkosten, weil ihn dessen frei herumlaufender Schäferhund in die Wade gebissen habe. B fragt den Rechtsanwalt R, ob er zahlen müsse. 1

Rechtsanwendung ist die Anwendung von Rechtsnormen auf einen Lebenssachverhalt. Jede vollständige Rechtsnorm besteht aus einem Tatbestand und einer Rechtsfolge. Der Tatbestand stellt die begriffliche Umschreibung eines Sachverhalts dar, bei dessen Vorliegen die dafür vorgesehene Rechtsfolge gelten soll. Die Aufgabe des Rechtsanwenders besteht daher in drei Schritten:

1. Ermittlung eines für den Lebenssachverhalt in Betracht kommenden Rechtssatzes

Der Rechtsanwalt R wird im *Hundebiss*-Fall, befähigt durch seine juristische Ausbildung, finden, dass hier § 833 S. 1 BGB einschlägig sein könnte. Diese Vorschrift lautet: „Wird durch ein Tier ein Mensch getötet oder der Körper oder die Gesundheit eines Menschen verletzt oder eine Sache beschädigt, so ist derjenige, welcher das Tier hält, verpflichtet, dem Verletzten den daraus entstehenden Schaden zu ersetzen.“ 2

2. Prüfung, ob der Lebenssachverhalt den Tatbestand der Rechtsnorm erfüllt (Subsumtion)

Die Prüfung durch den Rechtsanwalt R wird hier ergeben: Der Schäferhund ist ein „Tier“. Durch den Biss des Hundes in die Wade wurde „der Körper [...] eines Menschen verletzt“. B ist, da ihm der Hund gehört, als „derjenige, welcher das Tier hält“, anzusehen. Der Tatbestand der Rechtsnorm des § 833 S. 1 BGB ist daher erfüllt. 3

3. Feststellung der sich daraus ergebenden Rechtsfolge

Da der Tatbestand des § 833 S. 1 BGB erfüllt ist, gelangt Rechtsanwalt R zur Feststellung, dass B verpflichtet ist, den Schaden des K zu ersetzen. 4

II. Die Rechtsanwendung im Prozess

Fall wie zuvor: B weigert sich, die verlangten Arztkosten zu zahlen mit der Begründung, es sei nicht erwiesen, dass sein Hund den K gebissen habe. Außerdem besitze er den Hund erst kurze Zeit und er habe sich immer als friedlich erwiesen. Auf Anraten des Rechtsanwalts R erhebt daraufhin K gegen B Klage auf Zahlung der Arztkosten. Wie wird der zuständige Richter J verfahren? 5

1. Die Stellung des Richters

Im Streitfall ist der *Richter* zur *verbindlichen* Rechtsanwendung berufen. Er verkörpert die *dritte (rechtsprechende) Gewalt* (Art. 92 GG) und ist bei der Entscheidung des einzelnen Rechtsstreits „unabhängig und nur dem Gesetz unterworfen“ (Art. 97 Abs. 1 GG). Diese *sachliche Unabhängigkeit* wird ergänzt durch die *persönliche Unabhängigkeit* (Art. 97 Abs. 2) in Gestalt der Unabsetzbarkeit und Unversetzbarkeit. Der Sicherung der *Neutralität* des Richters dienen insbes. die gesetzlichen Ausschließungs- und Ablehnungsgründe (vgl. §§ 41 ff. ZPO). 6

So wäre Richter J von der Ausübung seines Amtes in diesem Verfahren ausgeschlossen, wenn er mit K oder B verwandt wäre (§ 41 Nr. 3 ZPO).

2. Die Aufgabe des Richters im Prozess

7 Die Rechtsanwendung durch den Richter erfolgt innerhalb eines streng geregelten Verfahrens, dem *Zivilprozess.* Dabei sind folgende Verfahrensabschnitte zu unterscheiden:

a) Die Klageerhebung

8 Die Klageerhebung setzt die Einreichung einer Klageschrift bestimmten Inhalts (§ 253 ZPO) bei Gericht voraus. Der zuständige Richter bestimmt einen Termin zur mündlichen Verhandlung und stellt dem Beklagten eine Abschrift der Klageschrift zu (§§ 253, 271 ZPO). Beide Parteien werden zum Termin geladen (§ 274 ZPO). Der Beklagte reicht eine Klageerwiderungsschrift ein (vgl. §§ 275 ff. ZPO).

B wird in seiner Klageerwiderung die Abweisung der Klage beantragen und die genannten Gründe dafür vorbringen.

b) Die mündliche Verhandlung

9 In der mündlichen Verhandlung (§§ 128 ff. ZPO) stellen die Parteien ihre Anträge (§ 137 Abs. 1 ZPO).

K wird beantragen, den B zur Zahlung der Arztkosten zu verurteilen. B wird beantragen, die Klage abzuweisen.

Danach erörtert der Richter mit den Parteien den Sachverhalt und die dazugehörigen Rechtsfragen. Im Hinblick auf die anzuwendende Rechtsnorm kann sich dabei ergeben, dass einerseits Unerhebliches vorgetragen wurde, dass andererseits relevante Tatsachen noch aufklärungsbedürftig sind.

So wird der Richter J darauf hinweisen, dass für die Streitentscheidung § 833 S. 1 BGB einschlägig sein könnte und dass es hierbei unerheblich sei, wie lange B den Hund schon besitze und ob er bisher friedlich gewesen sei. Er wird aber auch darauf hinweisen, dass K für seine Behauptung, der Hund des B habe ihn gebissen, Beweis anbieten müsse, da B diese Behauptung bestreite.

c) Die Beweisaufnahme

10 Die Beweisaufnahme (§§ 355 ff. ZPO) erfolgt über solche Tatsachen, die für die Entscheidung des Rechtsstreits erheblich, aber zwischen den Parteien streitig sind. Zulässige Beweismittel sind: Augenschein, Zeugen, Sachverständige, Urkunden, Parteivernehmung (§§ 371 ff. ZPO).

Hat beispielsweise Z den Hundebiss beobachtet, so kann ihn K als Zeugen benennen. Z ist dann vom Richter J zu vernehmen, was ihm über den Vorgang bekannt ist. Die Parteien können ihm sachdienliche Fragen vorlegen lassen (§§ 394 ff. ZPO).

Im Anschluss an die Beweisaufnahme wird die mündliche Verhandlung fortgesetzt (§ 370 Abs. 1 ZPO). Dabei können die Parteien zum Ergebnis der Beweisaufnahme Stellung nehmen (§ 285 Abs. 1 ZPO).

d) Das Urteil

11 Nach Schluss der mündlichen Verhandlung beschließt der Richter das Urteil und verkündet es (§§ 310, 311 ZPO). Das Urteil enthält insbes. die Urteilsformel (Tenor), den Tatbestand und die Entscheidungsgründe (§ 313 ZPO). Der Tatbestand enthält

eine gedrängte Darstellung des Sach- und Streitstandes unter Hervorhebung der gestellten Anträge. Die Entscheidungsgründe enthalten eine kurze Zusammenfassung der Erwägungen, auf denen die Entscheidung in tatsächlicher und rechtlicher Hinsicht beruht (§ 313 Abs. 3 ZPO). Der Richter muss darin also niederlegen, ob der festgestellte Lebenssachverhalt den Tatbestand der anzuwendenden Rechtsnorm erfüllt oder nicht. – Die Entscheidung im Beispielsfall hängt vom Ergebnis der Beweisaufnahme und der Beweiswürdigung ab: (a) Hat der Zeuge Z glaubhaft bekundet, dass der Hund des B den K gebissen hat, wird Richter J den B zur Zahlung verurteilen. (b) Hat Z glaubhaft bekundet, dass es ein anderer Hund war, wird der Richter J die Klage abweisen. (c) Hat Z glaubhaft bekundet, er habe nicht erkennen können, ob es der Hund des B oder eines anderen war, wird Richter J die Klage abweisen. Denn der Kläger trägt grds. die Beweislast (→ § 3 Rn. 17) für die ihm günstigen Tatsachen.

III. Die Gesetzesauslegung

1. Die Notwendigkeit der Gesetzesauslegung

Der Rechtssatz enthält eine begriffliche Umschreibung von Sachverhalten. Welche 12
Sachverhalte aber damit im Einzelnen „gemeint" sind, kann im Einzelfall durchaus zweifelhaft sein. Der Gesetzgeber muss sich der Begriffe der Sprache bedienen, die in ihrem Bedeutungsgehalt unbestimmt oder mehrdeutig sein können. Auch das noch so sorgfältig gefasste Gesetz kann Zweifel über seinen Inhalt und seine Tragweite übriglassen. Besonders gelagerte Ausnahmefälle können übersehen sein. Bei zunächst eindeutig erscheinendem Sinn kann durch spätere Änderung der wirtschaftlichen oder rechtlichen Verhältnisse ein Bedeutungswandel eingetreten sein. Der Rechtssatz bedarf daher vor seiner Anwendung der Auslegung. *Ein Gesetz auslegen heißt, seinen Sinn ermitteln.*

2. Das Ziel der Gesetzesauslegung

Das **Ziel** der Gesetzesauslegung ist nicht die Ermittlung des Willens des historischen 13
Gesetzgebers (so aber die sog. subjektive Theorie), sondern des im Zeitpunkt der Gesetzesanwendung maßgebenden Sinns des Gesetzes (hM; BVerfGE 11, 126 (130)). Bei der Ermittlung des Sinngehalts darf sich der Rechtsanwender also nicht ausschließlich von den Regelungsabsichten des historischen Gesetzgebers leiten lassen, sondern er muss darüber hinaus auch die zwischenzeitliche Entwicklung von Gesetzgebung, Rechtsprechung und Wissenschaft sowie die Änderung der politischen, wirtschaftlichen und sozialen Verhältnisse berücksichtigen (vgl. BGHZ 85, 64 (67f.)). Man spricht insoweit von dem im Gesetz *objektivierten* Willen des Gesetzgebers (BGH NJW 2012, 376 Rn. 14).

3. Die Methoden der Gesetzesauslegung

In der Vergangenheit haben sich vier Auslegungsmethoden (oder -kriterien) heraus- 14
gebildet, an denen sich auch die Rechtsprechung (vgl. BVerfGE 48, 246 (256); BGHZ 46, 74 (76)) orientiert. Es handelt sich um die nebeneinander zulässigen, sich gegenseitig ergänzenden Methoden der Auslegung aus dem Wortlaut der Norm, ihrem Sinnzusammenhang, ihrem Zweck sowie aus den Gesetzgebungsmaterialien und der Entstehungsgeschichte (BGH NJW 2012, 376 Rn. 14).

a) Die sprachlich-grammatische Auslegung

15 **Der Bienenüberfall:** Ein Bienenschwarm hatte ein Pferdefuhrwerk der Reichswehr überfallen und die Pferde getötet. Der Fiskus verlangte vom Bienenhalter Schadensersatz nach § 833 S. 1 BGB. Der Bienenhalter berief sich auf die Haftungserleichterung des § 833 S. 2 BGB für die Halter von Haustieren. Das Reichsgericht hatte darüber zu entscheiden, ob eine Biene ein *„Haustier“* iSd § 833 S. 2 BGB ist (vgl. RGZ 158, 388).

Die sprachlich-grammatische Auslegung setzt am **Gesetzeswortlaut** an und fragt nach dem *Wortsinn,* wie er sich aus dem allgemeinen oder speziell juristischen Sprachgebrauch und den Regeln der Grammatik ergibt. Der noch mögliche Wortsinn legt zugleich die Grenzen zulässiger Auslegung fest, jenseits derer die Lückenfüllung oder Rechtsfortbildung beginnt.

Im Fall des *Bienenüberfalls* stellte das Reichsgericht bei der Auslegung des Begriffs *„Haustier“* auf den *gewöhnlichen Sprachgebrauch* ab. Danach gehören zu den Haustieren nur solche Tiere, die „der Beaufsichtigung und dem beherrschenden Einfluss des Halters unterstehen“. – Da diese Möglichkeit bei Bienen nicht besteht, sah sie das Reichsgericht nicht als Haustiere an.

b) Die systematische Auslegung

16 Die systematische Auslegung fragt nach dem **Sinnzusammenhang,** in den der Rechtssatz oder der einzelne Rechtsbegriff hineingestellt ist (dazu *Bitter/Rauhut* JuS 2009, 289 (293)). Sie ist insbes. bei einem systematisch aufgebauten Gesetzeswerk, wie dem BGB, hilfreich.

Beispiel: Die Haftung des Tierhalters gem. § 833 S. 1 BGB setzt kein Verschulden voraus (sog. Gefährdungshaftung) und unterscheidet sich insoweit von anderen Tatbeständen der unerlaubten Handlung (§§ 823ff. BGB). Da aber diese Haftung im Titel über die „Unerlaubten Handlungen“ geregelt ist, sind auch die Bestimmungen dieses Titels über den Umfang der Haftpflicht (§§ 846ff. BGB) anzuwenden.

c) Die historische Auslegung

17 Die historische Auslegung fragt nach den **Vorstellungen und Regelungsabsichten des Gesetzgebers** bei Erlass des Gesetzes und greift dabei auf die Entstehungsgeschichte und die Gesetzgebungsmaterialien des Gesetzes (insbes. Bundestagsdrucksachen) zurück (dazu BVerfG NJW 2018, 2542 Rn. 74; *Bitter/Rauhut* JuS 2009, 289 (294); *Würdinger* JuS 2016, 1). Nicht entscheidend ist allerdings die subjektive Vorstellung der am Gesetzgebungsverfahren beteiligten Organe oder einzelner ihrer Mitglieder über die Bedeutung einer Bestimmung (BGHZ 195, 297 Rn. 30). Die vorrangig am objektiven Sinn und Zweck des Gesetzes zu orientierende Auslegung kann durch Motive, die im Gesetzgebungsverfahren dargelegt wurden, im Gesetzeswortlaut aber keinen Ausdruck gefunden haben, nicht gebunden werden (BGH GRUR 2017, 1281 Rn. 40). Daher kommt der historischen Auslegung nur begrenzte Bedeutung zu, etwa wenn es darum geht, Zweifel auszuräumen.

Beispiel: Die Haftungserleichterung des § 833 S. 2 BGB bezieht sich nur auf solche Haustiere, die ua „der Erwerbstätigkeit […] des Tierhalters zu dienen bestimmt“ sind. Das Reichsgericht hatte darüber zu entscheiden, ob darunter auch der vom Metzger gekaufte Schlachtochse fällt (RGZ 79, 246 (249)). Es bejahte dies ua mit Hinweis auf die *Entstehungsgeschichte* des § 833 S. 2 BGB, der vor allem die Entlastung der kleinen und mittleren landwirtschaftlichen und gewerblichen Betriebe bezweckte.

d) Die teleologische Auslegung

Die teleologische Auslegung fragt nach dem **Zweck des Gesetzes.** Dahinter steht die Erwägung, dass jedes Gesetz eine gerechte und sachgemäße Regelung, insbes. einen angemessenen Interessenausgleich bewirken soll. Mangels konkreter, insbes. der Entstehungsgeschichte zu entnehmender Anhaltspunkte ist die **„ratio legis“** dem zu entnehmen, was vernünftigerweise mit der Regelung bezweckt sein kann. Ziel der teleologischen Auslegung ist es daher, ungerechte und sachwidrige Ergebnisse zu vermeiden. 18

Beispiel: § 833 S. 1 BGB legt die Haftung für das Verhalten eines Tiers demjenigen auf, der *„das Tier hält“* (sog. „Tierhalter“), ohne diesen Begriff zu definieren. Es wäre nicht sachgemäß, diese strenge Haftung jedem aufzuerlegen, der – wie etwa der Finder – das Tier nur kurzfristig und in fremdem Interesse in seine Obhut übernimmt. Die Haftung kann vernünftigerweise nur dem auferlegt werden, der über das Tier im eigenen Interesse eine nicht nur vorübergehende Herrschaft ausübt. Denn er ist am ehesten in der Lage, das Risiko durch vorbeugende Maßnahmen zu beherrschen und etwa durch Abschluss einer Versicherung aufzufangen.

Die genannten Auslegungsmethoden stehen zueinander im Verhältnis der wechselseitigen Ergänzung (BVerfGE 11, 130). Das Schwergewicht liegt jedoch auf der teleologischen Auslegung. Je nachdem, ob danach ein Begriff weit oder eng auszulegen ist, spricht man von weiter (extensiver) oder enger (restriktiver) Auslegung. Auch die sachgerechte Anwendung der Auslegungsmethoden garantiert freilich nicht stets ein eindeutiges, allein „richtiges“ Ergebnis. In jede Auslegung fließt vielmehr ein Element persönlicher Wertung und Entscheidung hinein. Freilich darf der Richter, wenn er das Gesetz auslegt, nur solche Wertungskriterien in seine Entscheidung aufnehmen, die in der Rechtsordnung und ihrem „inneren System“ vorgezeichnet sind. Dies ist der Sinn der Bindung des Richters an das Gesetz. 19

e) Exkurs: Die ökonomische Analyse des Rechts

Die „ökonomische Analyse des Rechts“ ist ein Denkansatz, der in den USA *(Coase, Calabresi, Posner)* entwickelt wurde und auch in Deutschland gewisse Anerkennung fand(vgl. *Ott/Schäfer* JZ 1988, 213; krit. zB *Eidenmüller,* Effizienz als Rechtsprinzip, 1995). Sie fragt nach den Auswirkungen einer Rechtsnorm auf die sog. *„Allokationseffizienz“.* Darunter versteht man einen Zustand, bei dem die vorhandenen Ressourcen so eingesetzt sind, dass jeder dabei den größten Nutzen erzielen kann. Ausgangspunkt ist die Überlegung, dass jeder einzelne bestrebt ist, seinen persönlichen Nutzen zu vermehren. Der Optimalzustand (das sog. *Pareto-Optimum*) ist dann erreicht, wenn die vorhandenen Ressourcen so verteilt sind, dass keiner seinen Nutzen verbessern kann, ohne den eines anderen zu verschlechtern. Eine Rechtsnorm ist unter diesem Aspekt effizient, wenn sie entweder für alle Beteiligten Vorteile bringt oder zwar nur einigen, dafür aber niemanden benachteiligt oder wenn die Begünstigten aus ihrem Vorteil die Benachteiligten entschädigen können und gleichwohl noch einen Vorteil behalten (vgl. *Ott/Schäfer* JZ 1988, 213 (218); *Bülow* JuS 1993, 8). 20

Beispiele: (1) Der Grundsatz der Vertragsfreiheit ist ökonomisch effizient, weil er für alle Beteiligten Vorteile mit sich bringt: er ermöglicht den Parteien eine auf ihren jeweiligen persönlichen Nutzen abgestimmte Regelung des Güter- und Leistungsaustausches und verhindert eine Ressourcenverschwendung.

(2) Die Rechtsnorm des § 164 BGB ist ökonomisch effizient, weil sie einer Partei einen Vorteil bringt (Möglichkeit des Vertragsschlusses durch einen Vertreter), ohne die andere zu benachteiligen.

(3) Die Rechtsnorm des § 119 BGB ist ökonomisch effizient, weil die Anfechtung zwar den Vertragspartner benachteiligt, der Anfechtungsberechtigte aber ihn entschädigen muss (§ 122 Abs. 1 BGB) und gleichwohl noch einen Vorteil behält (andernfalls würde er nicht anfechten).

Es liegt auf der Hand, dass sich das Effizienzkriterium auch für die *Auslegung* von Rechtsnormen fruchtbar machen lässt: Man fragt danach, welche von mehreren denkbaren Auslegungen einer Norm effizienter ist. Allerdings muss die Effizienz nicht die alleinige Richtschnur der Auslegung (bzw. Normentwicklung) sein, vielmehr können auch andere Gerechtigkeitskriterien eine Rolle spielen (*Taupitz* AcP 196 [1996], 114; *Eidenmüller*, Effizienz als Rechtsprinzip, 1995). Die Erfahrung lehrt freilich, dass ineffiziente Rechtsnormen auf Dauer nicht akzeptiert werden. So taugen zB die Regeln über das Pfandrecht für die Bedürfnisse der Wirtschaft nur begrenzt und sind daher weitgehend durch das Rechtsinstitut der Sicherungsübereignung und -abtretung ersetzt worden.

4. Die Berücksichtigung übergeordneter Rechtsnormen bei der Auslegung

21 Die Auslegung eines Gesetzes hat sich darüber hinaus an übergeordneten Rechtsnormen zu orientieren. Lässt ein Gesetz mehrere Auslegungen zu, ist diejenige vorzuziehen, die der Wertentscheidung der Verfassung als dem ranghöheren Gesetz besser entspricht (sog. **„verfassungskonforme Auslegung"**; vgl. BVerfG NJW 1986, 2054 (2056); BGHZ 101, 24 (27)). Bei Gesetzen, die zur Umsetzung einer „Richtlinie" der Europäischen Union geschaffen wurden, ist die Auslegung vorzuziehen, die dem Inhalt der Richtlinie in der ihr vom EuGH gem. Art. 267 Abs. 1 AEUV gegebenen Auslegung entspricht (sog. **„richtlinienkonforme Auslegung"**; → § 3 Rn. 40; BGH NJW 2009, 427 Rn. 19ff. sowie *Herresthal* JuS 2014, 289).

IV. Die Rechtsfortbildung

1. Ausfüllung von Gesetzeslücken

22 Kein Gesetz ist idS vollständig, dass es auf jede denkbare Rechtsfrage bei seiner Anwendung eine Antwort gäbe (vgl. Mot. I 16). Die auch nach Auslegung verbleibenden *„Gesetzeslücken"* sind dabei aus den Grundprinzipien des Gesetzes heraus auszufüllen („gesetzesimmanente Lückenfüllung"). Hierbei handelt es sich nicht mehr um Gesetzesauslegung, sondern um Rechtsfortbildung, wenngleich natürlich die Grenzen fließend sind.

a) Analogie

23 Enthält ein Gesetz für einen bestimmten Fall keine Regelung (sog. offene Lücke), wohl aber für einen ähnlichen Fall, entspricht es dem Gebot der **Gleichbehandlung**, die Regelung auch auf jenen Fall zu erstrecken. Dieses Verfahren bezeichnet man als **Analogie** (dazu *Bitter/Rauhut* JuS 2009, 289 (297f.)). Ob die Ähnlichkeit soweit geht, dass eine Analogie geboten ist, bestimmt sich nach dem Sinn und Zweck der Regelung („ratio legis").

Beispiel: Nach § 179 Abs. 1 BGB haftet der Vertreter ohne Vertretungsmacht dem Vertragspartner nach dessen Wahl auf Erfüllung oder Schadensersatz. *Ratio legis* ist der Gedanke, dass der Vertreter ohne Vertretungsmacht das Vertrauen des anderen hervorruft und enttäuscht (vgl. BGHZ 73, 269). Sie gebietet die analoge Anwendung dieser Vorschrift auf den *Boten* und auf den *unter fremdem Namen Handelnden* (vgl. BGHZ 45, 193 (195)).

Bei analoger Anwendung einer einzelnen Regelung spricht man von Gesetzes- oder Einzelanalogie, bei analoger Anwendung einer Reihe von Regelungen, denen das gleiche Prinzip zugrunde liegt, von Rechts- oder Gesamtanalogie. Stets setzt die Analogie eine – gemessen an der Regelungsabsicht des Gesetzgebers – „planwidrige Unvollständigkeit" der gesetzlichen Regelung voraus (BGHZ 149, 165 (174)). Anstelle der Analogie ist daher ein Umkehrschluss (argumentum e contrario) vorzunehmen, wenn das Gesetz bewusst eine Rechtsfrage nicht in einem bestimmten Sinne geregelt hat.

Beispiel: Das Privatrecht enthält eine Reihe von Tatbeständen der Gefährdungshaftung (zB § 833 BGB; § 7 StVG; § 22 WHG), aber keine allgemeine, für alle Gefahrenquellen geltende Regelung. Eine solche allgemeine Regelung lässt sich nicht im Wege einer Gesamtanalogie zu den bestehenden Einzelregelungen begründen, auch wenn dies vielleicht rechtspolitisch wünschenswert wäre (vgl. BGHZ 55, 229 (234) – Wasserrohrbruch). Aus den unterschiedlich ausgestalteten Einzelregelungen ist vielmehr der Umkehrschluss zu ziehen, dass es für alle anderen Fälle bei der allgemeinen Verschuldenshaftung nach §§ 823ff. BGB bleibt.

b) Teleologische Reduktion

Die gesetzliche Regelung kann sich nach ihrem Wortlaut auf einen Fall erstrecken, auf 24
den die ratio legis (Regelungszweck des Gesetzes) nicht zutrifft. Sie ist maW zu weit gefasst. Dann liegt eine verdeckte Regelungslücke iSe **planwidrigen Unvollständigkeit** des Gesetzes vor (dazu BGH NJW 2009, 427 Rn. 22; 2014, 3719 Rn. 13). Sie ist dadurch zu schließen, dass die Vorschrift auf diesen Fall nicht angewendet wird. Das gleiche gilt, wenn der Zweck einer anderen Norm die Einschränkung gebietet. Dieses Verfahren bezeichnet man als **„teleologische Reduktion"**.

Beispiel: § 181 BGB verbietet, von zwei Ausnahmefällen abgesehen, dem Vertreter den Abschluss eines Rechtsgeschäfts mit sich selbst (sog. Selbstkontrahieren). Damit ist der Schutz des Vertretenen beabsichtigt, weil die Gefahr besteht, dass der Vertreter seine Interessen über die des Vertretenen stellt. Dieser Schutzzweck ist aber in keiner Weise tangiert, wenn der Vertreter durch das Rechtsgeschäft dem Vertretenen ausschließlich einen rechtlichen Vorteil zuwendet. Die Anwendung des § 181 BGB würde zu dem lebensfremden Ergebnis führen, dass Eltern ihren geschäftsunfähigen Kindern keine Geschenke machen könnten, ohne einen Pfleger einzuschalten. Daher ist eine teleologische Reduktion des § 181 BGB in der Weise vorzunehmen, dass die Vorschrift nicht auf Rechtsgeschäfte anzuwenden ist, die dem Vertretenen lediglich einen rechtlichen Vorteil bringen (BGHZ 59, 236 (240)).

2. Gesetzesübersteigende Rechtsfortbildung

Die Rechtsprechung ist nach Art. 20 Abs. 3 GG an „Gesetz und Recht" gebunden. 25
Der Begriff des *Rechts* umschließt mehr als die Summe der Gesetze, ist andererseits nicht gleichbedeutend mit dem „Naturrecht". Er erfasst vielmehr die Rechtsprinzipien, die aus der verfassungsmäßigen Rechtsordnung als einem Sinnganzen fließen und gegenüber dem geschriebenen Gesetz als Korrektiv wirken können. Daraus ergibt sich aber zugleich die Ermächtigung für den Richter, sich über das Gesetz hinwegzusetzen, wenn das „Recht" es fordert (vgl. BVerfG NJW 1973, 1221 (1225)). Eine Rechtsfortbildung **contra legem** kommt freilich nur in Ausnahmefällen in Betracht, da die Bindung des Richters an das Gesetz unverzichtbarer Bestandteil des Rechtsstaatsprinzips ist. Die bloße **Unzweckmäßigkeit** einer gesetzlichen Regelung ist noch kein Grund, sich über sie hinwegzusetzen. Der Richter darf nicht seine eigenen rechtspolitischen Erwägungen und Gerechtigkeitserwägungen an die Stelle derjenigen des Gesetzgebers setzen, sondern muss insoweit die Entscheidung des Gesetzgebers respektieren. Richterliche Rechtsfortbildung darf den klar erkennbaren Willen des Gesetzgebers nicht übergehen und durch ein eigenes Regelungsmodell ersetzen (BVerfG

NJW 2018, 2542 Rn. 73, 75). Voraussetzung der gesetzesübersteigenden Rechtsfortbildung ist vielmehr ein unabweisbares Bedürfnis nach einer Regelung, die sich dem Gesetz nicht entnehmen lässt, andererseits aber den Wertvorstellungen der Verfassung entspricht. Im Privatrecht kann sich ein solches Bedürfnis gerade aus dem Wandel der Lebensverhältnisse und Rechtsanschauungen seit Inkrafttreten des BGB und aus dem Unterlassen einer Neuregelung durch den Gesetzgeber ergeben.

Beispiel: Die Rspr. gewährt bei bestimmten Verletzungen des „allgemeinen Persönlichkeitsrechts" Schadensersatz in Geld. Dem steht an sich § 253 Abs. 1 BGB entgegen, der Geldentschädigung für immaterielle Schäden nur in den vom Gesetz bestimmten Fällen vorsieht. Diese Vorschrift lässt keine einschränkende Auslegung zu, andererseits ist sie auch in ihrer Gesamtheit nicht als verfassungswidrig zu bezeichnen. Die Gewährung einer Geldentschädigung stellt daher nach verbreiteter Ansicht eine (zulässige) Rechtsfortbildung „contra legem" dar, die sich aus dem seit Inkrafttreten des BGB tiefgreifend geänderten Rechtsbewusstsein, insbes. aber aus den Wertvorstellungen der Art. 1 und 2 Abs. 1 GG rechtfertigt. Daran hat auch die Einführung des § 253 Abs. 2 BGB nichts geändert (BGH NJW 2014, 2019 Rn. 40).

Literatur: *Larenz/Canaris,* Methodenlehre der Rechtswissenschaft, 1995; *Rüthers/Fischer/Birk,* Rechtstheorie mit Juristischer Methodenlehre, 7. Aufl., 2013; *Schäfers,* Einführung in die Methodik der Gesetzesauslegung, JuS 2015, 875; *Würdinger,* Das Ziel der Gesetzesauslegung – ein juristischer Klassiker und Kernstreit der Methodenlehre, JuS 2016, 1.

2. Kapitel. Die Rechtsgeschäftslehre

§ 5. Grundlagen und Grundbegriffe der Rechtsgeschäftslehre

Die Rechtsgeschäftslehre ist das Herzstück des Allgemeinen Teils des BGB. Ihr Verständnis ist daher, gerade auch für das Examen, von größter Wichtigkeit. Im folgenden Abschnitt werden die Grundlagen und Grundbegriffe der Rechtsgeschäftslehre dargestellt. Ausgangspunkt der Ausführungen wird der Grundsatz der Privatautonomie sein: Der Einzelne kann innerhalb bestimmter Grenzen seine Rechtsbeziehungen zu anderen durch Rechtsgeschäft frei gestalten. Zu klären sind sodann die Grundbegriffe der Rechtsgeschäftslehre: das Rechtsgeschäft, die Willenserklärung und der Vertrag. Schließlich werden die rechtlich möglichen Rechtsgeschäfte unter verschiedenen Gesichtspunkten eingeteilt, wobei insbes. die Unterscheidung zwischen Verpflichtungsgeschäften und Verfügungen von Bedeutung ist.

I. Der Grundsatz der Privatautonomie

1. Die Bedeutung der Privatautonomie

Grundlage nicht nur des Bürgerlichen Rechts, sondern des ganzen Privatrechts ist der 1
Grundsatz der Privatautonomie: Der Einzelne soll seine Rechtsverhältnisse in Selbstbestimmung und Selbstverantwortung gestalten können. Dazu soll ihm die Rechtsordnung im privaten Lebensbereich die größtmögliche Freiheit gewähren. Jede Bevormundung soll nach Möglichkeit unterbleiben. So soll grds. der Einzelne selbst darüber entscheiden, ob und mit wem er ein Miet- oder Arbeitsverhältnis eingeht oder beendet, ob er ein Haus kauft oder verkauft, bei wem er seine Lebensmittel bezieht oder an wen er sein Vermögen vererbt.

> **Privatautonomie** ist die Freiheit des Einzelnen zur Gestaltung der Rechtsverhältnisse nach seinem Willen. Sie ist als Teil der allgemeinen Handlungsfreiheit nach Art. 2 Abs. 1 GG geschützt (BVerfG NJW 1994, 36 (38)). Ihr Kernbestandteil ist die **Vertragsfreiheit.**

In einer auf dem Boden der Privatautonomie stehenden Rechtsordnung ist der Vertrag das wesentliche Gestaltungsmittel des einzelnen zur Befriedigung seiner Bedürfnisse. Privatautonomie bedeutet daher in erster Linie **Vertragsfreiheit.** Der Einzelne soll frei entscheiden dürfen, ob und mit wem er einen Vertrag schließt **(Abschlussfreiheit)** und welchen Inhalt der Vertrag haben soll **(Inhaltsfreiheit).** Auch die **Formfreiheit** kann man als Ausprägung der Vertragsfreiheit ansehen. Die Vertragsfreiheit sichert dem einzelnen die Möglichkeit, seine Lebensverhältnisse nach eigenen Vorstellungen zu gestalten.

Die politische Bedeutung der Privatautonomie bzw. Vertragsfreiheit zeigt sich vor allem im Bereich des Leistungs- und Güteraustauschs, also im Bereich der Wirtschaft. Die Privatautonomie anerkennen heißt: der Wirtschaftsprozess soll grds. nicht durch den Staat, sondern durch den Wettbewerb als Ausdruck und Summe freier individueller Entscheidungen gesteuert werden.

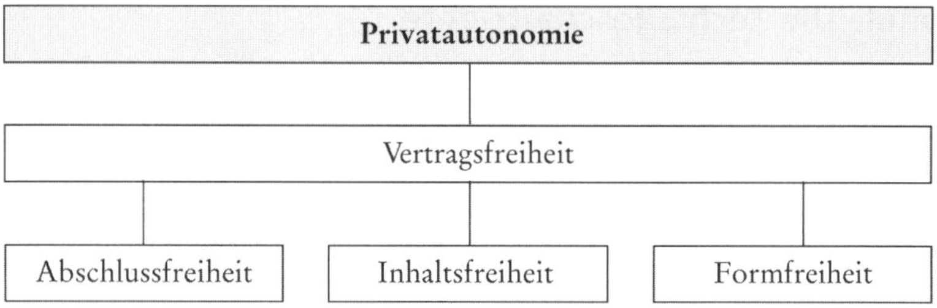

2. Die Schranken der Privatautonomie

2 Die Rechtsordnung kann die Privatautonomie nicht uneingeschränkt gewährleisten. Sie muss vielmehr die unterschiedlichen Interessen der Einzelnen und der Gemeinschaft in Ausgleich bringen. Die Vorstellungen darüber, wo die Grenzen der Privatautonomie zu ziehen sind, haben sich freilich im Laufe der Zeit gewandelt. Das BGB ist in einer Zeit entstanden, zu der obrigkeitliche Hemmnisse der wirtschaftlichen Bewegungsfreiheit des einzelnen weitgehend beseitigt waren: Gewerbefreiheit und freie Arbeitsplatzwahl waren gewährleistet, das Konzessionssystem für die Gründung von Handelsgesellschaften war abgeschafft und die freie Verfügung über das Privateigentum war sichergestellt. Für eine neuerliche Begrenzung durch das BGB sah man auch unter Gerechtigkeitsgesichtspunkten keinen Anlass. Man vertraute weitgehend darauf, der Wettbewerb würde von sich aus einen gerechten Interessenausgleich und eine ausreichende Güterversorgung herstellen. Der Einzelne sollte für sich selbst sorgen. Er wurde vor den Risiken des Geschäftsverkehrs folgerichtig nur insoweit gesichert, als die freie willentliche Selbstbestimmung nicht gegeben war, er zB nicht über die notwendige geistige Reife für die Teilnahme am Rechtsverkehr verfügte (§§ 104ff. BGB) oder seine Erklärung von Willensmängeln beeinflusst war (§§ 116ff. BGB). Für den Inhalt der Verträge sah man, von einzelnen zwingenden Schutzvorschriften zugunsten des wirtschaftlich Schwächeren abgesehen, nur äußere Schranken (§§ 134, 138 BGB) vor. Erst im Laufe der Zeit wurde man sich mehr und mehr der Tatsache bewusst, dass die Vertragsfreiheit und die rechtliche Sanktionierung der „frei" zustande gekommenen Verträge bei wirtschaftlichem Übergewicht einer Vertragspartei zum Instrument der Herrschaft über die andere umfunktioniert werden konnte. Man erkannte, dass die Vertragsfreiheit ihr eigentliches Ziel, die Selbstverwirklichung der Person, nur da erreichen kann, wo annäherndes wirtschaftliches Gleichgewicht herrscht, und nur dort funktionieren kann, wo Wettbewerb und Chancengleichheit auch faktisch vorhanden sind. Dementsprechend werden heute weitergehende Schranken der Privatautonomie für erforderlich gehalten. Vereinfacht lässt sich folgende Einteilung treffen:

a) Schranken der Abschlussfreiheit

aa) Zum Schutze des Handelnden

Der rechtsgeschäftlich Handelnde muss vor den Folgen seines Handelns geschützt werden, wenn er dessen Risiken nicht oder nicht ausreichend einschätzen kann. Das kann dadurch geschehen, dass seinen Rechtsgeschäften keine Wirksamkeit zuerkannt wird oder dass er sich von ihnen nachträglich wieder lösen kann. Diesem Schutzzweck dienen ua die Vorschriften über die Geschäftsfähigkeit (§§ 104–113 BGB) und die Willensmängel (§§ 116–124 BGB). Hinzu kommen die Widerrufsrechte bei bestimmten Verbraucherverträgen (zB §§ 312 Abs. 1, 312d Abs. 1, 312g Abs. 1 BGB).

bb) Zum Schutze Dritter

Die negative Abschlussfreiheit einer Person, nämlich die Freiheit, einen Vertragsschluss zu verweigern, muss eingeschränkt werden, wenn ein Dritter auf die Leistung dieser Person angewiesen ist und ihr die Erbringung der Leistung zumutbar ist. Die Einschränkung der Privatautonomie erfolgt insoweit durch Auferlegung eines **Kontrahierungszwangs** (dazu näher → § 8 Rn. 44ff.).

b) Schranken der Inhaltsfreiheit

aa) Zum Schutze des Vertragspartners

Besitzt der Handelnde eine intellektuelle und/oder wirtschaftliche Übermacht über den Vertragspartner, ist also das Verhandlungsgleichgewicht gestört, muss dieser geschützt werden. Diesem Schutzzweck dienen ua zwingende Vorschriften des Vertragsrechts (vornehmlich im Miet-, Reise- und Arbeitsrecht; ferner im Recht der allgemeinen Geschäftsbedingungen (dazu → § 16 Rn. 1ff.) und bestimmter Verbraucherverträge). Sonstige Störungen der **„Vertragsparität"** lassen sich mit Hilfe der Generalklauseln der §§ 138, 242 BGB bewältigen (dazu BVerfGE 89, 214).

bb) Zum Schutze Dritter und der Allgemeinheit

Schließlich müssen auch die Auswirkungen rechtsgeschäftlichen Handelns auf Dritte und die Allgemeinheit berücksichtigt werden. Dies ist ebenfalls der Anwendungsbereich der Generalklauseln der §§ 134, 138 BGB. Dem Schutz des Allgemeininteresses an freiem Wettbewerb dienen beispielsweise die **Verbote wettbewerbsbeschränkender Verträge** im europäischen und deutschen Kartellrecht (Art. 101 AEUV; § 1 GWB).

c) Schranken der Formfreiheit

Rechtsgeschäfte können **grds. formlos** (zB mündlich) vorgenommen werden. Insbes. zum **Schutz vor Übereilung** schreibt aber das Gesetz vielfach eine bestimmte Form des Rechtsgeschäfts (zB Schriftform gem. § 766 BGB bei der Bürgschaft; notarielle Beurkundung gem. § 311b BGB beim Grundstückskauf) vor. Auch können die Parteien eine bestimmte Form vereinbaren (§ 127 BGB).

d) Schutz vor Diskriminierung

Dem Schutze des Einzelnen vor **Diskriminierung** bei der Begründung, Durchführung und Beendigung bestimmter zivilrechtlicher Schuldverhältnisse, insbes. Massengeschäfte, dienen die Vorschriften des **Allgemeinen Gleichbehandlungsgesetzes** über den „Schutz vor Benachteiligung im Zivilrechtsverkehr" (§§ 19–21 AGG). Eine Diskriminierung liegt vor bei einer „Benachteiligung aus Gründen der Rasse oder wegen der ethnischen Herkunft, wegen des Geschlechts, der Religion, einer Behinderung, des Alters oder der sexuellen Identität" (§ 19 Abs. 1 AGG). Derartige Diskriminierungen sind grds. verboten, sofern nicht einer der Ausnahmetatbestände der §§ 19 Abs. 3, 20 AGG eingreifen. Die Rechtsfolgen einer Verletzung des Benachteiligungsverbots sind in § 21 AGG geregelt.

II. Die Lehre vom Rechtsgeschäft und von der Vertrauenshaftung

> Die Gestaltung der Rechtsverhältnisse durch den Einzelnen geschieht durch das **Rechtsgeschäft.**

3 Dem Rechtsgeschäft muss also notwendig rechtliche Verbindlichkeit zukommen und darin unterscheidet es sich auch von anderen menschlichen Verhaltensweisen. Der Handelnde ist an seine rechtsgeschäftliche Erklärung gebunden; er muss sich von denen, deren Rechtskreis durch die Erklärung berührt wird, daran festhalten lassen. Umgekehrt kann sich aber auch der Handelnde selbst auf die Erklärung und die dadurch herbeigeführte Rechtswirkung berufen.

Der innere Grund für die Anerkennung der Rechtsgeltung des Rechtsgeschäfts ist umstritten. Manche sehen ihn im Vertrauensgedanken: die Umgebung müsse sich auf die Verbindlichkeit des Erklärten verlassen können. Dies ist aber in dieser Allgemeinheit nicht richtig, wie schon das einfache Beispiel des Testaments zeigt. Es ist gültig, auch wenn niemand außer dem Erblasser von seiner Existenz weiß. Richtigerweise kann der Geltungsgrund nur in der Selbstbestimmung selber liegen, die als „Rechtsquelle" vom Staat anerkannt wird.

Dies bedeutet allerdings nicht, dass Handeln in Selbstbestimmung (und damit: ein Rechtsgeschäft) nur dann vorliegt, wenn das objektiv als Akt der Selbstbestimmung zu verstehende Verhalten auch vom inneren Willen mitgetragen ist. Denn die Möglichkeit zur Selbstbestimmung schließt die Selbstverantwortung mit ein. Insoweit hat der Vertrauensgedanke seine Berechtigung. In welchem Umfang freilich der Einzelne das Risiko einer fehlerhaften Selbstbestimmung zu tragen hat, ist eine Frage der Bewertung der gegensätzlichen Interessen. Die Antwort darauf kann in jeder Privatrechtsordnung unterschiedlich ausfallen. Ebenso ist es Aufgabe der jeweiligen Rechtsordnung Regeln aufzustellen, in welchen Formen von der Möglichkeit zur Selbstbestimmung Gebrauch gemacht werden kann. Der **Rechtsgeschäftslehre** obliegt es, die verschiedenen Voraussetzungen und Formen rechtsgeschäftlichen Handelns darzustellen.

4 Von der finalen Gestaltung der Rechtsverhältnisse durch Rechtsgeschäft sind die sonstigen für den Rechtsverkehr bedeutsamen Verhaltensweisen zu unterscheiden. Damit sind die Fälle gemeint, in denen jemand im Rechtsverkehr ein Verhalten an den Tag legt, aus dem Dritte den Schluss auf eine bestimmte Rechtslage ziehen und sich darauf einrichten. Die Rechtsordnung kann ein solches Verhalten nicht als irrelevant abtun, weil sonst der Rechtsverkehr mit zu starken Risiken und Unsicherheitsfaktoren belastet würde. Vielfach sieht das Gesetz daher eine Einstandspflicht für die Inanspruchnahme von Vertrauen vor. Diese Einstandspflicht bildet das notwendige Korrelat zur Privatautonomie. Sie kann darin bestehen, dass der Vertrauende so gestellt wird, als bestünde die angebliche Rechtslage (Erfüllungshaftung); aber auch darin, dass der Vertrauende nur Ersatz seines Vertrauensschadens erhält. Die verschiedenen Formen solchen „rechtlich relevanten Verhaltens" zu untersuchen und anhand der bestehenden gesetzlichen oder gewohnheitsrechtlichen Regelungen, sowie in Übereinstimmung mit den Grundwertungen der Rechtsgeschäftslehre allgemeine Prinzipien herauszuarbeiten, ist Aufgabe der Lehre von der **Rechtsschein-** bzw. **Vertrauenshaftung** (grundlegend *Canaris,* Die Vertrauenshaftung im deutschen Privatrecht, 1971). Im Bereich des Allgemeinen Teils hat die Rechtsscheinhaftung vor allem bei der Stellver-

tretung Bedeutung erlangt (vgl. §§ 170–173 BGB und die daraus entwickelten Rechtsinstitute der Duldungs- und Anscheinsvollmacht).

III. Die Grundbegriffe der Rechtsgeschäftslehre

1. Begriff und Bedeutung des Rechtsgeschäfts

Das BGB gibt in den §§ 104–185 allgemeine Regelungen für Rechtsgeschäfte. Die 5
Grundbegriffe der Rechtsgeschäftslehre sind das **Rechtsgeschäft,** die **Willenserklärung** und der **Vertrag.** Mit ihrer Hilfe lässt sich die Vielfalt rechtlicher Willensakte, wie etwa Kauf, Kündigung, Testament, systematisieren und analysieren.

Ausgangspunkt ist der Begriff des **Rechtsgeschäfts.** Es ist, wie erwähnt, das Mittel zur Gestaltung von Rechtsverhältnissen in Selbstbestimmung und Selbstverantwortung. Eine gesetzliche Definition fehlt zwar; doch versteht man darunter einen **Akt, der auf die Herbeiführung einer Rechtsfolge gerichtet ist.** Er führt diese Rechtsfolge zugleich, da gewollt und soweit von der Rechtsordnung anerkannt, unmittelbar herbei. Notwendiger Bestandteil eines jeden Rechtsgeschäfts ist die **Willenserklärung.** Sie ist die auf den Eintritt einer Rechtsfolge gerichtete Willensäußerung einer Person. Ein Rechtsgeschäft kann aus einer oder mehreren Willenserklärungen bestehen, das Gesetz kann auch noch weitere Tatbestandsmerkmale für ein Rechtsgeschäft aufstellen. Wichtigste, aber nicht alleinige Erscheinungsform des Rechtsgeschäfts ist der **Vertrag.** Er besteht aus mindestens zwei übereinstimmenden Willenserklärungen.

Beispiele: Die *Kündigung* eines Mietvertrages (§§ 542f. BGB) ist ein Rechtsgeschäft, das aus nur einer Willenserklärung besteht. – Der *Kaufvertrag* (§ 433 BGB) ist ein Rechtsgeschäft, das aus zwei Willenserklärungen, der des Verkäufers und der des Käufers, besteht. – Die *Übereignung* einer beweglichen Sache (§ 929 S. 1 BGB) ist ein Rechtsgeschäft, das aus zwei Willenserklärungen, der des Veräußerers und der des Erwerbers, sowie einem zusätzlichen Akt, der Übergabe, besteht.

> Das **Rechtsgeschäft** ist ein Akt, der auf den Eintritt einer Rechtsfolge gerichtet ist und diese Rechtsfolge, soweit von der Rechtsordnung anerkannt, auch herbeiführt. Zum Tatbestand des Rechtsgeschäfts gehören, je nach den rechtlichen Anforderungen, eine oder mehrere Willenserklärungen und ggf. noch andere Elemente.
> Die **Willenserklärung** ist eine Willensäußerung einer Person, die unmittelbar auf den Eintritt einer privatrechtlichen Rechtsfolge gerichtet ist.
> Der **Vertrag** ist ein Rechtsgeschäft, das aus mindestens zwei übereinstimmenden Willenserklärungen besteht.

2. Tatbestand und Wirksamkeit des Rechtsgeschäfts

Von den Tatbestandsvoraussetzungen eines Rechtsgeschäfts sind die Wirksamkeits- 6
voraussetzungen zu unterscheiden. Ist der Tatbestand eines Rechtsgeschäfts nicht vollständig erfüllt, liegt (noch) kein Rechtsgeschäft vor. Ob ein tatbestandlich vorliegendes Rechtsgeschäft auch die angestrebte Rechtsfolge herbeiführt, hängt von zusätzlichen Wirksamkeitsvoraussetzungen, etwa Geschäftsfähigkeit der Beteiligten, Einhaltung einer bestimmten Form, ab.

Beispiel: Erwidert B auf das Gebrauchtwagenangebot des A: „Ich nehme ihn, aber nur für 2.500 Euro“, ist mangels Übereinstimmung von Angebot und Annahme (noch) kein Vertrag zustande gekommen (vgl. aber § 150 Abs. 2 BGB). – Nimmt B das Angebot des A uneingeschränkt an, ist er aber geschäftsunfähig (§ 104 BGB), so ist der Kaufvertrag zwar zustande gekommen, aber unwirksam (§ 105 Abs. 1 BGB).

Die Unterscheidung zwischen Tatbestand und Wirksamkeit des Rechtsgeschäfts ist bedeutsam, weil Wirksamkeitsmängel uU geheilt werden können, Tatbestandsmängel dagegen nicht.

3. Geschäftsähnliche Handlung und Realakt

7 Von den Rechtsgeschäften abzugrenzen sind zwei sonstige Formen des rechtlich relevanten Verhaltens: die (rechts-)geschäftsähnliche Handlung und der Realakt.

a) Geschäftsähnliche Handlung

Im Unterschied zum Rechtsgeschäft tritt bei den „geschäftsähnlichen Handlungen" die Rechtsfolge kraft Gesetzes ein, ohne dass ein entsprechender Rechtsfolgewille erklärt sein muss. Typischerweise handelt es sich um Erklärungen, die auf Ansprüche oder Rechtsverhältnisse Bezug nehmen, insbes. **Aufforderungen** (wie zB die Aufforderung zur Genehmigung nach § 108 Abs. 2 BGB oder § 177 Abs. 2 BGB; die Mahnung nach § 286 Abs. 1 BGB; die Aufforderung zur Mängelbeseitigung nach § 439 Abs. 1 BGB; vgl. BGH NJW 2002, 1565 (1567)) und **Mitteilungen** (wie zB nach §§ 149 S. 2, 170, 171 Abs. 1, 651g BGB; vgl. BGH NJW 2001, 289 (290)). Die Vorschriften über Rechtsgeschäfte (§§ 104–185 BGB) sind entsprechend anwendbar, soweit dies Zweck und Eigenart der betreffenden Erklärung und die Interessenlage zulassen. Dies ist jedenfalls anzunehmen, wenn die geschäftsähnliche Handlung in einer Willensäußerung besteht (BGH NJW 2001, 289 (291)).

Die Mahnung: Auf die Mahnung (§ 286 Abs. 1 BGB) sind ua die Vorschriften über die Geschäftsfähigkeit (§§ 104ff. BGB) entsprechend anwendbar. Die Mahnung eines Geschäftsunfähigen ist daher nichtig (§ 105 Abs. 1 BGB analog), die eines beschränkt Geschäftsfähigen (§ 106 BGB) dagegen, da für ihn lediglich rechtlich vorteilhaft, wirksam (§ 107 BGB analog). Des Weiteren ist § 174 S. 1 BGB entsprechend anwendbar, die von einem Bevollmächtigten erklärte Mahnung ist daher unwirksam, wenn er keine Vollmachtsurkunde vorlegt und der Schuldner die Mahnung aus diesem Grunde zurückweist.

> Eine **geschäftsähnliche Handlung** ist eine Erklärung, insbes. Mitteilung oder Aufforderung, die kraft Gesetzes eine bestimmte Rechtsfolge herbeiführt.

b) Realakt

Im Unterschied zur geschäftsähnlichen Handlung fehlt es beim Realakt sogar an einer Erklärung. Zu den Realakten gehören vor allem die Besitzbegründung, -übertragung und -aufgabe, der Fund (§ 965 BGB) und die Verbindung, Vermischung oder Verarbeitung von Sachen (§§ 946–950 BGB). Die Vorschriften über Rechtsgeschäfte sind auf sie grds. nicht entsprechend anwendbar.

Der Finderlohn: Der 6-jährige A findet einen Brillantring und zeigt ihn dem Erwachsenen E. Dieser nimmt ihm den Ring ab und bringt ihn zum Fundbüro. – Finder im Rechtssinne ist gleichwohl A. Es ist unerheblich, dass A geschäftsunfähig (§ 104 Nr. 1 BGB) ist. Der Anspruch auf Finderlohn steht daher dem A zu.

Soweit ein Realakt allerdings mit einem Rechtsnachteil für den Handelnden verbunden ist, wie zB bei der Besitzaufgabe, ist grds. beschränkte Geschäftsfähigkeit und Urteilsfähigkeit erforderlich.

> Ein **Realakt** ist eine tatsächliche Willensbetätigung, die kraft Gesetzes eine bestimmte Rechtsfolge herbeiführt.

c) Zweifelsfragen

Rechtsgeschäft, rechtsgeschäftsähnliche Handlung und Realakt lassen sich zwar theoretisch streng auseinanderhalten. Im Einzelfall kann aber durchaus zweifelhaft sein, welcher Kategorie eine bestimmte Handlung zuzurechnen und wie sie rechtlich zu behandeln ist. Umstritten ist etwa, wie die *Einwilligung in eine Operation* einzuordnen und welche Anforderungen an ihre Wirksamkeit zu stellen sind (vgl. dazu BGHZ 29, 33; *Kohte* AcP 185 [1985], 105).

IV. Die Einteilung der Rechtsgeschäfte

Mit einem Rechtsgeschäft können höchst unterschiedliche persönliche und wirtschaftliche Interessen verfolgt werden. Zum Schutze übergeordneter Interessen hat der Gesetzgeber allerdings bestimmte Grundmuster von Rechtsgeschäften bereit gestellt, deren sich die Parteien bedienen müssen, wenn sie einen bestimmten Erfolg erreichen wollen. Die Einteilung ist dabei unter mehreren Gesichtspunkten möglich. 8

1. Einseitige und mehrseitige Rechtsgeschäfte

Von den Beteiligten her lassen sich die Rechtsgeschäfte in einseitige und mehrseitige unterteilen (dazu *Petersen* Jura 2005, 248). **Einseitig** ist ein Rechtsgeschäft, das den Willen nur einer Partei verwirklicht. In der Regel besteht das einseitige Rechtsgeschäft nur aus einer Willenserklärung, ausnahmsweise aus mehreren, wenn mehrere Personen als eine Partei innerhalb eines Rechtsverhältnisses auftreten. 9

Beispiele: Der Rücktritt vom Vertrag ist *ein einseitiges* Rechtsgeschäft (§ 349 BGB), und zwar auch dann, wenn auf der Seite der rücktrittsberechtigten Vertragspartei mehrere Personen stehen, die gem. § 351 S. 1 BGB nur gemeinsam zurücktreten können.

Mehrseitig ist ein Rechtsgeschäft, an dem notwendigerweise mehrere Personen mitwirken müssen. Hauptfall ist der **Vertrag** zwischen zwei oder mehreren Personen. Er setzt sich aus einander korrespondierenden Willenserklärungen, dem Angebot und der Annahme, zusammen.

Beispiel: Erklärt A gegenüber dem B: „Sie können meinen Wagen für 3.000 Euro haben", so ist dies ein Angebot zum Abschluss eines Kaufvertrages. Erwidert B „Ich nehme ihn", so ist dies die Annahme, durch die dann der Kaufvertrag zustande kommt.

Ein anderes mehrseitiges Rechtsgeschäft ist der **Beschluss** als Akt der Willensäußerung eines Personenverbands (Verein, Gesellschaft). Er besteht aus einzelnen gleichgerichteten Willenserklärungen der Verbandsmitglieder. Gilt für die Beschlussfassung das Mehrheitsprinzip, werden durch den mehrheitlich gefassten Beschluss auch die gebunden, die dagegen stimmten oder sich der Stimme enthielten.

Beispiel: Stimmt bei einem Verein die erforderliche Mehrheit für einen Beschluss, den Beitrag zu erhöhen, so müssen ihn auch die entrichten, die dagegen waren. Sie können sich dem nur durch Austritt aus dem Verein entziehen.

2. Rechtsgeschäfte unter Lebenden und von Todes wegen

Als **Rechtsgeschäfte unter Lebenden** bezeichnet man alle Rechtsgeschäfte, die Rechtswirkungen unter Lebenden entfalten. Den Gegensatz dazu bilden **Rechtsgeschäfte von Todes wegen,** durch die jemand Anordnungen für den Fall seines Todes 10 trifft (dazu ***Köhler*** **BGB AT PdW Fall 72**). Es sind dies **Testament** (§§ 2064ff. BGB) und **Erbvertrag** (§§ 2274ff. BGB). Rechtsgeschäfte von Todes wegen binden den Erblasser zu seinen Lebzeiten nicht, sie hindern ihn also nicht daran, zu Lebzeiten über sein Vermögen zu verfügen (vgl. § 2286 BGB).

3. Vermögensrechtliche und personenrechtliche Rechtsgeschäfte

11 **Vermögensrechtliche Geschäfte** beziehen sich auf das Vermögen einer Person. Im Vordergrund stehen die Begründung von Leistungspflichten und die Verschaffung von Herrschaftsmöglichkeiten über Gegenstände (zB Kauf und Übereignung einer Sache, §§ 433, 929 BGB). Unter **personenrechtlichen Geschäften** versteht man Rechtsgeschäfte, die sich auf die Person als solche beziehen, insbes. den Personenstand umgestalten (zB Verlöbnis, Eheschließung, elterliche Zustimmung, Vaterschaftsanerkenntnis). Auf diese Rechtsgeschäfte finden die Vorschriften des Allgemeinen Teils im Grundsatz ebenfalls Anwendung. Wegen der tiefgreifenden Wirkung dieser Rechtsgeschäfte sind sie im Interesse der Rechtssicherheit und Rechtsklarheit zumeist speziellen Vorschriften unterworfen. Typische Merkmale hierfür sind die Formenstrenge, die Bedingungsfeindlichkeit, die Höchstpersönlichkeit und die erhöhte Bestandskraft.

Beispiel: Die Eheschließung ist zwar ein Vertrag, der aber einer bestimmten Form bedarf, bedingungsfeindlich ist, nur höchstpersönlich (also nicht durch Vertreter) geschlossen werden kann (§ 1311 BGB) und erhöhte Bestandskraft besitzt (zB nicht wegen Irrtums angefochten werden kann; vgl. § 1314 BGB).

Nicht alle Rechtsgeschäfte des Familienrechts sind personenrechtlicher Natur. So haben das Ehegüterrecht und die darauf bezogenen Rechtsgeschäfte vermögensrechtlichen Charakter. Umgekehrt können auch vermögensrechtliche Vertragsbeziehungen einen personenrechtlichen Einschlag haben, so etwa der Gesellschafts-, der Arbeits- und teilweise auch der Mietvertrag. Dies bedeutet, dass insoweit eine stärkere und tiefere Bindung gegenüber dem Vertragspartner mit entsprechend intensiveren Pflichten besteht.

4. Verpflichtungs- und Verfügungsgeschäfte

a) Begriff, Bedeutung und Unterschiede

12 Die wohl wichtigste Unterscheidung ist die zwischen Verpflichtungs- und Verfügungsgeschäften. Sie lässt sich am besten am Grundfall des Kaufs einer Sache verdeutlichen.

Der Motorradkauf: K entdeckt beim Motorradhändler V ein Motorrad zum Preis von 2.000 Euro und unterschreibt einen entsprechenden Kaufvertrag.

Der Kaufvertrag begründet für den Verkäufer die Pflicht zur Lieferung, genauer: zur Übereignung und Übergabe (§ 433 Abs. 1 S. 1 BGB) der Kaufsache, und für den Käufer die Pflicht zur Bezahlung und zur Abnahme der Kaufsache (§ 433 Abs. 2 BGB). Im Rechtssinne ist der Kaufvertrag daher ein Verpflichtungsgeschäft, und zwar ein beiderseitiges, weil es für beide Vertragsparteien Leistungspflichten und damit für die jeweils andere Partei einen Anspruch auf eine Leistung (§ 194 BGB) begründet.

> Das **Verpflichtungsgeschäft** ist ein Rechtsgeschäft, durch das sich jemand zu einer Leistung verpflichtet und damit für einen anderen einen **Anspruch** begründet.

Das Verpflichtungsgeschäft ist zugleich ein **Schuldverhältnis** iSd § 241 BGB. Für sein Zustandekommen ist grds. ein **Vertrag** erforderlich (§ 311 Abs. 1 BGB). Nur soweit das Gesetz es zulässt, kann es auch durch einseitiges Rechtsgeschäft begründet werden.

Beispiele: Auslobung, § 657 BGB; Gewinnzusage, § 661 a BGB

Das Verpflichtungsgeschäft begründet, wie gesagt, nur eine Verpflichtung zu einer Leistung. Davon zu unterscheiden ist die **Erfüllung** dieser Verpflichtung. Sie kann – je nach Art und Inhalt der Verpflichtung – durch rein tatsächliche Handlungen oder durch Rechtsgeschäft erfolgen. Durch eine tatsächliche Handlung erfolgt die Erfüllung etwa bei der Verpflichtung des Arbeitnehmers zur Leistung von Diensten (§ 611 Abs. 1 BGB). Geht die Verpflichtung, wie beim Kaufvertrag, auf Eigentumsverschaffung, muss zur Erfüllung ein weiteres Rechtsgeschäft vorgenommen werden, nämlich die Übereignung der Kaufsache. Der Kaufvertrag allein ändert also an der Eigentumslage nichts. Im Beispielsfall des Motorradkaufs ist also der V auch nach Abschluss des Kaufvertrages noch Eigentümer des Fahrzeugs. Er ist lediglich verpflichtet, Eigentum und Besitz auf den K zu übertragen. Dies geschieht nach § 929 S. 1 BGB durch Einigung über den Eigentumsübergang und Übergabe.

Im Falle des *Motorradkaufs* muss also V das Fahrzeug dem K aushändigen (durch Schlüsselübergabe) und sich mit ihm einig sein, dass das Eigentum auf ihn übergeht (Indiz: Übergabe des Kfz-Briefs).

Erst die Übereignung bewirkt also den Eigentums- und Besitzübergang auf den Käufer.

Die Übereignung stellt im Rechtssinne eine **Verfügung** (vgl. §§ 185, 816 BGB) dar, 13
weil sie die Übertragung eines Rechts (hier: Eigentum) auf eine andere Person zum Inhalt hat. Der Begriff der Verfügung ist aber weiter, er erfasst auch Rechtsgeschäfte, die die Aufhebung oder Inhaltsänderung oder Belastung eines Rechts zum Inhalt haben. Der reine Rechtserwerb (zB durch Aneignung, § 958 Abs. 1 BGB) stellt dagegen keine Verfügung dar. Daraus ergibt sich folgende Definition der Verfügung:

> Die **Verfügung** ist ein Rechtsgeschäft, das unmittelbar auf ein bestehendes Recht einwirkt, sei es durch Übertragung, Aufhebung, Inhaltsänderung oder Belastung (vgl. BGHZ 101, 24 (26)).

Typische Beispiele einer Verfügung sind: (1) Übertragung eines Rechts: die *Übereignung* einer beweglichen Sache (§§ 929–931 BGB) oder eines Grundstücks (durch Auflassung und Eintragung; §§ 873, 925 BGB); die *Abtretung* einer Forderung (§ 398 BGB) (2) Aufhebung eines Rechts: die *Eigentumsaufgabe* (§ 959 BGB) (3) Inhaltsänderung eines Rechts: die *Änderung des Zinssatzes* bei einer Grundschuld (4) Belastung eines Rechts: die *Verpfändung* (§ 1205 BGB) oder die Bestellung eines *Nießbrauchs* (§ 1030 BGB).

Die Verfügung erfolgt in der Regel durch Vertrag zwischen den Beteiligten. Bei sachenrechtlichen Verfügungen heißt die dazu erforderliche Willensübereinstimmung „Einigung" (vgl. §§ 873, 929, 1205 BGB). Nur in Ausnahmefällen erfolgt die Verfügung durch einseitiges Rechtsgeschäft (vgl. § 959 BGB).

Zwischen Verpflichtungsgeschäften und Verfügungen bestehen noch weitere Unterschiede:

Bei Verpflichtungsgeschäften besteht grds. Inhaltsfreiheit. Die Parteien können also innerhalb der Schranken des zwingenden Rechts den Inhalt beliebig festsetzen.

Am Beispiel des *Motorradkaufs:* V und K können nähere Vereinbarungen über den Lieferzeitpunkt, den Lieferort und die Haftung für Mängel treffen.

Den Inhalt von Verfügungsgeschäften hat der Gesetzgeber dagegen genau festgelegt **(Typenzwang),** um die Rechtsverhältnisse an Gegenständen (Sachen, Rechte) für Dritte leicht erkennbar zu machen (dazu näher → § 13 Rn. 3).

Am Beispiel des *Motorradkaufs:* Die Übereignung kann nur in den vom Gesetz dafür vorgesehenen Formen (§§ 929–931 BGB) vorgenommen werden.

Nicht für Verpflichtungsgeschäfte, wohl aber für Verfügungen gilt das **Spezialitätsprinzip.** Das bedeutet, dass zwar mehrere Gegenstände Inhalt eines einzigen Verpflichtungsgeschäfts sein können, aber über jeden einzelnen Gegenstand eine Verfügung getroffen werden muss.

Am Beispiel des *Motorradkaufs:* Gegenstand des Kaufvertrags kann neben dem Motorrad auch ein Sturzhelm sein. Zur Erfüllung des Kaufvertrages sind aber zwei Übereignungen erforderlich, die des Motorrads und die des Sturzhelms.

b) Das Trennungs- und Abstraktionsprinzip

14 Verpflichtungsgeschäft (zB Kaufvertrag) und dazugehöriges Verfügungsgeschäft (zB Übereignung der Kaufsache) sind, wie gezeigt, zwei verschiedene, von einander zu trennende Rechtsgeschäfte. Daher spricht man vom **Trennungsprinzip.** Zu trennen sind die beiden Rechtsgeschäfte auch dann, wenn sie wirtschaftlich gesehen – wie zumeist beim Barkauf im täglichen Leben – einen einheitlichen Vorgang bilden.

Das Trennungsprinzip ist im deutschen Recht so konsequent durchgeführt, dass die beiden Rechtsgeschäfte, Verpflichtungsgeschäft und Verfügungsgeschäft, auch in ihrer rechtlichen Wirksamkeit von einander unabhängig sind. Das heißt, die Wirksamkeit des einen Rechtsgeschäfts ist losgelöst („abstrakt“) von der Wirksamkeit des anderen Rechtsgeschäfts zu beurteilen. Das eine Rechtsgeschäft kann also wirksam sein, selbst wenn das andere unwirksam ist. Dies wird mit dem Begriff des **Abstraktionsprinzips** zum Ausdruck gebracht.

Am Beispiel des *Motorradkaufs:*
- *Variante 1:* Wenn K beim Abschluss des Kaufvertrages minderjährig ist und die Eltern die Genehmigung verweigern, ist der Kaufvertrag unwirksam (§§ 107, 108 Abs. 1 BGB). Die Übereignung des Motorrads durch V an K ist dagegen wirksam, da dieses Geschäft für K lediglich rechtlich vorteilhaft ist und er daher die elterliche Zustimmung nicht braucht. Die Unwirksamkeit des Kaufvertrages schlägt also nicht durch auf die Übereignung. K ist Eigentümer des Motorrads geworden.
- *Variante 2:* Denkbar ist aber auch der umgekehrte Fall, dass der Kaufvertrag wirksam und die Übereignung unwirksam ist. So etwa, wenn K bei Abschluss des Kaufvertrages zwar die elterliche Zustimmung hatte, aber V im Zeitpunkt der Übereignung wegen zwischenzeitlich eingetretener Geisteskrankheit geschäftsunfähig war (Nichtigkeit der Übereignung nach §§ 104 Nr. 2, 105 Abs. 1 BGB).
- *Variante 3:* Selbstverständlich ist auch der Fall möglich, dass ein und derselbe Unwirksamkeitsgrund sowohl das Verpflichtungs- als auch das Verfügungsgeschäft erfasst. So etwa, wenn V bereits im Zeitpunkt des Abschlusses des Kaufvertrags geschäftsunfähig war (Nichtigkeit beider Geschäfte nach §§ 104 Nr. 2, 105 Abs. 1 BGB).

c) Die Folgen des Abstraktionsprinzips bei Unwirksamkeit nur des Verpflichtungsgeschäfts („Leistungskondiktion")

Ist das Verpflichtungsgeschäft (Kauf) unwirksam, das Verfügungsgeschäft (Übereignung der Kaufsache) dagegen wirksam (s. o. *Variante 1), so* bedeutet dies, dass die Verfügung ohne eine entsprechende Verpflichtung hierzu vorgenommen wurde. 15

Am Beispiel des *Motorradkaufs:* V hat dem K das Eigentum am Motorrad verschafft, obwohl er dazu rechtlich nicht verpflichtet war.

In einem solchen Fall ist zwar denkbar, dass das Verpflichtungsgeschäft nachträglich – unter Vermeidung des ursprünglichen Wirksamkeitsmangels – wirksam vorgenommen wird. Wenn dies aber nicht möglich oder gewollt ist, wäre es nicht sachgerecht, wenn es bei dem bestehenden Rechtszustand bliebe. In diesem Falle hat derjenige, der die nicht geschuldete Leistung erbracht hat, ein schutzwürdiges Interesse daran, seine Leistung zurückzubekommen.

Für einen Ausgleich sorgen die Vorschriften über die **„Ungerechtfertigte Bereicherung"** (§§ 812ff. BGB), genauer § 812 Abs. 1 S. 1 Alt. 1 BGB (sog. **„Leistungskondiktion":** „Wer durch die Leistung eines anderen [...] etwas ohne rechtlichen Grund erlangt, ist ihm zur Herausgabe verpflichtet.").

Das Tatbestandsmerkmal „ohne rechtlichen Grund" ist dahin zu verstehen, dass es an einer rechtlichen Verpflichtung zur Übertragung des Eigentums fehlte. Das Verpflichtungsgeschäft bildet mit anderen Worten den „rechtlichen Grund" für die Leistung. Man spricht insoweit – in Anlehnung an den römischrechtlichen Begriff der *„causa"* (iSd rechtlichen Grundes) – vom Verpflichtungsgeschäft als dem **Kausalgeschäft.**

Am Beispiel des *Motorradkaufs:* K hat **„etwas"**, nämlich Eigentum und Besitz am Motorrad, erlangt. Dies muss durch **„Leistung"** des V erfolgt sein. Darunter ist grds. jede „zweckgerichtete und bewusste Vermehrung fremden Vermögens" zu verstehen (BGHZ 69, 186 (188f.)). Hier wusste V, dass er mit der Übereignung das Vermögen des K vermehrte, und er handelte auch zweckgerichtet, nämlich zur Erfüllung des (vermeintlich wirksamen) Kaufvertrages mit K. Die Leistung erfolgte schließlich auch **„ohne rechtlichen Grund"**, da der Kaufvertrag unwirksam war. – K hat daher nach § 812 Abs. 1 S. 1 Alt. 1 BGB das **„Erlangte"**, nämlich Eigentum und Besitz am Motorrad, herauszugeben. Dies ist rechtstechnisch wiederum nur durch (Rück-)Übereignung nach § 929 BGB möglich. Bis zu diesem Zeitpunkt bleibt aber K Eigentümer. Das kann für V missliche Folgen haben, weil zB Gläubiger des K das Motorrad pfänden lassen können, ohne dass er etwas dagegen unternehmen könnte.

> Ist das Verpflichtungsgeschäft (= Kausalgeschäft) unwirksam, das Verfügungsgeschäft aber wirksam, erfolgt der Ausgleich des ungerechtfertigten Rechtserwerbs nach § 812 Abs. 1 S. 1 Alt. 1 BGB (sog. **Leistungskondiktion**).

Ergänzender Hinweis: Der Vollständigkeit halber sei darauf hingewiesen, dass nicht jedes Verpflichtungsgeschäft zugleich ein Kausalgeschäft ist. Einzelne Verpflichtungsgeschäfte hat der Gesetzgeber vielmehr als sog. abstrakte Rechtsgeschäfte ausgestaltet. Dazu gehören insbes. das Schuldversprechen (§ 780 BGB) und das Schuldanerkenntnis (§ 781 BGB). Ihrer Erteilung liegt aber wiederum ein anderes Verpflichtungsgeschäft (= Kausalgeschäft) zugrunde. Wenn ein solches nicht (wirksam) besteht, unterliegen sie der Rückforderung nach § 812 Abs. 1 S. 1 Alt. 1 BGB, wie durch § 812 Abs. 2 BGB klargestellt wird. 16

d) Die Folgen des Abstraktionsprinzips bei Unwirksamkeit nur des Verfügungsgeschäfts

17 Ist das Verpflichtungsgeschäft wirksam, aber das zu seiner Erfüllung vorgenommene Verfügungsgeschäft unwirksam, hat dies zur Folge, dass keine Erfüllung (§ 362 BGB) eingetreten ist. Das Verpflichtungsgeschäft bleibt aber wirksam und der Anspruch auf die geschuldete Leistung besteht daher fort.

Ist im Falle des *Motorradkaufs* der Kaufvertrag wirksam, die Übereignung aber wegen Geschäftsunfähigkeit des V unwirksam, bleibt daher die Übereignungspflicht bestehen. Sie kann durch einen Vertreter (§ 164 BGB) des V erfüllt werden.

5. Treuhandgeschäfte

18 Beim Treuhandgeschäft (= fiduziarisches Rechtsgeschäft) überträgt der Treugeber ein bestimmtes Recht auf den Treuhänder, der sich gleichzeitig dazu verpflichtet, die mit dem Recht verbundenen Befugnisse nur in bestimmter Weise auszuüben. Die Treuhand dient unterschiedlichen wirtschaftlichen Zwecken (vgl. *Gernhuber* JuS 1988, 355):

Die **uneigennützige Treuhand** dient den Interessen des Treugebers. Der Treuhänder wird *fremdnützig,* wenngleich meist gegen Entgelt, tätig. Zweck kann die *Verwaltung* oder *Verwertung* von Vermögenswerten sein.

Beispiel: Eine alte Dame überträgt als Treugeberin das Eigentum an ihrem Hausgrundstück und an ihren Wertpapieren auf einen Treuhänder mit dem Auftrag, diese Werte zu verwalten, aber nicht darüber zu verfügen (Verwaltungstreuhand). – Sie kann aber auch ihren Schmuck mit dem Auftrag übereignen, ihn bestmöglich zu veräußern (Verwertungstreuhand).

Die **Sicherungstreuhand** dient in erster Linie den Interessen des Treuhänders, der sich aus dem Treugut befriedigen können soll. Der Treuhänder wird also vornehmlich eigennützig tätig. Hauptfall ist die *Sicherungsübereignung.*

Beispiel: Die alte Dame überträgt als Treugeberin das Eigentum an ihrem Schmuck an eine Bank, um ein Darlehen zu sichern. Nach Rückzahlung des Darlehens soll ihr der Schmuck zurückübereignet werden.

19 Bei der Treuhand sind (ebenso wie bei der Vollmacht) das Außenverhältnis (des Treuhänders zu Dritten) und das Innenverhältnis (des Treuhänders zum Treugeber) zu unterscheiden. Das *„rechtliche Können"* im Außenverhältnis übersteigt das *„rechtliche Dürfen"* im Innenverhältnis. Macht daher der Treuhänder von seinen Befugnissen einen pflichtwidrigen Gebrauch, so ist das vorgenommene Rechtsgeschäft wirksam, der Treuhänder wird jedoch gegenüber dem Treugeber schadensersatzpflichtig.

Beispiel: Veräußert bei der Verwertungstreuhand der Treuhänder den Schmuck ohne Not unter Wert, so ist die Verfügung (§ 929 BGB) zwar wirksam, der Treuhänder muss jedoch der alten Dame wegen der Wertdifferenz Schadensersatz nach § 280 BGB leisten.

Bei der Zwangsvollstreckung und bei der Insolvenz gelten für das Treuhandeigentum besondere Regeln.

6. Verbraucherverträge

20 Das Vertragsrecht des BGB galt in der Vergangenheit grds. für alle Personen, ohne Rücksicht auf ihre Stellung im Wirtschaftsleben. Sondervorschriften für bestimmte

Personengruppen (zB Kaufleute) waren außerhalb des BGB (zB im Handelsgesetzbuch – HGB) angesiedelt. Unter dem Einfluss des Unionsrechts ist jedoch innerhalb des BGB eine Differenzierung erfolgt: Für bestimmte **Verträge zwischen Unternehmern und Verbrauchern (Verbraucherverträge;** vgl. § 310 Abs. 3 BGB) gelten besondere Regelungen zum besseren Schutz des Verbrauchers. So regeln die §§ 433 ff. BGB den Kaufvertrag für „jedermann", während die §§ 474–479 BGB Sonderregelungen für den Verbrauchsgüterkauf, also den Verkauf von beweglichen Sachen durch einen Unternehmer an einen Verbraucher, betreffen. Vor allem aber hat der Unternehmer gegenüber dem Verbraucher umfangreiche **Informationspflichten** zu erfüllen (vgl. § 312 a BGB iVm Art. 246 EGBGB sowie § 312 d BGB iVm Art. 246 a und 246 b EGBGB). Bei bestimmten Verträgen, insbes. bei den **außerhalb von Geschäftsräumen abgeschlossenen Verträgen** (§ 312 b BGB) und bei **Fernabsatzverträgen** (§ 312 c BGB), gelten für den Unternehmer besondere Informationspflichten und steht dem Verbraucher überdies ein Widerrufsrecht iSd § 355 BGB zu (vgl. § 312 g BGB).

a) Die Begriffe des „Verbrauchers" und des „Unternehmers"

Voraussetzungen für die Anwendung der Vorschriften über Verbraucherverträge ist, 21
dass eine Partei Verbraucher, die andere Unternehmer ist. Um eine einheitliche Anwendung dieser Begriffe sicherzustellen, hat der Gesetzgeber im Allgemeinen Teil Legaldefinitionen aufgestellt.

aa) „Verbraucher"

> **Verbraucher** ist jede natürliche Person, die ein Rechtsgeschäft zu Zwecken abschließt, die überwiegend weder ihrer gewerblichen noch ihrer selbstständigen beruflichen Tätigkeit zugerechnet werden kann (§ 13 BGB). 22

Ob jemand als Verbraucher anzusehen ist, steht daher nicht von vornherein fest, sondern hängt von der **Zweckbestimmung** des jeweiligen Rechtsgeschäfts ab. Verbraucher iSd § 13 BGB kann also auch ein Gewerbetreibender (zB Kaufmann) oder Freiberufler (zB Rechtsanwalt) sein, sofern er nur das Geschäft für seine privaten Zwecke tätigt. Maßgebend ist grds. der mit dem Rechtsgeschäft *objektiv* verfolgte Zweck, es sei denn, die dem Vertragspartner erkennbaren Umstände weisen eindeutig und zweifelsfrei darauf hin, dass die natürliche Person in Verfolgung ihrer gewerblichen oder selbständigen beruflichen Tätigkeit handelt (BGH NJW 2009, 3780 Rn. 11). Dient das Rechtsgeschäft objektiv sowohl privaten als auch geschäftlichen Zwecken (sog. *dual-use-Geschäft*), ist von der Verbrauchereigenschaft auszugehen, wenn nicht der geschäftliche Zweck überwiegt.

Computerkauf des Gemüsehändlers: Kauft ein Gemüsehändler einen Computer, den er sowohl privat als auch geschäftlich nutzen will, ist er als Verbraucher anzusehen, es sei denn der geschäftliche Zweck überwiegt. Will er sich im Streitfall gegenüber dem Verkäufer auf seine Verbrauchereigenschaft berufen, hat er daher zu beweisen, dass er den Computer mindestens zur Hälfte privat nutzt.

Auf die Verbrauchereigenschaft kann sich nicht berufen, wer bei einem Rechtsgeschäft wahrheitswidrig als Unternehmer auftritt und dadurch einen geschäftlichen Zweck vortäuscht (BGH NJW 2005, 1045). – Zur Anwendung des § 13 BGB gibt es noch eine Reihe von Zweifelsfragen: (1) Soll eine juristische Person des Privatrechts (zB Idealverein iSd § 21 BGB) oder eine juristische Person des öffentlichen Rechts (zB Gemeinde), die keine gewerblichen oder selbstständigen beruflichen Zwecke verfolgen, einer natürlichen Person gleichgestellt werden (analoge Anwendung des § 13 BGB)? Das ist wohl zu verneinen, weil juristische Personen typischerweise nicht in gleicher Weise schutzbedürftig sind wie natürliche Personen. (2) Kann wenigstens eine Gesellschaft des Bürgerlichen Rechts, die aus natürlichen Personen besteht und die keine gewerblichen oder selbständigen beruflichen Zwecke verfolgt, Verbraucher sein? Das wird von der Rspr. (BGH NJW 2002, 368) bejaht, obwohl die BGB-Gesellschaft als „rechtsfähige Personengesellschaft" anerkannt ist (BGHZ 146, 341). Denn für die Schutzbedürftigkeit natürlicher Personen soll es keinen Unterschied machen, ob sie allein oder gemeinsam handeln. Dies gilt aber nicht, wenn auch eine juristische Person Gesellschafter ist (BGH NJW 2017, 2752 Rn. 32). (3) Soll auch derjenige, der in seiner Eigenschaft als Arbeitnehmer ein Rechtsgeschäft tätigt, als Verbraucher anzusehen sein? Das ist grds. zu bejahen, und zwar auch beim Abschluss eines Arbeitsvertrages (BVerfG NJW 2007, 286 (287); str.). Jedoch ist bei Anwendung der konkreten, auf die Verbrauchereigenschaft abstellenden Norm stets zu fragen, ob sie nach ihrem Sinn und Zweck auch für Arbeitnehmer gelten soll (BAG NJW 2005, 3305). Das ist etwa bei § 312g BGB zu verneinen (BAG NJW 2006, 938 (941) zu § 312 Abs. 1 BGB aF).

bb) „Unternehmer"

23 **Unternehmer** ist eine natürliche oder juristische Person oder eine rechtsfähige Personengesellschaft, die bei Abschluss eines Rechtsgeschäfts in Ausübung ihrer gewerblichen oder selbstständigen beruflichen Tätigkeit handelt (§ 14 Abs. 1 BGB).

Der Begriff des Unternehmers ist richtlinienkonform am Maßstab des Art. 2 Nr. 2 RL 2011/83/EU auszulegen. Er reicht weiter als der Begriff des Kaufmanns (§ 1 HGB) und erfasst insbes. auch Kleingewerbetreibende, Freiberufler, Landwirte und freischaffende Künstler. Der Begriff der rechtsfähigen Personengesellschaft ist wiederum in § 14 Abs. 2 BGB legaldefiniert und erfasst nicht nur die Offene Handelsgesellschaft (§ 105 HGB) und die Kommanditgesellschaft (§ 161 HGB), sondern auch die BGB-Gesellschaft (§§ 705 ff. BGB). Das Vorliegen der Unternehmereigenschaft ist objektiv zu bestimmen (BGHZ 162, 253 (257); NJW 2008, 435 Rn. 6). Ein Unternehmer kann sich also seinen Pflichten und seiner Verantwortung nicht dadurch entziehen, dass er sich wahrheitswidrig als Verbraucher „darstellt".

Die Nachhilfelehrerin in spe: Die pensionierte Lehrerin E beabsichtigt, privat Nachhilfestunden in Mathematik gegen Entgelt zu geben, und kauft zu diesem Zweck über das Internet bei der Buchhandlung B einige Fachbücher, die sie aber für ungeeignet hält. Sie kann ihre Bestellung nur dann nach § 312g Abs. 1 BGB iVm § 355 BGB widerrufen, wenn sie bei Vertragsschluss „Verbraucher" war und daher ein Fernabsatzvertrag iSd § 312c BGB vorlag. Dies ist hier zu verneinen, da der Vertragsschluss im Zuge der Aufnahme einer selbständigen beruflichen Tätigkeit (sog. **Existenzgründung**) dem unternehmerischen Handeln zuzuordnen ist (BGH NJW 2008, 435 Rn. 6; Palandt/*Ellenberger* BGB § 13 Rn. 3; aA *Schünemann/Blomeyer* JZ 2010, 1156). Dies ergibt sich auch aus einem Umkehrschluss aus § 512 BGB. Darauf, ob die betreffende Person bereits über geschäftliche Erfahrungen verfügt, kommt es nicht an.

Bei eBay-Angeboten von natürlichen Personen kann oft zweifelhaft sein, ob sie als Unternehmer handeln. Darauf kommt es aber entscheidend an, weil davon ua abhängt, ob dem Käufer ein Widerrufsrecht nach § 312g Abs. 1 BGB iVm § 355 BGB zusteht. Die Frage kann nur anhand der Umstände des Einzelfalls beantwortet werden. Jedenfalls reicht es für eine unternehmerische Tätigkeit nicht schon aus, wenn jemand im Internet eine Reihe von neuen und gebrauchten Waren zum Kauf anbietet (vgl. EuGH GRUR 2018, 1154 Rn. 35ff. – Kamenova).

b) Einzelne Verbrauchervertragsregelungen

Zu den einzelnen Verbrauchervertragsregelungen gehören im BGB insbes. die Vor- 24
schriften über außerhalb von Geschäftsräumen abgeschlossene Verträge und Fernabsatzverträge (§§ 312b–312h BGB), über Verträge im elektronischen Geschäftsverkehr (§§ 312i–312k BGB), über den Verbrauchsgüterkauf (§§ 474–479 BGB) und über Teilzeit-Wohnrechteverträge (§§ 481–487 BGB), außerhalb des BGB das Fernunterrichtsschutzgesetz (FernUG). Weiter ist von Bedeutung die Regelung des § 310 Abs. 3 BGB, die bestimmte Vorschriften des Rechts der Allgemeinen Geschäftsbedingungen auf Verbraucherverträge erstreckt. Der Schutz des Verbrauchers wird insbes. durch die Aufstellung von vertraglichen und vorvertraglichen **Informationspflichten** (vgl. § 312a BGB iVm Art. 246 EGBGB sowie § 312d BGB iVm Art. 246a und 246b EGBGB), durch die Einräumung von Widerrufsrechten (vgl. § 312g BGB) und durch das **Verbot bestimmter Vertragsgestaltungen** (vgl. § 312k BGB; § 475 BGB) bewirkt.

Die Geschäftsauflösung: Der Hosenfabrikant P löst aus Altersgründen seinen Betrieb auf und verkauft ua einen Geschäftswagen an die Rentnerin N. Dabei wird die Haftung für etwaige Mängel des Fahrzeugs ausgeschlossen. Als sich später unbehebbare Mängel zeigen, möchte Frau N vom Kaufvertrag zurücktreten. Pietsch lehnt dies unter Hinweis auf den Haftungsausschluss ab. – Da der Verkauf der Abwicklung des Geschäftsbetriebs diente und diese noch zur „Ausübung" der gewerblichen Tätigkeit iSd § 14 Abs. 1 BGB gehört (vgl. Palandt/*Ellenberger* BGB § 14 Rn. 2 aE), liegt ein Verbrauchsgüterkauf iSd § 474 BGB vor. Der Ausschluss der Mängelhaftung stellt eine Vereinbarung dar, die zum Nachteil des Verbrauchers von § 437 BGB abweicht. Nach § 475 Abs. 11 BGB kann sich P nicht auf diese Vereinbarung berufen, dh im Ergebnis ist die Vereinbarung unwirksam.

c) Durchsetzung der Verbraucherschutzregelungen

Die Regelungen über Verbraucherverträge stellen **Verbraucherschutzgesetze** iSd § 2 25
Abs. 1 S. 1 und Abs. 2 UKlaG dar. Ihre Einhaltung kann von bestimmten Verbänden und Einrichtungen klageweise durchgesetzt werden (vgl. § 3 UKlaG). Zugleich handelt es sich um **Marktverhaltensregelungen** iSd § 3a UWG, so dass ihre Einhaltung auch von Mitbewerbern und Verbänden nach dem UWG (vgl. § 8 Abs. 1, 3 UWG) erzwungen werden kann.

Literatur: *Bayerle,* Trennungs- und Abstraktionsprinzip in der Fallbearbeitung, JuS 2009, 1079; *Canaris,* Die Vertrauenshaftung im deutschen Privatrecht, 1971; *Canaris,* Die Bedeutung der iustitia distributiva im deutschen Vertragsrecht, 1997; *Coester-Waltjen,* Die Grundsätze der Vertragsfreiheit, Jura 2006, 436; *Hönn,* Entwicklungslinien des Vertragsrechts, JuS 1990, 953; *Herresthal,* Scheinunternehmer und Scheinverbraucher im BGB, JZ 2006, 695; *Jauernig,* Trennungsprinzip und Abstraktionsprinzip, JuS 1994, 721ff.; *Petersen,* Einseitige Rechtsgeschäfte, Jura 2005, 248; *ders.,* Verbraucher und Unternehmer, Jura 2007, 905; *Singer,* Selbstbestimmung und Verkehrsschutz im Recht der Willenserklärungen, 1995.

§ 6. Die Willenserklärung

Grundbausteine der Rechtsgeschäftslehre sind, wie bereits dargelegt, die Willenserklärung, das Rechtsgeschäft und der Vertrag. Jedes Rechtsgeschäft besteht aus einer oder mehreren Willenserklärungen (und ggf. noch anderen Erfordernissen). Im Folgenden soll genauer verdeutlicht werden, was unter einer Willenserklärung zu verstehen ist, wie ihr Vorliegen im Einzelfall festzustellen ist, welche Arten von Willenserklärungen es gibt und wie eine Willenserklärung wirksam wird.

I. Begriff und Arten der Willenserklärung

1. Der Begriff der Willenserklärung

1 Das BGB verwendet den Begriff der Willenserklärung an vielen Stellen (vgl. §§ 105, 107, 116ff., 130ff. BGB), ohne ihn allerdings zu definieren. Ganz allgemein lässt sich sagen:

> Eine **Willenserklärung** ist die Willensäußerung einer Person, die unmittelbar auf den Eintritt einer privatrechtlichen Rechtsfolge gerichtet ist (vgl. BGH NJW 2001, 289 (290)).

Zu ergänzen ist, dass die Willenserklärung die gewollte Rechtsfolge auch herbeiführt, soweit sie von der Rechtsordnung anerkannt wird. Zum genaueren Verständnis ist jedoch zwischen dem objektiven und dem subjektiven Tatbestand der Willenserklärung zu unterscheiden.

a) Der objektive Tatbestand

2 Unabdingbare Voraussetzung für das Vorliegen einer Willenserklärung ist die **Äußerung** eines Rechtsfolgewillens. Der Wille, eine bestimmte Rechtsfolge herbeizuführen, etwa ein Mietverhältnis zu beenden oder ein Testament zu errichten, muss nach außen hin zum Ausdruck gebracht werden. Ist der Wille zwar innerlich gegeben, aber (noch) nicht äußerlich in Erscheinung getreten, kann er keine Rechtswirkungen auslösen (BGHZ 88, 373 (382)).

Eine Äußerung eines Rechtsfolgewillens liegt dann vor, wenn das betreffende Verhalten aus der Sicht eines objektiven Beurteilers (Außenstehenden) als **Kundgabe** eines solchen Rechtsfolgewillens aufzufassen ist. Da die Willenserklärung auch zu einer rechtlichen Bindung des Erklärenden an das von ihm Erklärte führt, spricht man insoweit auch vom Erfordernis der **Kundgabe eines Rechtsbindungswillens** (vgl. BGHZ 97, 372 (377f.)).

Meist wird die Kundgabe eines Rechtsbindungswillens nicht zweifelhaft sein. So etwa, wenn der Vermieter gegenüber dem Mieter erklärt, er kündige das Mietverhältnis zum Quartalsende. Die Gerichte haben es aber immer wieder mit Fällen zu tun, in denen die Feststellung, ob eine Willenserklärung vorliegt oder nicht, schwierig ist. Das wird deutlich in folgendem

„Pillen"-Fall: Die A hatte ihrem Freund B versprochen, „die Pille" zu nehmen, später aber ohne sein Wissen die Pille abgesetzt. Daraufhin war sie schwanger geworden und hatte ein Kind bekommen. B verlangte unter Berufung auf die Vereinbarung von der A Erstattung der Unterhaltskosten, die er als Vater für das Kind aufwenden musste. A wendet ein, die Vereinbarung habe keine rechtliche Bindungswirkung gehabt.

Die **Abgrenzung** einer rechtlich bindenden Erklärung von einer rechtlich unverbindlichen sog. **Gefälligkeitszusage,** wie sie im täglichen Leben vorkommt, kann nur von Fall zu Fall im Wege der **Auslegung** des fraglichen Verhaltens vorgenommen werden (dazu *Paulus* JuS 2015, 496; *Lorenz/Eichhorn* JuS 2017, 6 (7)). Die Auslegung hat aus der Sicht eines objektiven Beobachters nach Treu und Glauben unter Berücksichtigung der Verkehrssitte (§§ 133, 157 BGB) zu erfolgen und muss die gesamten Umstände, insbes. die zugrundeliegende wirtschaftliche und soziale Situation, und die Interessenlage berücksichtigen (vgl. BGH NJW 1985, 313). Auf einen Rechtsbindungswillen und damit eine vertragliche Bindung ist insbes. dann zu schließen, wenn erkennbar ist, dass für den Empfänger der Leistung wesentliche Interessen wirtschaftlicher Art auf dem Spiel stehen und er sich auf die Zusage verlässt oder wenn der Zusagende an der Angelegenheit ein rechtliches oder wirtschaftliches Interesse hat (BGH NJW 2015, 2880 Rn. 8). Ist dies nicht der Fall, kann ein Rechtsbindungswille nur unter besonderen Umständen angenommen werden (vgl. BGH NJW 1992, 498; vgl. auch BGH NJW-RR 2017, 272). Er wird in der Regel bei Zusagen im rein gesellschaftlichen Bereich, etwa bei einer Einladung zu einem Essen) oder ähnlichen Vorgängen (Mitnahme im Auto), zu verneinen sein (BGH NJW 2015, 2880 Rn. 8). Gegen einen Rechtsbindungswillen kann es auch sprechen, wenn für den Zusagenden bei einer vertraglichen Bindung ein hohes Haftungsrisiko besteht. Letztlich geht es bei der Abgrenzung daher darum, Risiken auf Grund normativer Maßstäbe zu verteilen (ebenso *Medicus/Petersen* AT Rn. 192ff.).

Im „*Pillen*"-Fall hatte der BGH das Vorliegen eines Rechtsbindungswillens der A in Zweifel gezogen, weil es fern liege, dass Partner einer nichtehelichen Lebensgemeinschaft ihre persönlichen, intimen Beziehungen zum Gegenstand einer vertraglichen Bindung machen wollen. Er konnte die Frage offen lassen, da eine entsprechende Bindung auf jeden Fall rechtlich unzulässig und damit unwirksam ist (BGHZ 97, 372 (378f.)).

Weitere Beispiele: Wenn zwei Elternpaare die gegenseitigen Besuche ihrer Kinder in ihren Wohnungen dulden und die Kinder jeweils dabei beaufsichtigen, ist dieses Verhalten nicht als Abschluss eines Vertrages über die Führung der Aufsicht (vgl. § 832 Abs. 2 BGB), sondern als bloße Gefälligkeit gegenüber dem anderen Elternpaar zu werten (BGH NJW 1968, 1874). – Nimmt ein Anlageinteressent die Dienste eines Anlageberaters in Anspruch, kommt dagegen ein Auskunfts- oder Beratungsvertrag zustande (BGHZ 100, 117). – Bringt eine Arbeitnehmerin eine sich nicht wohl fühlende Arbeitskollegin auf deren Bitte hin während der Arbeitszeit nach Hause, liegt in der Regel eine bloße Gefälligkeit vor (BGH NJW 1992, 498). – Dagegen ist bei einer Fahrgemeinschaft in der Regel eine vertragliche Bindung (§ 662 BGB) gegeben (BGH NJW 1992, 498), weil sich die Beteiligten darauf verlassen können müssen, rechtzeitig zur Arbeit zu erscheinen. – Wenn Familienangehörige minderjährige Mitglieder eines Sportvereins zu einer Sportveranstaltung fahren, liegt – auch im Verhältnis zum Sportverein – eine bloße Gefälligkeit vor (BGH NJW 2015, 2880 Rn. 11). – Auch die Bewässerung eines Gartens eines Nachbarn während seiner urlaubsbedingten Abwesenheit stellt eine bloße Gefälligkeit dar (BGH NJW-RR 2017, 272).

Kommt es iRv Gefälligkeitsverhältnissen zu Schädigungen des anderen Teils, wird dafür nach den Regeln des Deliktsrechts (§§ 823ff. BGB) gehaftet. Doch sind die für vergleichbare Situationen bestehenden vertraglichen Haftungsmilderungen analog anzuwenden (*Medicus/Petersen* AT BGB Rn. 186ff.).

Beispiel: Kommt bei einer Einladung ein Mantel abhanden, ist die deliktische Haftung des Gastgebers nach §§ 690, 277 BGB analog gemildert.

b) Der subjektive Tatbestand

Hinter dem Verhalten, das nach außen als Kundgabe eines Rechtsfolgewillens und 3
damit als Willenserklärung erscheint, steht im Normalfall auch ein entsprechender subjektiver Wille. Wille und Erklärung können jedoch auch auseinanderfallen: Was äußerlich erklärt ist, ist nicht unbedingt auch innerlich gewollt. Um solche Fälle systematisch erfassen zu können, unterscheidet man drei Willensschichten: den Handlungswillen, das Erklärungsbewusstsein und den Geschäftswillen.

Der **Handlungswille** fehlt, wenn die als Willenserklärung gewertete Handlung als solche nicht gewollt war.

Beispiel: Unterzeichnung eines Schecks in Hypnose.

Das **Erklärungsbewusstsein** fehlt, wenn der Erklärende gar keinen Rechtsfolgewillen äußern wollte.

Beispiel: Unterzeichnung einer Bestellung im Glauben, es handle sich um eine bloße Besuchsbestätigung für einen Vertreter.

Der **Geschäftswille** fehlt, wenn eine andere als die gewollte Rechtsfolge erklärt worden ist.

Beispiel: Die Verkäuferin tippt in die Kasse versehentlich einen höheren Betrag als gewollt ein.

Das BGB hat die Fälle des Auseinanderfallens von Wille und Erklärung nur teilweise geregelt (§§ 116–124 BGB). Daher besteht Streit, ob und inwieweit das Vorliegen des Handlungswillens, des Erklärungsbewusstseins und des Geschäftswillens als Tatbestands- oder als Wirksamkeitsvoraussetzung der Willenserklärung anzusehen ist. Darauf ist im Zusammenhang mit der Darstellung der Willensmängel (→ § 7 Rn. 4 ff.) einzugehen.

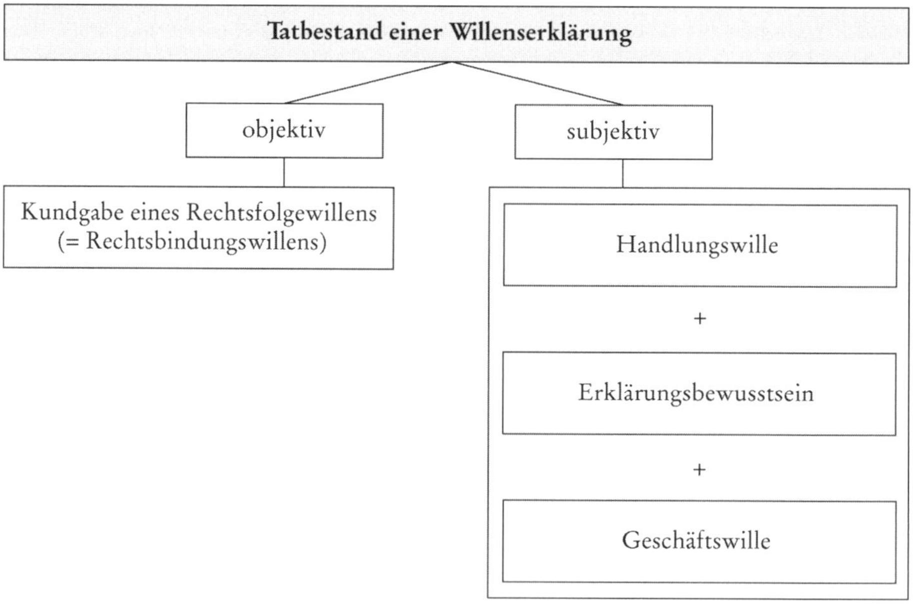

2. Die Arten der Willenserklärung

a) Ausdrückliche und konkludente Willenserklärung

Der rechtsgeschäftliche Wille kann **ausdrücklich** erklärt sein. 4

Beispiel: A schreibt seinem Mieter B: „Hiermit kündige ich Ihnen fristlos."

Er kann aber auch durch **„schlüssiges Verhalten"** erklärt sein, nämlich dann, wenn ein bestimmtes Verhalten vorliegt, aus dem mittelbar auf einen bestimmten Rechtsfolgewillen zu schließen ist (konkludente Willenserklärung).

Beispiele: Die Inanspruchnahme einer entgeltlich angebotenen Leistung, wie das Befahren einer mautpflichtigen Straße, das Besteigen einer Straßenbahn, lässt auf den Willen zum Vertragsschluss schließen. – Der Auszug des Mieters aus den gemieteten Geschäftsräumen unter Rücksendung der Schlüssel lässt auf den Willen zur Kündigung schließen.

Grds. macht es keinen Unterschied, ob der Wille ausdrücklich oder konkludent erklärt wird (vgl. auch § 164 Abs. 1 S. 2 BGB). Schlüssiges Verhalten reicht jedoch dann nicht aus, wenn durch Gesetz oder Rechtsgeschäft für die Willenserklärung eine bestimmte Form vorgesehen ist.

Beispiele: Nach § 48 Abs. 1 HGB ist die Erteilung von Prokura nur „mittels ausdrücklicher Erklärung" möglich, also nicht etwa durch Übertragung von Aufgaben, die Prokura voraussetzen. – Nach § 568 Abs. 1 BGB bedarf die Kündigung eines Mietverhältnisses über *Wohnraum* „der schriftlichen Form".

An bestimmte Handlungen knüpft das Gesetz bisweilen die **Vermutung** eines Rechtsfolgewillens oder sogar die **Fiktion** einer Willenserklärung.

Beispiele: Hat der Erblasser die Testamentsurkunde vernichtet, wird nach § 2255 S. 2 BGB die Absicht der Testamentsaufhebung *vermutet.* Die Vermutung ist jedoch widerleglich (vgl. § 292 ZPO), etwa durch den Nachweis, dass das Testament versehentlich vernichtet wurde. – Hat beim Teilzahlungskauf der Verkäufer die Kaufsache wieder an sich genommen, *gilt* dies grds. als Ausübung des Rücktrittsrechts (§ 508 S. 5 BGB). Da es sich um die Fiktion einer Willenserklärung handelt, kommt es auf das Vorliegen eines entsprechenden Willens nicht an.

b) Schweigen als Willenserklärung

aa) Schweigen als Erklärungshandlung

Das bloße Schweigen hat an sich keinen Erklärungswert. Jedoch kann sich aus den 5
Umständen, insbes. aus einer entsprechenden Vereinbarung (vgl. aber § 308 Nr. 5 BGB), ergeben, dass ein bestimmter Wille durch Schweigen erklärt wird. Es handelt sich dann um eine Willenserklärung, für die die allgemeinen Regeln gelten (§§ 104ff., 116ff. BGB).

Beispiel: Wer auf ein Vertragsangebot hin schweigt, erklärt nichts, weder Ablehnung noch Annahme des Angebots. – Haben jedoch die Parteien zuvor vereinbart, dass ein Vertragsangebot als angenommen gelte, wenn nicht innerhalb einer bestimmten Frist eine ausdrückliche Ablehnung erfolgt, so bedeutet das Schweigen die Erklärung der Annahme. – Natürlich genügt es nicht, wenn der Antragende in seinem Angebot einseitig erklärt, er nehme bei Schweigen Zustimmung an.

bb) Schweigen mit Erklärungswirkung

In bestimmten Fällen hat das Gesetz dem Schweigen die Wirkung einer Willenserklä- 6
rung beigelegt, also eine Willenserklärung *fingiert* (sog. „normiertes Schweigen" oder

„Schweigen an Erklärungs statt"). Ob der Betroffene diese Rechtsfolgen gewollt hat oder nicht, ist unerheblich.

Beispiele: Als *Ablehnung* wird das Schweigen in den §§ 108 Abs. 2 S. 2, 177 Abs. 2 S. 2 BGB gewertet: In beiden Fällen soll der Geschäftsgegner nach einer bestimmten Frist Klarheit über das Schicksal des schwebend unwirksamen Vertrages haben. – Als *Zustimmung* gilt das Schweigen etwa in den Fällen des § 455 S. 2 BGB (Schweigen nach Empfang einer zur Probe gekauften Sache), § 516 Abs. 2 S. 2 BGB (Schweigen auf schenkweise Zuwendung), § 545 BGB (Schweigen auf Fortsetzung des Gebrauchs der Mietsache nach Ablauf der Mietzeit) und des § 362 HGB (Schweigen eines Kaufmanns auf einen Antrag über eine Geschäftsbesorgung). Grund der gesetzlichen Regelung ist die Mutmaßung, der Schweigende sei mit dem Vertragsschluss einverstanden, wenn er keinen gegenteiligen Willen äußere, bzw. der Rechtsscheingedanke.

7 Mittlerweile gewohnheitsrechtlich anerkannt ist, dass das Schweigen auf ein **kaufmännisches Bestätigungsschreiben** unter bestimmten Voraussetzungen als Zustimmung gilt (dazu näher → § 8 Rn. 30 ff.). Darüber hinaus gilt nach der Rspr. (vgl. BGH NJW 1981, 43 (44)) Schweigen im *kaufmännischen Geschäftsverkehr* ausnahmsweise dann als Zustimmung, wenn nach den Grundsätzen des redlichen Geschäftsverkehrs der Erklärungsempfänger eine konkrete Rechtspflicht zur Anmeldung eines Widerspruchs oder Vorbehalts hat, so dass der Erklärende bei deren Ausbleiben auf das Vorliegen einer Zustimmung vertrauen darf. Der Sache nach handelt es sich hier um ein Problem der Rechtsschein- bzw. Vertrauenshaftung (dazu näher *Canaris* FS Wilburg, 1975, 77 (82 ff.)). Erforderlich ist also, dass der Schweigende durch zurechenbares Verhalten beim Vertragspartner das Vertrauen auf die Gültigkeit (oder auf einen bestimmten Inhalt) des Vertrages hervorgerufen und dieser daraufhin Dispositionen getroffen hat. Beruft sich der Schweigende später auf die Ungültigkeit (oder einen anderen Inhalt) des Vertrages, so handelt er widersprüchlich und damit treuwidrig.

c) Automatisierte Willenserklärungen

8 Rechtsgeschäftliche Erklärungen, die mit Hilfe von automatischen Datenverarbeitungsanlagen hergestellt werden (sog. „automatisierte Willenserklärungen"), sind echte Willenserklärungen. Denn die Anlage trifft keine autonomen Entscheidungen, sondern verwirklicht nur logische Operationen auf Grund eines vorgegebenen Programms. Dahinter steht der Wille des Anlagenbetreibers, der es auch in der Hand hat, ob er automatisch gefertigte Erklärungen in den Verkehr gelangen lässt oder nicht. Die Regeln über Willenserklärungen und Rechtsgeschäfte sind daher, mit Beachtung der Besonderheiten der Herstellung solcher Erklärungen, anwendbar (vgl. BGH NJW 2005, 53 (54); 2005, 976 (977)).

Beispiel: Die Annahme eines Versicherungsantrags und damit das Zustandekommen eines Versicherungsvertrages erfolgt durch Übersendung eines Versicherungsscheins (Police) der Versicherungsgesellschaft. Dieser Versicherungsschein wird in der Regel mit Hilfe von Datenverarbeitungsanlagen gefertigt. Die Daten des Versicherungsantrags werden in den Computer eingegeben und mittels eines entsprechenden Programms bearbeitet. Der Computer druckt den Versicherungsschein anschließend aus.

d) Online abgegebene Willenserklärungen

8a Willenserklärungen können auch *online,* nämlich durch elektronische Übermittlung einer Datei im Internet, abgegeben und wirksam werden (vgl. BGH NJW 2002, 363 (364) und NJW 2005, 53 zur Internet-Auktion; dazu *Lettl* JuS 2002, 219). Zu den besonderen Pflichten des Unternehmers bei *online*-Bestellungen vgl. § 312j BGB.

II. Das Wirksamwerden der Willenserklärung

1. Grundsatz

In welchem Zeitpunkt wird eine Willenserklärung wirksam? Dazu hat das BGB nur eine unvollständige Regelung (§§ 130–132 BGB) getroffen. Als allgemeiner Grundsatz gilt jedoch: Empfangsbedürftige Willenserklärungen werden mit Abgabe *und* Zugang der Erklärung wirksam; nichtempfangsbedürftige bereits mit Abgabe der Erklärung. Dazu im Einzelnen: 9

2. Empfangsbedürftige und nichtempfangsbedürftige Willenserklärungen

Empfangsbedürftig ist eine Willenserklärung, die an einen bestimmten Adressaten, den Erklärungsempfänger, gerichtet ist. 10

Das BGB bezeichnet sie als „eine Willenserklärung, die einem anderen gegenüber abzugeben ist" (vgl. § 130 Abs. 1 S. 1 BGB). Sie bildet den Regelfall. **Nichtempfangsbedürftige** Willenserklärungen sind die Ausnahme.

Beispiele: Eigentumsaufgabe, § 959 BGB; Auslobung, § 657 BGB; Testament, § 2247 BGB

Erklärungen, die gegenüber einer Behörde oder einem Gericht abgegeben werden müssen, heißen *amtsempfangsbedürftige* Willenserklärungen (zB Eigentumsaufgabe an einem Grundstück, § 928 BGB; Einwilligung zur Annahme eines Kindes, § 1750 Abs. 1 S. 1 BGB). – Dies gilt freilich nur für privatrechtliche Willenserklärungen, nicht für Erklärungen im Bereich des öffentlichen Rechts, zB Abgabe einer Steuererklärung.

3. Die Abgabe der Willenserklärung

Das BGB erwähnt den Begriff der Abgabe nur in § 130 BGB im Zusammenhang mit der empfangsbedürftigen Willenserklärung. Es geht als selbstverständlich (und damit als nicht regelungsbedürftig) davon aus, dass die nichtempfangsbedürftige Willenserklärung bereits mit ihrer Abgabe wirksam wird. Doch sind die Anforderungen an die Abgabe unterschiedlich. 11

Eine **nichtempfangsbedürftige Willenserklärung** ist abgegeben (und damit bereits wirksam), wenn der Erklärende seinen Willen erkennbar endgültig geäußert hat.

Ob dies der Fall ist, ist ggf. durch Auslegung zu ermitteln.

Das Testament: Ein Testament ist errichtet und die darin enthaltene Willenserklärung damit abgegeben, wenn der Erblasser die Testamentsurkunde unterschrieben hat. Hat er aber die Urkunde mit dem Wort „Entwurf" überschrieben, ist zweifelhaft, wenngleich nicht auszuschließen, ob ein ernstlicher und endgültiger Testierwille vorgelegen hatte (vgl. BayObLGZ 70, 173).

Eine **empfangsbedürftige Willenserklärung** ist abgegeben (damit aber noch nicht wirksam), wenn der Erklärende seinen Willen *in Richtung auf den Empfänger* geäußert hat. 12

Im Einzelnen ist hier zu unterscheiden zwischen Erklärungen unter Anwesenden und unter Abwesenden.

Bei **Anwesenheit** des Empfängers ist eine schriftliche (oder sonst verkörperte) Erklärung abgegeben, wenn sie dem Empfänger zur Verfügung gestellt wird; dass er sie in Besitz nimmt, ist nicht erforderlich. Bei (fern-)mündlichen Erklärungen unter Anwesenden ist die Abgabe erfolgt, wenn sie so geäußert wird, dass der Empfänger objektiv in der Lage ist, sie zu vernehmen.

Bei **Abwesenheit** des Empfängers ist eine schriftliche Erklärung abgegeben, wenn das Schriftstück mit dem Willen des Erklärenden in den Verkehr gelangt ist und er damit rechnen konnte und gerechnet hat, es werde den Empfänger erreichen (BGH NJW 1979, 2032f.). Eine mündliche Erklärung unter Abwesenden ist abgegeben, wenn ein Bote zu ihrer Übermittlung abgesandt wird.

Beispiele: Eine in einem Brief enthaltene Erklärung ist abgegeben (aber noch nicht zugegangen), wenn der Brief in den Postkasten der Post eingeworfen wird. – Schickt der Vermieter seine Frau zum Mieter, um ihm mündlich die Kündigung auszusprechen, so ist die Kündigungserklärung in diesem Augenblick abgegeben.

Von der Abgabe der (empfangsbedürftigen) Erklärung ist die bloße Fertigstellung zu unterscheiden. Denn insoweit hat der Erklärende seinen Willen noch nicht endgültig geäußert.

Beispiele: D nimmt die von V auf ihn ausgestellte, aber ihm noch nicht ausgehändigte Vollmachturkunde heimlich an sich. – Der gramgebeugte Onkel erleidet nach dem Unterschreiben einer Bürgschaftserklärung für seinen Neffen eine Ohnmacht. Dieser zieht ihm das Schriftstück unter den Händen weg und bringt es zur Bank. – Beide Male ist die Willenserklärung nicht abgegeben. Gutgläubige Dritte genießen Schutz nicht nach § 122 BGB analog (dafür aber *Wolf/Neuner* BGB AT § 32 Rn. 18), sondern nur bei einem vom Erklärenden verschuldeten Abhandenkommen der Erklärung nach den Grundsätzen der §§ 311 Abs. 2, 241 Abs. 2 BGB (culpa in contrahendo; BGHZ 65, 13 (14)). Auch wenn das Abhandenkommen nicht verschuldet ist, muss der Erklärende nach Kenntniserlangung den Gegner unverzüglich informieren, um ihn vor nachteiligen Dispositionen zu bewahren.

Die Willenserklärung ist auch dann nicht abgegeben, wenn sie **versehentlich,** also ohne Wissen und Wollen vom Erklärenden oder seinen Mitarbeitern in den Verkehr gebracht wurde (ganz hM; vgl. *Neuner* JuS 2007, 881 (884); *Wolf/Neuner* BGB AT § 32 Rn. 17; aA *Leenen* § 6 Rn. 73). Es handelt sich dabei nicht um einen der unrichtigen Übermittlung iSd § 120 BGB oder dem Fehlen des Erklärungsbewusstseins vergleichbaren Fall; es fehlt vielmehr bereits am Handlungs- oder Kommunikationswillen (dazu ***Köhler* BGB AT PdW Fall 44**).

Beispiele: Bei einer Internet-Bestellung wird versehentlich per Mausklick die Bestellung abgeschickt. – Das von einem Kaufmann nur vorsorglich vorbereitete Vertragsangebot wird von der Sekretärin ohne sein Wissen versehentlich abgeschickt. Das Angebot ist in beiden Fällen nicht abgegeben (str.).

Fehlt es an einer Abgabe der Willenserklärung durch den Erklärenden, stellt sich die Frage, ob sie gleichwohl mit Zugang beim Empfänger wirksam wird. Das ist jedenfalls dann zu verneinen, wenn der Empfänger um die fehlende Abgabe weiß.

Beispiel: Der Kaufmann erfährt von der versehentlichen Absendung und teilt dies vor dem Zugang telefonisch dem Empfänger mit.

Umstritten ist, wie zu entscheiden ist, wenn der Empfänger gutgläubig ist. Nach einer Ansicht ist dieser Fall dem Fehlen des Erklärungsbewusstseins gleichzustellen (zB Palandt/*Ellenberger* BGB § 130 Rn. 4; *Medicus/Petersen* AT BGB Rn. 266ff.). Danach ist die Erklärung in diesem Fall wirksam, wenn der Erklärende es hätte erkennen und verhindern können, dass die Erklärung in den Verkehr gelangt. Doch soll der Erklärende nach § 119 Abs. 1 BGB analog anfechten können, wobei er allerdings nach § 122 BGB den Vertrauensschaden zu ersetzen hat. Diese Auffassung widerspricht jedoch der in § 172 Abs. 1 BGB zum Ausdruck gelangten Wertung: Danach muss sich der Aussteller einer Urkunde deren Inhalt nur dann zurechnen lassen, wenn er sie einem anderen ausgehändigt hat. Ist die Erklärung ohne den Willen des Erklärenden in den Verkehr gelangt (und kann er dies beweisen), so ist sie ihm nicht – auch nicht unter Rechtsscheingesichtspunkten – zuzurechnen. Es bedarf daher keiner Anfechtung. Allerdings haftet der Erklärende dem Empfänger aus **culpa in contrahendo** (§§ 311 Abs. 2, 241 Abs. 2 BGB) auf Ersatz des Vertrauensschadens, wenn er die Absendung der Erklärung bei gebotener Sorgfalt hätte erkennen und verhindern können (ebenso BGHZ 65, 13 (14); Jauernig/*Mansel* BGB § 130 Rn. 1). Stets muss der Erklärende nach Kenntniserlangung von der versehentlichen Absendung den Gegner aufklären, um ihn vor weiteren Schäden zu bewahren. Einer analogen Anwendung des § 122 BGB bedarf es nicht.

Beispiel: Geht die von der Sekretärin eines Kaufmanns versehentlich abgeschickte Warenbestellung dem Lieferanten zu und liefert dieser die bestellte Ware, ist kein Vertrag zustande gekommen. Der Kaufmann muss den Lieferanten aber aufklären. Dieser kann nicht den Kaufpreis fordern, wohl aber Ersatz seiner Unkosten für die Zusendung und Rücknahme der Ware.

4. Der Zugang der Willenserklärung

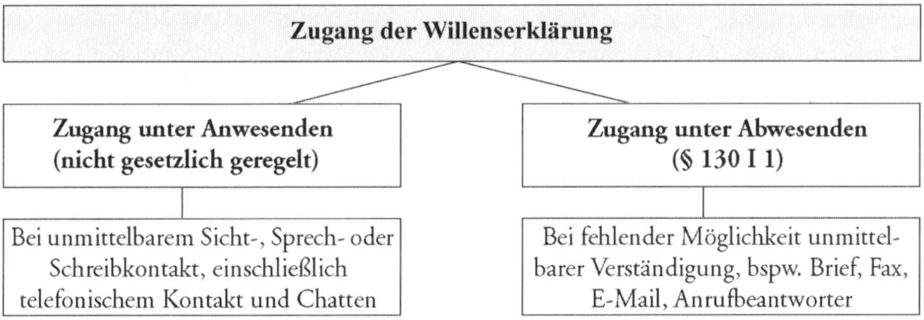

a) Der Begriff des Zugangs

Der Benachrichtigungsschein: A will den Mietvertrag mit B kündigen. Kündigungstermin ist nach dem 13
Vertrag jeweils der 15. eines Monats. Er gibt am 10. per Einschreiben das Kündigungsschreiben bei der Post auf. Der Postbote trifft B am 11. nicht an und hinterlässt daher einen Benachrichtigungsschein, aus dem hervorgeht, dass ein Einschreiben vorliege und ab 15 Uhr beim Postamt abgeholt werden könne. B kommt nach einer Geschäftsreise erst am 16. abends nach Hause und holt den Brief am nächsten Tag ab. Ist die Kündigung wirksam?

Der Gesetzgeber hat sich in § 130 Abs. 1 S. 1 BGB darauf beschränkt, eine Regelung für das Wirksamwerden einer Erklärung unter **Abwesenden** zu treffen. Gemeint ist damit, dass keine unmittelbare Verständigung mit dem Empfänger möglich ist. Als Erklärung unter Abwesenden ist daher nicht nur das Abschicken eines Briefs, einer Faxmitteilung oder einer E-Mail anzusehen, sondern auch das Sprechen auf einen Anrufbeantworter des Empfängers. Von einer Erklärung unter **Anwesenden** (dazu → Rn. 19) ist auszugehen, wenn zum Erklärungsempfänger ein unmittelbarer Sicht-,

Sprech- oder Schreibkontakt besteht (vgl. *Wolf/Neuner* BGB AT § 33 Rn. 34). Das ist nicht nur bei unmittelbarer körperlicher Anwesenheit des Empfängers, sondern auch bei telefonischen Erklärungen gegenüber dem Empfänger und bei einem online-Kontakt auf dem Bildschirm anzunehmen.

Nach § 130 Abs. 1 S. 1 BGB wird eine empfangsbedürftige Willenserklärung, die in *Abwesenheit* des Erklärungsempfängers **abgegeben** wird, **„in dem Zeitpunkt wirksam, in welchem sie ihm zugeht".** Es reicht also nicht aus, dass die Erklärung abgegeben wurde. Vielmehr muss sie dem Empfänger auch zugehen. Denn da sie für ihn bestimmt ist und er sich darauf einrichten können soll, muss er zumindest die Möglichkeit haben, von ihrem Inhalt Kenntnis zu nehmen.

Der Gesetzgeber hat allerdings nicht definiert, was unter **Zugang** einer Erklärung zu verstehen ist. Aus der Entstehungsgeschichte wird nur so viel deutlich, dass für das Wirksamwerden der Erklärung weder die bloße Entäußerung seitens des Erklärenden ausreichen, noch die tatsächliche Kenntnisnahme durch den Adressaten erforderlich sein soll (vgl. *Medicus/Petersen* AT BGB Rn. 268 ff.). Die Erklärung muss beim Empfänger angekommen sein. Dahinter steht die Erwägung, dass die Verantwortlichkeiten und Risiken bei der Übermittlung von Willenserklärungen sachgerecht zwischen Absender und Empfänger verteilt werden müssen. Vom Absender ist zu verlangen, dass er die Erklärung dem Empfänger derart nahe bringt, dass dieser sie unter normalen Umständen zur Kenntnis nehmen kann. Es ist dann Sache des Empfängers, die ihm gebotene Möglichkeit der Kenntnisnahme auch zu nutzen. Das bedeutet:

Zugegangen ist eine Willenserklärung, wenn sie derart in den Machtbereich des Empfängers gelangt ist, dass er unter normalen Verhältnissen von ihrem Inhalt Kenntnis erlangen kann (BGH NJW 2014, 1010 Rn. 8).

Für die Verteilung der Übermittlungsrisiken bedeutet dies: Der Erklärende trägt das Risiko, dass seine Erklärung den Empfänger nicht, nicht rechtzeitig oder nicht richtig oder vollständig erreicht. Ist die Erklärung aber zugegangen, so ist es das Risiko des Empfängers, dass er nicht, nicht rechtzeitig oder nicht richtig oder vollständig von der Erklärung Kenntnis nimmt.

Wie der Absender es bewerkstelligt, dass die Erklärung in den Machtbereich des Empfängers gelangt, ist seine Sache, sofern keine besonderen Vorschriften oder Vereinbarungen für die Form oder Übermittlung der Erklärung bestehen. Er kann beispielsweise ein Vertragsangebot mit der Post an den Empfänger schicken, sei es als einfachen Brief oder als Einwurf-Einschreiben oder als Einschreiben mit Rückschein. Er kann aber auch den Brief persönlich oder durch einen Boten in den Briefkasten des Empfängers einwerfen. Er kann ihm ferner das Vertragsangebot als Fax oder E-Mail (dazu *Ultsch* NJW 1997, 3007; *Taupitz/Kritter* JuS 1999, 839) schicken oder auf einen Anrufbeantworter sprechen. Gelangt die Erklärung nicht in den Machtbereich des Empfängers, geht sie auch nicht zu. Auf ein Verschulden des Absenders kommt es dabei nicht an. Geht beispielsweise der Brief bei der Post verloren oder kommt das Fax wegen eines Defekts des Empfangsgeräts nicht an, ist dies das Risiko des Absenders. Zugang tritt auch dann nicht ein, wenn der Empfänger es verhindert, dass die Erklärung in seinen Machtbereich gelangt, er etwa den Briefkasten abmontiert oder das Faxgerät ausschaltet. In solchen Fällen stellt sich aber die Frage, ob sich der Empfänger so behandeln lassen muss, als wäre ihm die Erklärung zugegangen (dazu → Rn. 30).

Andererseits genügt es für den Zugang noch nicht, dass die Erklärung nur objektiv in den Machtbereich des Empfängers gelangt ist (aA *Leipold* FS Medicus, 2009, 251). Vielmehr muss dies derart geschehen, dass eine Kenntnisnahme durch den Empfänger möglich und nach der Verkehrsanschauung zu erwarten ist (BGH NJW-RR 2011, 1185 Rn. 15). Dies bezieht sich zunächst auf das **wie** der Kenntnisnahme. Es genügt also beispielsweise nicht, dass der Erklärende den Brief beim Empfänger an einer Stelle, zB unter der Fußmatte, deponiert, an der man Briefe nicht erwartet. (Doch tritt Zugang auch in diesem Fall ein, wenn der Empfänger tatsächlich Kenntnis nimmt.) Vor allem aber ist damit das **wann** der zu erwartenden Kenntnisnahme angesprochen. Hier kommt es auf Gepflogenheiten des Verkehrs an, zu welchem Zeitpunkt in den Machtbereich gelangte Erklärungen normalerweise zur Kenntnis genommen werden. Dementsprechend kann es einen Unterschied machen, ob sich die Erklärung an einen Privatmann oder einen Geschäftsmann wendet. Wird beispielsweise ein Fax am Sonntag verschickt, ist bei einem Privatmann Kenntnisnahme noch am gleichen Tag zu erwarten; ist das Fax dagegen an ein Unternehmen gegangen, ist mit einer Kenntnisnahme erst am Montag nach Beginn der üblichen Geschäftszeit zu rechnen (vgl. BGH NJW 2008, 843). Lassen sich keine Verkehrsgepflogenheiten feststellen, so kommt es darauf an, von welchem Zeitpunkt an dem Empfänger eine Kenntnisnahme zumutbar war oder vom Erklärenden den Umständen nach erwartet werden konnte. Kann der Empfänger aus Gründen, die in seiner Person liegen, wie etwa Urlaubsabwesenheit oder Krankheit, von der Erklärung keine Kenntnis nehmen, so ist dies sein Risiko. Ihn trifft also die Obliegenheit, die nötigen Vorkehrungen zu treffen, damit ihn Nachrichten erreichen können (BGH NJW 2004, 1320 (1321)).

Erfolgt die Kenntnisnahme bereits **vor** dem Zeitpunkt, in dem sie normalerweise zu erwarten war, ist die Erklärung in diesem Augenblick zugegangen.

Für den Zugang ist es andererseits nicht erforderlich, dass der Empfänger die Möglichkeit zur Kenntnisnahme nutzt. Denn darauf hat der Absender keinen Einfluss. Die Erklärung ist also auch dann zugegangen, wenn sie ungelesen bleibt. Der Zeitpunkt der unter gewöhnlichen Umständen zu erwartenden Kenntnisnahme bleibt sogar dann für den Zugang maßgeblich, wenn die in den Machtbereich des Empfängers gelangte Erklärung vor Kenntnisnahme vernichtet, gestohlen oder verlegt wird. Wirft also der Empfänger den Brief versehentlich weg, weil er ihn für Werbung hält, oder löscht er versehentlich die Nachricht auf dem Anrufbeantworter oder in der E-Mail-Box, bevor er sie abgehört oder gelesen hat, hindert dies den Zugang nicht.

Eine Willenserklärung kann auch in einer Angebotsseite im *Internet* enthalten sein (vgl. BGH NJW 2002, 363 (364); 2004, 53 (54)). Zugang tritt in dem Augenblick ein, in dem der Nutzer diese Seite aufruft. Allerdings ist stets zu prüfen, ob es sich nicht lediglich um eine Aufforderung zur Angebotsabgabe handelt (→ Rn. 18).

b) Einzelfragen

aa) Zustellung durch die Post

Geht der Brief bei der Post verloren oder wird er verspätet zugestellt, wird auch die Erklärung nicht oder nicht rechtzeitig wirksam. Denn der Erklärende hat die Wahl und **14** trägt damit das Risiko des Zustellungsmittels. – Ist der Brief dagegen in den Haus- oder Geschäftsbriefkasten des Empfängers eingeworfen, so ist die Erklärung im Zeitpunkt der normalerweise zu erwartenden Leerung (dazu BAG NJW 1984, 1651) zugegangen. Nimmt der Adressat bereits vorher von der Erklärung Kenntnis, tritt allerdings schon in diesem Zeitpunkt Zugang ein. Das ist für die Möglichkeit eines Widerrufs (§ 130 Abs. 1 S. 2 BGB) von Bedeutung. Unerheblich ist hingegen, ob der Empfänger tatsächlich Kenntnis nehmen will oder kann. Zugang tritt also auch dann ein, wenn der Empfänger etwa wegen Krankheit oder zeitweiliger Abwesenheit zunächst gehindert ist, die Erklärung tatsächlich zur Kenntnis zu nehmen (BGH NJW 2004, 1320 (1321)). Dies gilt selbst dann, wenn der Empfänger auf *Urlaubsreise* ist und der Erklärende dies weiß: Wer nämlich auf Grund bestehender oder angebahnter Vertragsbeziehungen mit rechtserheblichen Erklärungen anderer rechnen muss, der muss durch geeignete Vorkehrungen dafür Sorge tragen, dass ihn derartige Erklärungen auch erreichen (BGHZ 137, 205 (208)), etwa durch einen *Nachsendeantrag* bei der Post oder durch Mitteilung der Urlaubsanschrift an den Erklärenden oder durch Beauftragung eines Dritten mit der Erledigung der eingehenden Post. Ist zB ein Nachsendeantrag gestellt, so geht die Erklärung erst mit Aushändigung am Aufenthaltsort zu (Palandt/*Ellenberger* BGB § 130 Rn. 6).

Problematisch ist der Zugang beim *Einschreiben,* wenn der Postbote den Empfänger nicht antrifft und daher einen *Benachrichtigungsschein* hinterlässt. Nach einer Meinung (*Flume* § 14/3c) tritt Zugang bereits mit Hinterlassung des Benachrichtigungsscheins ein. Dagegen spricht aber, dass die Erklärung noch nicht in den Machtbereich des Empfängers gelangt ist und auch noch keine Möglichkeit der Kenntnisnahme besteht. Nach einer zweiten Meinung (*Wolf/Neuner* BGB AT § 33 Rn. 16, 24) tritt Zugang in dem Zeitpunkt ein, in dem unter normalen Umständen mit einer Abholung des Einschreibens zu rechnen ist, in der Regel also am nächsten Werktag. Dagegen spricht indessen, dass die Erklärung sich auch in diesem Zeitpunkt noch nicht im Machtbereich des Empfängers befindet. Außerdem sagt das Benachrichtigungsschreiben nichts darüber aus, wer Absender ist und worauf sich das Einschreiben bezieht. Mit der Rspr. (BGH NJW 2017, 68 Rn. 23) ist daher davon auszugehen, dass Zugang grds. erst im Zeitpunkt der Abholung des Schreibens erfolgt. Davon zu unterscheiden ist aber die Frage, ob sich der Adressat, der das Schreiben nicht rechtzeitig abholt, nach Treu und Glauben so behandeln lassen muss, als wäre es ihm rechtzeitig zugegangen. Dies ist jedenfalls dann zu bejahen, wenn der Adressat mit rechtserheblichen Erklärungen des Absenders rechnen musste (BGH NJW 1996, 1967 (1968)).

Im Falle des *Benachrichtigungsscheins* bestand zwischen A und B ein Mietvertrag, daher musste B mit derartigen Erklärungen des A rechnen. Es ist daher sein Risiko, dass er die Erklärung später abholt als unter normalen Umständen möglich. B muss sich daher so behandeln lassen, als wäre die Kündigung rechtzeitig erfolgt (dazu ***Köhler* BGB AT PdW Fall 45**).

bb) Einschaltung einer Mittelsperson

15 Bei Einschaltung einer Mittelsperson kommt es darauf an, ob sie für den Erklärenden (dann *Erklärungsbote*) oder für den Empfänger (dann *Empfangsbote*) tätig wird (dazu ***Köhler* BGB AT PdW Fall 47**). Das Risiko, dass die Erklärung nicht oder nicht richtig oder nicht rechtzeitig an den Empfänger weitergeleitet wird, trägt im ersten Fall der Erklärende, im zweiten Fall der Empfänger.

Erklärungsbote ist, wer vom Erklärenden mit der Übermittlung der Erklärung an den Empfänger beauftragt wurde. **Empfangsbote** ist, wer vom Empfänger zur Empfangnahme von Erklärungen ausdrücklich oder durch schlüssiges Verhalten *ermächtigt* wurde. Darüber hinaus genügt es nach hM (vgl. BGH NJW 2002, 1565 (1566); BAG NJW 2011, 2604 Rn. 12; Palandt/*Ellenberger* BGB § 130 Rn. 9), wenn nach der *Verkehrsanschauung* eine Empfangsermächtigung besteht. Das können bei einem Privatmann die Familien- und Hausangehörigen, ggf. auch die Hausangestellte und der Vermieter, bei einem Geschäftsmann die kaufmännischen Angestellten sein, sofern sie nicht schon Empfangsvertreter (§ 164 Abs. 3 BGB) sind. Richtigerweise kann die Verkehrsanschauung nur das Vorliegen einer Empfangsermächtigung indizieren. Dem Empfänger muss also der Gegenbeweis möglich sein, dass er mit der Empfangnahme von Willenserklärungen durch derartige Personen nicht einverstanden war. 16

Beispiel: Studentin M ärgert sich, dass ihre Vermieterin die an sie adressierten Briefe öffnet und liest. Sie verbietet ihr daher, Post für sie entgegenzunehmen. Die Vermieterin ist in diesem Fall nicht Empfangsbotin der M.

IÜ verbietet sich jede schematische Beurteilung. Richtschnur für den Einzelfall muss sein, ob nach den Umständen mit einer zuverlässigen Weiterleitung der Erklärung zu rechnen war oder nicht. Ist dies nicht der Fall, so muss der Übermittler als Erklärungsbote angesehen werden.

Beispiel: Der Mieter übergibt sein Kündigungsschreiben dem sechsjährigen Sohn des Vermieters auf dem Schulweg mit der Bitte, es dem Vater auszuhändigen. Das Kind ist in diesem Falle nicht als Empfangsbote des Vermieters, sondern als Erklärungsbote des Mieters anzusehen. Zugang tritt also erst dann ein, wenn das Kind den Brief tatsächlich wohlbehalten zuhause abliefert.

Zugang tritt noch nicht mit Aushändigung oder Mitteilung der Erklärung an den Empfangsboten ein. Denn dieser hat lediglich die Funktion einer personifizierten Empfangseinrichtung (BGH NJW 2002, 1565 (1567)). Zugang tritt daher erst in dem Zeitpunkt ein, in dem die Kenntnisnahme unter gewöhnlichen Verhältnissen für den Empfänger möglich und zumutbar war (vgl. BAG NJW 2011, 2604 Rn. 18).

Beispiele: K trifft den Büroboten des Kaufmanns V auf einem Botengang und händigt ihm einen Brief an V aus, um Porto zu sparen. Zugang tritt erst bei der (voraussichtlichen) Rückkehr des Boten in die Geschäftsräume ein, weil frühestens in diesem Zeitpunkt mit einer Kenntnisnahme durch V zu rechnen ist. Keine Rolle spielt dagegen, ob der Bote tatsächlich den Brief abliefert oder ob er sich aus unvorhersehbaren Gründen verspätet. – A ruft bei der Fa. B an, um ein Vertragsangebot anzunehmen. Der Anruf wird von der Sekretärin des B entgegengenommen. Hier kann sich die für die Übermittlung an B erforderliche Zeit auf Null reduzieren (BGH NJW 2002, 1565 (1567)).

Anders verhält es sich, wenn die Mittelsperson **Empfangsvertreter** (§ 164 Abs. 3 BGB) des Empfängers ist. Hier genügt es, dass ihm die Erklärung zugeht (BGH NJW 2002, 1041 (1042)). Auf die Empfangsvollmacht sind die Grundsätze über die Duldungs- und Anscheinsvollmacht (→ § 11 Rn. 42) ebenfalls anwendbar. 17

cc) Einschaltung von elektronischen Kommunikationssystemen

Die Zugangsregeln gelten auch beim Einsatz moderner **Kommunikationssysteme** (Telefax, Anrufbeantworter, E-Mail, Internet usw). Gibt der Benutzer (zB auf Briefköpfen durch Angabe der E-Mail-Adresse oder Telefaxnummer) kund, dass ihm Mitteilungen auf diesem Weg übermittelt werden können, tritt Zugang in dem Augen- 18 blick ein, in dem die Erklärung verkehrsüblicherweise abgerufen werden kann (im Geschäftsverkehr also nur während der Bürozeiten). Bei **E-Mails** kann also Zugang erst dann eintreten, wenn sie abrufbereit in die Mailbox („elektronischer Briefkasten") des Empfängers gelangen. (Zum Zugang bei Kunden-Online-Postfächern vgl. *Thalmair* NJW 2011, 15). Bei Verträgen im elektronischen Geschäftsverkehr gilt für den Zugang der Bestellung § 312i Abs. 1 S. 2 BGB. Beim **Telefax** entspricht dem die Speicherung der Erklärung im Telefaxgerät des Empfängers (BGH NJW 2006, 2263 (2265)). In beiden Fällen ist der Zugang allerdings erst dann vollendet, wenn die Kenntnisnahme durch den Empfänger möglich und nach der Verkehrsanschauung auch zu erwarten ist (BGH NJW-RR 2011, 1184 Rn. 15). Kommt die Mitteilung nicht, verstümmelt oder unleserlich an, ist Zugang zu verneinen. Dabei kommt es nicht darauf an, ob der Defekt in der Sphäre des Absenders (Sendegerät; Netzstörung) oder des Empfängers (Empfangsgerät) liegt (*Fritzsche* JZ 1995, 630; aA *Ebneth* NJW 1992, 2985 (2990); offen gelassen in BGH JZ 1995, 628 (629)). – Hat der Empfänger dagegen nicht zu erkennen gegeben, dass ihn Mitteilungen auf diesem Wege erreichen können (zB bei einer rein privaten E-Mail-Adresse), tritt Zugang erst mit tatsächlicher Kenntnisnahme ein (*Taupitz/Kritter* JuS 1999, 839 (841)).

Bei Angeboten im **Internet** ist zunächst zu fragen, ob sie nicht nur eine unverbindliche Aufforderung zur Angebotsabgabe, sondern ein echtes Angebot ad incertas personas darstellen. Ist Letzteres (wie etwa bei Internet-Auktionen; dazu BGH NJW 2002, 363; 2004, 53 (54)) der Fall, so tritt mit Aufruf dieser Seite durch einen Nutzer Zugang des Angebots ein. Stellt die Angebotsseite dagegen (wie im Regelfall) nur eine Aufforderung zur Angebotsabgabe dar, enthält die Bestellung „per Mausklick" das Angebot des Kunden. Es geht dem Internet-Anbieter dann zu, wenn er die Bestellung unter gewöhnlichen Umständen abrufen kann (also in der Regel zu den üblichen Geschäftszeiten). Entsprechendes gilt für die Annahme des Kundenangebots durch den Internet-Anbieter („Empfangsbestätigung"). Für den Fall des Absatzvertrags im elektronischen Geschäftsverkehr zwischen einem Unternehmer und einem Verbraucher ist dies auch im Gesetz (§ 312i Abs. 1 S. 2 BGB) geregelt.

dd) Erklärungen unter Anwesenden

19 Für das Wirksamwerden einer in *Anwesenheit* des Erklärungsempfängers abgegebenen Erklärung fehlt eine gesetzliche Regelung. Jedoch ist § 130 Abs. 1 S. 1 BGB seinem Grundgedanken nach entsprechend anzuwenden. **Schriftliche** Erklärungen sind also zugegangen, sobald der Empfänger die tatsächliche Verfügungsgewalt über das Schriftstück erlangt und er unter normalen Umständen davon Kenntnis nehmen kann; die tatsächliche Kenntnisnahme ist entbehrlich. Dagegen soll bei **mündlichen** (und fernmündlichen; vgl. § 147 Abs. 1 S. 2 BGB) Erklärungen nach der **Vernehmungstheorie** (Jauernig/*Mansel* BGB § 130 Rn. 12; *Schack* Rn. 187; *Neuner* NJW 2000, 1821 (1825)) wirkliche Kenntniserlangung erforderlich sein. Dafür spricht, dass der Empfänger nichts in die Hand bekommen hat, um sich des Inhalts der Erklärung zu versichern, bei unrichtiger Vernehmung häufig auch gar keine Veranlassung zur Rückfrage hat. Indessen dürfen nicht alle Vernehmungsrisiken dem Erklärenden aufgebürdet werden. Entsprechend dem Gedanken des Zugangs bei Willenserklärungen unter Abwesenden muss es für das Wirksamwerden genügen, wenn für den Erklärenden vernünftigerweise keine Zweifel bestehen konnten, dass seine Erklärung richtig und vollständig vernommen wurde (vgl. *John* AcP 184 [1984], 385, 394; *Medicus/*

Petersen AT BGB Rn. 289; Palandt/*Ellenberger* BGB § 130 Rn. 14). Andernfalls bestünden unüberwindliche Beweisschwierigkeiten (dazu ***Köhler*** **BGB AT PdW Fall 46**).

ee) Formbedürftige Willenserklärungen

Ist die Willenserklärung **formbedürftig,** so muss sie, um wirksam zu werden, in dieser Form zugehen (BGH NJW 1993, 1126 (1127); 1995, 2217; krit. *Leenen* § 6 Rn. 63 ff.). 20

Beispiel: Unterzeichnet B eine Bürgschaftserklärung (Schriftform gem. § 766! BGB), sendet er aber dem Gläubiger G nur ein Telefax dieser Urkunde, so ist die Erklärung nicht wirksam zugegangen. B ist (noch) nicht gebunden.

ff) Beweis des Zugangs

Für den **Beweis des Zugangs** gilt allgemein: Der Erklärende hat den Zugang und ggf. seinen Zeitpunkt zu beweisen (BGHZ 101, 49 (54)); der Nachweis der Abgabe der Erklärung reicht dazu nicht aus. Will der Erklärende sichergehen, muss er die Übermittlungsform so wählen, dass er den Zugang auch beweisen kann (zu Einzelheiten vgl. *Mrosk* NJW 2013, 1481). 21

Beispiele: Einwurf eines Kündigungsschreibens in den Hausbriefkasten des Mieters vor Zeugen. – Zustellung durch Vermittlung eines Gerichtsvollziehers (§ 132 BGB). – Die Übersendung eines „Einschreibens" allein genügt nicht (BGHZ 24, 312), da der Einlieferungsbeleg nur die Abgabe beweist. Beim „Einwurf-Einschreiben" (dazu LG Potsdam NJW 2000, 3722) ist zum Beweis des Zugangs erforderlich, dass der Einwurf des Einschreibens nachgewiesen wird. Auch der Beweiswert des „Einschreibens mit Rückschein" ist zweifelhaft, da Streit entstehen kann, *welches* Schriftstück ausgehändigt wurde. – Bei Übermittlung durch *Fax* beweist das Sendeprotokoll („OK"-Vermerk) nicht den Zugang (BGH JZ 1995, 628; IBR 2011, 733), auch nicht prima facie. – Auch die Versendung einer E-Mail beweist nicht deren Zugang; hierzu bedarf es einer Lesebestätigung durch den Empfänger (*Mrosk* NJW 2013, 1481 (1484)).

gg) Abweichende Regelungen

§ 130 Abs. 1 S. 1 BGB ist dispositiv (BGH NJW 1995, 2217). Die Parteien können also vereinbaren, dass eine Erklärung auch ohne Zugang wirksam werden soll. Jedoch sind bei abweichenden Vereinbarungen in Allgemeinen Geschäftsbedingungen (zB Zugangsfiktionen) die Grenzen des § 308 Nr. 6 BGB zu beachten. Eine von § 130 BGB abweichende Regelung ist auch in § 151 BGB enthalten. 22

c) Der Widerruf der Erklärung

Eine Erklärung wird nicht wirksam, wenn dem Empfänger vorher oder gleichzeitig ein Widerruf zugeht (§ 130 Abs. 1 S. 2 BGB). Denn in diesem Falle besteht noch kein schutzwürdiges Interesse des Empfängers am Bestand der Erklärung. Maßgebend ist der Zeitpunkt des Zugangs von Erklärung und Widerruf, nicht der der tatsächlichen Kenntniserlangung (vgl. BGH NJW 1975, 382 (384)). 23

Das Telefax: Beim Hersteller H geht um 9 Uhr ein Telefax ein, dem er entnimmt, dass sein Kunde K eine bestimmte Bestellung storniert. Er sieht daraufhin seine noch ungeöffnete Post durch und findet darunter auch die Bestellung des K. Die Bestellung ist nicht wirksam widerrufen, denn sie war bereits zugegangen. – Die Berufung auf die Verspätung des Widerrufs verstößt auch nicht gegen Treu und Glauben (hM, zB Palandt/*Ellenberger* BGB § 130 Rn. 11).

Vom Widerruf nach § 130 Abs. 1 S. 2 BGB zu unterscheiden ist das in Verbraucherschutzregelungen (zB §§ 312g Abs. 1, 495 BGB) dem Verbraucher eingeräumte **Widerrufsrecht:** Danach ist der Verbraucher an seine auf Abschluss des Vertrags gerichtete Willenserklärung nicht mehr gebunden, wenn er sie fristgerecht widerrufen hat (§ 355 ff. BGB; dazu näher → § 8 Rn. 35 f.).

d) Tod und Geschäftsunfähigkeit des Erklärenden (§ 130 Abs. 2 BGB)

24 Stirbt der Erklärende nach Abgabe der Erklärung oder wird er geschäftsunfähig, so hat dies nach § 130 Abs. 2 BGB keinen Einfluss auf die Wirksamkeit der Erklärung. Mit gutem Grund: Die Willensbildung war in diesem Zeitpunkt bereits abgeschlossen. Hinzukommt das Schutzbedürfnis des Empfängers, der vom Tod bzw. Verlust der Geschäftsfähigkeit möglicherweise noch nicht Kenntnis hat. Die Erklärung wird also wirksam, wenn sie dem Empfänger zugeht. Erst recht gilt § 130 Abs. 2 BGB, wenn der Erklärende nach Abgabe der Erklärung unter Betreuung gestellt und ein Einwilligungsvorbehalt (§ 1903 Abs. 1 BGB) angeordnet wird. (Stirbt dagegen der Adressat der Erklärung, wird sie erst wirksam, wenn sie dem Erben zugeht.)

Handelte es sich bei der Erklärung um ein **Vertragsangebot,** stellt sich die weitere Frage, ob der Gegner dieses Angebot gegenüber dem Erben bzw. dem gesetzlichen Vertreter des Erklärenden annehmen und damit den Vertrag zustande bringen kann. Die Antwort darauf gibt § 153 BGB: Der Vertrag kommt zustande, sofern nicht „ein anderer Wille des Antragenden anzunehmen ist" (dazu → § 8 Rn. 19 mit Beispiel).

e) Geschäftsunfähigkeit und beschränkte Geschäftsfähigkeit des Empfängers (§ 131 BGB)

25 Das Gesetz trifft in § 131 BGB eine **Sonderregelung** zum Schutze des geschäftsunfähigen oder beschränkt geschäftsfähigen Empfängers. Denn Erklärungen machen in der Regel irgendwelche geschäftlichen Entscheidungen erforderlich, die diese Personen selbst nicht wirksam vornehmen können. Wird daher eine Erklärung gegenüber einem Geschäftsunfähigen abgegeben, so wird sie nach § 131 Abs. 1 BGB „nicht wirksam, bevor sie dem gesetzlichen Vertreter zugeht". Das Gleiche gilt nach § 131 Abs. 2 S. 1 BGB grds. für Erklärungen gegenüber beschränkt Geschäftsfähigen. Zweckmäßigerweise wird man daher Erklärungen unmittelbar gegenüber dem gesetzlichen Vertreter des Empfängers abgeben, um das (rechtzeitige) Wirksamwerden der Erklärung zu gewährleisten (dann bedarf es der Heranziehung des § 131 BGB gar nicht; vgl. Staudinger/*Singer/Benedict* BGB § 131 Rn. 5). Im Fall eines minderjährigen Mieters ist es also ratsam, dass der Vermieter das Kündigungsschreiben an die Eltern des Minderjährigen richtet. – Was aber gilt, wenn die Erklärung an den nicht (voll) Geschäftsfähigen adressiert ist? Dieser Fall kann sich insbes. dann ereignen, wenn der Erklärende von der fehlenden (vollen) Geschäftsfähigkeit des Empfängers nichts weiß. Teilweise wird hier verlangt, dass die Erklärung an den gesetzlichen Vertreter gerichtet sein muss, so dass es nicht ausreicht, wenn dieser zufällig von dem Schreiben an den nicht (nicht voll) Geschäftsfähigen Kenntnis erlangt (Palandt/*Ellenberger* BGB § 131 Rn. 2); teilweise lässt man es für den Zugang beim gesetzlichen Vertreter genügen, dass die Erklärung (zumindest) für den gesetzlichen Vertreter bestimmt (wenn auch nicht an ihn gerichtet) ist und sie in seinen Machtbereich gelangt (BAG NJW 2011, 872 Rn. 24 ff.). – Richtigerweise ist an den Gesetzeswortlaut anzuknüpfen: § 131 Abs. 1 und 2 S. 1 BGB spricht von einer Willenserklärung, die gegenüber einem Geschäfts-

unfähigen bzw. beschränkt Geschäftsfähigen abgegeben wird. Damit ist genau der Fall gemeint, dass die Erklärung an diesen adressiert ist. Das Gesetz ordnet für diesen Fall an, dass die Erklärung nicht wirksam wird, *bevor* sie dem gesetzlichen Vertreter zugeht. Erforderlich ist also lediglich, dass die Erklärung danach in seinen Machtbereich gelangt und er die Möglichkeit zur Kenntnisnahme besitzt. Unerheblich ist dagegen, wie die Erklärung in seinen Machtbereich gelangt, ob durch Zufall oder Mitwirkung des nicht (voll) Geschäftsfähigen. Dem Schutzbedürfnis des nicht (voll) Geschäftsfähigen ist dadurch voll genügt. Der Erklärende trägt ohnehin das Risiko, dass die Erklärung den gesetzlichen Vertreter nicht (rechtzeitig) erreicht. Voraussetzung ist lediglich, dass die gesetzliche Vertretung (zB Betreuer) bereits im Zeitpunkt der Abgabe der Willenserklärung vorlag.

Beispiel: Kündigt V dem minderjährigen Mieter M durch ein an ihn adressiertes Schreiben, so wird die Kündigung erst wirksam, wenn der gesetzliche Vertreter das Schreiben erhält. Nicht genügt es, dass M seinen gesetzlichen Vertreter lediglich telefonisch vom Inhalt unterrichtet, weil die (verkörperte) Erklärung (noch) nicht in seinen Machtbereich gelangt ist.

Ausnahmsweise lässt das Gesetz den Zugang an den beschränkt Geschäftsfähigen ausreichen (§ 131 Abs. 2 S. 2): dann nämlich, wenn die Erklärung ihm lediglich einen **rechtlichen Vorteil** bringt oder wenn der gesetzliche Vertreter seine **Einwilligung** erteilt hat. Die in § 107 BGB für die Abgabe von Erklärungen durch beschränkt Geschäftsfähige getroffene Wertung gilt also auch für den Zugang von Erklärungen (dazu ***Köhler* BGB AT PdW Fall 48**). 26

Beispiel: Ein Kaufangebot kann einem Minderjährigen wirksam zugehen, weil diese Erklärung ihm lediglich einen rechtlichen Vorteil bringt. Er erlangt nämlich die Möglichkeit der Annahme, ohne irgendwie gebunden zu sein (dazu *Lettl* WM 2013, 1245).

Es fällt auf, dass in § 131 Abs. 2 S. 2 BGB nur die Einwilligung, aber nicht die **Genehmigung** erwähnt ist. Bei einseitigen Rechtsgeschäften, wie etwa der Kündigung, hat dies seinen guten Grund: andernfalls entstünde ein der Rechtssicherheit abträglicher Schwebezustand. Bei Verträgen käme man aber zu einem ungereimten Ergebnis, da § 108 BGB ausdrücklich vorsieht, dass die von einem beschränkt Geschäftsfähigen geschlossenen Verträge genehmigt werden können (vgl. BGHZ 47, 352 (358)) und dadurch auch die Schutzinteressen aller Beteiligten gewahrt sind. Daher muss § 108 BGB dem § 131 Abs. 2 S. 2 BGB vorgehen (Jauernig/*Mansel* BGB § 131 Rn. 3; *Brauer* JuS 2004, 472). Die §§ 130 Abs. 1 S. 2, 131 Abs. 2 S. 2 BGB sind folglich nicht auf die Annahme eines Vertragsangebots gegenüber einem Minderjährigen anzuwenden. Die Annahme wird immer mit Zugang an den Minderjährigen wirksam, also auch dann, wenn der gesetzliche Vertreter in den Vertragsschluss nicht eingewilligt hat. Doch muss zum Wirksamwerden des Vertrages die Genehmigung des gesetzlichen Vertreters hinzukommen. Bis zu diesem Zeitpunkt kann der Gegner seine Erklärung nach § 109 BGB (aber nicht mehr nach § 130 Abs. 1 S. 2 BGB) widerrufen. 27

§ 131 BGB enthält keine Regelung zum Schutze der Personen, die nur vorübergehend nicht im Besitz ihrer geistigen Kräfte sind (vgl. § 105 Abs. 2 BGB). Das Risiko, von der Erklärung nicht sogleich nach Zugang Kenntnis nehmen zu können, ist ihnen vom Gesetz im Interesse der Rechtssicherheit auferlegt worden. 28

Beispiel: Wird ein Kündigungsschreiben durch den Briefschlitz eingeworfen, ist es in diesem Moment zugegangen, auch wenn der Empfänger volltrunken ist und das Schreiben ungelesen zerfetzt.

Bei der Willenserklärung unter Anwesenden ist allerdings der Zugang ausgeschlossen, wenn, für den Erklärenden erkennbar, eine Vernehmung durch den Empfänger wegen seines Zustands (zB Volltrunkenheit, Sprachunkenntnis, Taubheit) nicht möglich ist.

f) Zustellung als Zugangsersatz

29 Kann der Erklärende den Zugang nicht mit gewöhnlichen Mitteln herbeiführen, bleibt ihm die Möglichkeit der Zustellung durch den Gerichtsvollzieher (§ 132 Abs. 1 S. 1 BGB). Sie erfolgt nach den Vorschriften der ZPO.

Beispiel: Weigert sich der Mieter, die Kündigungserklärung entgegenzunehmen und hält er Wohnung und Briefkasten verschlossen, kann der Vermieter einen Gerichtsvollzieher beauftragen. Dieser kann dann gem. §§ 191 ff. ZPO das Schriftstück zustellen.

Kennt der Erklärende den Empfänger oder seinen Aufenthaltsort nicht, kann er gem. § 132 Abs. 2 BGB die Erklärung **öffentlich zustellen** lassen. Das Verfahren richtet sich nach den §§ 185 ff. ZPO.

g) Zugangshindernisse, insbes. Vereitelung oder Verzögerung des Zugangs

30 Wie der Erklärende den Zugang herbeiführt, ist seine Sache. Der Empfänger braucht an sich keine besonderen Vorkehrungen dafür zu treffen (zB Anbringung eines Hausbriefkastens; Mitteilung einer Adressenänderung). Wer aber, etwa auf Grund angebahnter oder bestehender Vertragsbeziehungen, mit Erklärungen eines anderen rechnen muss, hat dafür zu sorgen, dass ihn Erklärungen rechtzeitig erreichen können (BGHZ 137, 205 (208)). Tut er dies nicht, kann darin eine vorvertraglich bzw. vertragliche Pflichtverletzung liegen, die zum Ersatz des daraus entstehenden Schadens (§ 280 Abs. 1 BGB) verpflichtet. Hat die Erklärung den Adressaten nicht erreicht, muss allerdings der Erklärende nach Kenntnis vom nicht erfolgten Zugang grds. einen **erneuten Zustellungsversuch** unternehmen. Wie der Erklärende dabei zu verfahren hat, hängt von den Umständen des jeweiligen Falles ab, insbes. von der Bedeutung der Erklärung, dem bisherigen Verhalten des Adressaten, den örtlichen Verhältnissen und den Möglichkeiten des Erklärenden (BGHZ 138, 205 (208)). Auf fehlenden oder verspäteten Zugang kann sich der Adressat grds. dann nicht berufen. Der neuerliche Zustellungsversuch muss dem Erklärenden allerdings zumutbar sein (BGH NJW 1983, 929 (931)).

Das ist nicht der Fall bei der **grundlosen Annahmeverweigerung** und bei der **arglistigen Zugangsvereitelung.** Dann muss sich der Adressat nach Treu und Glauben (§ 242 BGB) so behandeln lassen, als wäre ihm die Erklärung (rechtzeitig) zugegangen (BGHZ 137, 205 (209)).

Beispiele: Verkäufer V verweigert grundlos die Annahme eines Einschreibens der Käuferin K (BGH NJW 1983, 929). Nach *Brehm* (→ Rn. 176) soll hier aber bereits Zugang anzunehmen sein. Das trifft aber nicht zu, weil die Erklärung noch nicht im Machtbereich des Empfängers ist. Berechtigt ist die Annahmeverweigerung dagegen, wenn beispielsweise Nachporto bezahlt werden müsste. – A macht dem B ein auf den nächsten Tag 12 Uhr mittags befristetes Vertragsangebot mit dem Zusatz, er sei telefonisch erreichbar. Hinterher reut ihn das Angebot, er hebt daher den Telefonhörer nicht ab (RGLZ 1925, 252). – Moderne Variante: A weist B auf seinen Telefax-Anschluss hin, schaltet aber das Gerät ab oder füllt absichtlich kein

Papier nach (vgl. *Fritzsche/Malzer* DNotZ 1995, 14). – Vermieter A verlegt seine Geschäftsräume, ohne dem Mieter B davon Mitteilung zu machen, infolgedessen geht ihm die Kündigung des B verspätet zu (OLG Hamm NJW-RR 1986, 699).

Vereitelt ein Dritter (zB Empfangsbote) den Zugang, braucht der Empfänger sich dies aber nur dann zuzurechnen lassen, wenn der Dritte mit seinem Einvernehmen handelte (BAG NJW 1993, 1093 (1094)).

Weder eine unberechtigte Annahmeverweigerung noch eine Zugangsvereitelung liegen vor, wenn der Adressat trotz schriftlicher Mitteilung ein für ihn beim Postamt niedergelegtes Einschreiben nicht abholt. Denn der Adressat weiß ja nicht, welche Erklärung das Einschreiben enthält, auch kann er die Abholung schlicht vergessen haben (BGHZ 13, 205 (208 ff.)). Zu diesem Fall → Rn. 14.

Literatur: *Alexander,* Neuregelungen zum Schutz vor Kostenfallen im Internet, NJW 2012, 1985; *Canaris,* Die Vertrauenshaftung im deutschen Privatrecht, 1971; *Dörner,* Rechtsgeschäfte im Internet, AcP 202 (2002), 363; *Faust,* BGB Allgemeiner Teil: Zugang von Willenserklärungen, JuS 2012, 68; *Fischinger,* Grundfälle zur Bedeutung des Schweigens im Rechtsverkehr, JuS 2015, 294, 394; *Hackenbroich,* Das Wirksamwerden von Willenserklärungen im System des Schutzes nicht voll Geschäftsfähiger, JA 2019, 136; *Köhler,* Die Problematik automatisierter Rechtsvorgänge, insbes. von Willenserklärungen, AcP 182 (1982), 126; *Leipold,* Der Zugang von Willenserklärungen im 21. Jahrhundert, FS Medicus, 2009, 251; *Musielak,* Zum Verhältnis von Wille und Erklärung, AcP 211 (2011), 769; *Neuner,* Was ist eine Willenserklärung?, JuS 2007, 891; *Paulus,* Die Abgrenzung zwischen Rechtsgeschäft und Gefälligkeit am Beispiel der Tischreservierung, JuS 2015, 496; *Petersen,* Der Tatbestand der Willenserklärung, Jura 2006, 178; *Taupitz/Kritter,* Electronic Commerce – Probleme bei Rechtsgeschäften im Internet, JuS 1999, 839; *Weiler,* Der Zugang von Willenserklärungen, JuS 2005, 788.

§ 7. Die Willensmängel

Im vorhergehenden Abschnitt wurden die Anforderungen an das Vorliegen einer Willenserklärung behandelt. In diesem Abschnitt geht es darum, was gelten soll, wenn die Abgabe der Willenserklärung von Willensmängeln beeinflusst ist. Damit ist gemeint, dass die Erklärung nicht von einem entsprechenden Willen oder Bewusstsein des Erklärenden gedeckt ist oder dass seine Entscheidungsfreiheit beeinträchtigt war. Es wird sich zeigen, dass die gesetzliche Regelung über Willensmängel (§§ 116–124 BGB) unvollständig ist, und dass systematisch zwischen dem Fehlen des Handlungswillens, des Erklärungsbewusstseins und des Geschäftswillens zu unterscheiden ist. Einzugehen ist sodann auf die Einzelnen gesetzlichen Regeln, nämlich die Regeln über den geheimen Vorbehalt, das Scheingeschäft und die Scherzerklärung (§§ 116–118 BGB), sowie die besonders wichtigen Regeln über den Irrtum (§§ 119–122 BGB) und über die arglistige Täuschung und widerrechtliche Drohung (§§ 123, 124 BGB).

Im Normalfall deckt sich das nach außen Erklärte mit dem wirklichen Willen des Erklärenden. Was aber soll gelten, wenn das Erklärte vom Erklärenden nicht oder nicht so gewollt war? Soll er dann trotzdem an seine Erklärung gebunden sein oder soll er sich wenigstens von ihr lösen können? Mit diesen Fragen der Willensmängel beschäftigt sich der folgende Abschnitt.

I. Überblick

1 Die Frage, ob und inwieweit Willensmängel berücksichtigt werden sollen, war im 19. Jh. Gegenstand des Streits zwischen der Willens- und der Erklärungstheorie. Die **Willenstheorie** stellte allein auf den Willen des Erklärenden ab. Sie versagte der Erklärung die Rechtswirkung, wenn sich der Wille des Erklärenden nicht mit ihr deckte. Die **Erklärungstheorie** stellte allein auf die Erklärung ab. Sie hielt im Interesse des Erklärungsempfängers den Erklärenden an seiner Erklärung auch dann fest, wenn sein Wille sich nicht mit ihr deckte. Die Verfasser des BGB haben sich nicht ausdrücklich für die eine oder andere Theorie entschieden und auch nicht alle Fragen lösen wollen. Die einzelnen Regelungen über die Wirksamkeit der Willenserklärung (§§ 116ff. BGB) sind von einem Kompromiss geprägt.

2 In der Folgezeit neigte die Entwicklung in Literatur und Rechtsprechung iRd Grundentscheidungen des Gesetzes mehr und mehr zur Erklärungstheorie bzw. Geltungstheorie *(Larenz)* hin. Dahinter stand die Überlegung, dass der Möglichkeit der Selbstbestimmung die Selbstverantwortung entspricht und der Erklärende es in der Hand hat, das Erklärungsmittel zu wählen. Dem Empfänger ist nur der ihm erkennbare und damit praktisch meist nur der objektive Sinngehalt der Erklärung zugänglich. Er ist in seinem Vertrauen schutzwürdig. Auch verlangt die Sicherheit des Rechtsverkehrs, dass der nicht hervorgetretene Wille soweit wie möglich unberücksichtigt bleibt. – Allerdings darf über dem Schutz des Gegners und des Verkehrs der des Erklärenden nicht völlig vernachlässigt werden.

3 In den §§ 116–124 BGB regelt das Gesetz einzelne Willensmängel und ihre Bedeutung für die Wirksamkeit einer Willenserklärung. Die §§ 116–118 BGB (geheimer Vorbehalt, Scheingeschäft, nichternstliche Erklärung; dazu → Rn. 7ff.) behandeln die sog. bewussten Willensmängel: der Erklärende ist sich bewusst, dass er die Erklärung nicht will. Die §§ 119, 120 BGB (Erklärungs-, Inhalts-, Eigenschafts- und Übermittlungsirrtum) behandeln die sog. unbewussten Willensmängel: Der Erklärende irrt über seine Erklärung (dazu → Rn. 15ff.). § 123 BGB (arglistige Täuschung und Drohung) regelt die Fälle unzulässiger Beeinträchtigung der Freiheit der Willensbildung (dazu → Rn. 37ff.).

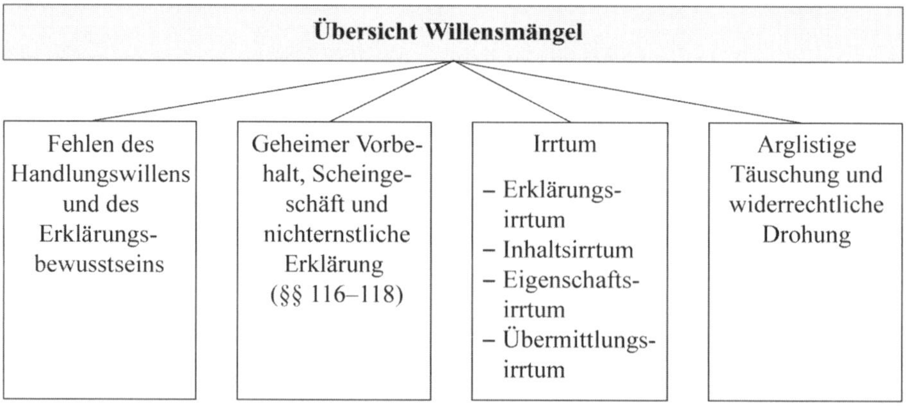

Die gesetzliche Regelung ist freilich unvollständig. Daher besteht Streit darüber, wie Mängel auf der Willensseite grds. einzuordnen und zu behandeln sind. Herkömmlicherweise wird dabei unterschieden zwischen Mängeln des Handlungswillens, des Erklärungsbewusstseins und des Geschäftswillens. Dazu Übersicht auf S. 69.

II. Fehlen des Handlungswillens, des Erklärungsbewusstseins und des Geschäftswillens

1. Fehlen des Handlungswillens

Der Handlungswille fehlt, wenn die äußerlich als Willenserklärung gewertete Handlung als solche nicht gewollt war (dazu ***Köhler*** **BGB AT PdW Fall 49**). 4

Beispiele: A versetzt den B in Hypnose und bringt ihn dazu, einen Scheck zu unterschreiben. – X hält dem Y bei einer Abstimmung durch Handzeichen mit Gewalt die Hand hoch (sog. vis absoluta).

Nach ganz hM (vgl. BGH DB 1975, 2075; Palandt/*Ellenberger* BGB Einf. v. § 116 Rn. 16; aA *Leenen* JuS 2008, 577 (579): nur Unwirksamkeit der Erklärung) ist der **Handlungswille** notwendiges Tatbestandsmerkmal der Willenserklärung. Bei seinem Fehlen liegt daher nur der Anschein einer Willenserklärung vor. Eine Bindung des (scheinbar) Erklärenden tritt nicht ein.

2. Fehlen des Erklärungsbewusstseins

Das Erklärungsbewusstsein fehlt, wenn der Erklärende zwar bewusst handelt, aber nicht weiß, dass sein Handeln nach außen als Kundgabe eines Rechtsbindungswillens (dazu ***Köhler*** **BGB AT PdW Fall 50**) erscheint. 5

Beispiele: Tourist T hebt bei einer Weinversteigerung die Hand, um einem Bekannten zu winken, in Unkenntnis, dass dies als Gebot verstanden wird („Trierer Weinversteigerung"). – Gastwirt G, der seine Brille verlegt hat, unterschreibt eine Bestellung im Glauben, es handle sich um eine bloße Besuchsbestätigung für einen Vertreter. – Autofahrer A stellt seinen Wagen auf einem Parkplatz ab, ohne zu wissen, dass die Benutzung gebührenpflichtig ist.

Ob und wie sich das Fehlen des Erklärungsbewusstseins auswirkt, ist vom Gesetzgeber nicht entschieden worden. Die §§ 116ff. BGB, insbes. die §§ 118, 119 BGB lassen keinen sicheren Schluss zu, ob das Erklärungsbewusstsein für den Tatbestand der Willenserklärung entbehrlich ist oder nicht. Die Auffassungen sind dementsprechend kontrovers (vgl. die Nachweise in BGHZ 91, 324 (327)). Einer Mindermeinung (zB *Canaris* NJW 1984, 2281) zufolge ist das Erklärungsbewusstsein unverzichtbarer Bestandteil der Willenserklärung, soll nicht der Zurechnungsgrund für die rechtsgeschäftliche Bindung, die Selbstbestimmung, aufgegeben und die Verkehrssicherheit gefährdet werden. Bei fehlendem Erklärungsbewusstsein komme lediglich eine Vertrauenshaftung in Betracht: Wer durch sein Verhalten den Anschein einer Willenserklärung begründete und die Bedeutung seines Verhaltens erkennen konnte, soll in Analogie zu §§ 118, 122 BGB dem Gegner auf Ersatz des Vertrauensschadens haften.

Der Gesichtspunkt der Selbstbestimmung gebietet es indessen nicht, für die Willenserklärung ein Erklärungsbewusstsein zu fordern. Es genügt, dass der Erklärende die Möglichkeit hatte, seine Rechtsverhältnisse in Selbstbestimmung zu gestalten. Den Erklärenden trifft auch eine Selbstverantwortung. Daher gilt:

> Eine **Willenserklärung** liegt auch dann vor, wenn der Erklärende zwar **kein Erklärungsbewusstsein** hatte, aber bei gehöriger Sorgfalt hätte erkennen und vermeiden können, dass seine Äußerung nach Treu und Glauben und der Verkehrssitte als Willenserklärung aufgefasst werden durfte und wenn der Empfänger sie auch tatsächlich so verstanden hat (BGH NJW 2010, 861 Rn. 19; ganz hM).

Das gilt auch für schlüssiges Verhalten ohne Erklärungsbewusstsein (BGHZ 109, 171 (177); BGH NJW 1995, 953). Die Zurechnung eines Verhaltens als Willenserklärung dient dem Schutz des Vertrauens des Erklärungsempfängers auf einen bestimmten Erklärungsinhalt. Eine Zurechnung scheidet daher aus, wenn der Empfänger das Fehlen des Erklärungsbewusstseins kannte.

Die der Möglichkeit der Selbstbestimmung korrespondierende Selbstverantwortung gebietet allerdings nicht, den Erklärenden unabänderlich an seiner Erklärung festzuhalten. Die Interessenlage ist insofern nicht anders als beim Fehlen des Geschäftswillens (→ Rn. 6): Es macht keinen Unterschied, „ob jemand etwas ganz anderes oder gar nichts rechtsgeschäftlich in Geltung setzen wollte" (*Bydlinski* JZ 1975, 1 (5)). Ist daher trotz fehlenden Erklärungsbewusstseins eine Willenserklärung anzunehmen, besteht die **Anfechtungsmöglichkeit** nach § 119 Abs. 1 Alt. 2 BGB analog. Allerdings haftet der Erklärende dann auch nach § 122 BGB analog auf **Ersatz des Vertrauensschadens** (aA *Medicus/Petersen* AT BGB Rn. 608: nur Haftung aus §§ 311 Abs. 2, 241 Abs. 2, 280 BGB; cic). Soweit er Leistungen in Anspruch genommen hat, muss er sie nach § 812 Abs. 1 S. 1 BGB zurückgewähren bzw. vergüten (§ 818 Abs. 2 BGB).

Das Fehlen des Erklärungsbewusstseins soll nach der Rspr. aber dann erheblich sein, wenn die Erklärung zu Lasten des Empfängers geht (BGH NJW 1995, 953), also der Erklärende nach Aufdeckung seines Willensmangels die Erklärung gelten lassen möchte. Indessen kann es nicht darauf ankommen, ob die Erklärung für den Empfänger Vorteile oder Nachteile bringt (zutr. *Habersack* JuS 1996, 585; Jauernig/*Mansel* BGB Vor § 116 Rn. 5), zumal sich dies häufig nicht trennen lässt. Wenn der Gegner das Verhalten als Willenserklärung verstehen durfte und verstanden hat, kann ihn der Erklärende daran festhalten.

Beispiel: Hatte der Autofahrer A sein Fahrzeug auf einem Parkplatz abgestellt, ohne zu wissen, dass er gebührenpflichtig ist, und wird sein Verhalten vom Parkplatzbetreiber als Annahme eines Vertragsangebots aufgefasst, so muss sich A (vorbehaltlich der Anfechtungsmöglichkeit) daran festhalten lassen. Umgekehrt kann sich A aber auch zu seinen Gunsten darauf berufen, dass sein Verhalten als Annahme aufgefasst wurde, zB wenn es darum geht, Ansprüche aus Vertragsverletzung geltend zu machen. – Ficht A seine Erklärung an, muss er dem Parkplatzbetreiber ggf. Schadensersatz nach § 122 BGB leisten bzw. nach §§ 812 Abs. 1 S. 1, 818 Abs. 2 BGB den Wert der Benutzung ersetzen.

3. Fehlen des Geschäftswillens

6 Der Geschäftswille ist kein notwendiges Tatbestandsmerkmal der Willenserklärung. Doch kann sein Fehlen eine Rolle für den Fortbestand der Willenserklärung spielen. Der Geschäftswille fehlt, wenn der Erklärende zwar rechtsgeschäftlich handeln will, aber objektiv etwas anderes erklärt als er subjektiv will, er also ein anderes „Geschäft" will. Solche **Irrtümer** lassen die Erklärung unberührt, wie sich aus den §§ 119ff. BGB ergibt. Der Erklärende ist allenfalls zur Anfechtung berechtigt (dazu unter → Rn. 15ff.).

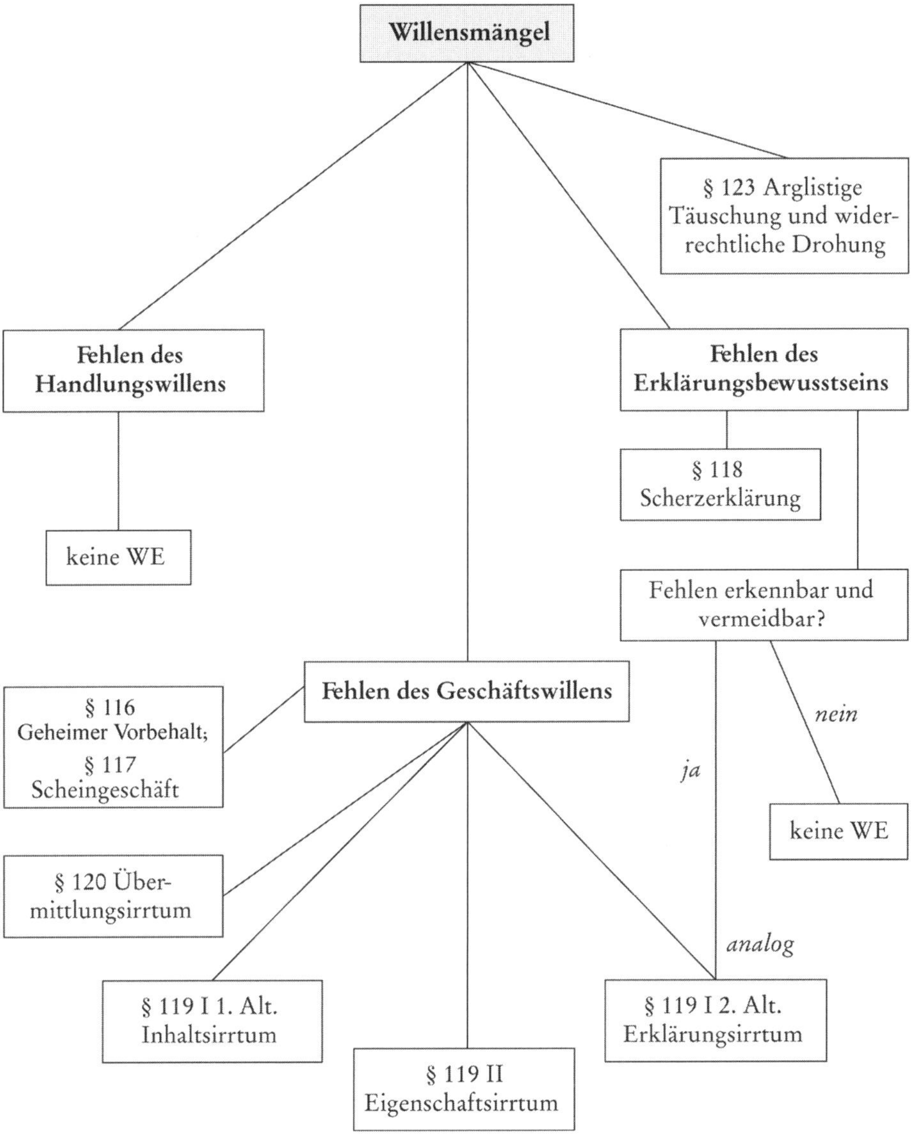

III. Geheimer Vorbehalt, Scheingeschäft und nichternstliche Erklärung

1. Der geheime Vorbehalt (§ 116 BGB)

Das Meistgebot: A weiß, dass sein Feind B bei einer Kunstauktion unbedingt ein bestimmtes Bild ersteigern will. Um ihn zu ärgern, gibt er gleich zu Beginn ein hohes Gebot ab, obwohl er selbst keine Kaufabsicht hat. Wider Erwarten bekommt er den Zuschlag. 7

Eine Willenserklärung ist nicht deshalb nichtig, weil sich der Erklärende insgeheim vorbehält, das Erklärte nicht zu wollen (§ 116 S. 1 BGB; dazu BGH NJW 2002, 363

(365)). Diese Regel versteht sich im Grunde von selbst, weil sonst kein geordneter Rechtsverkehr möglich wäre.

Im *Meistgebots-Fall* kann sich also A nicht darauf berufen, er habe keine Kaufabsicht gehabt.

8 Nach § 116 S. 2 BGB ist jedoch die Erklärung nichtig, wenn sie einem anderen gegenüber abzugeben ist und dieser den Vorbehalt kennt (dazu ***Köhler*** **BGB AT PdW Fall 51**). Nach Auffassung des Gesetzgebers ist in diesem Fall des durchschauten geheimen Vorbehalts der Erklärungsempfänger nicht schutzwürdig.

Hat im *Meistgebots-Fall* der Auktionator gewusst, dass A keine echte Kaufabsicht hatte, ist das Gebot des A (= Kaufangebot) gem. § 116 S. 2 BGB nichtig, ein Kauf daher nicht wirksam zustande gekommen.

Die Regelung des § 116 S. 2 BGB ist rechtspolitisch gesehen nicht unbedenklich. Man sollte sie daher auch nicht auf nichtempfangsbedürftige Willenserklärungen analog anwenden (sehr str.).

Der Schutz eines Dritten, der auf die Gültigkeit einer nach § 116 S. 2 BGB nichtigen Erklärung vertraut, erfolgt nach den Grundsätzen der Rechtsscheinhaftung. Wurde zB eine Innenvollmacht unter einem vom Bevollmächtigten erkannten geheimen Vorbehalt erteilt, so ist die Vollmacht nach § 116 S. 2 BGB nichtig (str., aA BGH NJW 1966, 1915 (1916)), auch wenn der Geschäftsgegner den Vorbehalt nicht kennt. Jedoch greifen zu seinem Schutz die Regeln über die Duldungs- und Anscheinsvollmacht (dazu → § 11 Rn. 42ff.) ein.

2. Das Scheingeschäft (§ 117 BGB)

a) Begriff und Bedeutung des Scheingeschäfts

9 Nach § 117 Abs. 1 BGB ist eine empfangsbedürftige Willenserklärung nichtig, wenn sie mit Einverständnis des Erklärungsempfängers nur zum Schein abgegeben wird (sog. Scheingeschäft oder simuliertes Geschäft; dazu ***Köhler*** **BGB AT PdW Fall 52**).

> Ein **Scheingeschäft** liegt vor, wenn das Vereinbarte nach dem übereinstimmenden Willen der Parteien keine Geltung haben soll (BGH NJW 2011, 2785 Rn. 6). Es wird zwar einverständlich der äußere Schein des Abschlusses eines Rechtsgeschäfts hervorgerufen, jedoch sind die damit verbundenen Rechtsfolgen nicht gewollt. Es fehlt also der Rechtsbindungswille.

Das Einverständnis des Erklärungsempfängers ist keine Willenserklärung im Rechtssinne (BGH NJW 2000, 3127 (3128)). Mit dem Abschluss eines Scheingeschäfts ist regelmäßig, aber nicht begriffsnotwendig die Absicht der Beeinflussung oder Täuschung Dritter verbunden.

Beispiele: Abschluss eines Kaufvertrages zum Schein, um bei einer Bank einen Kredit zur Finanzierung dieses Kaufs zu erlangen. – Abgabe eines Gebots bei einer Auktion im Einverständnis mit dem Auktionator zum Schein, um zum Höherbieten zu animieren. – Vereinbarung eines niedrigen Kaufpreises zum Schein, um Beurkundungskosten und Steuern zu sparen (sog. *Schwarzkauf*).

Die Nichtigkeit des Scheingeschäfts rechtfertigt sich aus dem fehlenden Interesse des Erklärungsempfängers an der Wirksamkeit der Erklärung. Wer sich auf die Nichtigkeit beruft, trägt dafür die Beweislast (BGH NJW 1988, 2597 (2599)).

b) Abgrenzung

Kein Scheingeschäft liegt vor, wenn die Beteiligten die Rechtswirkungen des Rechtsgeschäfts ernsthaft wollen. So liegt es beim **Umgehungsgeschäft** (dazu → § 13 Rn. 17), das der Umgehung einer für ein bestimmtes Rechtsgeschäft geltenden Rechtsvorschrift (zB gesetzliches Verbot, Steuerpflichtigkeit, Bilanzvermerkpflichtigkeit) dient: die Parteien wollen den wirtschaftlichen Erfolg des Geschäfts, sie wollen nur nicht, dass das Gesetz auf es angewendet wird. Ob das Umgehungsgeschäft wirksam ist, ist eine andere Frage. 10

Das **Treuhandgeschäft** (dazu → § 5 Rn. 18), ist ebenfalls kein Scheingeschäft. Die Übertragung eines Mehr an Rechtsmacht unter gleichzeitiger schuldrechtlicher Beschränkung der Ausübung dieser Rechtsmacht ist rechtlich oft der einzige Weg, um einen bestimmten wirtschaftlichen Erfolg zu erreichen. Die rechtliche Konstruktion ist ernstlich gewollt.

Ähnlich verhält es sich, jedenfalls in der Regel, bei Einschaltung eines **„Strohmanns"**. Der Strohmann wird als Vertragspartei vorgeschoben, um einen bestimmten wirtschaftlichen Erfolg zu erreichen. Dazu ist regelmäßig erforderlich, dass der Strohmann wirklich für sich eigene Rechte und Pflichten, wenngleich für Rechnung des Hintermanns, begründet. Es ist also unerheblich, dass dem Vertragsgegner die Strohmanneigenschaft bekannt ist (vgl. BGH NJW 2002, 2030 (2031)).

Vom **misslungenen Scheingeschäft** spricht man, wenn eine Partei eine Erklärung zum Schein abgab, die andere Partei den Scheincharakter aber erwartungswidrig nicht erkannte und das Rechtsgeschäft wirklich wollte. In diesem Fall ist die Erklärung nach § 118 BGB nichtig, der Gegner wird aber nach § 122 BGB (der sich auch auf § 118 BGB bezieht) geschützt (BGH NJW 2000, 3127 (3128)).

c) Der Schutz Dritter beim Scheingeschäft

Die Nichtigkeit des Scheingeschäfts kann auch Dritten entgegengehalten werden. Ein gewisser Drittschutz wird jedoch durch die Vorschriften über den gutgläubigen Erwerb (§§ 892, 932ff. BGB bei Sachen; § 405 BGB bei Forderungen) erreicht. 11

Beispiel: A übereignet dem B zum Schein ein Aktienpaket im Wert von 10.000 Euro und gibt ihm zum Schein ein Schuldversprechen über 8.500 Euro, um ihn bei Kreditverhandlungen mit der Bank C kreditwürdig erscheinen zu lassen. Die Bank C gewährt den Kredit, lässt sich aber die Aktien zur Sicherheit übereignen und die Forderung aus dem Schuldversprechen zur Sicherheit abtreten. Gutgläubiger Erwerb der Bank ist möglich nach §§ 932ff. BGB und § 405 BGB.

Darüber hinaus wird in der Literatur ein weitergehender Schutz des Dritten nach den Grundsätzen der Rechtsscheinhaftung gefordert: wer die Gültigkeit des Scheingeschäfts irgendwie nach außen bekundet habe, könne sich einem Gutgläubigen gegenüber nicht auf die Nichtigkeit des Scheingeschäfts berufen.

Soweit das Scheingeschäft dazu benutzt wird, einem Dritten Schaden zuzufügen, kommt eine deliktische Haftung (zB nach § 823 Abs. 2 BGB, § 263 StGB; § 826 BGB) gegenüber dem Dritten in Betracht.

d) Das verdeckte Geschäft

12 Hinter oder neben dem Scheingeschäft steht oft ein anderes Rechtsgeschäft, das die Beteiligten zwar ernstlich wollen, aber doch nicht offenkundig werden lassen wollen, um bestimmten nachteiligen Rechtsfolgen zu entgehen. Der häufigste Fall ist der **„Schwarzkauf“:** die Parteien eines Grundstückskaufvertrages lassen bewusst im notariellen Vertrag (vgl. § 311b Abs. 1 S. 1 BGB) einen niedrigeren als den eigentlich vereinbarten Kaufpreis beurkunden, um Notargebühren und Steuern zu sparen (vgl. BGH NJW 1980, 451).

Das **verdeckte** (= dissimulierte) Geschäft ist grds. wirksam, da ernstlich gewollt. Nur: die Parteien können sich den dafür geltenden Rechtsnormen nicht entziehen. § 117 Abs. 2 BGB ordnet an, dass die für das verdeckte Rechtsgeschäft geltenden Vorschriften anzuwenden sind. Zu diesen Vorschriften zählen auch die Formvorschriften. Die Einhaltung der Form im Scheingeschäft wahrt nicht das Formerfordernis für das verdeckte Geschäft. Im Falle des Schwarzkaufs bedeutet dies: das beurkundete Geschäft ist als Scheingeschäft nach § 117 Abs. 1 BGB nichtig; das eigentlich gewollte Geschäft (Kauf zu einem höheren Preis) ist, da nicht beurkundet, nichtig gem. §§ 311b Abs. 1 S. 1, 125 S. 1 BGB und kann lediglich nach § 311b Abs. 1 S. 2 BGB wirksam werden.

3. Die nichternstliche Erklärung (§ 118 BGB)

a) Begriff und Bedeutung

13 **Die Entlassung:** Ein Kunde beschwert sich über einen Angestellten und verlangt seine Entlassung. Der Geschäftsinhaber zitiert den Angestellten herbei und kündigt ihm schriftlich (vgl. § 623 BGB). Er glaubt, der Angestellte merke, dies geschehe nur zur Beschwichtigung des Kunden. Der Angestellte nimmt aber die Kündigung ernst. Ist die Kündigung wirksam?

Soll der Erklärende an seine Erklärung auch dann gebunden sein, wenn sie nicht ernst gemeint, wider Erwarten aber ernst genommen wurde? (dazu ***Köhler*** **BGB AT PdW Fall 53**). § 118 BGB regelt die Frage zugunsten des Erklärenden: „Eine nicht ernstlich gemeinte Willenserklärung, die in der Erwartung abgegeben wird, der Mangel der Ernstlichkeit werde nicht verkannt werden, ist nichtig.“ Jedoch hat der Erklärende dem gutgläubigen Gegner den Vertrauensschaden zu ersetzen (§ 122 BGB).

Im *Entlassungs-Fall* ist also die Kündigung nach § 118 BGB nichtig; hat jedoch der Angestellte gleich telefonisch eine Stellenanzeige aufgegeben, sind ihm nach § 122 Abs. 1 BGB die Kosten zu erstatten.

Erkennt der Erklärende, dass der Gegner die Erklärung ernst nimmt, so ist er nach Treu und Glauben gehalten, ihn über die fehlende Ernstlichkeit unverzüglich (§ 121 Abs. 1 BGB analog) aufzuklären. Tut er dies nicht, muss er sich so behandeln lassen, als wäre die Erklärung von Anfang an gültig gewesen.

In der Praxis ist der Anwendungsbereich des § 118 BGB allerdings nicht groß. In den meisten Fällen wird es so sein, dass der Gegner die Nichternstlichkeit sogleich erkennt. Dann liegt nach den Grundsätzen der Auslegung empfangsbedürftiger Willenserklärungen von vornherein der Tatbestand einer Willenserklärung nicht vor. Erscheint aber die Erklärung äußerlich vernünftig, wird dem Erklärenden, der sich auf die Nichtigkeit beruft, der Nachweis schwer fallen, die Erklärung sei nicht ernst gemeint gewesen. Eine Erweiterung des Anwendungsbereichs des § 118 BGB auf eine sog. „Schmerzerklärung“, dh eine unter psychischem Druck abgegebene Erklärung (*Tscher-*

winka NJW 1995, 308), ist ua wegen der in § 123 Abs. 1 BGB enthaltenen Wertung nicht möglich (*Weiler* NJW 1995, 2608).

§ 118 BGB regelt, dogmatisch betrachtet, einen Fall des fehlenden Erklärungsbewusstseins. Daraus lässt sich aber nicht eine allgemeine Regel ableiten, eine Willenserklärung sei stets dann nichtig, wenn dem Erklärenden das Erklärungsbewusstsein fehle. § 118 BGB ist vielmehr als Ausnahmeregelung zu begreifen.

b) Abgrenzung

Von der Erklärung unter geheimem Vorbehalt, die nach § 116 S. 1 BGB grds. wirksam 14
ist, unterscheidet sich die Scherzerklärung durch ihr *Offenheitsstreben:* Beim geheimen Vorbehalt soll nach der Intention des Erklärenden der fehlende Rechtsbindungswille verborgen bleiben; bei der Scherzerklärung soll der fehlende Rechtsbindungswille gerade vom Gegner erkannt werden. – Vom Scheingeschäft unterscheidet sich die Scherzerklärung durch das fehlende Einverständnis des Erklärungsgegners mit der Nichtgeltung des Erklärten. Unter § 118 BGB fällt daher auch das sog. misslungene Scheingeschäft, bei dem der Erklärende irrtümlich ein Einverständnis des Gegners annimmt (BGH NJW 2000, 3127 (3128)).

IV. Der Irrtum

1. Allgemeines

Wer eine Willenserklärung abgibt und dabei von unrichtigen Vorstellungen ausgeht, 15
hat ein Interesse daran, sich von ihr wieder lösen zu können. Jedoch wäre es mit den Interessen des Geschäftsverkehrs unvereinbar, wollte man jeden Irrtum für beachtlich erklären: niemand könnte sich mehr auf die Erklärungen eines anderen verlassen.

Das BGB löst das Problem in der Weise, dass es dem Irrenden nur bei bestimmten Irrtümern und nur unter bestimmten Voraussetzungen ein Anfechtungsrecht gewährt (§§ 119, 120 BGB). Ob der Irrtum vermeidbar oder für den Gegner unerkennbar war, spielt dagegen keine Rolle. Mittels der Anfechtung kann sich der Irrende von seiner Erklärung lösen: die Anfechtung beseitigt rückwirkend das betreffende Rechtsgeschäft (§ 142 Abs. 1 BGB), verpflichtet jedoch den Anfechtenden zum Ersatz des Vertrauensschadens seines Gegners (§ 122 BGB).

Die Frage der Irrtumsanfechtung stellt sich nur, wenn sich das Erklärte und das Gewollte nicht decken. Vorab ist daher durch **Auslegung** zu ermitteln, was tatsächlich erklärt ist (→ § 9 Rn. 13). Hat nämlich der Gegner die Erklärung so verstanden oder musste er sie so verstehen, wie sie der Erklärende verstanden wissen wollte, gilt die Erklärung auch mit dieser Bedeutung (vgl. BGH LM § 119 Nr. 6). Auslegung geht vor Anfechtung!

2. Die einzelnen Irrtumstatbestände

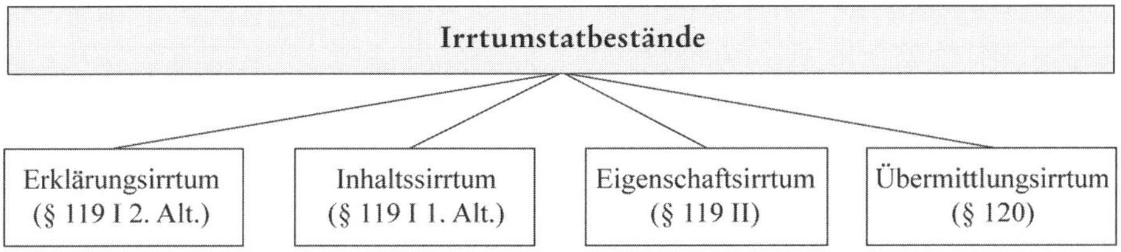

a) Der Erklärungsirrtum (§ 119 Abs. 1 Alt. 2 BGB)

16 Nach § 119 Abs. 1 Alt. 2 BGB ist zur Anfechtung berechtigt, wer **„eine Erklärung dieses Inhalts überhaupt nicht abgeben wollte"** (sog. Erklärungsirrtum = Irrtum in der Erklärungshandlung = Irrung). In diesem Fall entspricht schon der äußere Tatbestand nicht dem Willen des Erklärenden (BGHZ 177, 62 Rn. 14). Gemeint sind vor allem die Fälle des **Versprechens, Verschreibens** und **Vergreifens.** Hierher gehören auch die Fälle, in denen eine Erklärung automatisch erstellt wird, aber durch einen Eingabefehler oder einen Softwarefehler bei der Datenverarbeitung eine andere als die ursprünglich beabsichtigte Erklärung zustande kommt (BGH NJW 2005, 976 (977)). Die Abgrenzung zum Inhaltsirrtum (→ Rn. 17) ist fließend, jedoch ohne Bedeutung, weil die Rechtsfolgen die gleichen sind (dazu ***Köhler*** **BGB AT PdW Fall 59**).

Beispiele: Kauffrau A vertippt sich bei einer Bestellung und bestellt statt 100 Stück 1.000 Stück. – Verkäufer B vergreift sich beim Wechselgeld und gibt statt eines Zehneuroscheins einen Zwanzigeuroschein heraus.

Hatte der Erklärende überhaupt nicht die Absicht, eine Willenserklärung abzugeben, so gelten die Grundsätze über das Fehlen des Erklärungsbewusstseins (dazu → Rn. 5).

Beispiel: Bei einer Vereinsversammlung läuft eine Unterschriftenliste für eine Bücherbestellung und für die Teilnahme an einer Wanderung um. Mitglied A unterschreibt versehentlich auf der Bücherbestellliste. Eine Willenserklärung des A liegt nur vor, wenn ihm die Deutung seines Verhaltens als Bücherbestellung zurechenbar war. Nur wenn dies der Fall war, bedarf es einer Anfechtung nach § 119 BGB analog.

b) Der Inhaltsirrtum (§ 119 Abs. 1 Alt. 1 BGB)

17 Nach § 119 Abs. 1 Alt. 1 BGB ist zur Anfechtung berechtigt, **„wer bei der Abgabe einer Willenserklärung über deren Inhalt im Irrtum war"** (sog. Inhaltsirrtum = Irrtum über die Erklärungsbedeutung). Im Unterschied zum Erklärungsirrtum entspricht in diesem Fall zwar der äußere Tatbestand dem Willen des Erklärenden (er weiß also, was er sagt oder schreibt), jedoch irrt der Erklärende über die **Bedeutung** oder Tragweite seiner Erklärung (BGH NJW 2017, 1660 Rn. 25), dh er verbindet mit ihr einen anderen Sinn, als ihr nach der Auslegung zukommt (dazu ***Köhler*** **BGB AT PdW Fall 56**).

Das Toilettenpapier: Die Konrektorin einer Mädchenschule unterschrieb eine von einem Vertreter ausgefüllte Bestellung über „25 Gros Rollen Toilettenpapier, die Rolle zu 1000 Blatt". Sie wusste nicht, dass „Gros" so viel wie 12 Dutzend bedeutete, nahm vielmehr an, lediglich 25 *große* Rollen Toilettenpapier bestellt zu haben. – Ergibt die Auslegung, dass das Wort „Gros" im üblichen Sinn zu verstehen ist, geht die Bestellung zwar auf 3.600 Stück, jedoch kann die Bestellung wegen Inhaltsirrtums angefochten werden (nach LG Hanau NJW 1979, 721).

Typische Fälle des Inhaltsirrtums sind der Irrtum über die Geschäftsart **(error in negotio),** über die Person des Geschäftsgegners **(error in persona)** und über die Identität des Geschäftsgegenstands **(error in objecto).**

Beispiele: A glaubt ein Verkaufsangebot abzugeben, während es objektiv als Schenkungsangebot zu verstehen ist *(error in negotio).* – A bestellt Waren bei der Firma „Jakob Müller, München" in Unkenntnis, dass der Firmeninhaber gewechselt hat *(error in persona).* – A kauft „den Hund" des B im Glauben, es handle sich um einen Schäferhund, der in Wahrheit bereits gestorben und durch einen Bernhardiner ersetzt worden war *(error in objecto).*

Vom Inhaltsirrtum abzugrenzen sind der sog. **Motivirrtum** und der sog. **Rechtsfolgenirrtum,** die beide grds. nicht zur Anfechtung berechtigen (BGH NJW 2008, 2442 Rn. 15). Beim Motivirrtum handelt es sich um einen im Stadium der Willensbildung unterlaufenen Beweggrund.

Beispiel: A bucht eine Urlaubsreise in der irrigen Annahme, er könne in dieser Zeit Urlaub nehmen.

Beim Rechtsfolgenirrtum beruht die Erklärung auf einer Fehlvorstellung über die Rechtsfolgen, die sich nicht aus dem Inhalt der Erklärung ergeben, sondern kraft Gesetzes eintreten (→ Rn. 24).

Beispiel: Händler V verkauft einen gebrauchten Wagen an der Kunden K in der Vorstellung, die Mängelgewährleistungsfrist betrage nur sechs Monate.

c) Der Eigenschaftsirrtum (§ 119 Abs. 2 BGB)

Nach § 119 Abs. 2 BGB gilt als Irrtum über den Inhalt der Erklärung **„auch der Irrtum über solche Eigenschaften der Person oder Sache, die im Verkehr als wesentlich angesehen werden“.** Ob es sich bei diesem sog. Eigenschaftsirrtum dem Wesen nach um einen Inhaltsirrtum oder um einen (ausnahmsweise zu beachtenden) Motivirrtum handelt, ist umstritten (dazu ***Köhler*** **BGB AT PdW Fall 61**). Richtigerweise ist zu sagen: Ist die Eigenschaft ausdrücklich oder stillschweigend vereinbart, so liegt ein Inhaltsirrtum vor; wenn nicht, so handelt es sich um einen (zu beachtenden) Motivirrtum. 18

Eigenschaften einer Sache sind alle tatsächlichen und rechtlichen Verhältnisse, die infolge ihrer Beschaffenheit auf Dauer für die Brauchbarkeit und den Wert der Sache von Einfluss sind (BGH NJW 2001, 226 (227)). 19

Diese Beziehungen der Sache zur Umwelt müssen aber in der Sache selbst ihren Grund haben oder von ihr ausgehen und dürfen nicht nur mittelbar auf die Sache Einfluss haben.

Zu den Eigenschaften einer Sache gehören demnach zwar die sog. **„wertbildenden Faktoren“** (zB Urheberschaft eines Bildes, BGH NJW 1988, 2597 (2599); Goldgehalt eines Schmuckstücks), nicht dagegen ihr **Wert** (Marktpreis) oder ihr Anschaffungspreis, sofern die Preisbildung im Markt erfolgt. Der Preis ist insofern nämlich keine feststehende, der Sache unmittelbar anhaftende Eigenschaft, sondern unterliegt der freien Vereinbarung entsprechend Angebot und Nachfrage. Die Wertschätzung einer Ware, wie sie sich im Eingehen auf einen bestimmten Preis äußert, hat rein subjektiven Charakter. Es würde auch die Rechtssicherheit unerträglich beeinträchtigen, wollte man die Anfechtung wegen Irrtums über den Preis einer Ware zulassen, gleichgültig ob es sich um den Verkaufs- oder Anschaffungspreis handelt.

Beispiel: Kauft K bei V eine Flasche „Black & White“, weil er irrtümlich glaubt, der Preis sei herabgesetzt, so kann er nicht anfechten.

Der Begriff der „Sache“ ist weit, iSv Geschäftsgegenstand, zu verstehen, umfasst also nicht nur körperliche Gegenstände (§ 90 BGB), sondern auch unkörperliche Gegenstände wie Rechte, Forderungen, Sachgesamtheiten, Unternehmen.

20 **Eigenschaften einer Person** sind Merkmale, die ihr für eine gewisse Dauer anhaften oder sie charakterisieren (BGH NJW 1992, 1222).

Dazu gehören zB Beruf, Gesundheitszustand, Vorstrafen, Ansehen, Zahlungsfähigkeit, nicht aber zB eine Wiederverkaufsabsicht beim Kauf (BGH NJW 1992, 1222). Person iSd § 119 Abs. 2 BGB ist jeder, auf den sich das Geschäft bezieht, uU also auch ein Dritter (dazu ***Köhler*** **BGB AT PdW Fall 62**).

Beispiele: Bei einem Vertrag zugunsten Dritter (§ 328 BGB) können der Dritte, beim Mietvertrag die Angehörigen des Mieters, die mit in die Wohnung ziehen, Personen sein, deren Eigenschaften nach § 119 Abs. 2 BGB relevant sind.

21 Die Eigenschaft muss **verkehrswesentlich** sein (dazu ***Köhler*** **BGB AT PdW Fall 61**). Was dies bedeutet, ist sehr str.: (1) Nach der Lehre vom „geschäftlichen Eigenschaftsirrtum" (*Flume* § 24/2) muss die Eigenschaft im Vertrag ausdrücklich oder stillschweigend in Bezug genommen und somit Vertragsinhalt geworden sein. (2) Nach der Rspr. (BGH NJW 2001, 226 (227)) muss die Eigenschaft vom Erklärenden in irgendeiner Weise erkennbar dem Vertrag zugrunde gelegt worden sein, ohne dass er sie geradezu zum Inhalt seiner Erklärung gemacht haben muss. (3) Beide Auffassungen sind indessen zu eng.

„Verkehrswesentlich" ist eine Eigenschaft immer dann, wenn sie nicht bloß nach der Auffassung des Erklärenden, sondern auch nach der **Verkehrsanschauung für das konkrete Rechtsgeschäft wesentlich,** also ausschlaggebend für seinen Abschluss ist.

Um dies festzustellen, ist zunächst zu fragen, ob die Eigenschaft zum Vertragsinhalt erhoben wurde. In diesem Fall ist die Eigenschaft stets verkehrswesentlich. Lässt sich eine Einbeziehung in den Vertrag nicht feststellen, ist weiter zu fragen, ob die betreffende Eigenschaft nach der Auffassung des Verkehrs für den Geschäftsabschluss maßgebend war (vgl. *Köhler* JR 1984, 324). Hierbei ist der Inhalt, Sinn und Zweck des Rechtsgeschäfts zu berücksichtigen.

Beispiel: Wer einen Gebrauchtwagen kauft, hat in der Regel eine Vorstellung von seinem Alter. Irrt er sich über das Baujahr, so kann er seine Erklärung nach § 119 Abs. 2 BGB (vorbehaltlich des Vorranges der §§ 434 ff. BGB) anfechten, ohne dass er seine Vorstellung vom Alter zum Inhalt seiner Erklärung machen musste (vgl. BGH NJW 1979, 160 (161)) und ohne dass diese Vorstellung erkennbar dem Vertrag zugrunde gelegt worden war. Denn nach der Verkehrsanschauung hat das Alter eines Fahrzeugs eine wesentliche Bedeutung für die Wertschätzung.

Häufig ermöglicht schon der typische wirtschaftliche Zweck eines Rechtsgeschäfts Rückschlüsse.

Beispiele: Bei einem Kreditvertrag ist die Kreditwürdigkeit des Kreditnehmers eine verkehrswesentliche Eigenschaft, nicht dagegen seine Sehschwäche. – Bei einem Arbeitsvertrag mit einem Kraftfahrer verhält es sich umgekehrt.

Das Abstellen auf die Verkehrsanschauung ist auch hilfreich bei der Beurteilung von Geschäften mit **spekulativem** Einschlag. So mag bei Geschäften auf Flohmärkten der Käufer darauf spekulieren, ein wertvolles Stück billig erstehen zu können. Er kann aber nicht nach § 119 Abs. 2 BGB anfechten, wenn sich seine Erwartung nicht bestätigt. Ebenso wenig kann allerdings der Verkäufer anfechten, wenn sich das von ihm abgegebene Stück hinterher als wertvolle Antiquität erweist. Denn nach der Verkehrsauffassung soll jede Partei das Risiko von Fehlvorstellungen über Eigenschaften der Kaufsache selbst tragen.

Die Mozartnoten: A verkauft auf einem Flohmarkt verschiedene Notenblätter an K. Später stellt sich heraus, dass darunter Notenblätter von Mozart waren. A kann nicht nach § 119 Abs. 2 BGB anfechten (nur im Ergebnis richtig AG Coburg NJW 1993, 938; aA Palandt/*Ellenberger* BGB § 119 Rn. 27).

Wie sich klar aus § 122 Abs. 2 BGB ergibt, ist für die Anfechtung nicht erforderlich, dass die Bedeutung der Eigenschaft für den Erklärenden dem Gegner bekannt oder erkennbar war. Dies spielt nur eine Rolle bei den Rechtsfolgen der Anfechtung.

Der Eigenschaftsirrtum berechtigt nur zur Anfechtung des Verpflichtungsgeschäfts (zB Kauf), nicht auch des **Verfügungsgeschäfts** (zB Übereignung). Denn das Verfügungsgeschäft hat nur die Rechtsübertragung eines bestimmten Gegenstandes, nicht aber seine Eigenschaften zum Inhalt (vgl. *Grigoleit* AcP 199 [1999], 379, 396; str.).

d) Der Übermittlungsirrtum (§ 120 BGB)

Eine Willenserklärung ist nach § 120 BGB anfechtbar, wenn sie „durch die zur Über- 22
mittlung verwendete Person oder Anstalt unrichtig übermittelt worden ist" (dazu ***Köhler*** **BGB AT PdW Fall 65**). Es handelt sich dabei um einen gesondert geregelten Fall des Erklärungsirrtums (BGH NJW 2005, 976 (977)). Grds. muss sich also der Erklärende die unrichtig übermittelte Erklärung zurechnen lassen. Er kann sich von ihr aber durch Anfechtung befreien.

Beispiele: Der Dolmetscher übersetzt nicht richtig; der zum Einkaufen geschickte Lehrjunge bringt die Bestellungen durcheinander.

Ein Übermittlungsirrtum iSd § 120 BGB liegt nicht nur dann vor, wenn die Erklärung mit unrichtigem Inhalt an den richtigen Empfänger, sondern auch dann, wenn die Erklärung mit richtigem Inhalt an den falschen Empfänger weitergeleitet wird.

§ 120 BGB gilt nur für den **Erklärungsboten,** nicht für den Vertreter. Dieser übermittelt nicht eine fremde Erklärung, sondern gibt eine eigene Erklärung (wenngleich in fremdem Namen) ab. Für Willensmängel des **Vertreters** gilt § 166 Abs. 1 BGB.

Vom Erklärungsboten ist der **Empfangsbote** abzugrenzen, der im Auftrag des Empfängers Willenserklärungen entgegennehmen soll (dazu ***Köhler*** **BGB AT PdW Fall 66**). Nimmt der Empfangsbote eine Erklärung entgegen und informiert er den Empfänger nicht oder nicht richtig, so ist dies dessen Risiko.

Beispiel: A lässt durch ihre Mitarbeiterin S ein Angebot telefonisch an B übermitteln. Verspricht sich S, so gilt die Erklärung mit diesem Inhalt, A kann aber anfechten. Spricht S das Angebot an die Sekretärin T des B richtig durch, ist es damit zugegangen. Ob T den B richtig informiert oder nicht, spielt keine Rolle.

§ 120 BGB ist nicht anwendbar, wenn der Erklärende den Boten überhaupt nicht beauftragt oder den Übermittlungsauftrag vor der Übermittlung widerrufen hat (BGH NJW 2008, 2702 Rn. 35, 36).

Ob § 120 BGB auch für die **absichtliche** Falschübermittlung (dazu ***Köhler*** **BGB AT PdW Fall 67**) gilt, ist umstritten. Von manchen wird dies bejaht, weil der Auftraggeber durch die Einschaltung des Boten die Gefahr der absichtlichen Falschübermittlung begründet habe (vgl. *Marburger* AcP 173 [1973], 137; *Wolf/Neuner* BGB AT § 41 Rn. 40). Dies allein rechtfertigt es jedoch noch nicht, ihm die Erklärung als eigene zuzurechnen. Es liegt in diesen Fällen also keine Willenserklärung des Auftraggebers vor und daher bedarf es auch keiner Anfechtung (hM; vgl. Palandt/*Ellenberger* BGB § 120 Rn. 4) Allerdings kann eine Haftung des Auftraggebers aus culpa in contrahendo (§§ 311 Abs. 2, 280 Abs. 1 BGB) auf Ersatz des Vertrauensschadens in Betracht kommen. Da überdies auf das Handeln des Boten die §§ 177–179 BGB analog anzuwenden sind (vgl. OLG Oldenburg NJW 1978, 951), ist der Erklärungsempfänger ausreichend geschützt.

3. Abgrenzungsfragen

a) Das Unterschreiben einer ungelesenen Urkunde

23 Wer ein Schriftstück in **bewusster Unkenntnis** von seinem Inhalt unterzeichnet, irrt nicht und kann daher auch nicht seine Erklärung anfechten (BGH NJW 2014, 1242 Rn. 8; dazu ***Köhler*** **BGB AT PdW Fall 55**). Zu Recht, denn wem es gleichgültig ist, was er erklärt, der muss auch das Risiko nachteiliger Rechtsfolgen tragen. In der Regel wird freilich der Unterzeichner auf Grund der Umstände eine ungefähre Vorstellung vom Inhalt der Erklärung haben. Folglich soll auch sein Risiko nur soweit wie seine Vorstellung reichen. Dies bedeutet: Hatte der Erklärende die Vorstellung, er unterzeichne gar keine rechtsgeschäftliche Erklärung, so kann er wegen fehlenden Erklärungsbewusstseins nach § 119 Abs. 1 BGB analog anfechten (BGH NJW 2014, 1242 Rn. 9). Wusste er dagegen um den rechtsgeschäftlichen Charakter der Erklärung, so kann er anfechten, wenn er vom Inhalt der Erklärung bestimmte, aber unrichtige Vorstellungen hatte (BGH NJW 2017, 1660 Rn. 27; 2014, 1242 Rn. 8). Freilich können im Einzelfall die Vorstellungen vage sein. Dann gilt: Die Irrtumsanfechtung ist für solche Erklärungsinhalte ausgeschlossen, die sich noch innerhalb seiner Vorstellungen bewegten. Sie ist zulässig, soweit der Inhalt außerhalb seiner Vorstellungen lag und er den Umständen nach nicht mit einem solchen Inhalt zu rechnen brauchte (vgl. BAG NJW 1971, 639 (640); auch BGHZ 71, 260 (262) zum Überhören).

Die Unterschriftenmappe: Die Unternehmerin U unterschreibt auf Grund Zeitmangels ungelesen alle Dokumente, die ihr ihr Mitarbeiter S in der Unterschriftenmappe vorlegt. Dabei befindet sich auch eine von S hineingeschmuggelte Bürgschaftsübernahme für ein Privatdarlehen des S. U kann nach § 119 Abs. 1 BGB anfechten, weil sie mit einem solchen Erklärungsinhalt auf Grund der Umstände nicht rechnen konnte.

Der Anfechtung bedarf es freilich nicht, wenn die Erklärung unabhängig vom Wortlaut der Urkunde mit dem Inhalt gilt, den ihr der Erklärende subjektiv beigemessen hat. Das ist dann der Fall, wenn der Gegner diese Vorstellung hervorgerufen und gekannt hat. Hier gilt der Grundsatz des Vorrangs des übereinstimmend Gewollten.

Enthält der ungelesen unterzeichnete Vertrag Allgemeine Geschäftsbedingungen, kann der Erklärende nicht schon deshalb anfechten, weil er ihren Inhalt nicht kannte. Eine Anfechtung kommt nur in Betracht, soweit er damit falsche Vorstellungen verbunden hatte. Doch scheidet die Anfechtung aus, soweit es sich um überraschende Klauseln iSd § 305c Abs. 2 BGB handelt, weil diese gar nicht Vertragsinhalt werden (ebenso *Medicus/Petersen* AT BGB Rn. 754). Anders liegt es bei Klauseln, die nach den §§ 307ff. BGB unwirksam sind. Denn die (Teil-)Nichtigkeit des Vertrages schließt die (Teil-)Anfechtung nicht aus (aA *Medicus/Petersen* AT BGB Rn. 754; wie hier *Wolf/Neuner* BGB AT § 41 Rn. 98). Der Unterschied zeigt sich darin, dass bei Anfechtung der unwirksamen Klausel der gesamte Vertrag nach § 139 BGB hinfällig wird, während sonst nach § 306 Abs. 2 BGB an die Stelle der unwirksamen Klausel die gesetzlichen Bestimmungen treten.

b) Der Irrtum über die Rechtsfolgen

Bei einem Irrtum über die **Rechtsfolgen** einer Erklärung ist nach der Rspr. (BGH NJW 1997, 653; 2008, 1442 Rn. 15, 19) zu unterscheiden: Bezieht sich der Irrtum auf Rechtsfolgen, die mit dem Rechtsgeschäft angestrebt werden, so ist ein Inhaltsirrtum anzunehmen, der zur Anfechtung berechtigt. Bezieht sich der Irrtum dagegen auf **gesetzliche Nebenfolgen** des Rechtsgeschäfts, die vom Erklärenden nicht erkannt und nicht gewollt sind, so ist eine Anfechtung ausgeschlossen. 24

Beispiel: Ergibt die Auslegung des zwischen A und B geschlossenen Vertrags, dass es sich nicht um einen Dienst-, sondern um einen Werkvertrag handelt, so kann B anfechten, wenn er irrtümlich glaubte, nur zur Leistung von Diensten, nicht aber zur Herbeiführung des Erfolgs verpflichtet zu sein *(error in negotio)*. – Die Anfechtung ist ausgeschlossen, wenn B über das Ausmaß der Mängelgewährleistung beim Werkvertrag in Unkenntnis war (vgl. OLG Karlsruhe NJW 1989, 907 (908)).

Diese Unterscheidung ist zwar nicht logisch zwingend (vgl. *Medicus* AT Rn. 751). Sie ist aber sachlich geboten, weil andernfalls die Anfechtung übermäßig ausgedehnt und die Rechtssicherheit beeinträchtigt würde. Freilich erfasst sie nicht den Fall, dass der Erklärende (zB auf Grund unzutreffender rechtlicher Beratung) falsche Vorstellungen über die gesetzlichen Nebenfolgen seiner Erklärung hatte. Im Ergebnis wird man auch hier eine Anfechtung versagen müssen. Es kann für die Risikotragung keinen Unterschied machen, ob der Erklärende unzureichende oder falsche Vorstellungen von der Rechtslage hatte.

Ein relevanter Inhaltsirrtum ist nach der Rspr. aber dann anzunehmen, wenn der Erklärende über die Rechtsfolgen seiner Erklärung irrt, weil das Rechtsgeschäft nicht nur die von ihm erstrebten Rechtswirkungen erzeugt, sondern auch solche, die sich davon wesentlich unterscheiden (BGH NJW 2008, 1442 Rn. 19).

Vom Rechtsfolgenirrtum zu unterscheiden ist der Irrtum über die Bedeutung eines in der Erklärung verwendeten **Rechtsbegriffs,** etwa den Begriff des „Zubehörs“ (vgl. §§ 97, 311c BGB). Er ist ein Inhaltsirrtum (vgl. RGZ 70, 391), der zur Anfechtung berechtigt.

c) Der Kalkulationsirrtum und der beiderseitige Motivirrtum

aa) Der in einem Vertragsangebot enthaltene Preis für eine Leistung kann das Ergebnis einer falschen internen Kalkulation (Berechnungsgrundlage) sein, so etwa wenn sich der Verkäufer über Menge, Größe, Gewicht, Einstandspreis oder Mehrwertsteuerpflichtigkeit irrte. War die interne Kalkulation nicht in die Willenserklärung aufgenommen (sog. **verdeckter Kalkulationsirrtum**), so liegt ein unbeachtlicher Motivirrtum vor (BGH NJW 2002, 2312). Auch eine Anfechtung nach § 119 Abs. 2 BGB scheidet aus, da der Wert einer Leistung keine verkehrswesentliche Eigenschaft darstellt. Der Anbieter trägt also das Risiko, dass seine Kalkulation zutrifft. Unbeachtlich 25 ist grundsätzlich, ob der Gegner den Kalkulationsirrtum hätte erkennen können oder sogar positiv kannte (BGHZ 139, 177 (181 ff.)).

Die Ausschreibung: Die Stadt S schreibt Tischlerarbeiten für einen Neubau aus. Tischler T gibt ein Angebot mit einer Endsumme von 305.000 Euro ab. Kurz darauf stellt er fest, dass er bei der Kalkulation seine Transport- und Montagekosten nicht berücksichtigt hat. Er teilt dies S mit und erklärt, er ziehe sein Angebot zurück. S erteilt dem T gleichwohl den Zuschlag, weil er der billigste Anbieter ist. Der Vertrag ist wirksam, da T nicht anfechten konnte.

Der Ausschluss der Anfechtung kann allerdings im Einzelfall ruinöse Folgen haben. Die Rspr. hilft hier über § 242 BGB: Es kann eine *unzulässige Rechtsausübung* darstellen, wenn der Gegner ein Angebot annehme und Vertragsdurchführung verlange, obwohl er den Kalkulationsirrtum kannte (bzw. die Kenntnis sich ihm geradezu aufdrängen musste) und die Vertragsdurchführung für den Anbieter schlechthin unzumutbar ist (BGHZ 139, 177 (181 ff.)). – Bei Ausschreibungen durch *öffentliche* Auftraggeber stellt die Erteilung des Zuschlags sogar ei ne Verletzung der Rücksichtspflicht aus § 241 Abs. 2 BGB dar, wenn dem Bieter aus Sicht eines verständigen öffentlichen Auftraggebers nicht zumutbar ist, sich mit dem irrig kalkulierten Preis zu begnügen, weil eine unbillige Diskrepanz zwischen Leistung und Gegenleistung besteht. In diesem Fall kann der Bieter vertraglichen Erfüllungs- oder Schadensersatzansprüchen ein Leistungsverweigerungsrecht entgegensetzen (BGH NJW 2015, 1513; dazu *Riehm* JuS 2015, 644).

bb) Anders verhält es sich, wenn beide Parteien **gemeinsam** von einer bestimmten Kalkulationsgrundlage ausgehen und sie für maßgeblich ansehen. Steht dabei der Kalkulationsfaktor eindeutig im Vordergrund, stellt sich die Preisberechnung ferner lediglich als eine Rechenoperation dar und kommt es den Parteien auf den dabei herauskommenden absoluten Betrag gar nicht entscheidend an, wird freilich häufig schon der Auslegungsgrundsatz **„falsa demonstratio non nocet"** (Unschädlichkeit einer Falschbezeichnung) eingreifen.

So etwa im berühmten **Rubelfall** (RGZ 105, 406): Ein in Moskau gewährtes Darlehen über 30.000 Rubel sollte in Deutschland in Reichsmark zurückgezahlt werden. Der Darlehensnehmer stellte Schuldscheine über 7.500 Mark aus, weil beide Parteien übereinstimmend davon ausgingen, ein Rubel habe einen Wert von 25 Pfennigen. In Wahrheit hatte der Rubel nur einen Wert von 1 Pfennig. – Während das RG die Anfechtung nach § 119 Abs. 1 BGB wegen (erweiterten) Inhaltsirrtums gewährte, wollen andere den Fall mittels der Geschäftsgrundlagenlehre lösen. Jedoch dürfte hier im Wege der Auslegung anzunehmen sein, dass das Darlehen nach dem seinerzeitigen Umrechnungskurs in Mark umgerechnet zurückgezahlt werden sollte und die unrichtige Bezifferung des Betrags eine unschädliche Falschbezeichnung darstellt (ebenso *Medicus/Petersen* AT BGB Rn. 758).

26 Soweit die (uU ergänzende) Vertragsauslegung nicht zum Ziele führt, kann die gemeinsame Kalkulationsgrundlage unter dem Gesichtspunkt des **Fehlens der Geschäftsgrundlage** (§ 313 Abs. 1 BGB) zu berücksichtigen sein (dazu ***Köhler*** **BGB AT PdW Fall 63**). Diese Lösung ist sachgerechter als die Zulassung der Anfechtung nach § 119 Abs. 1 BGB (wegen „erweiterten" Inhaltsirrtums), weil sie vermeidet, den zufällig Benachteiligten mit dem Vertrauensschaden zu belasten und weil sie eine Vertragsanpassung ermöglicht.

Die unrichtige Auskunft: Aufgrund einer unrichtigen Auskunft über den Durchschnittspreis von Bauland in einer bestimmten Gemeinde einigen sich die Parteien über einen Grundstückspreis von 200.000 Euro, während der Verkehrswert bei 300.000 Euro liegt. Die unrichtige Auskunft bildet die Geschäftsgrundlage iSd § 313 Abs. 2 BGB, weil sie für beide Teile bestimmend war, das Geschäft so und nicht anders abzuschließen. Der Verkäufer kann daher nach § 313 Abs. 1 BGB, da dem Verkäufer ein Festhalten am Vertrag nicht zumutbar ist, eine angemessene Erhöhung des Kaufpreises verlangen (Anpassung des Vertrages an die wirkliche Sachlage) oder, wenn dies dem Käufer nicht zumutbar ist, nach § 313 Abs. 3 S. 1 BGB vom Vertrag zurücktreten.

Jedoch ist zu beachten, dass ein einseitiger Motivirrtum, wie etwa der Kalkulationsirrtum, nicht schon deshalb nach den Grundsätzen über das Fehlen der Geschäftsgrundlage zu beachten ist, weil er vom Geschäftsgegner geteilt wird, etwa weil der Erklärende seine Kalkulationsgrundlagen dem Gegner offenbart hatte (BGH NJW 2001, 2464; 2002, 2312 (2313); ***Köhler* BGB AT PdW Fall 60**).

Beispiel: Bietet V dem K eine Ware zu 100 Euro an und fügt er bei, sein Selbstkostenpreis betrage 80 Euro, während dieser in Wahrheit 90 Euro beträgt, so ist sein Irrtum unbeachtlich, auch wenn K ihn teilt.

d) Die automatisierte Willenserklärung

Die §§ 119, 120 BGB gelten grds. auch für maschinell erzeugte Erklärungen (zB Versicherungspolicen). Jedoch ist zu unterscheiden: Fehler bei der Eingabe von Daten (Vertippen, Irrtum über die Bedeutung eines Symbols) sind an sich Fehler bei der Vorbereitung, nicht bei der Abgabe der Erklärung. Sie berechtigen daher nur zur Anfechtung wegen Erklärungs- oder Inhaltsirrtums, wenn der Fehler unverändert in die Erklärung eingegangen ist (BGH NJW 2005, 976 (977); OLG Oldenburg NJW 1993, 2321), iÜ handelt es sich um bloße Kalkulationsirrtümer (vgl. BGHZ 131, 177 (180f.); *Köhler* AcP 182 [1982], 135; str.). Bei Verwendung fehlerhafter Softwareprogramme gelten die gleichen Grundsätze. Ist zB der Verkaufspreis richtig eingegeben, aber durch einen **Softwarefehler** unrichtig im Angebot wiedergegeben worden, liegt ein Erklärungsirrtum vor (BGH NJW 2005, 976 (977)). Anders verhält es sich, wenn sich der Fehler nur auf die Kalkulationsgrundlagen bezieht. In diesem Fall liegt ebenfalls nur ein Kalkulationsirrtum (→ Rn. 25) vor (BGHZ 139, 177 (181)). Führt der Fehler zu einer erkennbar so nicht gewollten (zB unsinnigen) Erklärung, ist sie aber nach Auslegungsgrundsätzen wirkungslos. 27

e) Die abredewidrige Blankettausfüllung

Das Bürgschaftsformular: Die Bank K will dem S einen Kredit einräumen, wenn er einen Bürgen findet. S bittet den B, die Bürgschaft zu übernehmen. Da der endgültige Kreditbetrag noch nicht feststeht, erklärt sich B bereit, bis zu 40.000 Euro zu bürgen. Er unterschreibt ein von S mitgebrachtes, noch nicht ausgefülltes Bürgschaftsformular der Bank und vereinbart mit S, dass dieser eine Summe bis zu 40.000 Euro einsetzen dürfe. Abredewidrig setzt S 60.000 Euro ein und bringt dann das Formular zur Bank. – Später wird B von der Bank auf Zahlung dieses Betrags in Anspruch genommen. Zu Recht? 28

Vielfach wird im Geschäftsverkehr eine Blankounterschrift geleistet und ein anderer mit der Einsetzung oder Vervollständigung des Textes beauftragt oder dazu ermächtigt. Diese „arbeitsteilige" Herstellung einer Willenserklärung ist grds. zulässig. Jedoch schafft der Unterzeichner dadurch bewusst das Risiko einer abredewidrigen Blankettausfüllung und verdient daher gegenüber einem gutgläubigen Dritten keinen Schutz. Gutgläubig ist der Dritte, wenn er eine vollständige Urkunde erhält und annehmen darf, die Erklärung stamme vom Unterzeichner, er also der Urkunde die Ergänzung durch einen dazu nicht wirksam ermächtigten Dritten nicht ansehen kann (BGHZ 132, 119 (128)). Die Rspr. (vgl. BGHZ 40, 65 (68); 132, 119 (127f.)) hat dazu den Satz aufgestellt:

> „Wer ein **Blankett** mit seiner Unterschrift aus der Hand gibt, muss auch bei einer seinem Willen nicht entsprechenden Ausfüllung den dadurch geschaffenen Inhalt der Urkunde einem redlichen Dritten gegenüber, dem die Urkunde vorgelegt wird, als seine Willenserklärung gegen sich gelten lassen."

(dazu ***Köhler*** **BGB AT PdW Fall 135**). Dies bedeutet: Der Unterzeichner kann die Erklärung nicht wegen Irrtums über den späteren Inhalt der Urkunde gem. § 119 Abs. 1 BGB anfechten. Er hat für den von ihm geschaffenen **Rechtsschein** einzustehen (Rechtsgedanke der §§ 172 Abs. 2, 173 BGB).

Im Fall des *Bürgschaftsformulars* kann sich also B seiner Haftung aus § 765 BGB nicht durch Anfechtung seiner Bürgschaftserklärung entziehen, sofern die Bank gutgläubig war. Gutgläubigkeit ist hier zu bejahen, da die Bank eine vollständige Bürgschaftsurkunde erhalten hatte und annehmen durfte, die Erklärung stamme vollständig von B.

Anders verhält es sich, wenn der Blankettzeichner bei der Ausstellung oder Aushändigung des Blanketts einem Willensmangel unterlag.

Die Autogrammstunde: Der Schlagersängerin U wird bei einer Autogrammstunde ein Wechselformular untergeschoben, das sie ahnungslos unterzeichnet. U kann, weil sie mangels Erklärungsbewusstseins keine rechtsgeschäftliche Erklärung abgeben wollte, die Erklärung nach § 119 Abs. 1 BGB analog anfechten (→ Rn. 5). Die Anfechtung ist auch nicht durch das Rechtsscheinsprinzip ausgeschlossen, weil U den Rechtsschein nicht in zurechenbarer Weise geschaffen hat.

4. Einschränkungen der Anfechtbarkeit

a) Die subjektive und objektive Erheblichkeit des Irrtums

29 Der Irrende kann seine Erklärung nur anfechten, „wenn anzunehmen ist, dass er sie bei Kenntnis der Sachlage und bei verständiger Würdigung des Falles nicht abgegeben haben würde" (§ 119 Abs. 1 letzter Hs. BGB). Er muss also beweisen, dass der Irrtum (= Unkenntnis der Sachlage) für die Abgabe der Erklärung **ursächlich** war (subjektive Erheblichkeit des Irrtums). Außerdem ist erforderlich, dass die Erklärung bei „verständiger Würdigung" unterblieben wäre (objektive Erheblichkeit des Irrtums). Hier ist auf den Standpunkt eines vernünftigen Menschen abzustellen, der frei von Eigensinn und Unverstand entscheidet (vgl. BGH NJW 1988, 2597 (2599); 1995, 190 (191)).

Beispiele: Hat A bei der Firma „Jakob Müller, München" in Unkenntnis vom Inhaberwechsel Waren bestellt, irrte er sich zwar über die Person des Geschäftspartners (Inhaltsirrtum in Gestalt des error in persona), jedoch dürfte dieser Irrtum für den Vertragsschluss kaum erheblich gewesen sein.

b) Die Anfechtungsfrist (§ 121 Abs. 1 S. 1 BGB)

30 Die Möglichkeit der Anfechtung macht den rechtlichen Bestand des Geschäfts ungewiss. Um diese Ungewissheit zu verkürzen und damit Rechtssicherheit zu schaffen, sieht das Gesetz vor, dass die Anfechtung nur innerhalb einer bestimmten Frist zulässig ist: Die Irrtumsanfechtung muss nach § 121 Abs. 1 S. 1 BGB „ohne schuldhaftes Zögern (unverzüglich)" erfolgen, nachdem der Anfechtungsberechtigte von dem Anfechtungsgrund Kenntnis erlangt hat.

Die Anfechtungsfrist läuft also erst vom Zeitpunkt der **Kenntniserlangung vom Anfechtungsgrund** (und Anfechtungsgegner) an. Die Kenntniserlangung setzt voraus, dass der Anfechtungsberechtigte um seinen Irrtum weiß oder ihn zumindest als ernsthaft möglich ansieht. Der Anfechtungsberechtigte darf daher nicht so lange warten, bis er letzte Gewissheit hat. Dagegen läuft die Anfechtungsfrist nicht schon bei bloßen Zweifeln oder unbestimmten Vermutungen oder fahrlässiger Unkenntnis. Die Kenntnis von Personen, die der Anfechtungsberechtigte zur Wahrnehmung seiner geschäftlichen Interessen einsetzt, muss er sich wie seine eigene zurechnen lassen.

Die Dauer der Anfechtungsfrist ist nicht fixiert, vielmehr gibt § 121 Abs. 1 S. 1 BGB einen flexiblen Maßstab. Die Anfechtung muss **unverzüglich,** im Gesetz definiert mit den Worten **„ohne schuldhaftes Zögern“**, erfolgen. Damit wird zunächst zum Ausdruck gebracht, dass die Anfechtung nicht sofort erfolgen muss. Der Anfechtungsberechtigte soll vielmehr das Für und Wider einer Anfechtung, insbes. ihre Rechtsfolgen, prüfen, ggf. auch Rechtsrat einholen dürfen. Dies muss aber in der gebotenen Eile erfolgen. Er darf also nicht länger zuwarten, als für eine angemessene Prüfung seiner und des Gegners Interessen und für seine Entscheidung erforderlich ist. Was angemessen ist, beurteilt sich nach den Umständen des Einzelfalls, insbes. nach der Bedeutung und Komplexität des Geschäfts. In der Regel wird jedoch eine Entscheidung innerhalb weniger Tage zumutbar sein.

Die rechtzeitige Absendung der Anfechtungserklärung genügt zur Fristwahrung (§ 121 Abs. 1 S. 2 BGB). Verzögerungen des Zugangs gehen also zu Lasten des Anfechtungsgegners, sofern nicht ein umständlicher Übermittlungsweg (zB Anfechtung in der Klageschrift, statt durch unmittelbare Mitteilung) gewählt wurde (vgl. BGH NJW 1975, 39). Allerdings muss die Anfechtungserklärung auch zugehen (§ 130 BGB), um wirksam zu werden (BGHZ 101, 52). Sind seit Abgabe der Erklärung zehn Jahre verstrichen, ist die Anfechtung generell ausgeschlossen (§ 121 Abs. 2 BGB). Es kommt also nicht darauf an, ob der Irrtum bis dahin unerkannt geblieben ist.

c) Sonstige Einschränkungen

aa) Einverständnis des Gegners mit wirklich gewolltem Geschäftsinhalt

Die Anfechtung soll den Irrenden vor den Nachteilen des Irrtums schützen, nicht aber 31
ihm einen unverdienten Vorteil gewähren. Daher ist die Anfechtung auch dann ausgeschlossen, wenn der Erklärungsgegner bereit ist, das Geschäft so gegen sich gelten zu lassen, wie es der Irrende ohne den Irrtum gewollt und erklärt hätte (Palandt/*Ellenberger* BGB § 119 Rn. 2; *Müller* JuS 2005, 18). Der Fall ist nach der Regel *falsa demonstratio non nocet* zu behandeln (*Köhler/Fritzsche* JuS 1990, 16 (19)), das Geschäft ist dann als von Anfang an wirksam anzusehen.

Beispiel: Hat der Käufer bei einer Bestellung statt 100 versehentlich 1.000 Stück geschrieben, so kann er an sich anfechten mit der Folge, dass er überhaupt nichts abnehmen müsste. Die Anfechtung ist jedoch ausgeschlossen, wenn der Verkäufer bereit ist, auch eine Bestellung von 100 Stück zu akzeptieren.

Lässt sich nicht der wirkliche, sondern nur der mutmaßliche Wille des Irrenden feststellen, so kommt lediglich eine Umdeutung des Geschäfts nach § 140 BGB in Betracht (dazu *Köhler/Fritzsche* JuS 1990, 16 (19)).

Beispiel: Hat der Verkäufer ein Gemälde von Leibl für einen Duveneck gehalten und als solches verkauft, so steht nicht fest, ob er das Gemälde auch dann verkauft hätte, wenn er gewusst hätte, dass es sich um ein Gemälde von Leibl handelt. Denn darüber hatte er keine Vorstellung gebildet. Lässt sich aber ein mutmaßlicher Wille *beider* Parteien ermitteln, dass das Gemälde auch in diesem Fall verkauft und gekauft worden wäre, kommt eine Umdeutung in den Kauf eines Leibl in Betracht.

bb) Vorrang der geschäftstypischen Risikoverteilung

32 Soll nach dem Sinn und Zweck eines Vertrages eine Partei ein bestimmtes Risiko tragen, so ist ein Irrtum über das Bestehen dieses Risikos unbeachtlich.

Beispiele: Der Bürge kann den Bürgschaftsvertrag nicht nach § 119 Abs. 2 BGB wegen Irrtums über die Zahlungsfähigkeit des Schuldners anfechten. Denn es ist gerade der Sinn der Bürgschaft, den Gläubiger vor diesem Risiko zu schützen. – Wer auf dem Flohmarkt ein Gemälde für 5 Euro kauft, kann nicht mit der Begründung anfechten, er habe es für einen alten Meister gehalten (→ Rn. 21).

cc) Vorrang der Mängelhaftung vor der Anfechtung nach § 119 Abs. 2 BGB?

33 Die Anfechtung wegen Irrtums über eine verkehrswesentliche Eigenschaft ist nach hM (zB BGHZ 78, 218; Palandt/*Ellenberger* BGB § 119 Rn. 28; Jauernig/*Berger* BGB § 437 Rn. 32) ausgeschlossen, soweit für den Erklärenden gleichzeitig wegen des Fehlens dieser Eigenschaft **Mängelansprüche** (§§ 434 ff., 536 ff., 633 ff., 651 c ff. BGB) in Betracht kommen. Denn die Mängelhaftungsregelungen sollen die Rechte des Gläubigers wegen eines Mangels umfassend und abschließend regeln. Insbes. soll es mit den Wertungen der §§ 437 ff. BGB (Vorrang der Nacherfüllung und damit Recht des Verkäufers zur „2. Andienung") sowie des § 442 Abs. 1 S. 2 BGB (Beschränkung der Gewährleistungsrechte bei grob fahrlässiger Unkenntnis des Käufers vom Mangel) und des § 438 BGB (Verjährungsfrist) unvereinbar sein, dass der Käufer über die Geltendmachung von Gewährleistungsansprüchen hinaus noch anfechten könnte (BGHZ 63, 369 (376)). Gegen diese Auffassung spricht zwar, dass den Käufer im Falle der Irrtumsanfechtung die Pflicht zum Ersatz des negativen Interesses (§ 122 BGB) trifft und die Interessen des Verkäufers auf diese Weise geschützt sind (vgl. *Wasmuth* FS Piper, 1996, 1083). Aber damit wird das primäre Interesse des Verkäufers an einer ordnungsgemäßen Vertragsdurchführung durch Nachlieferung nicht hinreichend geschützt. Daher ist der hM zu folgen.

Ausgeschlossen ist auch die Anfechtung nach § 119 Abs. 2 BGB durch den *Verkäufer,* weil und soweit er sich dadurch der Mängelhaftung entziehen könnte (vgl. OLG Oldenburg NJW 2005, 2556 (2557)). Das gilt aber dann nicht, wenn die Kaufsache wertvollere oder andere Eigenschaften besitzt als im Vertrag angenommen (BGH NJW 1988, 2597), und zwar grds. auch dann, wenn der Käufer gleichzeitig Mängelrechte hat (vgl. *Köhler/Fritzsche* JuS 1990, 16).

dd) Einschränkung der Anfechtung bei Arbeits- und Gesellschaftsverträgen

34 Wurde ein **Arbeitsvertrag** bereits in Vollzug gesetzt, ist zwar die Anfechtung zulässig (vgl. BAG NJW 1991, 2723). Jedoch gebieten soziale, aber auch wirtschaftliche Gesichtspunkte, eine Anfechtung nur mit Wirkung *ex nunc* zuzulassen (vgl. BAG NJW 1980, 1302; *Picker* ZfA 1981, 1). Dazu ***Köhler* BGB AT PdW Fall 64.**

Die Anfechtung von in Vollzug gesetzten **Gesellschaftsverträgen** ist aus Gründen des Gläubiger- und Mitgesellschafterschutzes auf die Möglichkeit zur Kündigung aus wichtigem Grund reduziert (Grundsätze über die **fehlerhafte Gesellschaft;** vgl. zB BGHZ 63, 343).

ee) Ausschluss der Anfechtung durch Vereinbarung

Die Anfechtung kann vertraglich abbedungen werden, jedoch nicht in Allgemeinen Geschäftsbedingungen (§ 307 Abs. 2 Nr. 1 BGB; vgl. BGH NJW 1983, 1671 (1672)). 35

5. Die Anfechtung und ihre Folgen

Die Anfechtung erfolgt durch formlose empfangsbedürftige Willenserklärung (§ 143 Abs. 1 BGB; zu Einzelheiten → Rn. 76). Die Anfechtung bewirkt, dass das Rechtsgeschäft als von Anfang an nichtig anzusehen ist (§ 142 Abs. 1 BGB). Soweit auf Grund eines angefochtenen Vertrages Leistungen erbracht wurden, sind sie nach den §§ 812 ff. BGB zurückzugewähren. 36

Nach § 122 Abs. 1 BGB hat der Anfechtende dem Gegner den Schaden zu ersetzen, den dieser dadurch erleidet, dass er auf die Gültigkeit der Erklärung vertraut (sog. **Vertrauensschaden**). Der Gegner kann maW verlangen, so gestellt zu werden, wie er stünde, wenn er sich auf das Geschäft nicht eingelassen hätte. Die Ersatzpflicht umfasst daher außer den nutzlosen Aufwendungen für dieses Geschäft auch den Gewinn, der dadurch entgangen ist, dass der Abschluss eines **anderen** Geschäfts unterlassen wurde (BGH NJW 1984, 1950). Allerdings geht die Ersatzpflicht „nicht über den Betrag des Interesses hinaus", welches der Gegner „an der Gültigkeit der Erklärung hat" (sog. **Erfüllungsinteresse**). Denn der Gegner soll bei Anfechtung nicht besser stehen als ohne Anfechtung.

Beispiel: V hat für 12.000 Euro einen Barockschrank erstanden und dem K brieflich zum Kauf angeboten. K ist bereit, dafür 20.000 Euro zu zahlen, wenn ihm V den Schrank kostenlos liefere. V ist einverstanden. Kurz darauf kommt D zu V, bietet ihm für den Schrank 25.000 Euro und erklärt sich auch bereit, den Schrank selbst abzuholen. V lehnt ab und liefert den Schrank an K. Später ficht K den Vertrag wegen Irrtums an. Für An- und Rücktransport entstehen dem V Kosten in Höhe von je 250 Euro. – Der *Vertrauensschaden* des V beläuft sich auf 13.500 Euro (13.000 Euro entgangener Gewinn aus dem sonst zustande gekommenen Vertrag mit D sowie 500 Euro nutzlose Transportkosten). Das *Erfüllungsinteresse* beläuft sich jedoch nur auf 7.750 Euro (Gewinn aus dem Vertrag mit K, wenn die Anfechtung nicht erfolgt wäre; in diesem Fall wären lediglich Kosten für den Hintransport entstanden). Folglich kann V von K den Vertrauensschaden nur bis zu dieser Höhe ersetzt verlangen.

Die Ersatzpflicht entfällt gem. § 122 Abs. 2 BGB, wenn der Geschädigte den Grund der Anfechtbarkeit **kannte** oder infolge von Fahrlässigkeit nicht kannte **(kennen musste).** Ob der Irrtum des Erklärenden vermeidbar war, spielt keine Rolle. – Die Ersatzpflicht muss aber auch dann entfallen, wenn der Gegner den Anfechtungsgrund zwar nicht kannte oder kennen musste, aber den Irrtum (möglicherweise schuldlos) verursacht hat. Bei Mitverursachung ist der Schaden nach § 254 Abs. 1 BGB analog zu teilen (vgl. BGH NJW 1969, 1380). Dazu ***Köhler* BGB AT PdW Fall 57.**

Die Haftung aus § 122 BGB setzt kein Verschulden des Erklärenden voraus. Es handelt sich um eine reine **Vertrauenshaftung** (vgl. *Wolf/Neuner* BGB AT § 41 Rn. 153). Trifft den Erklärenden allerdings ein Verschulden, kann dem Gegner neben dem Anspruch aus § 122 BGB auch ein Anspruch aus **culpa in contrahendo** (§§ 280, 311 Abs. 2 BGB) oder unerlaubter Handlung zustehen. Insoweit gilt die Haftungsbeschränkung nach § 122 Abs. 1 BGB nicht, statt § 122 Abs. 2 BGB gilt § 254 BGB.

V. Die arglistige Täuschung und widerrechtliche Drohung

1. Allgemeines

37 Das Gesetz hat in § 123 BGB zum Schutze der rechtsgeschäftlichen Entschließungsfreiheit zwei Tatbestände unzulässiger Willensbeeinflussung aufgestellt: die Beeinflussung durch arglistige Täuschung und die widerrechtliche Beeinflussung durch Drohung. Wer auf diese Weise beeinflusst wurde, kann seine Erklärung anfechten. Der Unterschied zur Irrtumsanfechtung ist ein dreifacher: Zunächst spielt es keine Rolle, welcher Irrtum durch die arglistige Täuschung hervorgerufen wurde, während es bei der Drohung ohnehin an einem Irrtum fehlt. Des Weiteren kann die Anfechtung nach § 123 BGB binnen eines Jahres nach Entdeckung des Irrtums oder Beendigung der Zwangslage erklärt werden, während die Irrtumsanfechtung unverzüglich (§ 121 BGB) erfolgen muss. Schließlich ist kein Vertrauensschaden zu ersetzen.

2. Die arglistige Täuschung

38 Die Anfechtung einer Erklärung wegen arglistiger Täuschung setzt im Einzelnen voraus (dazu ***Köhler*** **BGB AT PdW Fall 68**):

a) Täuschung

39 Täuschen heißt, einen Irrtum über Tatsachen erregen, verstärken oder aufrechterhalten. Wer lediglich subjektiven Werturteilen ohne objektiv nachprüfbaren Gehalt Glauben schenkt, erliegt keiner Täuschung.

Beispiel: Die Modeverkäuferin schmeichelt der Kundin: „Dieses Kleid steht Ihnen ganz ausgezeichnet." Zuhause angekommen muss sich die Kundin von ihrem Mann sagen lassen, sie sehe darin „ganz unmöglich" aus und solle das Kleid zurückbringen. Die Anfechtung wegen arglistiger Täuschung ist ausgeschlossen.

Die Täuschungshandlung kann in einem positiven Tun **(Vorspiegeln von Tatsachen)** bestehen.

Beispiel: Der Gebrauchtwagenhändler macht dem Kunden weis, der Wagen habe einen Austauschmotor.

Sie kann aber auch in einem Unterlassen **(Verschweigen von Tatsachen)** bestehen, sofern den Handelnden eine **Aufklärungs-** oder **Offenbarungspflicht** trifft. Wann und in welchem Umfang eine solche Pflicht besteht, ist nach der Verkehrsauffassung unter Berücksichtigung von Treu und Glauben (§ 242 BGB) und den Umständen des Einzelfalls zu entscheiden (vgl. BGH NJW 1983, 2493; 2001, 64).

40 Eine Pflicht, Tatsachen mitzuteilen, besteht immer dann, wenn danach **gefragt** wird.

Beispiel: Wird der Gebrauchtwagenhändler gefragt, ob der Wagen in einen Unfall verwickelt gewesen sei, so hat er darauf wahrheitsgemäß zu antworten, auch wenn nur ein „Blechschaden" vorgelegen hatte (vgl. BGH NJW 1977, 1914 (1915)).

Allerdings ist eine Einschränkung zu machen: die Frage muss **zulässig** sein. Das ist sie nicht, wenn sie die Privatsphäre des Partners betrifft und kein sachlicher Zusammenhang mit dem vorgesehenen Vertrag besteht (vgl. BAG NJW 1985, 645). Der Partner darf die unzulässige Frage falsch oder unzureichend beantworten (Gedanke der Notwehr, § 227 BGB).

Beispiel: Der Buchhalter muss bei seiner Einstellung auf die Frage nach Vorstrafen zwar angeben, dass er wegen Unterschlagung verurteilt worden ist. Dagegen braucht er mangels „Einschlägigkeit" eine Strafe wegen eines Verkehrsdelikts nicht anzugeben.

Dagegen besteht keine allgemeine Pflicht, dem Gegner ungefragt alle Tatsachen mitzuteilen, die für seine Entscheidung von Bedeutung sind (BGH NJW 2012, 296 Rn. 38). Insbes. bei Austauschverträgen können die Parteien wegen der widerstreitenden Interessen nicht voneinander erwarten, ungefragt über mögliche ungünstige Eigenschaften, Verhältnisse oder Entwicklungen informiert zu werden. So ist der Käufer grds. nicht verpflichtet, dem Verkäufer mitzuteilen, wofür er die Kaufsache verwenden will (BGH NJW 1992, 1222). Wer auf bestimmte Umstände Wert legt, mag danach fragen (BGH NJW 1989, 763 (764)). 41

Beispiel: Der Verkäufer ist nicht verpflichtet, dem Kunden mitzuteilen, dass der Artikel am nächsten Tag im Preis gesenkt oder dass in Bälde ein verbessertes Modell auf dem Markt erscheinen wird.

Eine Aufklärungspflicht besteht aber dann, wenn ein Umstand für die Entschließung des Gegners von entscheidender Bedeutung ist und dieser seine Mitteilung nach der Verkehrssitte erwarten durfte (BGH NJW 2012, 296 Rn. 38). Dabei spielt insbes. eine Rolle, ob der Gegner auf die Sachkunde des anderen angewiesen ist oder ob er sich ohne Weiteres selbst die Information beschaffen kann.

Beispiel: Der Hersteller eines Tankzugs muss den Käufer ungefragt darauf hinweisen, dass bei der Beförderung von schweren, aber handelsüblichen Flüssigkeiten die Gefahr des Kippens in Kurven oder bei plötzlichem Bremsen besteht (vgl. BGH NJW 1971, 1799).

Eine weitergehende Aufklärungspflicht ist anzunehmen, wenn zwischen den Beteiligten ein besonderes *Treue-* oder *Vertrauensverhältnis* besteht oder begründet werden soll.

Eine **Täuschung** liegt vor, wenn ein Irrtum über Tatsachen erregt, verstärkt oder aufrechterhalten wird. Sie kann durch Vorspiegeln von Tatsachen erfolgen. Dem steht das Verschweigen von Tatsachen gleich, wenn eine Aufklärungspflicht besteht.
Eine **Aufklärungspflicht** über bestimmte Tatsachen besteht immer dann, wenn
- danach in zulässiger Weise gefragt wird oder
- sie für die Entschließung des Gegners von entscheidender Bedeutung sind und ihre Mitteilung nach der Verkehrsauffassung erwarten darf oder
- ein besonderes Vertrauensverhältnis begründet werden soll.

b) Kausalität zwischen Täuschung und Willenserklärung

Die Täuschung muss beim Erklärenden einen **Irrtum,** gleichgültig welcher Art, erregt, verstärkt oder aufrechterhalten haben, der ihn zur Abgabe der Erklärung veranlasste. Ein Ursachenzusammenhang ist bereits dann gegeben, wenn der Geschäftsentschluss neben anderen Beweggründen durch die Täuschung mitbestimmt worden ist (BGH NJW 1991, 1673 (1674); WRP 2005, 749 (750)). An dieser Kausalität zwischen Täuschung und Willenserklärung fehlt es, wenn der Erklärende von vornherein den wahren Sachverhalt kannte oder mit der Täuschung (in diesem Umfang) rechnete und die Erklärung auf alle Fälle abgegeben hätte. 42

Beispiel: Der Kunstsammler K erwirbt beim Antiquitätenhändler A eine Heiligenfigur. Er rechnet damit, dass sie aus einem Kirchenraub stammt, es ist ihm aber gleichgültig. K kann später nicht wegen arglistiger Täuschung über das fehlende Eigentum anfechten.

Dagegen spielt es keine Rolle, ob der Erklärende die Täuschung ohne Weiteres hätte durchschauen können oder ob er bei verständiger Würdigung die Erklärung auch bei Kenntnis von der Täuschung abgegeben hätte.

Beispiel: Der Gebrauchtwagenhändler gibt das Alter des Wagens mit fünf Jahren an, während es in Wahrheit sechs Jahre beträgt. Der Käufer kann auch dann anfechten, wenn er das Baujahr ohne Weiteres aus dem Kfz-Brief hätte ersehen können.

c) Arglist

43 Die Täuschung muss **arglistig** erfolgt sein. Dies setzt vorsätzliches Handeln voraus, wobei bedingter Vorsatz ausreicht (BGH NJW 2010, 596 Rn. 41). Der Handelnde muss also wissen oder doch für möglich halten und in Kauf nehmen, dass er die Unwahrheit sagt oder die Wahrheit verschweigt (BGH NJW 2001, 64). Unkenntnis von der wahren Sachlage, mag sie auch auf grober Fahrlässigkeit beruhen, schließt Arglist aus (vgl. BGH NJW 1977, 1055). Dass der Irrende die wahre Sachlage aus Fahrlässigkeit nicht kannte, ist unerheblich (BGH WRP 2005, 749 (751)).

Beispiel: Bejaht der Verkäufer die Frage nach der Unfallfreiheit eines Gebrauchtwagens, weil ihm dies der frühere Eigentümer versichert hatte, so ist Arglist zu verneinen, auch wenn durch eine Untersuchung die Frage hätte geklärt werden können. – Macht dagegen der Verkäufer über die bisherige Fahrleistung des Wagens ohne tatsächliche Anhaltspunkte **„ins Blaue hinein"** Angaben, die unrichtig sind, so ist Arglist zu bejahen, weil hier der Verkäufer sich der möglichen Unrichtigkeit bewusst ist und sie in Kauf nimmt (vgl. BGH NJW 1995, 955 (956); BGHZ 168, 64; krit. *Faust* JZ 2007, 101).

Hinzukommen muss die Absicht, den Getäuschten zur Abgabe der Willenserklärung zu veranlassen, zumindest das Bewusstsein, dass der Gegner ohne die Täuschung die Erklärung möglicherweise nicht oder nicht mit diesem Inhalt abgeben würde (BGH NJW 1991, 1673 (1674); 1996, 1205; *Kolbe* JZ 2009, 550 (555)). Nicht notwendig ist dagegen ein Schädigungsvorsatz oder der Eintritt eines Vermögensschadens. Umgekehrt kommt es allerdings auch nicht darauf an, dass der Täuschende nur „das Beste" für den Getäuschten wollte (BGHZ 109, 327 (333)). Die Motive des Täuschenden, mögen sie auch ehrenwert sein, spielen keine Rolle. Arglist scheidet aus, wenn auf eine unzulässige Frage falsch geantwortet wurde.

> Die Täuschung ist **arglistig,** wenn
> - der Täuschende weiß oder für möglich hält und in Kauf nimmt, dass er die Unwahrheit sagt oder die Wahrheit verschweigt, und
> - er den Getäuschten zur Abgabe einer Erklärung veranlassen will oder doch weiß, dass der Getäuschte die Erklärung ohne die Täuschung so nicht abgeben würde.

d) Person des Täuschenden

44 Hat nicht der Erklärungsempfänger, sondern ein **Dritter** die Täuschung verübt, ist die Anfechtung nur zulässig, wenn der Erklärungsempfänger „die Täuschung kannte oder kennen musste" (§ 123 Abs. 2 S. 1 BGB). (Dazu ***Köhler* BGB AT PdW Fall 68.**)

Beispiel: Die Bank verlangt vom Schuldner, er solle einen Bürgen stellen. Der Schuldner bewegt einen Verwandten durch arglistige Täuschung über seine Vermögensverhältnisse dazu, die Bürgschaft gegenüber der Bank zu übernehmen. Der Bürge kann den Bürgschaftsvertrag (§ 765 BGB) nur anfechten, wenn die Bank bösgläubig war.

Als **„Dritter"** iSv § 123 Abs. 2 S. 1 BGB ist aber nicht anzusehen, wer auf Seiten des Erklärungsempfängers steht und maßgeblich am Geschäftsabschluss mitwirkt. Sein Verhalten hat sich der Erklärungsempfänger wie eigenes zuzurechnen lassen, so dass die Anfechtung nach § 123 Abs. 1 BGB eingreift. Die Abgrenzung beider Personenkreise ist allerdings schwierig und noch nicht abschließend geklärt (vgl. BGH NJW 1996, 1051; *Martens* JuS 2006, 887). Unstreitig nicht „Dritter" ist, wer bei Abgabe der täuschenden Erklärung mit Wissen und Wollen des Anfechtungsgegners als dessen Vertrauensperson oder Repräsentant auftritt (BGH NJW 2011, 2874 Rn. 15). Dazu gehören der gesetzliche oder rechtsgeschäftliche **Vertreter;** ferner der vom Anfechtungsgegner eingesetzte **Verhandlungsführer** oder **Verhandlungsgehilfe.** Andernfalls könnte sich der Geschäftsherr gefahrlos hinter seinen arglistig handelnden Hilfspersonen verschanzen. Es gelten insoweit die gleichen Erwägungen wie zur Zurechnung des Verhaltens einer Hilfsperson nach § 278 BGB. IÜ kommt es auf die jeweiligen Gesamtumstände und die Abwägung der betroffenen Interessen an. 45

Beispiele: Führt beim finanzierten Kauf ein gemeinschaftlicher Vertreter des Verkäufers und Kreditgebers die Verhandlungen mit einem Kunden und begeht er im Zusammenhang mit dem Abschluss des Darlehensvertrages eine arglistige Täuschung, so ist er nicht als „Dritter" iSd § 123 Abs. 2 BGB anzusehen. Der Kunde kann den Darlehensvertrag nach § 123 Abs. 1 BGB anfechten, ohne dass es auf die Bösgläubigkeit des Kreditgebers ankäme. – „Dritter" ist dagegen, wer einen Geschäftsabschluss, wie zB ein Makler, lediglich vermittelt. – „Dritter" ist auch der Hauptschuldner, der den Bürgen durch arglistige Täuschung zur Abgabe einer Bürgschaftserklärung gegenüber dem Gläubiger bestimmt. Denn er vertritt primär seine eigenen Interessen; unbeachtlich ist es, wenn der Gläubiger den Hauptschuldner zu den Verhandlungen beauftragt hat (vgl. BGH NJW-RR 1992, 1005).

Die Rspr. (vgl. BGH NJW 1996, 1051) schränkt aber den Begriff des „Dritten" noch weiter ein und erweitert damit die Anfechtungsmöglichkeit nach § 123 Abs. 1 BGB: Nicht „Dritter" soll ein Beteiligter sein, dessen Verhalten dem Erklärungsempfänger wegen besonders enger Beziehungen zwischen beiden oder wegen sonstiger besonderer Umstände billigerweise zugerechnet werden muss. Damit ist aber eine sichere Abgrenzung nicht mehr möglich und kein festes Zurechnungsprinzip mehr erkennbar. 46

Erwirbt ein anderer als der Erklärungsempfänger aus der Erklärung unmittelbar ein Recht (Hauptfall: Vertrag zugunsten Dritter, § 328 BGB – dazu ***Köhler* BGB AT PdW Fall 69**), so ist nach § 123 Abs. 2 S. 2 BGB die Erklärung ihm gegenüber anfechtbar, wenn er die Täuschung kannte oder kennen musste. Diese Vorschrift erweitert nur die Regelung des § 123 Abs. 2 S. 1 BGB. Ist also die Erklärung bereits nach § 123 Abs. 1 oder Abs. 2 S. 1 BGB anfechtbar, so kommt es auf die Bösgläubigkeit des Erklärungsbegünstigten gar nicht mehr an. 47

§ 123 Abs. 2 BGB bezieht sich nur auf empfangsbedürftige Erklärungen. *Nichtempfangsbedürftige* Willenserklärungen (Hauptfall: Auslobung, § 657 BGB; für Testament Sonderregelung des § 2078 BGB) sind auch dann uneingeschränkt anfechtbar, wenn ein Dritter die Täuschung verübt hat. 48

e) Beweislast

48a Wer sich auf eine arglistige Täuschung beruft, trägt dafür die Beweislast. Er muss also auch beweisen, dass eine Aufklärungspflicht bestand, aber nicht erfüllt wurde. Allerdings genügt es insoweit, dass er den Vortrag des anderen, er habe aufgeklärt, widerlegt (BGH NJW 2001, 64 (65)). Für den Beweis der Kausalität der Täuschung gilt: Der Getäuschte muss zumindest Umstände darlegen, die für seinen Entschluss von Bedeutung sein konnten, und die arglistige Täuschung muss nach der Lebenserfahrung bei der Art des betreffenden Rechtsgeschäfts Einfluss auf die Entschließung haben. Alsdann obliegt es dem anderen, diesen Anscheinsbeweis zu entkräften (BGH NJW 1995, 2361 (2362)).

3. Die widerrechtliche Drohung

49 Nach § 123 Abs. 1 BGB kann auch derjenige anfechten, der zur Abgabe einer Willenserklärung widerrechtlich durch Drohung bestimmt worden ist (dazu ***Köhler* BGB AT PdW Fall 70**). Im Einzelnen:

a) Drohung

50 Drohung ist die Ankündigung eines Übels, auf dessen Eintritt der Drohende einwirken zu können behauptet und es für den Fall der Nichtabgabe der gewünschten Erklärung ankündigt (vgl. BGH NJW 2005, 2766 (2769); BGHZ 184, 209 Rn. 35). Das Übel braucht nicht schwerwiegend zu sein, auch nicht den Erklärenden selbst zu treffen. Seine Ankündigung muss lediglich geeignet sein, beim Bedrohten eine subjektive Zwangslage (§ 124 Abs. 2 S. 1 BGB) auszulösen.

Beispiel: Der Angestellte droht mit Selbstmord, wenn der Arbeitgeber die Kündigung nicht zurücknimmt.

Im Gegensatz zur arglistigen Täuschung ist unerheblich, ob die Drohung vom Erklärungsempfänger oder von einem Dritten ausgeht (Umkehrschluss aus § 123 Abs. 2 BGB; einschränkend *Martens* AcP 207 [2007], 371).

Beispiel: Der Fachhändler F droht dem Lieferanten L mit Abbruch der Lieferbeziehungen, falls dieser nicht dem Angestellten A kündige.

Es kommt nach der ratio legis (Schutz der Willensfreiheit) nicht darauf an, ob der Drohende in der Lage und willens ist, mit der Drohung ernst zu machen, sondern darauf, ob er dies behauptet und der Bedrohte dies glaubt (vgl. BGH NJW 2005, 2766 (2769)).

Beispiel: Auch wenn im vorigen Fall F nur blufft, ist eine Drohung zu bejahen, sofern L den Bluff nicht durchschaut.

51 Der Drohende muss die Willensbeeinflussung bezweckt haben oder zumindest sich bewusst gewesen sein, dass sein Handeln den Willen des Erklärenden beeinflussen könnte. Dagegen kommt es nicht darauf an, ob der Drohende verschuldensfähig iSd §§ 827, 828 BGB ist. Denn § 123 BGB bezweckt keine Sanktion gegen den Drohenden, sondern den Schutz des Bedrohten. Unerheblich ist auch, dass der Drohende schuldlos über die Umstände irrt, die die Rechtswidrigkeit der Drohung begründen (str.).

Von der Drohung *(vis compulsiva)* zu unterscheiden ist die unmittelbare Gewaltanwendung unter Ausschluss jedes Entscheidungsspielraums *(vis absoluta)*. Im letzteren Fall fehlt es bereits am Tatbestand der Willenserklärung.

Beispiel: Wird bei einer Abstimmung durch Handzeichen die Hand eines Stimmberechtigten mit Gewalt in die Höhe gehoben, liegt mangels Handlungswillens keine Willenserklärung vor. Zwingt man ihn mit vorgehaltener Pistole dazu, dass er seine Hand hebt, ist seine Willenserklärung lediglich anfechtbar.

Keine Drohung liegt auch vor bei der Ausnutzung einer tatsächlichen oder vermeint- 52
lichen Zwangslage, um zur gewünschten Erklärung zu kommen (BGH NJW 1988, 2599 (2601)). Ein so zustande gekommenes Rechtsgeschäft kann im ersten Falle wegen Sittenwidrigkeit (insbes. Wucher, § 138 Abs. 2 BGB), nichtig, im zweiten Falle wegen arglistiger Täuschung anfechtbar sein. Wird allerdings die Beseitigung eines Übels von der Abgabe einer bestimmten Willenserklärung abhängig gemacht, so ist eine Drohung (durch Unterlassen) dann zu bejahen, wenn eine Rechtspflicht zum Eingreifen besteht.

Beispiel: Ein Arzt macht die Weiterbehandlung eines Kranken davon abhängig, dass dieser ihm ein Grundstück verkauft.

Bei irriger Annahme einer Drohung wird man zum Schutze des Erklärenden § 123 Abs. 1 BGB analog anwenden können. Da der Anfechtungsgrund, wie bei den Irrtumsfällen, der Sphäre des Erklärenden entstammt, wird man auch § 122 BGB analog anwenden müssen.

> **Drohung** ist die Ankündigung eines künftigen Übels, auf dessen Eintritt der Drohende einwirken zu können behauptet und das verwirklicht werden soll, wenn der Bedrohte nicht die vom Drohenden gewünschte Willenserklärung abgibt.

b) Kausalität zwischen Drohung und Erklärung

Der Erklärende muss durch die Drohung zur Abgabe seiner Erklärung *„bestimmt"* 53
worden sein, es muss also ein ursächlicher Zusammenhang zwischen Drohung und Erklärung gegeben sein. Mitverursachung genügt, jedoch scheidet die Anfechtung aus, wenn der Erklärende unabhängig von der Drohung die Willenserklärung auf Grund eigener, selbstständiger Überlegung abgegeben hat. Unerheblich ist, ob die Drohung objektiv geeignet war, jemanden zur Abgabe einer Willenserklärung zu bewegen. Der Anfechtende muss jedoch beweisen, dass er ohne die Drohung die Willenserklärung nicht abgegeben hätte

c) Widerrechtlichkeit der Handlung

§ 123 Abs. 1 BGB verlangt Widerrechtlichkeit der Willensbeeinflussung durch Dro- 54
hung. Diese kann sich aus einer Widerrechtlichkeit des Mittels, einer Widerrechtlichkeit des Zwecks und aus einer Inadäquanz von Mittel und Zweck ergeben (BGHZ 184, 209 Rn. 33; BGH NJW 2005, 2766 (2767)).

aa) Widerrechtlichkeit des Mittels

Für die Widerrechtlichkeit der Willensbeeinflussung genügt es, wenn das angedrohte 55
Verhalten schon für sich allein widerrechtlich ist, also gegen Gesetz, Vertrag oder die guten Sitten verstößt.

Beispiel: Der Gläubiger droht dem Schuldner, ihm das Haus anzuzünden, wenn er nicht den vorgelegten Wechsel unterschreibe.

bb) Widerrechtlichkeit des Zwecks

56 Ausreichend ist es ferner, wenn der erstrebte Erfolg, nämlich die vom Bedrohten abzugebende Willenserklärung, schon für sich allein widerrechtlich ist. An der Widerrechtlichkeit fehlt es jedoch, wenn der Drohende einen Rechtsanspruch auf die angestrebte Erklärung hat oder jedenfalls ein berechtigtes Interesse an der Abgabe der Erklärung hat (BGHZ 184, 209 Rn. 36) oder in vertretbarer Weise an die Berechtigung seines Standpunkts glaubt (BGH NJW 2005, 2766 (2771)).

Beispiel: Droht der Arbeitgeber dem beim Diebstahl ertappten Arbeitnehmer mit der fristlosen Kündigung, falls er nicht in die Auflösung des Arbeitsvertrages einwillige, so ist dieser Zweck für sich allein nicht widerrechtlich.

Erforderlich ist vielmehr, dass der angestrebte Erfolg verboten oder sittenwidrig ist. In diesen Fällen wird aber das Rechtsgeschäft zumeist schon nach § 134 BGB oder § 138 BGB nichtig sein.

cc) Inadäquanz von Mittel und Zweck

57 Widerrechtlichkeit ist schließlich zu bejahen, wenn Mittel und Zweck zwar für sich allein betrachtet nicht widerrechtlich sind, aber ihre Verbindung, nämlich die Benutzung dieses Mittels zu diesem Zweck, gegen das Anstandsgefühl aller billig und gerecht Denkenden oder gegen Treu und Glauben verstößt (BGH NJW 2005, 2766 (2771)). Für die Bewertung sind alle Umstände des Einzelfalls heranzuziehen. Entscheidend ist in der Regel, ob der Drohende an der angestrebten Willenserklärung ein berechtigtes Interesse hat und ob die Drohung zur Durchsetzung dieses Interesses noch angemessen erscheint (vgl. BGH NJW 2013, 1591 Rn. 10).

Die Drohung mit einer *Zivilklage* ist grds. zulässig, weil sie das von der Rechtsordnung vorgesehene Mittel der Anspruchsbefriedigung ist. Etwas anderes gilt dann, wenn der Drohende weiß, dass ihm kein Anspruch zusteht oder wenn sein Rechtsstandpunkt nicht vertretbar ist. In diesem Fall kommt für den Bedrohten auch die Anfechtung wegen arglistiger Täuschung in Betracht. Die Drohung mit einer *Kündigung* ist ebenfalls grds. zulässig, es sei denn, dass der Drohende selbst nicht an seine Berechtigung glaubt oder sein Rechtsstandpunkt nicht mehr vertretbar ist (BGH NJW 2005, 2766 (2769); BAG NZA 2006, 841).

Die Drohung mit einer *Strafanzeige* oder mit einem *Pressebericht* ist dann zulässig, wenn die geforderte Erklärung mit der Straftat in einem inneren Zusammenhang steht, also die Wiedergutmachung des angerichteten oder die Verhütung eines weiteren Schadens angestrebt wird.

Beispiele: Die Drohung gegenüber dem ungetreuen Kassierer, ihn anzuzeigen, wenn er nicht ein Schuldanerkenntnis über seine Schadensersatzpflicht unterzeichne, kann durchaus angemessen sein. – Unzulässig wäre dagegen die Drohung mit einer Strafanzeige, um eine Spende an das Rote Kreuz zu erzwingen oder um einen Angehörigen des Täters zur Wiedergutmachung des Schadens zu veranlassen. – Unzulässig wäre auch eine Drohung mit außerordentlicher Kündigung, um die Zustimmung zu einer Vertragsaufhebung zu erreichen, falls ein verständiger Arbeitgeber eine solche Kündigung nicht ernsthaft in Betracht zöge (BAG NJW 2004, 2401).

Darauf, ob der Drohende die Umstände, die zur Bewertung des Handelns als widerrechtlich führen, kennt oder kennen muss, sollte es nach der ratio legis – entgegen der hM (BGH LM Nr. 28 zu § 123 BGB) – nicht ankommen (wie hier *Medicus/Petersen* AT Rn. 820). Erst recht nicht braucht der Drohende das Bewusstsein der Widerrechtlichkeit zu haben. 58

> Eine Drohung ist **widerrechtlich,** wenn entweder das Mittel oder der Zweck für sich gesehen oder der Einsatz des Mittels zum verfolgten Zweck widerrechtlich ist.

4. Rechtsfolgen der Willensbeeinflussung durch arglistige Täuschung und widerrechtliche Drohung

a) Anfechtbarkeit und Anfechtung

Die auf Grund arglistiger Täuschung oder Drohung zustande gekommene Erklärung ist, innerhalb der Einschränkungen des § 123 Abs. 2 BGB, **anfechtbar** (dazu → § 7 Rn. 68). Soweit die Beeinflussung fortwirkt, ist nicht nur das Verpflichtungsgeschäft, sondern auch das Erfüllungsgeschäft anfechtbar. 59

Beispiel: Ein Antiquitätenaufkäufer täuscht einen Bauern arglistig über das Alter eines Bauernschranks. Der Bauer kann nicht nur den Kaufvertrag, sondern auch die Übereignung anfechten.

Die Anfechtung (§ 143 Abs. 1 BGB) führt rückwirkend zur Nichtigkeit des Rechtsgeschäfts (§ 142 Abs. 1 BGB). Jedoch ist – anders als bei der Irrtumsanfechtung – keine Pflicht zum Ersatz des Vertrauensschadens des Erklärungsempfängers vorgesehen. Dies ist auch sachgerecht, soweit der Erklärungsempfänger selbst die Täuschung oder Drohung verübte oder bösgläubig war. Ging jedoch die Drohung von einem Dritten aus und war der Erklärungsempfänger gutgläubig, sollte man § 122 BGB analog anwenden (aA *Medicus/Petersen* AT BGB Rn. 822). Denn im Verhältnis zwischen Erklärenden und Erklärungsempfänger besteht kein Grund, letzterem die Risiken aus dem Handeln des Bedrohten aufzuerlegen. Der Bedrohte mag seinerseits beim Drohenden Regress nehmen.

Beispiel: Ein Unternehmer kündigt einem Angestellten auf Grund der Drohung eines Kunden, die Geschäftsbeziehung abzubrechen. Später ficht er die Kündigung an. Der Angestellte hatte Aufwendungen für die Suche einer neuen Stelle. Er kann diese Aufwendungen vom Unternehmer ersetzt verlangen.

b) Einschränkungen der Anfechtbarkeit

Auch die Ausübung des Anfechtungsrechts aus § 123 BGB ist unzulässig, wenn sie gegen Treu und Glauben (§ 242 BGB) verstößt. Dies ist aber noch nicht der Fall, wenn dem Anfechtungsberechtigten seinerseits Arglist vorzuwerfen ist. Vielmehr nur dann, wenn die Rechtslage des Getäuschten bzw. Bedrohten nicht mehr beeinträchtigt, der Anfechtungsgrund somit bedeutungslos ist (BAG NZA 1988, 731). 60

Beispiel: A hat mit B einen Untermietvertrag geschlossen und den B dabei arglistig über die Zustimmung des Hauptvermieters getäuscht. Die Anfechtung ist ausgeschlossen, wenn der Hauptvermieter nachträglich seine Zustimmung erteilt.

Auch im Bereich des **Gesellschafts-** und **Arbeitsrechts** ist die Anfechtung nach § 123 BGB eingeschränkt. So kann eine Beitrittserklärung zu einer Handelsgesellschaft im Interesse des Schutzes der Gesellschaftsgläubiger und Mitgesellschafter nicht rückwir- 61 kend angefochten werden, vielmehr gibt die arglistige Täuschung bzw. widerrechtliche Drohung nur einen wichtigen Grund zur Auflösung der Gesellschaft durch Kündigung (vgl. BGHZ 159, 280 (291); BGH NJW 2010, 596 Rn. 49). Bis zur Auflösung ist die Gesellschaft als wirksam anzusehen (sog. Grundsätze über die **fehlerhafte Gesellschaft**). Die Anfechtung eines Arbeitsvertrages ist nach Beginn der Arbeitsleistung nur noch mit Wirkung für die Zukunft *(ex nunc)* möglich.

61a Die Anfechtung wegen arglistiger Täuschung kann **nicht wirksam im Voraus vertraglich ausgeschlossen** werden. Denn hierdurch würde sich der Erklärende der Willkür des Vertragspartners ausliefern. Dies wäre aber mit dem von § 123 Abs. 1 BGB bezweckten Schutz der freien Selbstbestimmung unvereinbar. Der Ausschluss der Anfechtung ist daher unwirksam, wenn die Täuschung vom Geschäftspartner selbst oder von einer Person, die nicht Dritter iSd § 123 Abs. 2 BGB ist, begangen worden ist (BGH NJW 2012, 298 Rn. 27ff.).

c) Die Anfechtungsfristen

62 Die Anfechtung nach § 123 BGB muss im Gegensatz zur Irrtumsanfechtung nicht unverzüglich erfolgen, vielmehr sieht § 124 Abs. 1 BGB eine einjährige Frist vor. Diese Frist beginnt im Falle der arglistigen Täuschung mit Entdeckung der Täuschung, im Falle der Drohung mit Beendigung der Zwangslage zu laufen (§ 124 Abs. 2 S. 1 BGB). Sind seit Abgabe der Erklärung zehn Jahre verstrichen, so ist nach § 124 Abs. 3 BGB die Anfechtung generell ausgeschlossen.

d) Konkurrenzfragen

aa) Das Verhältnis zu Nichtigkeits- und sonstigen Anfechtungsgründen

63 Arglistige Täuschung oder widerrechtliche Drohung bewirken, obwohl sie gegen die guten Sitten verstoßen, nicht die Nichtigkeit des Rechtsgeschäfts nach § 138 BGB (BGH NJW 2013, 1591 Rn. 8). Insoweit ist § 123 BGB eine Spezialregelung, die es dem Betroffenen erlaubt, selbst zu entscheiden, ob er an seiner Erklärung festhalten will oder nicht. Treten jedoch noch andere Umstände hinzu, kann dies zur Sittenwidrigkeit und damit Nichtigkeit nach § 138 BGB führen. Dies schließt jedoch eine Anfechtung grds. nicht aus (→ § 15 Rn. 25).

Ist neben der Anfechtungsmöglichkeit nach § 123 BGB noch die Irrtumsanfechtung nach § 119 BGB möglich, so kann der Anfechtungsberechtigte wählen oder – in der Praxis, etwa bei Beweisschwierigkeiten, von Bedeutung – die Anfechtung auf beide Anfechtungsgründe stützen. Ist die Anfechtung auch nach § 123 BGB begründet, so entfällt die Ersatzpflicht nach § 122 BGB. Dies gilt auch dann, wenn zunächst wegen Irrtums angefochten wurde.

bb) Das Verhältnis zu Leistungsstörungsregeln

64 Die Anfechtung wegen arglistiger Täuschung wird nicht dadurch „verbraucht", dass der Berechtigte zuvor von anderen Rechtsbehelfen (zB Kündigung, Rücktritt, Minderung, Schadensersatzverlangen) Gebrauch gemacht hat, die zu einer Umgestaltung des Vertragsverhältnisses geführt haben (BGH NJW 2009, 1266 Rn. 33ff.). Jedoch kann im Einzelfall die Anfechtung wegen Verstoßes gegen Treu und Glauben unzulässig sein, wenn die Rechtslage des Getäuschten durch die arglistige Täuschung nicht oder nicht mehr beeinträchtigt ist (BGH NJW 2009, 1266 Rn. 43).

cc) Das Verhältnis zu Schadensersatzansprüchen

Arglistige Täuschung und Drohung können auch Schadensersatzansprüche auslösen, 65
etwa aus unerlaubter Handlung (§ 823 Abs. 1, 2 BGB iVm §§ 253, 263 StGB; § 826 BGB), aus culpa in contrahendo (§§ 280, 311 Abs. 2 BGB) oder aus Vertrag (§§ 280, 281 BGB). Mit Ausnahme der vertraglichen Schadensersatzansprüche können diese Ansprüche auch im Falle der Anfechtung geltend gemacht werden.

Beispiel: K möchte ein Unternehmen kaufen. Er schlägt ein Angebot des A aus, weil B ihm arglistig vorspiegelt, sein Unternehmen sei lukrativer, und kauft das Unternehmen des B. Ficht K den Kaufvertrag mit B an, so kann er zwar nicht Schadensersatz statt der Leistung gem. §§ 280, 281 BGB verlangen, wohl kann er aber nach § 823 Abs. 2 BGB iVm § 263 StGB den Schaden ersetzt verlangen, der ihm aus der Ausschlagung des Angebots des A entsteht. Dieser Vertrauensschaden kann höher sein als das Erfüllungsinteresse.

Eine andere Frage ist es, ob mittels eines Schadensersatzanspruchs aus unerlaubter 66
Handlung oder **culpa in contrahendo** (§§ 280, 311 Abs. 2 BGB) nach § 249 Abs. 1 BGB (Grundsatz der Naturalherstellung) auch die Rückgängigmachung des eingegangenen Vertrages verlangt werden kann. Ein solcher Anspruch kommt im Ergebnis einer Anfechtung gleich, ohne dass die strengen Voraussetzungen der Anfechtung nach §§ 123, 124 BGB (Vorsatzerfordernis bei der arglistigen Täuschung sowie einjährige Anfechtungsfrist) vorliegen müssten. Letztlich könnte also auch der lediglich fahrlässig Getäuschte vom Vertrag wieder loskommen.

Die vermeintliche Steuerersparnis: Der Lehrer L kauft vom Bauträger B eine Eigentumswohnung in Leipzig im Vertrauen auf eine ihm von B vorgelegte Berechnung, er könne die Kaufpreisraten aus der Vermietung des Objekts und der Steuerersparnis ohne Eigenkapital finanzieren. Sonst hätte er den Vertrag nicht geschlossen. Die Berechnung war objektiv unzutreffend, B hätte dies bei sorgfältiger Vorgehensweise auch erkennen müssen. – Hier kann L den Kaufvertrag nicht nach § 123 Abs. 1 BGB anfechten, weil dem B nur Fahrlässigkeit, aber keine Arglist vorzuwerfen ist. Auch eine Anfechtung nach § 119 Abs. 2 BGB bzw. ein Rücktritt vom Kaufvertrag wegen Sachmangels (§§ 434, 437 Nr. 2 BGB) scheiden aus, da die Finanzierung mit der Beschaffenheit des Kaufgegenstandes nichts zu tun hat. Es kommt daher allenfalls ein Schadensersatzanspruch aus *culpa in contrahendo* (§§ 280, 311 Abs. 2 BGB), gerichtet auf Rückgängigmachung des Vertrages gem. § 249 Abs. 1 BGB in Betracht.

Gegen die Zulassung eines derartigen Schadensersatzanspruchs wird eingewandt, da- 67
mit würden die §§ 123, 124 BGB ausgehöhlt (vgl. *Medicus/Petersen* AT BGB Rn. 450). Die Rspr. (BGH NJW 1998, 302; dazu *Lorenz* ZIP 1998, 1053) bejaht dagegen grds. einen auf Vertragsaufhebung (oder Preisherabsetzung; BGH NJW 2006, 3139; dazu *Kersting* JZ 2008, 714) gerichteten Schadensersatzanspruch, weil die Anfechtungs- und Schadensersatzregelungen unterschiedliche Funktionen aufweisen: Es gehe um den Schutz der rechtsgeschäftlichen Entscheidungsfreiheit einerseits, um den Schutz vor Schäden aus schuldhaften Pflichtverletzungen andererseits. Sie macht jedoch eine Einschränkung: Die bloße Eingehung einer vertraglichen Verpflichtung stelle nicht automatisch einen *Schaden* iSd §§ 249 ff. BGB dar. Ein Schaden liege vielmehr nur vor, wenn damit eine Verschlechterung der Vermögenslage einhergehe. Das sei nur der Fall, wenn der Vertrag für den Betroffenen wirtschaftlich nachteilig oder doch unvernünftig sei. Wirtschaftlich nachteilig sei ein Vertrag, wenn die Nachteile die Vorteile überwiegen. Unvernünftig sei ein Vertrag, wenn bei objektiver Würdigung die Vertragsleistung für die Zwecke des Betroffenen nicht voll brauchbar sei. – Dieser Auffassung ist zu folgen. Denn es bestehen noch weitergehende Unterschiede zwischen Anfechtung und Schadensersatz: Gegenüber dem Schadensersatzanspruch

ist der Einwand des Mitverschuldens (§ 254 BGB) möglich, nicht aber gegenüber der Arglistanfechtung. Die Frist des § 124 BGB ist eine Ausschlussfrist, Schadensersatzansprüche aus *culpa in contrahendo* unterliegen dagegen lediglich der Verjährung (§§ 195, 199 BGB), die durch Einrede geltend zu machen ist.

VI. Allgemeine Regelungen zur Anfechtung

Anfechtung
1. Zulässigkeit der Anfechtung
2. Anfechtungsgrund
3. Einhaltung der Anfechtungsfrist
4. Anfechtungserklärung an den richtigen Anfechtungsgegner

1. Begriff der Anfechtbarkeit und der Anfechtung

a) Begriff der Anfechtbarkeit

68 Von der Nichtigkeit eines Rechtsgeschäfts ist die bloße Anfechtbarkeit zu unterscheiden. Ist ein Rechtsgeschäft (bzw. eine Willenserklärung) „anfechtbar", ist es nicht nichtig, sondern lediglich **vernichtbar.** Das Rechtsgeschäft ist also **zunächst wirksam.** Der Anfechtungsberechtigte kann frei darüber entscheiden, ob er von seinem Anfechtungsrecht Gebrauch macht oder nicht. Unterlässt er die Anfechtung, so bleibt das Rechtsgeschäft wirksam. Ficht er dagegen fristgerecht an, so ist es *„als von Anfang an nichtig anzusehen"* (§ 142 Abs. 1 BGB).

b) Gegenstand der Anfechtung

69 Das Gesetz drückt sich, was den Gegenstand der Anfechtung angeht, nicht klar aus: In den §§ 119, 120, 123 BGB ist von der Anfechtung der **„Erklärung"** die Rede, in § 142 Abs. 1 BGB dagegen vom **„anfechtbaren Rechtsgeschäft".** Diese Ungereimtheit ist so zu bereinigen, dass die Anfechtbarkeit auf das gesamte Rechtsgeschäft zu beziehen ist, wenn die vom Willensmangel behaftete Erklärung ihrerseits unselbstständiger Bestandteil eines Rechtsgeschäfts ist (vgl. *Leenen* Jura 1993, 393; *Medicus/Petersen* AT BGB Rn. 243; aA *Brox/Walker* BGB AT Rn. 439).

Das Schreibversehen: Hat der Kaufmann V gegenüber K ein Verkaufsangebot über einen Computer zu 1.000 Euro abgegeben, während er in Wahrheit 1.200 Euro schreiben wollte (Fall des Erklärungsirrtums; → § 7 Rn. 16), so kann er dieses Angebot (Willenserklärung) gem. § 119 Abs. 1 BGB anfechten. Hat K allerdings das Angebot bereits angenommen und ist also ein Vertrag zustande gekommen, ist der Vertrag Gegenstand der Anfechtung.

c) Abgrenzung

70 Von der Anfechtung iSd §§ 119–124 BGB zu unterscheiden sind: Die **Anfechtung der Vaterschaft** (§§ 1599ff. BGB), die **Anfechtung des Erbschaftserwerbs** im Falle der Erbunwürdigkeit (§§ 2340ff. BGB) sowie die **Anfechtung von Rechtshandlungen des Schuldners** wegen Gläubigerbenachteiligung (§§ 129ff. InsO, §§ 1ff. AnfechtungsG). Diese Anfechtungsrechte haben mit der Anfechtung iSd §§ 119–124

BGB nur den Namen gemeinsam und sind völlig selbstständig konzipierte Rechtsbehelfe.

Beispiel: Hat der Schuldner kurz bevor er in Insolvenz fiel, noch ein wertvolles Schmuckstück an seine Freundin verschenkt, so kann der Insolvenzverwalter diese Rechtshandlung nach §§ 129, 134 Abs. 1, 2 InsO anfechten mit der Folge, dass die Freundin den Schmuck zur Konkursmasse zurückgewähren muss (§ 143 InsO).

2. Voraussetzungen der Anfechtung

Ein Rechtsgeschäft ist anfechtbar, wenn die Anfechtung **zulässig** ist, ein **Anfechtungsgrund** vorliegt, und die **Anfechtungsfrist** noch nicht abgelaufen ist. 71

a) Zulässigkeit der Anfechtung

Im **Grundsatz** ist die Anfechtung bei **allen** Rechtsgeschäften möglich, also nicht nur bei Verträgen, sondern auch bei einseitigen Rechtsgeschäften (zB Kündigung; Genehmigung). Auch eine Anfechtungserklärung kann anfechtbar sein. 72

Die Anfechtung setzt auch nicht voraus, dass das Rechtsgeschäft an sich wirksam ist. Das erscheint unlogisch, da die Anfechtung auf die Beseitigung der Wirksamkeit eines Rechtsgeschäfts zielt. Aus zwei Gründen ist jedoch die **Anfechtung unwirksamer Rechtsgeschäfte** als zulässig anzusehen: Der Anfechtungsgrund (zB § 123 BGB) kann leichter beweisbar sein als der Unwirksamkeitsgrund (zB § 138 BGB). Es wäre prozessökonomisch verfehlt, wollte man den Anfechtenden zwingen, zuerst die die Unwirksamkeit begründenden Tatsachen zu beweisen. Vor allem aber können die (sonstigen) Rechtsfolgen der Anfechtung im Hinblick auf § 142 Abs. 2 BGB im Einzelfall weiterreichen als die Rechtsfolgen der Unwirksamkeit (vgl. aber *Medicus/Petersen* AT BGB Rn. 729).

Die Anfechtung kann sich auf einen Teil des Rechtsgeschäfts beschränken, sofern es iSv § 139 BGB teilbar ist. Ob diese **Teilanfechtung** zur Gesamtnichtigkeit führt, bestimmt sich nach § 139 BGB.

Ausgeschlossen ist die Anfechtung nach den §§ 119–124 BGB insbes. bei der **Eheschließung** (stattdessen Eheaufhebung gem. §§ 1313ff. BGB), beim Vaterschaftsanerkenntnis (stattdessen Anfechtungsklage gem. §§ 1600ff. BGB) und bei in Vollzug gesetzten **Gesellschaftsverträgen** (stattdessen Kündigung aus wichtigem Grund; vgl. BGH WM 1993, 1279; Einzelheiten bei *Roth* in Baumbach/Hopt, HGB, 38. Aufl. 2018, § 105 Rn. 75ff.). Bei in Vollzug gesetzten **Arbeitsverträgen** ist die Anfechtung zulässig, aber nur – entgegen § 142 Abs. 1 BGB – mit Wirkung für die Zukunft („ex nunc") möglich.

Sonderregelungen gegenüber den §§ 119–124 BGB enthalten die §§ 2078ff. BGB für die **Anfechtung letztwilliger Verfügungen** und die §§ 1954ff. BGB für die **Anfechtung der Annahme oder Ausschlagung einer Erbschaft.**

b) Anfechtungsgründe

Die Anfechtungsgründe sind in den §§ 119, 120 BGB (Inhalts-, Erklärungs-, Eigenschafts- und Übermittlungsirrtum) und in § 123 BGB (arglistige Täuschung und widerrechtliche Drohung) geregelt. Hinzu kommt noch der Anfechtungsgrund des fehlenden Erklärungsbewusstseins, § 119 Abs. 1 BGB analog; dazu → § 7 Rn. 5). 73

Das Vorliegen eines Anfechtungsgrundes ist bei jedem Rechtsgeschäft selbstständig zu prüfen. Das ist vor allem für das Verhältnis von **Verpflichtungsgeschäft** (zB Kaufvertrag über eine Sache) zum **Verfügungsgeschäft** (zB Übereignung der Kaufsache) von Bedeutung. Beide Rechtsgeschäfte sind rechtlich zu trennen und in ihrer Wirksamkeit voneinander unabhängig (Abstraktionsprinzip; → § 5 Rn. 15). Das gilt auch für die Anfechtung. Die Anfechtung des Verpflichtungsgeschäfts lässt also die Wirksamkeit des Verfügungsgeschäfts unberührt. So kann der Verkäufer, der versehentlich einen zu niedrigen Preis angegeben hat (Erklärungsirrtum), zwar den Kaufvertrag anfechten, die Übereignung bleibt davon aber unberührt. Sie kann auch nicht gesondert angefochten werden, da die Übereignungserklärung nicht von diesem Willensmangel beeinflusst ist. – Allerdings kann im Einzelfall der gleiche Umstand sowohl das Verpflichtungsgeschäft, als auch das Verfügungsgeschäft anfechtbar machen (sog. **„Fehleridentität“**).

Der Bauernschrank: Der Antiquitätenhändler A täuscht den Bauern B arglistig über das Alter eines Bauernschranks und lässt sich diesen Schrank für 100 Euro verkaufen und übereignen. – Hier kann B sowohl den Kaufvertrag als auch die Übereignung nach § 123 Abs. 1 BGB anfechten (vgl. BGH NJW 1995, 2361 (2362)). – Das gilt aber nicht, wenn sich B lediglich über das Alter des Schranks („verkehrswesentliche Eigenschaft“ iSd § 119 Abs. 2 BGB) geirrt hat. Hier kann B nur den Kaufvertrag, nicht auch die Übereignung nach § 119 Abs. 2 BGB anfechten (*Grigoleit* AcP 199 [1999], 379, 396ff.; sehr str.).

c) Anfechtungsfristen

74 Die **Anfechtungsfrist** ist für die Irrtumsanfechtung in § 121 BGB (→ § 7 Rn. 30), für die Arglist- und Drohungsanfechtung in § 124 BGB (→ § 7 Rn. 62) geregelt. Die Fristen sind sog. Ausschlussfristen, dh nach Fristablauf erlischt das Anfechtungsrecht.

3. Anfechtungsrecht, Anfechtungserklärung, Anfechtungsgegner

a) Das Anfechtungsrecht

75 Das Anfechtungsrecht ist ein **Gestaltungsrecht.** Es steht demjenigen zu, der die anfechtbare Erklärung abgegeben hat oder in dessen Vertretung sie abgegeben wurde. Hat also ein **Vertreter** die anfechtbare Erklärung abgegeben, so steht gleichwohl das Anfechtungsrecht dem Vertretenen zu: Er soll entscheiden, ob das Rechtsgeschäft beseitigt werden soll oder nicht. Davon zu unterscheiden ist die Frage, ob der Vertreter namens des Vertretenen die von ihm abgegebene Erklärung anfechten kann. Das hängt vom Umfang seiner Vertretungsmacht ab. Bei einer Vollmacht ist durch Auslegung zu ermitteln, ob sie sich auch auf die Anfechtung der Erklärung erstreckt.

Das Anfechtungsrecht ist nicht isoliert, sondern nur zusammen mit der zugrundeliegenden Rechtsstellung (Bindung an die anfechtbare Erklärung) **übertragbar** und **vererblich.**

Stirbt im *Bauernschrank*-Fall B, bevor er die Anfechtung erklärt hat, so gehen die Rechte und Pflichten aus dem Vertrag und damit auch das Anfechtungsrecht auf seine Erben über.

b) Die Anfechtungserklärung

76 Die Anfechtung erfolgt durch **Erklärung** gegenüber dem Anfechtungsgegner (§ 143 Abs. 1 BGB). Sie ist **formlos** möglich, auch wenn das angefochtene Rechtsgeschäft selbst formbedürftig ist (zB Grundstückskaufvertrag, § 311b Abs. 1 S. 1 BGB). Für den **Inhalt** der Anfechtungserklärung gilt: Die Verwendung des Begriffs „Anfechtung“

ist nicht erforderlich. Vielmehr ist durch Auslegung zu ermitteln, ob eine Anfechtungserklärung vorliegt. Es muss unzweideutig zum Ausdruck kommen, dass das Rechtsgeschäft gerade wegen eines Willensmangels rückwirkend beseitigt werden soll (stRspr; BGH NJW 2017, 1660 Rn. 29). Dazu kann es genügen, dass eine Verpflichtung bestritten oder nicht anerkannt oder ihr sonst widersprochen wird. Allerdings wird dem Laien das Erfordernis der Rückwirkung nicht immer geläufig sein. Es spielt daher nur dann eine Rolle, wenn sowohl eine (rückwirkende) Anfechtung als auch eine (nur ex nunc wirkende) Gestaltungserklärung (Rücktritt, Kündigung) in Betracht kommen. Nur in diesem Fall ist zu fordern, dass der Erklärende deutlich macht, ob er das Geschäft rückwirkend nicht gelten lassen will oder ob er sich nur für die Zukunft von ihm lösen will (*Wolf/Neuner* BGB AT § 41 Rn. 13).

Der Anfechtungswille muss **unzweideutig** zum Ausdruck kommen (BGH NJW 2017, 1660 Rn. 29). Denn wegen der rechtsgestaltenden Wirkung der Anfechtung soll der Gegner wissen, woran er ist. So kann der Anfechtungsberechtigte nicht gleichzeitig die Anfechtung eines Kaufvertrages erklären und Schadensersatz statt der Leistung (§ 281 BGB) verlangen, weil sich die beiden Rechtsfolgen ausschließen. (Etwas anderes gilt für den Rücktritt; vgl. § 325 BGB).

Die Anfechtung ist wegen ihres Gestaltungscharakters grds. **bedingungsfeindlich.** Zulässig ist jedoch eine **Eventualanfechtung,** etwa die Anfechtung für den Fall, dass der in erster Linie geltend gemachte Erfüllungs- oder Schadensersatzanspruch nicht besteht oder dass das Rechtsgeschäft nicht ohnehin nichtig ist (BGH NJW 2017, 1660 Rn. 31).

Das Gesetz verlangt an sich nicht die Angabe des Anfechtungsgrundes. Damit aber der Anfechtungsgegner die Wirksamkeit der Anfechtung überprüfen und sich auf die Rechtsfolgen der Anfechtung einrichten kann, muss ihm auch der konkrete **Anfechtungsgrund** mitgeteilt werden, sofern er nicht schon auf Grund der Begleitumstände für ihn **erkennbar** ist (Staudinger/*Roth* BGB § 143 Rn. 11).

Ein **Nachschieben von Anfechtungsgründen,** die nicht vorgebracht und auch nicht erkennbar waren, ist nicht möglich. Insoweit kommt nur eine neuerliche Anfechtung in Betracht, die allerdings innerhalb der Anfechtungsfrist erklärt werden muss (BGH NJW 1995, 190 (191)). Nicht ausgeschlossen ist freilich das Nachschieben weiterer Tatsachen, die lediglich den ursprünglichen Anfechtungsgrund substantiieren.

Wird die Anfechtung auf arglistige Täuschung gestützt, so kann darin **(Auslegung!)** auch eine Irrtumsanfechtung enthalten sein (BGHZ 78, 216 (221); → § 15 Rn. 10). Das ist von Bedeutung für den Fall, dass die arglistige Täuschung nicht beweisbar ist, eine (neuerliche) Anfechtung aber wegen Fristablaufs (§ 121 BGB) ausgeschlossen wäre.

c) Der Anfechtungsgegner

Der Sperrmüll: A stellt einen alten Stuhl auf die Straße, weil Sperrmüllabfuhr ist. Er weiß nicht, dass es sich um eine wertvolle Antiquität handelt. Der vorbeifahrende Antiquitätenhändler H nimmt den Stuhl mit. Später entdeckt A den Stuhl bei H und verlangt ihn heraus. Zu Recht? 77

Wer Anfechtungsgegner ist, bestimmt sich nach der Art des Rechtsgeschäfts. Bei einem **Vertrag** ist der andere Vertragsteil Anfechtungsgegner (§ 143 Abs. 2 BGB). Bei mehreren Vertragspartnern muss die Anfechtung gegenüber allen erklärt werden

(BGH NJW 1986, 918). Bei einem **einseitigen empfangsbedürftigen Rechtsgeschäft,** zB einer Kündigung, ist der Erklärungsempfänger zugleich Anfechtungsgegner (§ 143 Abs. 3 S. 1 BGB). Bei einem **einseitigen nicht empfangsbedürftigem Rechtsgeschäft** ist Anfechtungsgegner jeder, der auf Grund des Rechtsgeschäfts unmittelbar einen rechtlichen Vorteil erlangt (§ 143 Abs. 4 S. 1 BGB).

Im *Sperrmüll-Fall* lag eine Eigentumsaufgabe des A gem. § 959 BGB und eine Aneignung durch H gem. § 958 Abs. 1 BGB vor. Die Eigentumsaufgabe ist ein einseitiges nicht empfangsbedürftiges Rechtsgeschäft (zur rechtlichen Zulässigkeit der Eigentumsaufgabe an Sperrmüll vgl. LG Ravensburg NJW 1987, 3142). A kann es gem. § 119 Abs. 2 BGB (Irrtum über verkehrswesentliche Eigenschaft des Stuhls) anfechten. Anfechtungsgegner ist H, da er von der Eigentumsaufgabe unmittelbar profitiert hat. Im Herausgabeverlangen kann die Anfechtungserklärung erblickt werden. Sie bewirkt gem. § 142 Abs. 1 BGB, dass A sein Eigentum nicht verloren hat und H es dementsprechend nicht erwerben konnte. H muss daher gem. § 985 BGB den Stuhl herausgeben.

Für Rechtsgeschäfte, die auch oder nur gegenüber Behörden vorgenommen werden können (vgl. zB §§ 875, 928 BGB), gelten besondere Regeln (§ 143 Abs. 3 S. 2, Abs. 4 S. 2 BGB).

4. Die Wirkungen der Anfechtung

a) Rückwirkung

78 Die Hauptwirkung der Anfechtung besteht nach § 142 Abs. 1 BGB darin, dass das Rechtsgeschäft als **von Anfang an nichtig** anzusehen ist. Die Rechtsfolgen aus dem Rechtsgeschäft werden daher rückwirkend *(ex tunc)* beseitigt. Diese Rückwirkung unterscheidet die Anfechtung etwa vom Rücktritt (§ 349 BGB), der nur für die Zukunft *(ex nunc)* wirkt.

Wird ein **Verpflichtungsgeschäft** (zB Kauf) angefochten, so entfallen die dadurch begründeten Ansprüche rückwirkend. Ist etwa bei einem Kaufvertrag der Verkäufer mit seiner Leistungspflicht in Schuldnerverzug geraten, so wird durch die Anfechtung dem Verzugsschadensersatzanspruch des Käufers (vgl. §§ 280 Abs. 2, 286 BGB) rückwirkend die Grundlage entzogen (*Höpfner* NJW 2004, 2865; aA *Derleder* NJW 2004, 969). Sind auf Grund des angefochtenen Verpflichtungsgeschäfts bereits Leistungen erbracht worden, so entfällt durch die Anfechtung rückwirkend der „rechtliche Grund" *(causa)* für die Erbringung dieser Leistungen. Der Leistende kann sie nach § 812 Abs. 1 S. 1 BGB (bzw. § 812 Abs. 1 S. 2 Alt. 1 BGB) zurückfordern („kondizieren").

Hat im *Schreibversehen-Fall* der Verkäufer nach Übereignung des Computers seinen Irrtum bemerkt und ficht er den Kaufvertrag an, so kann er vom Käufer nach § 812 Abs. 1 S. 1 BGB die Rückübereignung des Computers im Wege des § 929 BGB verlangen. Er kann allerdings nicht mehr die Zahlung des Kaufpreises verlangen, denn durch die Anfechtung ist die Kaufpreiszahlungspflicht rückwirkend erloschen.

79 Wird (auch) das **Verfügungsgeschäft** (zB Übereignung der Kaufsache) angefochten, so wirkt sich dies (auch) auf die dingliche Rechtslage aus.

Hat im *Bauernschrank-Fall* der B nicht nur den Kaufvertrag, sondern auch die Übereignung wegen arglistiger Täuschung angefochten, entfällt damit rückwirkend die Eigentümerstellung des A. Das hat zur Folge, dass B nicht nur einen Bereicherungsanspruch auf Grund der Anfechtung des Kaufvertrages, sondern zugleich einen Eigentumsherausgabeanspruch nach § 985 BGB gegen A hat. Zu beachten ist in diesem Fall, dass der Bereicherungsanspruch nicht auf Rückübereignung gerichtet ist (auf Grund der Anfechtung wird ja die Übereignung beseitigt), sondern – wie der Anspruch aus § 985 BGB – auf Herausgabe, dh Besitzverschaffung.

Die Anfechtung des Verfügungsgeschäfts ist dann von entscheidender wirtschaftlicher Bedeutung, wenn Dritte Rechte an der Sache erworben haben. Hat im *Bauernschrank-Fall* A den Schrank in gemieteten Räumen aufgestellt, so könnte der Vermieter ggf. ein Vermieterpfandrecht am Schrank geltend machen (vgl. §§ 562ff. BGB). Dieses Pfandrecht kann aber nur an Sachen des Mieters, dh an Sachen im Eigentum des Mieters bestehen. Ficht daher B die Übereignung an, so kann er von A Herausgabe des Schranks nach § 985 BGB verlangen, ohne dass sich der Vermieter auf ein Pfandrecht berufen könnte: Auch das Pfandrecht entfällt rückwirkend.

b) Folgen des Kennens und Kennenmüssens der Anfechtbarkeit

Eine weitere Rechtsfolge der Anfechtung ist, dass derjenige, der die **Anfechtbarkeit kannte oder kennen musste,** so behandelt wird, wie wenn er die Nichtigkeit des Rechtsgeschäfts gekannt hätte oder hätte kennen müssen (§ 142 Abs. 2 BGB). Diese Vorschrift hat Bedeutung sowohl für die Anfechtung des Verpflichtungsgeschäfts als auch des Verfügungsgeschäfts. 80

Hat im *Bauernschrank-Fall* B die Anfechtung erklärt, muss A dem B wegen der rückwirkenden Beseitigung des Kaufvertrages nach § 812 Abs. 1 S. 1 BGB den Schrank zurückgeben. Er unterliegt dabei, da er die Anfechtbarkeit des Kaufvertrages kannte, der verschärften Bereicherungshaftung nach §§ 819 Abs. 1, 818 Abs. 4 BGB. – Hat A zwischenzeitlich den Schrank an seinen Freund F weiterveräußert und ihm dabei erzählt, wie er den B geprellt habe, kann B den Schrank gem. § 985 BGB auch von F herausverlangen. Denn infolge der Anfechtung der Übereignung B an A entfällt rückwirkend die Eigentümerstellung des A (§ 142 Abs. 1 BGB). Die Übereignung A an F ist sonach als Verfügung eines Nichtberechtigten anzusehen. F hätte also nur gutgläubig nach § 932 BGB Eigentum erwerben können. Da er aber die Anfechtbarkeit der Übereignung kannte, ist er gem. §§ 932 Abs. 2, 142 Abs. 2 BGB bösgläubig.

c) Wirkung gegenüber Dritten

Die Anfechtung entfaltet ihre Wirkung nicht nur im Verhältnis zwischen den Parteien des Rechtsgeschäfts, sondern auch im Verhältnis zu **Dritten.** So kann sich zB der Bürge eines Kreditnehmers, der vom Gläubiger in Anspruch genommen wird, damit verteidigen, dass der Schuldner den Kreditvertrag wirksam angefochten habe. Allerdings hat der Bürge keinen Einfluss darauf, ob der Schuldner von seinem Anfechtungsrecht tatsächlich Gebrauch macht. Das Gesetz schützt den Bürgen, indem es ihm die **„Einrede der Anfechtbarkeit"** gewährt: „Der Bürge kann die Befriedigung des Gläubigers verweigern, solange dem Hauptschuldner das Recht zusteht, das seiner Verbindlichkeit zugrunde liegende Rechtsgeschäft anzufechten" (§ 770 Abs. 1 BGB; vgl. weiter §§ 1137, 1211 BGB). 81

5. Bestätigung des anfechtbaren Rechtsgeschäfts (§ 144 BGB)

Die Anfechtung ist ausgeschlossen, wenn der Anfechtungsberechtigte das anfechtbare Rechtsgeschäft **bestätigt** (§ 144 Abs. 1 BGB; dazu ***Köhler* BGB AT PdW Fall 85**), also zum Ausdruck bringt, dass er am Rechtsgeschäft festhalten möchte. Voraussetzung hierfür ist, dass er die Anfechtbarkeit kannte oder sie zumindest für möglich hielt (BGH NJW 1995, 2290 (2291)). Die Bestätigung ist nicht als Neuvornahme des Rechtsgeschäfts (wie beim nichtigen Rechtsgeschäft, § 141 BGB), sondern als Verzicht auf das Anfechtungsrecht zu beurteilen. Daher bedarf die Bestätigung auch nicht der für das Rechtsgeschäft vorgesehenen Form (§ 144 Abs. 2 BGB). 82

Die Bestätigung erfolgt durch Abgabe einer **Willenserklärung.** Nach hM bedarf sie zu ihrer Wirksamkeit nicht des Zugangs beim Anfechtungsgegner (Palandt/*Ellenberger*

BGB § 144 Rn. 2). Dem ist aber nicht zu folgen, weil der Anfechtungsgegner ein schutzwürdiges Interesse daran hat zu erfahren, ob er noch mit einer Anfechtung rechnen muss oder nicht (wie hier Staudinger/*Roth* BGB § 144 Rn. 4).

Die Bestätigung kann durch ausdrückliche Erklärung, aber auch durch **schlüssiges Verhalten** erfolgen. Jedoch sind hier strenge Anforderungen zu stellen, weil man auf ein Anfechtungsrecht nicht ohne Weiteres zu verzichten pflegt: Das Verhalten des Anfechtungsberechtigten darf keine andere Deutung zulassen (vgl. BGHZ 110, 220 (222)).

Beispiel: K erkennt, dass er bei einem Gebrauchtwagenkauf arglistig über den Kilometerstand getäuscht wurde. Bezahlt er danach noch den restlichen Kaufpreis oder benützt er den Wagen ohne wirtschaftliche Notwendigkeit weiter, ist dieses Verhalten als konkludente Bestätigung zu werten (vgl. BGH NJW 1971, 1795 (1800)). Nicht dagegen genügt die Geltendmachung von Mängelansprüchen (§§ 437ff. BGB) in Kenntnis der Anfechtbarkeit (BGHZ 110, 220 (222)).

Im Fall der *vermeintlichen Steuerersparnis* folgt daraus: B hat seine Informationspflichten aus dem Schuldverhältnis aus Vertragsverhandlungen schuldhaft (Fahrlässigkeit genügt!) verletzt. Diese Pflichtverletzung war ursächlich für den Vertragsschluss. L hat auch einen Schaden erlitten. Denn jedenfalls ist der Erwerb der Wohnung für seine Zwecke nicht voll brauchbar, da er nicht ohne zusätzliche Finanzierung auskommt. Somit kann er nach § 249 S. 1 BGB verlangen, so gestellt zu werden, wie er ohne das schädigende Ereignis stünde. Da er bei korrekter Information den Vertrag nicht geschlossen hätte, kann er verlangen, dass der Vertrag rückgängig gemacht wird. Dies geschieht durch Aufhebungsvertrag und Rückgewähr der beiderseits erbrachten Leistungen.

Literatur: Allgemeines: *Bydlinski,* Erklärungsbewußtsein und Rechtsgeschäft, JZ 1975, 1; *Canaris,* Die Vertrauenshaftung im deutschen Privatrecht, 1971, *Jahr,* Geltung des Gewollten und Geltung des Nicht-Gewollten, JuS 1989, 249; *Lorenz,* Grundwissen – Zivilrecht: Willensmängel, JuS 2012, 490; *Singer,* Geltungsgrund und Rechtsfolgen der fehlerhaften Willenserklärung, JZ 1989, 1030; *ders.,* Selbstbestimmung und Verkehrsschutz im Recht der Willenserklärungen, 1995.

Scheingeschäft: *Michaelis,* Scheingeschäft, verdecktes Geschäft und verkleidetes Geschäft im Gesetz und in der Rechtspraxis, FS Wieacker, 1978, 444.

Irrtum: *Adams,* Irrtümer und Offenbarungspflichten im Vertragsrecht, AcP 186 (1986), 453; *Birk,* § 119 BGB als Regelung für Kommunikationsirrtümer, JZ 2002, 446; *Brehm,* Zur automatisierten Erklärung, FS Niederländer, 1991, 233; *Cziupka,* Die Irrtumsgründe des § 119 BGB, JuS 2009, 887; *Coester-Waltjen,* Die fehlerhafte Willenserklärung, Jura 1990, 362; *Grundmann,* Die Anfechtung des Verfügungsgeschäfts, JA 1985, 80; *Höpfner,* Vertrauensschaden und Erfüllungsinteresse, AcP 212 (2012), 853;*Kötz,* Risikoverteilung im Vertragsrecht, JuS 2018, 1; *Leenen,* Die Anfechtung von Verträgen, Jura 1991, 393; *Marburger,* Absichtliche Falschübermittlung und Zurechnung von Willenserklärungen, AcP 173 (1973), 137; *Musielak,* Die Anfechtung einer Willenserklärung wegen Irrtums, JuS 2014, 491; *Spieß,* Zur Einschränkung der Irrtumsanfechtung, JZ 1985, 593.

Arglistige Täuschung und widerrechtliche Drohung: *Arnold,* Die arglistige Täuschung im BGB, JuS 2013, 865; *Breidenbach,* Die Voraussetzungen von Informationspflichten beim Vertragsschluß, 1989; *Kolbe,* Vorsatz und Arglist, JZ 2009, 550; *Martens,* Wer ist „Dritter"? – Zur Abgrenzung der §§ 123 I und II 1 BGB, JuS 2005, 887; *ders.,* das Anfechtungsrecht bei einer Drohung durch Dritte, AcP 207 (2007), 371; *Rösler,* Arglist im Schuldvertragsrecht, AcP 207 (2007), 564; *Windel,* Welche Willenserklärungen unterliegen der Einschränkung der Täuschungsanfechtung gem. § 123 Abs. 2 BGB?, AcP 199 (1999), 421; *Wagner,* Lügen im Vertragsrecht, in: Zimmermann (Hrsg.), Störungen der Willensbildung bei Vertragsschluss, 2007, 59.

§ 8. Der Vertrag

Der folgende Abschnitt über den Vertrag (§§ 145–157 BGB) gehört ebenso wie der vorhergehende Abschnitt über die Willenserklärung zu den zentralen Themen der Rechtsgeschäftslehre. Zunächst ist zu klären, was unter einem Vertrag zu verstehen ist und welche Bedeutung den Vertragsverhandlungen zukommt. Dann werden die stets examensrelevanten Anforderungen an ein wirksames Angebot zum Vertragsschluss und an eine wirksame Annahme näher erläutert. Im Anschluss daran geht es um einige Spezialfragen, nämlich: Können sich Verbraucher unter bestimmten Voraussetzungen vom Vertrag durch Widerruf (§§ 355ff. BGB) lösen? Was soll bei einem Dissens der Parteien über das Zustandekommen oder den Inhalt des Vertrages gelten (§§ 154, 155 BGB)? Kann jemand unter bestimmten Voraussetzungen gezwungen werden, mit einem anderen einen Vertrag zu schließen (Kontrahierungszwang)? Wie können die Parteien sicherstellen, dass später ein Vertrag mit bestimmtem Inhalt geschlossen wird (Vorvertrag und Optionsvertrag)?

I. Allgemeines

1. Funktion, Begriff und Arten des Vertrages

1 Der Einzelne soll grds. frei über die rechtliche Gestaltung seiner Lebensverhältnisse entscheiden können (Grundsatz der Privatautonomie). Damit er seine Ziele erreichen und seine Interessen befriedigen kann, ist er aber in der Regel auf die Mitwirkung anderer angewiesen, die ihrerseits eigene Ziele und Interessen verfolgen. Das rechtliche Mittel zum Ausgleich von (zumeist unterschiedlichen) Einzelinteressen und zur Verwirklichung von Zielen ist der *Vertrag* als *einverständliche rechtlich bindende Regelung zwischen zwei oder mehreren Personen.* Seiner rechtlichen Struktur nach ist der Vertrag ein mehrseitiges Rechtsgeschäft, das sich aus mindestens zwei inhaltlich übereinstimmenden Willenserklärungen, typischerweise Angebot und Annahme, zusammensetzt.

> Ein **Vertrag** ist ein Rechtsgeschäft, das aus (mindestens) zwei übereinstimmenden Willenserklärungen (idR aus Angebot und Annahme) besteht und zwischen den Parteien eine rechtlich bindende Regelung begründet.

2 Die Grundform des Vertrages ist der *schuldrechtliche* Vertrag, der zwischen den Beteiligten Rechte und Pflichten im Bereich des Güteraustauschs begründet (zB Kauf, Miete, Werkvertrag). Auf ihn sind insbes. die Regelungen des Allgemeinen Teils über den Vertrag (§§ 145–157 BGB) zugeschnitten. – Der Vertrag kommt jedoch auch in den anderen Bereichen des Privatrechts vor, doch gelten dann teilweise besondere Regelungen. Die *sachenrechtlichen Verträge* („Einigungen"; vgl. zB §§ 929 S. 1, 873 BGB) beziehen sich auf die Begründung, Änderung oder Übertragung von dinglichen Rechten. Die *familienrechtlichen* Verträge beziehen sich auf die vermögensrechtlichen Verhältnisse zwischen Angehörigen (Güterrechts-, Unterhaltsverträge). Die *erbrechtlichen* Verträge (Erbvertrag und Erbverzicht) beziehen sich auf die Vererbung des Nachlasses. Hinzu kommen die *vereins-* und *gesellschaftsrechtlichen* Verträge (Gründung von Vereinen und Gesellschaften).

2. Das Zustandekommen des Vertrages

3 Der Vertrag kommt in der Regel durch das **Angebot** (Antrag, Offerte) zum Abschluss eines Vertrages mit einem bestimmten Inhalt und durch die **Annahme** als Zustimmung hierzu zustande (dazu näher unter II. und III.). Die Willenserklärungen der Vertragsparteien müssen freilich nicht nacheinander, sondern können auch gleichzeitig abgegeben werden (dazu *Leenen* AcP 188 [1988], 381 (399); *Leenen* FS Prölss, 2009, 153 (164)).

Beispiele: Gleichzeitige Unterzeichnung der jeweils für den Gegner bestimmten Vertragsurkunde (vgl. § 126 Abs. 2 S. 2 BGB). – Gleichzeitiges Nicken der Parteien zu einem von einem Dritten unterbreiteten Vergleichsvorschlag.

Voraussetzung ist nur, dass die Willenserklärungen der Parteien aufeinander bezogen sind und inhaltlich einander entsprechen. Es muss zwischen den Parteien eine Einigung *(Konsens)* über den Vertragsinhalt erzielt sein. Dazu muss die getroffene Regelung **inhaltlich bestimmt** oder doch (insbes. auf Grund ergänzenden Gesetzesrechts oder ergänzender Vertragsauslegung) **bestimmbar** sein. Andernfalls wäre eine Durchsetzung des Vertrags durch Klage und Zwangsvollstreckung nicht möglich.

Beispiel: Die vertragliche Verpflichtung zur Gründung „einer Gesellschaft z. B. Bürgerlichen Rechts, Aktiengesellschaft oder GmbH" ist wegen fehlender Bestimmtheit und Bestimmbarkeit nicht wirksam.

Die einvernehmlich gewollte Regelung muss schließlich von den Parteien **rechtlich bindend** gewollt sein. Eine Willenseinigung, die keine Rechtsbindung der Beteiligten bewirken soll, ist kein Vertrag iSd bürgerlichen Rechts.

Beispiele: Das *gentlemen's agreement,* das an den kaufmännischen Anstand der Beteiligten appelliert, aber keine Rechtspflichten begründen soll. – Die bloße *Gefälligkeitszusage* im gesellschaftlichen, insbes. nachbarschaftlichen Bereich (dazu bei → § 6 Rn. 2).

3. Vertragsverhandlungen und Vertragsverhältnis

4 Dem Vertragsschluss geht die Anbahnung und Vorbereitung des Vertrages voraus: der Vertragspartner muss ausgewählt und der Vertragsinhalt festgelegt werden. Man bezeichnet das Stadium zwischen der Aufnahme eines geschäftlichen Kontakts und dem Abschluss (oder Nichtabschluss) eines Vertrages als Stadium der **Vertragsverhandlungen.**

Wer Vertragsverhandlungen aufnimmt, vertraut auf ein loyales Verhalten seines Partners. Das Vertrauen kann sich auf die Unversehrtheit der eigenen Rechtsgüter und auf richtige und rechtzeitige Information über den zu schließenden Vertrag beziehen.

Beispiele: Der Neuwageninteressent vertraut darauf, dass das Fahrzeug, mit dem er eine Probefahrt unternimmt, verkehrssicher ist. – Der Käufer eines Geschäftshauses, der auf Einladung zur Besichtigung anreist, vertraut darauf, dass das Haus noch nicht anderweit verkauft ist.

5 Dieses Vertrauen soll nicht ungeschützt bleiben. Aus dieser Einsicht entwickelte sich gewohnheitsrechtlich (vgl. BGHZ 66, 51 (54)) das Rechtsinstitut der **culpa in contrahendo** (Verschulden bei Vertragsverhandlungen, §§ 280, 311 Abs. 2 BGB): Mit der Aufnahme von Vertragsverhandlungen entsteht ein gesetzliches **„Schuldverhältnis aus Vertragsverhandlungen"**, das Schutz-, Obhuts- und Rücksichtspflichten zum Inhalt hat (§ 241 Abs. 2 BGB), deren Verletzung eine Schadensersatzpflicht nach

Vertragsgrundsätzen nach sich zieht (§§ 280, 282 BGB). Eine Pflicht zum Abschluss des gewünschten Vertrages kann sich aus dem Schuldverhältnis der Vertragsverhandlungen grds. nicht ergeben, wohl dagegen uU ein Anspruch auf Aufhebung des geschlossenen Vertrages. In diesem Zusammenhang gehört auch die Verpflichtung des Internet-Anbieters, dem Kunden es zu ermöglichen, Eingabefehler vor Abgabe seiner Bestellung zu erkennen und zu berichtigen (§ 312i Abs. 1 S. 1 Nr. 1 BGB).

Den Vertragsverhandlungen kommt bei der **Vertragsauslegung** gewichtige Bedeutung zu: Aus den Vorbesprechungen kann sich beispielsweise ergeben, dass die Parteien einem bestimmten Ausdruck oder einer bestimmten Vertragsklausel eine andere als die verkehrsübliche Bedeutung beigemessen haben. – Nur die Vertragsverhandlungen können Aufschluss darüber geben, ob bestimmte Vertragsbedingungen als Allgemeine Geschäftsbedingungen oder Individualabreden zu werten sind. Nach § 305 Abs. 1 S. 3 BGB liegen nämlich Allgemeine Geschäftsbedingungen nicht vor, „soweit die Vertragsbedingungen zwischen den Parteien im Einzelnen ausgehandelt sind". – Aus den Vertragsverhandlungen ist ferner zu entnehmen, über welche Punkte eines Vertrages eine Vereinbarung getroffen werden sollte. Ist nämlich über einen Punkt keine Verständigung erzielt worden, so ist trotz der Einigung in den übrigen Punkten gem. § 154 Abs. 1 S. 1 BGB im Zweifel der Vertrag noch nicht geschlossen.

An den Vertragsschluss knüpft das **Vertragsverhältnis** an. Es ist mehr als die Summe 6
der sich aus dem Vertrag ergebenden Ansprüche und Pflichten. Die Vertragsparteien stehen in einem Vertrauensverhältnis zueinander, das umso enger ist, je dauerhafter und intensiver die vertragliche Gebundenheit ist. Aus dem Vertragsverhältnis können je nach der Interessenlage, der Entwicklung der Verhältnisse und dem Verhalten der Beteiligten weitere Rechte und Pflichten entspringen (vgl. § 241 Abs. 2 BGB).

II. Das Angebot

1. Die Voraussetzungen des Angebots

Nicht jede Äußerung oder Verlautbarung einer Partei, die der Förderung eines Ver- 7
tragsschlusses dient, ist bereits ein Angebot oder – wie das Gesetz sagt – ein „Antrag", also eine Willenserklärung, die auf den Abschluss eines Vertrages gerichtet ist. Da das Gesetz davon ausgeht, dass der Vertrag durch Angebot und Annahme zustande kommt und die Beteiligten daran gebunden sind (pacta sunt servanda = Verträge müssen eingehalten werden), müssen bestimmte Voraussetzungen erfüllt sein.

a) Die Bestimmtheit des Angebots

Die inhaltliche Bestimmtheit oder Bestimmbarkeit ist (ungeschriebene) Wirksam- 8
keitsvoraussetzung eines jeden Vertrages (→ Rn. 3). Soll der Vertrag durch Angebot und Annahme zustande kommen, muss daher schon das Angebot die erforderliche inhaltliche Bestimmtheit oder Bestimmbarkeit aufweisen. Denn die Annahme stellt lediglich das Einverständnis mit dem angebotenen Vertragsschluss dar. Bestimmtheit bedeutet nicht, dass für jede Einzelfrage, die bei Durchführung des Vertrages relevant werden kann, eine Regelung vorgesehen sein muss. Hierfür stellt ja der Gesetzgeber das ergänzende Gesetzesrecht zur Verfügung. Wohl aber müssen die sog. *essentialia negotii* (wesentlichen Vertragspunkte) bestimmt oder bestimmbar sein. So ist ein Angebot zu einem Kaufvertrag hinreichend bestimmt, wenn es den Kaufgegenstand und

den Kaufpreis bezeichnet. Die Bestimmung kann auch dem Angebotsempfänger oder einem Dritten überlassen sein (§§ 315 ff. BGB), in diesem Falle liegt Bestimmbarkeit vor.

Beispiel: Eine Aktiengesellschaft erteilt einem Professor einen Auftrag zu einem Gutachten. Über das Honorar wird nicht gesprochen. Gleichwohl ist der Vertrag zustande gekommen, da die Auslegungsregel des § 316 BGB eingreift.

Ob Bestimmtheit oder Bestimmbarkeit vorliegen, ist letztlich durch Auslegung zu ermitteln.

b) Die Verbindlichkeit des Angebots

9 Das Angebot muss den ernstlichen und endgültigen Willen zum Vertragsschluss erkennen lassen. Der Gegner muss sich sagen können: Wenn ich mein Einverständnis erkläre, ist der Vertrag perfekt.

> Ein **Angebot** ist eine auf den Abschluss eines Vertrages gerichtete Willenserklärung, die den Inhalt des Vertrages so weit konkretisiert, dass der Empfänger durch bloße Zustimmung (Annahme) den Vertrag zustande bringen kann.

Vom (verbindlichen) Angebot zu unterscheiden sind die unverbindlichen Äußerungen im Verlaufe der Vertragsverhandlungen und die bloßen Informationen über die Möglichkeit eines Vertragsschlusses mit bestimmtem Inhalt. Was im konkreten Fall vorliegt, ist durch Auslegung zu ermitteln.

Bloßen Informationscharakter haben zB Werbeprospekte, Veranstaltungsankündigungen, Speisekarten, Zeitungsanzeigen und Fernsehangebote. Man spricht insoweit von einer **„Aufforderung zur Angebotsabgabe"** oder **„invitatio ad offerendum".** Wer eine solche Mitteilung macht, will sich noch nicht binden, lässt vielmehr den Adressaten das Angebot (in Gestalt einer „Bestellung") machen, um frei über Annahme und Ablehnung entscheiden zu können. Die Grenze zwischen bloßer Angebotsaufforderung und echtem Angebot ist mitunter nicht leicht zu ziehen (vgl. zur Angebotsseite im Internet BGH NJW 2002, 363 (364); 2005, 976 (977); zum Katalog BGH NJW 2009, 1337 Rn. 12). Gegen einen Bindungswillen spricht nicht notwendig, dass keine bestimmte Einzelperson angesprochen wird. Möglich ist nämlich auch ein **Angebot an einen unbestimmten Personenkreis („ad incertas personas"),** begrenzt auf die vorhandene Kapazität (vgl. BGH NJW 2002, 363 (364) und NJW 2005, 53 (54) zum **online-Angebot** an denjenigen, der in einem bestimmten Zeitraum das Höchstgebot abgibt; dazu → Rn. 57 ff.). Die Auslegung muss vielmehr an der Interessenlage ansetzen und danach fragen, ob für den Mitteilenden eine vorzeitige Bindung von Nachteil und dies für den Angesprochenen erkennbar ist.

10 Die Ausstellung einer Ware im **Schaufenster** stellt demnach noch kein Angebot dar, weil der Händler die Ware einem Kunden sofort aushändigen und dann umdekorieren müsste. Bei mehreren Interessenten, die gleichzeitig die Ware erstehen wollten, wäre unklar, ob und mit wem ein Vertrag zustande kommt. – Die Aufstellung eines *Warenautomaten* wird hingegen nahezu allgemein als Angebot an die Allgemeinheit, das durch den Einwurf von (echten) Geldstücken angenommen werden kann, angesehen. Angemessener erscheint es, das Angebot vom Kunden ausgehen zu lassen und die An-

nahme in der Warenabgabe zu sehen: „Streikt" der Automat, so hat – und dies entspricht der Verkehrsauffassung – der Kunde mangels Zustandekommen eines Vertrages einen Anspruch auf Rückgewähr des Geldes nach § 812 BGB, nicht auf Lieferung der Ware nach § 433 BGB.

Die Aufstellung von Waren im **Selbstbedienungsladen** stellt kein Angebot dar, weil der Kaufmann gute Gründe haben kann, die bereitgestellte Ware nicht oder doch nicht im gewünschten Umfang (Sonderangebote!) an einen bestimmten Kunden abzugeben (dazu ***Köhler*** **BGB AT PdW Fall 96**). Das Angebot geht vielmehr vom Kunden aus, der die Ware an der Kasse vorlegt. Das Registrieren des Rechnungsbetrages stellt dann die Annahme dar. 11

Beim **Selbstbedienungstanken** geht das Verkaufsangebot vom Tankstellenbetreiber aus: es ist verkörpert in der betriebsbereiten Zapfsäule und gerichtet auf den Abschluss eines Kaufvertrages über die vom Kunden zu bestimmende Menge Treibstoff zum angegebenen Literpreis. Die Annahme erfolgt konkludent durch das Tanken (§ 151 S. 1 BGB). Der Kaufvertrag kommt also bereits mit Abschluss des Tankvorgangs und nicht erst an der Kasse zustande (BGH NJW 2011, 2871 Rn. 13). Str. ist lediglich, ob dies auch für die Übereignung (§ 929 S. 1 BGB) gilt (hierfür Jauernig/*Mansel* BGB § 145 Rn. 7) oder ob das Eigentum erst mit Bezahlung übergehen soll (hierfür Palandt/*Ellenberger* BGB § 145 Rn. 8). Richtiger Ansicht nach erwirbt der Kunde bereits mit dem Tanken das Eigentum am Treibstoff, sofern kein anderer Wille (zB Eigentumsvorbehalt) des Tankstellenbetreibers erkennbar ist. (Dann ist aber die Regelung der §§ 947, 948 BGB zu beachten.) 12

Bei der **Versteigerung** geht das Kaufangebot vom Bieter aus. Die Annahme erfolgt durch den **Zuschlag** (§ 156 S. 1 BGB) als einer nicht empfangsbedürftigen Erklärung (vgl. BGHZ 138, 339 (342)). Das Gebot eines Bieters erlischt, wenn ein Übergebot abgegeben wird oder die Versteigerung ohne Erteilung des Zuschlags geschlossen wird (§ 156 S. 2 BGB). Versteigerungen im Internet, bei denen derjenige die Ware bekommen soll, der innerhalb der Laufzeit das höchste Gebot abgibt, sind allerdings keine Versteigerungen iSd § 156 BGB, weil hier kein Zuschlag erfolgt (BGH NJW 2005, 53 (54)). Das ist wichtig im Hinblick auf ein etwaiges Widerrufsrecht des Käufers nach § 312g BGB, weil in diesem Fall die Ausnahmeregelung des § 312g Abs. 2 Nr. 10 BGB nicht eingreift (vgl. BGH NJW 2005, 53 (54)). 12a

2. Rechtsfolgen des Angebots

a) Bindung an das Angebot

Ob ein Vertragsangebot vorliegt, ist durch Auslegung zu ermitteln. Davon zu unterscheiden ist die Frage, ob und bis zu welchem Zeitpunkt ein Angebot nachträglich widerrufen werden kann. Manche Rechtsordnungen (ua auch Art. 16 CISG) sehen die freie Widerruflichkeit des Angebots bis zum Zeitpunkt der Absendung der Annahmeerklärung vor und beschränken den Angebotsempfänger auf einen Schadensersatzanspruch. Die Verfasser des BGB lehnten diese Lösung ausdrücklich ab: Sie widerspreche dem Bedürfnis des Verkehrs nach rascher und glatter Geschäftsabwicklung. Der Empfänger müsse sich auf das Angebot verlassen und entsprechend disponieren können. 13

In § 145 BGB ist daher als *Grundsatz* vorgesehen, dass der Anbietende an seinen „Antrag" (Angebot) gebunden ist. Da nach § 130 Abs. 1 S. 2 BGB ein Widerruf bis zum

Zugang des Angebots möglich ist, ist damit gemeint, dass ein späterer Widerruf ausgeschlossen ist. (Allerdings ist in vielen Spezialregelungen zum Schutze des Verbrauchers ein späterer Widerruf vorgesehen; dazu → § 8 Rn. 35 ff.).

Der Goethe-Brief: Antiquar A bietet dem Sammler S schriftlich einen Brief Goethes für 12.000 Euro an. Das Schreiben geht dem S am 1.2. zu. Tags darauf findet A einen Interessenten, der einen höheren Preis bietet. Er teilt darauf dem S telefonisch mit, das Angebot habe sich zwischenzeitlich „erledigt". Kann S den Vertrag noch durch seine Annahmeerklärung zustande bringen?

Das Gesetz respektiert freilich die Privatautonomie des Anbieters und gesteht ihm die Möglichkeit zu, die Bindung an den Antrag auszuschließen (§ 145 BGB: „es sei denn, dass er die Gebundenheit ausgeschossen hat"). Der Anbietende kann sich daher auch einen **Widerruf** vorbehalten. Ob dies der Fall ist, ist wiederum durch Auslegung zu ermitteln (vgl. BGH NJW 2011, 2643 Rn. 17 ff. zur Angebotsrücknahme bei einer Internetauktion).

Im Fall des *Goethe-Briefs* ist dem Angebot des A nicht zu entnehmen, dass er sich einen Widerruf vorbehalten hat. Da der Widerruf erst nach Zugang seines Angebots erklärt wurde, ist er wirkungslos. S kann das Angebot noch wirksam annehmen, solange es nicht nach § 147 Abs. 2 BGB erloschen ist.

Liegt ein Angebot unter Widerrufsvorbehalt vor (vgl. den Fall BGH NJW 1984, 1885: „freibleibend entsprechend unserer Verfügbarkeit"), kann ein Widerruf freilich nicht beliebig hinausgezögert werden. Denn der Gegner muss wissen, woran er ist. Strittig ist nur, bis zu welchem Zeitpunkt der Widerruf beim Gegner zugehen muss. Denkbar erscheint es, im Interesse des Gegners den Widerruf nur bis zur Abgabe der Annahmeerklärung zuzulassen. Überwiegend wird jedoch der Widerruf bis zum Zugang der Annahmeerklärung (Palandt/*Ellenberger* BGB § 145 Rn. 4) oder sogar noch kurz danach als zulässig angesehen (vgl. Staudinger/*Bork* BGB § 145 Rn. 27). Da aber bei den modernen Kommunikationsmitteln (Telefon, Fax, E-Mail, Mausklick im Internet) Abgabe und Zugang zeitlich meist zusammenfallen, konzentriert sich der Streit auf die Frage, ob auch nach Zugang noch ein unverzüglicher Widerruf möglich ist. Richtiger erscheint es, den Widerruf nur bis zum Zeitpunkt des Zugangs der Annahmeerklärung zuzulassen, da andernfalls der Spekulation Tür und Tor geöffnet wäre.

Hätte im Falle des *Goethe-Briefs* der Antiquar A sein Angebot mit dem Zusatz *„Zwischenverkauf vorbehalten"* versehen, kann darin im Wege der Auslegung ein Widerrufsvorbehalt erblickt werden. A muss daher, wenn er einen anderweitigen Verkauf plant, zuvor sein Angebot widerrufen, sonst riskiert er, dass er an zwei Verträge gebunden ist, aber nur einen erfüllen kann und sich gegenüber dem anderen Vertragspartner schadensersatzpflichtig macht. Er muss dabei, um sicher zu gehen, für den Zugang seines Widerrufs vor dem Zugang der Annahmeerklärung sorgen.

Im Geschäftsleben wird vielfach ein Angebot mit dem Zusatz *„freibleibend"* abgegeben. Die Auslegung ergibt in solchen Fällen zumeist, dass darin kein Widerrufsvorbehalt, sondern eine bloße Aufforderung zur Abgabe eines Angebots zu erblicken ist (BGH NJW 1996, 919 (920); vgl. aber auch BGH NJW 1984, 1885). Die „Annahmeerklärung" des Gegners ist dann in Wirklichkeit erst das Angebot. Allerdings muss der Empfänger des Angebots dann unverzüglich erklären, dass er es ablehne. Sein Schweigen ist sonst als Annahme zu werten.

b) Die Rechtsposition des Angebotsempfängers

Da das Angebot bindend ist, erwächst daraus für den Angebotsempfänger eine **rechtlich gesicherte Chance,** durch die Annahmeerklärung den Vertrag zustande zu bringen. Diese Chance wird vielfach als *Option* bezeichnet. Von einem *Gestaltungsrecht* des Empfängers sollte man nicht sprechen, da die Ausübung (Abgabe der Annahmeerklärung) nicht durch einseitiges Rechtsgeschäft erfolgt, Angebot und Annahme vielmehr erst zusammen den Tatbestand des Rechtsgeschäfts erfüllen. 14

Die Annahmemöglichkeit ist grds. vererblich und übertragbar (und damit auch verpfändbar und pfändbar), sofern nicht das Angebot nach seinem Inhalt oder doch nach seinem Sinn und Zweck auf die Person des Angebotsempfängers beschränkt ist. Dies ist stets der Fall, wenn die Ansprüche aus dem zu schließenden Vertrag nicht vererblich und nicht übertragbar sind (vgl. § 399 BGB). IÜ kommt es auf die Umstände an.

Beispiel: Der Onkel A bietet seinem studierenden Neffen B einen BMW zu einem besonders günstigen Preis an. Übertragbarkeit (und damit Pfändbarkeit) des Angebots dürfte nach dem erkennbaren Willen des A ausgeschlossen sein.

c) Das Erlöschen des Angebots

Das Angebot erlischt nach § 146 BGB, wenn es entweder abgelehnt oder nicht nach den §§ 147–149 BGB rechtzeitig angenommen wird. Die **Ablehnung** ist eine empfangsbedürftige Willenserklärung, die §§ 130ff. BGB sind anwendbar. Erfolgt die Ablehnung durch einen beschränkt Geschäftsfähigen ohne Einwilligung des gesetzlichen Vertreters, ist sie unwirksam (§§ 107, 111 S. 1 BGB). Die Frage, bis zu welchem Zeitpunkt ein Angebot angenommen werden kann oder maW der Offerent an sein Angebot gebunden ist, ist naturgemäß nicht einheitlich zu beantworten. Hierfür sehen die §§ 147–149 BGB nähere Regelungen vor. 15

Ausgehend vom Grundsatz der Privatautonomie stellt es das Gesetz in § 148 BGB dem Antragenden frei, das Angebot beliebig zu befristen. Dann kann die Annahme nur innerhalb der Frist, mag sie kurz oder lang bemessen sein, erfolgen. Erfolgt die Annahme durch einen **Vertreter ohne Vertretungsmacht,** muss die Genehmigung durch den Vertretenen (§ 177 Abs. 1 BGB) noch innerhalb der Annahmefrist erfolgen: Zwar wirkt die Genehmigung grds. auf den Zeitpunkt der Vornahme des Rechtsgeschäfts zurück (§ 184 Abs. 1 BGB), aber diese Rückwirkung darf nicht zu Lasten des Antragenden gehen, da er nach Fristablauf in seinen Dispositionen wieder frei sein soll (BGH NJW 1973, 1790; str.). Die gleichen Grundsätze gelten bei der Vertragsannahme durch einen Minderjährigen. 16

Ist keine Annahmefrist gesetzt, muss zwischen dem Angebot an einen Anwesenden und an einen Abwesenden unterschieden werden. 17

Nach § 147 Abs. 1 S. 1 BGB kann der einem **Anwesenden** gemachte Antrag nur sofort angenommen werden. Dies gilt auch „von einem mittels Fernsprechers oder einer sonstigen technischen Einrichtung von Person zu Person gemachten Antrag". Mit einer „sonstigen technischen Einrichtung" sind ua Videokonferenzen und Chatrooms gemeint, nicht dagegen die E-Mail (§ 147 Abs. 1 S. 2 BGB). „Sofort" bedeutet, dass der Empfänger sich ohne Zögern erklären muss. Dies schließt freilich – etwa bei einem komplexen oder weitreichenden Angebot – eine gewisse Überlegungsfrist nicht aus. IÜ hängt es davon ab, wie lange der Antragende sich annahmebereit zeigt (gegebenenfalls stillschweigende Einräumung einer Annahmefrist). Die Annahme muss allerdings unter Anwesenden erfolgen.

Beispiel: A bietet dem B telefonisch ein größeres Aktienpaket zum Kauf an. B muss sich nicht in Sekundenschnelle entscheiden, sondern darf sich die Sache durch den Kopf gehen lassen. Dauert dies zu lange, so kann A das Erlöschen seines Angebots ausdrücklich oder konkludent (durch Auflegen des Hörers) zum Ausdruck bringen.

Bei **schriftlichen** Angeboten unter Anwesenden ist dagegen zu differenzieren: es kommt darauf an, ob der Antragende den Umständen nach eine sofortige Antwort erwarten kann oder dem Empfänger die Möglichkeit der schriftlichen Rückäußerung eingeräumt sein soll. Im letzteren Fall ist § 147 Abs. 2 BGB analog anzuwenden.

18 Ein Antrag unter **Abwesenden** kann nach § 147 Abs. 2 BGB nur bis zu dem Zeitpunkt angenommen werden, in welchem der Antragende den Eingang der Antwort unter regelmäßigen Umständen erwarten darf. Die Annahmefrist bestimmt sich nach objektiven Maßstäben und beginnt mit der Abgabe der Erklärung. Für ihre Dauer gilt: Der Antragende muss die regelmäßige Dauer der Übermittlung des Angebots an den Empfänger, eine angemessene Bearbeitungs- und Überlegungsfrist und die regelmäßige Dauer der Übermittlung der Antwort an den Antragenden in Rechnung stellen (BGHZ 209, 105 Rn. 20). Die Bearbeitungs- und Überlegungsfrist bemisst sich nach dem Inhalt des Angebots, insbes. nach der Bedeutung und Eilbedürftigkeit des Geschäfts (dazu ***Köhler*** **BGB AT PdW Fall 97**). Zu den regelmäßigen Umständen iSd § 147 Abs. 2 BGB gehören auch verzögernde Umstände, die der Antragende kannte oder kennen musste, wie zB die Erfordernisse der internen Willensbildung (BGHZ 209, 105 Rn. 21). Die Übermittlungsdauer bemisst sich nach der Art der Übermittlung. Dabei darf der Antragende mit derselben Übermittlungsart rechnen, die er selbst benutzt hat (sog. Korrespondenz der Beförderungsmittel).

Beispiel: Wer ein Angebot mittels Telefax oder E-Mail macht, darf mit rascher Überlegung und Antwort mittels desselben Mediums rechnen.

Ist der Antrag nach § 147 Abs. 2 BGB erloschen, so gilt die verspätete Annahme nach § 150 Abs. 1 BGB als neuer Antrag. Da es bei Beurteilung der Rechtzeitigkeit der Annahme auf die Sicht des Antragenden ankommt, muss der Empfänger bei einem verzögerten Zugang des Antrags den Zeitverlust durch beschleunigte Rückäußerung aufzuholen versuchen.

Beispiel: Erkennt der Empfänger am Poststempel, dass der Brief mit dem Angebot fünf Tage unterwegs war, obwohl die regelmäßige Beförderungsdauer nur drei Tage beträgt, so muss er gegebenenfalls per Fax, E-Mail oder Telefon antworten, will er noch rechtzeitig annehmen.

Das Risiko des verspäteten Zugangs einer an sich rechtzeitig abgesendeten Annahmeerklärung trägt grds. der Angebotsempfänger. Musste der Antragende die rechtzeitige Absendung aber erkennen (zB am Poststempel), so hat er nach § 149 BGB dem Annehmenden die Verspätung unverzüglich anzuzeigen. Verzögert er die Absendung der Anzeige, so gilt die Annahme als nicht verspätet. Der Vertrag kommt also zustande.

Der Antrag erlischt nicht schon dadurch, dass der Antragende vor der Annahme *stirbt* oder *geschäftsunfähig* wird, sofern kein anderer Wille des Antragenden anzunehmen ist (§ 153 BGB; vgl. auch § 130 Abs. 2 BGB, der den Zeitraum zwischen Abgabe und Zugang des Angebots betrifft). Ein abweichender Wille ist durch Auslegung der Erklärung festzustellen (dazu ***Köhler* BGB AT PdW Fall 98**). 19

Beispiel: Der gelähmte A bestellt brieflich einen Rollstuhl. Noch vor Eintreffen der Auftragsbestätigung stirbt er. Seine Erben brauchen den Rollstuhl nicht abzunehmen und zu bezahlen. Jedoch dürfte eine Haftung auf den Ersatz des Vertrauensschadens nach § 122 BGB analog zu bejahen sein (str.).

Ändern sich die dem Angebot zugrunde liegenden Umstände (Geschäftsgrundlage), erlischt das Angebot vor Ablauf der Bindungsfrist nur, wenn dem Antragenden die Bindung an das Angebot nicht mehr zumutbar ist. Es gelten insoweit die gleichen Grundsätze wie beim Wegfall der Geschäftsgrundlage eines bereits geschlossenen Vertrages (§ 313 BGB; vgl. auch OLG Düsseldorf NJW-RR 1991, 311). Weitergehend wird man jedoch auch noch den Wegfall des subjektiven Verwendungszweckes berücksichtigen können, sofern dies dem Annehmenden vor Annahme bekannt oder erkennbar war (zweifelnd *Medicus/Petersen* AT BGB Rn. 369). 20

Beispiel: Die A meldet sich brieflich zu einem Lehrgang an. Noch bevor der Veranstalter die Zusage abschickt, teilt ihm A mit, dass sie wegen Erkrankung nicht teilnehmen könne. Das Angebot kann nicht mehr angenommen werden.

III. Die Annahme

1. Begriff und Bedeutung der Annahme

Der Vertrag setzt (mindestens) zwei übereinstimmende Willenserklärungen, nämlich das Angebot (Antrag) der einen Partei zum Abschluss des Vertrags und seine Annahme durch die andere Partei voraus. Im Regelfall erfolgt zunächst das Angebot und mit der Annahme des Angebots kommt der Vertrag zustande. Allerdings kann eine wirksame Annahme auch schon vor Abgabe des entsprechendes Angebots erklärt werden (BGH NJW 2008, 2702 Rn. 24). 21

Da der Vertrag den *Konsens* zwischen den Parteien voraussetzt, lässt sich die Annahme definieren als das vorbehaltlose Einverständnis mit dem Angebot.

> **Annahme** ist das vorbehaltlose Einverständnis mit dem Angebot.

Daraus erklärt sich auch die Regelung des **§ 150 Abs. 2 BGB:** Weicht die Annahmeerklärung inhaltlich vom Angebot ab, so gilt dies als Ablehnung verbunden mit einem neuen Antrag. Dass die Abweichung möglicherweise nur geringfügig war und in allen wichtigen Punkten Übereinstimmung bestand, spielt insoweit keine Rolle. Das Vorliegen einer Abweichung ist jedoch nicht allein durch Vergleich des Wortlauts von Annahme und Angebot, sondern durch Auslegung des Angebots zu ermitteln.

Beispiel: A bietet dem B 10.000 schwedische Handsägen zu einem bestimmten Preis an, B erklärt sich damit einverstanden, 5.000 Stück zu nehmen. Der Vertrag ist über 5.000 Stück zustande gekommen, sofern anzunehmen ist, dass A von vornherein auch geringere Bestellmengen zu diesem Preis akzeptieren wollte.

Außerdem muss der Empfänger des Angebots nach Treu und Glauben (§ 242 BGB) seinen abweichenden Willen in der Annahmeerklärung klar und unzweideutig zum Ausdruck bringen. Tut er dies nicht, ändert er bspw. den Vertragstext so geschickt ab, dass die Änderungen nur äußerst schwer erkennbar sind, so ist § 150 Abs. 2 BGB nicht anwendbar. Der Vertrag kommt vielmehr zu den Bedingungen des Angebots zustande (BGH NJW 2014, 2100 Rn. 17).

2. Erklärung der Annahme

22 Der Antragende soll Klarheit haben, ob der Gegner mit dem Vertragsschluss einverstanden ist. Die Annahme ist daher grds. gegenüber dem Antragenden zu erklären und wird mit Zugang wirksam (§ 130 Abs. 1 S. 1 BGB). Die Annahme kann auch durch schlüssiges („konkludentes") Verhalten erfolgen.

Beispiel: Hauseigentümer A macht dem Energieversorger E ein Angebot zum Abschluss eines Versorgungsvertrags über Strom, Fernwärme und Wasser. Beliefert daraufhin E den A, so liegt darin eine konkludente Annahme des Angebots. A muss daher die Lieferungen bezahlen (BGH NJW-RR 2011, 409).

Allerdings muss der Erklärende das Bewusstsein haben, dass für das Zustandekommen des Vertrags zumindest möglicherweise noch eine Erklärung erforderlich ist (BGH NJW 2010, 2873 Rn. 18).

Beispiel: K hat dem V ein Kaufangebot gemacht. V nimmt das Angebot an, aber nicht rechtzeitig nach § 147 Abs. 2 BGB. Ein Vertrag ist daher nicht zustande gekommen. Die Annahme durch V gilt aber nach § 151 Abs. 1 BGB als neues Angebot. Zahlt K den Kaufpreis, so ist darin aber keine Annahme durch schlüssiges Verhalten zu sehen. Denn beide Parteien gingen davon aus, dass der Vertrag bereits zustande gekommen sei, und K lediglich den Vertrag erfüllen wollte.

Die Erklärung der Annahme „gegenüber" dem Antragenden ist jedoch nach § 151 S. 1 BGB entbehrlich, „wenn eine solche Erklärung nach der *Verkehrssitte* nicht zu erwarten ist oder der Antragende darauf *verzichtet* hat". Einer Annahme durch **Willenserklärung** bedarf es nach hM (aA *Schwarz* AcP 202 [2002], 607) allerdings auch in diesen Fällen, das Gesetz sieht lediglich vom Zugang ab. Zur Annahme genügt ein nach außen hervortretendes Verhalten aus dem eindeutig auf den Annahmewillen zu schließen ist (**„Willensbetätigung"**; BGHZ 209, 105 Rn. 38). Ob im Einzelfall ein solches Verhalten vorliegt, ist durch Auslegung anhand aller äußeren Umstände zu ermitteln. Dabei kommt es auf die Sichtweise nicht des Gegners, sondern eines unbeteiligten objektiven Dritten an (BGH NJW 1999, 2179; 2004, 287 f.).

> Die **Annahme iSd § 151 S. 1 BGB** ist ein als **Willensbetätigung** zu wertendes, nach außen hervortretendes Verhalten des Empfängers, das vom Standpunkt eines unbeteiligten objektiven Dritten auf Grund aller äußeren Indizien auf einen wirklichen Annahmewillen schließen lässt.

Typische Fälle sind **Erfüllungs-**, **Gebrauchs-** oder **Aneignungshandlungen.** Der bloß innere Wille zur Annahme reicht nicht aus, allerdings kann im Einzelfall – insbes. bei Geschäften, die für den Gegner **lediglich rechtlich vorteilhaft** sind – auch das bloße Schweigen, dh die Nichtablehnung des Angebots, als Annahme zu werten sein (→ § 6 Rn. 5 f. sowie BGH NJW 2000, 276 (277)).

Beispiele: Bestellt ein Reisender telegrafisch ein Hotelzimmer, so kommt der Beherbergungsvertrag schon in dem Augenblick zustande, in dem der Hotelier das Zimmer reserviert. – Bei einer brieflichen Warenbestellung kommt der Kaufvertrag schon mit Absendung der Ware zustande. – Bei der Übersendung einer Bürgschaftserklärung an den Gläubiger kommt der Vertrag durch Empfangnahme und Behalten der Urkunde zustande (BGH NJW 2000, 1563). – Mit Aushändigung der Garantiekarte an den Kunden kommt der Garantievertrag zustande (BGHZ 104, 85).

Eine **Verkehrssitte,** wonach der Zugang entbehrlich ist, besteht insbes. bei Rechtsgeschäften, die für den Gegner vorteilhaft sind, insbes. bei unentgeltlichen Zuwendungen (vgl. § 516 Abs. 2 S. 1 BGB). Ein **Verzicht** kann ausdrücklich, aber auch konkludent erfolgen, wenn sich aus den Umständen ergibt, dass der Antragende kein Interesse an einer Benachrichtigung hat. Das bloße Fehlen des „Vorbehalts" einer empfangsbedürftigen Annahmeerklärung reicht jedoch nicht aus (BGH NJW 1999, 1328).

Die Regelung des § 151 S. 1 BGB erleichtert und beschleunigt den Vertragsabschluss. 23
Dies kann sich zugunsten, aber auch zu Lasten des Annehmenden auswirken. Zugunsten, weil er sich bereits vom Zeitpunkt der Annahmehandlung an auf die Rechtswirkungen des Vertrages berufen kann; zu Lasten, weil ein Widerruf (§ 130 Abs. 1 S. 2 BGB) nicht mehr möglich ist.

Beispiele: Hat der Hotelier das Zimmer reserviert, so kann er Zahlung auch dann verlangen, wenn der Reisende auf der Anreise tödlich verunglückt ist (§ 153 BGB greift nicht ein); andererseits macht er sich schadensersatzpflichtig, wenn er das reservierte Zimmer anderweitig vergibt und der Reisende sich ein anderes Quartier suchen muss. – Hat der Lieferant die Ware abgesandt, so trägt der Käufer die Gefahr des zufälligen Untergangs (vgl. § 447 BGB); andererseits kann der Lieferant die Ware nicht mehr zurückrufen, ohne Vertragsbruch zu begehen.

Der Antragende ist bei der Vertragsannahme nach § 151 BGB zunächst im Ungewis- 24
sen, ob und wann eine Vertragsannahme erfolgt ist. Es besteht somit die Gefahr spekulativen Zuwartens des Gegners. Um dem abzuhelfen sieht § 151 S. 2 BGB vor, dass sich der Zeitpunkt des Erlöschens des Antrages „nach dem aus dem Antrag oder den Umständen zu entnehmenden Willen des Antragenden" bestimmt. In der Regel wird das Angebot kurz befristet sein, doch kommt es auf die Umstände des Einzelfalls an (BGH NJW 1999, 2179 (2180)).

Lässt die Handlung für sich gesehen auf einen Annahmewillen schließen, ohne dass ein solcher vorliegt – dazu ***Köhler*** **BGB AT PdW Fall 99** –, fehlt das sog. Erklärungsbewusstsein. Da mangels Zugang kein Vertrauen des Gegners zu schützen ist, nimmt die hM (vgl. BGH NJW 1990, 1656 (1658); aA *Brehmer* JuS 1994, 386 (389)) hier – anders als im Regelfall (→ § 7 Rn. 5) – an, es liege keine wirksame Annahme vor.

Beispiel: A bekommt unaufgefordert Weihnachtskarten der Aktion „Behindertes Kind" mit Zahlkarte zugesandt. Seine Frau legt die Karten auf seinen Schreibtisch. A verwendet die Karten im Glauben, seine Frau hätte sie gekauft. Es liegt kein wirksamer Kaufvertrag vor. Der Absender hat daher keinen Zahlungsanspruch und gem. § 241 a Abs. 1 BGB auch keine sonstigen Ansprüche.

Gelingt dem Handelnden der Nachweis des fehlenden Erklärungsbewusstseins, so ist 25
er daher vertraglich nicht gebunden. Für Vermögensnachteile des Antragenden haftet der Handelnde mangels eines Vertrauensschadens zwar nicht nach § 122 BGB analog, wohl aber kann eine Haftung nach den Vorschriften über die unerlaubte Handlung (§§ 823 ff. BGB), die ungerechtfertigte Bereicherung (§§ 812 ff. BGB) und das Eigentümer-Besitzer-Verhältnis (§§ 987 ff. BGB) begründet sein.

Für die Anfechtung der Annahme nach § 151 BGB, etwa wegen Irrtums über die Person des Antragenden oder über eine verkehrswesentliche Eigenschaft, gelten die allgemeinen Regeln.

3. Annahme durch „sozialtypisches Verhalten"

26 Die Regeln über das Zustandekommen von Verträgen sind an sich auf den individuell vereinbarten Leistungsaustausch zugeschnitten. Sie beanspruchen Geltung aber auch für die Fälle typischer Massenversorgung, bei denen Leistungen an jedermann zu tarifmäßigen Bedingungen erbracht werden, wie etwa bei der Benutzung öffentlicher Verkehrsmittel oder bewachter Parkplätze oder dem Bezug von Strom, Gas oder Wasser.

27 Die Bereitstellung der Leistung zu den festgesetzten Bedingungen ist als Vertragsangebot an jedermann (**„Realofferte"**) zu werten. Falls keine ausdrückliche Annahme (zB durch Lösen eines Fahrscheins) vorgesehen ist, erfolgt sie konkludent (durch **sozialtypisches Verhalten**) durch Inanspruchnahme der Leistung (vgl. BGHZ 202, 17 Rn. 10).

28 Was soll aber gelten, wenn der Abnehmer der Leistung gleichzeitig erklärt, er wolle einen Vertrag nicht (oder doch nicht zu den geforderten Bedingungen) schließen? Nach hM (vgl. BGHZ 202, 17 Rn. 10) ist der im Einzelfall erklärte gegenteilige Wille des Abnehmers unbeachtlich, da sie mit dem äußeren Verhalten unvereinbar sei (sog. **protestatio facto contraria** = mit dem tatsächlichen Verhalten unvereinbare Verwahrung). Denn der Abnehmer wisse, dass die Leistung nur gegen eine Gegenleistung erbracht zu werden pflege. Jedenfalls sei eine Analogie zu §§ 612, 632 BGB geboten (*Medicus/Petersen* AT Rn. 250).

29 Diese Lehre von der *„unbeachtlichen Verwahrung"* ist freilich unvereinbar mit dem Grundsatz der Privatautonomie, der auch den Grundsatz der negativen Vertragsfreiheit einschließt: Wer erklärt, keinen Vertrag schließen zu wollen, dessen Wille ist zu respektieren. Auch die Interessen des Leistungserbringers gebieten keine gegenteilige Entscheidung: er ist hinreichend durch die Vorschriften über die unerlaubte Handlung (§§ 823ff. BGB), die ungerechtfertigte Bereicherung (§§ 812ff. BGB) und das Eigentümer-Besitzer-Verhältnis (§§ 987ff. BGB) geschützt. Auf der anderen Seite kommt der Leistungsabnehmer auch nicht in den Genuss vertraglicher Ansprüche (vgl. *Köhler* JZ 1981, 464; Jauernig/*Mansel* BGB Vor § 145 Rn. 20).

4. „Auftragsbestätigung" und „kaufmännisches Bestätigungsschreiben"

a) Abgrenzung

30 Insbesondere, wenn ein Vertrag nur mündlich oder fernmündlich abgeschlossen wurde, kann mangels sicherer Unterlage leicht Streit darüber entstehen, ob und mit welchem Inhalt der Vertrag zustande gekommen ist. Um diese Unsicherheit zu beseitigen, ist es im kaufmännischen Verkehr gebräuchlich, durch eine schriftliche Bestätigung *(„kaufmännisches Bestätigungsschreiben")* das Zustandekommen und den Inhalt des Vertrages zu dokumentieren. Zu unterscheiden davon ist die sog. *„Auftragsbestätigung"* (dazu ***Köhler*** **BGB AT PdW Fall 101**), die nicht das Zustandekommen eines Vertrages bestätigen, sondern den Vertrag erst zustande bringen soll, also Annahme eines Angebots ist (zur Abgrenzung vgl. BGH JZ 1977, 603).

> Die **Auftragsbestätigung** ist die schriftliche Annahme eines Vertragsangebots.
> Das **kaufmännische Bestätigungsschreiben** ist eine Urkunde, in der ein Kaufmann den Inhalt eines (angeblich) geschlossenen Vertrags wiedergibt.

Weicht die Auftragsbestätigung vom Angebot inhaltlich ab, handelt es sich um eine Ablehnung, verbunden mit einem neuen Angebot (§ 150 Abs. 2 BGB). Im Schweigen auf eine solche sog. *„modifizierte Auftragsbestätigung"* ist (sofern es sich nicht um ganz unwesentliche Änderungen handelt) grds. noch keine stillschweigende Annahmeerklärung zu erblicken (BGHZ 61, 282 (285)), wohl aber in der widerspruchslosen Entgegennahme der Vertragsleistung (BGH NJW 1995, 1671 (1672)).

Beispiel: Bestellt A bei dem Textilhersteller T Stoffballen und verweist T in seiner Auftragsbestätigung darauf, dass er nur unter verlängertem Eigentumsvorbehalt liefere, so wird diese Klausel noch nicht Vertragsinhalt, wenn A dem nicht widerspricht; wohl aber dann, wenn er auch die Lieferung widerspruchslos entgegennimmt.

b) Bedeutung des Schweigens auf ein Bestätigungsschreiben

Das kaufmännische Interesse an rascher und verbindlicher Klarstellung vertraglicher 31
Beziehungen hat zur Entwicklung eines – mittlerweile zum Gewohnheitsrecht erstarkten – Grundsatzes geführt (vgl. BGH NJW 2007, 987 Rn. 21; 2011, 1965 Rn. 22):

> „Bei **Schweigen auf ein kaufmännisches Bestätigungsschreiben** gilt in der Regel der Vertrag entsprechend dem Inhalt des Schreibens als zustande gekommen."

Anwendbar ist dieser Grundsatz insbesondere, wenn (1) mangels tatsächlicher Einigung der Parteien kein oder (2) mangels wirksamer Vertretung kein wirksamer Vertrag oder (3) ein Vertrag mit einem anderen Inhalt zustande gekommen ist.

Der Empfänger muss dem Bestätigungsschreiben unverzüglich (§ 121 BGB) widersprechen, wenn er damit nicht einverstanden ist. Sein Schweigen wird sonst als Zustimmung gewertet (dazu ***Köhler*** **BGB AT PdW Fall 102**). Die dogmatische Einordnung dieses Schweigens ist umstritten. Eine stillschweigende Willenserklärung ist nicht anzunehmen, weil das Schweigen auch dann relevant ist, wenn dem Empfänger die Bedeutung seines Schweigens gar nicht bewusst war (fehlendes Erklärungsbewusstsein). Die Wirkung des Schweigens auf eine Pflicht- oder Obliegenheitsverletzung des Empfängers (Pflicht zum rechtzeitigen Widerspruch) zurückzuführen, ist misslich, weil Pflichtverletzungen im Allgemeinen nur Schadensersatzansprüche und Obliegenheitsverletzungen nur eine Einbuße an Rechten begründen. Man wird einen Fall der **Rechtsscheinhaftung** (kraft verkehrsmäßig typisierten Verhaltens; *Canaris* HandelsR § 23 II 1a) annehmen können: Auch wenn der Empfänger nicht zustimmen wollte, setzt er doch durch sein Schweigen den Rechtsschein der Zustimmung.

c) Voraussetzungen des Vertrauensschutzes

Es muss ein **Bestätigungsschreiben** vorliegen, dh eine Urkunde, in der auf eine ge- 32
troffene Absprache Bezug genommen und das Ergebnis der vorausgegangenen Vertragsverhandlungen verbindlich festgelegt wird (BGH ZGS 2011, 177 Rn. 23). Dieses Schreiben muss dem Empfänger in unmittelbarem zeitlichem Zusammenhang mit den Vertragsverhandlungen zugegangen sein. Es bedarf keiner besonderen Form,

kann also auch in einem Fax, einer E-Mail oder SMS enthalten sein. – Beide Parteien müssen **Kaufleute** iSd §§ 1 ff. HGB sein oder wenigstens **wie ein Kaufmann** selbständig und in größerem Umfang am Geschäftsverkehr teilnehmen (BGH ZGS 2011, 177 Rn. 23). Die bloße Unternehmereigenschaft iSd § 14 Abs. 1 BGB genügt daher nicht ohne Weiteres. – Es muss vor Absendung des Bestätigungsschreibens zu einem **rechtsgeschäftlichen Kontakt** der Parteien (Vertragsverhandlungen oder Vertragsschluss) gekommen sein (BGH NJW-RR 2001, 680), gleichgültig ob mündlich, fernmündlich oder schriftlich. – Das Bestätigungsschreiben muss schließlich **alsbald** nach dem (angeblichen) Vertragsschluss **abgesandt** worden und dem Empfänger **zugegangen** (§ 130 BGB) sein.

d) Grenzen des Vertrauensschutzes

33 Der Absender des Bestätigungsschreibens wird in drei Fällen nicht geschützt. Zum einen, wenn er es **bewusst unrichtig** abgefasst hat. Dagegen schadet ihm fahrlässige Unkenntnis nicht (aA *Canaris* HandelsR § 23 II 5b: Analogie zu § 173 BGB, § 54 Abs. 3 HGB). Zum anderen, wenn sich der Inhalt des Schreibens so weit von dem Inhalt der vertraglichen Vereinbarung entfernt, dass der Absender vernünftigerweise mit dem Einverständnis des Empfängers nicht rechnen kann (BGH NJW 2011, 1965 Rn. 23). So etwa bei Hinzufügung branchenunüblicher oder unzumutbarer Vertragsklauseln oder echten Widersprüchen zum ursprünglichen Vertragsinhalt. Zum dritten, wenn der Absender seinerseits ein abweichendes Bestätigungsschreiben des Gegners erhielt.

Beispiel: Nimmt der Bestätigende ergänzend auf seine AGB Bezug, so werden diese AGB nach hM grds. Vertragsinhalt, wenn der Gegner nicht unverzüglich widerspricht. Dies gilt aber nicht, wenn bei den vorausgegangenen Verhandlungen beide Parteien ergebnislos versucht haben, ihre AGB durchzusetzen oder wenn die AGB des Bestätigenden einen unüblichen oder unzumutbaren Inhalt haben.

Die unterschiedliche Behandlung des Schweigens auf eine „modifizierte Auftragsbestätigung" und auf ein „kaufmännisches Bestätigungsschreiben", insbes. was die Einbeziehung von AGB angeht, ist freilich in der Sache wenig gerechtfertigt. Richtiger erschiene es, in beiden Fällen das Schweigen nur dann als Zustimmung zu werten, wenn es sich um „unwesentliche" Abweichungen handelt.

e) Unkenntnis und Willensmängel beim Empfänger

34 Der Empfänger kann sich nicht darauf berufen, er habe sich über die Bedeutung seines Schweigens geirrt oder er habe keine Kenntnis vom (zugegangenen) Bestätigungsschreiben erlangt. Die Irrtumsanfechtung ist insoweit ausgeschlossen (BGHZ 11, 5; Palandt/*Ellenberger* BGB § 147 Rn. 8). Diese Risiken muss der Empfänger als Teilnehmer am kaufmännischen Verkehr tragen. Der Empfänger kann auch nicht einwenden, er sei irrtümlich davon ausgegangen, dass Verhandlungsergebnis und Bestätigungsschreiben übereinstimmten, da es sich insoweit um einen bloßen Motivirrtum handelt. Anders verhält es sich, wenn sich der Empfänger über den Inhalt des Bestätigungsschreibens irrt und deshalb nicht widerspricht. Hier kann er sein Schweigen nach § 119 Abs. 1 BGB analog anfechten. Denn er soll nicht schlechter stehen, wie wenn er ausdrücklich seine Zustimmung erteilt hätte (*Wolf/Neuner* BGB AT § 37 Rn. 56). Andere wollen dagegen hier aus Gründen des Verkehrsschutzes die Anfechtung gänzlich versagen (*Roth* in Koller/Kindler/Roth/Drüen, HGB, 9. Aufl. 2019, § 346 Rn. 34) oder auf den Fall des verschuldeten Irrtums beschränken (*Medicus/Peter-*

sen AT Rn. 442). Da der Empfänger die Beweislast für seinen Irrtum trägt und der Irrtum selten nachweisbar sein wird, dürfte das Problem selten praktisch werden.

IV. Sonderregelungen für den Widerruf einer Vertragserklärung

Widerruf
1. Widerrufsrecht 2. Widerrufserklärung 3. Einhaltung der Widerrufsfrist

1. Die verbraucherschützenden Widerrufsrechte

Kauf am Telefon: Die Antiquarin V ruft bei dem Literaturwissenschaftler H, einem ihrer Stammkunden, an, und bietet ihm eine Erstausgabe der „Buddenbrooks" für 1.200 Euro an. H ist sofort einverstanden. Tags darauf stellt er fest, dass er dieses Werk bereits besitzt. Er ruft bei V zurück, teilt ihr seinen Irrtum mit und bittet sie, die Bestellung zu „stornieren". V lehnt jedoch ab. Kann H trotzdem noch vom Vertrag mit V loskommen?

Das Vertragsrecht geht vom Grundsatz des **pacta sunt servanda** aus: Wer einen Ver- 35
trag geschlossen hat, muss ihn auch halten. Er kann sich nicht schon deshalb vom Vertrag lösen, weil er ihn später bereut. Daher kann nach § 130 Abs. 1 S. 2 BGB eine Vertragspartei ihre Willenserklärung, sei es Angebot oder Annahme, nur bis zu ihrem Zugang bei der anderen Vertragspartei widerrufen. Von diesem Grundsatz ist der Gesetzgeber auf Grund unionsrechtlicher Vorgaben in einigen Regelungen zum Schutze des Verbrauchers vor übereilten und unüberlegten Vertragsschlüssen abgerückt. Sie sehen vor, dass der Verbraucher seine auf den Vertragsschluss gerichtete Willenserklärung auch noch nach ihrem Zugang innerhalb einer bestimmten Frist frei widerrufen kann. Solche Sonderregelungen enthalten ua **§ 312g BGB (außerhalb von Geschäftsräumen geschlossene Verträge und Fernabsatzverträge)** und **§ 510 BGB (Ratenlieferungsvertrag).** In den §§ 355ff. BGB sind Voraussetzungen und Rechtsfolgen des Widerrufs näher ausgestaltet.

Im Fall des *Kaufs am Telefon* kann H den Kauf nicht wegen Irrtums anfechten, da keiner der Irrtumstatbestände des § 119 BGB erfüllt ist. Jedoch kann H seine Bestellung nach § 312g Abs. 1 BGB widerrufen, weil ein *Fernabsatzvertrag* iSd § 312c BGB vorliegt. Denn der Kaufvertrag war zwischen einem Unternehmer (§ 14 Abs. 1 BGB) und einem Verbraucher (§ 13 BGB) unter ausschließlicher Verwendung eines Fernkommunikationsmittel, nämlich des Telefons (§ 312c Abs. 2 BGB), geschlossen worden. Der Widerruf hat nach den §§ 355, 356 BGB zu erfolgen.

2. Widerrufserklärung, Widerrufsfrist und Widerrufsbelehrung

Besteht ein Widerrufsrecht auf Grund einer Verbraucherschutzregelung, so ist Folgen- 36
des zu beachten (vgl. auch **PdW 2 Fall 97 und 98**):

a) Widerrufserklärung

Der Widerruf muss durch *Erklärung gegenüber dem Unternehmer* (§ 355 Abs. 1 S. 2 BGB) erfolgen. Eine bestimmte Form ist dafür nicht vorgesehen. Aus der Erklärung muss der Entschluss des Verbrauchers zum Widerruf des Vertrags eindeutig hervorgehen (§ 355 Abs. 1 S. 3 BGB), die bloße Rücksendung allein genügt also nicht.

Jedoch braucht die Erklärung keine Begründung zu enthalten (§ 355 Abs. 1 S. 4 BGB).

Im Fall des *Kaufs am Telefon* kann H also sein Widerrufsrecht beispielsweise auch *telefonisch* ausüben. Dies empfiehlt sich jedoch aus Beweisgründen nicht.

b) Widerrufsfrist und Widerrufsbelehrung

Die Widerrufsfrist beträgt 14 Tage und beginnt grds. mit Vertragsschluss, soweit nichts anderes bestimmt ist (§ 355 Abs. 2 BGB). Für das Widerrufsrecht bei *außerhalb von Geschäftsräumen geschlossenen Verträgen* und bei *Fernabsatzverträgen,* die einen Verbrauchsgüterkauf zum Gegenstand haben, beginnt die Frist erst, wenn der Verbraucher die Waren erhalten hat (§ 356 Abs. 2 Nr. 1a BGB). Außerdem beginnt die Frist nicht, bevor der Unternehmer den Verbraucher über sein Widerrufsrecht belehrt hat (Einzelheiten in § 356 Abs. 3 S. 1 BGB). Für die Widerrufsbelehrung und den Widerruf gibt es „Muster" (Anlage 1 zu Art. 246a § 1 Abs. 2 S. 2 BGB und Anlage 2 zu Art. 246a § 1 Abs. 2 S. 1 Nr. 1 BGB und § 2 Abs. 2 Nr. 2 EGBGB), die der Unternehmer, um Nachteile zu vermeiden, verwenden sollte.

Im Fall des *Kaufs am Telefon* besteht das Widerrufsrecht, wenn keine Widerrufsbelehrung stattgefunden hat, auch noch nach 14 Tagen ab Empfang des Buches fort (§ 356 Abs. 2 S. 3 BGB). Jedoch kann V auch nach Vertragsschluss noch die Belehrung vornehmen und damit den Fristbeginn ermöglichen.

3. Rechtsnatur und Rechtsfolgen des Widerrufs

36a Der Widerruf ist, wie sich aus dem Zusammenhang mit der gesetzlichen Regelung über den Rücktritt (§§ 346ff. BGB) ergibt, ein dem Rücktritt verwandtes Gestaltungsrecht. Die Bindung des Verbrauchers und des Unternehmers an ihre auf den Abschluss des Vertrags gerichteten Willenserklärung endet mit fristgerechter Erklärung des Widerrufs (§ 355 Abs. 1 S. 1 BGB). Der Widerruf setzt allerdings keinen wirksamen Vertrag voraus, zumal dessen Voraussetzungen im Streitfall leichter feststellbar sind als die der Nichtigkeit. Der Verbraucher hat daher grds. die Wahl, ob er sich auf Nichtigkeit mit der Folge der §§ 812ff. BGB beruft oder den Widerruf erklärt (BGH NJW 2010, 610 Rn. 16ff.). Die Rechtsfolgen des Widerrufs sind allgemein für Verbraucherverträge in § 355 Abs. 3 BGB geregelt. Für *außerhalb von Geschäftsräumen geschlossene Verträge* und *Fernabsatzverträge* gelten die besonderen, sehr detaillierten Vorschriften des § 357 BGB.

Im Fall des *Kaufs am Telefon* müssen die empfangenen Leistungen spätestens nach 14 Tagen ab Widerruf zurückgegeben werden. H hat die unmittelbaren Kosten der Rücksendung aber nur dann zu tragen, wenn V ihn über die Kostentragungspflicht unterrichtet hat (§ 357 Abs. 6 S. 1 BGB).

> In Verbraucherschutzregelungen, wie zB § 312g BGB, ist dem Verbraucher ein rücktrittsähnliches **Widerrufsrecht** eingeräumt. Form, Frist und Rechtsfolgen des Widerrufs sind in §§ 355ff. BGB und Art. 246a EGBGB geregelt.

V. Der Einigungsmangel (Dissens)

1. Die Einigung als Wesensmerkmal des Vertrages

37 Der Vertrag setzt übereinstimmende Willenserklärungen der Vertragsparteien voraus. Es muss eine Einigung (Konsens) über den Inhalt des gewollten Vertrages bestehen.

Ob dies der Fall ist, ist durch Auslegung zu ermitteln. Dabei ist zweierlei zu beachten: Haben die Parteien übereinstimmend dasselbe gewollt, gilt das Gewollte, auch wenn sie sich einer fehlerhaften oder missverständlichen Ausdrucksweise bedient haben (falsa demonstratio non nocet; → § 9 Rn. 13). Haben die Parteien subjektiv zwar Unterschiedliches gewollt, ergibt aber die Auslegung, dass beide Erklärungen in einem bestimmten Sinne zu verstehen sind, liegt eine vertragliche Einigung vor. Die Partei, die ihrer Erklärung subjektiv einen anderen Inhalt beigemessen hat, als sie objektiv hat, kann ihre Erklärung allenfalls nach § 119 Abs. 1 BGB anfechten. Zunächst aber hat der Vertrag Bestand.

Ergibt die Auslegung, dass sich die Parteien nicht oder nicht vollständig geeinigt haben, liegt ein Einigungsmangel (Dissens) vor. Je nachdem, ob dies den Parteien bewusst war oder nicht, spricht man von offenem oder verstecktem Dissens.

2. Der offene Dissens

38 Solange die Parteien sich nicht über die unverzichtbaren *(wesentlichen)* Vertragspunkte *(essentialia negotii)* geeinigt haben, ist naturgemäß noch kein Vertrag zustande gekommen. So etwa, wenn die Parteien noch unterschiedliche Vorstellungen über die Höhe des Kaufpreises haben. Anders verhält es sich, wenn es sich um einen bloßen *Nebenpunkt* handelt, iÜ aber bereits Einigkeit erzielt ist.

Die Garantiefristen: A verhandelt mit B über die Lieferung einer Werkzeugmaschine. Bis auf die Frage der Garantiefristen hat man bereits vollständige Einigkeit erzielt. Da der Liefertermin nahe gerückt ist und die Lieferung nicht gefährdet werden soll, klammert man die Frage zunächst aus. Die Maschine wird geliefert und bezahlt. Später entsteht Streit über die Garantiefristen.

39 Ob eine vertragliche Bindung gewollt ist, obwohl noch einzelne (ggf. auch wesentliche) Punkte ungeregelt geblieben sind, ist durch Auslegung zu ermitteln. Ein wichtiges Indiz für einen solchen Bindungswillen ist es, wenn die Parteien mit der Vertragsdurchführung beginnen (BGH NJW 1983, 1727 (1728); 2002, 817). Ist eine Bindung gewollt, müssen die offengebliebenen Punkte, wenn darüber später keine Einigung erzielt werden kann, durch die dispositive gesetzliche Regelung (zB §§ 612 Abs. 2, 632 Abs. 2 BGB) oder durch ergänzende Vertragsauslegung nach dem Vertragszweck oder nach §§ 315 ff. BGB analog (Billigkeit) ausgefüllt werden (vgl. BGHZ 41, 271 (275); BGH NJW 1983, 1189 (1190); 1983, 1777 (1778); 1997, 2671 (2672)). Dazu ***Köhler*** **BGB AT PdW Fall 105.**

Im *Garantiefristen-Fall* ist eine vertragliche Bindung anzunehmen, da beide Parteien den Vertrag durchgeführt haben. Die Vertragslücke ist, wenn die ergänzende Vertragsauslegung nicht weiterhilft, durch das dispositive Gesetzesrecht zu füllen (hier: § 438 BGB).

40 Lässt sich dagegen nicht eindeutig feststellen, ob die Parteien bereits eine vertragliche Bindung hinsichtlich der geklärten Punkte gewollt haben, greift die Auslegungsregel des § 154 Abs. 1 S. 1 BGB ein: „Solange nicht die Parteien sich über alle Punkte eines Vertrages geeinigt haben, über die nach der Erklärung auch nur einer Partei eine Vereinbarung getroffen werden soll, ist im Zweifel der Vertrag nicht geschlossen". (Grund: Schutz der negativen Vertragsfreiheit; keine Partei soll an einen Vertrag gebunden sein, den sie so nicht gewollt hat.) Nach § 154 Abs. 1 S. 2 BGB ist die Verständigung über einzelne Punkte auch dann nicht bindend, wenn eine Aufzeichnung (sog. Punktation) stattgefunden hat. Haben die Parteien die Beurkundung des beabsichtig-

ten Vertrages verabredet, so ist nach § 154 Abs. 2 BGB „im Zweifel der Vertrag nicht geschlossen, bis die Beurkundung erfolgt ist", mögen sie sich auch schon über alle Punkte geeinigt haben. Doch greift diese Auslegungsregel nicht ein, wenn die Schriftform für die Parteien keine konstitutive Bedeutung hatte. Dafür spricht es, wenn die Schriftform nur Beweiszwecken dienen sollte oder wenn sie den Vertrag einvernehmlich in Vollzug setzen (BGH NJW 2009, 433 Rn. 27, 28).

3. Der versteckte Dissens

41 Haben sich die Parteien nicht einmal über die unverzichtbaren Vertragspunkte geeinigt, liegt ein Vertrag selbstverständlich auch dann nicht vor, wenn die Parteien dies irrtümlich glauben. Zu einem solchen Missverständnis kann es insbes. dann kommen, wenn die Parteien objektiv mehrdeutige Erklärungen abgeben und Verschiedenes wollen (dazu ***Köhler*** **BGB AT PdW Fall 107**). (Auch hier ist freilich zu prüfen, ob nicht durch Auslegung ein bestimmter Erklärungssinn allein maßgebend ist; sog. normativer Konsens.)

Schulbeispiele für die Problematik sind der sog. *Dollar-Fall* (Festsetzung eines Kaufpreises in Dollar, wobei der eine amerikanische, der andere kanadische Dollar meint) und der *Weinsteinsäure-Fall* (beide Parteien wollen verkaufen, bringen dies aber in ihren Telegrammen nicht eindeutig zum Ausdruck; RGZ 104, 265).

42 Denkbar ist weiter der Fall, dass die Willenserklärungen bereits äußerlich voneinander abweichen, die Parteien ihre Erklärungen aber wechselseitig missverstehen und an das Zustandekommen eines Vertrages glauben (sog. *Erklärungsdissens*). Solche Fälle gibt es freilich wohl nur in der Theorie.

43 Schließlich ist der Fall zu bedenken, dass die Einigung zwischen den Parteien unvollständig war *(Teildissens)*. Die Parteien glauben, sich vollständig geeinigt zu haben, während sie in Wahrheit einen (Neben-)Punkt, über den eine Vereinbarung getroffen werden sollte, nicht geregelt haben.

So läge es im *Garantiefristen-Fall*, wenn die Parteien die an sich gewünschte Regelung der Garantiefristen vergessen hätten und an einen vollständigen Vertrag glaubten.

In einem solchen Fall ist wiederum zuerst durch Auslegung zu ermitteln, ob eine vertragliche Bindung hinsichtlich der übereinstimmend geregelten Punkte gewollt war. Ist dies anzunehmen, so ist die Vertragslücke durch dispositives Recht, ergänzende Vertragsauslegung bzw. analoge Anwendung des § 315 BGB zu schließen (dazu ***Köhler*** **BGB AT PdW Fall 106**). Lässt sich dagegen eine Bindung nicht eindeutig feststellen, so greift die Auslegungsregel des § 155 BGB ein: Es gilt das Vereinbarte, sofern anzunehmen ist, dass die Parteien den Vertrag auch ohne Regelung des offenen Punktes geschlossen hätten. Wer die Wirksamkeit des Vertrages behauptet, muss also dartun und beweisen, dass der ungeregelte Punkt für den Vertragsschluss aus der Sicht der Parteien unwesentlich war (vgl. auch § 139 BGB).

VI. Vertragsfreiheit und Kontrahierungszwang

44 **Die Liefersperre:** L war in Deutschland alleiniger Lieferant von *Rossignol*-Skiern. Er stellte die Belieferung des großen Sportfachgeschäfts S ein, weil es die Skier unter dem gewünschten Endverkaufspreis weiterverkaufte und damit Unruhe in den Markt brachte. S klagte auf Weiterbelieferung, weil es die Marke Rossignol im Sortiment führen müsse, um konkurrenzfähig zu bleiben (nach BGH NJW 1976, 801).

Wesentlicher Bestandteil der Privatautonomie ist die negative Vertragsfreiheit, die Freiheit also, einen angetragenen Vertragsschluss ablehnen zu können. Der rechtliche Schutz dieser Freiheit darf aber nicht die Realität der wirtschaftlichen und gesellschaftlichen Verhältnisse außer Acht lassen. Andernfalls wird sie zum Privileg und zum Machtinstrument: Privileg, weil die auf eine bestimmte Leistung Angewiesenen auf den Vertragsschluss nicht verzichten, somit von der negativen Vertragsfreiheit nicht Gebrauch machen können. Machtinstrument, weil die Verweigerung des Vertragsschlusses (oder die Drohung damit) die auf den Vertragsschluss Angewiesenen in ihrer wirtschaftlichen und gesellschaftlichen Existenz treffen (oder gefügig machen) kann. Eine uneingeschränkte Anerkennung der negativen Vertragsfreiheit würde die rechtliche Kapitulation vor Willkür und Machtmissbrauch bedeuten. Die Vertragsfreiheit muss daher dort zurücktreten, wo der Schutz überwiegender Interessen der Allgemeinheit oder des einzelnen dies gebietet. An die Stelle der Abschlussfreiheit tritt der Kontrahierungszwang (Abschlusspflicht oder Abschlusszwang).

> **Kontrahierungszwang** ist die kraft Gesetzes bestehende Verpflichtung, mit einem anderen einen von diesem gewünschten Vertrag zu schließen.

Der Kontrahierungszwang kann auf **spezialgesetzlicher** Anordnung beruhen und betrifft zumeist die Träger rechtlich geschaffener oder anerkannter Monopolstellungen (zB Personenbeförderungsunternehmen, § 22 PBefG, § 3 EVO, § 21 Abs. 2 LuftVG; § 22 EnWG). 45

Darüber hinaus unterliegen **Einrichtungen** mit einer **monopolartigen Stellung** im Bereich der **Daseinsvorsorge** gegenüber den Endverbrauchern grds. einem **mittelbaren** Kontrahierungszwang. Als Rechtsgrundlage ist nach hM § 826 BGB heranzuziehen: Der Inhaber einer solchen Monopolstellung handelt sittenwidrig, wenn er einem Interessenten ohne sachlich gerechtfertigten Grund eine daseinswichtige Leistung verweigert oder nur unter unangemessenen Bedingungen anbietet (BGHZ 63, 282 (284f.); BGH NJW 1990, 761 (762)). Er hat Schadensersatz in der Weise zu leisten, dass er den gewünschten Vertrag schließt und erfüllt (§ 249 Abs. 1 BGB). Teilweise wird jedoch der Kontrahierungszwang in solchen Fällen auch auf das Sozialstaatsprinzip und eine Gesamtanalogie zu den bestehenden gesetzlichen Spezialregelungen gestützt. Noch nicht abschließend geklärt ist, ob ein Kontrahierungszwang nur bei lebensnotwendigen oder jedenfalls lebenswichtigen Leistungen in Betracht kommt oder bei jeder Bedarfsdeckung iRd normalen Lebensführung eines Durchschnittsbürgers. Maßgebend ist, ob ein schutzwürdiges Interesse des Einzelnen an der betreffenden Leistung anzuerkennen ist. Das ist zB bei der Benutzung kultureller Einrichtungen (wie zB Museen) zu bejahen, beim Zugang zu einer Spielbank dagegen zu verneinen (BGH MDR 1995, 105). 46

Im Bereich der **unternehmerischen Betätigung** hat das **kartellrechtliche Diskriminierungsverbot** die Anwendung des § 826 BGB praktisch entbehrlich gemacht. Es hat seine Grundlage in § 19 Abs. 1 GWB und gilt für **marktbeherrschende Unternehmen** sowohl gegenüber Verbrauchern (BGH NJW-RR 2011, 774 Rn. 54ff.) als auch gegenüber Unternehmen (§§ 19 Abs. 2 Nr. 1 GWB). Nach § 20 Abs. 1 S. 1 GWB gilt es auch für **marktstarke Unternehmen** gegenüber den von ihnen **abhängigen Unternehmen.** Unter Diskriminierung ist die unbillige Behinderung sowie die Ungleich- 47 behandlung ohne sachlich gerechtfertigten Grund zu verstehen. Da eine Diskriminierung auch und gerade in einer Lieferverweigerung bestehen kann, ergibt sich daraus mittelbar ein Kontrahierungszwang. Der Abschluss des verweigerten Vertrages kann im Wege der Schadensersatzklage vom betroffenen Verbraucher oder Unternehmen nach § 33 Abs. 3 GWB iVm § 249 Abs. 1 BGB (Naturalherstellung durch Vertragsschluss) oder im Wege der Beseitigungsklage (§ 33 Abs. 1 GWB) erstritten werden.

Im *Liefersperre-Fall* war S von L abhängig, weil es, um wettbewerbsfähig zu bleiben, die Marke Rossignol im Sortiment führen musste. Die Liefersperre war auch nicht sachlich gerechtfertigt, weil der Wiederverkäufer in seiner Preisgestaltung frei sein soll. L war daher zur Weiterbelieferung verpflichtet.

47a Bei einem Verstoß gegen das zivilrechtliche **Benachteiligungsverbot** (§ 19 AGG) kann der Benachteiligte nach § 21 Abs. 1 S. 1 AGG **Beseitigung** und bei Wiederholungsgefahr nach § 21 Abs. 1 S. 2 AGG **Unterlassung** verlangen. Außerdem kann der Benachteiligte **Schadensersatz** nach § 21 Abs. 2 S. 1 AGG verlangen, es sei denn, der Benachteiligende hat die Pflichtverletzung nicht zu vertreten (§ 21 Abs. 2 S. 2 AGG). Bei immateriellen Schäden kann der Benachteiligte nach § 21 Abs. 2 S. 3 AGG eine angemessene Entschädigung in Geld verlangen. Ausnahmsweise kann der Benachteiligte auch den Abschluss eines Vertrages verlangen, wenn es ohne den Verstoß zum Vertragsschluss gekommen wäre (Palandt/*Grüneberg* AGG § 21 Rn. 7).

Der abweisende Türsteher: Der Türsteher einer Diskothek hatte einem Jugendlichen mit schwarzer Hautfarbe den Zutritt mit der Begründung verweigert, es seien schon „genug Schwarze" drin. Darin lag eine unzulässige Benachteiligung aus Gründen der Rasse und des Geschlechts iSd § 19 Abs. 1 AGG. Der Diskothekenbetreiber muss sich das Verhalten des Türstehers zurechnen lassen. Er hat daher dem Jugendlichen einen angemessenen Geldbetrag wegen der erlittenen Diskriminierung zu zahlen (vgl. OLG Stuttgart NJW 2012, 1085: 900 Euro).

48 Der Abschlusszwang ersetzt nicht die notwendige Annahmeerklärung des Abschlusspflichtigen. Schweigt aber der Abschlusspflichtige auf ein entsprechendes Vertragsangebot, so ist dies regelmäßig als konkludente Annahme zu werten. Die Frage hat allerdings keine große praktische Bedeutung. Wird nämlich die Leistung nicht erbracht, muss der Interessent ohnehin auf Leistung klagen. Er kann aber auch mit der Klage auf Annahme des Vertragsangebotes die Klage auf Leistung verbinden. Zu welchen Bedingungen der Abschlusspflichtige abzuschließen hat, ist der jeweiligen Norm zu entnehmen. Grds. besteht die Pflicht zum Abschluss zu den üblichen bzw. nicht diskriminierenden Bedingungen. Hat der Interessent auf Grund der Verweigerung des Vertragsschlusses einen Vermögensschaden erlitten, kann er Schadensersatz nach § 823 Abs. 2 BGB und – bei Vorsatz – auch nach § 826 BGB verlangen.

Der unwillige Taxifahrer: Der Taxifahrer T weigert sich, den Geschäftsmann G zum Flughafen zu befördern, weil er mit ihm verfeindet ist. Da kein anderes Taxi erreichbar ist, kommt G nicht rechtzeitig zum Flughafen, versäumt den Flug und deswegen einen wichtigen Termin. – G kann von T Schadensersatz nach § 826 BGB und nach § 823 Abs. 2 BGB iVm § 22 PBefG verlangen, weil diese Vorschrift zugleich ein Schutzgesetz ist.

VII. Vorvertrag und Optionsvertrag

49 Das Wirtschaftsleben bringt Situationen mit sich, in denen ein endgültiger Vertragsschluss noch nicht möglich oder sinnvoll ist, gleichwohl aber schon gewisse Rechtsbindungen zweckmäßig erscheinen, um das künftige Zustandekommen eines Vertrages

im Interesse einer oder beider Parteien sicherzustellen. Hierbei sind insbes. der Vorvertrag und der Optionsvertrag von Bedeutung.

1. Der Vorvertrag

Der Vorvertrag ist ein Vertrag, der die Verpflichtung eines oder beider Teile enthält, 50 demnächst einen anderen Vertrag, den sog. Hauptvertrag, zu schließen (BGHZ 102, 384 (388)). Er ist auf Grund der Vertragsfreiheit zulässig und bietet sich an, wenn dem Abschluss des Hauptvertrages noch rechtliche oder tatsächliche Hindernisse entgegenstehen.

Beispiele: (1) Die Lebensmittelhändlerin A möchte von B Räume in einem erst zu errichtenden Haus mieten. Es steht noch nicht fest, wann die Räume bezugsfertig sein werden und ob das Betreiben eines Ladens behördlich genehmigt wird. Außerdem sollen noch Details des Mietvertrages geklärt werden. A und B können sich bereits jetzt durch Vorvertrag sichern, dass später ein Mietvertrag zustande kommt.

(2) A und B wollen eine GmbH gründen, aber zuvor noch andere Gesellschafter werben. Sie können durch Vorvertrag sicherstellen, dass es später auch zur Gründung kommt.

Ob im Einzelfall die Parteien bloße Vertragsverhandlungen geführt oder bereits einen 51 Vorvertrag oder gar einen Hauptvertrag geschlossen haben, ist eine Frage der Auslegung (vgl. BGH NJW 1980, 1577). Bloße Vertragsverhandlungen sind noch nicht bindend. Solange sich die Parteien nicht über alle aus ihrer Sicht regelungsbedürftigen Punkte geeinigt haben, ist nach § 154 Abs. 1 S. 1 BGB im Zweifel der Vertrag noch nicht geschlossen. Dies schließt aber nicht aus, dass die Parteien sich durch einen Vorvertrag zunächst nur hinsichtlich einzelner Punkte binden und die Regelung der offen gebliebenen Punkte einer späteren Einigung vorbehalten. Die Annahme eines Vorvertrages setzt daher voraus, dass eine Einigung erzielt worden ist (BGH NJW 2006, 2843 Rn. 10). Weiter setzt der Vorvertrag zu seiner Wirksamkeit inhaltliche Bestimmtheit oder doch Bestimmbarkeit der wesentlichen Bestandteile des Hauptvertrages voraus (BGH NJW 1990, 1234 (1235); 2006, 2843 Rn. 13). Im Streitfall muss sich also der Inhalt des versprochenen Hauptvertrages zumindest durch ergänzende Vertragsauslegung ermitteln lassen. Bei einem Vorvertrag zu einem Kaufvertrag müssen sich zB Kaufgegenstand und Kaufpreis aus den gesamten Umständen des Falles ermitteln lassen. Ob der Vorvertrag der Form des Hauptvertrages bedarf, bestimmt sich nach Sinn und Zweck der jeweiligen Formvorschrift (dazu ***Köhler*** **BGB AT PdW Fall 103**).

Beispiel: Der Vorvertrag zu einem Grundstückskaufvertrag bedarf der Form des § 311b Abs. 1 S. 1 BGB, da diese Formvorschrift ua den Schutz vor übereilter Bindung bezweckt und dieser Schutzzweck auch für den Vorvertrag gilt (vgl. BGH NJW 2006, 2843 Rn. 15).

Jede Partei eines Vorvertrags kann von der anderen verlangen, am Aushandeln der Be- 52 dingungen des Hauptvertrages mitzuwirken (dazu näher BGH NJW 2006, 2843 Rn. 26). Die Verpflichtung zur Mitwirkung beim Abschluss des Hauptvertrages kann auf unterschiedliche Weise erfüllt werden (BGH DNotZ 1990, 728): durch persönliche Abgabe oder Annahme eines Angebots (§§ 145, 147 BGB), durch Bevollmächtigung (§ 164 BGB) eines Dritten zum Vertragsschluss, aber auch durch Genehmigung des von einem Dritten geschlossenen Vertrages (§§ 177, 182 BGB).

Vom Vorvertrag zu unterscheiden ist der **Rahmenvertrag.** Er hat den Zweck, eine auf Dauer angelegte Geschäftsverbindung zu eröffnen und dabei bestimmte Einzelheiten künftig abzuschließender Verträge festzulegen (vgl. BGH NJW-RR 1992, 977). Aus einem Rahmenvertrag kann zwar – mangels inhaltlicher Festlegung – nicht auf Abschluss eines Einzelvertrags geklagt werden; wohl aber trifft die Parteien eine Verhandlungspflicht, deren schuldhafte Verletzung durch Nichtabschluss eines Einzelvertrages zu einer Schadensersatzpflicht führen kann.

2. Der Optionsvertrag

53 Der Optionsvertrag schafft für den Begünstigten das Recht („Optionsrecht"), durch einseitige Erklärung ein inhaltlich bereits fixiertes Vertragsverhältnis zu begründen oder zu verlängern. Konstruktiv bieten sich dazu zwei Wege an:

(1) Durch den Vertrag wird ein bindendes Vertragsangebot begründet und werden zugleich die Bedingungen (ua das sog. Bindungsentgelt) festgelegt, unter denen der Begünstigte dieses Angebot annehmen kann (sog. *Angebotsvertrag*). Hier liegen also in Wahrheit zwei Verträge vor, der eigentliche *Optionsvertrag* und der durch ihn vorbereitete *Hauptvertrag*.

(2) Der Vertrag wird unter der aufschiebenden Bedingung der Ausübung des Optionsrechts geschlossen. Dem Begünstigten steht es frei, ob er von seinem Recht Gebrauch macht oder nicht (sog. *Hauptvertrag mit Optionsvorbehalt*).

Ob das eine oder andere gewollt ist, muss durch Auslegung ermittelt werden.

54 Beim Optionsvertrag ist also der Optionsgeber fest zum Vertragsabschluss zu bestimmten Bedingungen bereit, während der Optionsnehmer sich die Entscheidung noch vorbehält. Durch den Abschluss des Optionsvertrages kann sich der Optionsnehmer davor sichern, dass der Optionsgeber zwischenzeitlich einen Vertrag mit einem anderen Abnehmer schließt. Für eine solche Gestaltungsmöglichkeit besteht im Wirtschaftsleben ein großes Bedürfnis.

Beispiele: (1) A hat sich eine Erfindung patentieren lassen und will sie kommerziell verwerten. Er bietet dem B einen Lizenzvertrag an. B ist dazu grds. bereit, will jedoch zuerst die Erfindung auf ihre technische Brauchbarkeit und wirtschaftliche Verwertbarkeit überprüfen. Um sich den Abschluss dieses Lizenzvertrages zu sichern, kann sich B vertraglich ein Optionsrecht einräumen lassen (dazu ***Köhler*** **BGB AT PdW Fall 104**).

(2) Die Leasinggesellschaft L vermietet dem N ein Auto. Dem N wird im Vertrag das Recht eingeräumt, das Auto nach einiger Zeit unter Anrechnung des bis dahin gezahlten Mietzinses käuflich zu erwerben (Kaufoption).

(3) Der Unternehmer U mietet von B gewerbliche Räume auf fünfzehn Jahre und lässt sich das Recht einräumen, den Vertrag dreimal um fünf Jahre zu verlängern (Optionsfrist).

55 Die Form des Hauptvertrages gilt auch für den Optionsvertrag. Strittig ist dagegen, ob auch die Ausübung der Option (sog. Optionserklärung) dieser Form bedarf. Richtigerweise ist dies zu bejahen, ohne dass es auf die jeweilige Rechtsnatur des Optionsvertrages (s. o.) ankäme.

Beispiel: Ist durch einen Optionsvertrag dem K das Recht eingeräumt worden, ein bestimmtes Grundstück zu erwerben, bedarf nicht nur der Optionsvertrag selbst der Form des § 311b Abs. 1 S. 1 BGB, sondern auch die Optionserklärung. Grund: Vorher besteht für den K noch keine Erwerbsverpflichtung, sie wird erst durch die Optionserklärung bewirkt. Der Schutzzweck des § 311b Abs. 1 S. 1 BGB gilt daher auch für sie.

3. Exkurs: Die Festofferte

Der wirtschaftliche Zweck eines Optionsvertrages kann häufig auch durch eine Festofferte erreicht werden. Die Festofferte ist ein Vertragsangebot mit der Besonderheit, dass eine längere oder gar keine Frist für die Annahme vorgesehen ist. Sie findet sich in der Praxis bei Grundstücks- und Wertpapiergeschäften und ermöglicht es dem Begünstigten, vor der Entscheidung über die Annahme die zwischenzeitliche wirtschaftliche Entwicklung abzuwarten. Zum Ausgleich für die lange Bindung des Offerenten wird häufig ein sog. Bindungsentgelt vereinbart. 56

VIII. Der Vertragsschluss im Internet

1. Einführung

Immer häufiger werden Rechtsgeschäfte zwischen Unternehmern und Verbrauchern, aber zwischen Privaten im Internet vorgenommen. Versandhandelsunternehmen bieten Kunden ihre Waren nicht mehr nur in Katalogen, sondern auch auf ihrer Homepage; Hotels und Reisen können über das Internet gebucht werden; Waren werden über eBay oder eBay-Kleinanzeigen zum Kauf angeboten; Bankkunden können ihre Bankgeschäfte online vornehmen („homebanking"). Die neuen technischen Möglichkeiten werfen auch eine Reihe von neuen Rechtsfragen auf. 57

Internetauktion bei eBay: Der Lehramtsanwärter L stellte am Abend des 24.5. einen gebrauchten VW Passat für 10 Tage zur Internetauktion bei eBay mit einem Startpreis von 1 Euro ein. Der Jurastudent S nimmt dieses Angebot noch am gleichen Tag zu diesem Preis an. Am nächsten Tag bricht L die Auktion ab. Zu dieser Zeit war S der einzige Bieter. Auf Nachfrage erklärt L dem S, es sei ihm nicht zuzumuten, dass er das Fahrzeug für 1 Euro hergebe. S handle rechtsmissbräuchlich. Soweit ein Kaufvertrag zustande gekommen sein sollte, verstoße er gegen die guten Sitten. Außerdem fechte er sein Angebot wegen Irrtums an. – Kann S trotzdem Lieferung des Fahrzeugs für 1 Euro verlangen? (Fall nach BGH NJW 2015, 548)

2. Das Zustandekommen des Vertrages im Internet

Willenserklärungen können grds. auch durch elektronische Übermittlung einer Datei im Internet **(online)** abgegeben und wirksam werden. Dementsprechend ist auch im Internet ohne Weiteres ein Vertragsschluss durch Angebot und Annahme nach den §§ 145 ff. BGB möglich. Auch gelten dafür grds. die **allgemeinen Auslegungsgrundsätze** der §§ 133, 157 BGB (BGH NJW 2011, 2643 Rn. 15; 2013, 598 Rn. 19). – Handelt es sich dabei um einen Vertrag zwischen einem Unternehmer (§ 14 Abs. 1 BGB) und einem Verbraucher (§ 13 BGB), so sind allerdings die Vorschriften über **Fernabsatzverträge** (§§ 312 c ff. BGB) und speziell über **Verträge im elektronischen Geschäftsverkehr** (§§ 312 i, 312 j BGB) zu beachten. Den Unternehmer treffen außerdem zahlreiche **Informationspflichten** (§ 312 d ff. BGB, Art. 246 a §§ 1–4, 246 c EGBGB), deren Verletzung sich uU auf das Zustandekommen des Vertrags auswirken kann. 58

a) Angebot

Bietet ein Unternehmer Waren oder Dienstleistungen im Internet an einen unbestimmten Personenkreis an, so ist durch Auslegung (§§ 133, 157 BGB) zu ermitteln, ob es sich bereits um ein echtes Angebot oder nur um eine Aufforderung zur Angebotsabgabe handelt. In der Regel, so insbes. auch bei Warenangeboten von *Versandhandelsunternehmen* liegt im Zweifel lediglich eine Aufforderung zur Angebots- 59 abgabe vor (BGH NJW 2012, 2268 Rn. 11). Denn läge ein Angebot vor, würde das Unternehmen ua riskieren, dass es zu mehr Vertragsschlüssen käme, als Waren lieferbar sind. Außerdem könnte das Unternehmen nicht die Zahlungsfähigkeit des Kunden prüfen. Das Angebot geht daher in diesen Fällen vom Kunden aus, der es online (durch Anklicken; dazu → Rn. 65) vornehmen kann. – Anders kann es liegen, wenn die Vertragsleistung beliebig reproduzierbar ist, wie etwa die Lieferung einer elektronischen Datei, die sich herunterladen („downloaden") lässt. – Bei einer **Internetauktion** geht hingegen in der Regel das Angebot vom Verkäufer aus (BGH NJW 2011, 2643 Rn. 16). Es richtet sich an den, der innerhalb der Laufzeit der Auktion das höchste Gebot abgibt. Allerdings kann in den der Auktion zugrunde liegenden AGB, wie zB den AGB von eBay bei eBay-Auktionen (vgl. BGH ZIP 2017, 928 Rn. 12), zulässigerweise vorgesehen sein, dass der Verkäufer sein Angebot unter bestimmten Voraussetzungen gegenüber allen oder einzelnen Bietern zurücknehmen darf. So etwa, wenn der Artikel unverschuldet verloren geht oder er die Identität eines bestimmten Bieters nicht feststellen kann. Tut er dies in berechtigter Weise vor Ende der Auktion, kommt auch kein Vertrag zustande (BGH NJW 2016, 395 Rn. 15ff.). Die Festsetzung der Laufzeit ist eine Fristbestimmung zur Annahme iSd § 148 BGB.

b) Annahme

60 Geht, wie in der Regel, das Vertragsangebot vom Kunden aus, so bedarf es für den Vertragsschluss der Annahme durch den Unternehmer. Diese Annahmeerklärung ist nicht notwendig bereits in der Bestätigung des Zugangs der elektronischen Bestellung zu erblicken, wie sie nach § 312i Abs. 1 S. 1 Nr. 3 BGB unverzüglich auf elektronischem Wege zu erfolgen hat. Der Kunde soll dadurch lediglich erfahren, dass seine Bestellung angekommen ist. Es liegt also nur eine Wissenserklärung, aber keine Willenserklärung vor. Der Unternehmer kann die Zugangsbestätigung aber auch so ausgestalten, dass darin zugleich eine Annahme liegt (BGH NJW 2013, 598 Rn. 19). Ob dies der Fall ist, ist durch Auslegung zu ermitteln (vgl. *Kimmelmann/Winter* JuS 2003, 532 (535)). Liegt lediglich eine Zugangsbestätigung vor, so bedarf es einer eigenen Annahmeerklärung, die allerdings auch nach § 151 S. 1 BGB (zB durch Absenden der Ware) erfolgen kann (BGH NJW 2013, 598 Rn. 19). – Bei einer **Internetauktion** (→ Rn. 59), wie etwa bei **eBay,** erfolgt die Annahme des Angebots des Verkäufers durch die Willenserklärung dessen, der innerhalb der Laufzeit der Versteigerung das höchste Gebot abgibt (BGH NJW 2005, 53 (54)). Die Besonderheit liegt lediglich darin, dass erst nach Ablauf der Frist feststeht, wer als Höchstbietender Vertragspartner des Anbieters geworden ist. Im Rechtssinne bedeutet dies, dass die Annahme unter der aufschiebenden Bedingung erfolgt, dass der betreffende Bieter nach Ablauf der Auktion das höchste Gebot abgibt (vgl. § 6 Abs. 5 AGB eBay). Eigengebote des Verkäufers an sich selbst mittels eines Zweitaccounts zum Zwecke der Preissteigerung („Shill Bidding") sind unwirksam und bleiben unberücksichtigt (BGH NJW 2017, 468 Rn. 23ff.). – Ist auf Grund der konkreten Ausgestaltung der Rechtsbeziehungen, etwa durch AGB, das Angebot vom Kunden ausgegangen, so muss man sich, um zum Vertragsschluss zu kommen, mit einer vorweggenommenen Annahmeerklärung durch den Verkäufer behelfen: Die Annahme wird vorweg, nämlich als Zustimmung zum höchsten innerhalb des Auktionszeitraum abgegebenen Gebot, erklärt (vgl. BGH NJW 2002, 363 (364); *Lettl* JuS 2002, 219 (222)). Diese Erklärung ist auch hinreichend bestimmt. Denn sie richtet sich zwar an eine nicht konkret bezeichnete Person, es ist aber zweifelsfrei erkennbar, dass nur mit dem Bieter ein Vertrag geschlossen werden soll, der innerhalb

des Auktionszeitraums das Höchstgebot abgibt (BGH). Wie immer man den Vertragsschluss konstruiert, es handelt sich dabei nicht um eine Versteigerung iSd § 156 BGB (BGH NJW 2017, 468 Rn. 19).

c) Einbeziehung Allgemeiner Geschäftsbedingungen

Verwendet ein Unternehmer, wie in der Regel, Allgemeine Geschäftsbedingungen, so 61 werden diese nur durch Einbeziehung Vertragsinhalt. Hierfür gilt § 305 Abs. 2 BGB. Es bedarf also zunächst eines ausdrücklichen Hinweises auf die AGB durch den Unternehmer (§ 305 Abs. 2 Nr. 1 BGB), der aber auf der Internet-Seite ohne Weiteres möglich ist. Sodann muss der Unternehmer nach § 312i Abs. 1 Nr. 4 BGB dem Kunden bei Vertragsschluss die Möglichkeit verschaffen, die Vertragsbestimmungen einschließlich der Allgemeinen Geschäftsbedingungen bei Vertragsschluss abzurufen (zB durch Wiedergabe des Textes der AGB auf der „Angebotsseite" oder mittels eines „Links") und in wiedergabefähiger Form (zB durch Herunterladen) zu speichern. Damit wird zugleich dem Erfordernis des § 305 Abs. 2 Nr. 2 BGB genügt.

3. Wirksamkeit von Willenserklärungen

a) Abgabe und Zugang

Die *Abgabe* einer Online-Erklärung erfolgt üblicherweise durch Anklicken eines ent- 62 sprechenden Feldes auf einer Internetseite. *Zugegangen* (§ 130 Abs. 1 S. 1 BGB) ist die Erklärung ist, wenn sie vom Empfänger unter gewöhnlichen Umständen abgerufen werden kann (vgl. § 312i Abs. 1 S. 2 BGB). Dass er sie im Einzelfall aus tatsächlichen Gründen (zB technischen Defekten) nicht abrufen kann, ist sein Risiko. Insoweit gelten die gleichen Grundsätze wie beim Zugang von verkörperten Willenserklärungen.

b) Willensmängel

Willensmängel können sich auch bei Online-Erklärungen ergeben. Hat der Kunde 63 beispielsweise auf Grund eines **Eingabefehlers** eine andere Ware bestellt als er eigentlich haben wollte, so liegt ein *Erklärungsirrtum* vor, der nach § 119 Abs. 1 BGB zur Anfechtung berechtigt (vgl. *Dörner* AcP 202 [2002], 363, 380). Wollte er gar keine Bestellung abgeben (zB weil er nur aus Neugier das Bestellfeld anklickte), so liegt ein Fehlen des *Erklärungsbewusstseins* vor. Dies führt aber in der Regel nicht zur Unwirksamkeit der Erklärung. Denn üblicherweise ist der Bestellvorgang auf einer Internetseite so gekennzeichnet, dass der Kunde bei Anwendung der im Verkehr erforderlichen Sorgfalt erkennen und vermeiden kann, dass sein Verhalten nach Treu und Glauben und der Verkehrssitte als Willenserklärung aufzufassen ist (vgl. BGH NJW 2002, 363 (365)). Er kann dann allenfalls seine Erklärung nach § 119 Abs. 1 BGB analog anfechten. – Von der Frage der Willensmängel zu unterscheiden ist die Frage der **Informationspflichten** des Unternehmers gegenüber seinen Internetkunden (dazu §§ 312i, 312j BGB). So muss der Unternehmer ua nach § 312i Abs. 1 S. 1 Nr. 1 BGB dem Kunden „angemessene, wirksame und zugängliche technische Mittel zur Verfügung stellen, mit deren Hilfe der Kunde Eingabefehler vor Abgabe seiner Bestellung erkennen und berichtigen kann". Außerdem muss der Unternehmer den Verbraucher nach § 312i Abs. 1 Nr. 2 BGB iVm Art. 246c Nr. 3 EGBGB rechtzeitig vor Abgabe von dessen Bestellung klar und verständlich darüber informieren. Verletzt der Unternehmer diese Pflicht, kann er, wenn der Kunde anficht, keinen Ersatz des Vertrauensschadens nach § 122 BGB verlangen (§ 122 Abs. 2 BGB analog bzw. § 242 BGB).

c) Form

64 Soll die gesetzlich vorgeschriebene schriftliche Form durch die **elektronische Form** ersetzt werden, muss nach § 126a Abs. 1 der Erklärende seiner Erklärung seinen Namen hinzufügen und das elektronische Dokument mit einer **qualifizierten elektronischen Signatur** versehen. Sie ist in Art. 3 Nr. 12 elDAS-VO geregelt (zu Einzelheiten vgl. § 12 Rn. 9a; Palandt/*Ellenberger* § 126a Rn. 3ff.).

d) Bestellung über Schaltfläche („Button")

65 Die Bestellung von Waren und Dienstleistungen im Internet ist zumeist in der Weise organisiert, dass Kunden eine Wahl treffen und dann eine Schaltfläche (Button) anklicken. Häufig wurde diese Möglichkeit von Unternehmern missbraucht, den Bestellvorgang zu verschleiern und Verbraucher hereinzulegen („Abo-Fallen im Internet"). Daher schreibt § 312j Abs. 3 S. 2 BGB eine ganz bestimmte Gestaltung der Schaltfläche vor: Sie muss „gut lesbar mit nichts anderem als den Wörtern ‚zahlungspflichtig bestellen' oder mit einer entsprechenden eindeutigen Formulierung beschriftet" sein. Eine Schaltfläche etwa mit der Aufschrift „Jetzt verbindlich anmelden" reicht daher nicht aus, weil sie die Zahlungspflichtigkeit nicht klar erkennen lässt. Erfüllt der Unternehmer diese Verpflichtung nicht, so kommt nach § 312j Abs. 4 BGB ein Vertrag nicht zustande. Der Verbraucher ist daher nicht an seine Bestellung gebunden. Einer Anfechtung nach § 119 BGB oder § 123 BGB bedarf es nicht. Vielmehr können dem Verbraucher sogar Schadensersatzansprüche wegen Pflichtverletzung nach den §§ 280 Abs. 1, 311 Abs. 2 BGB zustehen (vgl. *Weiss* JuS 2013, 590 (593)).

Lösungshinweise zum Fall *Internetauktion bei eBay* (BGH NJW 2015, 548; dazu *Oechsler* NJW 2015, 665):

(1) Zustandekommen eines Vertrages?

Ein Vertrag ist durch Angebot und Annahme zustande gekommen. Entweder nimmt man an, das Angebot ging vom Bieter S aus und die Annahme durch L erfolgte vorweg durch Freischaltung der Angebotsseite mit der ausdrücklichen Erklärung, er nehme bereits jetzt das höchste wirksam abgegebene Kaufgebot an. Oder aber man erblickt das Angebot in der Erklärung des L und die Annahme im Höchstgebot des S. (Beides ist vertretbar.)

(2) Unwirksamkeit der Erklärung des Anbieters?

Die Erklärung des L war hinreichend bestimmt, weil zweifelsfrei erkennbar war, dass L nur mit demjenigen abschließen wollte, der innerhalb der Auktionsdauer das höchste Gebot abgab. L kann seine Erklärung auch nicht wegen fehlenden Erklärungsbewusstseins oder wegen eines Erklärungs- oder Inhaltsirrtums nach § 119 BGB anfechten. Dass L bei Abgabe seiner Erklärung mit einem weit höheren Gebot rechnete als es von S abgegeben worden war, ist ein unbeachtlicher Motivirrtum. L kann sich auch nicht auf Rechtsmissbrauch (§ 242 BGB) des S oder Sittenwidrigkeit des Geschäfts (§ 138 BGB) mit der Begründung berufen, ein Kaufvertrag mit einem Kaufpreis von 1 Euro bei einem Wert des Kfz von 5.250 Euro sei nicht hinnehmbar. Denn es ist gerade der Reiz einer Internetauktion, dass einerseits ein Bieter zu einem sehr niedrigen Preis den Gegenstand erwerben kann („Schnäppchenkauf"), andererseits der Verkäufer durch den Mechanismus des Überbietens am Ende einen für ihn vorteilhaften Preis erzielen kann. Der Verkäufer kann das Risiko eines Unterwertverkaufs dadurch ausschließen, dass er einen Mindestpreis festsetzt (vgl. BGH NJW 2012, 2723 Rn. 20; 2015, 548 Rn. 12). Zwischen L und S ist daher ein wirksamer Kaufvertrag zustande gekommen. S kann folglich von L nach § 433 Abs. 1 S. 1 BGB Übereignung und Übergabe des Fahrzeugs für 1 Euro verlangen.

Literatur: Allgemeines: *Brehmer,* Die Annahme nach § 151 BGB, JuS 1994, 386; *Eichelberger,* Versteigerungen nach BGB, ZPO und ZVG, Jura 2013, 82; *Kramer,* Grundfragen der vertraglichen Einigung, 1972; *Hilger,* Die verspätete Annahme, AcP 185 (1985), 559; *Ripgen,* Abschied von der Willensbestätigung, AcP 200 (2000), 533; *Schwarz,* Kein Zugang bei Annahmeverweigerung des Empfangsbotens, NJW 1994, 891; *Schwarze,* Die Annahmehandlung in § 151 BGB als Problem der prozessualen Feststellbarkeit des Annahmewillens, AcP 202 (2002), 607; *Volp/Schimmel,* § 149 BGB – Eine klare und einfache Regelung?, JuS 2007, 899.

„Sozialtypisches Verhalten" und „protestatio facto contraria": *Köhler,* Kritik der Regel „protestatio facto contraria non valet", JZ 1981, 464; *Teichmann,* Die protestatio facto contraria, FS Michaelis, 1972, 295.

„Kaufmännisches Bestätigungsschreiben": *Deckert,* Das kaufmännische und berufliche Bestätigungsschreiben, JuS 1998, 121; *Lettl,* Das kaufmännische Bestätigungsschreiben, JuS 2008, 849.

Widerruf: *Petersen,* Anfechtung und Widerruf des Vertrags, FS Leenen, 2012, 219; *Reiner,* Der verbraucherschützende Widerruf im Recht der Willenserklärungen, AcP 203 (2003), 1.

Kontrahierungszwang: *Bydlinski,* Zu den dogmatischen Grundfragen des Kontrahierungszwanges, AcP 180 (1980), 1; *Kilian,* Kontrahierungszwang und Zivilrechtssystem, AcP 180 (1980), 47.

Einigungsmangel: *Leenen,* Abschluß, Zustandekommen und Wirksamkeit des Vertrages, AcP 188 (1988), 381; *Leenen,* Faktischer und normativer Konsens, FS Prölss, 2009, 153.

Vorvertrag und Optionsvertrag: *Freitag,* „Specific performance" und „causa-Lehre" über alles im Recht des Vorvertrags, AcP 207 (2007), 287; *Weber,* Der Optionsvertrag, JuS 1990, 249.

Vertragsschluss im Internet: *Braun,* Fehlentwicklungen bei der rechtlichen Behandlung von Internet-Auktionen, JZ 2008, 330; *Dörner,* Rechtsgeschäfte im Internet, AcP 202 (2002), 363; *Lettl,* Versteigerung im Internet – BGH, NJW 2002, 363, JuS 2002, 1247; *Oechsler,* Der Allgemeine Teil des Bürgerlichen Gesetzbuchs und das Internet, Jura 2012, 422, 497, 581; *ders,* Der vorzeitige Abbruch einer Internetauktion und die Ersteigerung unterhalb des Marktwerts der Sache, NJW 2015, 665; *Petersen,* Allgemeiner Teil und Internet, Jura 2002, 387; *Pfeiffer,* Von Preistreibern und Abbruchjägern – Rechtsgeschäftslehre bei Online-Auktionen, NJW 2017, 1437; *Sutschet,* Anforderungen an die Rechtsgeschäftslehre im Internet, NJW 2014, 1041; *Taupitz/Kritter,* Electronic-Commerce-Probleme bei Rechtsgeschäften im Internet, JuS 1999, 839; *Weiss,* Die Untiefen der „Button"-Lösung, JuS 2013, 590.

§ 9. Die Auslegung des Rechtsgeschäfts

Vielfach ist streitig oder ungewiss, welche Bedeutung eine Willenserklärung oder ein Vertrag haben. Dann muss man sie auslegen. Der folgende Abschnitt soll darlegen, was Auslegung ganz allgemein bedeutet, was Gegenstand, Mittel und Ziele der Auslegung sind und welche allgemeinen und besonderen Regeln für die Auslegung, einschließlich der ergänzenden Vertragsauslegung bestehen.

I. Begriff und Bedeutung der Rechtsgeschäftsauslegung

Auslegung heißt Sinnermittlung. Im Bereich des Privatrechts ist zwischen der **Gesetzesauslegung** und der **Rechtsgeschäftsauslegung** zu unterscheiden. Die Gesetzesauslegung sucht den rechtlich relevanten Sinn von Rechtsnormen zu erfassen. Die für sie geltenden Grundsätze (→ § 4 Rn. 12ff.) lassen sich nicht ohne Weiteres auf die Rechtsgeschäftsauslegung mit ihrer spezifischen Funktion übertragen. Aufgabe der Rechtsgeschäftsauslegung ist es, die **rechtsgeschäftliche Bedeutung privaten Handelns** zu ermitteln. Sie kommt dann zum Zuge, wenn zwischen den Beteiligten Ungewissheit oder Streit über den Eintritt bestimmter Rechtsfolgen be- 1 stehen. Kommt es zum Prozess, so nimmt der Richter die Aufgabe der Auslegung wahr.

Die Rechtsgeschäftsauslegung schließt die Prüfung ein, ob überhaupt ein rechtsgeschäftliches Handeln vorliegt. Zunächst ist also zu prüfen, **ob** in einem bestimmten Verhalten eine Willenserklärung bzw. ein Rechtsgeschäft zu erblicken ist (BGH NJW 1986, 3131 (3132)). In einem zweiten Schritt ist zu klären, welchen **Inhalt** diese Willenserklärung oder dieses Rechtsgeschäft hat.

Der Testamentsentwurf: Der Verstorbene V hinterließ ein eigenhändig geschriebenes und unterschriebenes Schriftstück, das mit „Entwurf" überschrieben war und zum Inhalt hatte, sein Neffe N solle sein Haus „erben". – Hier ist zunächst zu prüfen, ob überhaupt ein rechtswirksames Testament und nicht bloß ein Entwurf vorliegt. Bejaht man die Testamentseigenschaft (vgl. BayObLGZ 70, 173), so ist zu fragen, welche rechtliche Bedeutung die „Erbeinsetzung" hat.

II. Auslegungsgegenstand und Auslegungsmittel

2 Der eigentlichen Auslegung geht die Feststellung des Auslegungsgegenstandes und der Auslegungsmittel voraus. **Auslegungsgegenstand** ist das konkrete Verhalten oder die konkrete Äußerung, dem eine Erklärung entnommen werden soll (zB Telefonanruf, Schriftstück, Kopfnicken). **Auslegungsmittel** sind die Umstände, die zur Erhellung des Sinnes dieses Verhaltens heranzuziehen sind (zB Vertragsverhandlungen, Verkehrssitte, Ort und Zeit; Beruf, Bildung, Herkunft der Parteien usw); sie bilden den Kontext der Erklärung. Die Ermittlung von Auslegungsgegenstand und Auslegungsmitteln ist **Tatsachenfeststellung.** Die Auslegung, die sich daran anschließt, ist **rechtliche Würdigung.**

Die Kündigung: A verklagt seinen Angestellten B auf Schadensersatz, weil er grundlos die Arbeitsstelle verlassen habe. B wendet im Prozess ein, A habe zu ihm gesagt, er solle sich zum Teufel scheren und er habe dies als fristlose Kündigung aufgefasst. A bestreitet diese Äußerung. – B muss beweisen, dass die Äußerung gefallen ist (Feststellung des Auslegungsgegenstandes). Gelingt ihm dies, so muss der Richter prüfen, ob darin eine Kündigung zu erblicken ist (Auslegung).

3 Vielfach wird behauptet, absolut **eindeutige** Erklärungen seien nicht auslegungsbedürftig. Ob indessen eine Erklärung eindeutig ist oder nicht, muss gerade durch Auslegung festgestellt werden. Auslegungsbedürftig ist vielmehr jedes Verhalten, dessen rechtsgeschäftlicher Sinn Zweifel aufwerfen kann. – Ähnliches gilt für die Behauptung, **widersprüchliche** oder **unsinnige** Erklärungen seien nicht auslegungsfähig. Ob sich ein Sinn aus einer Erklärung ergibt oder nicht, steht erst nach der Auslegung fest. Die Auslegung kann – dies ist der richtige Kern der Behauptung – nicht jeder Erklärung gewaltsam einen vernünftigen Sinn unterstellen. Auslegungsfähig ist aber grds. jedes Verhalten.

III. Auslegungsziele

1. Die möglichen Auslegungsziele und die Bedeutung der Interessenlage

4 § 133 BGB verlangt, dass bei der Auslegung einer Willenserklärung der **wirkliche Wille** zu erforschen ist. Was dies aber bedeutet, kann selbst wiederum zweifelhaft sein. Das Ziel der Auslegung kann nämlich unterschiedlich sein. Ein mögliches Ziel ist es, allein den Sinn zu ermitteln, den der Erklärende seiner Erklärung beigemessen

hat. Ein anderes Ziel ist es, den Sinn festzustellen, den der Adressat der Erklärung beimisst. Schließlich kann es Ziel der Auslegung sein, den objektiven Sinn einer Erklärung zu erhellen. Welches Auslegungsziel maßgebend sein soll, ist eine Frage der Interessenbewertung. Die Bewertung der widerstreitenden Interessen des Erklärenden und der unmittelbar oder mittelbar an der Erklärung Interessierten muss naturgemäß unterschiedlich ausfallen, je nachdem um welche Art von Erklärung es sich handelt. Daher kennt die Rechtsgeschäftsauslegung auch kein einheitliches Auslegungsziel. Vielmehr ist nach der Art der Erklärung zu differenzieren.

2. Die Auslegung von Testamenten

Bei Testamenten ist kein unmittelbarer Adressat vorhanden, dessen Interessen durch 5
die Auslegung zu schützen wären. Daher kommt notwendigerweise dem **inneren** Willen des Erklärenden ausschlaggebende Bedeutung zu (dazu ***Köhler*** **BGB AT PdW Fall 92**). Hier ist der Grundsatz des § 133 BGB wörtlich zu nehmen (vgl. BGH NJW 1993, 256). Bei der Testamentsauslegung ist der wirkliche Wille des Erblassers zu ermitteln (sog. **natürliche Auslegung**). Dabei sind alle Umstände außerhalb der Erklärung heranzuziehen, die hierüber Aufschluss geben können. Nicht kommt es darauf an, welchen objektiven Sinn die Erklärung besaß und welche Verständnismöglichkeiten der Personenkreis hatte, an die sich der Testator wandte. Verwendet der Erblasser einen Begriff in einer vom normalen Sprachgebrauch abweichenden Bedeutung, so ist diese maßgebend, auch wenn die Erben sie nicht kannten (vgl. BGHZ 86, 41 (45 f.)).

Die „Bibliothek": Vermacht A seinem Neffen N testamentarisch seine „Bibliothek", meint er aber damit – wie aus seinen früheren Äußerungen zu rekonstruieren ist – seinen Weinkeller, so hat N gegen den Erben einen Anspruch (§ 2174 BGB) auf die Weinflaschen, nicht auf die Bücher.

Das Testament ist zwar eine **nichtempfangsbedürftige** Willenserklärung. Dies darf 6
jedoch nicht dazu verleiten, die gleichen Maßstäbe auch auf andere nichtempfangsbedürftige Willenserklärungen zu übertragen. So ist bei der Auslegung einer **Auslobung** (§ 657 BGB), da sie Dritte zu einem Verhalten auffordert, auch auf die Verständnismöglichkeiten des angesprochenen Personenkreises abzustellen (dazu *Kornblum* JuS 1981, 801).

3. Die Auslegung von empfangsbedürftigen Willenserklärungen

Die Masse der Willenserklärungen ist empfangsbedürftig; sie werden erst mit Zugang 7
an den Gegner wirksam (§ 130 Abs. 1 S. 1 BGB), damit dieser die Möglichkeit zur Kenntnisnahme von ihrem Inhalt hat. Empfangsbedürftige Willenserklärungen berühren den Rechtskreis des Adressaten: sie sollen ihn, wie etwa beim Vertragsangebot, zu einem Verhalten veranlassen, oder sie greifen, wie etwa bei der Anfechtung oder Kündigung, unmittelbar in seine Rechtsverhältnisse ein. Mit dieser Funktion der empfangsbedürftigen Willenserklärung wäre es unvereinbar, wollte man nur den Sinn als maßgeblich gelten lassen, den der Erklärende damit verbunden hat. Dagegen spricht auch die Regelung der Irrtumsanfechtung (§ 119 BGB), die sonst weitgehend entbehrlich wäre. Auf der anderen Seite kann es auch nicht entscheidend auf den Sinn ankommen, den der Empfänger rein tatsächlich der Erklärung beigemessen hat. Dies würde ihn auf Kosten des Erklärenden begünstigen, da der Erklärende oft gar nicht vorhersehen kann, wie der Empfänger die Erklärung konkret auffassen wird. Maß-

gebend kann daher nur der **objektive (normative) Erklärungswert** sein (vgl. BGH NJW 2008, 2702 Rn. 30; 2013, 598 Rn. 18): Die Erklärung gilt so, wie sie der Empfänger nach Treu und Glauben unter Berücksichtigung der Verkehrssitte verstehen musste **(normative Auslegung).** Bei der Auslegung ist also vom **Empfängerhorizont** bzw. von den **Verständnismöglichkeiten des Empfängers** auszugehen (dazu ***Köhler* BGB AT PdW Fall 88**). Es sind die Umstände als Auslegungsmittel heranzuziehen, die der Adressat kannte oder doch kennen musste, mochten sie auch anderen Personen oder der Allgemeinheit unbekannt sein. Dabei spielen insbes. die Vertragsverhandlungen, der Geschäftszweck, die Interessenlage und die sonstigen Begleitumstände eine Rolle (vgl. BGHZ 103, 275 (280) zur Vertragsklausel „TÜV neu"; BGH NJW 1995, 955 (956) zur Vertragsklausel „generalüberholt"; zur Bedeutung des Aufdrucks „Pfand" auf Getränkeflaschen BGH NJW 2007, 2912 Rn. 9; zur Online-Flugbuchung BGH NJW 2013, 598 Rn. 19ff.).

Das Toilettenpapier: Die Konrektorin K einer Mädchenschule nahm das Angebot des Vertreters V über „25 Gros Rollen Toilettenpapier" zum Stückpreis von DM 0,40 an. Sie verstand aber darunter 25 große Rollen Toilettenpapier, während der Vertreter mit Gros die Bezeichnung für 144 Stück meinte. – Maßgebend ist der objektive Erklärungswert unter Berücksichtigung der Verständnismöglichkeiten des Empfängers. Das Wort Gros als Bezeichnung für 144 Stück, mag es auch veraltet sein, gehört doch noch zum allgemeinen Sprachgebrauch. Dass hiervon und von der Orthographie abweichend damit große Rollen gemeint sein könnten, durfte K angesichts ihrer Vorbildung und der sonstigen Umstände (Bestellung von nur 25 Rollen für eine Mädchenschule wäre etwas wenig) nicht annehmen. Maßgebend ist also die Bedeutung „144 Stück". K hat allenfalls die Möglichkeit der Anfechtung (nach LG Hanau NJW 1979, 721). – Zur Anfechtung → § 14 Rn. 17.

8 Hinter dieser Lehre vom objektiven Erklärungswert steckt eine Interessenabwägung und eine Risikozuweisung: einerseits wird vom Erklärenden verlangt, dass er bei der Verlautbarung seines Willens auf die Verständnismöglichkeiten des Empfängers Rücksicht nimmt; andererseits wird vom Empfänger erwartet, dass er sich mit zumutbarer Sorgfalt bemüht, das vom Erklärenden Gewollte richtig zu erfassen. Daher sind nur solche Umstände zu berücksichtigen, die aus der Sicht des Empfängers auch dem Erklärenden bekannt waren.

Die Lehre vom objektiven Erklärungswert ist den §§ 133, 157 BGB zu entnehmen: beide Bestimmungen ergänzen einander. § 133 BGB stellt auf den wirklichen Willen des Erklärenden ab, der freilich nur insofern Bedeutung erlangen kann, als er auch erklärt ist. Der innerlich gebliebene Wille muss unbeachtet bleiben. § 157 BGB, der über seinen Wortlaut hinaus nicht nur für Verträge, sondern auch für Willenserklärungen gilt, nimmt den Maßstab von Treu und Glauben hinzu, der sich (auch) auf die zumutbaren Verständnismöglichkeiten des Empfängers bezieht.

> Bei empfangsbedürftigen Willenserklärungen ist der **objektive Erklärungswert** maßgebend, dh die Erklärung gilt so, wie sie der Empfänger nach Treu und Glauben unter Berücksichtigung der Verkehrssitte verstehen durfte.

4. Die Auslegung von Erklärungen an die Allgemeinheit

9 Unter Erklärungen an die Allgemeinheit sind solche Erklärungen zu verstehen, die für eine **unbestimmte Vielzahl von Personen** Bedeutung erlangen können. Dazu rechnen etwa die in **Umlaufpapieren** (Wechsel, Scheck, Inhaberschuldverschreibung) nie-

dergelegten Willenserklärungen, die die Grundlage für den Rechtserwerb Dritter bilden; ferner Satzungen, Vollmachtsurkunden, die zu einem Handeln gegenüber einer unbestimmten Vielzahl von Personen ermächtigen; Auslobungen (§ 657 BGB), Zusagen von Herstellern. Bei ihrer Auslegung sind die Interessen Dritter zu beachten. Daher sind zur Auslegung nur solche Umstände heranzuziehen, die einem nicht beteiligten Dritten mutmaßlich bekannt sind oder von ihm ohne Schwierigkeiten erkannt werden können (vgl. BGHZ 64, 11 (14)). Grds. ist also der typische Sinn, so wie er sich aus der Urkunde ergibt, maßgebend.

Die gesammelten Pfandflaschen: Der Mineralwasserhersteller M vertreibt 1,5 Liter-Flaschen mit dem Aufdruck „Pfand" und einer Banderole mit dem Aufdruck „0,25 Euro Pfand". S hat 10.000 solcher Pfandflaschen gesammelt und möchte jetzt 2.500 Euro von M gegen Herausgabe der Flaschen haben. – Der Begriff „0,25 Euro Pfand" ist als Angebot an jedermann zum Rückkauf der Flasche zum Preis von 0,25 Euro zu verstehen. Maßgebend ist insoweit ausschließlich der objektive Inhalt der Erklärung, da sie für eine unbestimmte Vielzahl von Personen Bedeutung erlangen kann. Unerheblich sind folglich subjektive abweichende Vorstellungen der Erklärenden (BGH NJW 2007, 2912 Rn. 10). S ist daher im Recht.

IV. Einzelne allgemeine Auslegungsgrundsätze

Die Verfasser des BGB haben bewusst davon abgesehen, über die Regelungen der 10
§§ 133, 157 BGB hinaus noch weitere **allgemeine Auslegungsgrundsätze** aufzustellen und diese Aufgabe der Rechtsprechung und Lehre überlassen.

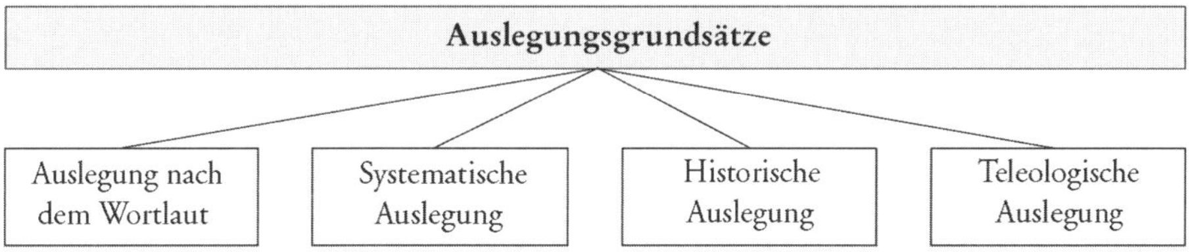

1. Das Verbot der Buchstabenauslegung

Nach § 133 BGB ist bei der Auslegung „nicht an dem buchstäblichen Sinne des 11
Ausdrucks zu haften". Die Auslegung hat demnach zwar vom **Wortlaut** der Erklärung **(grammatikalische Auslegung)** und ihrem **objektiven Sinn** auszugehen (BGHZ 121, 13 (16); BGH NJW 2011, 1666 Rn. 11). Es ist also zu fragen, wie sich die Erklärung für einen objektiven Betrachter in der Lage des Erklärungsgegners darstellt. Hierbei sind die **gesamten Umstände des Einzelfalls** zu berücksichtigen, soweit sie dem Empfänger bekannt oder doch erkennbar waren. Die Auslegung darf aber nicht beim Wortlaut stehen bleiben, wenn Anzeichen vorhanden sind, dass ein Ausdruck in einer vom allgemeinen Sprachgebrauch abweichenden Bedeutung gebraucht wurde, und zwar auch dann nicht, wenn die Erklärung ihrem Wortlaut nach scheinbar eindeutig ist (vgl. BGH NJW 2001, 144 (145); 2002, 1260 (1261)). Eine solche abweichende Bedeutung kann sich aus der Vorgeschichte der Erklärung, insbes. aus den Vertragsverhandlungen (**historische Auslegung;** BGHZ 86, 41 (47)), aus dem Geschäftszweck **(teleologische Auslegung)** und aus der Stellung des Ausdrucks im Gesamtzusammenhang der Erklärung **(systematische Auslegung)** ergeben. So kann beispielsweise ein als „Bürgschaft" bezeichneter Vertrag im Einzelfall als (weitergehender) Garantievertrag auszulegen sein (vgl. BGH WM 1975, 348).

2. Das Gebot der Berücksichtigung von Treu und Glauben und der Verkehrssitte (§ 157 BGB)

12 Gem. § 157 BGB sind Verträge (und auch Willenserklärungen) **„so auszulegen, wie Treu und Glauben mit Rücksicht auf die Verkehrssitte es erfordern"**. Das Gebot von **Treu und Glauben** verlangt, dass Verträge unter Berücksichtigung ihres **Zwecks** und der **Interessenlage** der Parteien ausgelegt werden. Die Auslegung muss nach beiden Seiten hin interessengerecht ausgelegt werden (BGHZ 131, 136 (138)). Es darf also nicht das Interesse einer Vertragspartei an einer ihr günstigen Auslegung den Maßstab bilden; vielmehr ist den Interessen beider Parteien Rechnung zu tragen. Allerdings geht es nicht darum, dem Vertrag zu dem Inhalt zu verhelfen, den der Richter im Entscheidungszeitpunkt als interessengerecht ansieht. Maßgeblich ist vielmehr der Einfluss, den das Interesse der Parteien auf den objektiven Erklärungswert ihrer Äußerungen bei deren Abgabe hatte (BGHZ 146, 280 (284)).

Die Spielsperre: Der dem Glücksspiel verfallene S bittet die Spielbank B darum, gegen ihn eine Spielsperre zu verhängen, um von seiner Leidenschaft loszukommen. B erteilt wunschgemäß diese Sperre. Trotzdem sucht er später die Spielbank auf. Da er nicht kontrolliert wird, spielt und verliert er wieder. Er kann die B für die Verluste nicht haftbar machen, da die Auslegung ergibt, dass kein Vertrag mit entsprechenden Schutzpflichten gegenüber S zustande gekommen ist (BGHZ 131, 136 (138)).

Weiter ist bei der Auslegung die **Verkehrssitte** zu berücksichtigen. Darunter ist eine den Verkehr der beteiligten Kreise tatsächlich beherrschende Übung zu verstehen (dazu ***Köhler* BGB AT PdW Fall 94**). Die zwischen Kaufleuten bestehende Verkehrssitte heißt **Handelsbrauch** (§ 346 HGB). Sie ist keine Rechtsnorm, die für die Auslegung verbindlich wäre, sondern nur ein tatsächliches Auslegungsmittel. Das Gebot, die Verkehrssitte zu berücksichtigen, entspricht der allgemeinen Lebenserfahrung, dass sich die Beteiligten an sie halten, insbes. bestimmte Ausdrücke in der verkehrsüblichen Bedeutung verwenden. Daraus folgt zunächst, dass eine Verkehrssitte nicht zu beachten ist, wenn die Beteiligten diesem Verkehrskreis nicht angehören. Stets ist sie, mangels gegenteiliger Vereinbarung, zu beachten, wenn beide diesem Kreis angehören, mag sie auch einem von beiden unbekannt sein (Maßgeblichkeit des objektiven Erklärungswertes).

„Tel Quel": Nimmt ein Kaufmann ein Angebot über 100 Ballen Baumwolle „laut Muster tel quel" an, so kann er sich hinterher nicht darauf berufen, er habe nicht gewusst, dass diese Klausel nach Handelsbrauch die Lieferung der geringsten Qualität der ausbedungenen Warengattung gestatte.

Ist eine Verkehrssitte auf einen örtlich oder beruflich abgegrenzten Kreis begrenzt und gehört ihm nur eine Partei an, so kommt es darauf an, ob die andere Partei mit dieser Verkehrssitte rechnen konnte oder musste. Eine örtlich begrenzte Verkehrssitte ist regelmäßig nur dann zu beachten, wenn der Vertrag in diesem Raum seinen Schwerpunkt hat, insbes. dort zu erfüllen ist.

Der „1. Stock": Der Ausdruck „1. Stock" bedeutet in manchen Gegenden das Parterre, in anderen das 1. Obergeschoss. Wird ein Mietvertrag über eine Wohnung „im 1. Stock" abgeschlossen, so ist grds. der Sprachgebrauch am Ort der Wohnung maßgebend, mag auch der Mieter von ihm keine Kenntnis haben.

3. Der Vorrang des übereinstimmend Gewollten

13 Haben die Parteien eine Erklärung übereinstimmend in einem bestimmten Sinn verstanden, ist dieser Sinn maßgebend und es kommt nicht darauf an, welchen objektiven Erklärungswert die Erklärung besaß (vgl. BGH NJW 2001, 486 (487); 2008,

1658 Rn. 12). Es spielt dann keine Rolle, ob der Wortlaut der Erklärung bzw. des Vertrages widersprüchlich oder gar sinnlos erscheint. Die Auslegung hat der Verwirklichung des Parteiwillens zu dienen; besteht ein Konsens, so ist er auch zu beachten. (Dazu ***Köhler* BGB AT PdW Fall 89.**) Dieser Grundsatz liegt auch den Regelungen des § 116 S. 2 BGB und des § 117 BGB zugrunde.

> Das wirklich Gewollte hat den Vorrang vor einer absichtlichen oder irrtümlichen Falschbezeichnung **(falsa demonstratio non nocet).** Dies gilt sowohl für schuldrechtliche Verträge als auch für dingliche Rechtsgeschäfte, wie etwa die Auflassung (§ 925 BGB; dazu BGH NJW 2002, 1038 (1039); 2008, 1658 Rn. 12; NJW-RR 2013, 789 Rn. 20).

„Haakjöringsköd": Käufer und Verkäufer gehen übereinstimmend davon aus, dass die mit „Haakjöringsköd" (= norwegisch: Haifischfleisch) bezeichnete Ware Walfischfleisch sei, während es in Wahrheit Haifischfleisch ist. Der Vertrag ist über Walfischfleisch geschlossen (RGZ 99, 148).

Für die **Beweislast** gilt: Wer ein vom Wortlaut und seinem objektiven Sinn abweichendes Verständnis der Parteien vom Inhalt einer Erklärung behauptet, muss dies auch beweisen (BGH NJW 1995, 3258).

4. Die Auslegung formbedürftiger Erklärungen

Ist für eine Erklärung eine bestimmte Form (zB notarielle Beurkundung) vorgesehen, 14
so fragt es sich, ob und inwieweit Umstände außerhalb der förmlichen Erklärung zu berücksichtigen sind (dazu ***Köhler* BGB AT PdW Fall 90**).

Nach der Rspr. ist bei der Auslegung formbedürftiger Willenserklärung **zweistufig** zu verfahren. Zunächst ist der Bedeutungsgehalt des Rechtsgeschäfts unter Berücksichtigung sämtlicher Umstände zu ermitteln. Dabei sind auch solche Umstände zu berücksichtigen, die keine Erwähnung oder Andeutung in der beurkundeten Form gefunden haben. Sodann ist zu prüfen, ob und inwieweit das Rechtsgeschäft in seiner beurkundeten Form den Formanforderungen genügt. Insoweit gilt die **„Andeutungstheorie":** Danach kann eine Willenserklärung auch dann der gesetzlich vorgeschriebenen Form genügen, wenn ihr im Wege der Auslegung ermittelter Inhalt in der Urkunde zumindest angedeutet ist, also einen wenn auch nur unvollkommenen Ausdruck gefunden hat (vgl. BGH NJW 2011, 209 Rn. 15). Dies soll jedoch nicht im Falle der **falsa demonstratio** gelten (vgl. BGHZ 74, 116 (119); BGH NJW 2008, 1658 Rn. 13): Hätten die Parteien das übereinstimmend Gewollte unbewusst unrichtig bezeichnet, so gelte das Gewollte, nicht das Erklärte als beurkundet.

Richtigerweise sollte die Frage nicht generell, sondern nach dem jeweiligen **Form-** 15
zweck entschieden werden (vgl. Jauernig/*Mansel* BGB § 126 Rn. 7). Bezweckt die Formvorschrift nur den Schutz der **Vertragsparteien,** will sie also – wie etwa § 311b Abs. 1 S. 1 BGB – nur die Vertragsparteien vor Übereilung schützen und den Beweis der getroffenen Vereinbarung sichern, braucht auf die Interessen Dritter keine Rücksicht genommen zu werden. Zur Auslegung der Erklärung können dann alle den Parteien bekannten oder doch erkennbaren Umstände herangezogen werden. Diese Umstände brauchen in der Urkunde keinen Niederschlag gefunden zu haben. Es genügt, dass aus der Sicht der Parteien die Urkunde den Inhalt der Vereinbarung vollständig enthält, dass also alle Punkte, deren Regelung der Form unterliegt, von den Verständnismöglichkeiten der Parteien her betrachtet beurkundet sind. Umstände außerhalb

der Urkunde, die im Urkundentext nicht einmal angedeutet sind, dürfen folglich nur dann nicht berücksichtigt werden, wenn dies auf eine Vervollständigung eines unvollständig beurkundeten Vertrages hinausliefe (vgl. BGH NJW 1989, 1484 zur Bürgschaft).

Die Grundstücksparzelle: Die Parteien A und B haben einen notariellen Kaufvertrag über die Grundstücksparzelle Nr. 729, Gemarkung Obermenzing, geschlossen. Aus den Umständen außerhalb des Vertrages (Grundstücksbesichtigung, Besprechungen usw) ergibt sich aber zweifelsfrei, dass die Parzelle Nr. 731 verkauft werden sollte, die Parteien sich lediglich in der Nummer irrten. Hier gilt das Gewollte, nicht das Erklärte als beurkundet (falsa demonstratio non nocet). Der Kauf ist also wirksam über die Parzelle Nr. 731 zustande gekommen (vgl. BGHZ 87, 150 (152f.)). – Ist im Kaufvertrag über eine erst abzutrennende Parzelle dagegen nicht angegeben, wo die Grundstücksgrenze liegen soll, haben etwa die Parteien nur die Quadratmeterzahl angegeben, so nutzt es freilich nichts, dass sich aus den Umständen ergibt, wo die Grenze liegen sollte. Denn hier ist der Vertrag schon aus der Sicht der Parteien unvollständig beurkundet (BGHZ 74, 116).

16 Soll die Form dagegen auch die Interessen **Dritter** schützen, müssen bei der Auslegung des Rechtsgeschäfts solche Umstände außer Betracht bleiben, die für Dritte nicht erkennbar sind.

Ist im *Grundstücksparzellen-Fall* die Auflassung (§§ 873, 925 BGB) über die Grundstücksparzelle Nr. 729 und die entsprechende Grundbucheintragung erfolgt, so ist dieses Rechtsgeschäft und insbes. die Grundbucheintragung nicht iSd Parteien auszulegen. Denn die Grundbucheintragung soll über bestehende Rechtsverhältnisse auch für Dritte Aufschluss geben. Zur Auslegung der Grundbucheintragung können daher nur solche Umstände außerhalb der Urkunde herangezogen werden, die für jedermann ohne Weiteres erkennbar sind (vgl. BGH NJW 1972, 1465). Es kommt also keine Grundbuchberichtigung (§ 894 BGB) in Betracht. Vielmehr muss der Käufer dieses Grundstück zurückübereignen und hat lediglich einen Anspruch auf Übereignung des Grundstücks Nr. 731.

V. Die ergänzende Vertragsauslegung

1. Vorrang der Vertragsergänzung durch dispositives Recht

17 Ergeben sich bei Vertragsdurchführung Fragen, welche die Parteien nicht geregelt haben, so wollen sie in der Regel die nähere Ausgestaltung ihrer Beziehungen dem dispositiven Recht überlassen (vgl. BGHZ 77, 301 (304); 146, 250 (261)).

Beispiel: Haben die Parteien eines Kaufvertrages keine Regelung über Sachmängel getroffen, so sind die §§ 434ff. BGB anwendbar. Für eine ergänzende Vertragsauslegung ist kein Raum.

18 Die Vertragsergänzung durch dispositives Recht ist also dann geboten, wenn der zu entscheidende Fall weder vom Sachverhalt noch von der Parteiregelung her Besonderheiten aufweist, vielmehr dem gesetzlich geregelten Sachverhalt entspricht (vgl. BGH NJW 2019, 2298 Rn. 47).

Eine Ergänzung durch das dispositive Recht scheidet allerdings dann aus, wenn feststeht, dass die Parteien die gesetzliche Regelung nicht gewollt haben (vgl. BGH NJW 1975, 1116). Schwierigkeiten ergeben sich, wenn zwar ein solcher negativer Wille nicht eindeutig festzustellen ist, aber eine von der gesetzlichen Regelung abweichende Vertragsgestaltung üblich ist. Dies ist beispielsweise bei Gesellschaftsverträgen der Fall. Hier müssen die Umstände des Einzelfalles entscheiden, insbes. ob der Vertrag in seiner konkreten Ausgestaltung vom gesetzlich geregelten Vertragstypus abweicht oder das dispositive Recht wegen der geänderten wirtschaftlichen Verhältnisse zu sachwidrigen Ergebnissen führen würde (vgl. BGH NJW 1979, 1705 (1706); 1993, 3193).

2. Anwendungsbereich und Funktion der ergänzenden Vertragsauslegung

Erst wenn eine Ergänzung des Vertrages durch das dispositive Recht ausgeschlossen ist, kommt die **ergänzende Vertragsauslegung** zum Zuge (dazu BGH NJW 2013, 678 Rn. 15, 16). 19

a) Voraussetzungen

Die ergänzende Vertragsauslegung setzt voraus, dass überhaupt eine vertragliche Regelung zustande gekommen ist. Sie kommt immer dann in Betracht, wenn ein Vertrag innerhalb des durch ihn gesteckten Rahmens oder innerhalb der objektiv gewollten Vereinbarung ergänzungsbedürftig ist, weil eine Vereinbarung in einem regelungsbedürftigen Punkt fehlt. Die vertragliche Regelung muss **lückenhaft,** dh **planwidrig unvollständig** sein (BGH NJW 2013, 678 Rn. 15). Worauf die Vertragslücke beruht, ist dagegen gleichgültig: Es macht keinen Unterschied, ob die Parteien einen regelungsbedürftigen Punkt übersehen (dazu ***Köhler*** **BGB AT PdW Fall 105**) oder bewusst offengelassen haben, weil sie ihn im Zeitpunkt des Vertragsschlusses für nicht regelungsbedürftig gehalten haben und sich diese Annahme nachträglich als unzutreffend erweist. Eine Lücke liegt auch dann vor, wenn sich eine Regelung nachträglich als untauglich erweist, den gewünschten Zweck zu verwirklichen, oder sich die wirtschaftlichen oder rechtlichen Verhältnisse zwischenzeitlich geändert haben (BGH NJW 1993, 3193 (3194)) oder eine getroffene Regelung sich nicht mehr feststellen lässt (BGH NJW 2013, 678 Rn. 15). Eine **planwidrige** Unvollständigkeit liegt aber nur dann vor, wenn der Vertrag eine Bestimmung vermissen lässt, die erforderlich ist, um den ihm zu Grunde liegenden Regelungsplan der Parteien zu verwirklichen, mithin ohne Vervollständigung des Vertrags eine angemessene, beiderseits interessengerechte Lösung nicht zu erzielen wäre (BGH NJW 2013, 678 Rn. 15; 2015, 1167 Rn. 24). 19a

b) Durchführung

Die ergänzende Vertragsauslegung hat auf der Basis der vorhandenen Regelungen und Wertungen sowie ihres Sinns und Zwecks den Vertragsinhalt sinngemäß zu ergänzen. Dabei ist auch zu berücksichtigen, was die Parteien bei einer angemessenen Abwägung ihrer Interessen nach Treu und Glauben und der Verkehrssitte als redliche Vertragspartner vereinbart hätten, wenn sie den von ihnen nicht geregelten Fall bedacht hätten (BGH NJW 2016, 1718 Rn. 70; 2019, 2298 Rn. 61). Es geht also um die Ermittlung des **hypothetischen Parteiwillens** (dazu ***Köhler*** **BGB AT PdW Fall 95**). 19b

Der Haftungsausschluss: A hatte ein Grundstück an den B verkauft, ihm aber verschwiegen, dass es durch Ölablagerungen verunreinigt war. B verkaufte das Grundstück an den C weiter und schloss dabei die Gewährleistung für Sachmängel aus. Da B nichts von dem Mangel wusste, war der Gewährleistungsausschluss wirksam (§ 444 BGB). C kann aber nach den Grundsätzen der ergänzenden Vertragsauslegung Abtretung der dem B gegen A zustehenden Mängelansprüche (§ 437 Nr. 3 BGB) verlangen (BGH NJW 1997, 652).

Über dem Ziel, eine interessengerechte Regelung aufzufinden, darf aber nicht der konkrete Vertrag und der darin zum Ausdruck gelangte Parteiwille außer Acht gelassen werden: Die ergänzende Vertragsauslegung darf nicht dazu benützt werden, den Vertrag inhaltlich abzuändern oder zu erweitern (BGH NJW 2002, 2310 (2311)) oder gar für unwirksam zu erklären. Die ergänzende Vertragsauslegung darf also nicht zu 20 einem Ergebnis führen, das dem erkennbaren Willen der Vertragsparteien widerspricht (BGH NJW 1995, 1212 (1213)). Bestehen unterschiedliche Möglichkeiten der Ergänzung, so müssen sich aus dem Vertrag Anhaltspunkte für die eine oder andere ergeben (vgl. BGH NJW 1974, 1322 (1323); BGHZ 77, 301 (304)). Kommen mehrere gleichwertige Auslegungsmöglichkeiten in Betracht, scheidet daher eine ergänzende Vertragsauslegung aus (BGH NJW 2002, 2310 (2311)).

3. Ergänzende Vertragsauslegung und Grundsätze über die Geschäftsgrundlage

21 Die ergänzende Vertragsauslegung greift grds. auch bei „verdeckten" Vertragslücken ein, nämlich dann, wenn eine Regelung auf bestimmte Verhältnisse zugeschnitten ist, die so nicht oder nicht mehr bestehen. Ihre Anwendung kommt dann in Betracht, wenn die von den Parteien vereinbarte Gesamtregelung ihrer beiderseitigen Zwecke und Interessen den Schluss erlaubt, dass sie den offenen Punkt in bestimmter Weise geregelt haben würden (vgl. BGH NJW 1978, 695). Es muss also eine *konkrete* Anknüpfung an die vertragliche Regelung möglich sein. Erst wenn der Vertrag keine Anhaltspunkte für eine Ergänzung in bestimmter Weise enthält, die Auslegung lediglich ergibt, dass die Parteien den Vertrag unter diesen Umständen nicht oder nicht mit diesem Inhalt geschlossen hätten, ist eine Anwendung der Vorschriften über die Störung der Geschäftsgrundlage (§ 313 BGB) gerechtfertigt (BGH NJW 2019, 2298 Rn. 45). Diese Vorschriften besagen im Wesentlichen, dass die betroffene Partei bei Unzumutbarkeit des Festhaltens am Vertrag eine Anpassung an die veränderten Verhältnisse verlangen oder, falls dies nicht möglich oder nicht zumutbar ist, vom Vertrag zurücktreten kann. Die Grenzen zwischen ergänzender Vertragsauslegung und Anwendung der Geschäftsgrundlagengrundsätze sind freilich fließend.

Das Brockeneisen: Beim Verkauf von Altmetall wurde ein Haufen Brockeneisen auf 40 Eisenbahnwaggons geschätzt und dafür ein Gesamtpreis festgesetzt, dem der Tagespreis für bestimmte Altmetallsorten zugrunde lag. Nachträglich stellte sich heraus, dass sich die Menge auf 80 Waggons belief (RGZ 90, 268). Sind keine Indizien vorhanden, die dafür sprechen, dass der Käufer die vorgestellte Menge von 40 Waggons zum vereinbarten Preis oder umgekehrt der Verkäufer die Abnahme von 80 Waggons zum doppelten Preis verlangen kann (ergänzende Vertragsauslegung), kommt nur eine Anwendung der Vorschriften über die Geschäftsgrundlage in Betracht. Sie könnte ergeben, dass (um der gerechten Verteilung von Risiken und Chancen willen), der Käufer 60 Waggons zum entsprechend erhöhten Preis abnehmen muss.

Literatur: *Graf,* Vertrag und Vernunft, 1997; *Hager,* Gesetzes- und sittenkonforme Auslegung und Aufrechterhaltung von Rechtsgeschäften, 1983; *Jahr,* Geltung des Gewollten und Geltung des Nichtgewollten, JuS 1989, 249; *Kötz,* Dispositives Recht und ergänzende Vertragsauslegung, JuS 2013, 289; *Leenen,* Faktischer und normativer Konsens, FS Prölss, 2009, 153; *Reimann,* Falsa demonstratio und Erwerberverhältnis bei der Auflassung, NJW 2008, 1773; *Scherer,* Die Auslegung von Willenserklärungen „klaren und eindeutigen Inhalts", Jura 1988, 302; *Wieling,* Die Bedeutung der Regel „falsa demonstratio non nocet" im Vertragsrecht, AcP 172 (1972), 297; *Wieser,* Empirische und normative Auslegung, JZ 1985, 407.

§ 10. Die Geschäftsfähigkeit

Im folgenden Abschnitt geht es um die Teilnahme von nicht oder nicht voll geschäftsfähigen Personen am Rechtsverkehr. Vor allem die Rechtsgeschäfte von Minderjährigen werfen vielfältige Fragen auf.

I. Geschäftsfähigkeit, Geschäftsunfähigkeit, beschränkte Geschäftsfähigkeit und Betreuung

1. Die Geschäftsfähigkeit

> Die **Geschäftsfähigkeit** ist die Fähigkeit, Willenserklärungen wirksam abzugeben und entgegenzunehmen und somit am Rechtsverkehr teilzunehmen.

Sie ist zu unterscheiden von der Rechtsfähigkeit als der Fähigkeit, Träger von Rechten 1
und Pflichten zu sein. Rechtsfähig ist jede Person, geschäftsfähig kann dagegen nur der Mensch, nicht auch die juristische Person sein. Diese kann am Rechtsverkehr nur durch ihre Organe, die für sie handeln, teilnehmen.

Die rechtliche Bindung an Willenserklärungen ist nur gerechtfertigt, wenn der Handelnde über eine bestimmte geistige Reife und Willenskraft verfügt. Wer sie nicht besitzt, soll vor den Gefahren des Rechtsverkehrs geschützt werden. Dies geschieht rechtstechnisch dadurch, dass ihm die Geschäftsfähigkeit nicht oder nicht unbeschränkt zuerkannt oder ihm ein Betreuer bestellt wird. Es ist daher zwischen Geschäftsfähigkeit, Geschäftsunfähigkeit und beschränkter Geschäftsfähigkeit zu unterscheiden. Im Interesse der Klarheit, Sicherheit und Leichtigkeit des Rechtsverkehrs muss es feste Regeln für die Feststellung geben, ob ein Mensch geschäftsfähig, geschäftsunfähig oder beschränkt geschäftsfähig ist. Das Gesetz knüpft hierzu in erster Linie an bestimmte Altersgrenzen an. Auf die konkrete Fähigkeit zur freien Willensbestimmung stellt es nur in Ausnahmefällen ab.

Für bestimmte familien- und erbrechtliche Rechtsgeschäfte bestehen Sonderregelungen, so etwa hinsichtlich der **Ehefähigkeit** (vgl. §§ 1303ff. BGB) und der **Testierfähigkeit** (vgl. § 2229 BGB). Dazu ***Köhler*** **BGB AT PdW Fall 13.**

2. Die Geschäftsunfähigkeit

a) Geschäftsunfähig ist gem. § 104 Nr. 1 BGB, „wer nicht das siebente Lebensjahr 2
vollendet hat“. Für die Berechnung gilt § 187 Abs. 2 S. 2 BGB.

b) Geschäftsunfähig ist gem. § 104 Nr. 2 BGB, „wer sich in einem die freie Willens- 3
bestimmung ausschließenden Zustande krankhafter Störung der Geistestätigkeit befindet, sofern nicht der Zustand seiner Natur nach ein vorübergehender ist“ (dazu ***Köhler*** **BGB AT PdW Fall 24**).

Die betreffende Person muss also auf Grund ihres Geisteszustandes außerstande sein, ihre Entscheidungen von vernünftigen Erwägungen abhängig zu machen (BGH NJW 1970, 1680 (1681)). Der Zustand muss allerdings von Dauer sein, damit eine generelle Geschäftsunfähigkeit vorliegt. Wer sich nur in einem Zustand **vorübergehender** Störung der Geistestätigkeit befindet (zB hohes Fieber, Trunkenheit), ist daher geschäftsfähig (dazu ***Köhler*** **BGB AT PdW Fall 25**). Er kann zwar in diesem Zustand keine wirksamen Willenserklärungen abgeben (§ 105 Abs. 2 BGB), wohl aber Willenserklärungen wirksam entgegennehmen. Die Geschäftsunfähigkeit besteht nur **während** des Zustandes krankhafter Störung der Geistestätigkeit, in sog. **lichten Augenblicken** (lucida intervalla) ist Geschäftsfähigkeit gegeben (BGH NJW 1988, 3011).

4 Die krankhafte Störung der Geistestätigkeit kann auf einen **bestimmten Lebensbereich** begrenzt sein (sog. **partielle Geschäftsunfähigkeit**). So kann zB krankhafte Eifersucht die Geschäftsfähigkeit in Fragen der Ehe, krankhafte Querulanz in Rechtsstreitigkeiten die Geschäftsfähigkeit in diesem Bereich ausschließen. Für Rechtsgeschäfte außerhalb dieser Bereiche ist aber Geschäftsfähigkeit gegeben. Eine andere Frage ist, ob auch eine auf **schwierige Rechtsgeschäfte** begrenzte Geschäftsunfähigkeit (sog. **relative Geschäftsunfähigkeit**) anzuerkennen ist (dazu ***Köhler* BGB AT PdW Fall 26**). Dies ist von Bedeutung für jene Personengruppe, die auf Grund ihres Geisteszustandes (zB geistig Zurückgebliebene, Altersschwachsinnige) zwar die einfachen Geschäfte des täglichen Lebens zu besorgen vermögen, nicht dagegen schwierige Geschäfte. Die Anerkennung einer relativen Geschäftsunfähigkeit idS hätte eine schwerwiegende Beeinträchtigung der Rechtssicherheit zur Folge, da sich die Grenze zwischen schwierigen und einfachen Geschäften nicht eindeutig ziehen lässt. Ein angemessener Schutz für diesen Personenkreis ist durch Bestellung eines **Betreuers** (§ 1896 BGB) möglich. Zudem ist durch § 105a BGB für die Geschäfte des täglichen Lebens Abhilfe geschaffen (dazu → Rn. 8). Mit der Rspr. (BGH NJW 1970, 1680) ist daher eine relative Geschäftsunfähigkeit zu verneinen.

3. Die beschränkte Geschäftsfähigkeit

Beschränkt geschäftsfähig ist gem. § 106 BGB „ein Minderjähriger, der das siebente Lebensjahr vollendet hat".

5 Da die Volljährigkeit nach § 2 BGB mit der Vollendung des achtzehnten Lebensjahres eintritt, ist ein Jugendlicher also zwischen dem siebten und dem achtzehnten Lebensjahr beschränkt geschäftsfähig.

Beispiel: A ist am 12.9.1998 geboren. Er ist am 12.9.2005 um 0.00 Uhr beschränkt geschäftsfähig und am 12.9.2016 um 0.00 Uhr volljährig und damit voll geschäftsfähig geworden (§ 187 Abs. 2 S. 2 BGB).

4. Die Betreuung

Soweit ein **Volljähriger** seine Angelegenheiten nicht (mehr) selbst besorgen kann, kann das Betreuungsgericht für ihn einen **Betreuer** bestellen. Dieser hat die Stellung eines **gesetzlichen Vertreters.** Falls erforderlich, kann das Gericht auch einen **Einwilligungsvorbehalt** anordnen. Der Betreute bedarf dann für Willenserklärungen der Einwilligung des Betreuers.

a) Bestellung eines Betreuers

6 Kann ein Volljähriger auf Grund einer psychischen Krankheit oder einer körperlichen, geistigen oder seelischen Behinderung seine Angelegenheiten ganz oder teilweise nicht besorgen, so bestellt das **Betreuungsgericht** (Amtsgericht gem. § 23a GVG) auf seinen Antrag oder von Amts wegen einen **Betreuer** (§ 1896 Abs. 1 S. 1 BGB), allerdings nur für die Aufgabenkreise, in denen eine Betreuung erforderlich ist (§ 1903 Abs. 1 S. 1 BGB). Unerheblich ist, ob der Betreute geschäftsfähig oder geschäftsunfähig nach § 104 Nr. 2 BGB ist.

b) Die Rechtsstellung des Betreuten und des Betreuers

Die Bestellung eines Betreuers hat, anders als die Entmündigung nach früherem Recht, keine Auswirkung auf die (vorhandene) Geschäftsfähigkeit des Betreuten. Der geschäftsfähige Betreute kann also grds. weiterhin wirksam rechtsgeschäftlich handeln. Allerdings bedarf er des Schutzes vor den Gefahren des Rechtsverkehrs. Das Betreuungsgericht hat daher einen sog. **„Einwilligungsvorbehalt"** (dazu ***Köhler* BGB AT PdW Fall 12**) anzuordnen, soweit dies zur Abwendung einer erheblichen Gefahr (vgl. LG Köln NJW 1993, 207) für die Person oder das Vermögen des Betreuten erforderlich ist (§ 1903 Abs. 1 BGB). In diesem Fall bedarf der Betreute zu einer Willenserklärung, die den Aufgabenkreis des Betreuers betrifft, dessen Einwilligung iSv § 183 BGB. Auf bestimmte höchstpersönliche Rechtsgeschäfte (zB Eheschließung, Verfügung von Todes wegen) kann sich der Einwilligungsvorbehalt nicht erstrecken (§ 1903 Abs. 2 BGB). Vom Einwilligungsvorbehalt sind ausgenommen Willenserklärungen, die dem Betreuten lediglich einen rechtlichen Vorteil bringen (vgl. § 107 BGB für den Minderjährigen) und grds. auch Willenserklärungen, die geringfügige Angelegenheiten des täglichen Lebens betreffen (§ 1903 Abs. 3 BGB). Hat der Betreute ohne die erforderliche Einwilligung gehandelt, gelten die §§ 108–113, 131 Abs. 2 BGB entsprechend (§ 1903 Abs. 1 S. 2 BGB). – Soweit ein Einwilligungsvorbehalt angeordnet ist, ist die Rechtsstellung des Betreuten also derjenigen eines Minderjährigen angenähert. 7

Der Betreuer hat in seinem Aufgabenkreis die Stellung eines gesetzlichen Vertreters des Betreuten (§ 1902 BGB). Er hat die Angelegenheiten des Betreuten so zu besorgen, wie es dessen Wohl entspricht (§ 1901 Abs. 1 BGB). Fehlt es an einem Betreuungsvorbehalt, so besteht die Gefahr von „Doppelgeschäften", die uU auch einander widersprechen können.

Doppelverkauf: Der Betreute A verkauft anlässlich des bevorstehenden Umzugs in das Altersheim einen Schrank an K; der Betreuer B verkauft in Unkenntnis davon ebenfalls diesen Schrank an den L. Beide Kaufverträge sind wirksam. Erfüllt werden kann aber nur einer. Gegenüber dem Käufer, der „leer" ausgeht, besteht uU eine Schadensersatzpflicht nach §§ 280, 281, 283 BGB.

II. Die Rechtsfolgen der Geschäftsunfähigkeit

Der Geschäftsunfähige kann nicht wirksam am Rechtsverkehr teilnehmen: Er kann Willenserklärungen weder wirksam abgeben (§ 105 Abs. 1 BGB) noch wirksam entgegennehmen (§ 131 Abs. 1 BGB). Dabei spielt keine Rolle, um welche Willenserklärungen es sich handelt, auch nicht, ob der Geschäftsunfähige im eigenen oder im fremden Namen (dh als Vertreter) gehandelt hat. Hat der Geschäftsunfähige einen **Vertrag** geschlossen, so erwachsen daraus weder für ihn noch für den Vertragspartner Ansprüche. Bereits erbrachte Leistungen sind nach den §§ 812ff. BGB zurückzugewähren. Bei Dienstleistungen gegenüber dem Geschäftsunfähigen kommen nach der Rspr. jedoch auch Ansprüche aus Geschäftsführung ohne Auftrag (§§ 683, 670 BGB) in Betracht (vgl. BGH NJW 2005, 3786). – Eine Ausnahme vom Grundsatz der Unwirksamkeit macht § 105a S. 1 BGB für **„Geschäfte des täglichen Lebens, die mit geringwertigen Mitteln bewirkt werden"** können (dazu *Casper* NJW 2002, 3425; *Heim* JuS 2003, 141). Tätigt ein volljähriger Geschäftsunfähiger ein solches Geschäft, so gilt der von ihm geschlossene Vertrag *in Ansehung von Leistung und, soweit vereinbart, Gegenleistung* als wirksam, sobald Leistung und Gegenleistung bewirkt sind. An- 8 ders als im Falle des § 110 BGB führt die Erfüllung des Vertrages nicht zur Wirksamkeit des ganzen Vertrages, sondern verhindert lediglich, dass die erbrachten Leistungen nach § 812 Abs. 1 S. 1 Alt. 1 BGB zurückgefordert werden können. Die Vorschrift soll allerdings nicht den Rechtsverkehr schützen, sondern die Eigenverantwortlichkeit des Geschäftsunfähigen stärken und seine soziale Emanzipation fördern. Daher gilt diese Regelung nicht „bei einer erheblichen Gefahr für die Person oder das Vermögen des Geschäftsunfähigen" (§ 105a S. 2 BGB). IÜ ist vor Anwendung des § 105a S. 1 BGB stets zu prüfen, ob im Zeitpunkt der Vornahme solcher Geschäfte nicht ein „lichter Moment" vorlag und damit Geschäftsfähigkeit gegeben war.

Der trunksüchtige Schauspieler: Der auf Grund seiner Trunksucht geschäftsunfähige, aber beim Publikum sehr beliebte Schauspieler S hat soeben eine Gage von 10.000 Euro erhalten. Von diesem Geld kauft er in einem Supermarkt Lebensmittel für 20 Euro. Anschließend lässt er sich zur nächsten Aufführung mit dem Taxi für 300 Euro von Berlin nach Hamburg fahren. Dort besorgt er sich noch 2 Flaschen Wodka für 40 Euro, um sich für die Aufführung zu stärken. – Der Kauf der Lebensmittel und die dazugehörigen Erfüllungsgeschäfte sind an sich nach den §§ 104 Nr. 2, 105 Abs. 1 BGB unwirksam, sofern S nicht in einem „lichten Moment" gehandelt hat (Tatfrage!). Sie gelten jedoch nach § 105a S. 1 BGB in Ansehung von Leistung und Gegenleistung als wirksam, da es sich um ein *„Geschäft des täglichen Lebens handelt, das mit geringwertigen Mitteln bewirkt werden kann"* und der Vertrag beiderseitig erfüllt worden ist. Der Vertrag über die Taxifahrt (Werkvertrag) bleibt dagegen unwirksam, weil es sich insoweit nicht um ein Geschäft des täglichen Lebens, das *„mit geringwertigen Mitteln"* bewirkt werden kann, handelt. Denn dabei ist nicht auf die Vermögensverhältnisse des Geschäftsunfähigen, sondern auf das durchschnittliche Preis- und Einkommensniveau abzustellen (vgl. Palandt/*Ellenberger* BGB § 105a Rn. 4). Es ist also unerheblich, dass sich S von seiner Gage ohne Weiteres eine solche Ausgabe leisten könnte. – Der Kauf der Wodkaflaschen und die dazugehörigen Erfüllungsgeschäfte sind nach § 105 Abs. 1 BGB ebenfalls unwirksam. Die Ausnahmeregelung des § 105a S. 1 BGB greift nicht ein, da das Geschäft eine „erhebliche Gefahr für die Person" (iSd § 105a S. 2 BGB) des geschäftsunfähigen S bedeutet, nämlich der dadurch ermöglichte Alkoholkonsum seine Gesundheit weiter beeinträchtigen kann.

Zur Wahrung seiner Interessen hat der Geschäftsunfähige einen *gesetzlichen Vertreter,* der für ihn rechtsgeschäftlich handeln kann. Das sind die *Eltern* (§§ 1626ff. BGB) bzw. der *Vormund* (§§ 1793ff. BGB) oder *Betreuer* (§§ 1896ff. BGB). – Personen, deren Geschäftsunfähigkeit äußerlich nicht erkennbar ist (sog. unerkennbar Geisteskranke) stellen ein Risiko für ihre Geschäftsgegner dar. Jedoch sind (individualvertragliche) Vereinbarungen zulässig, in denen ein Geschäftsfähiger sich verpflichtet, im Falle nachträglich eintretender Geschäftsunfähigkeit seinem Geschäftsgegner den daraus entstehenden Schaden zu ersetzen. Solche Klauseln sind allerdings nach § 307 Abs. 1 BGB unwirksam, wenn sie in AGB enthalten sind (BGHZ 115, 38 (42ff.) gegen BGHZ 52, 61 (62)).

9 Nach § 105 Abs. 2 BGB ist nichtig „auch eine Willenserklärung, die im Zustande der Bewusstlosigkeit oder vorübergehender Störung der Geistestätigkeit abgegeben wird". Wer sich in einem solchen Zustand (zB Volltrunkenheit, Drogenrausch, Fieberdelirium) befindet, ist zwar geschäftsfähig, kann daher also wirksam Willenserklärungen entgegennehmen (Umkehrschluss aus § 131 Abs. 1 BGB), nicht dagegen selbst abgeben.

Der betrunkene Seminarteilnehmer: Auf einem Rhetorikseminar erscheint der Teilnehmer A vollkommen betrunken im Seminarraum und randaliert. Vom Veranstalter B zur Rede gestellt, erklärt er, dass er kündige. B kündigt ihm ebenfalls mündlich. – Die Kündigungserklärung des A ist nach § 105 Abs. 2 BGB unwirksam. Die des B könnte zwar grds. wirksam zugehen, da es sich jedoch um eine mündliche Erklärung handelt und A erkennbar nicht in der Lage ist, sie voll zu verstehen, ist sie nicht zugegangen und damit auch nicht wirksam.

III. Die Rechtsfolgen der beschränkten Geschäftsfähigkeit

Der beschränkt Geschäftsfähige hat einen gesetzlichen Vertreter (Eltern, § 1626 BGB, bzw. Vormund, § 1793 BGB), der mit Wirkung für und gegen ihn im Rechtsverkehr handeln kann. Im Gegensatz zum Geschäftsunfähigen ist aber der beschränkt Geschäftsfähige nicht völlig von der selbstständigen Teilnahme am Rechtsverkehr ausgeschlossen. Er soll lediglich vor den Gefahren des Rechtsverkehrs durch Abschluss nachteiliger Rechtsgeschäfte geschützt werden. Solche Rechtsgeschäfte soll er wirksam nur mit Zustimmung seines gesetzlichen Vertreters, der das Sorgerecht für ihn hat, vornehmen können. Es ist daher zwischen zustimmungsfreien und zustimmungsbedürftigen Rechtsgeschäften des beschränkt Geschäftsfähigen zu unterscheiden. 10

1. Die Abgrenzung von zustimmungsfreien und zustimmungsbedürftigen Rechtsgeschäften

Der Freundschaftspreis: V bietet dem Minderjährigen M ein kaum gebrauchtes Rennrad zum Freundschaftspreis von 100 Euro an. M „leiht" sich von seiner Großmutter G einen 100-Euro-Schein und kauft ohne Wissen seiner Eltern das Rad, das ihm gegen Barzahlung sogleich ausgehändigt wird. – Sind die in diesem Zusammenhang vorgenommenen Rechtsgeschäfte wirksam? 11

Nach § 107 BGB bedarf der Minderjährige „zu einer Willenserklärung, durch die er nicht lediglich einen rechtlichen Vorteil erlangt, der Einwilligung seines gesetzlichen Vertreters". Einwilligung bedeutet dabei so viel wie „vorherige Zustimmung" (§ 183 S. 1 BGB). Daher spricht man insoweit von „zustimmungsbedürftigen Rechtsgeschäften". Ein Rechtsgeschäft ist folglich dann „zustimmungsfrei", wenn es für den Minderjährigen keine rechtlichen Nachteile mit sich bringt. Nun ist aber praktisch kein Rechtsgeschäft denkbar, das nicht, sei es auch nur entfernte, Rechtsnachteile mit sich bringt. Es ist daher eine Abgrenzung erforderlich. Sie kann aber – entgegen der früher hM – nicht danach erfolgen, ob der Nachteil vom rechtlichen Willen der Parteien umfasst ist oder kraft gesetzlicher Regelung eintritt (BGHZ 161, 170 = NJW 2005, 415; BGH NJW 2005, 1430 (1431)). Denn darauf kann es nach dem Schutzzweck des § 107 BGB nicht ankommen. Nach der Rspr. bezweckt die Norm in erster Linie, den Minderjährigen vor einer Gefährdung seines Vermögens zu schützen (BGH NJW 2005, 415 (418)). Das erscheint indessen zu eng (vgl. *Köhler* JZ 1983, 225). Recht verstanden geht es um den Schutz des materiellen und persönlichen Wohls des Minderjährigen *(Minderjährigenschutz)*, den Schutz der elterlichen Sorge, die durch Erteilung oder Verweigerung der Zustimmung ausgeübt wird *(Schutz der elterlichen Sorge)*, und den Schutz des Verkehrsinteresses an einer klaren Abgrenzbarkeit *(Schutz der Rechtssicherheit)*. Dabei ist nach der Art des Rechtsgeschäfts zu unterscheiden:

a) Verpflichtungsgeschäfte

Die vertragliche Übernahme einer Verpflichtung durch den Minderjährigen begründet unstreitig einen relevanten rechtlichen Nachteil und ist damit zustimmungsbedürftig (dazu ***Köhler* BGB AT PdW Fall 27**). Dass den rechtlichen Nachteilen auch rechtliche Vorteile gegenüberstehen können und der Vertrag bei einer Saldierung von Nachteilen und Vorteilen möglicherweise *wirtschaftlich* vorteilhaft für den Minderjährigen ist, spielt keine Rolle. Denn ob ein Rechtsgeschäft wirtschaftlich vorteilhaft ist, kann im Einzelfall zweifelhaft sein (Gefährdung der Rechtssicherheit); selbst 12 wenn dies aber der Fall ist, kann das Rechtsgeschäft möglicherweise für das persönliche Wohl des Minderjährigen und die elterlichen Erziehungsziele nachteilig sein.

12a Im *Freundschaftspreis-Fall* ist der Kaufvertrag (Verpflichtungsgeschäft!) für M nicht lediglich rechtlich vorteilhaft, da er für ihn die Pflicht zur Kaufpreiszahlung (§ 433 Abs. 2 BGB) mit sich brächte. M hätte daher für einen wirksamen Kaufvertragsschluss der Einwilligung seiner Eltern gem. § 107 BGB bedurft. Da diese nicht vorlag, ist der Kaufvertrag nach § 108 Abs. 1 BGB schwebend unwirksam. – Entsprechendes gilt für den zwischen M und G geschlossenen Darlehensvertrag, da M daraus zur Rückzahlung des „geliehenen" Geldes verpflichtet würde (§ 607 BGB).

13 Dies gilt nicht nur für gegenseitige Verträge, wie Kauf und Tausch, sondern auch für Verträge, die für den Minderjährigen lediglich Nebenpflichten mit sich bringen.

Das Leihzelt: Der Minderjährige M leiht sich ohne Wissen seiner Eltern von L ein Zelt für eine Fahrradtour. Obwohl M für den Gebrauch des Zelts nicht bezahlen muss (§ 598 BGB), ist der Leihvertrag doch für ihn rechtlich nachteilig und damit nach § 107 BGB zustimmungsbedürftig, weil er für ihn die Pflicht zur Rückgabe des Zelts begründen würde (§ 604 BGB) und er bei schuldhafter Verletzung dieser Pflicht Schadensersatz zu leisten hätte.

13a Einen rechtlichen Nachteil stellt es auch dar, wenn ein Vertrag mit einem Minderjährigen erst mit Eintritt seiner Volljährigkeit Verpflichtungen mit sich bringt (*Latzel/Zöller* NJW 2019, 1031).

Der Tennisclub: Der Tennisclub T bietet Jugendlichen eine beitragsfreie Mitgliedschaft bis zu ihrer Volljährigkeit an, danach soll der normale Mitgliederbetrag gelten.

13b Einen rechtlichen Nachteil stellt ferner die Verpflichtung zur Überlassung von personenbezogenen Daten zu Werbezwecken iRv Gratis-Verträgen dar (Staudinger/*Klumpp* BGB § 107 Rn. 30). Davon zu trennen ist die Frage, unter welchen Voraussetzungen ein Minderjähriger in eine Datenverarbeitung wirksam einwilligen kann (dazu Art. 8 Abs. 1 DS-GVO iVm mit Art. 6 Abs. 1 Buchst. a DS-GVO; → § 10 Rn. 37).

13c Ein Verpflichtungsgeschäft ist also nur dann zustimmungsfrei, wenn der Minderjährige daraus nur einen Anspruch erwirbt, aber selbst keinerlei Verpflichtung eingeht. Beispielsfälle hierfür sind das Schenkungsversprechen (§ 518 BGB) und das Schuldversprechen (§ 780 BGB) bzw. Schuldanerkenntnis (§ 781 BGB) gegenüber einem Minderjährigen. Aber auch für das Schenkungsversprechen gilt § 107 BGB, wenn es unter einem Rücktrittsvorbehalt (§ 346 BGB) erfolgt (BGH NJW 2005, 1430 (1431)). Denn bei Ausübung des Rücktrittsrechts kann der Minderjährige zum Wertersatz oder Schadensersatz verpflichtet sein (vgl. § 346 Abs. 2–4 BGB).

b) Verfügungsgeschäfte

14 Von den Verpflichtungsgeschäften sind die Verfügungsgeschäfte zu trennen (Trennungs- und Abstraktionsprinzip!). Deren Zustimmungsbedürftigkeit ist also grds. gesondert zu prüfen (BGH NJW 2005, 415 (417); BGHZ 161, 170 (174)). Verfügungen sind Rechtsgeschäfte, die auf ein bestehendes Recht unmittelbar einwirken, insbes. die Übertragung oder Aufhebung eines Rechts (dazu → § 5 Rn. 13). Bringt die Verfügung für den Minderjährigen einen Rechtsverlust mit sich, ist sie zustimmungsbedürftig.

Im *Freundschaftspreis-Fall* stellt die Bezahlung mit dem Hunderteuroschein eine Verfügung des M dar, nämlich die Übertragung des Eigentums an der Banknote auf den V gem. § 929 BGB. Diese Verfügung ist für M rechtlich nachteilig, da er dadurch das Eigentum an der Banknote verlieren würde (unterstellt, er hat es zuvor wirksam von G erworben). Da M ohne Einwilligung seiner Eltern handelte, ist die Übereignung (da Vertrag) gem. § 108 Abs. 1 BGB schwebend unwirksam.

Bringt die Verfügung dagegen für den Minderjährigen einen Rechtserwerb oder einen sonstigen rechtlichen Vorteil mit sich, ist sie (grundsätzlich, → Rn. 16) zustimmungsfrei. 15

Im *Freundschaftspreis-Fall* ist die Aushändigung des Rads als Übereignung nach § 929 S. 1 BGB (Einigung und Übergabe) zu werten. Dieses Rechtsgeschäft ist für M lediglich rechtlich vorteilhaft, weil er dadurch das Eigentum am Rad erwirbt, ohne irgendwelche Rechtsnachteile zu erleiden. (Dass er uU das Fahrrad wegen Unwirksamkeit des Kaufvertrags nach § 812 Abs. 1 BGB an den V zurückgeben muss, bleibt als unerheblicher Rechtsnachteil außer Betracht, da M durch § 818 Abs. 3 BGB vor einer Beeinträchtigung seines sonstigen Vermögens geschützt ist.) – Entsprechendes gilt für die Übereignung des Hunderteuroscheins durch G an M.

Schwierig und umstritten ist die Beurteilung von **Grundstücksschenkungen an Minderjährige** (dazu ***Köhler*** **BGB AT PdW Fall 29**). Es ist zunächst – entsprechend dem Trennungs- und Abstraktionsprinzip – zwischen dem Verpflichtungsgeschäft (Schenkungsversprechen) und dem Verfügungsgeschäft (Übereignung des Grundstücks gem. §§ 873, 925 BGB) zu unterscheiden (BGH NJW 2010, 3643 Rn. 6; BGHZ 161, 170 = NJW 2005, 415 (417); aA noch BGHZ 78, 28 (30 ff.): „Gesamtbetrachtung des schuldrechtlichen und dinglichen Vertrags"). Ersteres ist zustimmungsfrei, da der Minderjährige dadurch nur einen schuldrechtlichen Anspruch auf Übereignung erlangt. Ob aber auch die Übereignung zustimmungsfrei ist, ist deshalb zweifelhaft, weil mit dem Eigentumserwerb bestimmte Pflichten und Lasten verbunden sein können. 16

Das Grundstück kann mit Grundpfandrechten belastet sein. Den Eigentümer können privatrechtliche Pflichten (zB Vermieterpflichten, nachbarrechtliche und Verkehrssicherungspflichten, Pflichten aus der Mitgliedschaft einer Wohnungseigentümergemeinschaft) sowie öffentlich-rechtliche Lasten (zB Anlieger- und Erschließungsbeiträge) trefen. Hinzu kommen steuerliche Belastungen (zB Schenkungs-, Grund- und Grunderwerbsteuer).

Für die Beurteilung solcher Verpflichtungen nach § 107 BGB kommt es nicht darauf an, ob sie von den Beteiligten des Rechtsgeschäfts angestrebt worden sind. Es genügt, wenn sie gesetzliche (oder mittelbare) Folge des Rechtsgeschäfts sind (BGH NJW 2010, 3643 Rn. 6). Denn das Vermögen des Minderjährigen wird nicht weniger gefährdet, wenn der Eintritt des Nachteils zwar von den Parteien des Rechtsgeschäfts nicht gewollt, vom Gesetz aber als dessen Folge angeordnet ist (BGH NJW 2005, 415 (418)). Richtigerweise ist § 107 BGB von seinem Schutzzweck her (→ Rn. 11) einschränkend auszulegen: Die Vorschrift ist dann nicht anwendbar, wenn der **Rechtsnachteil seiner abstrakten Natur nach typischerweise keine Gefährdung des Minderjährigen** mit sich bringt. Denn in diesem Fall würde der gesetzliche Vertreter seine Zustimmung nicht verweigern (BGH NJW 2005, 415 (418)). Für den Erwerb von Grundstücken durch einen Minderjährigen bedeutet dies: (1) Belastungen, die lediglich den im Eigentumserwerb liegenden Vorteil mindern oder aufzehren können, sind unerheblich. Das ist zB bei der Belastung mit einer Grundschuld der Fall, weil der Eigentümer lediglich verpflichtet ist, die Zwangsvollstreckung zu dulden, ihn aber keine Haftung mit seinem persönlichen Vermögen trifft (BGHZ 161, 170). (2) Belastungen, für die der Eigentümer persönlich haftet, stellen grds. einen rechtlichen

Nachteil dar (BGH NJW 2005, 1430 (1431); BGHZ 161, 170 (175f.)). Sie sind nur dann unerheblich, wenn sie ihrem Umfang nach begrenzt sind, in der Regel aus den laufenden Erträgen des Grundstücks abgedeckt werden können und typischerweise zu keiner Vermögensgefährdung führen. Das ist zB bei der Belastung mit Grundsteuern (BGHZ 161, 170 (178)), nicht aber bei der Belastung mit *Erschließungsbeiträgen* der Fall. Einen nicht unerheblichen Rechtsnachteil stellt es auch dar, wenn das Grundstück *vermietet* oder *verpachtet* ist, weil insoweit den Erwerber nach §§ 566, 581 Abs. 2 BGB die Pflichten aus dem Miet- oder Pachtvertrag treffen (BGH NJW 2005, 1430 (1431)). Das Gleiche gilt für die Schenkung einer Eigentumswohnung, weil er mit dem Erwerb der Wohnung nicht nur einen Vermögensgegenstand erwirbt, sondern gleichzeitig Mitglied der Wohnungseigentümergemeinschaft wird. Denn die damit verbundenen ihn persönlich treffenden Verpflichtungen sind nicht so unbedeutend, dass sie eine Verweigerung der Genehmigung durch den gesetzlichen Vertreter (bei Schenkung durch einen Dritten) oder durch einen Ergänzungspfleger (bei Schenkung durch die Eltern; dazu → Rn. 17) nicht rechtfertigen könnten (BGHZ 187, 119 = BGH NJW 2010, 3643 Rn. 13; krit. *Hager* FS Leenen, 2012, 43 unter Hinweis auf § 1629a BGB).

17 Ist Zustimmungsbedürftigkeit gegeben, führt dies bei einer Grundstücksschenkung der *Eltern* an ihr minderjähriges Kind dazu, dass ein *Ergänzungspfleger* (§ 1909 BGB) eingeschaltet werden muss (BGH NJW 2010, 3643 Rn. 16; dazu ***Köhler* BGB AT PdW Fall 30**). Denn die Eltern können ihr Kind bei der Annahme des Übereignungsangebots wegen des Verbots des Selbstkontrahierens (§ 181 BGB) nicht wirksam vertreten und sind folgerichtig auch von der Erteilung der Einwilligung gem. § 107 BGB ausgeschlossen. Zwar sieht § 181 BGB eine Ausnahme für den Fall der Erfüllung einer Verbindlichkeit vor und dieser Fall läge hier wörtlich genommen vor, da die Übereignung in Erfüllung des Schenkungsversprechens erfolgt. Jedoch ist diese Ausnahme vom Schutzzweck des § 107 BGB her wieder einzuschränken (*Jauernig* JuS 1982, 576), da sonst der Minderjährigenschutz unterlaufen würde (so – im Ergebnis – auch BGHZ 78, 28 (30) gegen BGHZ 15, 168).

c) Annahme einer Leistung als Erfüllung

18 **Das Vermächtnis:** Erblasser E vermachte testamentarisch seinem minderjährigen Neffen M einen Betrag von 5.000 Euro. Der Erbe A zahlte diesen Betrag dem M aus, ohne die Eltern des M davon zu benachrichtigen. M verprasst das Geld. – Können die Eltern namens des M nochmals Zahlung verlangen?

Ob ein Minderjähriger eine ihm geschuldete Leistung wirksam als Erfüllung gem. § 362 Abs. 1 BGB annehmen kann, mit der Folge, dass sein Anspruch auf diese Leistung erlischt, ist umstritten (dazu ***Köhler* BGB AT PdW Fall 31**). Einige (zB *Harder* JuS 1977, 151) bejahen dies: die Leistungsannahme bringe lediglich einen rechtlichen Vorteil für den Minderjährigen, weil in seinem Vermögen an die Stelle der Forderung der (höher zu bewertende) Leistungsgegenstand trete. Nach der hM (zB *Wacke* JuS 1978, 83) erwirbt der Minderjährige zwar den Leistungsgegenstand dinglich wirksam, jedoch tritt bei fehlender Einwilligung keine Erfüllung ein, weil dies den Rechtsnachteil des Erlöschens des Anspruchs mit sich bringen würde.

Die Begründung ist strittig: Nach einer Auffassung (Theorie der Erfüllungsvereinbarung) deshalb, weil der Minderjährige den für die Erfüllung erforderlichen Vertrag wegen § 107 BGB nicht wirksam schließen könne; nach einer anderen (Theorie der realen Leistungsbewirkung) deshalb, weil dem Minderjährigen die „Empfangszuständigkeit" fehle, die sich nach den Grundsätzen der Verfügung (also auch nach § 107 BGB) beurteile.

Der hM ist grds. zu folgen, da mit der Annahme als Erfüllung eine Gefährdung des Vermögens des Minderjährigen verbunden sein kann und zwar gerade durch unüberlegtes Handeln des Minderjährigen, wie der *Vermächtnis-Fall* zeigt. Dass der Minderjährige das Geld ohne Einwilligung nicht wirksam übereignen und somit an sich gem. § 812 BGB zurückfordern kann, ist kein ausreichender Schutz, da die Rückforderung häufig nicht realisierbar sein wird. Grds. kann daher der Schuldner mit befreiender Wirkung nur an den gesetzlichen Vertreter direkt oder an den Minderjährigen mit Zustimmung des gesetzlichen Vertreters leisten. In Ausnahmefällen (zB Überweisung des geschuldeten Betrages auf ein Konto des Minderjährigen) mag etwas anderes gelten.

Im *Vermächtnis-Fall* können daher die Eltern namens des M nochmals Zahlung verlangen, da durch die Zahlung an M keine Erfüllung (§ 362 Abs. 1 BGB) eintrat. (A hat zwar an sich gegen M einen Rückzahlungsanspruch aus § 812 Abs. 1 S. 2 Alt. 2 BGB, jedoch kann M Wegfall der Bereicherung einwenden, § 818 Abs. 3 BGB).

d) Ausübung von Gestaltungsrechten und Ablehnung von Angeboten

Anfechtung, Kündigung, Rücktritt und Widerruf (iSd § 355 BGB) sind zustimmungsbedürftig, soweit sie sich auf einen (nicht ausschließlich belastenden) Vertrag beziehen. Der rechtliche Nachteil besteht im Verlust der Rechte aus dem Vertrag und etwaigen Ersatz- oder Abwicklungspflichten (zB aus §§ 122, 346ff. BGB). Zustimmungsfrei ist dagegen die Kündigung eines unverzinslichen Darlehens oder die Mahnung durch den Minderjährigen, da hier die Rechtslage ausschließlich zugunsten des Minderjährigen geändert wird. Ein Vertragsangebot kann ein Minderjähriger nur mit Einwilligung des gesetzlichen Vertreters ablehnen, da die Ablehnung eine empfangsbedürftige Willenserklärung ist und der Nachteil darin besteht, dass er die rechtlich gesicherte Chance zum Vertragsschluss verliert (→ § 8 Rn. 15). 19

e) Rechtlich neutrale Geschäfte

Entgegen dem Gesetzeswortlaut sind nach hM auch die sog. „neutralen Geschäfte" zustimmungsfrei (dazu ***Köhler* BGB AT PdW Fall 28**). Der Minderjährigenschutz fordert nicht die Zustimmungsbedürftigkeit solcher Rechtsgeschäfte, die dem Minderjährigen zwar keinen rechtlichen Vorteil, aber auch keinen Nachteil bringen. Es sind dies zB Rechtsgeschäfte, die ein Minderjähriger als Vertreter eines anderen tätigt (vgl. § 165 BGB), weil er daraus weder berechtigt noch verpflichtet wird. Aber auch Verfügungen des Minderjährigen über fremde Rechte fallen darunter (Jauernig/*Mansel* BGB § 107 Rn. 6; aA *Medicus/Petersen* AT Rn. 568). Dass der Minderjährige möglicherweise dem Rechtsinhaber nach § 816 Abs. 1 BGB oder nach § 823 Abs. 1 BGB haftet, steht dem nicht entgegen, da insoweit andere Vorschriften (vgl. §§ 818 Abs. 3, 828 BGB) zu seinem Schutze eingreifen (*Wolf/Neuner* BGB AT § 34 Rn. 34). 20

Wenn im *Leihzeltfall* der Minderjährige M das geliehene Zelt an den K verkauft (§ 433 BGB) und übereignet (§ 929 BGB), so ist der *Kaufvertrag* nach §§ 107, 108 Abs. 1 BGB schwebend unwirksam, da er für den M nicht lediglich rechtlich vorteilhaft ist. Anders verhält es sich mit der *Übereignung:* M ist nicht Eigentümer, kann also durch die Übereignung auch keinen Rechtsverlust erleiden. Dass der Verleiher L sein Eigentum verliert, wenn K gutgläubig nach § 932 BGB das Eigentum erwirbt (§ 935 BGB greift nicht ein, weil dem L das Zelt nicht abhanden gekommen ist), berührt nicht das Vermögen des M. Die Übereignung ist für ihn rechtlich „neutral". Daran ändert es nichts, dass sich M uU gegenüber L nach §§ 989, 990 BGB schadensersatzpflichtig macht, weil es sich hierbei nur um eine mittelbare nachteilige Folge des Rechtsgeschäfts handelt. Es wird allerdings weiter eingewandt, § 932 BGB überbrücke nur das fehlende Eigentum des Veräußerers. Der Erwerber könne daher verlangen, so gestellt zu werden, wie wenn der Veräußerer Eigentümer gewesen wäre. Wäre der minderjährige Veräußerer Eigentümer gewesen, so hätte er wegen § 107 BGB nicht wirksam sein Eigentum übertragen können (*Medicus/Petersen* AT Rn. 568). Es ist aber gerade die Frage, ob § 107 BGB hier heranzuziehen ist. Denn diese Norm will lediglich den Minderjährigen schützen und aus ihr sind keine Wertungen für das Verhältnis zwischen dem (früheren) Eigentümer und dem Erwerber zu entnehmen. Mit der hM ist daher die Übereignung als nach § 932 BGB wirksam anzusehen.

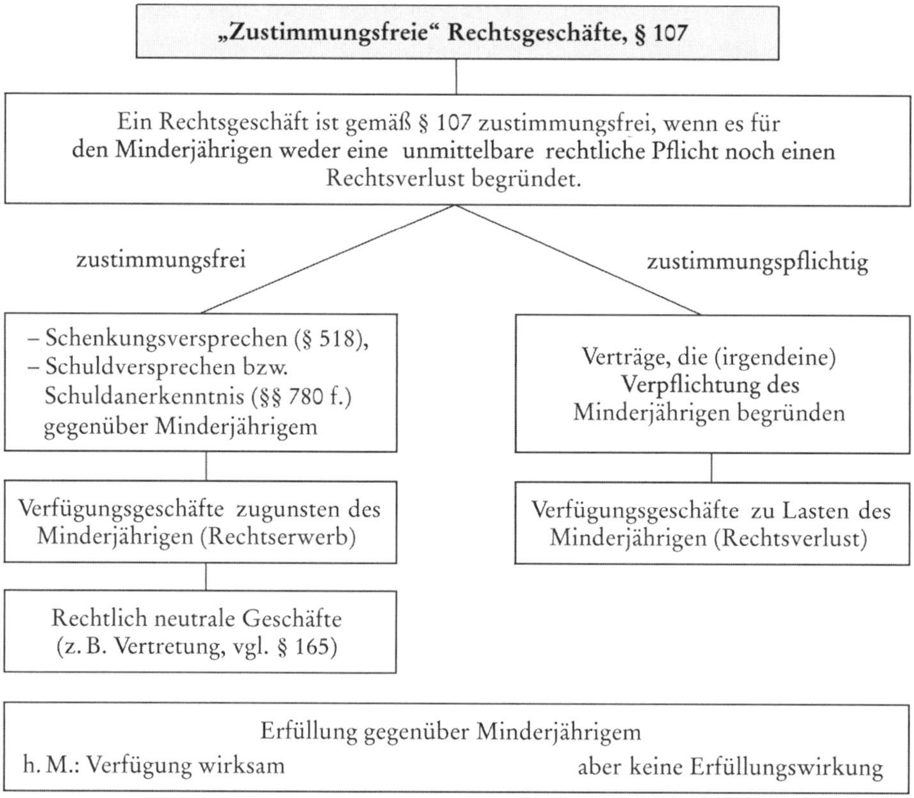

2. Die Einwilligung

a) Begriff der Einwilligung

21 Die Einwilligung des gesetzlichen Vertreters gem. § 107 BGB ist die vorher erteilte Zustimmung (§ 183 S. 1 BGB) zu einem Rechtsgeschäft des Minderjährigen. Sie erfolgt durch Abgabe einer Willenserklärung, und zwar entweder gegenüber dem Minderjährigen oder dem Geschäftsgegner (§ 182 Abs. 1 BGB). Bis zur Vornahme des Rechtsgeschäfts ist sie frei widerruflich (§ 183 S. 1 BGB), wobei der Widerruf sowohl gegenüber dem Minderjährigen als auch dem Geschäftsgegner erklärt werden kann (§ 183 S. 2 BGB). Wird allerdings die Einwilligung (auch) gegenüber dem Geschäftsgegner, der anschließende Widerruf nur gegenüber dem Minderjährigen erklärt, ist der auf den Fortbestand der Einwilligung vertrauende Geschäftsgegner analog §§ 170, 173 BGB zu schützen.

b) Arten der Einwilligung

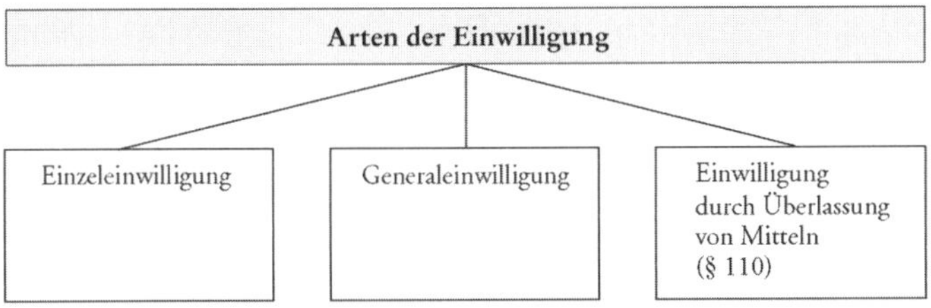

aa) Die Einzeleinwilligung

Die Einwilligung kann für ein einzelnes Rechtsgeschäft erteilt werden, etwa zum Abschluss eines Kaufvertrages. Ob sich diese Einwilligung auch auf damit zusammenhängende Hilfs- oder Folgegeschäfte erstreckt, etwa auf den Rücktritt oder die Anfechtung oder die einvernehmliche Aufhebung des Vertrages, ist durch Auslegung der Einwilligung zu ermitteln. Im Zweifel ist dies zu verneinen. Denn soweit es um einen Aufhebungsvertrag geht, kann der gesetzliche Vertreter hinterher diesen Vertrag immer noch genehmigen. Bei einseitigen Rechtsgeschäften aber (zB Anfechtung) erfordert die Entscheidung eine besonnene Abwägung der damit verbundenen Vor- und Nachteile. 22

bb) Die Generaleinwilligung

Die Einwilligung nach § 107 BGB setzt kein in seinen Einzelheiten feststehendes Geschäft voraus. So kann die Einwilligung sich auf den Kauf eines Fahrrads bei einem bestimmten Händler oder bis zu einem Preis von 1.000 Euro beziehen. Die Einwilligung kann sogar generell für eine ganze Reihe von zunächst nicht individualisierten Geschäften erteilt werden (sog. Generaleinwilligung oder Generalkonsens). So enthält beispielsweise die Erlaubnis zu einer Ferienreise auch die Einwilligung in die dazu erforderlichen Rechtsgeschäfte, wie den Kauf von Fahrkarten, Speisen und Getränken, die Buchung von Zimmern (dazu ***Köhler*** **BGB AT PdW Fall 32**). Die Generaleinwilligung darf indessen nicht so weit gespannt sein, dass der Minderjährige über die Grenzen der §§ 112, 113 BGB hinaus partiell geschäftsfähig wird, weil dies im Widerspruch zur gesetzlichen Regelung stünde. Unzulässig wäre es zB, darin einzuwilligen, dass ein Minderjähriger sein Vermögen selbst verwaltet. Im Interesse des Minderjährigenschutzes ist eine Generaleinwilligung im Zweifel eng auszulegen (BGHZ 47, 359). Andererseits wäre es zu eng, eine Generaleinwilligung nur bei sonst drohendem Vertretungsnotstand des Minderjährigen zuzulassen. 23

cc) Die Einwilligung durch Überlassung von Mitteln („Taschengeldparagraf", § 110 BGB)

Zum Problemkreis der Einwilligung gehört auch die Regelung des § 110 BGB: „Ein von dem Minderjährigen ohne Zustimmung des gesetzlichen Vertreters geschlossener Vertrag gilt als von Anfang an wirksam, wenn der Minderjährige die vertragsmäßige Leistung mit Mitteln bewirkt, die ihm zu diesem Zwecke oder zur freien Verfügung von dem Vertreter oder mit dessen Zustimmung von einem Dritten überlassen worden sind." Die Vorschrift setzt voraus, dass das betreffende Geschäft „ohne Zustimmung des gesetzlichen Vertreters" vorgenommen wurde. Manche erblicken nun gerade in der Überlassung solcher Mittel (zB Gewährung eines Taschengeldes oder 24

Belassung des Arbeitsverdienstes) eine Generaleinwilligung in alle Geschäfte, die mit diesen Mitteln zu erfüllen sind. Für die Anwendung des § 110 BGB wäre demnach nur in zwei Fällen Raum: einmal, wenn die Mittel erst nach Vertragsschluss überlassen werden; zum anderen, wenn die Mittel zur sofortigen vollständigen Erfüllung nicht hinreichen.

25 Die Annahme einer Generaleinwilligung entspricht in aller Regel aber nicht dem Willen des gesetzlichen Vertreters (Auslegung!). Denn dies würde einen vom Minderjährigen geschlossenen Vertrag sofort wirksam werden lassen, ohne Rücksicht darauf, ob er den Vertrag noch erfüllen kann oder nicht. Vielmehr ist die Überlassung von Mitteln im Allgemeinen lediglich als Zustimmung zu den Kausalgeschäften, die der Minderjährige mit diesen Mitteln tatsächlich erfüllt, zu werten (dazu ***Köhler*** **BGB AT PdW Fall 34**). Das Kausalgeschäft soll nicht schon mit seinem Abschluss, sondern erst mit der Erfüllung, dann allerdings rückwirkend, wirksam werden. Dies will gerade § 110 BGB zum Ausdruck bringen, der daher in Wahrheit keinen zusätzlichen Tatbestand des Wirksamwerdens von Verträgen schafft, sondern nur eine Auslegungsregel darstellt (dazu ***Köhler*** **BGB AT PdW Fall 35**).

Der Radiokauf: M erhält 200 Euro für den Kauf eines Radios. Da im Geschäft A das gewünschte Gerät nicht vorrätig ist, unterschreibt M einen Bestellschein. Wenig später entdeckt er im Geschäft B das gesuchte Radio und erwirbt es gegen Barzahlung. – Nähme man hier eine normale Einwilligung iSd § 107 BGB an, wäre der erste Kauf wirksam, der zweite dagegen wegen „Verbrauchs" der Einwilligung unwirksam. Die in der Überlassung des Geldes steckende Einwilligung bezieht sich aber auf den Kaufvertrag, den der Minderjährige real erfüllt, also den zweiten Kaufvertrag. Nur dieser ist wirksam geworden, während der erste nach § 108 Abs. 1 BGB schwebend unwirksam ist.

Sind Leistung und Gegenleistung teilbar, so kann die teilweise Erfüllung den Vertrag teilweise wirksam machen (§ 139! BGB).

Beispiel: Ein Minderjähriger schließt ohne Einwilligung einen Lebensversicherungsvertrag ab. Mit Zahlung der jeweils fälligen Prämien wird der Versicherungsvertrag für den entsprechenden Zeitraum wirksam.

26 Die Zustimmung erfasst selbstverständlich auch das Erfüllungsgeschäft, da sonst der Minderjährige nicht wirksam erfüllen könnte. Bis zur Erfüllung kann der gesetzliche Vertreter seine Zustimmung widerrufen (vgl. § 183 S. 1 BGB).

Das Zeitschriftenabonnement: Der minderjährige Hilfsarbeiter A, dem der Arbeitslohn zur freien Verfügung überlassen ist, hat eine teure Zeitschrift abonniert, die monatlich per Nachnahme geliefert wird. Nachdem er bereits einige Lieferungen erhalten und bezahlt hat, erklären ihm die Eltern, sie seien damit nicht einverstanden. Trotzdem bezieht A die Zeitschrift weiter.

Im Hinblick auf die vorher abgenommenen und bezahlten Hefte bleibt der Vertrag wirksam, da Leistung und Gegenleistung teilbar sind und insoweit Erfüllung vorliegt.

Im Hinblick auf die späteren Lieferungen liegt dagegen mangels (fortbestehender) Einwilligung kein wirksamer Verpflichtungsvertrag mehr vor und auch das Erfüllungsgeschäft (Zahlung) ist unwirksam.

27 Das vom Minderjährigen abgeschlossene Kausalgeschäft muss sich iRd vom gesetzlichen Vertreter gesteckten Grenzen halten. Die Reichweite der Zustimmung ist durch Auslegung zu ermitteln. Auch ein „zur freien Verfügung" überlassenes Taschengeld deckt im Zweifel nur Geschäfte, die sich mit dem erzieherischen Zweck des Taschengeldes vereinbaren lassen (also uU nicht den Ankauf pornographischer Literatur).

Dass der Minderjährige aus den ihm überlassenen Mitteln Schenkungen bestreiten könne, wird verneint, weil dazu auch der gesetzliche Vertreter nicht befugt sei (§ 1641 BGB), somit auch nicht einwilligen könne. Dies trifft jedoch nur für Mittel zu, die dem Minderjährigen belassen werden (zB Arbeitsverdienst), nicht aber für solche, die ihm zu diesem Zweck übertragen werden: es darf keine Unterschiede machen, ob der gesetzliche Vertreter mit eigenen Mittel eine Schenkung an einen Dritten vornimmt, oder ob er diese Mittel dem Minderjährigen überträgt und ihm freistellt, sie auch zu verschenken.

Durch Auslegung ist ferner zu ermitteln, ob und wie der Minderjährige mit den Gegenständen verfahren darf, die er mit den überlassenen Mitteln erworben hat. Dabei ist die jeweilige Zweckbestimmung von Bedeutung (dazu ***Köhler*** **BGB AT PdW Fall 36**).

Das Glückslos: Der Minderjährige M kauft von seinem Taschengeld ein Los, auf das ein größerer Gewinn entfällt. Von diesem Gewinn kauft er sich ein Motorrad (nach RGZ 74, 234). – Der Motorradkauf ist nicht mehr vom Zweck der Taschengeldgewährung gedeckt.

3. Die Rechtsfolgen fehlender Einwilligung

a) Einseitige Rechtsgeschäfte

Ein einseitiges Rechtsgeschäft, das der Minderjährige ohne die erforderliche Einwil- 28
ligung des gesetzlichen Vertreters vornimmt, ist nach § 111 S. 1 BGB unwirksam (dazu ***Köhler*** **BGB AT PdW Fall 38**). Dies gilt grds. sowohl für nicht empfangsbedürftige (zB Auslobung, § 657 BGB; Eigentumsaufgabe, § 959 BGB) als auch für empfangsbedürftige Erklärungen (zB Anfechtung, Kündigung, Rücktritt). Die Unwirksamkeit kann auch nicht durch Genehmigung des gesetzlichen Vertreters geheilt werden. Da solche Rechtsgeschäfte regelmäßig rechtsgestaltend wirken, soll der Gegner sofortige Klarheit über ihre Wirksamkeit oder Unwirksamkeit haben.

Beispiel: Der minderjährige Schüler M wohnt in einem mit Einwilligung seiner Eltern angemieteten möblierten Zimmer. Er kündigt schriftlich gegenüber dem Vermieter V, jedoch ohne Wissen seiner Eltern. Die Kündigung ist gem. § 111 S. 1 BGB unwirksam, auch wenn ihr die Eltern nachträglich zustimmen. Es kann nur zum nächsten Termin wirksam gekündigt werden.

Ist jedoch das einseitige Rechtsgeschäft (zB Vollmachtserteilung) mit einem Vertrag (zB Kaufvertrag) zu einer Geschäftseinheit (§ 139 BGB) verbunden, so gilt nicht § 111 BGB, sondern § 108 BGB (BGHZ 105, 363 (370)).

Für *empfangsbedürftige* Rechtsgeschäfte gelten jedoch zwei Besonderheiten. Hat der 29
gesetzliche Vertreter in ein solches Rechtsgeschäft eingewilligt, ist es gleichwohl unwirksam, „wenn der Minderjährige die Einwilligung nicht in schriftlicher Form vorlegt und der andere das Rechtsgeschäft aus diesem Grunde unverzüglich zurückweist" (§ 111 S. 2 BGB). Diese Vorschrift schützt den Gegner, der nicht weiß, ob er sich auf die vom Minderjährigen behauptete Einwilligung verlassen kann. Folgerichtig ist die Zurückweisung ausgeschlossen, „wenn der Vertreter den anderen von der Einwilligung in Kenntnis gesetzt hatte" (§ 111 S. 3 BGB). – War umgekehrt der Gegner mit der Vornahme des Rechtsgeschäfts durch den Minderjährigen ohne Einwilligung einverstanden, sind die Vorschriften über Verträge (§§ 108, 109 BGB) entsprechend anzuwenden (RGZ 76, 91), dh das Rechtsgeschäft ist nur schwebend unwirksam und kann noch genehmigt werden.

Fortsetzung des Beispiels: Wie oben. V akzeptiert die Kündigung, obwohl er weiß, dass M ohne Einwilligung seiner Eltern handelt. Sind die Eltern nachträglich mit der Kündigung einverstanden, kann er sich nicht auf Unwirksamkeit gem. § 111 S. 1 BGB berufen.

b) Verträge

30 Schließt der Minderjährige einen Vertrag ohne die erforderliche Einwilligung seines gesetzlichen Vertreters, so hängt die Wirksamkeit des Vertrags von der Genehmigung des Vertreters ab (§ 108 Abs. 1 BGB). Der Vertrag ist zunächst also, wie man sagt, „schwebend unwirksam". Die Genehmigung (= nachträgliche Zustimmung, § 184 Abs. 1 BGB) kann sowohl gegenüber dem Minderjährigen als auch gegenüber dem Vertragspartner erklärt werden (§ 182 Abs. 1 BGB). Wird sie erteilt, ist der Vertrag als von Anfang an wirksam anzusehen (§ 184 Abs. 1 BGB), wird sie verweigert, ist der Vertrag endgültig unwirksam.

31 Um den Schwebezustand abzukürzen und Klarheit zu bekommen, kann der Vertragspartner den gesetzlichen Vertreter auffordern, sich über die Genehmigung zu erklären. In diesem Fall kann die Erklärung nur noch ihm gegenüber erfolgen, eine vorher dem Minderjährigen gegenüber erklärte Genehmigung oder Verweigerung der Genehmigung wird unwirksam (§ 108 Abs. 2 S. 1 BGB). Die Genehmigung kann nur bis zum Ablauf von zwei Wochen nach dem Empfang der Aufforderung erklärt werden; wird sie nicht erklärt, so gilt sie als verweigert (§ 108 Abs. 2 S. 2 BGB; Fiktion einer Willenserklärung!). – Das Interesse des Vertragspartners an endgültiger Klarheit gebietet es, § 108 Abs. 2 BGB auch auf den Fall der *Einwilligung* anzuwenden (sehr str.; wie hier Palandt/*Ellenberger* BGB § 108 Rn. 7; Jauernig/*Mansel* BGB § 108 Rn. 3; aA *Bork* § 23 Rn. 103).

Beispiel: Der Minderjährige M hat von seinen Eltern die mündliche Einwilligung, sein Mofa reparieren zu lassen. Er schließt mit dem Werkstättenbesitzer W einen entsprechenden Werkvertrag. Hinterher kommen dem W Zweifel, ob die Eltern des M eingewilligt haben. Er fragt daher bei ihnen schriftlich an. Da sie in Urlaub sind, bleibt sein Schreiben unbeantwortet. Nach Ablauf von zwei Wochen wird der an sich wirksame Vertrag gem. § 108 Abs. 2 BGB analog unwirksam.

32 Wird der Minderjährige während des Schwebezustandes unbeschränkt geschäftsfähig, „so tritt seine Genehmigung an die Stelle der Genehmigung des Vertreters" (§ 108 Abs. 3 BGB). Dies bedeutet, dass jetzt nur noch er für die Erteilung oder Verweigerung der Genehmigung zuständig ist (dazu ***Köhler*** **BGB AT PdW Fall 33**). Die Aufforderung, sich darüber zu erklären (§ 108 Abs. 2 S. 1 BGB), ist nur noch an ihn zu richten (BGH NJW 1989, 1728).

33 Der Vertragspartner ist während des Schwebezustandes an den Vertrag gebunden, kann aber grds. diese Bindung durch Widerruf, und zwar auch gegenüber dem Minderjährigen, beseitigen (§ 109 Abs. 1 BGB). Kannte er freilich die Minderjährigkeit, so ging er bewusst das Risiko der schwebenden Unwirksamkeit ein. Er kann in diesem Fall nur widerrufen, wenn der Minderjährige wahrheitswidrig die Einwilligung des Vertreters behauptet hat. Und auch in diesem Fall ist der Widerruf ausgeschlossen, wenn ihm das Fehlen der Einwilligung beim Vertragsschluss bekannt war (§ 109 Abs. 2 BGB).

4. Die Handels- und Arbeitsmündigkeit

Der Minderjährige kann durch „Ermächtigung" des gesetzlichen Vertreters die sog. Handels- und Arbeitsmündigkeit (§§ 112, 113 BGB) erlangen. Diese Ermächtigung ist der Sache nach eine Generaleinwilligung für bestimmte Geschäfte, freilich mit der Besonderheit, dass der Minderjährige in diesen Geschäftsbereichen unbeschränkt geschäftsfähig ist *(Teilgeschäftsfähigkeit):* Solange die Ermächtigung fortbesteht, kann ihn der gesetzliche Vertreter insoweit nicht vertreten. 34

a) Die Handelsmündigkeit

Nach § 112 Abs. 1 BGB kann ein Minderjähriger durch seinen gesetzlichen Vertreter mit Genehmigung des Familiengerichts zum selbständigen Betrieb eines Erwerbsgeschäfts ermächtigt werden. Er ist dann für alle Rechtsgeschäfte unbeschränkt geschäftsfähig, welche der Geschäftsbetrieb mit sich bringt. Ausgenommen sind Rechtsgeschäfte, zu denen der Vertreter der Genehmigung des Familiengerichts bedarf. Der Kreis dieser Rechtsgeschäfte ist unterschiedlich, je nachdem ob die Eltern oder ein Vormund gesetzlicher Vertreter sind (vgl. §§ 1643, 1821, 1822 BGB). 35

b) Die Arbeitsmündigkeit

Nach § 113 BGB kann der gesetzliche Vertreter den Minderjährigen ermächtigen, „in Dienst oder in Arbeit zu treten". Dann erlangt er dadurch die unbeschränkte Geschäftsfähigkeit für alle Rechtsgeschäfte, welche die Eingehung, Aufhebung und Erfüllung von Dienst- oder Arbeitsverhältnissen (nicht auch Ausbildungsverhältnissen wegen ihres Erziehungszwecks, str.) betreffen. 36

Der Kreis dieser Rechtsgeschäfte wird weit gefasst. Er erstreckt sich auf das bei solchen Arbeitsverhältnissen Übliche. Daher ist wohl auch der Gewerkschaftsbeitritt durch § 113 BGB gedeckt (str.; dazu ***Köhler*** **BGB AT PdW Fall 39**). Bei der Lohnzahlung (dazu ***Köhler*** **BGB AT PdW Fall 40**) ist zu unterscheiden: der Minderjährige darf zwar den Arbeitslohn wirksam in Empfang nehmen (§ 362! BGB) und auch zu diesem Zweck wirksam ein Bankkonto einrichten, aber ohne zusätzliche Einwilligung nicht über diesen Lohn verfügen. Vielfach wird hier aber § 110 BGB eingreifen.

Die für den Einzelfall erteilte Ermächtigung gilt im Zweifel als allgemeine Ermächtigung, in Dienst oder Arbeit zu treten (§ 113 Abs. 4 BGB), deckt also auch den Stellungswechsel. Der gesetzliche Vertreter kann iÜ seine Ermächtigung ohne Weiteres zurücknehmen oder einschränken. Dies kann auch gegenüber dem Vertragspartner geschehen (§ 182 Abs. 1 BGB analog; sehr str.). In diesem Fall kann der Minderjährige wiederum nur mit Einwilligung seines gesetzlichen Vertreters wirksam handeln bzw. kann ihn der gesetzliche Vertreter wieder wirksam vertreten.

Soweit der Minderjährige unbeschränkt geschäftsfähig ist, kann ihn sein gesetzlicher Vertreter nicht wirksam vertreten. Er kann also nicht mehr wirksam namens des Minderjährigen einen anderen Arbeitsvertrag abschließen. Allerdings kann er seine Vertretungsmacht dadurch wieder begründen, dass er seine Ermächtigung widerruft. Da dieser Widerruf auch gegenüber dem Vertragspartner erklärt werden kann, kann beispielsweise eine Kündigung des Arbeitsverhältnisses durch den gesetzlichen Vertreter zugleich den (konkludenten) Widerruf der Ermächtigung enthalten.

5. Die datenschutzrechtliche Einwilligung durch Minderjährige

37 Die Einwilligung einer natürlichen Person in eine Verarbeitung ihrer personenbezogenen Daten ist in Art. 6 Abs. 1 Buchst. a DS-GVO iVm Art. 4 Nr. 11 DS-GVO und Art. 7 DS-GVO geregelt. Für die Einwilligung eines Kindes gilt zusätzlich das Erfordernis des Art. 8 Abs. 1 S. 2 DS-GVO, wenn es sich um Angebot von Diensten der Informationsgesellschaft handelt, das einem Kind direkt gemacht wird. In diesem Fall ist die Verarbeitung der personenbezogenen Daten des Kindes nur rechtmäßig, wenn das Kind das 16. Lebensjahr vollendet hat. Damit ist bezweckt, Minderjährige unter 16 Jahren vor den besonderen Gefährdungen durch das Internet zu schützen. Allerdings bleibt nach Art. 8 Abs. 3 DS-GVO das allgemeine Vertragsrecht der Mitgliedstaaten, etwa die Vorschriften zur Gültigkeit, zum Zustandekommen oder zu den Rechtsfolgen eines Vertrags in Bezug auf ein Kind, unberührt. Das sind im deutschen Recht die §§ 104–113 BGB. Unter „Diensten der Informationsgesellschaften" ist nach Art. 4 Nr. 25 DS-GVO iVm Art. 1 Nr. 1 Buchst. b RL 2015/1535 „jede in der Regel gegen Entgelt elektronisch im Fernabsatz und auf individuellen Abruf eines Empfängers erbrachte Dienstleistung" zu verstehen, also zB das Angebot des Beitritts zu Facebook, des Down-Loads von Klingeltönen oder von Videos auf Abruf usw.

Beispiel: Der 15-Jährige M bestellt ohne Wissen seiner Eltern im Internet beim Händler H das an Jugendliche gerichtete Computerspiel „Das Moorhuhn schlägt zurück" zum Download für 7,99 Euro und bezahlt mit Überweisung von seinem Taschengeldkonto bei seiner Bank. In der Folgezeit langweilt ihn dieses Spiel und er möchte sein Geld zurück, da seine Eltern gar nicht und er selbst nicht wirksam in den Vertrag eingewilligt hätten.

Der „Kauf" des Computerspiels bedurfte zwar, da nicht lediglich rechtlich vorteilhaft, nach § 107 BGB der Einwilligung seiner Eltern. Ihr Fehlen ist aber unschädlich, da der Vertrag nach § 110 BGB durch die Erbringung der Gegenleistung aus Mitteln, die ihm zu freier Verfügung überlassen wurden, wirksam geworden war. Dass M, da noch nicht 16 Jahre alt, nicht wirksam in die Verarbeitung seiner personenbezogenen Daten, nämlich der Nutzung seiner E-Mail-Adresse bzw. Postadresse durch H, eingewilligt hatte, ist für die vertragsrechtliche Beurteilung nach Art. 8 Abs. 3 DS-GVO unerheblich. Das Fehlen einer datenschutzrechtlichen Einwilligung ist ebenfalls unerheblich, da die Nutzung dieser Daten zur Erfüllung des Vertrags nach Art. 6 Abs. 1 Buchst. b DS-GVO erforderlich und damit rechtmäßig war.

Literatur: *Derleder,* Handys, Klingeltöne und Minderjährigenschutz, NJW 2006, 3233; *Hager,* Schenkung und rechtlicher Nachteil, FS Leenen, 2012, 43; *Heim,* Gesetzgeberische Modifizierung der Auswirkungen der Geschäftsunfähigkeit Volljähriger beim Vertragsabschluss, JuS 2003, 141; *Jauernig,* Noch einmal: Die geschenkte Eigentumswohnung – BGHZ 78, 28, JuS 1982, 576; *Köbler,* Das Minderjährigenrecht, JuS 1979, 789; *Köhler,* Grundstücksschenkung an Minderjährige – ein „lediglich rechtlicher Vorteil"?, JZ 1983, 225; *Latzel/Zöllner,* Anfänglich kostenlose Verträge mit Minerjährigen, NJW 2019, 1031; *Lettl,* Vertragsschluss unter beschränkt geschäftsfähigen Minderjährigen (§§ 2, 106 BGB), WM 2013, 1245; *Lipp,* Das Verbot des Selbstkontrahierens im Minderjährigenrecht, JA 2015, 477; *Pawlowski,* Willenserklärungen und Einwilligung in personenbezogene Eingriffe, JZ 2003, 66; *Preuß,* Das für den Minderjährigen lediglich rechtlich vorteilhafte Geschäft, JuS 2006, 305; *Röthel/Krackhardt,* Lediglich rechtlicher Vorteil und Grunderwerb, Jura 2006, 161; *Schmitt,* Der Begriff der lediglich rechtlich vorteilhaften Willenserklärung i. S. des § 107 BGB, NJW 2005, 1090; *Staudinger,* Abschied von der Gesamtbetrachtungslehre?, Jura 2005, 547; *Staudinger/Steinrötter,* Minderjährige im Zivilrecht, JuS 2012, 97; *Stürner,* Der lediglich rechtliche Vorteil, AcP 173 (1973), 402; *Wedemann,* Die Rechtsfolgen der Geschäftsunfähigkeit, AcP 209 (2009), 668; *Wilhelm,* Das Merkmal „lediglich rechtlich vorteilhaft" bei Verfügungen über Grundstücksrechte, NJW 2006, 2353.

§ 11. Die Vertretung

Wer nicht in der Lage ist, selbst am Rechtsverkehr teilzunehmen, braucht jemanden, der an seiner Stelle handelt, im Rechtssinne also einen „Vertreter". Dazu gehören natürliche Personen, die nicht (voll) geschäftsfähig sind, juristische Personen und rechtsfähige Personengesellschaften. Sie müssen einen gesetzlichen Vertreter haben. Aber auch wer selbst rechtsgeschäftlich handeln kann, ist vielfach darauf angewiesen, sich eines Vertreters seiner Wahl zu bedienen, um seine Interessen wahrzunehmen. Im folgenden Abschnitt geht es zunächst darum, die Zulässigkeit und die Voraussetzungen der Vertretung herauszuarbeiten und sie von verwandten Rechtsfiguren abzugrenzen (die Übersicht nach → Rn. 47). Danach sind die Besonderheiten der Vollmacht darzustellen. Im Anschluss daran sind die Rechtsbeziehungen zwischen Vertretenem, Geschäftsgegner und Vertreter zu erörtern. Zum Abschluss ist auf die Rechtsfolgen des Handelns ohne Vertretungsmacht einzugehen.

I. Allgemeines

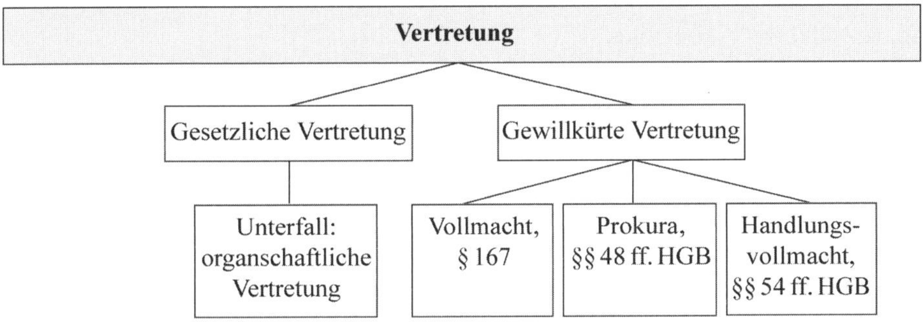

1. Begriff und Funktion der Vertretung

Vertretung (= Stellvertretung) ist rechtsgeschäftliches Handeln anstelle eines anderen. 1

Der Vertreter gibt also eine Willenserklärung für den Vertretenen ab (Aktiv-Vertretung) oder nimmt sie für ihn entgegen (Passiv-Vertretung). Die Rechtsfolgen seines Handelns sollen nicht ihn, sondern den von ihm Vertretenen treffen. Die Vertretung ist in einer entwickelten Gesellschaft unentbehrlich. Es gibt sie in zwei Formen: als „gesetzliche" und als „vereinbarte" (= „gewillkürte") Vertretung.

a) Gesetzliche Vertretung

Bestimmte natürliche Personen brauchen notwendigerweise einen Vertreter, weil sie 2
entweder überhaupt nicht oder nur begrenzt in der Lage sind, ihre Angelegenheiten selbst zu besorgen. Ihnen ist daher ein **gesetzlicher Vertreter** zur Seite gestellt. Diese Vertretung hat im wesentlichen Schutzfunktion.

So sind gesetzliche Vertreter des *Minderjährigen* seine Eltern (§ 1629 Abs. 1 BGB); gesetzlicher Vertreter des *Mündels* ist sein Vormund (§ 1793 BGB); Pfleger und Betreuer sind innerhalb ihres Aufgabenkreises gesetzliche Vertreter des *Pflegebefohlenen* (§ 1915 BGB) bzw. *Betreuten* (§ 1902 BGB).

Juristische Personen sind zwar rechtsfähig, können aber nur durch **Organe** am Rechtsverkehr teilnehmen. Diese Organe haben die Stellung eines gesetzlichen Vertreters (vgl. § 26 Abs. 1 S. 2 Hs. 2 BGB für den Vereinsvorstand); sie erlangen Vertretungsmacht durch die Bestellung zum Organ. Man spricht insoweit auch von einer **organschaftlichen Vertretung** (vgl. aber *Beuthien* NJW 1999, 1142). Diese Art der Vertretung hat die Funktion, der juristischen Person die Teilnahme am Rechtsverkehr zu ermöglichen.

So wird ein *Verein* durch den Vorstand (§ 26 Abs. 1 S. 2 BGB) vertreten, eine *GmbH* durch den Geschäftsführer (§ 35 Abs. 1 GmbHG), eine *Aktiengesellschaft* durch den Vorstand (§ 78 AktG).

Fällt der (alleinige) gesetzliche Vertreter einer natürlichen oder juristischen Person aus, so muss ein neuer bestellt werden, um die Vertretung und damit die Möglichkeit der Teilnahme am Rechtsverkehr sicherzustellen.

Beispiel: Verunglücken die Eltern eines Minderjährigen tödlich, so ist ihm durch das Familiengericht ein *Vormund* zu bestellen (§§ 1773, 1774 BGB). – Nimmt sich ein Vereinsvorstand das Leben, weil ihm Unterschlagungen nachgewiesen wurden, und findet sich für ihn kein Nachfolger, so hat das zuständige Amtsgericht auf Antrag eines Beteiligten, etwa eines Vereinsgläubigers, einen *Notvorstand* zu bestellen (§ 29 BGB; eine Vorschrift, die für alle juristischen Personen gilt).

b) Gewillkürte Vertretung

3 Auch wer selbst rechtsgeschäftlich wirksam handeln kann, hat ein Interesse daran, sich in bestimmten Angelegenheiten durch einen anderen vertreten zu lassen. Das gilt nicht nur für das Privatleben, sondern auch und vor allem für das Geschäftsleben. Das Gesetz lässt daher die **Bevollmächtigung** zu, durch die der Einzelne einem anderen die Befugnis einräumt, ihn zu vertreten. Diese, durch Rechtsgeschäft begründete Vertretungsmacht heißt **Vollmacht** (§ 167 BGB). Für den kaufmännischen Verkehr stellt das Gesetz bestimmte, fest umrissene Formen der Vollmacht zur Verfügung (**Prokura,** §§ 48ff. HGB; **Handlungsvollmacht,** §§ 54ff. HGB). Diese „gewillkürte" (weil auf freier Entscheidung beruhende) Vertretung hat Arbeitsteilungsfunktion. Der Einzelne kann dadurch seinen Wirkungskreis erweitern.

Beispiel: K möchte einen Gebrauchtwagen beim Händler V kaufen, muss aber verreisen. Er bevollmächtigt daher seinen Freund A, für ihn den Kauf zu tätigen. Der Händler V hat seinem Angestellten B Handlungsvollmacht für den Gebrauchtwagenverkauf erteilt. Zwischen K und V kann daher ein Kaufvertrag geschlossen werden, ohne dass sie selbst am Geschäft beteiligt sind.

Selbst wenn im Einzelfall eine wirksame Bevollmächtigung nicht (mehr) vorliegt, kann zum Schutze des gutgläubigen Geschäftsgegners eine **Rechtsscheinvollmacht** anzunehmen sein (dazu → Rn. 35ff.).

2. Voraussetzungen und Folgen der Vertretung

4 Wirksame Vertretung setzt voraus, dass der Vertreter (1) **im Namen des Vertretenen** und (2) **innerhalb der ihm zustehenden Vertretungsmacht** handelt (§ 164 Abs. 1 S. 1 BGB). Dazu ***Köhler*** **BGB AT PdW Fall 119.**

Liegen diese Voraussetzungen vor, so wirkt die vom Vertreter abgegebene **(Aktiv-Vertretung)** oder empfangene **(Passiv-Vertretung)** Willenserklärung **„unmittelbar für und gegen den Vertretenen"** (§ 164 Abs. 1 S. 1 und Abs. 3 BGB). Die Wirkungen des Rechtsgeschäfts treten also nicht beim Vertreter, sondern unmittelbar beim Vertretenen ein.

Beispiel: Hat A den K beim Kauf eines Gebrauchtwagens von V, dh bei Abgabe und Empfang der darauf gerichteten Willenserklärungen, wirksam vertreten, so wird allein K aus dem Kaufvertrag berechtigt und verpflichtet. Nur K hat also den Lieferanspruch gegen V (§ 433 Abs. 1 S. 1 BGB). Umgekehrt kann sich V wegen des Kaufpreises (§ 433 Abs. 2 BGB) nur an den K, nicht an den A halten.

Die Vertretungsmacht kann auf Gesetz **(gesetzliche Vertretungsmacht),** auf Rechtsgeschäft **(Vollmacht)** oder auf dem Rechtsschein einer Vollmacht **(Rechtsscheinvollmacht)** beruhen. Handelt der Vertreter zwar in fremdem Namen, hat er aber keine (ausreichende) Vertretungsmacht, liegt **Vertretung ohne Vertretungsmacht** vor. Ihre Rechtsfolgen sind in den §§ 177–180 BGB geregelt. 5

Beispiel: Hatte K den A nicht bevollmächtigt (und liegt auch keine Rechtsscheinsvollmacht vor; → Rn. 35ff.), so ist der von ihm geschlossene Kaufvertrag „schwebend unwirksam“, dh er wird nur wirksam, wenn der Vertretene K den Vertragsschluss genehmigt (§ 177 BGB). Tut er dies nicht, haftet A als „*Vertreter ohne Vertretungsmacht*“ uU persönlich (§ 179 BGB).

3. Zulässigkeit der Vertretung

Vertretung ist grds. bei allen Rechtsgeschäften möglich. Sie kann aber durch Vertrag (BGHZ 99, 90 (94)) oder kraft Gesetzes ausgeschlossen sein. Dann spricht man von **höchstpersönlichen** Rechtsgeschäften. 6

Dazu gehören insbes. das *Testament* (§ 2064 BGB), der *Erbvertrag* (§ 2274 BGB) und die *Eheschließung* (§ 1303ff. BGB). (In anderen Rechtsordnungen war oder ist die Eheschließung durch Vertreter zulässig.)

4. Anwendungsbereich der Vertretung

Vertretung ist nicht nur bei Rechtsgeschäften, sondern auch bei **rechtsgeschäftsähnlichen Handlungen** (→ § 5 Rn. 7), wie zB der *Mahnung* (§ 286 Abs. 1 BGB), möglich. Dagegen ist sie bei **Realakten,** wie zB bei *Besitzerwerb* (§ 854 BGB), Besitzaufgabe (§ 856 BGB), *Verarbeitung einer Sache* (§ 950 BGB), ausgeschlossen. Hier erfolgt die Zurechnung fremden Handelns nach anderen Gesichtspunkten (vgl. § 855 BGB). 7

Beispiel: Der Angestellte B, der dem A den Gebrauchtwagen nebst Papieren übergibt, vollzieht damit die *Übereignung* (§ 929 S. 1 BGB). Die *dingliche Einigung* nimmt er, da sie eine Willenserklärung erfordert, als *Vertreter* des Kaufmanns V vor (vgl. § 56 HGB), die *Übergabe* dagegen, da es sich insoweit um einen *Realakt* handelt, als Besitzdiener (§ 855 BGB) des V.

5. Abgrenzung

Die Vertretung, wie sie in den §§ 164ff. BGB geregelt ist, bedarf der Abgrenzung von verwandten Formen des Handelns im fremden Interesse. 8

a) Bote

Der Bote ist kein Vertreter, sondern überbringt lediglich die Willenserklärung eines anderen (Erklärungsbote) oder nimmt sie für einen anderen entgegen (Empfangsbote). Zur Abgrenzung vom Vertreter → Rn. 16. 9

b) Abschlussvermittler

Der Abschlussvermittler ist damit betraut, für einen anderen Geschäfte zu vermitteln, dh durch Verhandlungen mit einem Dritten den Vertragsschluss zu fördern. Er ist aber nicht berechtigt, den Abschluss selbst vorzunehmen (vgl. § 84 Abs. 1 HGB, der zwischen dem Abschlussvermittler und dem Abschlussvertreter unterscheidet). 10

c) Verhandlungsgehilfe

11 Der Verhandlungsgehilfe wird, ebenso wie der Abschlussvermittler im Auftrag und im Interesse einer Person bei Vertragsverhandlungen tätig, ohne zum Vertragsschluss berechtigt zu sein. Er ist also kein Vertreter. Der Auftraggeber muss sich jedoch sein Handeln ggf. wie eigenes zurechnen lassen (zB nach § 278 BGB bei der culpa in contrahendo oder bei der Zurechnung einer arglistigen Täuschung iSv § 123 BGB).

d) Mittelbarer (Stell)Vertreter

12 Der mittelbare (Stell)Vertreter unterscheidet sich vom Vertreter dadurch, dass er zwar ebenfalls im fremden Interesse, aber im eigenen Namen handelt. Dazu → Rn. 22.

e) Treuhänder

13 Der Treuhänder übt die Rechtsmacht über Vermögensgegenstände aus, die ihm „zu treuen Händen“ übertragen wurden. Er wird im Hinblick auf das Treugut nicht als Vertreter eines anderen tätig, sondern handelt im eigenen Namen. Sein Rechtsverhältnis zum Treugeber wird durch die Treuhandabrede bestimmt (vgl. *Gernhuber* JuS 1988, 355 sowie → § 5 Rn. 18f.).

f) Gesetzliche Vermögensverwalter

14 In bestimmten Fällen ist zur Verwaltung des Vermögens einer Person ein Sachwalter zu bestellen (zB Testamentsvollstrecker, Nachlassverwalter, Insolvenzverwalter). Ob und inwieweit diese Personen als Vertreter tätig werden, bestimmt sich nach der gesetzlichen Regelung. So nimmt man für den Testamentsvollstrecker an, dass er weder Vertreter des Erblassers noch der Erben, sondern Inhaber eines privaten Amtes ist und die Stellung eines Treuhänders hat (BGHZ 25, 275). In der Sache handelt es sich hingegen bei diesen sog. *Parteien kraft Amtes* um gesetzliche Vertreter (vgl. *Medicus/Petersen* AT Rn. 925).

g) Wissensvertreter

15 Bei der Wissensvertretung geht es darum, ob das Wissen (und nicht das rechtsgeschäftliche Handeln) einer Person einem anderen wie eigenes Wissen zuzurechnen ist. Dazu § 166 BGB sowie → Rn. 49ff.

II. Das Handeln in fremdem Namen

1. Abgabe einer eigenen Willenserklärung (Abgrenzung zum Boten)

16 **Der Zeitungsholer:** Der sechsjährige F kommt zum Zeitungskiosk des Z und sagt: „Einen schönen Gruß von meinem Vater, ich soll die ‚Bild am Sonntag‘ holen“. Z händigt ihm die Zeitung gegen Bezahlung aus. – Sind die vorgenommenen Rechtsgeschäfte wirksam?

Der Vertreter gibt eine eigene Willenserklärung, wenngleich in fremdem Namen, ab. Er bildet also selbst den Erklärungswillen, mag der Erklärungsinhalt im Einzelfall auch vom Vertretenen vorgegeben sein. Voraussetzung für wirksame Vertretung ist daher Geschäftsfähigkeit des Vertreters (aA *Canaris* JZ 1988, 494). Jedoch genügt – da ihn die Wirkungen nicht treffen – beschränkte Geschäftsfähigkeit (§ 165 BGB). Vom Vertreter zu unterscheiden ist der Bote, der lediglich die Willenserklärung eines anderen überbringt und daher auch nicht geschäftsfähig sein muss. („Und ist das Kindlein noch so klein, so kann es doch schon Bote sein.“) Ob jemand als Bote oder Vertreter anzusehen ist (dazu ***Köhler*** **BGB AT PdW Fall 121**), hängt von seinem äußeren Auftreten ab (str.).

Im *Zeitungsholer-Fall* handelt F ersichtlich als Bote seines Vaters, und zwar im Hinblick auf die Willenserklärungen des Vaters als Erklärungsbote und im Hinblick auf die Willenserklärungen des Z als Empfangsbote. Dass F geschäftsunfähig ist, spielt keine Rolle. Die vorgenommenen Rechtsgeschäfte sind daher wirksam.

Die Unterscheidung zwischen einem Boten und einem Vertreter ist aber auch in ande- 17
ren Zusammenhängen von Bedeutung. Ist eine Erklärung *formbedürftig*, muss bei der Vertretung die Erklärung des Vertreters, bei der Botenschaft die Erklärung des Geschäftsherrn die Form erfüllen.

Beispiel: Im Mietvertrag zwischen V und M ist für die Kündigung Schriftform vorgesehen. V unterschreibt die Kündigungserklärung und beauftragt Hausmeister H, sie dem M auszuhändigen. H will mächtiger erscheinen, als er ist. Er behält daher die Erklärung des V für sich und schreibt an M: „Hiermit kündige ich Ihnen nach Rücksprache mit V. Gez. H". M weist die Kündigung zurück, weil H seine Kompetenzen überschreite. – Sollte das Handeln des H als Botentätigkeit anzusehen sein, wäre die Kündigung durch V zwar formgerecht abgegeben, aber nicht formgerecht zugegangen (→ § 6 Rn. 13). Sollte, wofür der Wortlaut des Schreibens spricht, H als Vertreter gehandelt haben, wäre seine Erklärung zwar formgerecht abgegeben und zugegangen. Sie wäre aber gleichwohl nach § 180 BGB unwirksam, weil H keine Vertretungsmacht besaß und M dies gerügt hatte.

2. Auftreten in fremdem Namen (Offenkundigkeitsprinzip)

Die Wechselunterschrift: Jakob Müller, Inhaber der „Firma Jakob Müller", hatte sein Geschäft samt 18
Firma auf seine Ehefrau übertragen (vgl. §§ 17, 23, 25 HGB), führte es jedoch weiterhin als Angestellter. Er zeichnete einen vom Lieferanten L ausgestellten Wechsel mit seinem eigenen Namen und drückte darüber den Firmenstempel „Firma Jakob Müller, München". L diskontierte den Wechsel bei seiner Bank B. Kann die Bank B bei Verfall des Wechsels von der Firmeninhaberin Klara Müller oder von ihrem Ehemann Zahlung verlangen?

Der Vertreter muss seine Willenserklärung im Namen des Vertretenen abgeben, dh er muss kundtun, dass die Rechtsfolgen nicht ihn, sondern einen anderen treffen sollen. Dieses sog. **Offenkundigkeitsprinzip** findet seine Rechtfertigung im Gedanken der Rechtsklarheit und des Verkehrsschutzes: Der Gegner soll Klarheit haben, mit wem er rechtliche Beziehungen eingeht, weil ihm in der Regel nicht gleichgültig ist, wem gegenüber Rechte und Pflichten entstehen und in wessen Vermögen die von ihm erbrachten Leistungen fließen. Allerdings braucht der Vertretene bei Vornahme des Vertretergeschäfts noch nicht feststehen (sog. **„offenes Geschäft für den, den es angeht"**). Es genügt, wenn er bestimmbar ist. Zulässig ist es daher, die nachträgliche Bestimmung dem Vertreter zu überlassen (BGH NJW 1989, 164 (166)).

Dem Offenkundigkeitsprinzip ist genügt, wenn der Vertreter zwar nicht ausdrücklich in fremdem Namen auftritt, darauf aber aus den äußeren Umständen zu schließen ist (§ 164 Abs. 1 S. 2 BGB).

Ob ein Handeln in **eigenem** oder in **fremdem Namen** (und ggf. in wessen Namen) vor- 19
liegt, ist durch **Auslegung** unter Berücksichtigung der Interessenlage zu ermitteln: es kommt darauf an, wie der Geschäftsgegner das Handeln auffassen durfte („objektiver Erklärungswert"). Führt die Auslegung zu keinem eindeutigen Ergebnis, so ist von einem Eigengeschäft des Handelnden auszugehen, wie sich aus § 164 Abs. 2 BGB ergibt. Er trägt also die Beweislast, wenn er behauptet, nicht im eigenen, sondern im fremden Namen gehandelt zu haben (BGH NJW 1986, 1675). Gelingt ihm dieser Nachweis

nicht, so kann er die von ihm abgegebene, ihn selbst bindende Erklärung auch nicht wegen Inhaltsirrtums (§ 119 Abs. 1 BGB) mit der Begründung anfechten, er habe gar nicht im eigenen Namen handeln wollen. Dies ist der Sinn des (nicht leicht verständlichen) § 164 Abs. 2 BGB (vgl. BGH NJW-RR 1992, 1011; *Wolf/Neuner* BGB AT § 49 Rn. 66). Hat umgekehrt der Handelnde objektiv im fremden Namen gehandelt, so kann er ebenso wenig seine Erklärung mit der Begründung anfechten, er habe in Wahrheit im eigenen Namen handeln wollen (aA *Wolf/Neuner* BGB AT § 49 Rn. 67) Denn durch die Anfechtung würde er die Rechtsposition des Vertretenen beseitigen, ohne diesem zum Ersatze des Vertrauensschadens (§ 122 BGB) verpflichtet zu sein.

20 Für das sog. **„unternehmensbezogene Handeln"** (dazu ***Köhler*** **BGB AT PdW Fall 121**) hat die Rspr. (BGH NJW 1996, 1053 (1054) mwN) eine Auslegungsregel entwickelt:

> Wenn jemand erkennbar nicht als Privatperson, sondern **für ein bestimmtes Unternehmen** handelt, soll nach dem Willen der Beteiligten im Zweifel der (wahre) Unternehmensinhaber aus dem Rechtsgeschäft berechtigt und verpflichtet werden. Dass der Geschäftsgegner den Handelnden irrtümlich für den Unternehmensinhaber hält oder dass er den wahren Unternehmensinhaber nicht kennt, ist unerheblich.

Im *Wechselunterschrifts-Fall* ergibt sich aus den Umständen (Verwendung des Firmenstempels), dass Jakob Müller im Namen der Firmeninhaberin, seiner Frau, handelte. Dass man ihn möglicherweise noch für den Firmeninhaber hielt oder halten konnte, spielt keine Rolle. Aus dem Wechsel haftet daher allein Frau Müller.

Der Handelnde haftet aber möglicherweise neben dem Unternehmensinhaber aus Rechtsschein (vgl. BGH NJW 2012, 3368 Rn. 12). So zB dann, wenn er so aufgetreten ist, als betreibe er das vertretene Unternehmen selbst mit unbeschränkter Haftung, und dieses Unternehmen in Wahrheit eine GmbH ist (BGH NJW 1990, 2678 (2679)). Verhält es sich dagegen so, dass der Gegner glaubt, er habe es mit einer GmbH zu tun, während Unternehmensträger eine unbeschränkt haftende natürliche Person ist, haftet der Handelnde selbst nicht. Denn die Rechtsscheinhaftung kann nicht weitergehen als die Haftung ginge, wenn der Schein der wirklichen Rechtslage entspräche (BGH NJW 1998, 2897). – Stets haftet der Handelnde freilich aus § 179 BGB, wenn er entweder keine Vollmacht des Unternehmensträgers hatte oder dieser gar nicht existierte (BGHZ 91, 148 (152)).

3. Das „verdeckte Geschäft für den, den es angeht"

21 **Die Brautleute:** Die Braut B hat von ihren Eltern Geld für den Kauf von Möbeln bekommen. Sie geht mit ihrem Bräutigam A ins Möbelhaus M und sucht mit ihm die Möbel aus. Das „Geschäftliche" überlässt sie ihm. A führt die Kaufverhandlungen, die Bestellung wird auf seinen Namen notiert, er bezahlt die Möbel auch und lässt sie an sich liefern (vgl. RGZ 100, 190). – Wer ist Eigentümer der Möbel geworden?

Ist es dem Geschäftsgegner völlig gleichgültig, wer sein Vertragspartner wird, muss das Offenkundigkeitsprinzip zurücktreten. Die Rechtswirkungen des Vertreterhandelns treten in diesem Fall auch dann beim Vertretenen ein, wenn der Vertreter gar nicht zu erkennen gab, dass er für einen anderen handeln wollte. Voraussetzung ist aber, dass der Vertretene objektiv bestimmt oder bestimmbar ist (*K. Schmidt* JuS 1987, 425 (429)). Man spricht hier vom „verdeckten Geschäft für den, den es angeht" (dazu ***Köhler*** **BGB AT PdW Fall 122** und *Einsele* JZ 1990, 1005). Als Anwendungsfälle gelten die **„Bargeschäfte des täglichen Lebens".** Denn, anders als bei Warenkreditgeschäften, ist es bei Bargeschäften dem Kaufmann gleichgültig, wer sein Kunde wird: er verkauft an jedermann.

Im *Brautleute-Fall* sollte A ersichtlich das Eigentum an den Möbeln nicht für sich, sondern für die B erwerben, da sie das Geld dazu gab. Dass er nach außen im eigenen Namen auftrat, ist unbeachtlich, da es dem M bei Barzahlung sicher gleichgültig war, an wen er die Möbel übereignete. B hat daher unmittelbar von M das Eigentum erworben (vgl. RGZ 100, 190). – Ob die Grundsätze des *Geschäfts für den, den es angeht* nicht nur für die Übereignung, sondern auch für den Kaufvertrag selbst gelten, ist zwar umstritten, jedoch zu bejahen.

4. Die „mittelbare Stellvertretung"

Der Kunsthändler: A hat bei der Kunsthändlerin K ein Bild des Malers M gekauft, will aber nach kurzer Zeit sein Geld zurück, weil wegen mangelhafter Grundierung die Farbe abblätterte. K verweist ihn an M, weil er das Bild nur kommissionsweise von M hereingenommen und den Verkaufserlös abzüglich Provision bereits an M weitergeleitet habe. – Zu Recht? 22

Das BGB regelt in den §§ 164 ff. BGB nur die offene Stellvertretung, nicht dagegen die mittelbare (verdeckte) Stellvertretung. Mittelbarer Stellvertreter ist, wer im Auftrag eines anderen tätig wird, dabei aber *im eigenen Namen* handelt (dazu ***Köhler*** **BGB AT PdW Fall 120**). Schließt er einen Vertrag, wird er selbst Vertragspartei, nicht sein Auftraggeber. Hauptanwendungsfall ist die Tätigkeit des Kommissionärs (§§ 383 ff. HGB), der für seinen Auftraggeber (den Kommittenten) Waren oder Wertpapiere einkauft oder verkauft.

Im *Kunsthändler-Fall* wurde K als Verkaufskommissionärin tätig. Da sie den Kaufvertrag im eigenen Namen schloss, wurde sie auch daraus verpflichtet. Sie und nicht M haftet daher dem A aus Sachmängelhaftung (§§ 433 ff. BGB), hier auf Rückzahlung des Kaufpreises (§§ 437 Nr. 2, 326 Abs. 5, 346 BGB).

Vom Grundsatz der strengen Trennung zwischen dem Innenverhältnis zum Auftraggeber und dem Außenverhältnis zum Geschäftsgegner gibt es allerdings einige Ausnahmen: So kann bei der Einkaufskommission der Auftraggeber uU nach den Grundsätzen des *Geschäfts für den, den es angeht* (→ Rn. 21) unmittelbar das Eigentum an der eingekauften Ware erlangen. Bei Vertragsverletzungen kann der mittelbare Stellvertreter den bei seinem Auftraggeber eingetretenen Schaden geltend machen (sog. *Drittschadensliquidation;* vgl. BGHZ 25, 258).

5. Das „Handeln unter fremdem Namen"

Der Spaßvogel: A will sich auf Kosten seines Nachbarn N einen Spaß erlauben. Er ruft mit verstellter Stimme beim Partyservice P an, gibt sich dort als N aus und bestellt für den nächsten Abend ein kaltes Buffet für 30 Personen. N macht am nächsten Tag große Augen, als P bei ihm das Buffet aufbauen will. Er lehnt jede Bezahlung ab. Durch Zufall kommt heraus, dass A der Anrufer war. Wer muss bezahlen? (vgl. ***Köhler*** **BGB AT PdW Fall 123**). 23

Tritt der Handelnde nicht in, sondern **unter fremdem Namen** auf, unterzeichnet er also eine Erklärung mit dem Namen eines anderen oder gibt er sich als ein anderer aus, ist zu unterscheiden: Stellt der Name für den Gegner kein Individualisierungsmerkmal dar, ist ihm also gleichgültig, wer sein Vertragspartner wird und will der Handelnde das Geschäft für sich selbst, liegt ein Eigengeschäft des Handelnden vor („Handeln unter falschem Namen"). So etwa, wenn der Hotelgast sich unter falschem Namen einträgt, um inkognito zu bleiben. – Anders verhält es sich, wenn der Gegner den Umständen nach mit dem wahren Namensträger abschließen will. Dies ist im Zweifel bei schriftlichen oder telefonischen Geschäftsabschlüssen (BGH NJW-RR

1988, 814 (815)) anzunehmen. Die hM (vgl. BGHZ 45, 193) wendet auf solche Fälle die §§ 164ff. BGB und §§ 177ff. BGB analog an, je nachdem ob der Handelnde Vertretungsmacht besaß oder nicht. Dem entspricht es, wenn die Rspr. (vgl. RGZ 74, 69) es zulässt, dass der Vertreter mit dem Namen des Vertretenen unterschreibt.

Im *Spaßvogel-Fall* braucht N nicht zu bezahlen, weil er den A nicht zu dieser Bestellung bevollmächtigt hatte. A haftet dem P nach § 179 Abs. 1 BGB analog auf Vertragserfüllung oder Schadensersatz.

Ein *Handeln unter fremdem Namen* liegt auch dann vor, wenn ein Dritter die passwortgeschützte Nutzerkennung (zB eBay-Mitgliedskonto) eines anderen dazu nutzt, um im Internet Waren oder Dienstleistungen zu verkaufen oder zu bestellen, ohne seine wahre Identität anzugeben (BGH NJW 2011, 1421). Denn für den Empfänger der Erklärung wird der Anschein erweckt, als habe der Inhaber der Nutzerkennung gehandelt. Hat der Inhaber der Nutzerkennung den Dritten zur Bestellung bevollmächtigt, so gilt § 164 BGB. Ist dies nicht der Fall, sind die Grundsätze über die Duldungs- und Anscheinsvollmacht (dazu → Rn. 42ff.) entsprechend anzuwenden (dazu BGH NJW 2011, 2421 Rn. 14ff.; *Faust* JuS 2011, 1027; *Hauck* JuS 2011, 967). Ist danach eine Zurechnung ausgeschlossen, haftet der Handelnde nach § 179 BGB analog. Daneben kommt auch eine Haftung des Inhabers der Nutzerkennung nach §§ 311 Abs. 2, 241 Abs. 2, 280 BGB in Betracht (dazu *Borges* NJW 2011, 2400).

III. Die Vollmacht

1. Begriff und Erteilung der Vollmacht

24 Die Vertretungsmacht des Vertreters beruht auf Gesetz (gesetzliche Vertretungsmacht) oder Rechtsgeschäft (gewillkürte Vertretungsmacht). Die durch Rechtsgeschäft erteilte Vertretungsmacht heißt **„Vollmacht"** (§ 166 Abs. 2 BGB). Die Erteilung der Vollmacht erfolgt nach § 167 Abs. 1 BGB durch (empfangsbedürftige und grds. formfreie, § 167 Abs. 2 BGB) Erklärung gegenüber dem zu Bevollmächtigenden oder dem Dritten, dem gegenüber die Vertretung stattfinden soll. Im ersten Fall spricht man von **Innen-,** im zweiten von **Außenvollmacht.** Die Bevollmächtigung kann ausdrücklich, insbes. durch Aushändigung einer Vollmachtsurkunde, aber auch stillschweigend, etwa durch Übertragung einer Aufgabe, die Vertretungsmacht voraussetzt, erfolgen (dazu BGH NJW 2015, 1510 Rn. 9). Ob ein Verhalten im Einzelfall als Bevollmächtigung aufzufassen ist, muss durch Auslegung (§§ 133, 157 BGB) ermittelt werden.

Die Bevollmächtigung kann ferner durch *Erklärung an die Öffentlichkeit* (zB Aushang; Zeitungsanzeige) erfolgen. In derartigen Fällen kann allerdings zuvor bereits Innenvollmacht erteilt worden sein, so dass dann lediglich eine Kundgabe durch öffentliche Bekanntmachung iSd § 171 BGB vorliegt. Die Vollmacht kann schließlich, da § 167 Abs. 1 BGB nicht zwingend ist, durch *Vertrag* begründet werden (OLG Karlsruhe NJW-RR 1986, 101). In diesem Fall kann sie, abweichend von § 168 S. 2 BGB vom Vollmachtgeber nicht ohne Weiteres widerrufen werden; umgekehrt kann der Bevollmächtigte sie auch nicht zurückweisen.

Auf die Erteilung der Vollmacht finden die Vorschriften über die Willenserklärung (§§ 104ff. BGB) Anwendung. Ein Geschäftsunfähiger kann daher nicht wirksam Vollmacht erteilen. Ein beschränkt Geschäftsfähiger kann dies ohne Einwilligung des gesetzlichen Vertreters nur, soweit die Bevollmächtigung für ihn lediglich rechtlich vorteilhaft ist (zB Annahme einer Schenkung). Erteilt ein Minderjähriger ohne die erforderliche Einwilligung eine Vollmacht, so wäre die Erklärung an sich nach § 111 BGB unwirksam. Ist allerdings die Vollmachterteilung mit einem Vertragsschluss verbunden, wie zB bei Abschluss eines Treuhandvertrages und gleichzeitiger Bevollmächtigung des Treuhänders, so ist es sachlich gerechtfertigt, darauf einheitlich die §§ 108, 109 BGB anzuwenden (BGH NJW 1990, 1721 (1723)).

2. Vollmacht und Innenverhältnis

25 Der Erteilung der Vollmacht liegt in der Regel ein Rechtsverhältnis zwischen Vollmachtgeber und Bevollmächtigtem zugrunde: das sog. *Innen-* oder *Grundverhältnis.* Es kann dies etwa ein Auftrag (§ 662 BGB), ein Dienstvertrag (§ 611 BGB) oder ein Geschäftsbesorgungsvertrag (§ 675 BGB) sein. Die Vollmacht ist aber gegenüber diesem Innenverhältnis rechtlich verselbstständigt (abstrakt). Die Vollmacht betrifft das *rechtliche Können* nach außen, während sich aus dem Innenverhältnis das *rechtliche Dürfen* ergibt, nämlich inwieweit der Bevollmächtigte von der Vollmacht Gebrauch machen darf.

Der Verkaufsauftrag: A beauftragt ihren Freund V mit dem bestmöglichen Verkauf ihres Wagens und erteilt ihm hierzu eine schriftliche Verkaufsvollmacht. V inseriert und erhält ein Angebot des K zu 3.000 Euro und des L zu 4.000 Euro. Er verkauft namens der A den Wagen an K für 3.000 Euro, weil er den L nicht leiden kann. Der Kaufvertrag ist wirksam für und gegen A, da von der Vollmacht gedeckt. Dass V im Innenverhältnis seine Pflichten aus dem Auftrag verletzte, weil er den Wagen nicht bestmöglich verkaufte, bleibt außer Betracht. V haftet jedoch dem A auf Schadensersatz nach §§ 280 Abs. 1, 3, 283 BGB.

26 Aus der rechtlichen Selbstständigkeit der Vollmacht ergibt sich weiter, dass Mängel des Innenverhältnisses nicht notwendig auch die Vollmacht berühren. Es ist also möglich, dass der Vollmacht kein (wirksames) Innenverhältnis zugrunde liegt (sog. isolierte Vollmacht). So kann der einem Minderjährigen erteilte Auftrag nach § 108 BGB schwebend unwirksam sein, während die gleichzeitig erteilte Vollmacht nach § 165 BGB wirksam ist (aA *Medicus/Petersen* AT Rn. 949). Das Innenverhältnis zum Auftraggeber bestimmt sich nach den Vorschriften über die Geschäftsführung ohne Auftrag (§ 682! BGB), wenn der gesetzliche Vertreter die Genehmigung verweigert.

Grundgeschäft und Vollmacht können jedoch im Einzelfall eine Geschäftseinheit iSd § 139 BGB bilden (BGH NJW 1990, 1721 (1722); 2005, 2983). Dann ist bei Nichtigkeit des Grundgeschäfts auch die Vollmachterteilung nichtig und umgekehrt (sofern nicht ohnehin eine sog. Fehleridentität vorliegt). Doch kommt dann immer noch eine Rechtsscheinvollmacht (→ Rn. 35 ff.) in Betracht (BGH NJW 2005, 2983 (2984); 2005, 2985 (2987)).

3. Form der Vollmacht und Vertretergeschäft

27 **Die Bürgschaftsvollmacht:** S erscheint mit seinem Onkel B bei der Bank G, um einen Kredit in Höhe von 50.000 Euro aufzunehmen, für den sich B verbürgen will. G ist damit einverstanden, verlangt aber, dass auch die Frau des B die Bürgschaft übernimmt. Da die Sache eilt, holt B telefonisch die Vollmacht seiner Frau ein und unterzeichnet die Bürgschaftsurkunde auch in ihrem Namen. Ist die Bürgschaftsverpflichtung von Frau B wirksam?

Die Vollmacht ist auch gegenüber dem vom Vertreter vorzunehmenden Rechtsgeschäft, dem sog. *Vertretergeschäft,* rechtlich selbstständig. Das kommt auch in der Regelung des § 167 Abs. 2 BGB zum Ausdruck. Danach bedarf die Vollmachterteilung nicht der

Form, „welche für das Rechtsgeschäft bestimmt ist, auf das sich die Vollmacht bezieht". Die Vollmacht kann also grds. formlos erteilt werden, und zwar auch dann, wenn für das Vertretergeschäft eine bestimmte Form vorgeschrieben ist. Soweit eine Formvorschrift allerdings Warnfunktion hat, also vor Leichtsinn und Übereilung schützen soll, ist die Regelung des § 167 Abs. 2 BGB nicht unbedenklich. Denn wohl wird der Vertreter durch die Formvorschrift vor den Folgen des Vertretergeschäfts gewarnt. Da dessen Folgen aber nicht ihn, sondern den Vertretenen treffen, hat die Formvorschrift nicht den gleichen Schutzeffekt. Soweit es der jeweilige Formzweck erfordert, nimmt die Rspr. (BGHZ 132, 119 (124f.); BGH NJW 1998, 1857 (1858f.)) daher eine teleologische Reduktion des § 167 Abs. 2 BGB vor. So wird beim Grundstückskauf, der nach § 311b Abs. 1 S. 1 BGB der notariellen Beurkundung bedarf, angenommen, dass auch die Vollmacht dieser Form bedarf, wenn die Vollmacht *unwiderruflich* erteilt wurde (dazu ***Köhler* BGB AT PdW Fall 127**) oder durch die Bevollmächtigung das Grundstücksgeschäft praktisch *bindend vorweggenommen* wurde. Bei der Bürgschaft wird schriftliche Erteilung der Vollmacht des Bürgen verlangt, um den Schutzzweck des § 766 BGB zu gewährleisten (BGHZ 132, 119 (124f.); BGH NJW 1998, 1857 (1858f.))

Im *Bürgschaftsvollmacht-Fall* ist daher die Frau des B nicht verpflichtet worden, da sie – mangels schriftlicher Erteilung der Vollmacht – von ihrem Mann nicht wirksam vertreten werden konnte. Der Bürgschaftsvertrag ist vielmehr schwebend unwirksam (§ 177 BGB). Frau B kann aber die Genehmigung erteilen (§§ 177 Abs. 1, 182, 184 BGB). An sich könnte die Genehmigung formlos erteilt werden (§ 182 Abs. 2 BGB), doch gelten insoweit die gleichen Erwägungen wie zu § 167 Abs. 2 BGB. Daher bedarf auch die *Genehmigung* der Schriftform des § 766 BGB.

Über diese Einzelfälle hinaus wird man folgende Regel aufstellen müssen: *Die Vollmacht bedarf stets der Form des Vertretergeschäfts, soweit der Schutzzweck dieser Formvorschrift es erfordert.* Daher bedarf richtiger Ansicht nach beispielsweise die Vollmacht zur Vornahme eines Grundstücksgeschäfts stets der Form des § 311b Abs. 1 S. 1 BGB und nicht lediglich in den von der Rspr. angenommenen Fällen. Vom Schutzzweck der Form hängt es auch ab, ob und inwieweit in die Vollmachtsurkunde auch der Inhalt des Vertretergeschäfts aufzunehmen ist.

So ist bei der *Bürgschaftsvollmacht zu* fordern, dass die Vollmachtsurkunde den notwendigen Inhalt einer Bürgschaftserklärung (Bezeichnung des Gläubigers, des Hauptschuldners und der Hauptschuld und übernommene Bürgenleistung) aufweist (vgl. BGHZ 132, 119 (122f.)). – Für die Vollmacht, die ein Darlehensnehmer zum Abschluss eines *Verbraucherdarlehensvertrages* erteilt, hat der Gesetzgeber eine spezielle Regelung in § 492 Abs. 4 BGB getroffen.

4. Vollmacht und Willensmängel

28 Die Vollmachterteilung erfolgt durch Willenserklärung. Für Mängel dieser Erklärung gelten grds. die allgemeinen Vorschriften (§§ 104ff., 116ff. BGB). Probleme ergeben sich aber bei der Anfechtung einer Innenvollmacht.

Der „Sachverständige": Zahnärztin Z hält ihrem Bekannten V irrtümlich für einen Kenner bäuerlicher Antiquitäten. Sie beauftragt ihn daher, für sie einen alten Bauernschrank zu erstehen, und erteilt ihm Ankaufsvollmacht. V erwirbt bei einem Trödler T einen Bauernschrank, der freilich alles andere als alt ist. Z möchte vom Vertrag wieder loskommen, weil sie sich über die fachlichen Qualitäten des V geirrt hat. Ist dies möglich?

Während die Anfechtung einer Außenvollmacht (durch Erklärung gegenüber dem Dritten) unbestritten möglich ist, wird dies für die Anfechtung der Innenvollmacht bezweifelt (vgl. *Eujen/Frank* JZ 1973, 232): Den Geschäftsgegner bräuchten Mängel der Vollmacht, soweit sie nicht gleichzeitig das Vertretergeschäft beeinflussten, nichts anzugehen. Daran ist indessen nur richtig, dass der Geschäftsgegner infolge der Anfechtung der Innenvollmacht nicht schutzlos gestellt werden darf. Dieser Schutz lässt sich jedoch auch erreichen, wenn man die Anfechtung zulässt: Anfechtungsgegner bei der Innenvollmacht ist gem. § 143 Abs. 3 S. 1 BGB grds. der Bevollmächtigte. Hat jedoch dieser von seiner Vollmacht bereits Gebrauch gemacht, so zielt die Anfechtung nicht nur auf (rückwirkende, § 142 Abs. 1 BGB) Beseitigung der Vollmacht, sondern wirtschaftlich betrachtet auch auf die Beseitigung der Bindung an das Vertretergeschäft (vgl. § 177 BGB). Der Geschäftsgegner hat jedoch ein legitimes Interesse daran, dies zu erfahren. Daher ist richtigerweise zu verlangen, dass bei der „betätigten" Vollmacht die Anfechtung *auch* gegenüber dem Geschäftsgegner erklärt wird (*Medicus/Petersen* AT Rn. 945).

Im *„Sachverständigen"-Fall* kann Z grds. die Vollmachterteilung nach § 119 Abs. 2 BGB wegen Irrtums über eine verkehrswesentliche Eigenschaft des V anfechten. Sie muss dies jedoch auch gegenüber dem T erklären. Dadurch wird V rückwirkend (§ 142 Abs. 1 BGB) zum Vertreter ohne Vertretungsmacht. Der Kaufvertrag ist als ohne Vertretungsmacht des V geschlossen anzusehen (§ 177 Abs. 1 BGB). Z ist also an den Kaufvertrag nicht gebunden.

Da die Anfechtung wirtschaftlich gesehen bewirkt, dass sich der Vollmachtgeber wieder aus dem Vertrag mit dem Geschäftsgegner löst, ist es nur folgerichtig, *auch* diesem einen Anspruch auf Ersatz des Vertrauensschadens gem. § 122 BGB (im Falle der Irrtumsanfechtung) zu geben (vgl. *Schwarze* JZ 2005, 588).

Im *„Sachverständigen"-Fall* bedeutet dies, dass T zwar von Z den Schrank zurücknehmen und den Kaufpreis zurückerstatten muss, gleichzeitig aber auch Ersatz seiner Unkosten verlangen kann. (Diesen Anspruch hat er – über § 179 Abs. 2 BGB – auch gegenüber dem V, der dann seinerseits ggf. nach § 122 BGB von Z Befreiung von dieser Schadensersatzbelastung verlangen kann).

Im Einzelfall kann die Anfechtung allerdings nutzlos sein, weil die Grundsätze über die Rechtsscheinvollmacht eingreifen (dazu → Rn. 35 ff.).

5. Erlöschen der Vollmacht

Die Vollmacht kann aus unterschiedlichen, im Gesetz nur teilweise geregelten Grün- 29
den erlöschen.

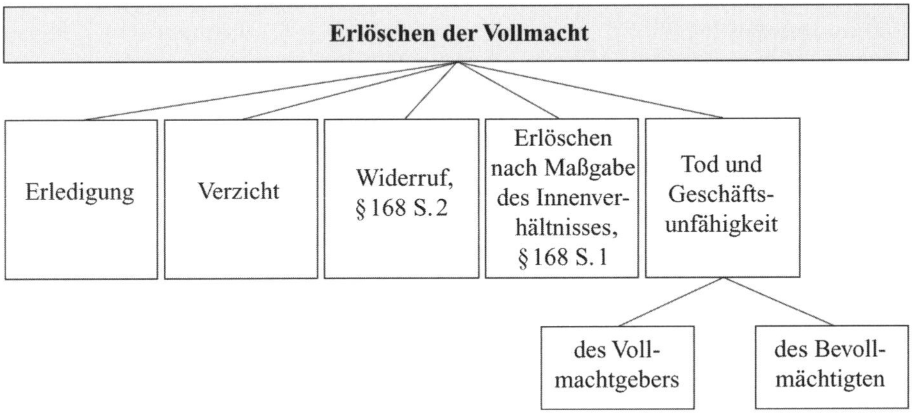

a) Erledigung der Vollmacht

Die Vollmacht kann sich von selbst erledigen. Das gilt zunächst einmal für den *Verbrauch* der Vollmacht: Ist die Vollmacht zur Vornahme eines ganz bestimmten Geschäfts erteilt worden (sog. Spezialvollmacht), so erlischt sie mit wirksamer Vornahme dieses Geschäfts. Auch ohne Verbrauch erlischt die Vollmacht – unabhängig vom zugrunde liegenden Innenverhältnis (dazu → Rn. 30) – wenn sich der damit verfolgte Zweck nicht mehr erreichen lässt, etwa die zu erwerbende Sache untergegangen ist. Im Falle der *Befristung* der Vollmacht (zB für die Dauer einer Auslandsreise des Vollmachtgebers) erlischt die Vollmacht mit Fristablauf. Ist die Vollmacht unter einer *auflösenden Bedingung* erteilt worden, so erlischt sie mit Bedingungseintritt.

b) Erlöschen nach Maßgabe des Innenverhältnisses

30 Obwohl die Vollmacht gegenüber dem Innenverhältnis verselbstständigt ist, bestimmt sich ihr Erlöschen „nach dem ihrer Erteilung zugrunde liegenden Rechtsverhältnisse" (§ 168 S. 1 BGB). Das bedeutet, dass die Vollmacht vom Fortbestand des Innenverhältnisses abhängig ist. Ist dieses Rechtsverhältnis nicht wirksam entstanden oder angefochten worden, schlägt dies nicht notwendig auf die Vollmacht durch (→ Rn. 26). Im Falle der Anfechtung des Innenverhältnisses erlischt demnach die Vollmacht nur dann rückwirkend, wenn eine Geschäftseinheit iSd § 139 BGB vorliegt. Bei § 168 S. 1 BGB geht es dagegen um die Fälle der *Beendigung* des Innenverhältnisses.

Liegt der Vollmacht beispielsweise ein *Auftrag* (§ 662 BGB) zugrunde, so erlischt die Vollmacht ohne Weiteres mit Beendigung des Auftrags durch Widerruf seitens des Auftraggebers oder Kündigung seitens des Beauftragten (§ 671 BGB), im Zweifel auch durch den Tod des Beauftragten (§ 673 S. 1 BGB), aber nicht durch den Tod des Auftraggebers (§ 672 S. 1 BGB). Möglicherweise erfährt der Beauftragte gar nichts von der Beendigung des Auftragsverhältnisses und damit dem Erlöschen seiner Vollmacht. Dann schützt ihn das Gesetz: Nach § 674 BGB gilt der Auftrag zu seinen Gunsten solange als fortbestehend, bis er von dem Erlöschen Kenntnis erlangt oder das Erlöschen kennen muss. An diese Fiktion des Fortbestehens des Auftrags knüpft § 169 BGB eine Fiktion des Fortbestands der Vollmacht.

Allerdings gilt dies nicht zugunsten eines Dritten, der bei Vornahme eines Rechtsgeschäfts das Erlöschen kennt oder kennen muss.

Die Vermögensverwaltung: Die Witwe E hat den V mit der Verwaltung ihres Vermögens zu ihren Lebzeiten beauftragt und ihm eine notariell beurkundete Vollmacht erteilt. Stirbt die E auf einer Auslandsreise, so endet damit das Vertragsverhältnis zu V, da die Auslegungsregel des § 672 S. 1 BGB nicht eingreift. Zugleich erlischt damit nach § 168 S. 1 BGB automatisch die Vollmacht des V. Nimmt der V, der vom Tod der E noch nichts erfahren hat und erfahren konnte, jetzt noch einen Grundstücksverkauf an den D vor, so gelten insoweit sein Geschäftsbesorgungsvertrag und seine Vollmacht als fortbestehend (§§ 675, 673, 169 BGB). Der Vertrag ist daher (für die Erben der E) bindend, es sei denn, dass D das Ableben der E kannte oder kennen musste.

Liegt der Vollmacht ein *Dienst-* oder *Arbeitsvertrag* zugrunde, so endet sie mit Beendigung des Vertragsverhältnisses durch Zeitablauf oder Kündigung. – Gehen Arbeitsverhältnisse im Wege des *Betriebsübergangs* (§ 613a BGB) kraft Gesetzes auf den neuen Betriebsinhaber über, erlöschen die vom bisherigen Inhaber erteilten Vollmachten (*Köhler* BB 1979, 912; *Baumbach/Hopt,* HGB, 36. Aufl. 2014, § 52 Rn. 5; *Wolf/Neuner* BGB AT § 50 Rn. 56), können jedoch als Duldungs- oder Anscheinsvollmacht fortbestehen (dazu → Rn. 42ff.).

Im Falle der *Insolvenz* des Vollmachtgebers erlischt die Vollmacht ebenfalls, sofern sie sich auf sein zur Insolvenzmasse gehörende Vermögen bezieht (§ 117 InsO).

c) Verzicht auf die Vollmacht

Die Vollmacht kann weiter durch einseitigen *Verzicht* des Bevollmächtigten gegenüber 31 dem Vollmachtgeber erlöschen. Denn der Bevollmächtigte muss die Möglichkeit haben, die ihm ohne seine Mitwirkung erteilte (§ 167 BGB) Vollmacht zurückzuweisen. Davon zu trennen ist die Frage, ob der Bevollmächtigte mit einem solchen Verzicht seine Pflichten aus dem Innenverhältnis verletzt.

d) Widerruf der Vollmacht

Auch bei fortbestehendem Innenverhältnis kann der Vollmachtgeber die Vollmacht jederzeit widerrufen, sofern sich aus diesem Verhältnis nichts anderes ergibt (§ 168 S. 2 32 BGB). Adressat dieses Widerrufs kann sowohl der Geschäftsgegner als auch der Bevollmächtigte sein (§§ 168 S. 3, 167 Abs. 1 BGB). Wurde die Vollmacht gegenüber dem Dritten erteilt (Außenvollmacht) oder ihm kundgetan, erfolgte aber der Widerruf gegenüber dem Bevollmächtigten, so weiß der Dritte zunächst davon nichts. Sein Vertrauen auf den Fortbestand der Vollmacht wird aber durch die §§ 170–173 BGB geschützt.

Wie sich aus § 168 S. 2 BGB ergibt, kann die Vollmacht für die Dauer des Innenverhältnisses auch unwiderruflich erteilt werden (dazu ***Köhler*** **BGB AT PdW Fall 128**). Wegen der damit verbundenen Beschränkung für den Vollmachtgeber ist eine solche Gestaltung jedoch nur dann zulässig und anzunehmen, wenn ein berechtigtes Eigeninteresse des Vertreters am Gebrauch der Vollmacht vorliegt.

Beispiel: A verkauft an V ein Grundstück, der es seinerseits an B weiterverkauft. V bezahlt den Kaufpreis und lässt sich dafür eine unwiderrufliche Vollmacht zur Auflassung des Grundstücks erteilen. Hier hat V ein eigenes Interesse am Vollmachtsgebrauch, weil er bereits seine Gegenleistung erbracht hat und A kein schutzwürdiges Interesse am Widerruf der Vollmacht hat.

Bei Vorliegen eines wichtigen Grundes kann auch die unwiderrufliche Vollmacht widerrufen werden (BGH NJW 1988, 2603).

Beispiele: So im obigen Fall, wenn sich herausstellt, dass die Zahlung des Kaufpreises nicht wirksam erfolgt ist. Ferner, wenn ein Beauftragter seine Vollmacht überschreitet und damit das Vertrauen des Auftraggebers enttäuscht.

Nicht einmal eines wichtigen Grundes bedarf es für den Widerruf, wenn der unwiderruflichen Vollmacht kein Innenverhältnis zugrunde liegt (BGH NJW 1988, 2603 (2604)) oder wenn eine Generalvollmacht erteilt wurde (BGH WM 2010, 1218 Rn. 16). In der Sache bedeutet dies, dass die Vereinbarung der Unwiderruflichkeit als unwirksam angesehen wird.

e) Tod und Geschäftsunfähigkeit des Vollmachtgebers

Stirbt der Vollmachtgeber, wird er geschäftsunfähig oder unter Betreuung gestellt, so 33 erlischt damit nicht zwangsläufig die Vollmacht. Dies hängt wiederum vom Zweck der Vollmacht oder vom Innenverhältnis ab. Für den *Auftrag* und den *Geschäftsbesorgungsvertrag* sieht das Gesetz (§§ 672 S. 1, 675 BGB) vor, dass sie im Zweifel nicht erlöschen. Dann bleibt nach § 168 S. 1 BGB im Zweifel auch die Vollmacht bestehen.

Für die *Prokura* ist sogar ausdrücklich vorgesehen, dass sie nicht mit dem Tod des Kaufmanns erlischt (§ 52 Abs. 3 HGB). Dies ist auch sinnvoll, damit der Geschäftsgang keinen Schaden erleidet. Der Erbe bzw. Betreuer des Vollmachtgebers kann allerdings die Vollmacht widerrufen.

f) Tod und Geschäftsunfähigkeit des Bevollmächtigten

34 Stirbt der Bevollmächtigte, so erlischt damit regelmäßig die Vollmacht und geht nicht etwa auf seine Erben über. Denn die Vollmachterteilung ist regelmäßig Ausdruck eines besonderen Vertrauens gegenüber einer bestimmten Person. Liegt der Vollmacht ein Auftrag oder Geschäftsbesorgungsvertrag zugrunde, ergibt sich dies aus §§ 675, 673 BGB iVm § 168 S. 1 BGB. Wird das Innenverhältnis allerdings mit den Erben fortgesetzt, geht dagegen die Vollmacht auch auf diese über, sofern sie nicht als höchstpersönliche gedacht war. Unabhängig davon geht die Vollmacht auf die Erben über, wenn sie ausschließlich im Interesse des Bevollmächtigten erteilt worden ist und insoweit eine vermögenswerte Rechtsposition darstellt.

Beispiel: Erteilung einer Auflassungsvollmacht an den Käufer eines Grundstücks, der stirbt, bevor er davon Gebrauch machen kann. Die Vollmacht geht auf seinen Erben über.

Die gleichen Grundsätze gelten, wenn der Bevollmächtigte *geschäftsunfähig* wird und damit nach § 105 Abs. 1 BGB ohnehin keine wirksamen Vertretergeschäfte mehr vornehmen kann: die Vollmacht erlischt im Zweifel und sie kann auch nicht etwa vom Betreuer des Bevollmächtigten (als Untervertreter) ausgeübt werden.

IV. Die Vollmacht kraft Rechtsscheins, insbes. die Duldungs- und Anscheinsvollmacht

35 Besitzt der Vertreter im Zeitpunkt der Vornahme des Rechtsgeschäfts keine Vollmacht, wird der Vertretene durch das Vertreterhandeln an sich nicht verpflichtet. Das Fehlen der Vollmacht kann viele Gründe haben: die Vollmachterteilung kann von Anfang an unwirksam sein, sie kann nachträglich angefochten oder widerrufen worden sein oder sie deckt das vorgenommene Rechtsgeschäft nicht. Der Geschäftsgegner kann jedoch häufig nicht oder nicht ohne Weiteres feststellen, ob die Vollmacht (noch) besteht. Das Gesetz gewährt dem Gegner, der auf das Bestehen einer Vollmacht vertraut, Schutz durch Zuerkennung von Ansprüchen gegen den Vertreter ohne Vertretungsmacht (§ 179 BGB). Das Risiko des vollmachtlosen Handelns trägt also grds. der Vertreter. Hat der Vertretene aber in zurechenbarer Weise gegenüber einem gutgläubigen Dritten den Rechtsschein einer Vollmacht gesetzt, so ist es gerechtfertigt, ihn so zu behandeln, als ob er wirksam Vollmacht erteilt hätte (BGH NJW 2005, 2985 (2987)). Man spricht in diesen Fällen von einer Vollmacht kraft Rechtsscheins.

1. Gesetzlich geregelte Fälle der Rechtsscheinvollmacht

36 **Der Tresorschlüssel:** Frau F hatte ihrem Ehemann V eine schriftliche Vollmacht zum Verkauf ihrer Grundstücke erteilt. Später ließ sie sich die Vollmachtsurkunde wieder zurückgeben und schloss sie in einen Tresor ein. Den Tresorschlüssel verwahrte sie im Wäscheschrank. Der Ehemann fand den Schlüssel und holte sich auf diese Weise eigenmächtig die Vollmachtsurkunde zurück. Er verkaufte unter Vorlage dieser Urkunde ein Grundstück an den K (nach BGHZ 65, 13; vgl. ***Köhler* BGB AT PdW Fall 134**). – Ist der Kaufvertrag wirksam?

Die §§ 170–172 BGB knüpfen an die Kundgabe der Vollmachtserteilung als solche an und regeln drei Fälle einer Vollmacht kraft Rechtsscheins:

a) Rechtsschein des Fortbestands einer Außenvollmacht

Die Außenvollmacht kann auch durch Widerruf gegenüber dem Bevollmächtigten (§ 168 S. 3 BGB) erlöschen. Davon weiß aber der Dritte möglicherweise nichts. Er ist schutzwürdig, da er auf Grund der externen Vollmachterteilung erwarten darf, dass der Vollmachtgeber ihm gegenüber den Widerruf vornimmt oder zumindest eine Mitteilung von ihrem Erlöschen macht. Daher bleibt die Vollmacht dem Dritten gegenüber in Kraft, bis ihm das Erlöschen vom Vollmachtgeber angezeigt wird (§ 170 BGB). Das gilt nach § 173 BGB allerdings dann nicht, wenn der Dritte bereits vorher das Erlöschen der Vollmacht kennt oder kennen muss. 37

Die Anzeige muss dem Dritten zugehen, damit sie ihre Wirkung auslöst. Sie ist aber keine Willenserklärung, sondern eine geschäftsähnliche Handlung, auf die die §§ 104ff., 119ff. BGB allerdings entsprechend anwendbar sind.

b) Rechtsschein durch Kundgabe der Bevollmächtigung

Wer Geschäftsgegnern durch besondere Mitteilung oder öffentliche Bekanntmachung kundtut, dass er jemand bevollmächtigt hat, setzt dadurch, wenn in Wahrheit keine wirksame Vollmacht vorliegt, den Rechtsschein einer Vollmacht, der erst durch entsprechenden Widerruf der Kundgabe wieder beseitigt wird (§ 171 BGB; dazu ***Köhler* BGB AT PdW Fall 126**). Teilweise wird allerdings angenommen, die Kundgabe selbst stelle eine externe Bevollmächtigung dar (vgl. *Pawlowski* JZ 1996, 125 (127)). Das mag im Einzelfall so sein. Aber diesen Fall meint eben § 171 BGB gerade nicht, wie sich aus dem Wortlaut dieser Vorschrift und aus der Einschränkung durch § 173 BGB ergibt. Die Kundgabe stellt vielmehr eine geschäftsähnliche Handlung dar, auf die allerdings die §§ 104ff., 119ff. BGB entsprechend anzuwenden sind. Lediglich bei der Kundgabe durch öffentliche Bekanntmachung wird man eine Anfechtung ausschließen müssen. 38

Seltsamerweise verweist § 173 BGB nicht auf § 171 Abs. 1 BGB. Das ist inkonsequent, und daher wird mit Recht eine entsprechende Anwendung befürwortet (*Medicus/Petersen* AT Rn. 947).

c) Aushändigung einer Vollmachtsurkunde

Händigt der Geschäftsherr dem Vertreter eine Vollmachtsurkunde aus und legt dieser sie dem Geschäftsgegner vor, so wird dadurch, wenn keine wirksame Bevollmächtigung (mehr) vorliegt, ebenfalls der Rechtsschein einer Vollmacht gesetzt (§ 172 Abs. 1 BGB). Dieser Rechtsschein wird erst wieder durch Rückgabe oder Kraftloserklärung der Urkunde (§ 176 BGB) beseitigt (§ 172 Abs. 2 BGB). 39

Die Rechtsscheinwirkung setzt zunächst voraus, dass die Vollmachtsurkunde dem Vertreter **ausgehändigt** wird. Dies setzt eine freiwillige Übergabe voraus. Die Aushändigung der Urkunde stellt wiederum eine geschäftsähnliche Handlung dar.

Im *Tresorschlüssel-Fall* war die Vollmacht konkludent durch das Rückgabeverlangen der F widerrufen worden und damit erloschen. V besaß daher keine rechtsgeschäftliche Vollmacht mehr. Eine Vollmacht kraft Rechtsscheins käme allenfalls nach § 172 BGB in Betracht. Dies setzt jedoch die „Aushändigung" der Vollmachtsurkunde an den Vertreter voraus. Dem steht nicht der Fall gleich, dass dem Vertretenen die (zurückgegebene) Vollmachtsurkunde gegen seinen Willen abhanden kommt (BGHZ 65, 13). Mangels zurechenbaren Rechtsscheins einer Bevollmächtigung wurde daher die F von V nicht wirksam vertreten. Der Kaufvertrag ist schwebend unwirksam (§ 177 Abs. 1 BGB). – Eine andere Frage ist, ob die F dem K auf Ersatz des Vertrauensschadens haftet. In Betracht kommt eine Haftung aus culpa in contrahendo (§§ 311 Abs. 2, 280 Abs. 1 BGB), wenn sie schuldhaft die Urkunde nicht sorgfältig verwahrt hat (BGHZ 63, 13 (15)). Denkbar ist aber auch, § 122 BGB analog anzuwenden (*Canaris* JZ 1976, 132 (134)).

40 Die Rechtsscheinwirkung setzt weiter voraus, dass die Urkunde im Original oder bei notarieller Beurkundung in einer Ausfertigung dem Gegner **vorgelegt** wird. Die Vorlage einer Abschrift, einer Faxkopie oder Fotokopie genügt insoweit nicht (BGH NJW 1997, 312 (314); 2002, 2325 (2326)). Denn zum einen kann der Gegner nicht feststellen, ob die Originalvollmachtsurkunde überhaupt noch vorliegt. Sie kann ja bereits zurückgegeben sein. Zum anderen können Kopien in unbeschränkter Zahl angefertigt werden, ohne dass der Aussteller der Urkunde davon weiß, so dass er sie auch nicht zurückfordern könnte. Erst recht nicht steht die bloße Bezugnahme auf die Vollmachtsurkunde der Vorlegung gleich. Vielmehr muss der Dritte die Möglichkeit haben, sich unmittelbar Kenntnis von der Urkunde zu verschaffen (BGH NJW 1988, 697 (698)). Die Vorlage der Vollmachtsurkunde muss spätestens bei Abschluss des Vertrages erfolgen, da sich das Vertrauen des Gegners auf die Vertretungsbefugnis bezieht (BGH NJW 2008, 3355 Rn. 19).

Der Umfang der Rechtsscheinvollmacht ergibt sich aus dem Inhalt der Urkunde. Die Rechtsscheinwirkung endet nach § 172 Abs. 2 BGB an sich erst mit Rückgabe oder Kraftloserklärung der Urkunde. Weigert sich der Bevollmächtigte, die Urkunde herauszugeben, entsteht daher für den Urkundenaussteller eine missliche Situation. Er kann allerdings durch entsprechende Kundgabe des Nicht(mehr)bestehens der Vollmacht gegenüber den Dritten oder an die Öffentlichkeit den Rechtsschein beseitigen (§ 171 Abs. 2 BGB analog).

d) Sonstige Fälle

41 Den §§ 170ff. BGB lässt sich ein allgemeiner Grundsatz entnehmen: Wer durch besondere Kundgabe einem Dritten gegenüber wissentlich den Rechtsschein einer Vollmacht setzt, ist ihm gegenüber daran gebunden (BGH NJW 1988, 697 (698)). Auch in sonstigen Fällen ist daher eine Rechtsscheinvollmacht anzuerkennen, sofern dem nicht die Wertungen der §§ 170ff. BGB entgegenstehen (vgl. BGH NJW 1997, 312).

2. Duldungs- und Anscheinsvollmacht

42 Über die gesetzlich geregelten Fälle der Rechtsscheinvollmacht hinaus sind in der Rspr. die Duldungsvollmacht und die Anscheinsvollmacht anerkannt (vgl. BGH NJW 2001, 165 (166); 2006, 1971 Rn. 17).

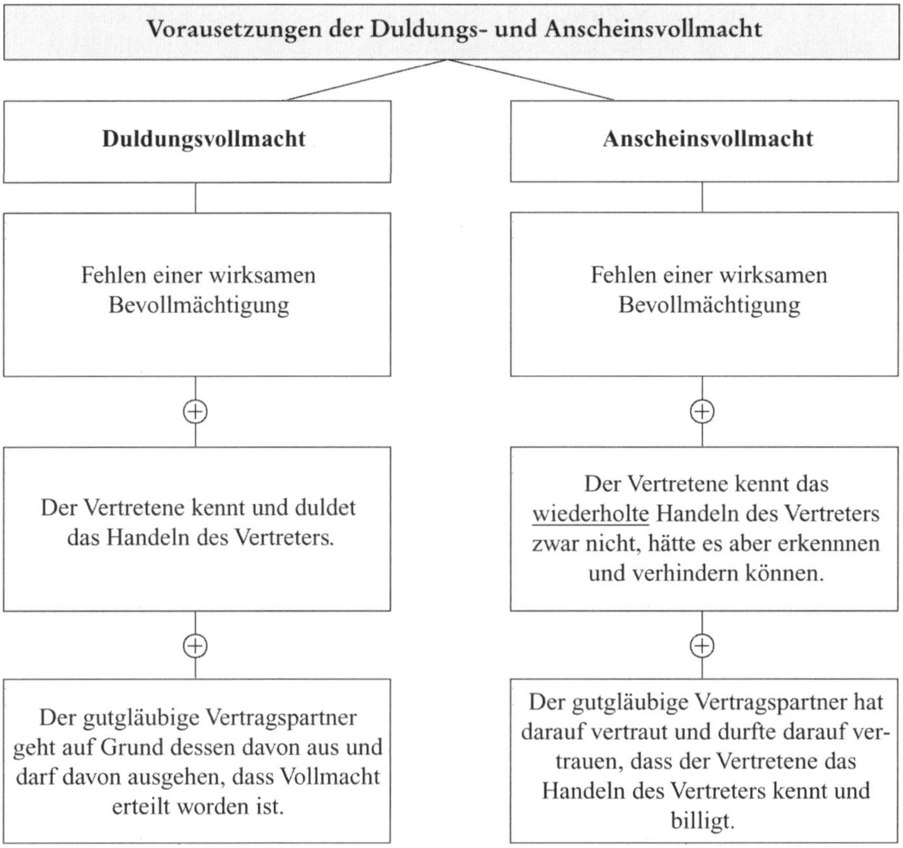

a) Duldungsvollmacht

Die Pelzjacke: V will am Abend seine Freundin B, die eine Pelzboutique betreibt, zum Essen abholen, 43
stellt jedoch fest, dass sie noch beschäftigt ist. Als eine Kundin an der Kasse eine Pelzjacke vorlegt, B aber nicht zur Stelle ist, tut er so, als ob er Verkäufer wäre und verkauft der K die Jacke. B sieht dies im Hintergrund, unternimmt aber nichts, um keine Unruhe im Laden zu erzeugen. Erst später stellt sie fest, dass V einen viel zu niedrigen Preis berechnet hat. Kann sie jetzt noch gegenüber der K geltend machen, dass V keine Vertretungsmacht gehabt habe?

Tritt jemand als Vertreter eines anderen auf, ohne Vollmacht zu besitzen, so setzt *er* zwar einen Rechtsschein, bevollmächtigt zu sein (und hat dafür ggf. einzustehen; vgl. § 179 BGB). Dies reicht aber nicht aus, um dem *Vertretenen* diesen Rechtsschein zuzurechnen. Vielmehr muss der Vertretene selbst den Rechtsschein in zurechenbarer Weise gesetzt haben. Dies kann etwa durch das Dulden des Handelns des Vertreters ohne Vertretungsmacht geschehen. Nach der ständigen Rspr. (BGH NJW 2011, 2421 Rn. 15; dazu *Faust* JuS 2011, 1027; *Herresthal* JZ 2011, 1171) ist insoweit eine **Duldungsvollmacht** anzuerkennen (dazu ***Köhler*** **BGB AT PdW Fall 132**). Sie liegt vor, wenn der Vertretene es willentlich geschehen lässt, dass ein anderer für ihn wie ein Vertreter auftritt, und der Geschäftspartner dieses Dulden nach Treu und Glauben dahin versteht und auch verstehen darf, dass der als Vertreter Handelnde zu den vorgenommenen Erklärungen bevollmächtigt ist. Das bedeutet folgende Prüfungsreihenfolge: **(1) Fehlen einer Vollmacht.** Es darf keine Vollmacht, auch nicht konkludent, erteilt worden sein. **(2) Setzung eines Rechtsscheins.** Der Vertretene duldet es, dh lässt es wissentlich geschehen, dass ein anderer für ihn wie ein Vertreter auftritt, ohne dagegen einzuschreiten. **(3) Vertrauen auf den Rechtsschein.** Der Vertragspartner ist gutgläubig, kennt also das Fehlen einer Vollmacht nicht und muss es auch nicht kennen (§ 173 BGB analog), und er versteht dieses Verhalten darin, dass Vollmacht erteilt worden ist, und darf dies nach Treu und Glauben auch so verstehen. Für die Annahme einer Duldungsvollmacht kann zwar bereits das Dulden eines einmaligen Handelns des Vertreters ausreichen; in der Regel ist aber eine gewisse Häufigkeit und Dauer des Vertreterhandelns erforderlich (BGH NJW 2005, 2985 (2987)). Stets ist aber erforderlich, dass die Kenntnis vom Vertreterhandeln bereits im Zeitpunkt des Vertragsschlusses vorlag. Eine spätere Kenntniserlangung kann nur bei der Frage nach einer etwaigen konkludenten Genehmigung (§ 182 BGB) des Vertreterhandelns eine Rolle spielen (BGH NJW 2002, 2325 (2327)).

Im *Pelzjacken-Fall* durfte die K aus den äußeren Umständen, nämlich dem Tätigwerden des V in der Boutique der B, schließen, dass V auch Vertretungsmacht hatte. Da B das Handeln des V kannte und duldete, die K auch nicht wissen konnte, dass V nicht bevollmächtigt war, ist der Verkauf durch eine Duldungsvollmacht gedeckt und somit wirksam. (Beachte: § 56 HGB greift hier nicht ein, da V nicht „angestellt" war.)

Der **Umfang** der Duldungsvollmacht bestimmt sich danach, wie der Gegner nach Treu und Glauben unter Berücksichtigung der Verkehrssitte (vgl. § 157 BGB) das Verhalten des Vertretenen werten durfte. Das **Ende** der Duldungsvollmacht hängt davon ab, wie lange der Vertretene das Handeln des Vertreters kennt und duldet. Setzt der Vertreter sein Handeln fort, ohne dass der Vertretene dies weiß und duldet, so ist das Handeln nicht mehr durch eine Duldungsvollmacht gedeckt. Jedoch kommt insoweit eine Anscheinsvollmacht (→ Rn. 44) in Betracht (BGH LM § 167 BGB Nr. 10).

Die **Rechtsnatur** der Duldungsvollmacht ist umstritten. Teilweise wird angenommen, es liege eine durch schlüssiges Verhalten erklärte Außenvollmacht vor. Denn das Fehlen eines Bevollmächtigungswillens stehe der Annahme einer Willenserklärung nicht entgegen (vgl. Palandt/*Ellenberger* BGB § 172 Rn. 8). Daran ist richtig, dass ein Erklärungsbewusstsein nicht erforderlich ist. Der Unterschied zur konkludenten Bevollmächtigung – die natürlich im Einzelfall vorliegen kann – liegt aber darin, dass der „Erklärungswert" des äußeren Verhaltens nicht dahin geht, dass eine Vollmacht erteilt wird, sondern dass sie früher erteilt worden ist (zutr. *Medicus/Petersen* AT Rn. 930). Mit der hM (vgl. BGH NJW 2005, 2985 (2987)) ist daher ein Fall der Rechtsscheinvollmacht anzunehmen.

b) Anscheinsvollmacht

44 **Privatkäufe:** Die Rechtsanwaltsgehilfin G bestellt im Namen ihres Chefs, des Rechtsanwalts R, bei der Buchhandlung B immer wieder Bücher für ihren Privatbedarf. R bezahlt die Rechnungen des B, ohne ihren Inhalt zu prüfen. Erst durch Zufall erfährt er von dem Treiben der G. Kann er von B Rückzahlung der Rechnungsbeträge verlangen?

Ergibt sich aus den äußeren Umständen der Rechtsschein einer Bevollmächtigung, kennt aber der Vertretene das Handeln des Vertreters nicht, so liegt zwar keine Duldungsvollmacht vor. Hätte aber der Vertretene das Handeln des Vertreters bei gehöriger Sorgfalt *kennen* und *verhindern* können, und durfte der Geschäftsgegner annehmen, der Vertretene kenne und billige das Handeln des Vertreters, so liegt eine

Anscheinsvollmacht vor (vgl. BGH NJW 2011, 2421 Rn. 16; dazu ***Köhler*** **BGB AT PdW Fall 133**). Verlangt wird jedoch eine gewisse *Dauer* und *Häufigkeit* des betreffenden Verhaltens (BGH NJW 2011, 2421 Rn. 16). Auf Seiten des Vertragspartners ist außerdem erforderlich, dass er gutgläubig war, also das Fehlen einer Bevollmächtigung weder kannte noch kennen musste (§ 173 BGB analog). Zu den weiteren Voraussetzungen einer Rechtsscheinvollmacht → Rn. 45.

Im Fall der *Privatkäufe* hatte G keine Vollmacht zum Abschluss der Kaufverträge. Jedoch hätte R bei pflichtgemäßer Sorgfalt, nämlich bei Prüfung der Rechnungen, erkennen und verhindern können, dass G in seinem Namen Bestellungen tätigte. Da B nach Lage der Dinge darauf vertraut hat und darauf vertrauen durfte, dass G Vollmacht besaß, liegt ein Fall der Anscheinsvollmacht vor. Die Käufe sind daher wirksam und R hat keine Ansprüche auf Rückzahlung.

Der **Umfang** der Anscheinsvollmacht bestimmt sich wie bei der Duldungsvollmacht danach, wie der Gegner das Verhalten des Vertretenen bewerten durfte. Das **Ende** der Anscheinsvollmacht tritt dann ein, wenn der Vertretene entweder den Rechtsschein beseitigt oder das weitere Handeln des Vertreters nicht mehr erkennen oder verhindern kann. Dazu genügt es nicht, dem Vertreter nur zu verbieten, sein Handeln fortzusetzen (BGH NJW 1991, 1225), wenn objektiv die Gefahr weiteren Handelns besteht. Vielmehr muss der Vertretene dann zusätzliche Maßnahmen ergreifen, zB eine Mitteilung an die Geschäftspartner machen (vgl. § 172 Abs. 2 BGB; BGH NJW 1998, 1854 (1855)).

Der **Anwendungsbereich** der Anscheinsvollmacht **ist sehr umstritten.** Ein Teil der Lehre will sie auf den *kaufmännischen Verkehr* beschränken, weil nur hier ein erhöhter Verkehrsschutz angebracht sei (vgl. *Canaris* HandelsR § 16 III 2b; *Medicus/Petersen* AT Rn. 971, 972). Im privaten Rechtsverkehr sei die Haftung des Vertretenen nach den Grundsätzen über die culpa in contrahendo auf das negative Interesse zu beschränken. Zu Recht wird freilich diese Beschränkung von der hM abgelehnt (BGH NJW 1991, 1225; Palandt/*Ellenberger* BGB § 172 Rn. 11). Denn die Unterscheidung zwischen Kaufleuten und sonstigen am Wirtschaftsleben teilnehmenden Personen (zB Anwälten; BGH NJW 1991, 1225) oder der öffentlichen Hand (BGH NJW 1972, 940) ist sachlich nicht gerechtfertigt. Soweit im rein privaten Geschäftsverkehr eine Anscheinsvollmacht relevant werden könnte, ist den schutzwürdigen Belangen des Privaten durch entsprechend strengere Anforderungen an die Verhaltenszurechnung Rechnung zu tragen. Dass Fahrlässigkeit für die Zurechnung eines Rechtsscheins ausreichen kann, ist auch nicht systemfremd: für die Zurechnung eines Verhaltens als Willenserklärung trotz fehlenden Erklärungsbewusstseins reicht es ebenfalls aus, dass der Handelnde bei gehöriger Sorgfalt die Deutung seines Verhaltens als Willenserklärung hätte erkennen und verhindern können (→ § 7 Rn. 5). Auch die §§ 170–172 BGB knüpfen an ein Unterlassen des Vertretenen bei der Beseitigung eines Rechtsscheins an, ohne Rücksicht darauf, ob es vorsätzlich oder fahrlässig ist.

3. Weitere Voraussetzungen der Rechtsscheinvollmacht

Die Zurechnung eines Rechtsscheins setzt *Geschäftsfähigkeit* voraus; es gelten insoweit 45
die §§ 104ff. BGB analog. Ob die Setzung des Rechtsscheins nach §§ 119–124 BGB analog anfechtbar ist, ist str., aber grds. zu bejahen (vgl. *Medicus/Petersen* AT Rn. 947, 948; *Wolf/Neuner* BGB AT § 50 Rn. 74).

Hat etwa im Falle des § 172 BGB der Vollmachtgeber die Vollmachtsurkunde versehentlich unterschrieben und ausgehändigt, so kann er den dadurch erzeugten Rechtsschein nach § 119 Abs. 1 BGB analog anfechten; er haftet dem Geschäftsgegner allerdings nach § 122 BGB analog.

Diese Problematik darf aber nicht mit derjenigen von Willensmängeln der rechtsgeschäftlichen Bevollmächtigung vermengt werden. Ist eine Vollmacht auf Grund eines Willensmangels angefochten, kann sie doch noch als Vollmacht kraft Rechtsscheins Bestand haben. Die Willensmängel, die gegenüber der Bevollmächtigung durchschlagen, schließen nicht ohne Weiteres auch die Zurechenbarkeit des Rechtsscheins aus, zumal der Vertretene durch die §§ 173, 142 Abs. 2 BGB geschützt ist (BGH NJW 1989, 2879 (2880)).

Hat sich beispielsweise der Vollmachtgeber über eine verkehrswesentliche Eigenschaft des Vertreters geirrt, so kann er zwar die Bevollmächtigung nach § 119 Abs. 2 BGB anfechten (→ Rn. 28). Das hilft ihm aber dann nicht, wenn er dem Vertreter eine Vollmachtsurkunde ausgehändigt und dieser sie dem Dritten vorgelegt hat. Denn dann besteht eine Rechtsscheinvollmacht nach § 172 BGB.

Auf der Seite des Geschäftsgegners ist nämlich Voraussetzung, dass er auf den Rechtsschein der Vollmacht *vertraut* hat und *vertrauen durfte,* dass ferner dieses Vertrauen für den Geschäftsabschluss *ursächlich* war. Kannte er das Nicht(mehr)bestehen der Vollmacht oder hätte er es kennen müssen, so wird er nicht geschützt (§ 173 BGB). Dies gilt nicht nur für die Tatbestände der §§ 170–172 BGB, für die § 173 BGB dies ausdrücklich anordnet (dazu BGH NJW 1985, 730), sondern auch für die Duldungs- und Anscheinsvollmacht (BGH NJW 2006, 1971 Rn. 17).

V. Das Vertretergeschäft

46 Die Rechtswirkungen des Vertragsgeschäfts treffen zwar den Vertretenen, vorgenommen wird es aber vom Vertreter: er ist Verhandlungspartner des Geschäftsgegners (und haftet daher unter bestimmten Voraussetzungen persönlich aus schuldhafter Pflichtverletzung gem. §§ 311 Abs. 3, 280 Abs. 1 BGB; vgl. zum früheren Recht BGH NJW 1990, 1907; NJW-RR 1992, 605); er gibt Willenserklärungen ab und nimmt sie entgegen. Das ist von Bedeutung, wenn bei der Abgabe und Empfangnahme von Erklärungen subjektive Vorstellungen eine Rolle spielen.

1. Auslegung

47 Bei der Auslegung eines Vertragsangebots des Geschäftsgegners kommt es folgerichtig auf die Verständnismöglichkeiten des Vertreters und nicht des Vertretenen an.

Die „obere Etage“: K buchte beim Reisebüro A eine Pauschalreise und erklärte dabei ausdrücklich, er wolle nur ein Hotelzimmer in der *obersten* Etage. A leitete die Bestellung mit dem missverständlichen Vermerk *„obere Etage“* an den Reiseveranstalter B weiter, der die Buchung bestätigte. – Da das Reisebüro als Handelsvertreter (§ 84 HGB) des Reiseveranstalters zur Empfangnahme von Bestellungen bevollmächtigt ist („Empfangsvertreter“), gilt die Bestellung so, wie sie A verstanden hat oder doch verstehen musste. Das Risiko einer missverständlichen Weiterleitung trägt der Reiseveranstalter (BGHZ 82, 222). – K hat daher einen vertraglichen Schadensersatzanspruch gem. § 651 a f. BGB, wenn er infolge dieses Missverständnisses nur ein Zimmer in einer oberen, aber nicht in der obersten Etage erhält.

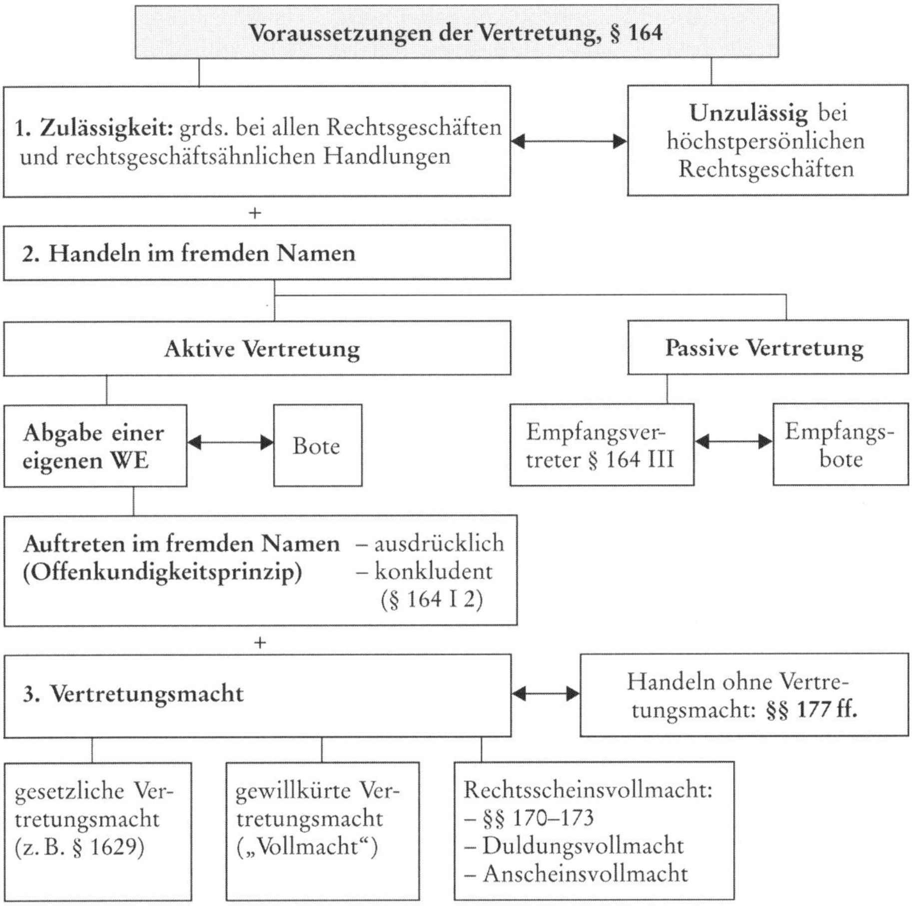

2. Willensmängel

Die subjektiven Vorstellungen des Vertreters und nicht des Vertretenen sind auch für 48
die Berücksichtigung von Willensmängeln (§§ 116–123 BGB) maßgebend. § 166 Abs. 1 BGB drückt dies mit den Worten aus: „Soweit die rechtlichen Folgen einer Willenserklärung durch Willensmängel [...] beeinflusst werden, kommt nicht die Person des Vertretenen, sondern die des Vertreters in Betracht." Dementsprechend ist beispielsweise die Irrtumsanfechtung nur bei einem Irrtum des Vertreters, nicht bei einem Irrtum des Vertretenen zulässig.

Die Gemäldekopie: Der zu Geld gekommene Unternehmer U hat seinen Freund K beauftragt und bevollmächtigt, für ihn Gemälde zu kaufen, „die etwas hermachen". K kauft ua bei einer Auktion für U ein Gemälde, von dem er weiß, dass es sich um nur eine Kopie handelt. Eine Anfechtung nach § 119 Abs. 2 BGB wegen Eigenschaftsirrtums ist ausgeschlossen, auch wenn U glaubte, es handle sich um das Original. U kann sich insoweit nicht auf seine Unkenntnis berufen.

Davon zu unterscheiden ist die Frage, wer im Einzelfall anfechtungsberechtigt ist, wenn beim Vertreter ein Irrtum vorliegt. Das Anfechtungsrecht steht dem Vertretenen zu, weil es um seine Bindung an das Rechtsgeschäft geht. Der Vertreter kann die von ihm abgegebene Erklärung nur dann anfechten, wenn er entsprechende Vertretungsmacht besitzt. Bei der Vollmacht ist dies durch Auslegung der Vollmacht zu ermitteln.

3. Kennen und Kennenmüssen von Umständen

49 Nach § 166 Abs. 1 BGB kommt es auch dann auf die Person des Vertreters an, wenn die rechtlichen Folgen einer Willenserklärung „durch die Kenntnis oder das Kennenmüssen gewisser Umstände" beeinflusst werden. Denn wer sich im Rechtsverkehr eines Vertreters bedient, muss es im schutzwürdigen Interesse des Gegners hinnehmen, dass ihm dessen Kenntnis als eigene zugerechnet wird, und kann sich nicht auf die eigene Unkenntnis berufen (BGHZ 106, 163 (167)). Unter „Kennenmüssen" ist dabei fahrlässige Unkenntnis zu verstehen (§ 122 Abs. 2 BGB). Anwendungsfälle dieser Regelung sind zB § 116 S. 2 BGB (Kenntnis vom geheimen Vorbehalt), § 117 Abs. 1 BGB (Einverständnis mit dem Scheingeschäft), § 138 BGB (Kenntnis der die Sittenwidrigkeit begründenden Umstände), § 442 Abs. 1 S. 1 BGB (Kenntnis des Mangels), insbes. aber die Tatbestände des gutgläubigen Erwerbs (§§ 932ff., 892 BGB usw).

Die Leihgabe: E stellt dem S für eine Kunstausstellung ein Gemälde als Leihgabe zur Verfügung. Wegen Geldschwierigkeiten bietet dieser es dem Kunsthändler K zum Kauf an. Der Angestellte A erwirbt in Abwesenheit des K das Gemälde für ihn, weil er den S für den Eigentümer hält. – K erwirbt gem. § 932 BGB das Eigentum, auch wenn er persönlich gewusst haben sollte, dass das Bild dem E gehörte. Denn nach § 166 Abs. 1 BGB kommt es auf den guten Glauben des Vertreters und nicht des Vertretenen an. (Wäre umgekehrt K gutgläubig und A bösgläubig gewesen, wäre kein Eigentumserwerb möglich gewesen.)

50 Dem Missbrauch wäre freilich Tür und Tor geöffnet, würde die Regel des § 166 Abs. 1 BGB uneingeschränkt gelten: Der „Bösgläubige" bräuchte nur einen „gutgläubigen" Vertreter vorzuschieben, um den Rechtsfolgen seiner Bösgläubigkeit zu entgehen. § 166 Abs. 2 BGB bringt daher eine Einschränkung für den Fall, dass der Vertreter „nach bestimmten Weisungen des Vollmachtgebers" handelt: hier kann sich der „bösgläubige" Vollmachtgeber nicht auf die „Gutgläubigkeit" seines Vertreters berufen. Der Begriff der **Weisung** wird dabei zum Schutze des Betroffenen von der Rspr. weit ausgelegt (dazu ***Köhler*** **BGB AT PdW Fall 131**). Es genügt, dass der Vertretene von dem vorzunehmenden Geschäft weiß, aber nicht eingreift, obwohl er dies könnte (vgl. BGHZ 50, 364 (368)).

War im *Leihgabe-Fall* K bei den Vertragsverhandlungen zwischen S und A anwesend, entfernte er sich aber, als er erkannte, dass das Gemälde dem E gehörte, kann er sich gem. § 166 Abs. 2 BGB hinterher nicht auf die Gutgläubigkeit des A berufen. Denn er hätte ohne Weiteres eingreifen können.

51 § 166 Abs. 2 BGB regelt nicht den Fall, dass die Erteilung der Weisung an den Bevollmächtigten von Willensmängeln beeinflusst war. Das ist beispielsweise der Fall, wenn der Gegner den Vollmachtgeber durch arglistige Täuschung dazu bringt, den Bevollmächtigten zum Abschluss eines bestimmten Geschäfts anzuweisen (dazu ***Köhler*** **BGB AT PdW Fall 129**). An sich könnte in diesem Fall das Vertretergeschäft nicht nach § 123 BGB angefochten werden, weil es nach § 166 Abs. 1 BGB bei Willensmängeln auf die Person des Vertreters ankommt und dieser nicht getäuscht worden ist. Der Rechtsgedanke des § 166 Abs. 2 BGB gebietet hier jedoch, diese Vorschrift auch zum Schutz des Vollmachtgebers anzuwenden (BGHZ 51, 141). Der Vertretene kann also den Willensmangel auch gegenüber dem Vertretergeschäft geltend machen, also nach § 123 BGB anfechten.

4. Erweiterte Wissenszurechnung

a) Wissenszurechnung bei Vertretern einer juristischen Person

Sind, wie bei juristischen Personen die Regel, mehrere Personen vertretungsberechtigt, 52
so ist es nicht erforderlich, dass alle Vertreter das maßgebliche Wissen (zB Kenntnis vom Vorliegen eines Sachmangels) haben. Vielmehr reicht es aus, dass einer von ihnen über dieses Wissen verfügt (arg. § 28 Abs. 2 BGB). Dies gilt unabhängig davon, ob er selbst am Rechtsgeschäft mitgewirkt oder überhaupt davon gewusst hat. Nach der Rspr. muss sich die juristische Person auch das Wissen ausgeschiedener oder verstorbener Organmitglieder zurechnen lassen (vgl. BGHZ 109, 327 (331); BGH NJW 1995, 2159 (2160)). Denn der Vertragspartner soll aus der strukturellen Besonderheit der juristischen Person (Wechsel der Vertretungsberechtigten) keinen Nachteil erleiden. Allerdings gilt dies nur für solches Wissen, das typischerweise aktenmäßig festgehalten wird.

b) Wissenszurechnung bei „Wissensvertretern"

Die Rspr. wendet § 166 Abs. 1 BGB analog auf die sog. „Wissensvertreter" an. Darun- 53
ter sind Personen zu verstehen, die vom Geschäftsherrn – ohne als Vertreter am Rechtsgeschäft mitzuwirken – mit der eigenständigen Wahrnehmung von Aufgaben innerhalb seiner Organisation oder seines Geschäftskreises betraut sind (BGH NJW-RR 2004, 1196). Dazu gehört auch, aber nicht nur, der „Verhandlungsgehilfe", der auf das Zustandekommen eines Geschäfts maßgeblichen Einfluss nimmt. Der Geschäftsherr (bzw. der für ihn handelnde Vertreter) muss sich dann das Wissen, das diese Person im Rahmen ihrer Tätigkeit erlangt hat, zurechnen lassen (BGHZ 106, 163 (167); 109, 330; 117, 104 (106); BGH NJW 1996, 1205).

Beispiel: Der Angestellte A des Gebrauchtwagenhändlers G ist damit betraut, die Daten der hereingenommenen Fahrzeuge aufzunehmen und an die Verkaufsabteilung weiterzugeben. Bei einem Fahrzeug trägt er bewusst eine niedrigere Fahrleistung ein, als ihm mitgeteilt wurde. G weiß davon nichts und verkauft das Fahrzeug unter Angabe der unrichtigen Fahrleistung an den K. K kann nach § 123 Abs. 1 BGB anfechten, da G sich das Wissen des A zurechnen lassen muss.

c) Wissenszurechnung innerhalb einer Organisation

Die Rspr. ist aber bei der Rechtsfigur des „Wissensvertreters" nicht stehen geblieben, 54
sondern hat im Anschluss an *Canaris, Medicus,* und *Taupitz* einen allgemeineren Ansatz zur Wissenszurechnung in analoger Anwendung des § 166 Abs. 1 BGB gewählt (vgl. BGHZ 132, 30 (36ff.)). Sie nimmt ihren Ausgangspunkt im Verkehrsschutz und daraus resultierenden Organisationspflichten: Wer mit einer am Rechtsverkehr teilnehmenden Struktureinheit (juristische Person; Gesellschaft; Unternehmen) einen Vertrag schließt, soll nicht schlechter, aber auch nicht besser stehen, als wenn er einer natürlichen Person gegenübersteht (BGH NJW 1997, 1917). Die Besonderheit einer Organisation besteht darin, dass es infolge Arbeitsteilung zu einer **„Wissensaufspaltung"** kommen kann und dass der einzelne Wissensträger nicht dauernd zur Verfügung steht (zB Urlaub, Krankheit, Ausscheiden, Tod). Folglich muss die Struktureinheit dafür Sorge tragen, dass Informationen, deren Bedeutung für spätere Geschäftsvorgänge erkennbar ist, dokumentiert und über einen gewissen Zeitraum verfügbar gehalten werden. Man spricht insoweit vom „typischerweise aktenmäßig festgehaltenen Wissen" (BGH NJW 1995, 2159; 1996, 1205 (1206)). Darüber hin-

aus muss auch dafür Sorge getragen werden, dass Informationen, die für andere Personen innerhalb der Struktureinheit erkennbar von Bedeutung sind, auch an sie weitergeleitet werden (Informationsspeicherungs- und -weiterleitungspflichten). Hat die Organisation eine entsprechende Vorkehrung getroffen, ist aber diese Pflicht von einem Mitarbeiter versehentlich nicht erfüllt worden, und steht die Information daher nicht zur Verfügung („verloren gegangenes Wissen"), scheidet insoweit allerdings eine Wissenszurechnung aus (BGH NJW 1996, 1205 (1206)). – Schließlich muss die Struktureinheit dafür Sorge tragen, dass der für sie rechtsgeschäftlich Handelnde die vorhandenen Informationen auch abruft. Allerdings dürfen die Anforderungen an die Informationsspeicherung und Informationsweiterleitung und den Informationsabruf nicht überspannt werden. Ob und wie lange eine Information (zB in Akten oder in einem Computer) gespeichert werden muss, richtet sich danach, welche Bedeutung ihr zukommt. Ob und inwieweit sich die handelnde Person innerhalb der Struktureinheit gespeichertes Wissen sich wie eigenes zurechnen lassen muss, hängt davon ab, ob ein besonderer Anlass besteht, sich diese Informationen zu beschaffen (BGHZ 132, 30 (36ff.); BGH NJW 1996, 2734 (2736)). **Die Struktureinheit muss sich das Wissen auch derjenigen Organwalter und Mitarbeiter zurechnen lassen, die am Abschluss eines Vertrags selbst nicht beteiligt sind, sofern dieses Wissen bei ordnungsgerechter Organisation aktenmäßig festzuhalten, weiterzugeben und vor Vertragsschluss abzufragen ist** (BGH NJW 2001, 359 (360). – Diese Rspr. hat im Ergebnis überwiegend Zustimmung gefunden (vgl. *Schwab* JuS 2017, 481). Allerdings steht eine abschließende Klärung der dogmatischen Grundlagen und der sachlichen Grenzen der Wissenszurechnung noch aus (vgl. *Grigoleit* ZHR Bd. 181, 160).

VI. Umfang und Grenzen der Vertretungsmacht

1. Der Umfang der Vertretungsmacht

a) Gesetzliche Vertretungsmacht

55 Die Vertretungsmacht der **gesetzlichen Vertreter** (Eltern, Vormund) ist grds. unbeschränkt (vgl. aber § 1629a BGB), jedoch ist für bestimmte schwerwiegende Geschäfte die Genehmigung des Familiengerichts erforderlich (§§ 1643, 1821ff. BGB). Die Vertretungsmacht des **Betreuers** ist auf seinen Aufgabenkreis beschränkt (§ 1902 BGB), für bestimmte Geschäfte bedarf er der Genehmigung des Betreuungsgerichts (§§ 1904ff. BGB).

b) Organschaftliche Vertretungsmacht

56 Unbeschränkt und auch unbeschränkbar ist die Vertretungsmacht der Organe juristischer Personen (vgl. § 82 Abs. 1 AktG; § 37 Abs. 2 GmbHG) und der vertretungsberechtigten Gesellschafter von Personenhandelsgesellschaften (vgl. §§ 126, 161 Abs. 2 HGB). Eine Ausnahme gilt nur für den eingetragenen Verein (§§ 26 Abs. 2 S. 2, 70 BGB).

c) Vollmacht

aa) Allgemeines

57 Der Umfang der Vollmacht wird durch den Vollmachtgeber bestimmt und ist bei Zweifeln durch **Auslegung** zu ermitteln. Es kommt also darauf an, wie der Erklärungsempfänger das Verhalten des Vollmachtgebers verstehen durfte. Bei der **Innenvoll-**

macht kommt es also auf den Empfängerhorizont des Bevollmächtigten an. Hier ist insbes. der sich aus dem Innenverhältnis ergebende Zweck der Vollmacht zu berücksichtigen. Allerdings ist daran zu erinnern, dass sich der Umfang der sich aus der Bevollmächtigung ergebenden Vertretungsmacht (**„rechtliches Können“**) und der sich aus dem Innenverhältnis ergebenden Geschäftsführungsbefugnis (**„rechtliches Dürfen“**) nicht zu decken brauchen (→ Rn. 25). Bei der Auslegung einer **Außenvollmacht** oder einer (zur Vorlage beim Geschäftsgegner bestimmten) **Vollmachtsurkunde** kommt es dagegen auf den Empfängerhorizont des Geschäftsgegners an (BGH NJW 1991, 3141). Bei der Auslegung können zwar die Begleitumstände, insbes. der Zweck der Vollmacht und das Innenverhältnis des Vollmachtgebers zum Bevollmächtigten berücksichtigt werden, allerdings nur dann, wenn diese Umstände dem Dritten bekannt (BGH NJW 1991, 3141) oder doch für ihn erkennbar sind (BGH NJW 1988, 3012). Dies kann dazu führen, dass eine Vollmachtsurkunde entgegen ihrem Wortlaut einschränkend auszulegen ist. Insbes. aber hat sich die Auslegung am Maßstab von Treu und Glauben (§ 157 BGB) auszurichten. Daher kann einer Vollmacht nicht die Befugnis zur Vornahme von Rechtsgeschäften entnommen werden, die so außergewöhnlich sind, dass sie der Vollmachtgeber ersichtlich nicht im Sinn gehabt haben kann.

Die Grundstücksveräußerungsvollmacht: A war Eigentümer eines Hauses mit 24 Wohnungen, die er nach Aufteilung in Wohnungseigentum veräußern wollte. Er erteilte hierzu dem V eine notariell beurkundete Vollmacht, ihn bei der Veräußerung „gegenüber Behörden und Privaten in jeder Hinsicht zu vertreten“ und insbes. die Grundstücksgeschäfte für ihn vorzunehmen. Unter Vorlage dieser Vollmachtsurkunde schloss V namens des E mit M einen Vertrag, in dem M sich zu einer Maklertätigkeit gegen eine Provision in Höhe von 15 % verpflichtete. – Hier ergibt die Auslegung, dass die Vollmacht auch zum Abschluss eines Maklervertrages berechtigte, weil zum Zweck einer Grundstücksveräußerung häufig auch Maklerverträge geschlossen werden. Auch der Inhalt des Maklervertrages ist nicht so ungewöhnlich, als dass M davon hätte ausgehen müssen, die Vollmacht würde sich nicht auf eine derartige Vereinbarung erstrecken (BGH NJW 1988, 3012). Denn bei der Auslegung ist auch das Interesse des Verkehrs an Rechtssicherheit zu berücksichtigen. Die Vereinbarung ist daher von der Vollmacht gedeckt. Allerdings ist in solchen Fällen immer noch zu prüfen, ob ggf. ein Missbrauch der Vertretungsmacht vorliegt (dazu → Rn. 63).

Handelt es sich um **verkehrstypische** Vollmachten (wie zB an Architekten oder Hausverwalter), bestimmt sich ihr Umfang im Zweifel nach ihrem verkehrsüblichen Umfang (vgl. Palandt/*Ellenberger* BGB § 167 Rn. 5).

bb) Untervollmacht

Der Vertreter kann seine Vertretungsmacht zwar nicht ohne Zustimmung des Vollmachtgebers auf einen Dritten übertragen. Davon zu unterscheiden ist aber die Frage, 58 ob er einem Dritten **Untervollmacht** erteilen darf. Dies hängt von der Reichweite seiner Vertretungsmacht ab. Im Falle der gesetzlichen und organschaftlichen Vertretungsmacht ist die Erteilung einer Untervollmacht ohne Weiteres möglich. Im Falle der rechtsgeschäftlichen Vertretungsmacht ist die Zulässigkeit der Unterbevollmächtigung – sofern nicht ausdrücklich gestattet – durch Auslegung der (Haupt-)Vollmacht zu ermitteln. Dabei kommt es entscheidend darauf an, ob der Vertretene ein erkennbares Interesse an der persönlichen Vornahme des Geschäfts durch den (Haupt-)Bevollmächtigten hat oder nicht. Die Erteilung von Untervollmacht ist also etwa dann ausgeschlossen, wenn es dem Vollmachtgeber gerade auf das Verhandlungsgeschick des Bevollmächtigten ankommt. Der Umfang der Untervollmacht wird wiederum durch den (Unter-)Vollmachtgeber festgelegt. Sie kann enger begrenzt sein als die Vertretungsmacht des Hauptbevollmächtigten oder den gleichen Umfang, aber keinen weitergehenden Umfang haben. Auch sonst kann sie nicht weiterreichen als die Hauptvollmacht (BGH NJW 2013, 297 Rn. 12). Ist zB die Hauptvollmacht widerruflich oder befristet, so kann die Untervollmacht nicht unwiderruflich oder unbefristet erteilt werden (vgl. Palandt/*Ellenberger* BGB § 167 Rn. 12; str.).

Der Untervertreter handelt im Namen und mit Wirkung für den Geschäftsherrn. Damit er aber den Geschäftsherrn wirksam vertreten kann, müssen sowohl die Hauptvollmacht als auch die Untervollmacht wirksam erteilt sein. Fehlt es an der Hauptvollmacht, so handelt auch der Unterbevollmächtigte ohne Vertretungsmacht (BGH NJW 2013, 297 Rn. 12). (Zur Frage der Haftung des Untervertreters, wenn nur die Hauptvollmacht unwirksam ist, → Rn. 73.)

cc) Spezial-, Gattungs- und Generalvollmacht

59 Der Vollmachtgeber kann die Vollmacht auf ein ganz bestimmtes Geschäft beschränken (zB Verkauf eines bestimmten Grundstücks). In diesem Fall spricht man von einer **Spezialvollmacht.**

Er kann sie aber auch auf eine bestimmte Gattung oder Art von Rechtsgeschäften erstrecken. Diese Fallgestaltung findet sich insbes. bei Vollmachten eines Kaufmanns (zB Vollmacht für den Wareneinkauf oder die Einstellung und Entlassung von Arbeitnehmern oder den Warenverkauf). In §§ 54, 56 HGB sind derartige **Gattungsvollmachten** im Interesse des Vertrauensschutzes im kaufmännischen Verkehr inhaltlich typisiert worden. Ein anderes Beispiel ist die **Prozessvollmacht** (§§ 80–84 ZPO).

Schließlich kann der Vollmachtgeber auf Grund seiner Privatautonomie sogar eine **Generalvollmacht** erteilen, dh eine unbeschränkte Vollmacht, die zur Vertretung bei allen Rechtsgeschäften berechtigen würde, soweit Vertretung überhaupt zulässig ist. Wegen der weitreichenden Folgen einer solchen Vollmacht ist aber genau zu prüfen, ob wirklich alle Angelegenheiten davon erfasst sein sollen. Auf nichtvermögensrechtliche Rechtsgeschäfte (zB Beitritt zu einem Idealverein) wird sich eine Generalvollmacht, sofern nicht ausdrücklich oder eindeutig erklärt, regelmäßig nicht erstrecken (vgl. *Wolf/Neuner* BGB AT § 50 Rn. 40). Auch sonst wird man annehmen müssen, dass völlig außergewöhnliche oder offenkundig für den Geschäftsherrn nachteilige Geschäfte nicht mehr von der Vollmacht gedeckt sind (→ Rn. 63). Eine begrenzte Generalvollmacht stellt die **Prokura** dar (vgl. §§ 49, 50 HGB).

dd) Transmortale und postmortale Vollmacht

60 Eine Vollmacht kann in der Weise erteilt werden, dass sie über den Tod des Vollmachtgebers hinaus gilt (sog. **transmortale Vollmacht**). (Liegt der Bevollmächtigung ein Auftragsverhältnis zugrunde, ist dies sogar im Zweifel anzunehmen; vgl. § 168 S. 1 BGB iVm § 672 S. 1 BGB). Die Vollmacht kann aber auch gerade für den Fall des Todes des Vollmachtgebers erteilt werden (sog. **postmortale Vollmacht**). Damit kann der Vollmachtgeber sicherstellen, dass auch nach seinem Tod seine Angelegenheiten besorgt werden können. Aus den vom Bevollmächtigten vorgenommenen Rechtsgeschäften werden dann der oder die Erben des Vollmachtgebers berechtigt und verpflichtet, obwohl sie möglicherweise gar keine Kenntnis vom Vorhandensein einer postmortalen Vollmacht haben (vgl. BGH NJW 1995, 250 (251)). Sie können lediglich die Vollmacht widerrufen. Die Reichweite einer transmortalen oder postmortalen

Vollmacht ist durch Auslegung zu ermitteln. Eine „Kontovollmacht" berechtigt den Bevollmächtigten zwar dazu, Abhebungen und Überweisungen von dem Konto vorzunehmen, im Zweifel aber nicht dazu, das Konto auf sich umschreiben zu lassen und damit einen Gläubigerwechsel herbeizuführen (BGHZ 180, 191 Rn. 13ff.).

ee) Verdrängende Vollmacht?

Eine Vollmacht kann nicht in der Weise erteilt werden, dass der Vollmachtgeber im 61
Geltungsbereich der Vollmacht keine eigenen Geschäfte mehr vornehmen kann (sog. **verdrängende Vollmacht**). Der Vollmachtgeber kann sich lediglich verpflichten, in diesem Bereich keine eigenen Geschäfte vorzunehmen. Dies ergibt sich aus der Wertung des § 137 BGB.

2. Einzel- und Gesamtvertretung

Gesamtvertretung liegt vor, wenn die Vertretungsmacht mehreren Personen **gemein-** 62
sam zusteht. Es gibt sie sowohl bei der gesetzlichen Vertretungsmacht (zB die Eltern gem. § 1629 Abs. 1 S. 2 BGB) als auch bei der organschaftlichen Vertretungsmacht (zB beim mehrköpfigen Vorstand einer Aktiengesellschaft, § 78 Abs. 2 S. 1 AktG) und bei der Vollmacht (zB bei der Gesamtprokura, § 48 Abs. 2 HGB). Für die Ausübung der gemeinschaftlichen Vertretungsmacht gilt: Bei der **Aktivvertretung** müssen grds. alle Gesamtvertreter mitwirken, jedoch genügt es, wenn einer handelt und die anderen ihre Einwilligung oder Genehmigung erklären (vgl. BGHZ 64, 75). Zur **Passivvertretung,** also zur Entgegennahme von Erklärungen, ist jeder einzelne Vertreter befugt (allgemeiner Rechtsgedanke aus § 26 Abs. 2 S. 2 BGB).

3. Der Missbrauch der Vertretungsmacht und die Kollusion

Überschreitet der Vertreter zwar nicht seine Vertretungsmacht, macht er aber von ihr 63
einen Gebrauch, der ihm im Innenverhältnis untersagt war, so berührt dies an sich noch nicht die Wirksamkeit seiner Erklärung (→ Rn. 25). Das folgt aus der Verselbständigung der Vertretungsmacht gegenüber dem Innenverhältnis. Ihren Sinn hat diese Verselbstständigung aber in dem Schutze des Geschäftsgegners. Denn grds. soll ihn keine Pflicht zur Nachprüfung treffen, ob und inwieweit der Vertreter im Innenverhältnis gebunden ist, von der nach außen unbeschränkten Vertretungsmacht nur begrenzten Gebrauch zu machen (BGH NJW 1994, 2082 (2083)). Im Grundsatz gilt sonach, dass der Vertretene das Risiko eines Vollmachtmissbrauchs zu tragen hat (BGHZ 127, 239 (241)).

Etwas anderes gilt, wenn der Geschäftsgegner gar nicht schutzwürdig ist. Das ist zunächst einmal dann der Fall, wenn der Geschäftsgegner **weiß,** dass der Vertreter von seiner Vollmacht einen objektiv pflichtwidrigen Gebrauch machte (dazu ***Köhler*** **BGB AT PdW Fall 137**). So etwa, wenn er ihn bestochen hat, um zum Vertragsschluss zu gelangen (BGHZ 141, 357 (361)). Darauf, ob der Vertreter schuldhaft pflichtwidrig handelte, kommt es aber nicht an (BGH NJW 1988, 3012 (3013)). Kenntnis des Geschäftsgegners von der Überschreitung der Vertretungsmacht ist freilich schwer nachweisbar. Die Rspr. (BGHZ 127, 239 (241)) sieht den Geschäftsgegner daher auch dann als nicht schutzwürdig an, wenn der Missbrauch der Vertretungsmacht für ihn **ohne Weiteres erkennbar** war. Das ist aber nicht schon bei bloß fahrlässiger Unkenntnis vom Missbrauch der Fall (str.). Die Rspr. fordert vielmehr zu Recht, dass der Vertreter von seiner Vertretungsmacht in ersichtlich verdächtiger Weise Gebrauch gemacht hat, so dass beim Geschäftsgegner begründete Zweifel entstehen mussten, ob nicht ein Treueverstoß des Vertreters gegenüber dem Vertretenen vorliege. Notwendig ist dabei eine – massive Verdachtsmomente voraussetzende – objektive Evidenz des Missbrauchs (BGH NJW 2008, 69 Rn. 69). Die objektive Evidenz ist insbes. dann gegeben, wenn sich die Notwendigkeit einer Rückfrage des Geschäftsgegners bei dem Vertretenen geradezu aufdrängt (BGH NJW 1999, 2883; vgl. auch BGH NJW 2006, 2276).

Der Heiratsschwindler: A meldet sich auf eine Heiratsanzeige der reichen Witwe W und erschleicht sich ihr Vertrauen. Die arglose W erteilt dem A Bankvollmacht für alle ihre Konten bei der Bank B. A „räumt" sogleich die Konten unter Vorlage der Vollmacht. Der Bankangestellte, der die Überweisungsaufträge des A entgegennahm, wusste, dass A wegen Betrügereien vorbestraft war. – Hier lagen massive Verdachtsmomente (Vorstrafen; vollständige Abhebung der Guthaben) vor, die einen Missbrauch der Vollmacht als objektiv evident erscheinen ließen. Die Bank muss sich das Wissen ihres Angestellten zurechnen lassen (→ Rn. 53).

Ist nach dem Gesagten der Geschäftsgegner nicht schutzwürdig, so kann der Vertretene ihm den Einwand der unzulässigen Rechtsausübung (§ 242 BGB) entgegenhalten. Der Geschäftsgegner muss sich also so behandeln lassen, als hätte keine ausreichende Vertretungsmacht vorgelegen. Auf das vorgenommene Rechtsgeschäft sind daher die §§ 177 ff. BGB anzuwenden (BGHZ 141, 357 (364)). In der Geltendmachung des Einwands des Missbrauchs der Vertretungsmacht liegt regelmäßig die Verweigerung der Genehmigung. Eine Haftung des Vertreters nach § 179 Abs. 1 BGB ist jedoch regelmäßig nach § 179 Abs. 3 S. 1 BGB ausgeschlossen.

> Macht der Vertreter von seiner Vertretungsmacht einen pflichtwidrigen Gebrauch und kennt der Geschäftsgegner diesen **Missbrauch der Vertretungsmacht** oder ist er objektiv evident, so sind die §§ 177 ff. BGB entsprechend anwendbar.

Hat sich der Vertreter gar mit dem Geschäftsgegner zusammengetan, um im bewussten Zusammenwirken den Vertretenen zu schädigen (sog. **Kollusion**), ist das Geschäft bereits nach § 138 Abs. 1 BGB nichtig (BGH NJW 2000, 2896 (2897)). Beide haften darüber hinaus dem Vertretenen nach § 826 BGB auf Schadensersatz.

Die Vermittlungsprovision: Prokurist P der Fa. V verhandelt mit dem Computerhändler C über den Ankauf von 20 neuen PCs. Er vereinbart mit ihm, dass C die Geräte zum Listenpreis liefern und ihm dafür als „Vermittlungsprovision" einen PC für seinen Privatgebrauch überlassen soll. Da die Abrede über die Vermittlungsprovision einverständlich zum Nachteil der Fa. V getroffen wurde, ist sie sittenwidrig. Die Sittenwidrigkeit erfasst auch den Hauptvertrag, weil davon auszugehen ist, dass sich P beim Vertragsschluss durch die Provisionszusage gegen den Willen und zum Schaden der Fa. V beeinflussen ließ (vgl. BGH NJW 1989, 26 (27); BGHZ 141, 357 (361)). Bei korrektem Handeln hätte P den „Naturalrabatt" zugunsten seiner Firma vereinbaren müssen. – V braucht daher die bestellten Geräte nicht abzunehmen und zu bezahlen.

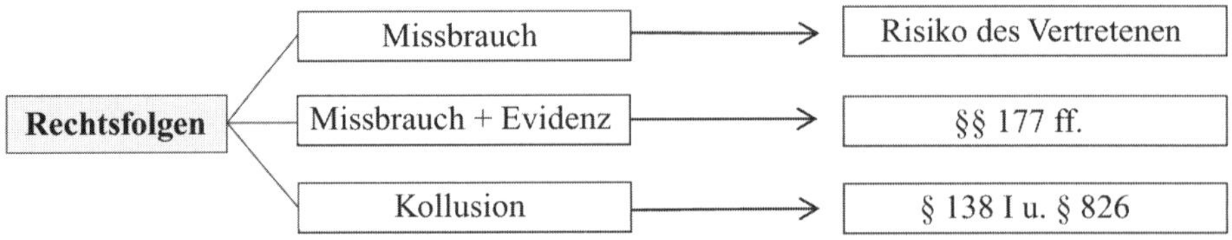

4. Das Insichgeschäft

Von einem **„Insichgeschäft“** spricht man, wenn der Vertreter ein Rechtsgeschäft mit sich selbst vornimmt. Dabei sind zwei Gestaltungen denkbar. Einmal der Fall des **„Selbstkontrahierens“**, bei dem der Vertreter gleichzeitig sein eigener Geschäftsgegner ist, er also gleichzeitig im eigenen und im fremden Namen handelt. 64

Beispiel: V hat Vollmacht des A, dessen Wagen nicht unter 5.000 Euro zu verkaufen. Er kauft selbst den Wagen zu diesem Preis.

Zum anderen der Fall der **„Mehrvertretung“**, bei dem der Vertreter zugleich Vertreter eines Dritten ist.

Beispiel: V hat Vollmacht des A, ein Auto zu verkaufen, und gleichzeitig Vollmacht des B, ein Auto zu kaufen. V verkauft das Auto des A an den B.

Beim Insichgeschäft besteht die Gefahr eines Interessenkonfliktes und damit einer Hintansetzung der Vermögensinteressen des (einen) Vertretenen („Niemand kann zwei Herren zugleich dienen“). Daher ordnet § 181 BGB an, dass der Vertreter keine Insichgeschäfte vornehmen kann (gesetzliche Beschränkung der Vertretungsmacht mit Folge der §§ 177 ff. BGB; vgl. BGHZ 65, 125), außer wenn ihm dies **gestattet** ist oder das Rechtsgeschäft nur in **Erfüllung einer Verbindlichkeit** besteht.

In den genannten Beispielen sind also die Kaufverträge nach § 177 Abs. 1 BGB schwebend unwirksam, sofern keine (rechtsgeschäftliche oder gesetzliche) Gestattung vorlag. Wirksamkeit kann durch Genehmigung des bzw. der Vertretenen eintreten.

Die Gefahr einer Interessenkollision muss zwar nicht immer bestehen. Indessen kann die Anwendung des § 181 BGB nicht davon abhängen, dass im Einzelfall kein Interessenwiderstreit zu befürchten ist. Denn dies jeweils ermitteln zu müssen, wäre mit der Rechtssicherheit unvereinbar (BGHZ 50, 11). Vielmehr kommt es grds. auf Art der Vornahme des Rechtsgeschäfts an. Bei Personenidentität ist § 181 BGB daher anwendbar, auch wenn im Einzelfall keine Interessenkollision droht. Die Rechtssicherheit wird freilich dann nicht beeinträchtigt, wenn nach der Natur des Geschäfts ein Interessenkonflikt generell ausgeschlossen ist. In diesem Fall ist eine Einschränkung des Anwendungsbereichs des § 181 BGB (durch sog. „teleologische Reduktion“; → § 4 Rn. 24) geboten. Die Rspr. (BGHZ 94, 232 (235)) bejaht dies ua für Rechtsgeschäfte, die *lediglich einen rechtlichen Vorteil* (vgl. § 107 BGB) für den Vertretenen mit sich bringen (aA Jauernig/*Mansel* BGB § 181 Rn. 7). Dazu ***Köhler*** **BGB AT PdW Fall 138.**

Beispiel: Die Eltern können im Wege des Selbstkontrahierens ihrem sechsjährigen Kind ein bei einer Bank deponiertes Aktienpaket schenken. (Das Kind kann wegen § 104 Nr. 1 die Schenkung selbst nicht annehmen.)

Der Schutzzweck des § 181 BGB gebietet auf der anderen Seite jedoch auch eine „teleologische Extension“: § 181 BGB ist sinngemäß anwendbar, wenn der Vertreter das Verbot des § 181 BGB durch Einschaltung eines Unterbevollmächtigten umgehen will, weil dieser typischerweise von den Weisungen seines (Unter-)Vollmachtgebers abhängig ist (vgl. BGHZ 56, 97 (102)). Dagegen ist § 181 BGB nicht schon dann anwendbar, wenn der Vertreter ein Rechtsgeschäft vornimmt, das wirtschaftlich ihm zugute kommt (zB Abschluss eines Bürgschaftsvertrages durch den Hauptschuldner in Vertretung des Bürgen). § 181 BGB ist dispositiv, dh der Bevollmächtigte kann durch entsprechende Vereinbarung mit dem Vollmachtgeber „von den Beschränkungen des § 181 BGB befreit" werden. Missbraucht der Bevollmächtigte allerdings seine Vollmacht bei Abschluss eines Insichgeschäfts zum Nachteil des Vertretenen, so ist das Insichgeschäft nichtig (BGH NJW 2002, 1488).

VII. Handeln ohne Vertretungsmacht

1. Die Folgen für das Vertretergeschäft

65 Hat der Vertreter keine Vertretungsmacht, wirkt auch das von oder gegenüber ihm vorgenommene Rechtsgeschäft nicht für und gegen den Vertretenen. Dieser kann jedoch ein Interesse daran haben, das Geschäft nachträglich zu billigen. Auf der anderen Seite ist das Interesse des Gegners an rascher Klarheit über das Schicksal des Rechtsgeschäfts zu berücksichtigen. Die §§ 177, 178, 180 BGB treffen hierzu eine Regelung, die den §§ 108, 109, 111 BGB im Minderjährigenrecht entspricht.

a) Verträge

66 **Das Modellkleid:** Frau F kaufte in der Boutique B ein teures Modellkleid „auf den Namen" ihres Mannes und ließ auch die Rechnung an ihn schicken, in der Hoffnung es werde ihm nicht auffallen. Dieser bezahlte die Rechnung, ohne sich über die näheren Umstände zu vergewissern. Als ihm seine Frau später „beichtete", verlangte er jedoch von B das Geld zurück. – Zu Recht?

Ein ohne Vertretungsmacht geschlossener Vertrag ist schwebend unwirksam, kann aber durch Genehmigung des Vertretenen wirksam werden (§ 177 Abs. 1 BGB). Die Genehmigung macht den Vertrag rückwirkend wirksam (§§ 182, 184 Abs. 1 BGB; dazu ***Köhler*** **BGB AT PdW Fall 142**). Nach dem Wortlaut des § 182 Abs. 2 BGB ist die Genehmigung formfrei auch dann, wenn das zugrundeliegende Geschäft (zB nach § 311b Abs. 1 S. 1 BGB) formbedürftig war (BGHZ 125, 218). Das ist nicht unbedenklich (vgl. *Einsele* DNotZ 1996, 835; *Medicus/Petersen* AT Rn. 976). Zumindest in den Fällen, in denen eine entsprechende Vollmacht in Ausnahme zu § 167 Abs. 2 BGB als formbedürftig angesehen wird (→ Rn. 27), muss folgerichtig auch die Genehmigung formbedürftig sein (Jauernig/*Mansel* BGB § 177 Rn. 6). Die Genehmigung kann ausdrücklich, aber auch durch schlüssiges Verhalten erklärt werden. Voraussetzung ist in letzterem Falle nach der Rspr. (vgl. BGH NJW 1997, 312 (313)), dass der Genehmigende die Genehmigungsbedürftigkeit kannte, zumindest mit ihrer Möglichkeit rechnete, und sein Verhalten als Ausdruck des Willens zu sehen ist, das bisher unverbindliche Geschäft verbindlich zu machen (dazu ***Köhler*** **BGB AT PdW Fall 141**). (Strenggenommen handelt es sich dabei um ein Problem des Erklärungsbewusstseins.)

Im *Modellkleid-Fall* hatte die F den Kaufvertrag als Vertreterin ohne Vertretungsmacht geschlossen (§ 1357 BGB greift hier nicht ein). Er war daher nach § 177 Abs. 1 BGB schwebend unwirksam. Jedoch stellt die Bezahlung des Kaufpreises eine konkludente Genehmigung dar. Denn wenn der Mann sich nicht über die näheren Umstände vergewisserte, ist davon auszugehen, dass er mit der Möglichkeit der Genehmigungsbedürftigkeit rechnete. Aus diesem Grund ist auch die Irrtumsanfechtung der Genehmigung ausgeschlossen. Der Kaufpreis kann daher nicht zurückgefordert werden.

Verweigert der Vertretene die Genehmigung, wird der Vertrag endgültig unwirksam (dazu ***Köhler* BGB AT PdW Fall 125**).

Das Interesse des Geschäftsgegners an der raschen Beseitigung des Schwebezustandes wird durch die §§ 177 Abs. 2, 178 BGB geschützt. (Ein vergleichbares Regelungsmodell enthalten die §§ 108, 109 BGB). Nach § 178 S. 1 BGB kann der Gegner bis zur Genehmigung seine Vertragserklärung **widerrufen** und zwar sowohl gegenüber dem Vertretenen als auch gegenüber dem Vertreter (§ 178 S. 2 BGB). Allerdings muss seine Erklärung erkennen lassen, dass der Vertrag wegen des Vertretungsmangels nicht gelten soll (BAG NJW 1996, 2594 (2595)). Ein konkludenter Widerruf kann in der Geltendmachung eines Anspruchs aus § 179 BGB gegen den Vertreter zu erblicken sein (BGH NJW 1988, 1199 (1200)). 66a

Das Widerrufsrecht besteht, wie § 178 S. 1 BGB ausdrücklich anordnet, allerdings nicht, wenn der Gegner den Mangel der Vertretungsmacht bei dem Abschlusse des Vertrages gekannt hat. Denn in diesem Fall hat der Gegner das Risiko einer Verweigerung der Genehmigung auf sich genommen (*Medicus/Petersen* AT Rn. 979). Der Gegner kann den Schwebezustand aber auch dadurch beenden, dass er den Vertretenen zur **Erklärung über die Genehmigung auffordert** (§ 177 Abs. 2 BGB). Diese ergebnisoffene (BGH NJW 2000, 3128 (3129)) Aufforderung stellt eine geschäftsähnliche Handlung (dazu → § 7 Rn. 7) dar, auf die aber die §§ 104 ff. BGB entsprechende Anwendung finden. Ist eine solche Aufforderung erfolgt, kann die Genehmigung nur noch ihm gegenüber erfolgen (§ 177 Abs. 2 S. 1 Hs. 1 BGB); eine vor der Aufforderung dem Vertreter gegenüber erklärte Genehmigung oder Verweigerung der Genehmigung wird unwirksam (§ 177 Abs. 2 S. 1 Hs. 2 BGB). Außerdem kann dann die Genehmigung nur noch bis zum Ablaufe von zwei Wochen nach dem Empfange der Aufforderung erklärt werden; wird sie nicht erklärt, gilt sie als verweigert (§ 177 Abs. 2 S. 2 BGB). Das Schweigen gilt als Verweigerung der Genehmigung. Eine spätere Genehmigung ist ausgeschlossen. Der Vertretene kann sich auch nicht darauf berufen, er habe die Bedeutung seines Schweigens verkannt; die Irrtumsanfechtung ist also ausgeschlossen. 66b

b) Einseitige Rechtsgeschäfte

Bei einseitigen Rechtsgeschäften ist im Interesse des Dritten an klaren Verhältnissen nach § 180 S. 1 BGB eine Vertretung ohne Vertretungsmacht unzulässig, eine Genehmigung daher ausgeschlossen. Eine Ausnahme gilt jedoch nach § 180 S. 2, 3 BGB für empfangsbedürftige Rechtsgeschäfte (wie zB Kündigung, Anfechtung, Rücktritt): Hat der Geschäftsgegner bei Vornahme des Rechtsgeschäfts die vom Vertreter behauptete Vertretungsmacht nicht beanstandet oder war er mit dem Handeln ohne Vertretungsmacht einverstanden, so gelten die Regeln über Verträge (§§ 164, 177–179 BGB) entsprechend. Eine Beanstandung führt dagegen, wenn keine wirksame Vertretungsmacht besteht, zur Unwirksamkeit der Erklärung. Besteht hingegen Vertretungsmacht, so wird die Erklärung nur dann unwirksam, wenn der Gegner sie nach § 174 S. 1 BGB wegen der fehlenden Vorlage einer Vollmachtsurkunde zurückweist. Beanstandung und Zurückweisung können in ein und derselben Erklärung enthalten sein, wenn aus ihr eindeutig hervorgeht, dass das Bestehen der Vollmacht bemängelt und zugleich das Rechtsgeschäft wegen der fehlenden Vorlage einer Vollmachtsurkunde zurückgewiesen wird (BGH NJW 2013, 297 Rn. 9). Eine Zurückweisung ist in den Fällen der **gesetzlichen** und **organschaftlichen Vertretungsmacht** ausgeschlos- 67 sen. Das Risiko der Ungewissheit über das Bestehen einer derartigen Vertretungsmacht des Vertreters trägt also grds. der Geschäftsgegner (BGHZ 200, 195 Rn. 14).

2. Die Haftung des Vertreters (§ 179 BGB)

68 Wer als Vertreter eines anderen auftritt, will zwar nur diesen und nicht sich selbst verpflichten. Weil (und soweit) er damit aber behauptet, er habe Vertretungsmacht, nimmt er *Vertrauen* des Geschäftsgegners in Anspruch. Enttäuscht er dieses Vertrauen, weil er keine Vertretungsmacht besitzt und der Vertretene auch nicht nachträglich genehmigt, soll er dem Geschäftsgegner dafür im Interesse der Verkehrssicherheit einstehen. Dies ist der Grundgedanke der Haftungsregelung des § 179 BGB (vgl. BGHZ 73, 266 (269)). Es handelt sich insoweit um eine Vertrauenshaftung in Gestalt einer gesetzlichen Garantiehaftung, dh dem Vertreter wird das verschuldensunabhängige Risiko auferlegt, seine Erklärung, er habe die erforderliche Vertretungsmacht, sei richtig (BGH NJW 2000, 1407 (1408)). Allerdings wird in § 179 BGB eine differenzierende Regelung getroffen.

a) Die Haftung bei Kenntnis von der fehlenden Vertretungsmacht (§ 179 Abs. 1 BGB)

69 Schließt der Vertreter einen Vertrag und weiß er dabei um seine fehlende Vertretungsmacht, schafft er bewusst für den Geschäftsgegner das Risiko, keine Ansprüche gegen den Vertretenen zu erlangen. Wenn daher der Vertretene die Genehmigung des Vertrages verweigert, ist der Vertreter nach § 179 Abs. 1 BGB dem Geschäftsgegner „nach dessen Wahl zur Erfüllung oder zum Schadensersatze verpflichtet". Schadensersatz bedeutet in diesem Zusammenhang Schadensersatz statt der Leistung. Wählt der Gegner Erfüllung, so ist unbeachtlich, ob der Geschäftsherr den Vertrag hätte erfüllen können (*Hilger* NJW 1986, 2237 (2238); aA *Samhat* JuS 2016, 6 (11)). Der Anspruch verjährt in der gleichen Frist wie der vertragliche Erfüllungsanspruch (BGHZ 73, 266 (271); dazu ***Köhler* BGB AT PdW Fall 149**). Allerdings kann der auf Erfüllung in Anspruch genommene Vertreter folgerichtig die vertragliche Gegenleistung fordern.

Der voreilige Kauf: A bittet seinen Freund V, nach einem Gebrauchtwagen Ausschau zu halten, ohne ihm Ankaufsvollmacht zu erteilen. Um eine, wie er meint, einmalige Gelegenheit zu nutzen, kauft V namens des A einen Gebrauchtwagen von B in der Erwartung, A werde sicher genehmigen. Lehnt A wider Erwarten die Genehmigung ab, hat B die Wahl: Er kann von V *„Schadensersatz"* und zwar in Gestalt des Erfüllungsinteresses verlangen. Das wäre hier der entgangene Verkaufsgewinn. – Er kann aber auch *„Erfüllung"* verlangen. Das würde bedeuten, dass V den Kaufpreis bezahlen und den Wagen abnehmen muss (§ 433 Abs. 2 BGB). Dadurch wird zwar V nicht Vertragspartei, wohl aber müssen ihm dann seinerseits die Ansprüche aus dem Vertrag zustehen. Er kann also dann seinerseits Übereignung des Wagens (§ 433 Abs. 1 S. 1 BGB) verlangen und ggf. die Rechte aus den §§ 320 ff. BGB und den §§ 433 ff. BGB geltend machen (vgl. *Medicus/Petersen* AT Rn. 986).

Der Anspruch aus § 179 Abs. 1 BGB setzt voraus, dass der Vertrag bei bestehender Vertretungsmacht wirksam zustande gekommen wäre. Liegen daher sonstige Wirksamkeitsmängel (zB §§ 125, 134, 138, 142 Abs. 1 BGB) vor, haftet der Vertreter nur unter den Voraussetzungen der §§ 311 Abs. 3, 280 Abs. 1 BGB, nicht aber nach § 179 BGB analog (so aber RGZ 145, 40 (43)). Hat der Gegner den Vertreter arglistig getäuscht, so hat der Vertreter ein selbstständiges Anfechtungsrecht aus § 123 BGB, um die Haftung aus § 179 BGB abzuwehren (BGH NJW 2002, 1867 (1868)). Er braucht also nicht abzuwarten, ob der Vertretene anficht. Der Vertreter soll auch dann nicht haften, wenn der Gegner nach § 178 BGB seine Vertragserklärung widerrufen hat

(Jauernig/*Mansel* BGB § 179 Rn. 4; aA wohl BGH NJW 1988, 1199 (1200)). Daran ist richtig, dass der Gegner damit das etwaige Wirksamwerden des Vertrages durch Genehmigung (§ 177 Abs. 1 BGB) selbst verhindert hat. Dagegen spricht aber, dass das Gesetz dem Gegner die Rechte aus § 178 BGB und § 179 BGB nebeneinander einräumt und der Widerruf geradezu die Voraussetzung dafür ist, sogleich (und ohne vorherige Aufforderung zur Genehmigung) nach § 179 BGB vorzugehen. Wollte man anders entscheiden, würde man den Gegner zwingen, vor Geltendmachung eines Anspruchs aus § 179 BGB den Vertretenen zur Genehmigung aufzufordern und ggf. die Zweiwochenfrist abzuwarten. Damit würde ihm sein Widerrufsrecht faktisch genommen.

b) Die Haftung bei Unkenntnis von der fehlenden Vertretungsmacht (§ 179 Abs. 2 BGB)

Hatte der Vertreter bei Vertragsschluss dagegen (möglicherweise schuldlos) keine Kenntnis von seiner fehlenden Vertretungsmacht, trifft ihn nach § 179 Abs. 2 BGB nur die (mildere) Haftung auf den Vertrauensschaden, der Höhe nach – wie bei § 122 BGB – durch das Erfüllungsinteresse begrenzt. Diese Haftung ist für den Vertreter misslich, wenn er das Fehlen seiner Vertretungsmacht überhaupt nicht erkennen konnte (zB Unwirksamkeit der Bevollmächtigung wegen unerkennbarer Geisteskrankheit des Vertretenen). Doch ist er, da er als Vertreter aufgetreten ist, gleichwohl noch näher daran, den Schaden zu tragen, als der Gegner (*Medicus/Petersen* AT Rn. 994). 70

c) Ausschluss der Haftung (§ 179 Abs. 3 BGB)

Ansprüche aus § 179 BGB sind ausgeschlossen, wenn der Geschäftsgegner „den Mangel der Vertretungsmacht kannte oder kennen musste" (§ 179 Abs. 3 S. 1 BGB), weil er dann nicht schutzwürdig ist (dazu BGH NJW 2009, 215 Rn. 16 und ***Köhler* BGB AT PdW Fall 125**). Kennenmüssen, also fahrlässige Unkenntnis (§ 122 Abs. 2 BGB), liegt nicht schon dann vor, wenn der Gegner Nachforschungen über Bestand und Umfang der Vertretungsmacht unterlassen hatte. Denn grds. darf der Gegner der Behauptung des Vertreters, er habe Vertretungsmacht, glauben. Vielmehr muss zu solchen Nachforschungen auf Grund der Umstände des Einzelfalls begründeter Anlass bestanden haben (vgl. BGH NJW 2000, 1407 (1408)). Liegt Fahrlässigkeit vor, ist die Haftung auch dann ausgeschlossen, wenn der Vertreter um seine fehlende Vertretungsmacht wusste. 71

Zum Schutze des beschränkt geschäftsfähigen Vertreters (vgl. § 165 BGB) ordnet § 179 Abs. 3 S. 2 BGB an, dass dieser nicht haftet, sofern er nicht mit Zustimmung seines gesetzlichen Vertreters handelte. Die Zustimmung muss sich nur auf das Vertreterhandeln als solches beziehen. Es ist daher unerheblich, dass der gesetzliche Vertreter vom Fehlen der Vertretungsmacht nichts wusste (aA *van Venrooy* AcP 181 [1981], 220).

d) Fragen der Beweislast und des Wahlrechts des Gegners bei der Rechtsscheinvollmacht

Ist streitig, ob der Vertreter Vertretungsmacht hatte, trifft nach § 179 Abs. 1 BGB („sofern er nicht seine Vertretungsmacht nachweist") diesen die Beweislast. Es genügt, dass er die Voraussetzungen einer Vollmacht kraft Rechtsscheins nachweist. Der Gegner hat in diesem Falle kein Wahlrecht, ob er gegen den Vertretenen aus Rechtsscheinvollmacht oder gegen den Vertreter aus § 179 BGB vorgeht (BGH NJW 1983, 1308). 72

Denn liegt eine Rechtsscheinvollmacht vor, so ist der Vertretene wirksam vertreten worden. Eine starke Gegenmeinung (zB *Canaris* NJW 1991, 2628; *Chiusi* AcP 202 [2002], 494, 509ff.; *Wolf/Neuner* BGB AT § 50 Rn. 112) hält dies für unbefriedigend, ua wegen des damit verbundenen Prozessrisikos: Verklage der Gegner zuerst den Vertretenen, riskiere er die Abweisung, wenn dieser mit seiner Behauptung durchdringe, die Voraussetzungen einer Rechtsscheinvollmacht lägen nicht vor. Verklage er zuerst den Vertreter, riskiere er Abweisung, wenn dieser das Vorliegen einer Rechtsscheinvollmacht nachweise. – Das ist aber ein Risiko, das der Gegner stets, also auch bei Streit um die Wirksamkeit einer rechtsgeschäftlichen Vollmacht trägt. IÜ würde der Gegner bei Gewährung eines Wahlrechts ohne sachlichen Grund besser stehen als im Falle wirksamer Bevollmächtigung: Er könnte sich an den Vertreter halten, wenn der Vertretene etwa nicht zahlungsfähig wäre. Es ist daher der Rspr. zu folgen.

Gelingt dem Vertreter der Nachweis der Vertretungsmacht nicht, kann er sich von der Haftung nur befreien, indem er die Voraussetzungen des Haftungsausschlusses nach § 179 Abs. 3 BGB beweist. Gelingt ihm auch dieser Beweis nicht, kann er sich zumindest von der strengen Haftung des § 179 Abs. 1 BGB befreien, indem er nachweist, dass er den Mangel der Vertretungsmacht nicht gekannt hat und daher nur nach § 179 Abs. 2 BGB haftet.

e) Einzelfragen

73 Bei der Haftung des **Untervertreters** aus § 179 BGB (dazu ***Köhler* BGB AT PdW Fall 136**) ist zu unterscheiden: Für Mängel der Untervollmacht hat er stets nach § 179 BGB einzustehen. Ist nur die Hauptvollmacht mangelhaft, kommt es nach hM (vgl. BGHZ 68, 394; *Wolf/Neuner* BGB AT § 51 Rn. 34ff.) darauf an, *wie* der Untervertreter aufgetreten ist. Er haftet aus § 179 BGB, wenn er dem Gegner die Mehrstufigkeit der Vertretung nicht aufdeckte; gab er dagegen zu erkennen, dass er seine Vollmacht von einem Hauptvertreter ableitet, trifft die Haftung aus § 179 BGB nicht ihn, sondern den Hauptvertreter. Dieser nimmt mittelbar (durch Einschaltung des für ihn auftretenden Untervertreters) Vertrauen auf den Bestand der Hauptvollmacht in Anspruch.

Überschreitet der Vertreter seine Vertretungsmacht, kommt es zunächst darauf an, ob sich das Geschäft in einen von der Vertretungsmacht gedeckten und einen nichtgedeckten Teil aufgliedern lässt. Ist dies nicht möglich, gelten die §§ 177ff. BGB für das ganze Geschäft. Ist dagegen eine Aufspaltung möglich, beurteilt sich die teilweise Wirksamkeit des Geschäfts nach § 139 BGB. Ist ein Teil des Geschäfts unwirksam, ist § 179 BGB insoweit anwendbar (BGHZ 103, 275 (278)).

Die Grundsätze des § 179 BGB sind entsprechend anzuwenden auf folgende Fälle: **Vertretung einer (noch) nicht existierenden Person** (BGH NJW 2009, 215 Rn. 10; Spezialregelungen: § 11 Abs. 2 GmbHG; § 41 Abs. 1 S. 2 AktG); **Handeln unter fremdem Namen;** Übermittlung einer **erfundenen** oder vorsätzlich verfälschten **Erklärung** durch einen **Boten; Vertretung einer GmbH** unter Weglassung des nach § 4 GmbHG vorgeschriebenen Formzusatzes (BGH NJW 2012, 2871 Rn. 9).

3. Das Verhältnis zwischen Vertreter und Vertretenem

74 Wird der Vertreter aus § 179 BGB in Anspruch genommen, können ihm unter bestimmten Voraussetzungen Ausgleichsansprüche gegen den Vertretenen zustehen. So bei Handeln in berechtigter Geschäftsführung ohne Auftrag (§§ 683, 670 BGB) oder

in schutzwürdigem Vertrauen auf den (Fort-)Bestand der Vollmacht (§ 122 BGB, ggf. analog).

Genehmigt der Vertretene den Vertrag und bewahrt er dadurch den Vertreter vor einer Haftung aus § 179 BGB, können ihm ebenfalls unter bestimmten Voraussetzungen Ausgleichsansprüche gegen den Vertreter zustehen. So unter dem Gesichtspunkt der Verletzung einer Vertragspflicht gem. § 280 Abs. 1 BGB, der unberechtigten Geschäftsführung ohne Auftrag (§ 678 BGB) und der unerlaubten Handlung (§§ 823ff. BGB).

4. Das Verhältnis zwischen Vertretenem und Drittem

Der Vertretene kann dem Dritten ggf. aus dem Gesichtspunkt der culpa in contra- 75
hendo (§§ 311 Abs. 2, 280 Abs. 1 BGB) haftbar sein. So etwa, wenn er wusste oder wissen musste, dass der von ihm eingesetzte Mittler keine Vertretungsmacht hatte und daher kein wirksamer Vertrag zustande kommen konnte. Hat der Dritte im Vertrauen auf die Wirksamkeit des Vertrages bereits an den Vertretenen geleistet, kann er diese Leistung nach § 812 Abs. 1 S. 1 BGB zurückfordern. Der Vertretene kann ihm nicht entgegenhalten, dass er sich nach § 179 BGB an den Vertreter halten könne (BGHZ 36, 35).

Literatur: Allgemeines: *Beuthien,* Zur Theorie der Stellvertretung im Bürgerlichen Recht, FS Medicus, 1999, 1; *Canaris,* Die Vertrauenshaftung im deutschen Privatrecht, 1971; *Giesen/Hegermann,* Die Stellvertretung, Jura 1991, 357; *Grigoleit,* Zivilrechtliche Grundlagen der Wissenszurechnung, ZHR 181, 160; *Hager,* Die Prinzipien der mittelbaren Stellvertretung, AcP 180 (1980), 239; *Hauck,* Handeln unter fremdem Namen, JuS 2011, 967; *Koller,* Wissenszurechnung, Kosten und Risiken, JZ 1998, 75; *Lieder,* Trennung und Abstraktion im Recht der Stellvertretung, JuS 2014, 393; *Lorenz,* Grundwissen Zivilrecht: Stellvertretung, JuS 2010, 382; *Mock,* Grundfälle zum Stellvertretungsrecht, JuS 2008, 309, 391, 486; *Pawlowski,* Die gewillkürte Stellvertretung, JZ 1996, 125*Schilken,* Wissenszurechnung im Zivilrecht, 1983; *Schwab,* Wissenszurechnung in arbeitsteiligen Organisationen, JuS 2017, 481.

Vollmacht: *Buck-Heeb/Dieckmann,* Der Franchisenehmer als Vertreter des Franchisegebers, JuS 2008, 583; *Borges,* Rechtsscheinhaftung im Internet, NJW 2011, 2400; *Bornemann,* Rechtsscheinvollmachten in ein- und mehrstufigen Innenverhältnissen, AcP 207 (2007), 102; *Brox,* Die Anfechtung bei der Stellvertretung, JA 1980, 449; *Canaris,* Die Vertrauenshaftung im deutschen Privatrecht, 1971; *Chiusi,* Zur Verzichtbarkeit von Rechtsscheinwirkungen, AcP 2002 (202), 494; *Einsele,* Inhalt, Schranken und Bedeutung des Offenkundigkeitsprinzips, JZ 1990, 1005; *Hauck,* Handeln unter fremdem Namen, JuS 2011, 967; *Kindl,* Rechtsscheintatbestände und ihre rückwirkende Beseitigung, 1999; *Kleinhenz,* Der Widerruf der Vollmacht gegenüber dem beschränkt Geschäftsfähigen, Jura 2007, 810; *Lorenz,* Grundwissen – Zivilrecht: Die Vollmacht, JuS 2010, 771; *Petersen,* Die Anfechtung der ausgeübten Innenvollmacht, AcP 201 (2001), 375; *K. Schmidt,* Offene Stellvertretung, JuS 1987, 425; *Schwarze,* Die Anfechtung der ausgeübten (Innen-)Vollmacht, JZ 2004, 588; *Stöhr,* Rechtsscheinhaftung nach § 172 BGB, JuS 2009, 106.

Grenzen der Vertretungsmacht: *Kern,* Wesen und Anwendungsbereich des § 181 BGB, JA 1990, 281; *Petersen,* Insichgeschäfte, Jura 2007, 418; *Oechsler,* Die Bedeutung des § 172 Abs. 1 BGB beim Handeln unter fremdem Namen im Internet, AcP 208 (2008), 565; *Vedder,* Neues zum Missbrauch der Vertretungsmacht – Vorsatzerfordernis, Anfechtbarkeit, negatives Interesse, JZ 2009, 1077.

Vertretung ohne Vertretungsmacht: *Bühler,* Grundsätze und ausgewählte Probleme der Haftung des ohne Vertretungsmacht Handelnden, MDR 1987, 985; *Fehrenbach,* Die Haftung bei Vertretung einer nicht existierenden Person, NJW 2009, 2173; *Jauernig,* Zeitliche Grenzen für die Genehmigung von Rechtsgeschäften einer falsus procurator, FS Niederländer, 1991, 285; *Prölss,* Vertretung ohne Vertretungsmacht, JuS 1985, 577; *ders.,* Haftung bei der Vertretung ohne Vertretungsmacht, JuS 1986, 169; *van Venrooy,* Zur Dogmatik von § 179 Abs. 3 S. 2 BGB, AcP 181 (1981), 220.

§ 12. Die Form des Rechtsgeschäfts

I. Die Formfreiheit als Grundsatz

1 **Der Handschlag:** Der Landmaschinenhändler L und der Bauer B einigten sich per Handschlag über den Kauf eines Traktors. Später wollte B den Traktor nicht abnehmen und bezahlen mit der Begründung, er habe nichts unterschrieben und sei daher zu nichts verpflichtet. Hat er Recht?

Das BGB geht vom Grundsatz der **Formfreiheit** des Rechtsgeschäfts aus. Der rechtsgeschäftliche Wille braucht also nur irgendwie, nicht in einer bestimmten Form, zum Ausdruck gebracht worden zu sein, um rechtliche Anerkennung zu finden. Dies ist nur dann erforderlich, wenn es das Gesetz ausdrücklich vorschreibt (BGH NJW 2016, 2035 Rn. 15). Der Grundsatz der Formfreiheit trägt der rechtsethischen Forderung Rechnung, dass jeder zu seinem Wort stehen muss (vgl. Mot. I 183) und erleichtert gleichzeitig den Rechtsverkehr.

Im *Handschlag-Fall* hatten die Parteien mit dem Handschlag zum Ausdruck gebracht, dass sie ernstlich einen Vertragsschluss wollten. Da für den Kaufvertrag grds. keine besondere Form vorgeschrieben ist (Ausnahmen: §§ 311b Abs. 1 S. 1, 2371 BGB), ist der Kaufvertrag wirksam.

II. Gesetzliche und gewillkürte Form

2 Für einige **Rechtsgeschäfte** und **geschäftsähnliche Handlungen** (zB Quittung, § 368 BGB) ist im BGB die Einhaltung einer bestimmten Form vorgeschrieben (gesetzliche Form). Darüber hinaus steht es, wie sich aus § 127 BGB ergibt, den Parteien frei, den Abschluss bestimmter Rechtsgeschäfte oder die Abgabe bestimmter Erklärungen an eine bestimmte Form zu binden und damit ebenfalls einen Formzwang zu schaffen (vereinbarte oder gewillkürte Form).

Von besonderer Bedeutung in der Praxis sind die **Schriftformklauseln** in AGB, wonach mündliche Nebenabreden, Vertragsänderungen und Zusicherungen zu ihrer Gültigkeit der schriftlichen Bestätigung bedürfen. Dazu → § 16 Rn. 23 und ***Köhler* BGB AT PdW Fall 75.**

III. Die Formzwecke

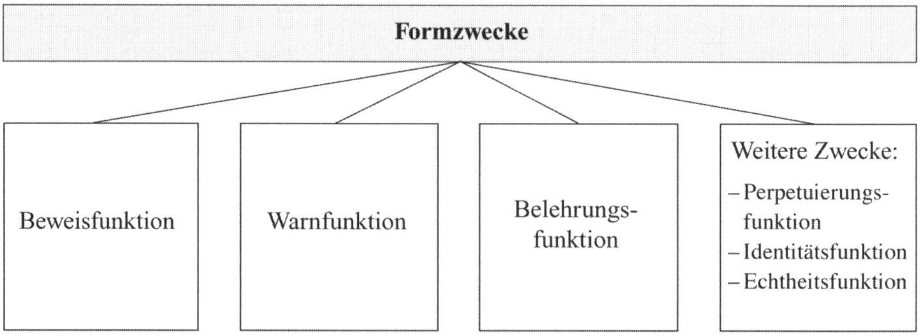

3 **Das Baugrundstück:** A verkauft mit notariellem Vertrag an B ein Grundstück. B möchte in den Vertrag noch eine Klausel aufnehmen, in der A, wie zuvor mündlich zugesagt, die sofortige Bebaubarkeit des Grundstücks zusichert. A meint, so etwas gehöre nicht in den notariellen Kaufvertrag. Was wird der Notar dazu sagen?

Die Anordnung einer bestimmten Form für ein Rechtsgeschäft kann unterschiedliche Gründe haben. Diese Gründe herauszuarbeiten, ist notwendig, da Formvorschriften, wie alle anderen Rechtsnormen, nach ihrem Zweck auszulegen sind und davon ihr Anwendungsbereich abhängt.

Die Formvorschriften dienen dem **Schutz der Privatautonomie,** und zwar entweder dem Schutz des Rechtsverkehrs im Ganzen oder dem Interesse aller am Rechtsgeschäft beteiligten Personen oder nur dem Interesse bestimmter Personen. Die Formvorschriften sollen im ersten Fall dafür sorgen, dass das Rechtsgeschäft auch für Dritte wahrnehmbar ist. So etwa die Formvorschriften über die statusbegründenden familienrechtlichen Rechtsgeschäfte, wie zB Eheschließung, Vaterschaftsanerkenntnis (§ 1597 Abs. 1 BGB). In den beiden anderen Fällen soll durch schriftliche Festlegung der Abschluss (Abschlussfunktion) und der Inhalt des Rechtsgeschäfts dokumentiert und damit dem Streit und der Ungewissheit entzogen werden **(Beweisfunktion).** Darüber hinaus soll bei schwerwiegenden oder riskanten Geschäften das Formerfordernis die Beteiligten oder den Betroffenen vor Leichtsinn und Übereilung schützen **(Warnfunktion).** Soweit die notarielle Beurkundung vorgeschrieben ist, kommt der Form auch **Belehrungsfunktion** zu, da der Notar zur Belehrung der Beteiligten verpflichtet ist (§ 17 BeurkG). Hinzutreten noch andere Funktionen (Perpetuierungsfunktion; Identitätsfunktion; Echtheitsfunktion).

Der Zweck der Formvorschrift entscheidet darüber, welche Abreden von ihr erfasst 4
werden und welche nicht mehr. Dies soll am Beispiel des § 311b Abs. 1 S. 1 BGB aufgezeigt werden. Zweck der Vorschrift ist es im Wesentlichen, dem Veräußerer und dem Erwerber von Grundstücken Schutz vor Unüberlegtheit oder Übereilung zu geben; daneben soll den Beteiligten fachmännische Beratung durch den Notar zuteil werden; schließlich dient der Beurkundungszwang der Sicherheit im Rechtsverkehr: der Beweis getroffener Vereinbarungen wird erleichtert, eine unklare oder fehlerhafte Vertragsabfassung verhindert und späteren Rechtsstreitigkeiten über den Vertragsinhalt vorgebeugt. Um diese Zwecke zu erreichen, ist es erforderlich, den ganzen Vertrag, also alle Vereinbarungen, aus denen sich nach dem Willen der Vertragsparteien das schuldrechtliche Rechtsgeschäft zusammensetzt, zu beurkunden (vgl. BGH NJW 1981, 222).

Im *Baugrundstücks-Fall* wird der Notar die Beteiligten darauf hinweisen, dass die Bebaubarkeitszusicherung wegen ihrer inneren Zugehörigkeit zum Kaufvertrag ebenfalls der Formvorschrift des § 311b Abs. 1 S. 1 BGB unterliegt und dass bei Nichtbeurkundung der gesamte Vertrag (§ 139! BGB) nichtig ist.

IV. Die Arten der Form

Das BGB unterscheidet im Wesentlichen fünf Formen: die schriftliche Form, die elek- 5
tronische Form, die Textform, die öffentliche Beglaubigung und die notarielle Beurkundung.

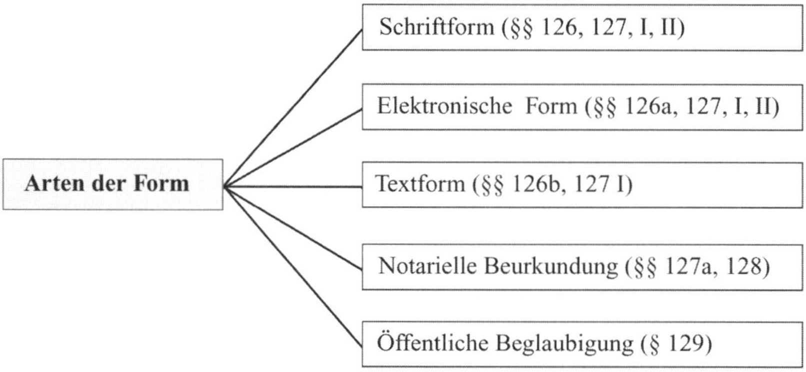

Im Einzelnen:

1. Die schriftliche Form (§§ 126, 127 BGB)

6 **Die Schreibhilfe:** Der todkranke A möchte noch ein Testament zugunsten seiner Tochter T errichten. Da er kaum noch die Hand bewegen kann, bittet er sie, ihm die Hand zu führen. T tut dies. Ist das so zustande gekommene Testament wirksam? (vgl. auch BGH NJW 1981, 1900).

Schriftform ist im BGB beispielsweise vorgesehen: im Bereich des Allgemeinen Teils in den §§ 32 Abs. 2, 37 Abs. 1, 81 Abs. 1, 111 S. 2 BGB; im Schuldrecht in den §§ 368, 409, 410, 416 Abs. 2, 550, 623, 761, 766, 780, 781, 793 BGB; im Sachenrecht in § 1154 BGB. Nach § 126 Abs. 1 BGB ist zur Wahrung der gesetzlichen Schriftform erforderlich, dass die Urkunde vom Aussteller durch Namensunterschrift unterzeichnet wird. Bei einem Vertrag müssen die Parteien nach § 126 Abs. 2 S. 1 BGB auf derselben Urkunde unterzeichnen; werden jedoch über den Vertrag mehrere gleich lautende Urkunden aufgenommen, so genügt es nach § 126 Abs. 2 S. 2 BGB, wenn jede Partei die für die andere Partei bestimmte Urkunde unterzeichnet. Nach § 127 Abs. 1 BGB gelten diese Vorschriften im Zweifel auch für die gewillkürte Schriftform, jedoch sind in § 127 Abs. 2 BGB gewisse Erleichterungen vorgesehen; ua genügt im Zweifel die „telekommunikative Übermittlung" (zB Telefax; E-Mail).

7 Das Unterschriftserfordernis besagt, dass die Urkunde vom Aussteller (Erklärenden) unterschrieben sein muss. Es erfüllt vier Funktionen: die **Abschlussfunktion** (die Erklärung ist abgeschlossen und kein bloßer Entwurf mehr); die **Identitätsfunktion** (die Unterschrift macht die Identität des Erklärenden deutlich); die **Echtheitsfunktion** (die Erklärung rührt vom Unterzeichneten her); die **Warnfunktion** (der Unterzeichner wird vor Übereilung geschützt). Der Text braucht weder einen bestimmten Inhalt aufzuweisen, noch braucht er in einer bestimmten Form (handschriftlich, maschinenschriftlich usw) niedergelegt zu sein, noch braucht er vom Hersteller überhaupt herzurühren. In einigen Fällen ist allerdings eine qualifizierte Schriftform vorgesehen. So beim Testament, das eigenhändig geschrieben und unterschrieben sein muss (§ 2247 BGB), so beim Verbraucherdarlehensvertrag, bei dem die Vertragsurkunde einen bestimmten Mindestinhalt aufweisen muss (§ 492 BGB).

Im Fall der *Schreibhilfe* kommt es nach der Rspr. (vgl. BGH NJW 1981, 1900) darauf an, ob der Schriftzug vom Willen des Erblassers abhängig bleibt oder ob die Hand des Erblassers völlig unter der Herrschaft und Leitung des Schreibhelfers gestanden hat. Das äußere Schriftbild ist nebensächlich. Das wirft natürlich schwierige Abgrenzungsprobleme auf. Im obigen Fall dürfte noch zulässige Schreibhilfe vorliegen, da A noch die Willensherrschaft besaß.

Die Unterschrift ist **Namensunterschrift,** um die Identität des Unterzeichnenden feststellen zu können. Die Unterschrift muss nicht unbedingt lesbar sein. Nach der Rspr. (BGH NJW 1996, 997) genügt es, wenn ein die Identität des Unterzeichners ausreichend kennzeichnender individueller Schriftzug vorliegt, der einmalig ist, entsprechende charakteristische Merkmale aufweist, sich als Wiedergabe eines Namens darstellt und die Absicht einer vollen Unterschriftsleistung erkennen lässt. In der Regel ist daher die Unterzeichnung mit dem Familiennamen erforderlich und ausreichend; eine bloße Paraphe genügt nicht. Bei Abschluss des Rechtsgeschäfts durch einen **Vertreter** gilt: Der Vertreter hat mit seinem eigenen Namen zu unterzeichnen. Das Vertretungsverhältnis muss aber entweder durch einen Zusatz bei der Unterschrift (zB „i. V." = in Vertretung) oder sonst aus der Urkunde zu entnehmen sein, da andernfalls die Form nicht gewahrt ist (BAG NJW 2005, 2572) bzw. der Vertreter selbst als Vertragspartei behandelt wird (§ 164 Abs. 2 BGB). Nach der Rspr. (vgl. BGHZ 45, 193 (195)) soll der Vertreter aber auch mit dem Namen des Vertretenen unterzeichnen dürfen. Dies ist abzulehnen, da der Erklärungsempfänger durch das andere Schriftbild irritiert werden kann oder er im Unklaren ist, ob die Erklärung vom Namensträger oder einem anderen abgegeben wurde. Auch ist kein praktisches Bedürfnis für eine Unterzeichnung mit dem Namen des Vertretenen anzuerkennen (vgl. *Köhler* FS Schippel, 1996, 209). – Die Unterschrift muss **eigenhändig** erfolgen, die mechanische Herstellung oder Vervielfältigung durch Matrizenabzug, Fotokopie oder Faksimilestempel genügen daher nicht, soweit nicht im Gesetz für Fälle des schriftlichen Massenverkehrs ausdrücklich gestattet (vgl. zB § 793 Abs. 2 S. 2 BGB; § 13 AktG). Auch die Übermittlung des Ausstellernamens durch E-Mail oder Telefax (dazu ***Köhler*** **BGB AT PdW Fall 76**) genügt nicht, um die gesetzliche Schriftform zu wahren (BGH NJW 1993, 1126: Bürgschaft durch Telefax), während sie für die gewillkürte Schriftform gem. § 127 Abs. 2 BGB im Zweifel ausreicht (BGH NJW 2004, 1320). Beim Telefax ist zwar die Unterschrift auf der Originalurkunde geleistet, aber diese Originalerklärung ist nicht zugegangen und daher (noch) nicht wirksam. Insoweit handelt es sich also nicht um ein Form-, sondern um ein Zugangsproblem (→ § 6 Rn. 18). – Für prozessuale Schriftsätze gelten großzügigere Regelungen (vgl. BGHZ 144, 160 zum Computerfax mit eingescannter Unterschrift). 8

§ 126 Abs. 1 BGB fordert nicht, dass die Unterschrift zeitlich erst nach Fertigstellung des Textes geleistet wird. Auch eine **Blankounterschrift** genügt daher grds. der Schriftform. Die Erklärung ist natürlich erst dann vollendet, wenn der Text eingefügt oder vervollständigt wird (BGHZ 132, 119 (123)). Aus dem Schutzzweck der Formvorschrift kann sich aber ergeben, dass die Ermächtigung des Dritten zur Ausfüllung des Blanketts formbedürftig ist, wie zB bei der Bürgschaft (§ 766 BGB; dazu BGHZ 132, 119 (123); weitergehend *Binder* AcP 207 [2007], 155, 182ff.). Eine andere Frage ist, inwieweit sich der Unterzeichner an einer Erklärung festhalten lassen muss, die von ihm gar nicht gewollt ist (dazu BGHZ 132, 119 (123) sowie → § 7 Rn. 28 und ***Köhler*** **BGB AT PdW Fall 135**). Die Unterschrift muss grds. *unter* dem Text angebracht sein. Die Frage, ob auch eine **„Oberschrift"** oder **„Nebenschrift"** genügt, ist umstritten (verneinend BGHZ 113, 51; *Weber* JuS 1991, 543; bejahend *Köhler* JZ 1991, 409). 9

2. Die elektronische Form (§§ 126a, 127 Abs. 1, 3 BGB)

9a Soweit vom Gesetz für ein Rechtsgeschäft keine bestimmte Form vorgeschrieben ist, kann es ohne Weiteres auch auf elektronischem Wege, also insbes. durch E-Mail oder „per Mausklick" im Internet, vorgenommen werden. Längst bedienen sich Unternehmen und Verbraucher dieser Möglichkeit, auf einfachem und schnellem Weg Verträge abzuschließen (vgl. zum Vertragsschluss im Internet BGH NJW 2002, 363). Anders liegt es, wenn für ein Rechtsgeschäft Schriftform vorgesehen ist. Denn das Erfordernis der eigenhändigen Unterschrift (§ 126 Abs. 1 BGB) kann bei der elektronischen Übermittlung von Willenserklärungen nicht erfüllt werden. Zur Wahrung der Schriftform müsste der Erklärende dem Empfänger noch eine Originalurkunde, in der Regel also mittels Brief, übermitteln. Das würde zu Verzögerungen führen. Auch wäre für den Empfänger ungewiss, ob und wann er eine wirksame Erklärung in die Hand bekäme. Daher besteht ein Bedürfnis, für den elektronischen Geschäftsverkehr eine der Schriftform adäquate Form zu schaffen. Man bezeichnet sie als **„elektronische Signatur"**. Damit wird der Vorgang beschrieben, durch den eine elektronische Datei mittels eines allein einer Person zustehenden Schlüssels verschlüsselt wird. Dadurch werden die Datei und ihr Erzeuger logisch miteinander verknüpft und sie kann auch von Dritten nicht mehr unbemerkt verändert werden. Auf diese Weise werden die Authentizität und Integrität einer elektronisch abgegebenen Erklärung gewährleistet (vgl. *Roßnagel* NJW 2001, 1817).

Bei der rechtlichen Zulässigkeit der elektronischen Signatur zur Wahrung der Schriftform sind zwei Fragen zu trennen. Zum einen: Bei welchen Rechtsgeschäften kann die elektronische Form die Schriftform ersetzen? Zum anderen: Welche Anforderungen gelten für die elektronische Form als Ersatz für die Schriftform?

Die erste Frage wird durch § 126 Abs. 3 BGB beantwortet. Danach kann die schriftliche Form durch die elektronische Form ersetzt werden, „wenn sich nicht aus dem Gesetz ein anderes ergibt". Es ist also bei jeder Vorschrift, die schriftliche Form vorsieht, zu prüfen, ob nicht die Verwendung der elektronischen Form *ausgeschlossen* ist. Im Bereich des Bürgerlichen Rechts ist dies aber gerade bei vielen praktisch wichtigen schriftformgebundenen Rechtsgeschäften der Fall. So bei Leibrentenversprechen (§ 761 S. 2 BGB), bei der Bürgschaft (§ 766 S. 2 BGB), beim Schuldversprechen (§ 780 BGB), beim Schuldanerkenntnis (§ 781 S. 2 BGB) sowie bei der Beendigung eines Arbeitsverhältnisses durch Kündigung oder Aufhebungsvertrag (§ 623 BGB) und bei der Zeugniserteilung (§ 630 S. 2 BGB). Die elektronische Signatur steht der eigenhändigen Unterschrift sonach nur in den verbleibenden, vergleichsweise unwichtigen Fällen gleich. So bei der Quittung (§ 368 BGB), bei dem Abschluss und der Kündigung von Mietverträgen über Wohnraum (§§ 550 S. 1, 568 Abs. 1 BGB) und bei der Abtretung von Hypotheken und Grundschulden (§ 1154 BGB). Ferner ist sie ausdrücklich als gleichwertige Form vorgesehen bei der Unterzeichnung der Widerrufsbelehrung durch den Verbraucher iRv Verbraucherverträgen (§ 355 Abs. 2 S. 2 BGB). Daher nimmt es nicht Wunder, dass die elektronische Signatur im Geschäftsverkehr nur eine bescheidene Rolle spielt.

Die zweite Frage wird durch § 126a BGB beantwortet: „Soll die gesetzlich vorgeschriebene Form durch die elektronische Form ersetzt werden, so muss der Aussteller der Erklärung dieser seinen Namen hinzufügen und das elektronische Dokument mit einer qualifizierten elektronischen Signatur nach dem Signaturgesetz versehen" (§ 126a Abs. 1 BGB). Bei einem Vertrag müssen die Parteien jeweils ein gleich lautendes Dokument in dieser Weise elektronisch signieren (§ 126a Abs. 2 BGB). Unter einem elektronischen Dokument sind dabei alle Daten zu verstehen, die in elektronischer Form vorliegen und in Schriftzeichen lesbar sind. Die „qualifizierte elektronische Signatur" besteht darin, dass das elektronische Dokument vom Aussteller mit einem geheimen, nur ihm auf Grund eines qualifizierten Zertifikats zugeordneten Schlüssel in bestimmter Weise verschlüsselt wird, so dass eine etwa nachträgliche Veränderung erkennbar ist. Die Einzelheiten sind in der eIDAS-VO geregelt (dazu Palandt/*Ellenberger* § 126a Rn. 3ff.). Der Empfänger kann dieses Dokument dann mittels eines öffentlichen Schlüssels entschlüsseln, dh lesbar machen. Zur Verhinderung von Missbräuchen erfolgt die Zuweisung des privaten Schlüssels ausschließlich durch zugelassene Zertifizierungsdiensteanbieter.

Für die durch **Rechtsgeschäft** vereinbarte elektronische Form gilt § 126a BGB nach § 127 Abs. 1 BGB entsprechend. Jedoch ordnete § 127 Abs. 3 BGB gewisse Erleichterungen an.

3. Die Textform (§§ 126b, 127 Abs. 1 BGB)

Die eigenhändige Unterschrift erscheint dann entbehrlich, wenn es lediglich darum **9b** geht, dem Geschäftspartner den schriftlichen Text der Erklärung zur Verfügung zu stellen. Dem hat der Gesetzgeber durch die Einführung der *Textform* in § 126b BGB Rechnung getragen. Bloße Textform anstatt Schriftform ist beispielsweise vorgeschrieben für die **Widerrufsbelehrung bei Verbraucherverträgen** (Art. 246 Abs. 3 S. 1 EGBGB), bei der Bevollmächtigung zur Kündigung eines Duerschuldverhältnisses (§ 312h BGB) und bei bestimmten Erklärungen im Zusammenhang mit einer Mieterhöhung (vgl. §§ 556a Abs. 2, 556b Abs. 2, 557b Abs. 3, 559b Abs. 1, 560 BGB). Textform kann auch durch Rechtsgeschäft vereinbart werden. Dann gilt § 126b BGB nach § 127 Abs. 1 BGB entsprechend.

Zur Erfüllung der Textform ist nach § 126b S. 1 BGB erforderlich, dass (1) eine lesbare Erklärung, (2) in der die Person des Erklärenden genannt ist, (3) auf einem dauerhaften Datenträger abgegeben wird. Nach S. 2 ist ist ein **dauerhafter Datenträger** „jedes Medium, das 1. es dem Empfänger ermöglicht, eine auf einem Datenträger befindliche, an ihn persönlich gerichtete Erklärung so aufzubewahren oder zu speichern, dass sie ihm während eines für ihren Zweck angemessenen Zeitraum zugänglich ist, und 2. geeignet ist, die Erklärung unverändert wiederzugeben". Damit sind insbes. **Papier,** USB-Sticks, CD-Roms, DVDs, Speicherkarten oder die Festplatten von Computern sowie **Fax** und **E-Mails** gemeint. **Nicht** darunter fällt eine **Webseite,** auf der die Informationen gespeichert sind. Insoweit ist für die Einhaltung der Textform erforderlich, dass der Empfänger die Mitteilung ausdruckt oder herunterlädt (KG NJW 2006, 3215 (3216)). Die bloße Möglichkeit des Ausdrucks oder des Speicherns genügt nur dann, wenn diese Form der Mitteilung mit dem Empfänger in zulässiger Weise vereinbart ist (vgl. BGH NJW 2009, 3227 Rn. 13, 14). Anders als nach altem Recht verlangt § 126b BGB nicht mehr den Abschluss der Erklärung durch Unterschrift oÄ. – Für die bloße Übermittlung von **Informationen** wird vielfach nur mehr die Übermittlung auf Papier oder einem anderen dauerhaften Datenträger gefordert (vgl. zB § 312f BGB).

Beispiel: Verbraucher V hat mittels einer Bestellkarte ein Buch beim Versandhändler Q bestellt, der die Bestellung telefonisch akzeptiert hat. Q muss aber, da es sich um einen Fernabsatzvertrag iSd § 312c BGB handelt, zusätzlich nach § 312f Abs. 2 S. 1 BGB dem V eine Bestätigung des Vertrags, in der der Vertragsinhalt wiedergegeben ist, auf einem dauerhaften Datenträger zur Verfügung stellen. Das kann ua brieflich oder per E-Mail geschehen

4. Die öffentliche Beglaubigung (§ 129 BGB)

10 Eine Verschärfung gegenüber der Schriftform bedeutet das Erfordernis der öffentlichen Beglaubigung. Es ist beispielsweise vorgesehen bei der Anmeldung zum Vereinsregister (§ 77 BGB), bei der Ausstellung einer Urkunde über die Forderungsabtretung (§§ 403, 1154 BGB), bei der Erbschaftsausschlagung (§ 1945 BGB), bei Erklärungen gegenüber dem Grundbuchamt (§ 29 Abs. 1 GBO). Für die öffentliche Beglaubigung ist nach § 129 Abs. 1 S. 1 BGB erforderlich, dass die Erklärung schriftlich abgefasst und die Unterschrift des Erklärenden von einem Notar beglaubigt wird. Dies hat nach den Vorschriften der §§ 39, 40 BeurkG zu geschehen. Die Beglaubigung einer Blankounterschrift soll nur unter bestimmten Voraussetzungen (§ 40 Abs. 5 BeurkG) erfolgen.

Die öffentliche Beglaubigung dient dem Nachweis der Identität des Unterzeichners. Sie begründet vollen Beweis der Unterschrift und des Zeitpunkts der Beglaubigung (§ 418 ZPO), nicht dagegen der Abgabe der Erklärung. Die Erklärung selbst bleibt private Urkunde.

5. Die notarielle Beurkundung (§§ 127a, 128 BGB)

11 Bei besonders schwerwiegenden Geschäften ist vom Gesetz die notarielle Beurkundung vorgesehen. Dabei kann es sich um **einseitige** Rechtsgeschäfte handeln, so etwa die Einwilligung des Kindes bei der Annahme als Kind (§§ 1746, 1750 BGB), die Anfechtung bzw. der Rücktritt vom Erbvertrag (§§ 2282, 2296 BGB). In der Mehrzahl der Fälle geht es aber um **Verträge.** Dabei müssen in der Regel die Erklärungen beider Parteien beurkundet werden. Beispiele dafür sind: der Vertrag über die Veräußerung des gegenwärtigen Vermögens (§ 311b Abs. 3 BGB), der Vertrag über die Veräußerung oder den Erwerb eines Grundstücks (§ 311b Abs. 1 S. 1 BGB), der Erbverzichtsvertrag (§ 2348 BGB) und der Erbschaftskauf (§ 2371 BGB). Ausnahmsweise ist aber nur die Erklärung einer Vertragspartei zu beurkunden, so zB beim Schenkungsversprechen (§ 518 BGB).

Bisweilen, so etwa bei der Auflassung (§ 925 BGB), beim Ehevertrag (§ 1410 BGB) und beim Erbvertrag (§ 2276 BGB), wird zusätzlich die gleichzeitige Anwesenheit der Beteiligten bei der Beurkundung gefordert. – Die notarielle Beurkundung kann schließlich auch durch Rechtsgeschäft vereinbart werden; bei Personengesellschaftsverträgen geschieht dies auch häufig. Soweit Schriftform oder öffentliche Beglaubigung vorgesehen sind, genügt stattdessen selbstverständlich auch die notarielle Beurkundung (§§ 126 Abs. 4, 129 Abs. 2 BGB).

12 Wie die notarielle Beurkundung zu geschehen hat, ist im Beurkundungsgesetz geregelt. Danach muss bei der Beurkundung einer Willenserklärung eine „Niederschrift über die Verhandlung" aufgenommen werden (§ 8 BeurkG). Die Niederschrift muss die Bezeichnung des Notars und der Beteiligten sowie die Erklärungen der Beteiligten enthalten (§ 9 BeurkG). Die Niederschrift muss in Gegenwart des Notars den Beteiligten vorgelesen, von ihnen genehmigt und eigenhändig unterschrieben werden,

auch der Notar hat eigenhändig zu unterschreiben (§ 13 BeurkG). Bei der Beurkundung eines Vertrages genügt es nach § 128 BGB, sofern nichts anderes vorgeschrieben ist, wenn zunächst der Antrag und sodann die Annahme des Antrages vom Notar beurkundet wird. Die notarielle Beurkundung wird nach § 127a BGB bei einem gerichtlichen Vergleich durch die Aufnahme in ein nach den Vorschriften der §§ 160ff. ZPO errichtetes Protokoll ersetzt.

Die prozessuale Bedeutung der notariellen Beurkundung liegt in ihrer Beweiskraft. 13
Nach § 415 Abs. 1 ZPO begründet die Urkunde vollen Beweis des beurkundeten Vorgangs. Es wird also bewiesen, dass die Erklärung nach Inhalt und Begleitumständen (Zeit und Ort) abgegeben wurde. Ob die Erklärung inhaltlich richtig und wirksam ist, unterliegt dagegen der freien richterlichen Beweiswürdigung nach § 286 ZPO.

V. Die Nichteinhaltung gesetzlicher Formvorschriften

1. Nichtigkeit als Folge des Formverstoßes

Ohne Einhaltung der gesetzlichen Form ist ein Rechtsgeschäft nichtig (§ 125 S. 1 14
BGB). Die Parteien können sich nicht darüber hinwegsetzen und das formnichtige Rechtsgeschäft übereinstimmend als gültig behandelt wissen. Der Richter muss von Amts wegen die Nichtigkeit beachten. Eine andere Frage ist es, wann ein Rechtsgeschäft im konkreten Fall formbedürftig ist, ob zB eine Nebenabrede, Änderung oder Aufhebung des Vertrages ebenfalls der Form bedarf. Dies ist, wie oben (→ Rn. 4) dargetan, nach dem Zweck der Formvorschrift zu beurteilen. Ist nur ein Teil des Rechtsgeschäfts wegen Formmangels nichtig, so führt dies nach § 139 BGB in der Regel zur Nichtigkeit des ganzen Vertrages.

2. Heilung des Formmangels

Wollen die Parteien die Rechtswirkungen des formnichtigen Vertrages, so müssen sie 15
ihn neu, unter Beachtung der Form abschließen (§ 141 BGB). Der Gesetzgeber hat jedoch in einigen Fällen eine Heilung des Formmangels vorgesehen. So beim Schenkungsversprechen (§ 518 Abs. 2 BGB) und bei der Bürgschaft (§ 766 S. 3 BGB) durch Bewirkung der versprochenen Leistung, bei der Grundstücksveräußerung bzw. beim Grundstückserwerb durch Auflassung und Eintragung (§ 311b Abs. 1 S. 2 BGB). Grundgedanke dieser Heilungsvorschriften ist, dass sich die Warnfunktion angesichts der freiwilligen Erfüllung (bzw. bei der Grundstückserwerbsverpflichtung: Mitwirkung an der Erfüllung) erledigt hat. Eine andere Konzeption liegt der Heilung des Formmangels gem. § 494 Abs. 2 BGB zugrunde: Der Vertrag wird wirksam, jedoch mit einem anderen, für den Verbraucher günstigeren Inhalt.

In den übrigen Fällen der Formnichtigkeit hat der Gesetzgeber bewusst keine Heilung vorgesehen: „Ist […] die Form durch Gesetz vorgeschrieben, so ändert die freiwillige Erfüllung an der Nichtigkeit des Vertrages und deren Folgen schlechterdings nichts" (Mot. I 453). Die Rspr. (vgl. BGH NJW 1967, 1128) hat es daher grds. abgelehnt, hinter den einzelnen Heilungsvorschriften ein allgemeines Prinzip zu sehen, das eine Analogie rechtfertigte. Das bedeutet, dass trotz Vollzuges das Geleistete wegen Fehlens des Rechtsgrundes nach § 812 Abs. 1 S. 1 BGB kondiziert werden kann. Im Schrifttum wird, von den jeweiligen Formfunktionen ausgehend, dagegen auch in anderen

Fällen (§§ 761, 2033, 2371 BGB) die Heilung befürwortet (vgl. zB *Schlüter* JuS 1969, 10).

3. Unbeachtlichkeit der Formverletzung aus Billigkeitsgründen?

a) Das Problem: Rechtssicherheit contra Billigkeit

16 Das Festhalten an der gesetzlich vorgeschriebenen Form entspricht der Ordnungsaufgabe zwingender Formvorschriften. Nur die Androhung und Durchführung der Nichtigkeit kann die Einhaltung dieser lästigen Bestimmungen erzwingen. An der Nichtigkeit nach § 125 S. 1 BGB ist daher grds. nicht zu rütteln. Im Einzelfall könnte jedoch die Nichtigkeit für den Betroffenen sehr schmerzliche Folgen haben.

Der Kaufanwärtervertrag: Ein älterer Handwerker hatte seine gesamten Ersparnisse in den Kauf eines Eigenheims für seinen Lebensabend investiert. Auf Veranlassung des Verkäufers, einer gemeinnützigen Wohnungsbaugenossenschaft, war von einer notariellen Beurkundung des Kaufanwärtervertrages abgesehen worden. Dem Verlangen auf Auflassung hielt die Genossenschaft später die Formnichtigkeit des schuldrechtlichen Vertrages gem. §§ 311b Abs. 1 S. 1, 125 S. 1 BGB entgegen. Dies hätte uU dazu geführt, dass der Betroffene im hohen Alter aus dem Eigenheim hätte wieder ausziehen müssen. Von dem seinerzeit entrichteten Kaufpreis hätte er sich jetzt nicht einmal mehr eine Eigentumswohnung kaufen können (nach BGH NJW 1972, 1189).

b) Die Rechtslage bei Verpflichtungsgeschäften

17 Nach anfänglichem Zögern ging die Rspr. zunehmend dazu über, die strenge Nichtigkeitsfolge über den Grundsatz von Treu und Glauben zu durchbrechen und § 125 BGB durch § 242 BGB zu begrenzen. Später trat die Rspr. einer Aushöhlung des § 125 BGB durch Billigkeitsentscheidungen entgegen: Die Einhaltung gesetzlicher Formvorschriften liege im Interesse der Rechtssicherheit und es gehe daher nicht an, sie aus allgemeinen Billigkeitserwägungen unbeachtet zu lassen (BGH NJW 2004, 3330 (3331)). Die Berufung auf einen Formmangel soll nur in Ausnahmefällen eine unzulässige Rechtsausübung darstellen (vgl. BGHZ 121, 224 (233); NJW 1995, 2217 (2218)). Ein formwidrig abgeschlossenes Geschäft sei nur dann als gültig zu behandeln, wenn die Nichtanerkennung des Geschäfts zu einem nicht bloß harten, sondern schlechthin untragbaren Ergebnis für die betroffene Partei führen würde (vgl. BGH NJW 2004, 3330 (3331); dazu ***Köhler* BGB AT PdW Fall 74**). Diese Voraussetzungen liegen in zwei Fallgruppen vor: zum einen die Fälle der **Existenzgefährdung,** zum anderen die Fälle der **besonders schweren Treuepflichtverletzung** des anderen Teils (BGHZ 138, 339 (348); BGH NJW 2004, 3330 (3331)).

Im Fall des *Kaufanwärtervertrages* nahm der BGH (NJW 1982, 1189) Untragbarkeit der Nichtigkeit für den Handwerker wegen Existenzgefährdung an und gelangte damit zur Bejahung der Gültigkeit des Vertrages.

18 Die Unterscheidung zwischen „harten“ und „schlechthin untragbaren“ Ergebnissen ist im Einzelfall nicht leicht zu ziehen, so dass der Ausgang eines Rechtsstreits notwendig ungewiss bleibt. Es sind daher Präzisierungen erforderlich. Im Einzelnen ist zu unterscheiden: Unproblematisch sind Ansprüche aus unerlaubter Handlung oder culpa in contrahendo (§§ 311 Abs. 2, 280 Abs. 1 BGB). Hat der eine Teil schuldhaft den Formmangel verursacht, so kann darin eine unerlaubte Handlung (zB §§ 823 Abs. 2 BGB, § 263 StGB; § 826 BGB) oder ein Verschulden bei Vertragsschluss liegen. Dar-

aus kann sich jedoch nur ein Anspruch auf Ersatz des Vertrauensschadens, nicht auf Erfüllung oder das Erfüllungsinteresse ergeben.

Erfüllung kann nur ausnahmsweise begehrt werden, nämlich dann, wenn sich in Anbetracht der eingetretenen Entwicklung die Erfüllungsverweigerung unter Berufung auf den Formmangel als **unerträglicher Widerspruch zum eigenen Vorverhalten** (venire contra factum proprium) darstellt (vgl. BGH NJW 1983, 563 (564)). Dazu genügt aber nicht allein, dass die betroffene Partei im Vertrauen auf die Gültigkeit des Vertrages Dispositionen getroffen hat und die so entstandene Lage der anderen Partei allgemein zurechenbar ist. Auch genügt es nicht, dass die Voraussetzungen für die Verwirkung eines Rechts (→ § 17 Rn. 42) gegeben wären (BGH NJW 2004, 3330 (3331)). Es müssen vielmehr zusätzliche Umstände gegeben sein, die eine Beschränkung auf anderweit gegebene Schadensersatz-, Verwendungsersatz- oder Bereicherungsansprüche als unzureichend erscheinen lassen. Solche Umstände liegen zB bei **arglistiger Täuschung** über die Formbedürftigkeit eines Vertrages vor. Wer wider besseres Wissen die Gültigkeit eines formlos geschlossenen Vertrages behauptet, muss sich vom gutgläubigen Gegner sozusagen beim Wort nehmen lassen und kann sich hinterher nicht auf die Formnichtigkeit berufen. IÜ ist neben dem **Zweck der Formvorschrift** (BGH LM § 566 Nr. 15) und dem **Grad des Formfehlers** (BGHZ 29, 6) von Bedeutung insbesondere, ob die Verweigerung der Erfüllung den Betroffenen in seiner **Existenz** bedrohen würde (BGH NJW 1972, 1189). Ferner kann es darauf ankommen, ob den Gegner eine besondere **Fürsorgepflicht** traf (BGHZ 16, 334). Schließlich kann es eine Rolle spielen, ob der Betroffene längere Zeit aus dem Vertrag **Vorteile** erlangt hat, durch sein Handeln ein berechtigtes Vertrauen des Gegners auf die Wirksamkeit des Vertrages begründet und jener im Hinblick darauf Leistungen erbracht hat (BGHZ 132, 119 (128f.)). 19

c) Die Rechtslage bei sonstigen Rechtsgeschäften

Bei Verfügungsgeschäften wird die Ordnungsaufgabe der Form von der Verkehrssicherheit her bestimmt, so dass die Form ohne Ausnahme eingehalten werden muss, wenn die intendierte Rechtsfolge eintreten soll. So ist beispielsweise eine Grundstücksübereignung ohne die Form des § 925 BGB nicht möglich. Überdies wirft ein Formverstoß kaum soziale Probleme auf: Entweder ist das zugrunde liegende Verpflichtungsgeschäft wirksam, dann kann die Verfügung formgerecht nachgeholt werden; oder es ist unwirksam, dann müsste die Verfügung ohnehin rückgängig gemacht werden. 20

Auch bei den Geschäften des Familien- und Erbrechts kommt eine Außerachtlassung des Formzwangs in Härtefällen nicht in Betracht. So kann der in einem formungültigen Testament eingesetzte Erbe auch nicht unter Berufung auf Treu und Glauben ein Recht am Nachlass geltend machen.

VI. Nichteinhaltung der gewillkürten Form

Ob die gewillkürte Form (§ 127 BGB) eingehalten wurde oder nicht, ist nicht nach formalen Kriterien, sondern nach dem Zweck der vereinbarten Form zu entscheiden. Soll die Form nur die Gewähr für die Kenntniserlangung von einer Erklärung bieten (zB bei der Abrede, dass eine Kündigung durch „eingeschriebenen Brief" erfolgen müsse), so ist die Form auch bei einer einfachen schriftlichen Mitteilung gewahrt, so- 21 fern sie nur zur Kenntnis des Empfängers gelangt. Das Gesetz hat in § 127 Abs. 2 BGB selbst Ersatzformen zur Wahrung der vereinbarten Schriftform angeführt (telekommunikative Übermittlung und bei einem Vertrag Briefwechsel).

Steht fest, dass die gewillkürte Form nicht eingehalten wurde, so ist das Rechtsgeschäft nicht ohne Weiteres nichtig. Nach der Auslegungsregel des § 125 S. 2 BGB ist dies nur im Zweifel der Fall, also dann, wenn sich kein anderer Wille feststellen lässt. Für die Auslegung ist in erster Linie wiederum der Zweck der vereinbarten Form maßgebend. Wollten die Parteien mit der Form keine Wirksamkeitsvoraussetzung, sondern nur eine Klarstellung schaffen, tritt auch keine Nichtigkeit ein. Vielmehr besteht ein Anspruch auf Nachholung der Form (vgl. auch § 127 Abs. 2 S. 2, Abs. 3 S. 2 BGB).

Es steht den Parteien auch frei, eine Formvereinbarung nachträglich wieder aufzuheben. Nach ganz hM (vgl. BGH NJW 1985, 320 (322)) kann dies auch formlos erfolgen: Gerade in der mündlichen oder konkludent vereinbarten Vertragsabänderung oder Vertragsaufhebung könne eine solche Aufhebung des Formerfordernisses enthalten sein. Erforderlich sei nur die Einigkeit beider Parteien darüber, dass für ihre vertraglichen Beziehungen neben den schriftlich fixierten Vereinbarungen auch die formlos getroffenen Abreden gelten sollten. Zu den Besonderheiten bei „Schriftformklauseln" in AGB → § 16 Rn. 23.

Literatur: *Binder,* Gesetzliche Form, Formnichtigkeit und Blankett im bürgerlichen Recht, AcP 207 (2007), 155; *Böhm,* Das Abgehen von rechtsgeschäftlichen Formgeboten, AcP 179 (1979), 425; *Boente/Riehm,* Das BGB im Zeitalter digitaler Kommunikation – Neue Formvorschriften, Jura 2001, 793; *Häsemeyer,* Die Bedeutung der Form im Privatrecht, JuS 1980, 1; *Köhler,* Die Problematik automatisierter Rechtsvorgänge, insbes. von Willenserklärungen, AcP 182 (1982), 126; *Mankowski,* Formzwecke, JZ 2010, 662; *Roßnagel,* Das neue Recht der elektronischen Signaturen, NJW 2001, 1817; *Thalmair,* Kunden-Online-Postfächer: Zugang von Willenserklärungen und Textform, NJW 2011, 14; *Westerhoff,* Wie begründen wir Formnichtigkeit? AcP 184 (1984), 341; *Zenker,* Textform im WWW, insbes. bei eBay, JZ 2007, 816.

§ 13. Der Inhalt des Rechtsgeschäfts

Nach dem Grundsatz der Privatautonomie ist der Einzelne darin frei, mit welchem Inhalt er ein Rechtsgeschäft vornimmt. Diese Inhalts- oder Gestaltungsfreiheit ist jedoch im Interesse einer Vertragspartei oder der Allgemeinheit nicht uneingeschränkt gewährleistet. Die einzelnen Schranken werden im folgenden Abschnitt näher dargelegt.

I. Allgemeines

1. Einschränkungen der rechtsgeschäftlichen Gestaltungsmacht

1 Eine erste Einschränkung der Privatautonomie besteht darin, dass das Gesetz die rechtliche Gestaltungsmöglichkeit (das rechtliche „Können") beschränkt. Dazu gehören insbes. die Regelungen über den Typenzwang und die Veräußerungsfreiheit.

a) Der rechtsgeschäftliche Typenzwang

2 **Die Nachfolgeklausel:** Der Gesellschaftsvertrag einer Kommanditgesellschaft (vgl. §§ 161 ff. HGB) enthält die Klausel: „Stirbt der persönlich haftende Gesellschafter Hermann Z., tritt sein Sohn Heinz Z. an seine Stelle" (nach BGHZ 68, 225). – Ist eine solche Klausel zulässig?

Rechtsgeschäftliches Handeln ist nur unter Verwendung der von der Rechtsordnung bereitgestellten Gestaltungsformen möglich **(Grundsatz des Typenzwangs).** Dieser Typenzwang ist freilich in den einzelnen Bereichen des Privatrechts unterschiedlich stark ausgeprägt. Im Bereich des **Schuldrechts** kommt das Gesetz dem Interesse an individueller Ausgestaltung der Rechte und Pflichten aus einem Schuldverhältnis weit entgegen: die Parteien müssen sich nicht an die vom Gesetz vorsorglich bereitgestellten Vertragstypen (zB Kauf-, Miet- und Werkvertrag) halten. Ein Typenzwang besteht jedoch insoweit, als zur Begründung eines Schuldverhältnisses nach § 311 Abs. 1 BGB ein *Vertrag* zwischen den Beteiligten erforderlich ist, soweit das Gesetz nichts anderes vorschreibt. Ausgeschlossen ist dadurch die Begründung von Schuldverhältnissen durch einseitiges Rechtsgeschäft (Ausnahmen: §§ 657, 661 a BGB). Möglich ist nach § 328 BGB, dass ein Dritter ohne sein Zutun ein vertragliches Recht erwirbt *(Vertrag zugunsten Dritter),* ausgeschlossen ist dagegen, dass ein Dritter ohne sein Zutun vertragliche Pflichten auferlegt bekommt (Unzulässigkeit des **Vertrags zu Lasten Dritter**).

Im Fall der *„Nachfolgeklausel"* liefe die Regelung darauf hinaus, dass Heinz Z auf Grund eines Rechtsgeschäfts unter Lebenden (Gesellschaftsvertrag) ohne sein Zutun den Gesellschaftsanteil seines Vaters mit den damit verbundenen Rechten, aber auch Pflichten erwerben würde. Da aber vertragliche Pflichten einem Dritten ohne sein Zutun nicht auferlegt werden können, ist diese Klausel unzulässig und damit nichtig. Sie kann allenfalls in eine sog. Eintrittsklausel umgedeutet (§ 140 BGB) werden, die dem Heinz Z lediglich das Recht gibt, in die Gesellschaft einzutreten (BGHZ 68, 25).

Besonders stark ausgeprägt ist der rechtsgeschäftliche Typenzwang im **Sachenrecht.** 3
So können nicht Rechte an Sachen mit beliebigem Inhalt geschaffen werden; vielmehr gibt es nur eine geschlossene Zahl **(numerus clausus)** von Sachenrechten mit fest umrissenem Inhalt. Auch die Übertragung solcher Rechte ist festgelegt. So ist beispielsweise die Übereignung einer beweglichen Sache nur in den vom Gesetz in den §§ 929–931 BGB bereitgestellten Formen möglich. Die Parteien können davon nicht abweichen. Das hat seinen Grund im Interesse des Rechtsverkehrs an einer leichten Überprüfbarkeit der Eigentumsverhältnisse. Auch im Bereich des **Familien-** und **Erbrechts** ist der Typenzwang ausgeprägt in der Weise, dass nur bestimmte Zwecke und auch diese nur mittels der dafür vorgesehenen Rechtsgeschäftstypen erreicht werden können.

b) Die Unzulässigkeit rechtsgeschäftlicher Veräußerungsverbote (§ 137 S. 1 BGB)

Der Familienschmuck: Fürstin F schenkt ihrer Tochter T zur Hochzeit eine wertvolle Brosche aus dem 4
Familienbesitz. Später vereinbart sie mit ihr, dass die Brosche „nie in fremde Hände" gelangen dürfe. T veräußert in einer Notlage die Brosche an den Juwelier J. Sind der Verkauf und die Übereignung an J wirksam?

Nach § 137 S. 1 BGB kann die Befugnis zur Verfügung über ein veräußerliches Recht nicht durch Rechtsgeschäft ausgeschlossen oder beschränkt werden. Dagegen ist nach § 137 S. 2 BGB eine Verpflichtung, über ein solches Recht nicht zu verfügen, zulässig.

Im Fall des *Familienschmucks* ist der Kaufvertrag ohne Weiteres wirksam. T konnte aber auch die Übereignung wirksam nach § 929 BGB vornehmen. Sie war Eigentümerin und sie konnte auch wirksam über ihr Eigentum verfügen. Denn die Vereinbarung mit ihrer Mutter ist zwar dahin auszulegen, dass sie nicht über die Brosche verfügen können sollte. Eine derartige Vereinbarung ist aber nach § 137 S. 1 BGB nicht möglich. Die Vereinbarung kann lediglich dahin ausgelegt oder umgedeutet werden, dass T verpflichtet sein sollte, über die Brosche nicht zu verfügen. Mit der Veräußerung an J macht sich die T daher lediglich schadensersatzpflichtig gegenüber ihrer Mutter. J aber hat wirksam Eigentum erworben.

Die Regelung in § 137 S. 1 BGB stellt kein Verbotsgesetz iSd § 134 BGB dar. Sie verbietet nämlich nicht die Einschränkung der Verfügungsbefugnis, sondern schließt sie von vornherein aus. Der Zweck der Regelung ist nicht so sehr im Schutz der persönlichen Freiheit des Rechtsinhabers zu erblicken, wie sich aus § 137 S. 2 BGB ergibt. Vielmehr wird durch § 137 S. 1 BGB vor allem die Sicherheit des Rechtsverkehrs, insbes. die Sicherung des numerus clausus der Sachenrechte und der Zwangsvollstreckung bezweckt (BGH NJW 1997, 861 (862)).

Schwierigkeiten bereitet das Verhältnis des § 137 S. 1 BGB zu § 399 Hs. 2 BGB. Nach dieser Vorschrift kann die Abtretung einer Forderung (oder eines sonstigen Rechts, § 413 BGB) durch Vereinbarung zwischen Gläubiger und Schuldner ausgeschlossen werden. Manche sehen denn auch diese Vorschrift als Ausnahmeregelung zu § 137 S. 1 BGB an. Das ist aber nicht richtig. Denn § 137 S. 1 BGB setzt ein „veräußerliches Recht" voraus und § 399 Hs. 2 BGB gestattet es gerade, eine Forderung oder ein sonstiges Recht (§ 413 BGB) zu einem „unveräußerlichen Recht" zu machen (vgl. Staudinger/*Kohler* BGB § 137 Rn. 18). Ist ein Abtretungsausschluss vereinbart, so ist eine gleichwohl erfolgende Abtretung unwirksam (BGHZ 102, 301). Dem Gläubiger fehlt insoweit die Rechtsmacht zur Verfügung über die Forderung.

2. Einschränkungen der inhaltlichen Gestaltungsfreiheit

5 **Der Gewährleistungsausschluss:** Der Rentner G verkauft seinem Nachbarn K einen Gebrauchtwagen unter Verwendung eines Vertragsformulars, das die Klausel „gebraucht, wie besichtigt und unter Ausschluss jeder Gewährleistung" enthält. – Ist diese Klausel wirksam? Auch dann, wenn G dem K einen Mangel des Wagens arglistig verschwiegen hat?

IRd von der Rechtsordnung vorgegebenen Rechtsgeschäftstypen und rechtsgeschäftlichen Gestaltungsmacht sind die Parteien grds. darin frei, wie sie den Inhalt ihrer Rechtsgeschäfte gestalten, um ihre Interessen und Ziele zu verwirklichen. Ebenso wie die Abschlussfreiheit bedarf aber auch die Gestaltungsfreiheit der Einschränkung zum Schutze der Interessen des Geschäftsgegners oder dritter Personen oder der Allgemeinheit.

a) Einschränkungen durch zwingende Rechtsnormen

6 Zwar hat das Gesetz zahlreiche Regelungen für den Inhalt von schuldrechtlichen Verträgen aufgestellt. Jedoch sind diese Regelungen weitgehend dispositiv. Sie sind also von den Parteien abdingbar, gelten daher nur, soweit die Parteien keine anderweitige Regelung getroffen haben. Nur wenige Vorschriften sind zum Schutze der anderen Vertragspartei oder Dritter zwingend und können nicht abbedungen werden. Solche Vorschriften schränken punktuell die inhaltliche Gestaltungsfreiheit ein. Sie finden sich vornehmlich im Verbraucherschutz-, Miet- und Arbeitsrecht. Zumeist stellt der Gesetzgeber den zwingenden Charakter einer Vorschrift durch den Zusatz klar, dass (zum Nachteil einer Partei oder eines Dritten) abweichende Vereinbarungen nicht wirksam oder nur unter bestimmten Voraussetzungen wirksam sind (vgl. etwa §§ 312k, 475 Abs. 1, 506, 558 Abs. 6, 558b Abs. 4, 559 Abs. 3, 619, 651m BGB).

Im Falle des *Gewährleistungsausschlusses* gilt: Die Parteien eines Kaufvertrages haben es in der Hand, wie sie die Haftung des Verkäufers für Sachmängel regeln. Die gesetzlichen Vorschriften darüber (§§ 433ff. BGB) sind dispositiv. Die genannte Klausel ist daher grds. zulässig. (§ 475 Abs. 2 BGB greift nicht ein, da der Verkäufer kein Unternehmer ist.) Jedoch kann sich G auf die Klausel nach § 444 BGB nicht berufen, wenn er einen Mangel arglistig verschwiegen hat. Diese Vorschrift ist zwingenden Rechts.

b) Einschränkungen durch das Recht der Allgemeinen Geschäftsbedingungen

Soweit von Vorschriften des dispositiven Gesetzesrechts in Allgemeinen Geschäftsbedingungen (AGB) abgewichen wird, ist dies nur in den Grenzen der §§ 307–310 BGB möglich (dazu → § 16 Rn. 28f.). 7

c) Einschränkungen durch die Generalklauseln

Über konkrete Beschränkungen der inhaltlichen Gestaltungsfreiheit durch einzelne zwingende Vorschriften und die AGB-Kontrolle hinaus eröffnet das BGB mittels dreier Generalklauseln das Tor zu weiteren Einschränkungen auf Grund bestimmter ordnungs- und gesellschaftspolitischer Wertungen. Es sind dies die §§ 134 und 138 BGB, welche die gesetzlich verbotenen und sittenwidrigen Rechtsgeschäfte behandeln (dazu im Folgenden), sowie der Grundsatz von Treu und Glauben (§ 242 BGB). 8

d) Das Problem der Vertragsgerechtigkeit

Zu den Ewigkeitsfragen des Vertragsrechts gehört die Frage nach der Vertragsgerechtigkeit, die in vielerlei Form (nicht nur in der Frage nach dem gerechten Preis) auftaucht. Sie stellt sich insbes. dann, wenn eine Partei auf Grund ihrer wirtschaftlichen, informationellen oder psychischen Unterlegenheit nicht in der Lage ist, ihre Interessen bei der Ausgestaltung des Vertragsinhalts angemessen wahrzunehmen. Das BVerfG sieht diese Problematik unter dem Aspekt des Schutzes der Privatautonomie des unterlegenen Vertragspartners. Nach seiner Rspr. sind die Gerichte bei der Konkretisierung und Anwendung der bürgerlichrechtlichen Generalklauseln verpflichtet, die grundrechtliche Gewährleistung der Privatautonomie (Art. 2 Abs. 1 GG) zu beachten. Daraus soll eine Pflicht zur Inhaltskontrolle von Verträgen in den Fällen **„gestörter Vertragsparität“** folgen. Die Vertragsparität sei dann gestört, wenn es sich um eine typisierbare Fallgestaltung handle, die eine strukturelle Unterlegenheit des einen Vertragsteils erkennen lasse, und die Folgen des Vertrags für den unterlegenen Vertragsteil ungewöhnlich belastend seien (vgl. BVerfGE 89, 214 (231ff.); BVerfG NJW 1994, 2749 (2750)). Im Bereich des Verbraucherschutzes ist mittlerweile durch die **europäische Gesetzgebung** (Richtlinien) das Vertragsrecht weitgehend durch spezielle Regelungen zum Schutze des Verbrauchers ergänzt worden (vgl. zB die §§ 312–312k, 474–479 BGB). 9

II. Der Verstoß gegen ein gesetzliches Verbot (§ 134 BGB)

Die Schwarzarbeit: A wollte eine Garage bauen lassen. Da ihm die Angebote der örtlichen Bauunternehmer zu teuer waren, wandte er sich an den arbeitslosen Maurer M, der sich bereit erklärte, den Bau gegen Zahlung 1.800 Euro zu erstellen. Die Bezahlung sollte bar ohne Rechnung und ohne Abführung von Umsatzsteuer erfolgen. Nach Fertigstellung der Garage zeigten sich Baumängel. – Kann A von M Mängelbeseitigung (§§ 634 Nr. 1, 635 BGB) verlangen? Kann M von A Bezahlung der vereinbarten Vergütung verlangen? 10

1. Allgemeines

Die Rechtsordnung kann bestimmte Verhaltensweisen verbieten, wenn sie sozialschädlich sind. Soweit solche Verhaltensweisen Gegenstand von Rechtsgeschäften sind, stellt sich die Frage nach deren zivilrechtlicher Wirksamkeit. Die Antwort darauf gibt § 134 BGB. Nach dieser Vorschrift ist ein Rechtsgeschäft, das gegen ein gesetzliches Verbot verstößt, nichtig, wenn sich nicht aus dem Gesetz ein anderes ergibt.

Zweistufige Prüfung des § 134:

1. Stufe – Vorliegen eines Verbotsgesetzes: – Ermittlung durch Auslegung – Indiz: Strafe/Bußgeld

2. Stufe – Rechtsfolgen: – Ermittlung durch Auslegung – Unterscheidung Verpflichtungs-/Erfüllungsgeschäft

2. Vorliegen eines Verbotsgesetzes

11 Das Verbot muss sich aus einem **Gesetz** ergeben. Darunter ist, wie auch sonst im BGB, jede Rechtsnorm (Art. 2 EGBGB) zu verstehen. Es spielt keine Rolle, welchem Rechtsgebiet die Norm angehört (Strafrecht; öffentliches Recht; Wirtschaftsrecht usw). Nach der Rspr. (vgl. BGHZ 51, 255 (262)) muss die Norm nicht einmal ausdrücklich festgelegt sein, sondern kann sich auch aus dem Geist der Rechtsordnung ergeben. Grundgesetznormen (wie zB Art. 3 GG) sind Gesetze iSd § 134 BGB nur in Bezug auf Rechtsgeschäfte der öffentlichen Hand (BGHZ 68, 280 (286)). Denn nur insoweit entfalten sie unmittelbare Wirkung. Auf Rechtsgeschäfte zwischen Privaten wirken die Grundrechte nur mittelbar, über die Generalklauseln (§§ 138, 242, 315 BGB), ein (→ Rn. 20). Soweit die Vorschrift selbst bereits die Nichtigkeit eines Rechtsgeschäfts anordnet (wie zB Art. 101 Abs. 2 AEUV), bedarf es der Heranziehung des § 134 BGB gar nicht mehr.

12 Es muss sich um ein Gesetz handeln, das ein **Verbot** eines Rechtsgeschäfts ausspricht, sich also gegen seine Vornahme richtet. Ob dies der Fall ist, ist durch **Auslegung** der betreffenden Rechtsnorm zu ermitteln (dazu ***Köhler*** **BGB AT PdW Fall** 77). Der Wortlaut („kann nicht", „darf nicht", „ist unzulässig") liefert hierfür zwar Anhaltspunkte. Im Vordergrund steht aber der **Normzweck.** Es kommt darauf an, ob es mit Sinn und Zweck der Vorschrift unvereinbar wäre, die durch das Rechtsgeschäft getroffene Regelung hinzunehmen und bestehen zu lassen (BGH NJW-RR 2011, 1426 Rn. 12). Das ist in der Regel der Fall, wenn die Vorschrift den Inhalt des Rechtsgeschäfts missbilligt.

Ein wichtiges Indiz für ein gesetzliches Verbot ist es insoweit, wenn das Verhalten für **beide Beteiligten** mit **Strafe** oder **Bußgeld** bedroht ist. Richtet sich die Straf- oder Bußgeldandrohung dagegen nur gegen **einen** Beteiligten, so ist das Rechtsgeschäft in der Regel wirksam; jedoch kann auch hier der Zweck der Norm die Nichtigkeit verlangen.

Im *Schwarzarbeits-Fall* haben sowohl A als auch M gegen das Schwarzarbeitsgesetz verstoßen (vgl. § 1 Abs. 2 SchwArbG). Dieses Gesetz bezweckt, die Schwarzarbeit wegen ihrer sozial schädlichen Auswirkungen zu bekämpfen, ist also ein Verbotsgesetz iSd § 134 BGB. Dieser Zweck lässt sich aber nur dann erreichen, wenn den auf Schwarzarbeit gerichteten Verträgen die Wirksamkeit versagt wird, weil dann beide Vertragsparteien vom Abschluss solcher Verträge abgeschreckt werden. Ein Schwarzarbeitsvertrag ist daher dann nach § 134 BGB nichtig, wenn entweder beide Parteien gegen das Verbot verstoßen oder jedenfalls der Unternehmer (M) vorsätzlich gegen das Verbot verstößt und der Besteller (A) den Verstoß des Unternehmers kennt und bewusst zum eigenen Vorteil ausnutzt (BGH NJW 2017, 1808 Rn. 15). – Daraus folgt, dass dem A mangels wirksamen Vertrages keine Mängelansprüche zustehen, andererseits M auch keinen vertraglichen Zahlungsanspruch hat.

12a Ausnahmsweise kann aber auch ein **einseitiges Verbot** das Rechtsgeschäft unwirksam machen, wenn der Gesetzeszweck dies gebietet (BVerfG NJW 2016, 3153 Rn. 46; stRspr).

So richtet sich das **Verbot der unerlaubten Rechtsdienstleistung** (§ 3 RDG) zwar nur an den Erbringer der unerlaubten Rechtsdienstleistung. Gleichwohl ist ein auf eine unerlaubte Rechtsdienstleistung gerichteter Vertrag nichtig (vgl. zu § 1 RBerG aF BGH NJW 1995, 3122 (3124); stRspr). Denn nur so kann der Gefährdung des rechtsuchenden Publikums vor unsachgemäßer Rechtsberatung vorgebeugt werden. – Das zivilrechtliche **Benachteiligungsverbot** (§ 19 AGG) richtet sich zwar nur an den Anbieter bestimmter Leistungen. Gleichwohl greift § 134 BGB ein. So sind einseitige Rechtsgeschäfte des „Benachteiligenden" (zB Hotelier kündigt einem Gast, der telefonisch ein Zimmer gemietet hat, wegen dessen dunkler Hautfarbe) nichtig. Für Vereinbarungen, die vom Benachteiligungsverbot abweichen, gilt dagegen die Sonderregelung des § 21 Abs. 4 AGG, dh der Benachteiligende kann sich auf die Vereinbarung nicht berufen.

Wendet sich das Gesetz dagegen nicht gegen den Inhalt, sondern nur gegen die **äußeren Umstände** der Vornahme des Rechtsgeschäfts (Ort, Zeit, Personenkreis), ist in der Regel Wirksamkeit anzunehmen. Maßgebend bleibt freilich immer der jeweilige Schutzzweck des Gesetzes.

So richtet sich das *Verbot des Verkaufs von Waren nach Ladenschluss* (§§ 3, 24 LadSchlG) nicht gegen den Inhalt, sondern nur gegen die äußeren Umstände des Geschäfts. Der Zweck dieses Gesetzes gebietet nicht die Unwirksamkeit der nach Ladenschluss zustande gekommenen Verträge. Der Inhaber ist aber berechtigt, die Vertragserfüllung während der Ladenschlusszeiten zu verweigern, um nicht gegen das LadSchlG verstoßen zu müssen.

3. Rechtsfolgen

a) Das Verpflichtungsgeschäft

Verbietet ein Gesetz ein bestimmtes Verpflichtungsgeschäft, so ist es nicht automatisch nichtig. Vielmehr ordnet § 134 BGB die Nichtigkeit nur an, „wenn sich nicht aus dem Gesetz ein anderes ergibt". Ob also bei einem Verstoß gegen ein Verbotsgesetz **Nichtigkeit oder eine andere Rechtsfolge** eintritt, ist wiederum durch **Auslegung** des Verbotsgesetzes, aber auch anderer gesetzlicher Bestimmungen zu ermitteln (vgl. BGHZ 197, 312 Rn. 14ff. zu den §§ 57, 62 AktG). 13

So führt ein Verstoß gegen **Höchstpreisvorschriften** nur zur Nichtigkeit der Vereinbarung des überhöhten Preises mit der Folge, dass der Vertrag zum zulässigen Preis wirksam ist (BGH NJW 2008, 55 Rn. 14 zu Architektenhonoraren). Andernfalls erhielte nämlich der durch die Preisvorschrift geschützte Vertragspartner Steine statt Brot. – Ein Verstoß gegen § 90a Abs. 1 S. 2 Hs. 1 HGB (Überschreitung der gesetzlich zulässigen Dauer eines nachvertraglichen **Wettbewerbsverbots**) führt lediglich dazu, dass an die Stelle der unzulässig langen Frist die gesetzliche Höchstdauer von zwei Jahren tritt (BGH NJW 2013, 2027 Rn. 32). – Ein Verstoß gegen berufsrechtliche Tätigkeitsverbote (zB Verbot der Heilbehandlung ohne entsprechende behördliche Zulassung) führt zwar nach hM (BAG BB 2005, 782) zur Nichtigkeit des Vertrages, angemessener erscheint es aber, zum Schutz des Vertragspartners die Grundsätze über die rechtliche Unmöglichkeit (§ 311a BGB) heranzuziehen.

b) Das Erfüllungsgeschäft

Durch Auslegung des Verbotsgesetzes ist weiterhin zu ermitteln, ob neben dem Verpflichtungsgeschäft auch das Erfüllungsgeschäft nichtig ist (BGHZ 71, 358 (361)). 14

Der Haschischkauf: Ein V-Mann der Polizei kauft von einem Dealer Haschisch und bezahlt dafür 25.000 Euro. Hier ist nicht nur der Kaufvertrag wegen Verstoßes gegen das Betäubungsmittelgesetz (§ 29 BTMG) nichtig, sondern auch die Übereignung des Rauschgifts und überdies die Übereignung des Geldes. Denn die Übereignung des Rauschgifts soll gerade verhindert werden. Die Übereignung des Geldes ist an sich wertneutral. Da sie aber erst den verbotenen Rauschgifterwerb ermöglicht (Zug-um-Zug-Geschäft), unterliegt auch sie dem Verbot (BGH NJW 1983, 636).

Richtet sich das Verbot nur gegen das Erfüllungsgeschäft, so ist zwangsläufig auch das dazugehörige Verpflichtungsgeschäft nach § 134 BGB nichtig.

Die Honorarforderung: Die ohne Zustimmung des Mandanten erfolgte Abtretung der Honorarforderung eines Anwalts verstößt gegen § 203 Abs. 1 S. 3 StGB (Schweigepflicht), weil nach § 402 BGB der Anwalt als Zedent verpflichtet wäre, dem Zessionar die erforderlichen Informationen zu erteilen, und ist damit nichtig nach § 134 BGB (BGH NJW 2005, 1505 (1506)). Nichtig ist damit aber auch der zugrundeliegende Kaufvertrag über die Forderung (BGH NJW 1995, 2026 (2027)).

c) Die Rückabwicklung

15 Sind auf Grund des nichtigen Vertrages Leistungen erbracht worden, so können sie grds. nach den §§ 812 ff. BGB zurückgefordert werden (BGH NJW 2011, 373 Rn. 19). Die Rückforderung ist jedoch nach § 817 S. 2 BGB ausgeschlossen, soweit der Leistende vorsätzlich gegen das gesetzliche Verbot verstoßen hat. Dem steht es gleich, wenn der Leistende sich der Einsicht in das Verbotswidrige seines Handelns leichtfertig verschlossen hat (BGH NJW 2011, 373 Rn. 20).

Im *Schwarzarbeits-Fall* kann daher weder der Bauherr sein Geld zurückverlangen, noch der Schwarzarbeiter für seine Leistung Wertersatz nach §§ 812, 818 Abs. 2 BGB verlangen.

Der Ausschluss der Rückforderung nach § 817 S. 2 BGB kann zwar zu Härten führen, wenn nur eine Partei ihre Leistung erbracht hat.

Im *Schwarzarbeits-Fall* wird dies deutlich, wenn der Schwarzarbeiter seine Leistung voll erbracht hat, der Bauherr aber anschließend die Bezahlung verweigert. Faktisch kommt nämlich der Bauherr dann kostenlos in den Genuss der Bauleistung. Jedoch rechtfertigt es dies nicht, aus Billigkeitsgründen (§ 242 BGB) den § 817 S. 2 BGB einzuschränken und dem Schwarzarbeiter eine Vergütung nach §§ 812 Abs. 1, 818 Abs. 2 BGB zusprechen. Denn wer bewusst gegen das SchwarzArbG verstößt, soll nach der Intention des Gesetzgebers schutzlos bleiben und veranlasst werden, das verbotene Geschäft nicht abzuschließen (BGHZ 201, 1 Rn. 26 ff.; 206, 69 Rn. 17; aA noch BGHZ 111, 308 (311)).

d) Schadensersatzansprüche

16 Ferner können sich bei Vertragsnichtigkeit Schadensersatzansprüche aus §§ 311 Abs. 2 Nr. 3, 280 Abs. 1 BGB ergeben.

4. Die Gesetzesumgehung

17 Eine Gesetzesumgehung liegt vor, wenn die Parteien eine andere als im Verbotsgesetz geregelte Gestaltung wählen, um auf diese Weise doch den wirtschaftlichen Erfolg herbeizuführen, den das Verbotsgesetz gerade verhindern will. Ein solches **Umgehungsgeschäft** ist kein Scheingeschäft iSd § 117 BGB, da der Erfolg von den Parteien wirklich gewollt ist. In manchen Vorschriften ist die Gesetzesumgehung ausdrücklich geregelt. Es wird angeordnet, dass bestimmte Regelungen auch dann Anwendung finden, wenn sie durch anderweitige Gestaltungen umgangen werden (vgl. §§ 306a, 312k Abs. 1 S. 2, 475 Abs. 1 S. 2 BGB). Das Verbot der Gesetzesumgehung gilt aber allgemein. Dabei handelt es sich allerdings um kein eigenes Rechtsinstitut (str.). Vielmehr geht es lediglich um die Klarstellung, dass sich die Reichweite einer Norm nicht allein aus ihrem Wortlaut, sondern aus ihrem **Schutzzweck** ergibt. Verbietet die Norm eine bestimmte Gestaltung wegen des damit verbundenen wirtschaftlichen Erfolges,

so kann sie im Wege der Auslegung oder Analogie auch auf andere, scheinbar nicht erfasste Gestaltungen anwendbar sein, wenn es der Normzweck gebietet. Dasselbe gilt für zwingende Gesetzesvorschriften, auch wenn sie keine eigentlichen Verbotsgesetze iSd § 134 BGB sind.

Der türkische Gastarbeiter: Der Arbeitgeber A musste immer wieder feststellen, dass seine türkischen Gastarbeiter häufig nur mit Verspätung von ihrem Heimaturlaub zurückkehrten. Er ließ sich daher bei der Urlaubsgewährung an den türkischen Gastarbeiter G ein Formular unterschreiben, in dem es hieß: „Es gilt als vereinbart, dass ich die Arbeit am 9. 4. 73 wieder aufnehme, andernfalls gilt, dass das Arbeitsverhältnis mit diesem Tage endet, ohne Rücksicht auf die Gründe des Fernbleibens" (nach BAG NJW 1975, 1531). – Die Vereinbarung ist unwirksam, weil sie auf eine Umgehung der Kündigungsschutzvorschriften (insbes. § 626 BGB) hinausläuft.

III. Der Verstoß gegen die guten Sitten (§ 138 BGB)

1. Der Begriff der „guten Sitten"

Der Titelhändler: A hatte dem Geschäftsmann B gegen Zahlung von 125.000 Dollar versprochen, ihm 18
die Ernennung zum Honorarkonsul von Sierra Leone zu verschaffen. Ist die Vereinbarung wirksam?

Der Gesetzgeber kann nicht für alle denkbaren Fälle Verbotsvorschriften aufstellen, muss andererseits für die Einhaltung bestimmter ethischer Grundanforderungen im rechtsgeschäftlichen Verkehr Sorge tragen. Um dem Rechnung zu tragen, ordnet § 138 Abs. 1 BGB an, dass ein Rechtsgeschäft, das gegen die guten Sitten verstößt, nichtig ist.

a) Die gesellschaftlichen Wertvorstellungen

Die Rspr. (vgl. BGHZ 179, 213 Rn. 10) stellt seit jeher zur Ausfüllung des Begriffs der 19
guten Sitten auf das „Anstandsgefühl aller billig und gerecht Denkenden" ab.

> Ein Rechtsgeschäft ist **sittenwidrig,** wenn es gegen das Anstandsgefühl aller billig und gerecht Denkenden verstößt.

Mit dem Anstandsgefühl ist auf sozialethische Wertvorstellungen verwiesen. Die Bezugnahme auf die „billig und gerecht Denkenden" soll zum Ausdruck bringen, dass für die Bewertung eines Rechtsgeschäfts weder eine sensible Denkungsart mit hochstehenden sittlichen Anforderungen (zB Standespflichten) noch ein abgestumpftes Empfinden (zB eingerissene Unsitten) maßgebend ist, sondern von den durchschnittlichen Anschauungen der Gesellschaft oder der Gruppen, denen die Handelnden angehören, auszugehen ist. Der Richter muss versuchen, diese Wertvorstellungen zu klären, indem er sich unter Beachtung der möglicherweise unterschiedlichen Auffassungen der beteiligten Kreise um ein eigenständiges Urteil bemüht (vgl. *Sack* NJW 1985, 761). Durch einen Rückgriff auf rein sozialethische Wertvorstellungen lässt sich freilich in der heutigen pluralistischen Gesellschaft mit höchst divergierenden Vorstellungen der Inhalt der „guten Sitten" nicht mehr ausfüllen.

b) Die rechtlichen Wertungen

Zur Konkretisierung des Begriffs der „guten Sitten" müssen vielmehr auch die Ord- 20
nungsprinzipien und Wertmaßstäbe der Gesamtrechtsordnung herangezogen werden

(vgl. BGHZ 80, 156; 106, 338). Der Begriff der guten Sitten schließt daher die **„öffentliche Ordnung“** (ordre public) ein. Besondere Bedeutung kommt dabei der **Wertordnung des Grundgesetzes** zu. Man spricht insoweit von der **mittelbaren Drittwirkung der Grundrechte,** die über die Generalklauseln auf das Zivilrecht ausstrahlen (vgl. BVerfG NJW 1994, 36 (38); BGHZ 70, 313 (324)). Richtiger erscheint es, auf die Funktion der Grundrechte als *Eingriffsverbote* und *Schutzgebote* abzustellen, die der Richter bei der Konkretisierung des Begriffs der „guten Sitten“ zu berücksichtigen hat (vgl. *Canaris,* Grundrechte und Privatrecht, 1999, S. 47ff.).

Sittenwidrig sind daher beispielsweise Verträge, die ein Entgelt zur Eingehung einer Scheinehe (Art. 6 GG) oder zur Vornahme eines Religionswechsels (Art. 4 GG) vorsehen.

Stehen gesellschaftliche und rechtliche Wertungen in Widerspruch, so gehen letztere vor, da der Richter in erster Linie an Recht und Gesetz gebunden ist (Art. 1 Abs. 3, 20 Abs. 3 GG; vgl. *Wolf/Neuner* BGB AT § 46 Rn. 16). Von Bedeutung ist dies in den Fällen, in denen die gesellschaftlichen Wertvorstellungen mit der rechtlichen Entwicklung nicht Schritt halten.

c) Der Beurteilungszeitpunkt

21 Der Inhalt der guten Sitten ist in einer raschlebigen, pluralistischen Gesellschaft Wandlungen unterworfen: was gestern noch als sittenwidrig galt, muss es heute nicht mehr sein und umgekehrt (dazu *Schmoeckel* AcP 197 [1997], 1). Der **Wertewandel** kann auf der Ausstrahlung von geänderten Normen oder von Unionsrecht, aber auch auf geänderten gesellschaftlichen Vorstellungen beruhen. So wurde früher das sog. „Geliebtentestament“ und der Verkauf einer Anwalts- oder Arztpraxis als sittenwidrig, heute dagegen grds. als zulässig angesehen (vgl. zum „Geliebtentestament“, BGH NJW 1983, 674; zum Verkauf einer Anwalts- oder Arztpraxis, BGH NJW 1989, 763). Für die Beurteilung eines Rechtsgeschäfts nach § 138 Abs. 1 BGB kommt es nach ganz hM (BGH NJW 1996, 1274 (1276)) auf den **Zeitpunkt der Vornahme des Rechtsgeschäfts** an. Lediglich bei **Testamenten** ist umstritten, ob der Zeitpunkt der Errichtung oder der des Erbfalls maßgebend sein soll (dazu Staudinger/*Sack* BGB § 138 Rn. 86f. mwN). Ist ein Rechtsgeschäft im Zeitpunkt seiner Vornahme sittlich unbedenklich gewesen, kann es durch die Veränderung der Umstände oder Wertungen nicht unsittlich werden. Führt jedoch die Änderung der Verhältnisse dazu, dass das Rechtsgeschäft sittenwidrige Auswirkungen zeigt, kann sich das Festhalten am Vertrag als unzulässige Rechtsausübung darstellen oder es kann die Geschäftsgrundlage beeinträchtigt und damit eine Anpassung geboten sein (§ 313 Abs. 1 BGB). Dazu kann es beispielsweise bei letztwilligen Verfügungen kommen, wenn sich die Verhältnisse völlig anders entwickeln als der Erblasser angenommen hat und zu einer gravierenden Benachteiligung eines Bedachten führen. Ist ein Rechtsgeschäft im Zeitpunkt seiner Vornahme sittenwidrig gewesen, so wird es nicht dadurch wirksam, dass es heute als sittenkonform anzusehen ist. Es kann Wirksamkeit nur durch Bestätigung (§ 141 BGB) erlangen.

2. Die Feststellung der Sittenwidrigkeit

22 Die Sittenwidrigkeit eines Rechtsgeschäfts ist im Wege einer **Gesamtwürdigung** festzustellen. Dabei sind der Inhalt und die Begleitumstände (zB Zeitdruck) des Geschäfts, seine Auswirkungen sowie die Vorstellungen, Beweggründe und Zwecke der

Beteiligten zu berücksichtigen (vgl. BGH NJW 2005, 1490 (1491); 2005, 2991 (2992); 2008, 2026 Rn. 21).

Die Sittenwidrigkeit eines Geschäfts kann sich im Einzelfall bereits aus seinem **objektiven Inhalt** ergeben. Dies ist insbes. dann der Fall, wenn die Durchführung des Geschäfts einen Verstoß gegen die öffentliche Ordnung *(ordre public)* darstellt. Insoweit kommt es auf die subjektiven Vorstellungen einer oder beider Parteien nicht an.

So verhält es sich im Fall des *Titelhändlers*. Entgeltliche Verträge über die Verschaffung öffentlicher Ämter und Titel sind sittlich zu missbilligen, weil sie nach der Auffassung anständiger Menschen nicht durch Geld, sondern durch Mühe und Verdienst erworben werden sollen. Die Käuflichkeit würde zur Sinnentleerung von Titeln und zu einer Beeinträchtigung der Funktionsfähigkeit öffentlicher Ämter führen. Es spielt keine Rolle, ob die Beteiligten ihre Vereinbarung für zulässig hielten und welche Motive dahinter steckten (BGH NJW 1994, 187).

Ein von seinem Inhalt her an sich unbedenkliches Geschäft kann durch die sonstigen Umstände und die Motive und Absichten der Beteiligten zu einem sittenwidrigen werden. Hier kann insbes. die verwerfliche Gesinnung einer oder beider Parteien eine Rolle spielen.

Der Aktienverkauf: Der Verkauf von Aktien zu einem höheren als dem Marktpreis ist an sich unbedenklich. – Erfolgt der Verkauf jedoch zum Zwecke des betrügerischen Weiterverkaufs, so ist Sittenwidrigkeit zu bejahen (vgl. BGH DB 1971, 39).

Ob die Parteien das Bewusstsein der Sittenwidrigkeit hatten, ist unbeachtlich. Sonst 23
würde jenen ein Freibrief ausgestellt, die dieses Bewusstsein nicht haben. Es genügt vielmehr, dass die Parteien die Umstände kannten, die das Geschäft zu einem sittenwidrigen machen. Der Nachweis dieser Kenntnis ist allerdings schwer zu führen. Die Rspr. (BGH NJW 2005, 2991 (2992)) stellt es daher der Kenntnis gleich, wenn sich jemand bewusst oder zumindest grobfahrlässig der Kenntnis der Umstände verschließt.

Richtet sich der Sittenverstoß unmittelbar gegen den Geschäftsgegner, so braucht dieser natürlich die die Sittenwidrigkeit begründenden Umstände nicht zu kennen (BGHZ 50, 70). So etwa beim wucherähnlichen Geschäft (dazu → Rn. 30).

3. Fallgruppen

Die Möglichkeiten eines Sittenverstoßes sind so vielfältig und die Feststellung eines 24
Sittenverstoßes hängt von so vielen Faktoren ab, dass eine umfassende Darstellung weder möglich noch sinnvoll ist. Es muss daher der Hinweis auf einige Fallgruppen genügen.

a) Machtmissbrauch

Die Sittenwidrigkeit kann in einem Machtmissbrauch einer Partei begründet sein. So 25
etwa, wenn ein Energieversorgungsunternehmen mit Monopolstellung von einem Abnehmer ohne sachlich gerechtfertigten Grund überhöhte Preise verlangt. Die Beurteilung der Sittenwidrigkeit bleibt dabei nicht unbeeinflusst von der kartellrechtlichen Bewertung von Machtmissbräuchen (vgl. §§ 19, 20 GWB). Sittenwidrigkeit kann auch dann vorliegen, wenn eine vorhandene Machtstellung dazu ausgenutzt wird, ein „Koppelungsgeschäft“ abzuschließen. So etwa, wenn eine kreisfreie Gemeinde die Erteilung einer Baugenehmigung davon abhängig macht, dass ihr ein Grundstück ab-

getreten wird, ohne dass ein sachlicher Zusammenhang bestünde (vgl. BGH NJW 1972, 1657).

b) Gefährdung Dritter oder der Allgemeinheit

26 Sittenwidrig kann ein Geschäft sein, durch das Dritte oder die Allgemeinheit gefährdet werden (BGH NJW 2010, 610 Rn. 13 zum Kauf eines Radarwarngeräts). Zur Gefährdung Dritter gehört insbes. der Fall eines zwischen Schuldner und Gläubiger geschlossenen Sicherungsvertrags, wenn eine **ursprüngliche** Übersicherung vorliegt (BGH NJW 1998, 2047). Nach stRspr (vgl. BGH NJW 1995, 1668 (1669)) ist die Vereinbarung einer Globalzession künftiger Forderungen in der Regel sittenwidrig und damit nichtig, soweit sie nach dem Willen der Parteien auch solche Forderungen erfassen soll, die der Schuldner seinen Lieferanten auf Grund verlängerten Eigentumsvorbehalts abtritt und abtreten muss. Denn eine solche Vereinbarung verleitet den Schuldner dazu, seine Lieferanten zu täuschen und damit ihr Vermögen zu gefährden, wenn er – wie zumeist – auf Belieferung unter Eigentumsvorbehalt angewiesen ist. Bei Eintritt einer **nachträglichen** Übersicherung steht dem Sicherungsgeber dagegen nur ein ermessensunabhängiger Freigabeanspruch zu (dazu näher BGH NJW 1998, 671).

c) Knebelungsverträge

27 Sittenwidrig kann ferner ein Vertrag sein, der die wirtschaftliche Bewegungsfreiheit einer Partei in sachlich nicht gerechtfertigter Weise übermäßig einschränkt (BGHZ 106, 338). Dies kann bei Vereinbarung **langfristiger Bezugsbindungen** (zB Tankstellen-, Automatenaufstellungs- und Bierlieferungsverträge) der Fall sein. Die Rspr. (vgl. BGH NJW 1992, 2145) sieht die äußerste noch zulässige Grenze bei einer Laufzeit von 15 bis 20 Jahren, die überdies nur durch besondere Umstände gerechtfertigt sein könne. Richtigerweise sollte die Maximalfrist zehn Jahre betragen. – Sittenwidrig ist auch die Übernahme einer **Bürgschaft** (§ 765 BGB) oder einer sonstigen Mithaftung durch einen nahen Angehörigen (Kinder, Ehegatten, Lebenspartner, Geschwister) des Schuldners, wenn sie ihn **finanziell krass** überfordert (BGH NJW 2009, 2671 Rn. 18). Das ist idR dann der Fall, wenn die finanziellen Mittel des Bürgen im Vergleich zur übernommenen Haftung völlig unzulänglich sind und somit die Gefahr einer lebenslänglichen Verschuldung besteht. Denn insoweit ist zu vermuten, dass der Bürge die Haftung nur aus emotionaler Verbundenheit mit dem Hauptschuldner übernommen und der Kreditgeber dies in sittlich anstößiger Weise ausgenutzt hat.

d) Wettbewerbsverbote

28 Vielfach wird in **Dienst-** oder **Gesellschaftsverträgen** vereinbart, dass die ausscheidende Vertragspartei auch nach Vertragsbeendigung Wettbewerb zu unterlassen hat. Wettbewerbsverbote werden aber auch bei **Unternehmenskaufverträgen** zu Lasten des Verkäufers vereinbart. Der gebundene Teil soll dadurch gehindert werden, seine Insider-Kenntnisse und Verbindungen aus seiner früheren Tätigkeit illoyal zum Nachteil des anderen im Wettbewerb zu nutzen. Solche Vereinbarungen beeinträchtigen aber den davon Betroffenen in der Freiheit seiner beruflichen oder gewerblichen Tätigkeit. Die widerstreitenden Interessen gilt es zum Ausgleich zu bringen. Als Beurteilungskriterium ist, sofern keine gesetzliche Regelung (wie zB § 90a Abs. 1 S. 2 HGB) vorliegt, der Grundsatz der Verhältnismäßigkeit heranzuziehen. Wettbewerbsverbote sind daher unzulässig, wenn sie **örtlich, zeitlich** und **gegenständlich** das **notwendige**

Maß überschreiten (BGH NJW 2005, 3061 (3062)). In zeitlicher Hinsicht sind Wettbewerbsverbote im Regelfall dann unangemessen, wenn sie eine Frist von zwei Jahren überschreiten (BGH NJW 2002, 2584; 2005, 3061 (3062)), wobei fünf Jahre die absolute Obergrenze bilden. In örtlicher Hinsicht ist eine Beschränkung nur für den Raum zulässig, in dem eine Kundenabwerbung zu befürchten ist. In gegenständlicher Hinsicht darf sich ein Wettbewerbsverbot nicht auf Bereiche erstrecken, die nicht Gegenstand der früheren Tätigkeit des Gebundenen waren. – Wettbewerbsverbote können gleichzeitig gegen § 1 GWB bzw. Art. 101 Abs. 1 AEUV verstoßen (vgl. BGH NJW 1994, 384 (386)). Doch ist insoweit der Wertungsmaßstab (Schutz der Allgemeininteressen am Wettbewerb) ein anderer. So greift das Kartellverbot nicht ein, wenn die Auswirkungen des Wettbewerbsverbots auf den Wettbewerb auf dem relevanten Markt wegen Vorhandenseins einer Vielzahl anderer Wettbewerber nicht spürbar sind.

e) Verstöße gegen die Sexualmoral

Die Beurteilung von Verträgen, welche die Sexualmoral berühren, hat sich in den letz- 29
ten Jahren gewandelt. So werden nunmehr Verträge über Telefonsex und Verträge mit Prostituierten nicht mehr als sittenwidrig angesehen (vgl. BGH NJW 2008, 140 Rn. 1 ff.). Prostituierten steht kraft ausdrücklicher gesetzlicher Regelung (§ 1 S. 1 ProstG) eine wirksame Entgeltforderung zu, wenn sie „sexuelle Handlungen gegen ein vorher vereinbartes Entgelt vorgenommen“ haben.

f) Wucherähnliches Geschäft

Sind die Voraussetzungen des Wuchertatbestandes (§ 138 Abs. 2 BGB; dazu 30
→ Rn. 36 ff.) nicht vollständig erfüllt, so kann § 138 Abs. 1 BGB als Auffangtatbestand für **wucherähnliche Geschäfte** eingreifen. Die Rspr. (vgl. BGH NJW 2012, 1570 Rn. 8; 2012, 2723 Rn. 17) wendet § 138 Abs. 1 BGB dann an, wenn ein **besonders auffälliges** Missverhältnis zwischen Leistung und Gegenleistung besteht und mindestens ein weiterer Umstand hinzukommt, der den Vertrag bei Zusammenfassung der subjektiven und objektiven Merkmale als sittenwidrig erscheinen lässt. Das ist insbes. der Fall, wenn eine verwerfliche Gesinnung des begünstigten Vertragsteils hervorgetreten ist, etwa bei bewusster, zumindest grob fahrlässiger Ausnutzung der schwierigen Lage der anderen Seite. Dabei soll bei einem besonders groben Missverhältnis zwischen Leistung und Gegenleistung eine tatsächliche Vermutung für das Vorliegen einer verwerflichen Gesinnung sprechen (BGH NJW 2012, 1570 Rn. 10, 19). Ein solches grobes Missverhältnis wird angenommen, wenn der Wert der Leistung etwa doppelt so hoch bzw. so niedrig ist wie der Wert der Gegenleistung (BGHZ 146, 298 (303); BGH NJW 2012, 1570 Rn. 8; 2015, 1510 Rn. 19; dazu ***Köhler* BGB AT PdW Fall 81**). Darauf, ob der Begünstigte diese Wertrelation kannte, kommt es nicht an (BGHZ 146, 298 (303); BGH NJW 2006, 3054 Rn. 34). Insgesamt bahnt sich damit eine rein objektive Beurteilung des Wuchers an, wie sie das Gemeine Recht als „laesio enormis“ kannte (vgl. *Bork* JZ 2001, 1138). Allerdings lässt die Rspr. (vgl. BGH NJW 2002, 3165 (3166); 2006, 3054 Rn. 34) eine Widerlegung der tatsächlichen Vermutung einer verwerflichen Gesinnung zu. So etwa wenn sich die Parteien sachgerecht um eine Wertermittlung bemüht haben oder dem Benachteiligten, etwa aus einem Affektionsinteresse heraus, das Wertverhältnis gleichgültig war. – Das Gleiche gilt, wenn bei einer **Internetauktion** (etwa bei eBay) zwischen dem Angebot eines Bieters und dem tatsächlichen Wert des ersteigerten Ob-

jekts ein grobes Missverhältnis besteht (vgl. BGH NJW 2012, 2723 Rn. 20; 2015, 548 Rn. 9, 10).

Schnäppchenkauf bei eBay: V bot bei eBay einen gebrauchten VW Passat (Verkehrswert 5.250 Euro) zum Startpreis von 1 Euro an, brach aber die Auktion nach sieben Stunden ab, weil er außerhalb der Auktion einen anderen Käufer gefunden hatte. In dieser Zeit hatte K das Angebot zum Startpreis angenommen und einen Maximalgebot von 555,55 Euro festgelegt. Da V zum Abbruch nicht berechtigt war und K in diesem Zeitraum der einzige Bieter war, kam der Kaufvertrag mit ihm zum Preis von 1 Euro zustande. Da V nicht liefern konnte, verlangte K von V Schadensersatz in Höhe von 5.249 Euro (*Beispiel* nach BGH NJW 2015, 548). – Der Anspruch setzt einen wirksamen Kaufvertrag voraus. Dies ist hier zu bejahen, da der Vertrag nicht nach den Grundsätzen über das wucherähnliche Geschäft gemäß § 138 Abs. 1 BGB sittenwidrig und damit nichtig ist. Es fehlt zwar nicht am groben Missverhältnis zwischen Leistung und Gegenleistung, wohl aber an einer verwerflichen Gesinnung des K. Denn der Reiz einer Internetauktion besteht gerade in ihrem für die Beteiligten gleichermaßen spekulativen Charakter: Der Bieter hat die Chance, den Gegenstand zu einem „Schnäppchenpreis" zu erwerben; der Verkäufer hat seinerseits die Chance, durch den Mechanismus des Überbietens einen für ihn vorteilhaften Preis zu erzielen. Es ist sein Risiko, wenn er einen zu niedrigen Startpreis ansetzt. Der Bieter handelt daher auch nicht rechtsmissbräuchlich (§ 242 BGB), wenn er Schadensersatz verlangt. Anspruchsgrundlage sind die §§ 280 Abs. 1, 3, 281 BGB (*Lorenz* LMK 2015, 365443 [sub 2d]; *Riehm* JuS 2015, 355 (357)).

4. Die Rechtsfolgen der Sittenwidrigkeit

a) Allgemeines

31 Das sittenwidrige Rechtsgeschäft ist gem. § 138 Abs. 1 BGB nichtig. Anders als bei § 134 BGB gilt also die Nichtigkeitsfolge uneingeschränkt. Dem Rechtsgeschäft wird vollständig die rechtliche Anerkennung versagt. Diese Rechtsfolge wird vielfach als unangemessen empfunden. Dementsprechend wird im Schrifttum nach Wegen gesucht, die strikte Nichtigkeitsfolge aufzulockern (vgl. *Hager* JuS 1985, 264; Staudinger/*Sack* BGB § 138 Rn. 95ff.). Dies kann aber nicht dazu führen, dass jedes sittenwidrige Rechtsgeschäft mit dem sittlich gerade noch zulässigen Inhalt aufrechterhalten wird **(Verbot der „geltungserhaltenden Reduktion")**; insbes. geht es nicht an, ein sittenwidriges Geschäft in ein (noch) sittengemäßes umzudeuten (§ 140 BGB). Denn es ist nicht Aufgabe des Richters, anstelle der Parteien eine Regelung zu finden, die einerseits die Sittenwidrigkeit vermeidet, andererseits ihren unterschiedlichen Interessen gerecht wird. Auch könnte sonst der sittenwidrig Handelnde (zB der Kreditwucherer) völlig risikolos unangemessene Bedingungen stellen (BGH NJW 1987, 2014 (2015)).

Etwas anderes gilt nur, wenn das Rechtsgeschäft **teilbar** ist und der Sittenverstoß sich nur auf einen Teil des Rechtsgeschäfts bezieht. Hier kann das Rechtsgeschäft gem. § 139 BGB ohne den sittenwidrigen Teil bestehen bleiben, wenn dies dem mutmaßlichen Parteiwillen entspricht (vgl. BGHZ 52, 24; BGH NJW 1989, 2681 (2682)). Bei der Annahme der Teilbarkeit geht die Rspr. allerdings oft ziemlich weit (vgl. BGH NJW 1987, 2014 (2015): Reduktion des Schuldanerkenntnisses eines Nachtbarbesuchers; BGHZ 52, 23: Reduktion eines sittenwidrigen Geliebtentestaments).

Ist ein *Bierlieferungsvertrag* wegen zeitlich übermäßiger Bindung sittenwidrig (→ Rn. 27), kann er daher mit der noch zulässigen Laufzeit (15–20 Jahre) Bestand haben (BGH NJW 1992, 2145). – Bei *Wettbewerbsverboten* kommt zwar eine Herabsetzung einer überlangen Bindung in Betracht. Ist aber die Sittenwidrigkeit zugleich in der übermäßigen räumlichen und gegenständlichen Beschränkung der Berufsausübung des Gebundenen begründet, scheidet eine Aufrechterhaltung des Verbots zu angemessenen Bedingungen aus (BGH NJW 2005, 3061 (3062); aA Staudinger/*Sack* BGB § 138 Rn. 138).

Im Einzelfall kann die Berufung auf Nichtigkeit wegen Sittenwidrigkeit auch gegen Treu und Glauben (§ 242 BGB) verstoßen und damit **rechtsmissbräuchlich** sein (BGH NJW 1981, 1439), etwa wenn der eine Teil die Vorteile aus dem Vertrag gezogen hat und danach sich auf die Nichtigkeit beruft, um nicht selbst leisten zu müssen.

b) Nichtigkeit des Erfüllungsgeschäfts

Ist ein Verpflichtungsgeschäft wegen Sittenwidrigkeit nichtig, gilt dies nicht notwen- 32
dig auch für das Erfüllungsgeschäft.

Das überteuerte Grundstück: Ein Grundstückskauf kann wegen Übervorteilung des Käufers als „wucherähnliches Geschäft" (→ Rn. 30) sittenwidrig sein, wenn der Kaufpreis weit überhöht ist (Missverhältnis von Leistung und Gegenleistung) und eine verwerfliche Gesinnung des Verkäufers vorliegt (vgl. BGH NJW 2012, 1570 Rn. 8). Die Wirksamkeit der Grundstücksübereignung als sittlich indifferentes Geschäft wird dadurch nicht berührt.

Dies ist nur dann der Fall, wenn gerade das Erfüllungsgeschäft den sittlich missbilligten Erfolg herbeiführt, wie etwa bei der Gläubigergefährdung (→ Rn. 26) oder der Beeinträchtigung von öffentlichen Interessen.

Das günstige Grundstück: Der Bürgermeister der Gemeinde G verkauft und übereignet ein Gemeindegrundstück zu einem weit unter dem Verkehrswert liegenden Preis an seinen Parteifreund P. – Hier ist nicht nur der Kaufvertrag, sondern auch die Übereignung wegen Sittenwidrigkeit nichtig, weil der Eigentumsübergang gerade dazu führen würde, dass Gemeindevermögen in unzulässiger Weise geschmälert wird (BGH NJW 1997, 860).

c) Rückabwicklung

Sind auf Grund des sittenwidrigen Vertrages Leistungen erbracht worden, so können 33
sie grds. zurückgefordert werden (§ 812 Abs. 1 S. 1 BGB). Fällt aber dem Leistenden oder beiden Parteien ein (vorsätzlicher; BGH NJW 2005, 1490 (1491)) Sittenverstoß zur Last, ist die Rückforderung grds. nach § 817 S. 2 BGB ausgeschlossen (sog. *Konditionssperre*). Ausnahmsweise können aber der Grund und der Schutzzweck der Nichtigkeitssanktion gebieten, diese Vorschrift nicht anzuwenden (BGH NJW 2006, 45 Rn. 11; 2009, 1942 Rn. 8; eingehend *Klöhn* AcP 210 [2010], 804).

Der Schenkkreis: A gründete mit anderen einen „Schenkkreis". Er war so organisiert, dass jeder weitere Mitglieder werben sollte, die an ihn einen bestimmten Betrag zahlen sollten, verbunden mit der Möglichkeit, jetzt ihrerseits Dritte zu werben, die wiederum an sie den entsprechenden Betrag zahlen sollten (Aufrücken vom „Geberkreis" in den „Empfängerkreis"). A warb ua den B, der an ihn 1.250 Euro zahlte. – B kann diesen Betrag zurückfordern, weil die zu Grunde liegende Vereinbarung nach § 138 Abs. 1 BGB nichtig ist. Denn bei einem solchen „Schneeballsystem" kann die große Masse der zumeist leichtgläubigen und unerfahrenen Teilnehmer im Gegensatz zu den Initiatoren zwangsläufig keine Gewinne mehr machen, sondern verliert ihren Einsatz. Dem Bereicherungsanspruch des B aus § 812 Abs. 1 S. 1 BGB stünde an sich die Kondiktionssperre des § 817 S. 2 BGB entgegen. Dies würde aber dazu führen, dass letztlich die Initiatoren gerade zum Weitermachen eingeladen würden, weil sie die sittenwidrig erlangten Gelder behalten dürften. Der Schutzzweck des § 138 Abs. 1 BGB würde damit in sein Gegenteil verkehrt. Daher ist § 817 S. 2 BGB in diesem Fall nicht anzuwenden (BGH NJW 2006, 45 Rn. 11, 12). Methodisch gesehen handelt es sich dabei um einen Fall der *teleologischen Reduktion* (dazu → § 4 Rn. 24).

Beim Wucher kann der Betroffene seine Leistung zurückfordern bzw. Wertersatz nach § 818 Abs. 2 BGB fordern, ohne dass dem die Saldotheorie entgegenstünde (BGH NJW 2006, 3054 Rn. 36). Sein Anspruch besteht also unabhängig davon, ob er um die vom Wucherer erbrachte Leistung noch bereichert ist.

d) Verhältnis zur AGB-Kontrolle

34 Für den Bereich der **Allgemeinen Geschäftsbedingungen** ist weithin anerkannt, dass die Inhaltskontrolle nach §§ 307–309 BGB der Anwendung des § 138 Abs. 1 BGB grds. vorgeht. Für die Wirksamkeit und den Inhalt des Vertrages gilt dann nicht § 139 BGB, sondern § 306 BGB. Wohl aber kann § 138 Abs. 1 BGB eingreifen, wenn eine Klausel nicht wegen Benachteiligung des Kunden, sondern aus anderen Gründen unwirksam ist.

e) Ersatzansprüche des Benachteiligten

35 Ist das Verpflichtungsgeschäft nichtig, so kann der benachteiligte Vertragspartner weder vertragliche Erfüllung noch Schadensersatz statt der Leistung verlangen. Wohl aber kann ihm ein Anspruch aus § 826 BGB oder aus culpa in contrahendo (§§ 311 Abs. 2, 280 Abs. 1 BGB) auf Ersatz des Vertrauensschadens zustehen (BGH NJW 1996, 1204).

Im Fall des *überteuerten Grundstücks* kann also der Käufer nicht Übereignung zum Verkehrswert verlangen, denn dies liefe auf Erfüllung hinaus. Hat er den Kaufpreis bereits bezahlt und ist ihm das Grundstück übereignet worden, kann er auch nicht den zu viel bezahlten Betrag ersetzt verlangen. Denn dies liefe auf einen Schadensersatzanspruch statt der Leistung hinaus. Wohl aber stellt die Übervorteilung in verwerflicher Gesinnung eine Verletzung der vorvertraglichen Rücksichtnahmepflichten, also eine culpa in contrahendo (§§ 311 Abs. 2, 241 Abs. 2 BGB) dar (BGHZ 99, 101 (106f.)). Daraus kann zB sich nach § 280 Abs. 1 BGB eine Pflicht zum Ersatz der Aufwendungen (zB Kreditkosten) ergeben, die im Vertrauen auf die Wirksamkeit des Vertrages getätigt wurden.

IV. Das Wuchergeschäft (§ 138 Abs. 2 BGB)

1. Der Tatbestand des Wuchergeschäfts

36 Nach § 138 Abs. 2 BGB ist „insbesondere" das Wuchergeschäft ein sittenwidriges und damit nichtiges Geschäft. Der Wucher wird dabei tatbestandlich gesondert beschrieben.

Der Tatbestands des Wuchergeschäfts (§ 138 II)

Objektive Voraussetzungen	**Subjektive Voraussetzungen**
Vorliegen eines auffälligen Missverhältnisses zwischen Leistung und Gegenleistung, i. Allg. ab Über-/Unterschreitung des Werts um 100 %	Ausnutzung eines der in § 138 II genannten Umstände →bei Fehlen an wucherähnliches Geschäft denken (s. o. Rn. 30)!

a) Objektive Voraussetzungen

Objektive Voraussetzung ist das Bestehen eines „auffälligen Missverhältnisses" zwischen Leistung und Gegenleistung. Der Wuchertatbestand gilt daher für alle **gegenseitigen Verträge,** nicht nur für Darlehensverträge, also zB auch für einen Kauf-, Miet- oder Werkvertrag, nicht dagegen zB für eine Bürgschaft (BGH NJW 1991, 2015 (2017)). Ob ein auffälliges Missverhältnis vorliegt, ist durch einen Vergleich zwischen dem objektiven Wert (Marktpreis) der Leistung und der Gegenleistung festzustellen. Im Allgemeinen ist ein auffälliges Missverhältnis erst dann anzunehmen, wenn die Gegenleistung den Wert der Leistung um 100% über- oder unterschreitet. Doch kommt es auf den jeweiligen Vertragstyp an.

So liegt beim *Ratenkredit* ein auffälliges Missverhältnis nach der Rspr. (BGH NJW 1990, 1595) dann vor, wenn entweder der Vertragszins rund doppelt so hoch ist wie der Marktzins (relativer Zinsunterschied) oder der absolute Zinsunterschied mindestens 12% beträgt. – Bei Mietverträgen soll ein auffälliges Missverhältnis bereits dann vorliegen, wenn der vereinbarte Mietzins den ortsüblichen Mietzins um 50% übersteigt (BGH NJW 1997, 1845 (1846)).

Auch ist stets eine Gesamtwürdigung aller Umstände des Einzelfalls vorzunehmen.

So ist bei einem *Darlehensvertrag* nicht nur auf den Zinssatz abzustellen, sondern auch auf den Auszahlungsbetrag und die sonstigen Kreditkosten. Daraus ist der effektive Jahreszins zu berechnen. Bei der Frage, ob dieser Zins überhöht ist, ist insbes. die Laufzeit des Darlehens und der Umfang des Risikos zu berücksichtigen. Auch die sonstigen Bedingungen (AGB) sind in die Würdigung einzubeziehen, etwa die Regelung für den Verzugsfall (vgl. BGH NJW 1990, 1595; zu Einzelheiten vgl. Palandt/*Ellenberger* BGB § 138 Rn. 25ff.).

b) Subjektive Voraussetzungen

Das auffällige Missverhältnis allein reicht für den Wucher noch nicht aus. Das Rechts- 37
geschäft muss darüber hinaus „unter Ausbeutung der Zwangslage, der Unerfahrenheit, des Mangels an Urteilsvermögen oder der erheblichen Willensschwäche" des Gegners zustande gekommen sein.

Eine **Zwangslage** ist bei einem zwingenden Bedürfnis nach der Leistung des Wucherers gegeben, mag es auf wirtschaftlicher Bedrängnis oder anderen Umständen beruhen.

Unerfahrenheit ist ein Mangel an Lebens- oder Geschäftserfahrung, der allerdings nicht schon dann gegeben ist, wenn lediglich auf einem bestimmten Lebens- oder Wirtschaftsgebiet keine Erfahrungen und Geschäftskenntnisse vorliegen (vgl. BGH NJW 1979, 758). In der Regel wird Unerfahrenheit daher nur bei jugendlichen oder geistig beschränkten Personen anzunehmen sein.

Mangel an Urteilsvermögen ist gegeben, wenn der Betroffene nicht in der Lage ist, Inhalt und Folgen des Rechtsgeschäfts richtig zu erkennen und einzuschätzen. Es muss ihm in erheblichem Maße die Fähigkeit fehlen, sich durch vernünftige Beweggründe leiten zu lassen (BGH NJW 2006, 3054 Rn. 28). Dazu gehört insbes. die Unfähigkeit, die für und gegen ein Rechtsgeschäft sprechenden Gründe zu erkennen und die beiderseitigen Leistungen vor diesem Hintergrund sachgerecht zu bewerten. Die bloße Unkenntnis von den Nachteilen eines Vertrages reicht hierfür nicht aus. Es muss vielmehr die Fähigkeit zur Beurteilung, zB auf Grund von (auch momentaner) Verstandesschwäche oder allgemeiner Sorglosigkeit, fehlen oder getrübt sein.

Erhebliche Willensschwäche bedeutet, dass der Betroffene zwar in der Lage ist, Umfang und Bedeutung des Geschäfts an sich zu erfassen, aber wegen psychisch verminderter Widerstandsfähigkeit nicht die Willenskraft hat, sein Verhalten entsprechend zu steuern. Dies ist zB bei Alkohol- und Drogenabhängigkeit zu bejahen, noch nicht dagegen bei Labilität gegenüber geschickter Werbung, weil die Willensschwäche erheblich sein muss. Die Ausübung eines sog. „psychischen Kaufzwanges" reicht daher in der Regel nicht aus, erhebliche Willensschwäche anzunehmen. Aus der Tatsache, dass die Ausübung von „psychischem Kaufzwang" eine unlautere geschäftliche Handlung iSd §§ 3, 4 Nr. 1 UWG darstellt, folgt auch nicht ohne Weiteres die Sittenwidrigkeit des Vertrages nach § 138 Abs. 1 BGB (dazu ***Köhler*** **BGB AT PdW Fall 82**).

Die **Ausnutzung** einer der genannten Umstände liegt vor, wenn sich der Wucherer diese Umstände zunutze macht und Kenntnis vom auffälligen Missverhältnis von Leistung und Gegenleistung hat. Nicht erforderlich ist, dass der Anstoß zu dem Geschäft vom Wucherer ausgegangen ist.

Beispiele: Der 18-jährige A hat ua ein Gemälde geerbt, dessen Wert er nicht kennt und daher zu einem Spottpreis einem Antiquitätenhändler B anbietet. B erwirbt das Gemälde zu diesem Preis, obwohl er dessen Wert kennt. Der Kaufvertrag ist nach § 138 Abs. 2 BGB nichtig (Ausbeutung des mangelnden Urteilsvermögens). – Der Fußballfan F hat keine reguläre Karte mehr für das Europa-Cup-Endspiel mehr bekommen und kauft sie auf dem Schwarzmarkt für 2.500 Euro. Er kann hinterher vom Schwarzhändler S den Kaufpreis nicht zurückverlangen, weil keine erhebliche Willensschwäche, sondern lediglich Unvernunft anzunehmen ist (vgl. OLG Köln OLGZ 93, 193).

2. Die Rechtsfolgen

a) Das Verpflichtungsgeschäft

38 Das wucherische Verpflichtungsgeschäft ist vollständig nichtig und kann nicht (etwa über § 139 BGB) unter Korrektur des Missverhältnisses von Leistung und Gegenleistung aufrechterhalten werden. Dies ist allerdings bei Dauerschuldverhältnissen dann misslich, wenn der Bewucherte auf die Leistung angewiesen ist. Hier wird man eine teleologische Reduktion des § 138 Abs. 2 BGB vornehmen müssen, da sonst die Vorschrift ihren Zweck, den Bewucherten zu schützen, verfehlen würde. Beim Mietwucher wendet die Rspr. (BGHZ 89, 316) den § 5 WiStrG an, um das Mietverhältnis zum höchsten noch zulässigen Mietzins aufrechtzuerhalten (→ Rn. 13). Beim Lohnwucher wird angenommen, dass dem Arbeitnehmer über die Grundsätze des fehlerhaften Arbeitsverhältnisses der übliche Lohn (§ 612 Abs. 2 BGB) zusteht (Palandt/*Ellenberger* BGB § 138 Rn. 75).

b) Das Erfüllungsgeschäft

39 Wie das Gesetz mit den Worten „Vermögensvorteile […] gewähren lässt" zum Ausdruck bringt, ist auch das Erfüllungsgeschäft (zB Übereignung) des Bewucherten nichtig (BGH NJW 1994, 1470), während umgekehrt das Erfüllungsgeschäft des Wucherers wirksam ist.

c) Die Rückabwicklung

40 Die Rückabwicklung nichtiger Wuchergeschäfte erfolgt nach den §§ 812ff. BGB. Der Bewucherte kann die von ihm erbrachte Sachleistung nach § 985 BGB (wegen Unwirksamkeit auch des Erfüllungsgeschäfts) sowie nach § 812 Abs. 1 S. 1 BGB und ggf. nach § 817 S. 1 BGB zurückverlangen. Dem Bereicherungsanspruch des Wucherers aus § 812 Abs. 1 S. 1 BGB steht jedoch § 817 S. 2 BGB entgegen. Beim Darlehenswucher ist allerdings zu beachten, dass die Leistung des Wucherers nur in der Überlassung des Kapitals auf Zeit besteht. Der Rückforderungsausschluss bewirkt daher nur, dass der Wucherer das Kapital nicht vor Ablauf der vereinbarten Zeit zurückfordern kann. Eine Verzinsung kann der Wucherer weder aus Vertrag (da dieser nichtig ist), noch aus §§ 812 Abs. 1, 818 Abs. 1, 2 BGB (da § 817 S. 2 BGB entgegensteht), verlangen. Im Ergebnis muss also der Wucherer dem Darlehensnehmer das Kapital für die vereinbarte Zeit zinsfrei belassen (BGH NJW 1995, 1152 (1153)).

Literatur: *Beater,* Der Gesetzesbegriff von § 134, AcP 197 (1997), 505; *Canaris,* Gesetzliches Verbot und Rechtsgeschäft, 1983; *Damm,* Kontrolle von Vertragsgerechtigkeit durch Rechtsfolgenbestimmung, JZ 1986, 913; *Diederichsen,* Das Bundesverfassungsgericht als oberstes Zivilgericht – ein Lehrstück der juristischen Methodenlehre, AcP 198 (1998), 171; *Fastrich,* Richterliche Inhaltskontrolle im Privatrecht, 1992; *Finkenauer,* Zur Renaissance der *laesio enormis* beim Kaufvertrag, FS H. P. Westermann, 2008, 183; *Hager,* Gesetzes- und sittenkonforme Auslegung und Aufrechterhaltung von Rechtsgeschäften, 1983; *Hönn,* Kompensation gestörter Vertragsparität; *Köhler,* Wettbewerbsverstoß und Vertragsnichtigkeit, JZ 2010, 767; *Petersen,* Gesetzliches Verbot und Rechtsgeschäft, Jura 2003, 532; *Petersen,* Der Verstoß gegen die guten Sitten, Jura 2006, 387; *Schurig,* Die Gesetzesumgehung im Privatrecht, FS Ferid, 1988, 375; *Tonner,* Neues zur Sittenwidrigkeit von Ehebürgschaften – BGHZ 151, 34 und BGH NJW 2002, 2230, JuS 2003, 325; *Wagner,* Die Sittenwidrigkeit von Angehörigenbürgschaften nach Einführung der Restschuldbefreiung und Kodifizierung der c. i. c., NJW 2005, 2956.

§ 14. Zustimmung, Bedingung und Befristung

Die Wirksamkeit eines Rechtsgeschäfts kann von zusätzlichen Voraussetzungen abhängen. Dazu gehören die Fälle, in denen die Zustimmung eines Dritten erforderlich ist, um dessen Mitwirkung am Rechtsgeschäft sicherzustellen. Dazu gehören weiter die Bedingung und Befristung, mit denen die Parteien Vorsorge für ungewisse Entwicklungen treffen können. 1

I. Die Zustimmung

1. Begriff und Bedeutung der Zustimmung

Die arme Ehefrau: Frau F wurde von ihrem Ehemann finanziell sehr kurz gehalten. Sie verkaufte, um zu Geld zu kommen, heimlich Teile der Wohnungseinrichtung, die sie mit in die Ehe gebracht hatte, an den Trödler T. Als der Ehemann davon erfährt, verlangt er von T die Einrichtungsgegenstände zurück. Zu Recht? 2

Bei bestimmten Rechtsgeschäften schreibt das Gesetz zu ihrer Wirksamkeit die Zustimmung eines Dritten vor. Dazu gehören solche Rechtsgeschäfte, die unmittelbar die Interessen des Dritten berühren, so dass seine Mitwirkung geboten erscheint. Es sind dies ua die Fälle des Handelns eines Vertreters ohne Vertretungsmacht (§§ 177ff. BGB), der Verfügung eines Nichtberechtigten (§ 185 BGB; vgl. auch § 362 Abs. 2 BGB), der Schuldübernahme (§ 415 BGB) und bestimmter Rechtsgeschäfte eines Ehegatten (§§ 1365ff. BGB). Für andere Rechtsgeschäfte ist charakteristisch, dass ein Dritter die Kontrolle über den Inhalt eines Rechtsgeschäfts ausüben soll. Das Zustimmungserfordernis dient hier dem Schutze des am Rechtsgeschäft Beteiligten. So etwa bei den Geschäften der beschränkt Geschäftsfähigen (§§ 107ff., 1643, 1819ff. BGB). – Vom Zustimmungserfordernis iSd bürgerlichen Rechts zu unterscheiden sind die bei bestimmten Rechtsgeschäften vorgeschriebenen behördlichen „Genehmigungen" (zB die Teilungsgenehmigung nach §§ 19ff. BauGB). Deren Voraussetzungen und Wirkungen richten sich nach öffentlichem Recht.

Die Zustimmung erfolgt durch empfangsbedürftige Willenserklärung. Nach § 182 Abs. 1 BGB kann die Erteilung wie die Verweigerung der Zustimmung sowohl dem einen als dem anderen Partner des Rechtsgeschäfts erklärt werden. Die vor der Vornahme des Rechtsgeschäfts erteilte Zustimmung heißt **Einwilligung** (vgl. § 183 S. 1 BGB), die nachher erteilte Zustimmung heißt **Genehmigung** (vgl. § 184 Abs. 1 3

BGB). Ein mit Einwilligung des Dritten vorgenommenes Rechtsgeschäft wird sofort wirksam. Fehlt die Einwilligung, ist das Rechtsgeschäft schwebend unwirksam. Mit Erteilung der Genehmigung wird es wirksam, und zwar rückwirkend, sofern gesetzlich nichts anderes bestimmt ist (§ 184 Abs. 1 BGB). Mit Verweigerung der Genehmigung wird das Rechtsgeschäft endgültig unwirksam.

Im Fall der *armen Ehefrau* bedurfte die F für den Abschluss des Kaufvertrages und für die Übereignung der Einwilligung ihres Ehemannes, da es sich um ihr gehörende „Gegenstände des ehelichen Haushalts" handelte (§ 1369 Abs. 1 BGB). Mangels Einwilligung des Ehemannes waren beide Rechtsgeschäfte gem. §§ 1369 Abs. 3, 1366 Abs. 1 BGB schwebend unwirksam. Das Herausgabeverlangen des Ehemanns gegenüber dem T ist gleichzeitig als Verweigerung der Genehmigung auszulegen. Sie konnte nach § 182 Abs. 1 BGB wirksam gegenüber T erklärt werden. Da sonach gem. §§ 1369 Abs. 3, 1366 Abs. 4 BGB Kaufvertrag und Übereignung endgültig unwirksam sind, steht der F gem. § 985 BGB ein Herausgabeanspruch gegen T zu. Nach § 1368 BGB kann der Ehemann diesen Anspruch auch im eigenen Namen geltend machen. Er ist daher im Recht.

2. Einzelheiten zur Zustimmung

4 Nach § 182 Abs. 2 BGB bedarf die Zustimmung nicht der für das Rechtsgeschäft vorgesehenen **Form.** Dies entspricht der Regelung des § 167 Abs. 2 BGB. Hier wie dort ist dies rechtspolitisch gesehen bedenklich, wenn das Formerfordernis Warnfunktion hat, weil auf diese Weise dem eigentlich Betroffenen der Schutz der Form entzogen wird. Doch lehnt hier die Rspr. eine teleologische Reduktion aus Gründen der Rechtssicherheit ab. So soll ein von einem Vertreter ohne Vertretungsmacht geschlossener notarieller Grundstückskaufvertrag (vgl. § 313 BGB) vom Vertretenen formlos genehmigt werden können (BGH NJW 1994, 1344 (1345)).

Die Zustimmung kann auch durch **schlüssiges Verhalten** (→ § 6 Rn. 4) erfolgen. Voraussetzung ist aber in der Regel, dass der Erklärungsgegner das Verhalten als Ausdruck eines Zustimmungswillens verstanden hat und auch verstehen durfte. Vielfach wird darüber hinaus verlangt, dass der Erklärende die Zustimmungsbedürftigkeit des Rechtsgeschäfts kannte oder sich zumindest der Möglichkeit bewusst war, durch sein Handeln ein Rechtsgeschäft zu genehmigen (BGH NJW 2002, 2863 (2864)). Ein Erklärungsbewusstsein ist jedoch auch bei stillschweigenden Willenserklärungen entbehrlich (BGHZ 109, 171 (177); BGH NJW 2002, 2325 (2327)). Es reicht vielmehr aus, wenn der Erklärende bei Anwendung pflichtgemäßer Sorgfalt erkennen konnte, dass sein Verhalten als Zustimmung aufgefasst werden konnte.

Beispiel: V fordert die Eltern des minderjährigen K auf, einen von diesem geschlossenen Kaufvertrag zu genehmigen. Die Eltern überweisen den Kaufpreis an V. Darin liegt eine Genehmigung durch schlüssiges Verhalten.

Behandelt der Zustimmungsberechtigte das Geschäft als gültig, so liegt darin eine konkludente Zustimmung. In diesem Fall kommt es nicht darauf an, ob er die Zustimmungsbedürftigkeit kannte oder mit ihr rechnete (BGH WM 1990, 1573 (1575)).

Hat der Zustimmungsberechtigte lediglich den Anschein einer Zustimmung gesetzt, so finden zum Schutze des Gegners die Grundsätze über die Rechtsscheinvollmacht (§§ 170ff. BGB; Duldungs- und Anscheinsvollmacht; → § 11 Rn. 42ff.) entsprechende Anwendung (vgl. Palandt/*Ellenberger* BGB § 182 Rn. 3).

Beispiel: Die Eltern händigen ihrem minderjährigen Sohn M ein Schriftstück aus, in dem sie ihr Einverständnis mit dem Abschluss eines bestimmten Kaufvertrags erklären, verbieten dann aber mündlich dem M, den Kauf zu tätigen. M schert sich nicht darum und tätigt den Kauf unter Vorlage der schriftlichen Einwilligung. Obwohl die Einwilligung wirksam widerrufen wurde, ist der Kauf gem. § 172 BGB analog wirksam zustande gekommen.

Die Einwilligung ist bis zur Vornahme des Rechtsgeschäfts frei widerruflich, sofern sich nicht aus dem zugrundeliegenden Rechtsverhältnis etwas anderes ergibt (§ 183 S. 1 BGB). Solche Ausnahmen können sich entweder aus dem Gesetz ergeben (vgl. §§ 876, 1071, 1178, 1245, 1255, 1516f., 1748 BGB) oder daraus, dass eine Verpflichtung zur Zustimmung besteht. Auch hier ist die Parallele zum Vollmachtsrecht (§ 168 S. 2 BGB) deutlich. 5

Die Genehmigung ist dagegen unwiderruflich, desgleichen die Verweigerung der Genehmigung, weil andernfalls die Sicherheit des Rechtsverkehrs beeinträchtigt wäre. Der Gegner soll wissen, woran er ist.

Ist ein *einseitiges* Rechtsgeschäft (zB Kündigung, Aufrechnung) zustimmungsbedürftig, findet nach § 182 Abs. 3 BGB bei Einwilligung des Dritten § 111 S. 2, 3 BGB entsprechende Anwendung. Die Einwilligung muss also schriftlich erteilt werden, wenn eine Zurückweisung des Rechtsgeschäfts vermieden werden soll. Liegt die Einwilligung nicht vor, ist das Rechtsgeschäft grds. nichtig (allgemeiner Rechtsgedanke aus §§ 111, 180 BGB), weil eine schwebende Unwirksamkeit für den Gegner unerträglich wäre. Eine Ausnahme ist nur für den Fall zu machen, dass der Gegner mit der Vornahme des Rechtsgeschäfts ohne Einwilligung einverstanden ist (§ 180 S. 2 BGB analog); jedoch ist hier die Rückwirkung der Genehmigung ausgeschlossen. 6

3. Die Verfügung eines Nichtberechtigten

Der Barockengel: A stiehlt bei B einen Barockengel und verkauft und übereignet ihn an den gutgläubigen Sammler S. Sind der Verkauf und die Übereignung wirksam? 7

Das (schuldrechtliche) Verpflichtungsgeschäft kennt keinen Nichtberechtigten: jeder kann sich grds. zu jeder Leistung – auch zur Verschaffung von Rechten, die ihm gar nicht zustehen – verpflichten und muss für sein Versprechen einstehen (vgl. § 311a BGB).

Im *Barockengel-Fall* ist daher der Kaufvertrag wirksam, obwohl A gar nicht Eigentümer war.

Verfügungen, also Rechtsgeschäfte, die unmittelbar darauf gerichtet sind, auf ein bestehendes Recht einzuwirken (dazu → § 5 Rn. 13), können dagegen grds. nur vom Berechtigten wirksam vorgenommen werden. Berechtigt ist, wer die Verfügungsmacht über das Recht besitzt. Das ist grds. der Rechtsinhaber. Trifft ein Nichtberechtigter im eigenen Namen eine Verfügung, so ist sie grds. unwirksam, sofern nicht die Vorschriften über den Gutglaubensschutz (zB §§ 932ff. BGB) eingreifen. Niemand soll über den Kopf eines anderen hinweg über dessen Rechte verfügen können.

Im *Barockengel-Fall* stellte die Übereignung des Engels durch A eine Verfügung eines Nichtberechtigten dar. Die Übereignung ist, da ein gutgläubiger Erwerb nach § 932 BGB wegen Abhandenkommens des Engels (§ 935 BGB) ausgeschlossen ist, unwirksam.

8 Nach § 185 Abs. 1 BGB ist die Verfügung eines Nichtberechtigten jedoch von Anfang an wirksam, wenn sie mit Einwilligung des Berechtigten erfolgt (dazu ***Köhler*** **BGB AT PdW Fall 139**). Fehlt eine Einwilligung und ist auch kein gutgläubiger Erwerb vom Nichtberechtigten erfolgt, besteht noch die Möglichkeit, dass der Berechtigte die Verfügung genehmigt. Dadurch wird die Verfügung rückwirkend (§ 184 Abs. 1 BGB) wirksam (dazu ***Köhler*** **BGB AT PdW Fall 140**).

Im *Barockengel-Fall* hat also B die Möglichkeit, die Übereignung zu genehmigen. Das kann für ihn interessant sein, wenn A einen hohen Verkaufserlös erzielt hat. Denn nach § 816 Abs. 1 S. 1 BGB kann dann B von A nach hM (BGHZ 29, 157) den Verkaufserlös herausverlangen.

9 Die Genehmigung setzt voraus, dass der Genehmigende im Zeitpunkt der Vornahme der Verfügung Verfügungsmacht besaß (*Finkenauer* AcP 203 [2003], 283, 297 ff.). Verliert er sie später, ist dies unschädlich (str.; aA BGHZ 107, 340 (341): Verfügungsmacht im Zeitpunkt der Genehmigung erforderlich).

Das Schlachtschwein: A stiehlt beim Bauern B ein Schwein und veräußert es für 250 Euro an den Metzger M, der es sofort schlachtet und verarbeitet. Hier verliert B sein Eigentum zwar nicht durch die Verfügung des A (§ 935! BGB), wohl aber durch Verarbeitung (§ 950 BGB). Dennoch kann B auch jetzt noch die Verfügung des Nichtberechtigten A genehmigen und von ihm nach § 816 Abs. 1 S. 1 BGB den Erlös herausverlangen (ebenso, wenngleich mit anderer Begründung BGHZ 56, 131).

10 Die Genehmigung der Verfügung wirkt zwar grds. zurück (§ 184 Abs. 1 BGB). Durch die Rückwirkung werden freilich solche Verfügungen nicht unwirksam, die der Genehmigende vor der Genehmigung getroffen hat oder die „im Wege der Zwangsvollstreckung oder der Arrestvollziehung oder durch den Insolvenzverwalter erfolgt sind" (§ 184 Abs. 2 BGB).

Der Unternehmersohn: Der Sohn S des Unternehmers A gibt sich gegenüber der Bank B als neuer Geschäftsinhaber aus und übereignet ihr, um ein Darlehen zu bekommen, eine Werkzeugmaschine zur Sicherheit (§ 930 BGB). Kurz darauf lassen Gläubiger des A die Maschine pfänden. Jetzt genehmigt A die Verfügung des S. – Das Pfändungspfandrecht (§ 804 ZPO) bleibt nach § 184 Abs. 2 BGB bestehen. Die Bank erwirbt also nur ein mit einem Pfandrecht belastetes Eigentum.

11 Erwirbt der Verfügende später den Gegenstand, über den er verfügt hat, so wird in diesem Zeitpunkt seine Verfügung (ex nunc) wirksam (§ 185 Abs. 2 S. 1 Alt. 2 BGB). Er muss sich also an seiner früheren Verfügung festhalten lassen, obwohl er damals noch keine Verfügungsmacht besaß. Das Gleiche gilt, wenn der Berechtigte den Verfügenden nachträglich beerbt und er für die Nachlassverbindlichkeiten unbeschränkt haftet (§ 185 Abs. 2 S. 1 Alt. 3 BGB). Der Erbe muss also die Rechtshandlungen des Erblassers gegen sich gelten lassen.

Von mehreren Verfügungen, die nicht miteinander in Einklang stehen, wird nur die frühere wirksam (185 Abs. 2 S. 2).

Hat der *Unternehmersohn* die Werkzeugmaschine nacheinander an die Bank B und an die Bank C zur Sicherheit gem. § 930 BGB übereignet und beerbt er daraufhin seinen Vater (Fall des § 185 Abs. 2 S. 1 Alt. 2 BGB), wird die Übereignung an B als die frühere wirksam.

4. Die „Ermächtigung"

12 Die „Ermächtigung" ist ein Unterfall der Einwilligung. Sie verleiht dem Ermächtigten die Befugnis, im eigenen Namen mit unmittelbarer Wirkung für den Rechtskreis des

Ermächtigenden zu handeln. Sie ist jedoch nicht generell, sondern nur für Teilbereiche anerkannt. Die Entwicklung ist noch im Fluss.

a) Verfügungsermächtigung

Die Ermächtigung, im eigenen Namen über ein Recht des Ermächtigenden zu verfügen *(Verfügungsermächtigung),* stellt nichts anderes dar als die Einwilligung zur Verfügung eines Nichtberechtigten (§ 185 Abs. 1 BGB). Sie hat erhebliche Bedeutung im Wirtschaftsverkehr, insbes. bei der Verfügung über bewegliche Sachen und Orderpapiere (Wechsel, Scheck). Denn sie ermöglicht es dem Ermächtigenden, im Hintergrund zu bleiben, ohne gleichzeitig dem Ermächtigten das volle Recht übertragen zu müssen. 13

Die Verfügungsermächtigung findet sich beispielsweise bei der Lieferung von Waren an einen Wiederverkäufer unter Eigentumsvorbehalt (§ 449 Abs. 1 BGB). Durch den Eigentumsvorbehalt sichert sich der Lieferant vor einem Zugriff der Gläubiger des Wiederverkäufers auf die gelieferte, aber noch nicht bezahlte Ware. Gleichzeitig ermächtigt der Lieferant den Wiederverkäufer, über die Waren im normalen Geschäftsgang zu verfügen. Dadurch wird es diesem erspart, bei der Übereignung als Vertreter des Lieferanten auftreten zu müssen.

b) Ausübungs-, insbes. Einziehungsermächtigung

Die Ermächtigung, im eigenen Namen ein Recht des Ermächtigenden auszuüben **(Ausübungsermächtigung),** wird weithin in Analogie zu § 185 Abs. 1 BGB für zulässig angesehen. Ein wichtiger Anwendungsfall ist die **Einziehungsermächtigung** (dazu BGH NJW 1982, 571 und ***Köhler*** **BGB AT PdW Fall 143**). Durch sie erlangt der Ermächtigte die Befugnis, eine fremde Forderung im eigenen Namen einzuziehen, also Leistung an sich zu verlangen. 14

Die Einziehungsermächtigung hat – ebenso wie die Verfügungsermächtigung – Bedeutung bei der Warenlieferung an einen Wiederverkäufer unter Eigentumsvorbehalt. In der Regel lässt sich nämlich der Lieferant, der den Wiederverkäufer zur Weiterveräußerung ermächtigt, gleichzeitig die aus der Weiterveräußerung entstehenden Kaufpreisforderungen im Voraus zu seiner Sicherung abtreten. Zieht der Wiederverkäufer die Kaufpreisforderungen ein, würde er an sich als Nichtberechtigter handeln. Dies wird vermieden, indem ihm gleichzeitig eine Einziehungsermächtigung erteilt wird.

Das prozessuale Gegenstück zur Einziehungsermächtigung ist die **„gewillkürte Prozessstandschaft“,** die Ermächtigung zur klageweisen Geltendmachung eines fremden Rechts im eigenen Namen (dazu *Pawlowski* JuS 1990, 378). Die Rspr. (vgl. BGHZ 96, 151 (152f.)) lässt sie nur insoweit zu, als der Ermächtigte ein eigenes schutzwürdiges Interesse an der gerichtlichen Geltendmachung der Forderung hat. – In den Problemkreis der Einziehungsermächtigung fällt auch die sog. **Einzugsermächtigung** im Bankverkehr (vgl. dazu *Lüke/Philippi* JuS 1978, 304; *Hadding* WM 1978, 1366).

c) Verpflichtungsermächtigung?

Versuche in der Literatur, auch eine Verpflichtungsermächtigung anzuerkennen, durch die der Ermächtigte im eigenen Namen den Ermächtigenden unmittelbar verpflichten könnte, sind bis jetzt erfolglos geblieben. Gegen eine solche Rechtsfigur spricht das Interesse des Geschäftsgegners zu erfahren, wer sein Schuldner wird (Offenkundigkeitsprinzip; vgl. § 164 Abs. 2 BGB) und wohl auch das Fehlen eines praktischen Bedürfnisses (BGH NJW-RR 2016. 1391 Rn. 27). 15

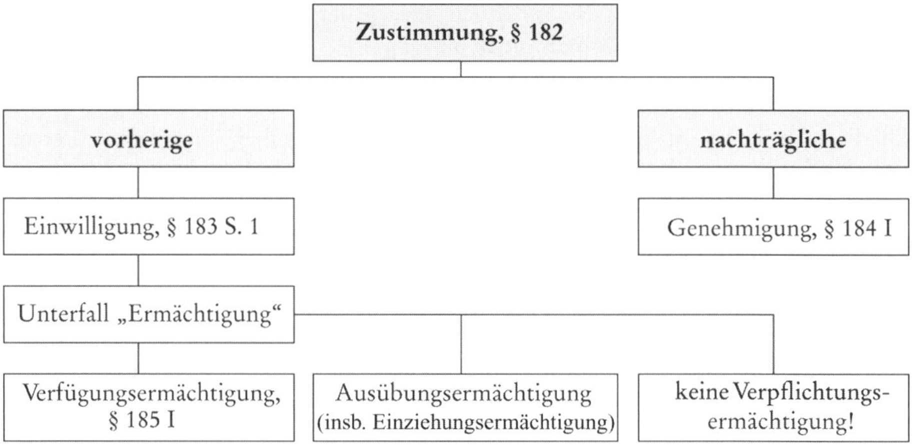

II. Die Bedingung

1. Begriff und Bedeutung der Bedingung

16 **Das „Konditionsgeschäft“:** Der Textileinzelhändler H vereinbart mit seinem Großhändler G, dass er die gelieferte Ware erst bei Weiterverkauf bezahlen muss und bei Unverkäuflichkeit nach einiger Zeit zurückgeben darf (sog. Konditionsgeschäft; vgl. BGH NJW 1975, 776 und ***Köhler*** **BGB AT PdW Fall 117**). – Wie ist diese Vertragsgestaltung rechtlich einzuordnen?

a) Allgemeines

Mit einem Rechtsgeschäft verfolgen die Beteiligten bestimmte Zwecke. Ob sich diese Zwecke erreichen lassen, hängt häufig aber von noch ungewissen Faktoren ab. Um solchen Ungewissheiten bei der Planung Rechnung zu tragen, können die Parteien die Wirkungen des Rechtsgeschäfts von einer **Bedingung** abhängig machen. Man versteht darunter eine Nebenbestimmung zu einem Rechtsgeschäft, welche die Wirkungen des Rechtsgeschäfts vom Eintritt eines **zukünftigen ungewissen Ereignisses** abhängig macht. Zugleich wird aber dieses Ereignis selbst als Bedingung bezeichnet. Das BGB unterscheidet dabei zwei Arten der Bedingung: die **aufschiebende** (§ 158 Abs. 1 BGB) und die **auflösende** (§ 158 Abs. 2 BGB). Bei der aufschiebenden Bedingung treten die gewollten Rechtswirkungen erst mit Eintritt der Bedingung, dh des zukünftigen ungewissen Ereignisses, ein; bei der auflösenden Bedingungen entfallen die Rechtswirkungen mit Eintritt der Bedingung. Ob und welche Bedingung im Einzelfall vorliegt, ist durch Auslegung zu ermitteln.

Im Fall des *Konditionsgeschäfts* sind an sich mehrere Rechtsgestaltungen denkbar. So etwa die Vereinbarung eines *Kommissionsgeschäfts* iSd §§ 383 ff. HGB, bei dem der Händler im eigenen Namen die Waren für Rechnung des Großhändlers weiterverkauft. Oder aber die Vereinbarung eines Kaufs mit *Rücktrittsvorbehalt* (§ 346 BGB) für den Händler. Schließlich noch die Vereinbarung eines *bedingten Kaufs*. Dabei kann wiederum eine *aufschiebende* Bedingung vereinbart sein in der Weise, dass der Kauf nur unter der Bedingung des erfolgreichen Weiterverkaufs der Ware geschlossen ist. Oder aber eine *auflösende* Bedingung in der Weise, dass der Kauf hinfällig wird, wenn die Ware wegen Unverkäuflichkeit nach einiger Zeit zurückgegeben wird. – Die Auslegung hat sich an der konkreten Ausgestaltung des Rechtsgeschäfts und an der Interessenlage zu orientieren. Im vorliegenden Fall hat der BGH (NJW 1975, 776) einen aufschiebend bedingten Kauf angenommen.

Der Begriff der Bedingung ist allerdings vieldeutig. Keine Bedingung iSd §§ 158ff. BGB sind beispielsweise die **Vertrags-** oder **Geschäftsbedingungen** (vgl. § 305 BGB), die lediglich den Inhalt eines Vertrages näher regeln. Keine Bedingung iSd §§ 158ff. BGB ist auch die sog. **Rechtsbedingung.** Von ihr spricht man, wenn die Parteien ein gesetzliches Wirksamkeitserfordernis zur Bedingung des Rechtsgeschäfts machen. So etwa, wenn ein Minderjähriger ein Fahrrad unter der „Bedingung" kauft, dass seine Eltern nachträglich zustimmen. Für eine Anwendung der §§ 158ff. BGB besteht auch kein Bedürfnis, weil hierfür besondere Vorschriften (§ 108 BGB) bestehen. Abzugrenzen ist die Bedingung auch von der **Auflage** (vgl. etwa an den Beschenkten, § 525 BGB, oder an den Erben, § 1940 BGB). Das Rechtsgeschäft ist hier voll wirksam, der Leistungsempfänger wird aber zu einer Leistung verpflichtet.

Umstritten ist, ob eine Bedingung auch dann vorliegen kann, wenn sie sich auf ein **vergangenes** oder **gegenwärtiges** Ereignis bezieht, das lediglich für Parteien noch ungewiss ist (sog. **uneigentliche Bedingung** oder **Voraussetzung**). Nach dem Wortlaut des § 158 Abs. 1 BGB ist dies nicht möglich, da diese Vorschrift davon ausgeht, dass die Bedingung erst in der Zukunft eintritt. Jedoch können insoweit die §§ 158ff. BGB entsprechend (Jauernig/*Mansel* BGB § 158 Rn. 6) oder die Regeln über die Geschäftsgrundlage anwendbar sein.

Beispiel: Student S verkauft seine Lehrbücher unter der Bedingung, dass er das Examen bestanden hat. Steht das Ergebnis im Zeitpunkt des Vertragsschlusses bereits fest, liegt eine uneigentliche Bedingung vor; steht es noch nicht fest, so liegt eine echte Bedingung vor. Für die rechtliche Behandlung sollte dies keinen Unterschied machen.

b) Arten der Bedingung

Der Eintritt des zukünftigen ungewissen Ereignisses kann vom Willen der Beteiligten 17
völlig unabhängig sein (sog. **Zufallsbedingung**).

Beispiele: Verkauf eines Autos unter der Bedingung, dass ein neues Modell auf den Markt kommt. – Abschluss eines Mietvertrages unter der Bedingung, dass der Mieter eine Anstellung findet. – Buchung einer Reise unter der Bedingung, dass die Einreisesperre aufgehoben wird. – Kauf eines Hundes unter der Bedingung, dass der Vermieter seine Zustimmung zur Hundehaltung erteilt.

Das Ereignis kann aber auch vom Willen eines Beteiligten abhängen. Hier spricht man von einer **Potestativbedingung,** wenn sich der Willensentschluss auf Handlungen außerhalb des Rechtsgeschäfts bezieht.

Beispiele: Schenkungsversprechen an Trinker unter der Bedingung, dass dieser sich zu einer Entziehungskur anmeldet. Kreditzusage unter der Bedingung, dass der Kreditnehmer seine Zustimmung zu einer Bonitätsprüfung gibt.

In diesen Zusammenhang gehört auch die Regelung des **Eigentumsvorbehalts** (§ 449 BGB). Danach ist im Zweifel anzunehmen, dass die Übertragung des Eigentums unter der aufschiebenden Bedingung vollständiger Zahlung des Kaufpreises erfolgt.

Dagegen spricht man von einer **Wollensbedingung,** wenn die Geltung eines Vertrages vom (erklärten) Willen einer Partei abhängen soll. Strittig ist, ob bei einer aufschiebenden Wollensbedingung überhaupt ein Vertrag zustande gekommen ist, weil dieser einen beiderseitigen Rechtsbindungswillen voraussetzt (dazu *Jauernig/Mansel* BGB § 158 Rn. 4). Zumeist wird die Auslegung in solchen Fällen ergeben, dass hier nur ein bindendes Angebot einer Partei mit verlängerter Bindungswirkung gewollt ist. Wie aber die gesetzliche Regelung des **Kaufs auf Probe** (§ 454 Abs. 1 BGB), bei dem die Billigung im Belieben des Käufers steht und der Kauf im Zweifel unter der aufschiebenden Bedingung der Billigung geschlossen ist, zeigt, sind auch derartige Bedingungen zulässig (BGH NJW-RR 1996, 1167). Bietet ein Kaufmann Waren mit dem Zusatz „Bei Nichtzufriedenheit Geld zurück" an, kommt der Vertrag entweder unter einer auflösenden Wollensbedingung oder – sachgerechter – unter der Vereinbarung eines voraussetzungslosen Rücktrittsrechts für den Kunden zustande (vgl. *Lindacher* FS Köhler, 2014, 445). Der Unterschied zeigt sich bei der Rückabwicklung (§§ 812ff. BGB bzw. §§ 346ff. BGB).

2. Die Zulässigkeit der Bedingung

18 Die Bedingung ist grds. bei jedem Rechtsgeschäft zulässig, soweit sie nicht kraft Gesetzes oder durch die besondere Natur des Rechtsgeschäfts ausgeschlossen ist. Maßgebend dafür ist, ob dem Interesse der Allgemeinheit oder des Geschäftsgegners an Rechtsklarheit und Rechtssicherheit der Vorrang gebührt.

Kraft Gesetzes ist eine Bedingung unzulässig insbes. bei bestimmten familienrechtlichen Rechtsgeschäften, wie etwa der Eheschließung (§§ 1303ff. BGB) und den bei der Annahme als Kind erforderlichen Einwilligungen (§ 1750 Abs. 2 BGB). Auch die Auflassung (§ 925 BGB) eines Grundstücks und die Annahme und Ausschlagung einer Erbschaft (§ 1947 BGB) können nicht unter einer Bedingung erklärt werden.

Bedingungsfeindlich ist schließlich im Grundsatz die Ausübung eines **Gestaltungsrechts** (zB Anfechtung, Rücktritt, Kündigung, Genehmigung; dazu ***Köhler* BGB AT PdW Fall 118**). Gesetzlich ist dies zwar nur für die Aufrechnungserklärung vorgesehen (§ 388 S. 2 BGB), jedoch ist dieser Regelung ein allgemeiner Rechtsgedanke zu entnehmen (BGHZ 97, 267; BGH NJW 2004, 284 (285)). Das Interesse des Gegners an Klarheit über die umgestaltete Rechtslage verbietet grds. einen Schwebezustand, wie er durch eine Bedingung herbeigeführt wird. Die Bedingung ist aber ausnahmsweise dann zulässig, wenn der Erklärungsgegner damit einverstanden ist oder der Bedingungseintritt vom Verhalten des Empfängers abhängig ist (BGHZ 97, 264 (267)). Daher ist beispielsweise eine sog. **„Änderungskündigung"**, bei der die Kündigung eines Vertrages für den Fall ausgesprochen wird, dass sich der Vertragspartner nicht zu einer Vertragsänderung bereit erklärt, grds. zulässig (vgl. § 2 KSchG; BAG NJW 1995, 1981 (1982)). Unzulässig ist aber die Änderungskündigung eines Mietverhältnisses zum Zwecke der Erhöhung des Mietzinses (§ 573 Abs. 1 S. 2 BGB).

3. Die Wirksamkeit der Bedingung

19 Von der Zulässigkeit der Bedingung ist ihre rechtliche Wirksamkeit zu unterscheiden. Unwirksam ist eine aufschiebende Bedingung, wenn ihr Eintritt objektiv unmöglich ist. Vor allem aber ist eine aufschiebende Bedingung und damit das Rechtsgeschäft selbst unwirksam, wenn sie gegen ein gesetzliches Verbot oder gegen die guten Sitten (§§ 134, 138 BGB) verstößt. Ist hingegen eine auflösende Bedingung gesetzes- oder sittenwidrig, beurteilt sich die Gültigkeit des Rechtsgeschäfts nach § 139 BGB.

Beispiele: A schließt mit der B einen Anstellungsvertrag unter der aufschiebenden Bedingung, dass sie sich scheiden lässt. Hier ist auch der Anstellungsvertrag unwirksam. – C schließt mit der D einen Anstellungsvertrag unter der auflösenden Bedingung, dass sie schwanger wird. Hier ist die Bedingung unwirksam, der Arbeitsvertrag bleibt dagegen wirksam.

4. Die Wirkungen der Bedingung

a) Der Eintritt der Bedingung

Die Wirkung der Bedingung tritt unmittelbar *(ipso iure),* dh ohne Weiteres Zutun der Parteien ein. Mit dem Eintritt des Ereignisses ändert sich die Rechtslage automatisch in der vereinbarten Weise. Bei der aufschiebenden Bedingung entstehen die Rechtswirkungen des Rechtsgeschäfts. 20

Ist also ein Vertrag unter einer aufschiebenden Bedingung geschlossen, so wird dieser Vertrag mit Eintritt der Bedingung wirksam, auch wenn beispielsweise eine Partei geschäftsunfähig geworden ist und daher jetzt den Vertrag nicht mehr wirksam schließen könnte.

Bei der auflösenden Bedingung enden die Rechtswirkungen, ohne dass es einer entsprechenden Erklärung (Rücktritt, Kündigung) bedürfte.

Beispiel: Hat der bei einem Unfall schwer verunglückte V dem K ein Reitpferd unter der auflösenden Bedingung verkauft, dass er wieder reiten kann, so endet der Kaufvertrag mit Bedingungseintritt, und K muss dem V das Pferd zurückübereignen, andererseits muss V dem K den Kaufpreis zurückerstatten. Umstritten ist lediglich, ob sich diese Ansprüche aus § 812 Abs. 1 S. 2 Alt. 1 BGB (Wegfall des rechtlichen Grundes) oder aus dem bedingten Rechtsgeschäft selbst ergeben (hierfür *Wolf/Neuner* BGB AT § 52 Rn. 36; *Medicus/Petersen* AT Rn. 840). Richtiger erscheint es, Bereicherungsrecht anzuwenden, weil es eine umfassende Regelung der mit der Rückabwicklung zusammenhängenden Probleme enthält. – Ist auch die **Übereignung** auflösend bedingt vorgenommen worden, endet das Eigentum des K mit Bedingungseintritt und fällt in diesem Zeitpunkt automatisch an V zurück. V kann dann Herausgabe des Pferds nach § 985 BGB verlangen.

Nach dem Gesetz (vgl. den Wortlaut des § 158 BGB) wirkt der Eintritt der Bedingung nicht zurück. Die Beteiligten des Rechtsgeschäfts können jedoch gem. § 159 BGB eine Rückbeziehung vereinbaren, die aber lediglich schuldrechtliche Wirkungen entfalten kann. Es werden also nicht die endgültigen Rechtswirkungen zurückverlegt, sondern die Parteien sind nur schuldrechtlich verpflichtet, einander so zu stellen, wie sie stehen würden, wenn die Bedingung bereits im Zeitpunkt des Geschäftsabschlusses eingetreten (oder ausgefallen) wäre.

§ 162 Abs. 1 BGB **fingiert** den Bedingungseintritt, wenn der **Eintritt der Bedingung** von der Partei, zu deren Nachteil er gereichen würde, **wider Treu und Glauben verhindert** wird. Entgegen verbreiteter Ansicht kommt es dabei nicht auf ein Verschulden an (*Wolf/Neuner* BGB AT § 52 Rn. 41; Staudinger/*Bork* BGB § 162 Rn. 10). Zwischen dem treuwidrigen Verhalten und dem Ausfall der Bedingung muss aber ein ursächlicher Zusammenhang bestehen.

Würde im Falle des „*Konditionsgeschäfts*" der Händler beispielsweise die gelieferte Ware seinen Kunden gar nicht zum Kauf anbieten, wäre dies ein Fall der treuwidrigen Verhinderung des Bedingungseintritts (Weiterverkauf der Ware!), und zwar ohne Rücksicht darauf, ob er dies tut, um dem Großhändler zu schaden oder weil er es vergessen hat. Gem. § 162 Abs. 1 BGB gilt die Bedingung dann als eingetreten, so dass G Zahlung verlangen könnte.

Dem Eintritt der Bedingung steht es gleich, wenn der von der Bedingung Begünstigte darauf verzichtet. Ein solcher **Verzicht** kann einseitig und formfrei erklärt werden (BGH NJW 1994, 3227 (3228)).

Beispiel: Verzichtet der Verkäufer beim Eigentumsvorbehalt auf die aufschiebende Bedingung der vollständigen Kaufpreiszahlung (§ 449 BGB), so erwirbt der Käufer automatisch Eigentum.

b) Der Ausfall der Bedingung

21 Vom Ausfall der Bedingung spricht man, wenn das zur Bedingung erhobene Ereignis endgültig nicht mehr eintreten kann. Die Folge ist, dass bei einer auflösenden Bedingung das Wirksambleiben des Geschäfts endgültig feststeht, während ein aufschiebend bedingtes Geschäft nicht mehr wirksam werden kann.

§ 162 Abs. 2 BGB stellt dem Ausfall der Bedingung den Fall gleich, dass der *Eintritt* der Bedingung von der Partei, zu deren Vorteil er gereicht, wider *Treu und Glauben* herbeigeführt wird.

c) Der Schwebezustand

22 Mit dem Abschluss des bedingten Geschäfts liegt ein vollgültiges Rechtsgeschäft vor. Bedingt sind nur die Wirkungen aus dem Rechtsgeschäft, nicht etwa der Geschäftsabschluss selbst. Die Bedingung ist scharf vom schwebend unwirksamen Rechtsgeschäft zu unterscheiden. Die Parteien sind auch schon vor Bedingungseintritt in gleicher Weise an ihre Erklärungen gebunden wie bei einem unbedingten Geschäft. In der Schwebe ist lediglich, ob und wann die gewollten Rechtswirkungen eintreten.

Tritt zwischen Vertragsschluss und Bedingungseintritt Unmöglichkeit der Leistung ein, so ist das stets, insbes. auch bei der aufschiebenden Bedingung, ein Fall nachträglicher Unmöglichkeit; § 311 a BGB findet keine Anwendung.

Auch ein aufschiebend bedingter Vertrag verpflichtet die Parteien, sich während der Schwebezeit vertragstreu zu verhalten und den Belangen des anderen Teils Rechnung zu tragen. So trifft etwa den Verkäufer einer Sache die Pflicht, sie ordnungsgemäß zu verwalten und vor Untergang oder Beschädigung zu schützen. Gesetzlichen Niederschlag hat dieser Grundsatz in § 160 BGB gefunden, der dem Begünstigten einen Schadensersatzanspruch für den Fall der schuldhaften Vereitelung oder Beeinträchtigung des von der Bedingung abhängigen Rechts gewährt, soweit die Bedingung eintritt.

Beispiel: Hat der Verkäufer sein Auto unter der aufschiebenden Bedingung verkauft, dass ein neues Modell auf den Markt kommt, und beschädigt er in der Schwebezeit schuldhaft das Fahrzeug, so haftet er, wenn die Bedingung eintritt, dem Käufer auf Schadensersatz.

Die Regelung des § 160 BGB gilt auch für bedingte Verfügungen, doch wird in aller Regel dann auch eine Verletzung der Pflichten aus dem Verpflichtungsgeschäft vorliegen.

Beispiel: Wird eine Forderung verkauft und unter einer aufschiebenden Bedingung abgetreten, und zieht der Zedent die Forderung für sich ein, weil der Schuldner von der Abtretung nichts weiß, so kann der Zessionar bei Bedingungseintritt Schadensersatz nach § 160 BGB und zugleich aus Verletzung einer Vertragspflicht (§ 280 BGB) verlangen.

Lässt sich ein Ende des Schwebezustandes nicht absehen, besteht ein Interesse beider Parteien an der Klärung, ob und wie lange sie sich noch leistungsbereit halten müssen. Beide Parteien sind daher verpflichtet, das in ihrer Macht Stehende zu tun, um den Schwebezustand zu beenden.

Beispiel: Ist ein Vertrag unter der aufschiebenden Bedingung geschlossen, dass die Bank des Käufers ihre Zustimmung erteilt, so ist der Käufer verpflichtet, die Bank zur Erklärung über die Zustimmung zu veranlassen, um den Schwebezustand zu beenden. Unternimmt der Käufer nichts, so kann ihn der Verkäufer unter Setzung einer (angemessenen) Frist dazu auffordern (§§ 146, 148 BGB analog). Endet die Frist ergebnislos, fällt die Bedingung aus und der Vertrag wird unwirksam (BGH NJW 1985, 1556 (1557)).

Bis zum Eintritt der Bedingung hat der bedingt Berechtigte eine sog. **Anwartschaft.** Denn seine Rechtsposition ist insoweit gesichert, als sie der andere an der Entstehung des Rechts Beteiligte nicht mehr durch einseitige Erklärung zu zerstören vermag (BGHZ 125, 334 (338f.)). Diese Rechtsposition ist vererblich, veräußerlich und damit auch verpfändbar und pfändbar. Ob sie dinglicher oder schuldrechtlicher Natur ist, hängt von der Art des bedingten Rechtsverhältnisses ab (vgl. Staudinger/*Bork* BGB Vor §§ 158ff. Rn. 58). Beim Kauf unter **Eigentumsvorbehalt** (§ 449 BGB) erlangt der Käufer durch die aufschiebend bedingte Übereignung ein dingliches Anwartschaftsrecht (→ § 17 Rn. 17), das mit vollständiger Kaufpreiszahlung zum Volleigentum an der Sache erstarkt.

Während die Anwartschaft des bedingt Berechtigten im Verhältnis zum Geschäftspartner durch die §§ 160 und 162 BGB geschützt wird (s. o.), gewährt § 161 BGB bei Verfügungen Schutz im Verhältnis zu Dritten (Näheres im Sachenrecht).

III. Die Befristung

Von einer Befristung spricht man, wenn für die Wirkungen eines Rechtsgeschäfts ein Anfangs- oder ein Endtermin vorgesehen ist. Im Gegensatz zur Bedingung hängt also die Wirkung eines Rechtsgeschäfts bei der Befristung von einem zukünftigen gewissen Ereignis ab. Die Abgrenzung kann im Einzelfall schwierig sein. Sollen beispielsweise die Wirkungen eines Rechtsgeschäfts vom Zeitpunkt des Todes eines Menschen abhängen, kann sowohl eine Bedingung als auch eine Befristung (denn irgendeinmal stirbt jeder) gewollt sein. Maßgebend ist die Auslegung (vgl. auch § 2301 BGB). Echte Fälle der Befristung liegen vor, wenn die Rechtswirkungen von einem bestimmten Kalendertag an eintreten oder entfallen sollen. So etwa beim Abschluss eines Arbeitsvertrages für die Zeit vom 1.4. bis zum 30.4. 23

Auf die Befristung finden nach § 163 BGB die für die Bedingung geltenden Vorschriften der §§ 158, 160, 161 BGB entsprechende Anwendung. Bedingungsfeindliche Rechtsgeschäfte sind grds. auch befristungsfeindlich (BGH NJW 2004, 284 (285)).

Praktisch bedeutsam ist die Abgrenzung einer **aufschiebend befristeten** und einer noch **nicht fälligen Forderung** im Falle der vorzeitigen Erfüllung. Liegt eine (bereits entstandene, aber noch) nicht fällige Forderung vor, kann der Schuldner, wenn er vor Fälligkeit gezahlt hat, das Geleistete nicht zurückfordern (§§ 271 Abs. 2, 813 Abs. 2 BGB). Handelt es sich dagegen um eine aufschiebend befristete (und daher noch nicht entstandene) Forderung, kann eine darauf erfolgte Zahlung zurückgefordert werden.

Beispiel: Hat Student S Anfang März nicht nur die fällige Miete für den Monat März, sondern auch für den April entrichtet, so kann er diesen Betrag nach § 812 Abs. 1 S. 1 BGB zurückverlangen, weil bei Dauerschuldverhältnissen die einzelnen Raten als aufschiebend befristete Forderungen anzusehen sind (vgl. *Wolf/Neuner* BGB AT § 53 Rn. 7; *Medicus/Petersen* AT Rn. 845).

IV. Exkurs: Die Berechnung von Fristen und Terminen

24 Für die Berechnung von Fristen (Zeiträumen) und Terminen (Zeitpunkten) hat das BGB in den §§ 186–193 BGB um der Rechtsklarheit willen einige Bestimmungen getroffen, die freilich nur Auslegungsregeln sind (§ 186 BGB).

Bei der Berechnung der Frist (dazu ***Köhler*** **BGB AT PdW Fälle 145, 146, 147**) wird der Anfangstag nicht mitgerechnet, wenn der Beginn in diesen fällt. Der Anfangstag wird dagegen mitgerechnet, wenn die Frist mit Tagesanfang beginnt, oder wenn das Lebensalter berechnet wird (§ 187 Abs. 2 BGB).

Beispiele: Setzt A dem B am 15.1. mittags eine Nachfrist von 5 Tagen, so wird der 15.1. nicht mitgerechnet, die Frist läuft also am 20.1., 24 Uhr, ab. Mietet A dagegen eine Wohnung vom 1.6. ab, so wird dieser Tag mitgezählt. Ist B am 15.1.1980 geboren, wurde er am 15.1.1998 0 Uhr volljährig und damit geschäftsfähig.

Der letzte Tag der Frist wird bei nach Tagen bemessenen Fristen abgezählt. Bei Fristen nach Wochen oder Monaten ist er der entsprechende Tag der Woche oder des Monats, gibt es diesen nicht oder liegt § 187 Abs. 2 BGB vor, der dem entsprechenden vorhergehende Tag (§ 188 BGB).

Beispiel: Die am Mittwoch gesetzte Wochenfrist läuft am folgenden Mittwoch ab.

Bei Fristen wie Terminen werden Samstag und Sonntag oder staatlich anerkannter Feiertag, wenn auf ihn der letzte oder der bestimmte Tag fällt, nicht mitgerechnet; dann endet die Frist am nächsten Werktag oder fällt der Termin auf ihn (§ 193 BGB). Bei Fristverlängerungen schließt sich jedoch die Verlängerung unmittelbar an den Ablaufstag an, auch wenn dieser ein Wochenend- oder Feiertag ist (§ 190 BGB).

Literatur: Zustimmung: *Finkenauer,* Rückwirkung der Genehmigung, Verfügungsmacht und Gutglaubensschutz, AcP 203 (2003), 282; *ders,* Konvaleszenz und Erbenhaftung in § 185 Abs. 2 S. 1 BGB, FS Picker, 2010, 201; *K. Schmidt,* Beseitigung der schwebenden Unwirksamkeit durch Verweigerung einer Genehmigung, AcP 189 (1989), 1.

Bedingung: *Martens,* Grundfälle zu Bedingung und Befristung, JuS 2010, 481.

Fristen: *Ziegeltrum,* Grundfälle zur Berechnung von Fristen und Terminen gem. §§ 187ff. BGB, JuS 1986, 705; *Martens,* Grundfälle zu Bedingung und Befristung, JuS 2010, 481.

§ 15. Das unwirksame Rechtsgeschäft

1 Genügt ein Rechtsgeschäft nicht den rechtlichen Anforderungen, ist es unwirksam. Je nach der Schwere des Fehlers sieht das Gesetz unterschiedliche Folgen für die Wirksamkeit dieses Rechtsgeschäfts vor, nämlich die Nichtigkeit, die schwebende und die relative Unwirksamkeit. Sie sollen im folgenden Abschnitt systematisch dargestellt werden.

I. Die Nichtigkeit

1. Begriff und Bedeutung der Nichtigkeit

Der listige Erbe: Der hochgradig altersschwachsinnige V veräußerte auf Veranlassung und im Beisein seines Sohnes S ein Grundstück an den K. S beerbte bald darauf den V und verklagte den K auf Rückgabe des Grundstücks, da V seinerzeit geschäftsunfähig gewesen sei. Im Prozess wurde festgestellt, dass V in der Tat bereits geschäftsunfähig gewesen war und S dies auch damals gewusst hatte (nach BGHZ 44, 367). – Wie ist zu entscheiden? 2

An besonders schwere Fehler knüpft das Gesetz die Rechtsfolge der Nichtigkeit der Willenserklärung (zB §§ 105 Abs. 1, 116 S. 2, 117 Abs. 1 BGB) oder des Rechtsgeschäfts (zB §§ 125, 134, 138 BGB). **Nichtigkeit** bedeutet, dass die Erklärung bzw. das Rechtsgeschäft die damit beabsichtigten Rechtswirkungen von Anfang an nicht hervorbringen kann. Sie ist die stärkste Form der Unwirksamkeit und wirkt für und gegen jedermann. Allerdings gilt dies nicht uneingeschränkt. Vielmehr gibt es eine Reihe von gesetzlichen oder richterrechtlich entwickelten Ausnahmeregelungen (vgl. *Köhler* JuS 2010, 665). So kann unter bestimmten Voraussetzungen an die Stelle des nichtigen Rechtsgeschäfts ein anderes treten (vgl. § 117 Abs. 2 BGB; § 140 BGB). Eine übermäßige und aus diesem Grund an sich nichtige vertragliche Leistung kann im Wege der *geltungserhaltenden Reduktion* auf den noch zulässigen oder angemessenen Umfang reduziert werden. An sich nichtige, aber in Vollzug gesetzte Arbeits- oder Gesellschaftsverträge bleiben grds. solange wirksam, bis sie durch Kündigung beendet werden. Bei Nichtigkeit wegen Formmangels sieht das Gesetz in Ausnahmefällen eine Heilung vor (vgl. §§ 311b Abs. 1 S. 2, 518 Abs. 2, 766 S. 3 BGB). Auch können die Parteien ein nichtiges Rechtsgeschäft bestätigen (§ 141 Abs. 1 BGB). Darüber hinaus kann im Einzelfall die Berufung auf die Nichtigkeit gegen Treu und Glauben (§ 242 BGB) verstoßen mit der Folge, dass das Rechtsgeschäft als wirksam zu behandeln ist (BGHZ 176, 198 Rn. 12).

Im Fall des *listigen Erben* konnte sich S als Rechtsnachfolger des V zwar grds. auf die Nichtigkeit der Veräußerung gem. §§ 104 Nr. 2, 105 Abs. 1 BGB berufen. In Anbetracht der Umstände ist das Verhalten des S jedoch treuwidrig und das Vertrauen des K darauf schutzwürdig, dass S eine von ihm erkannte Geschäftsunfähigkeit des V offenbaren, mindestens als Rechtsnachfolger des V sich nicht auf die Geschäftsunfähigkeit berufen würde (BGHZ 44, 357). Das Geschäft ist daher als wirksam zu behandeln, es besteht kein Rückgabeanspruch.

2. Die Teilnichtigkeit (§ 139 BGB)

Die Mietertragsgarantie: V einigt sich mit K über den Verkauf eines Mietshauses und garantiert dabei einen bestimmten jährlichen Mietertrag. Bei der notariellen Beurkundung des Vertrags wird vergessen, die Mietertragsgarantie einzubeziehen. 3

a) Allgemeines

Der Nichtigkeitsgrund kann sich auf einen Teil eines Rechtsgeschäfts beschränken. Für diesen Fall ordnet § 139 BGB an, dass das ganze Rechtsgeschäft nichtig ist, wenn nicht anzunehmen ist, dass es auch ohne den nichtigen Teil vorgenommen sein würde (dazu ***Köhler* BGB AT PdW Fall 83**). Diese Regelung dient dem wohlverstandenen Schutz der Privatautonomie: Keine Partei soll an ein Rechtsgeschäft mit einem Inhalt gebunden sein, den sie so, nämlich ohne den nichtigen Teil, nicht gewollt hatte. Andererseits bezweckt § 139 BGB, dass ein teilweise nichtiges Geschäft nach Möglichkeit iÜ aufrechterhalten wird, wenn dies dem tatsächlichen oder mutmaßlichen Parteiwillen entspricht (BGH NJW 2012, 2648 Rn. 13). – Allerdings greift § 139 BGB nicht ein, wenn sich der Nichtigkeitsgrund entsprechend dem Schutzzweck des Gesetzes auf eine unzulässige Klausel beschränkt (BGHZ 184, 209 Rn. 29). Auch § 306 Abs. 1 BGB enthält eine von § 139 BGB abweichende Regelung: Sind einzelne AGB-Klauseln unwirksam, so bleibt der Vertrag iÜ wirksam.

b) Teilbarkeit des Rechtsgeschäfts

4 Die Teilnichtigkeit, an die § 139 BGB anknüpft, setzt voraus, dass der vom Nichtigkeitsgrund nicht betroffene Teil des Rechtsgeschäfts an sich als selbstständiges Geschäft Bestand haben könnte. Das **Rechtsgeschäft** muss also **teilbar** sein. Rechtsgeschäft iSd § 139 BGB kann zunächst einmal der konkrete Geschäftstypus (Kauf, Darlehen usw) sein. Hier ist § 139 BGB anwendbar, wenn der Nichtigkeitsgrund nur einzelne Vertragsbestimmungen erfasst, der Vertrag aber im übrigen Bestand haben könnte.

Im *Mietertragsgarantie-Fall* hätte auch die Garantie als Nebenabrede zum Kaufvertrag der notariellen Beurkundung gem. § 311b Abs. 1 S. 1 BGB bedurft, da dem Beurkundungszwang nicht nur die Verpflichtung zur Grundstücksübereignung, sondern alle nach dem Willen der Parteien dazugehörigen Nebenabreden unterliegen (vgl. BGH NJW 1981, 222). Wegen dieses Formmangels ist die Mietertragsgarantie gem. § 125 S. 1 BGB nichtig. Nach § 139 BGB folgt daraus, dass der Kaufvertrag im Ganzen nichtig ist, da nicht anzunehmen ist, dass sich K auf den Vertrag ohne Mietertragsgarantie eingelassen hätte.

5 Rechtsgeschäft iSd § 139 BGB kann aber auch eine aus mehreren an sich selbstständigen Rechtsgeschäften zusammengesetzte **„Geschäftseinheit"** sein, wenn die Parteien im Zeitpunkt der Vornahme einen Einheitlichkeitswillen hatten, wenn also nach ihrer Vorstellung die einzelnen Geschäfte miteinander **„stehen und fallen"** sollten (BGH NJW 2011, 2874 Rn. 24; 2012, 296 Rn. 55). Doch soll es genügen, dass nur eine Partei diese Vorstellung hatte und die andere sie billigte oder doch hinnahm (BGH NJW 2009, 3295 Rn. 17). Indiz für einen solchen Willen kann die Zusammenfassung in einer einheitlichen Urkunde sein. Umgekehrt begründet die Niederlegung mehrerer selbständiger Verträge in verschiedenen Urkunden die widerlegliche Vermutung, dass die Verträge nicht in rechtlichem Zusammenhang stehen sollen.

Beispiele: Koppelung eines nichtigen Bierlieferungsvertrages mit einem Darlehensvertrag. – Übernahme einer Bürgschaft durch mehrere Mitbürgen (§ 769 BGB), von denen einer geschäftsunfähig ist.

6 Ob auch **Verpflichtungs-** und **Erfüllungsgeschäft** eine Geschäftseinheit bilden können, ist umstritten (vgl. BGHZ 31, 323; *Wiegand* AcP 190 [1990], 123). Zur Wahrung des Abstraktionsprinzips ist zwar grds. von zwei von einander unabhängigen Rechtsgeschäften auszugehen. Denkbar ist jedoch die Vereinbarung einer Bedingung (soweit zulässig, vgl. § 925 Abs. 2 BGB), dass die Wirksamkeit des Erfüllungsgeschäfts von der des Verpflichtungsgeschäfts abhängen soll (vgl. Palandt/*Ellenberger* BGB § 139 Rn. 8). – Im Verhältnis von **Vollmacht** und **Grundgeschäft** kann im Einzelfall ebenfalls eine Geschäftseinheit vorliegen (vgl. BGH NJW 1990, 1721; 2002, 2325 (2326); *Hartmann* ZGS 2005, 62).

Liegen die Voraussetzungen für eine „Geschäftseinheit" nicht vor, können die Geschäfte gleichwohl in der Weise verknüpft sein, dass die Wirksamkeit des einen die Geschäftsgrundlage (§ 313 BGB) des anderen bildet.

c) Rechtsfolgen

Nach § 139 BGB folgt aus der Teilnichtigkeit nicht schlechthin die Gesamtnichtigkeit. Vielmehr stellt das Gesetz dafür nur eine widerlegliche Vermutung auf (BGH NJW-RR 1997, 684), die am mutmaßlichen Parteiwillen ausgerichtet ist. Dementsprechend bleibt das Restgeschäft gültig, wenn „anzunehmen ist, dass es auch ohne den nichtigen Teil vorgenommen würde". Maßgebend ist – sofern nicht ohnehin § 139 BGB abbedungen wurde (→ Rn. 8) – insofern wiederum der **mutmaßliche Parteiwille** im Zeitpunkt der Vornahme des Rechtsgeschäfts. Es ist also zu fragen, welche Entscheidung die Parteien im Zeitpunkt des Geschäftsabschlusses bei Kenntnis der Teilnichtigkeit nach Treu und Glauben und unter Berücksichtigung der Verkehrssitte getroffen hätten. Dabei ist in der Regel davon auszugehen, dass die Parteien das objektiv Vernünftige gewollt hätten (BGH NJW 2012, 2648 Rn. 13). Keine Gesamtnichtigkeit ist insbes. anzunehmen, wenn die unwirksame Klausel geringfügig ist oder für die Vertragsdurchführung bedeutungslos geblieben wäre (BGHZ 112, 288 (295 f.)). 7

Erst wenn feststeht, dass die Parteien das Rechtsgeschäft auch ohne den nichtigen Teil vorgenommen hätten, kann weiter gefragt werden, wie die Vertragslücke zu schließen ist (dispositives Recht; ergänzende Vertragsauslegung)

Die Vermutung des § 139 BGB ist weiterhin dann nicht anwendbar, wenn die Vorschrift, die zur Nichtigkeit eines Geschäftsteils führt, gerade eine Vertragspartei schützen will und ihr dieser Schutz bei vollständiger Unwirksamkeit des Vertrages entzogen würde (vgl. BGH NJW 1977, 1058). Die Vertragslücke ist wiederum durch ergänzende Vertragsauslegung oder dispositives Gesetzesrecht zu schließen.

Beispiel: A verkauft an B einen Gebrauchtwagen und vereinbart mit ihm einen Gewährleistungsausschluss, der wegen Arglist des A nach § 444 BGB unwirksam ist. – Der Vertrag bleibt iÜ wirksam. Es gilt für den verschwiegenen Mangel die gesetzliche Regelung (§§ 434 ff. BGB).

Umgekehrt kann sich eine Vertragspartei nach Treu und Glauben nicht auf Gesamtnichtigkeit nach § 139 BGB berufen, wenn die unwirksame Klausel allein die andere Vertragspartei begünstigt und diese trotz Wegfalls der Klausel am Vertrag festhalten möchte (BGH NJW 1993, 1587 (1589)).

Beispiel: Enthält ein Darlehensvertrag eine Klausel, in der weitreichende Kontrollrechte des Darlehensgebers über den Betrieb des Darlehensnehmers vorgesehen sind und die deshalb wegen Knebelung sittenwidrig ist, so kann der Darlehensnehmer nicht die Gesamtnichtigkeit geltend machen, wenn der Darlehensgeber die Kontrollrechte gar nicht ausüben möchte und dies auch erklärt hat (BGH NJW 1993, 1587 (1589)).

d) Vorrang des abweichenden Parteiwillens

Da § 139 BGB nur eine **Vermutung** aufstellt, greift diese Vorschrift natürlich nicht ein, wenn die Parteien etwas anderes gewollt haben. Gerade in umfangreicheren Verträgen findet sich häufig eine sog. **salvatorische Klausel.** Sie enthält typischerweise folgende Regelung: 8

„Sollten einzelne Bestimmungen dieses Vertrages ganz oder teilweise ungültig sein, so wird hiervon die Gültigkeit der anderen Vertragsteile nicht berührt. Die Vertragsparteien verpflichten sich vielmehr, die ungültige Bestimmung durch eine gültige zu ersetzen, die dem wirtschaftlichen Gehalt der ungültigen Bestimmung soweit wie möglich entspricht." (nach BGH NJW 1996, 773).

Eine derartige Klausel schließt allerdings nach der Rspr. die Anwendung des § 139 BGB nicht aus, sondern führt lediglich dazu, dass – entgegen der Vermutung des § 139 BGB – die *Darlegungs-* und *Beweislast* denjenigen trifft, der sich auf die Nichtigkeit des ganzen Vertrages beruft (BGHZ 184, 209 Rn. 30). Allerdings ist eine salvatorische Klausel ihrerseits auslegungsbedürftig, was ihre Reichweite angeht (BGH NJW 1992, 2696 (2697)). So erfasst sie nicht den Fall, dass eine *wesentliche* Vertragsbestimmung unwirksam ist und durch die Teilnichtigkeit der *Gesamtcharakter* des Vertrages verändert würde. Daran ändert auch die (nur schuldrechtlich wirkende) Ersetzungsklausel nichts (BGH NJW 1996, 773 (774)). Der gesamte Vertrag ist nur dann nichtig, wenn trotz der salvatorischen Klausel der Parteiwille die Aufrechterhaltung des Restgeschäfts nicht mehr trägt (BGH NJW 2010, 1660 Rn. 8).

Ist die salvatorische Klausel in *Allgemeinen Geschäftsbedingungen* oder in *Verbraucherverträgen* (§ 310 Abs. 3 BGB) enthalten, so ist die darin enthaltene **Ersetzungsklausel** wegen Verstoßes gegen § 306 Abs. 2 BGB unwirksam. Denn diese Vorschrift sieht vor, dass an die Stelle unwirksamer Klauseln das dispositive Gesetzesrecht tritt. Von ihr kann nur durch Individualvereinbarung, aber nicht durch AGB abgewichen werden.

3. Die Umdeutung (§ 140 BGB)

9 **Die Bazarmiete:** B hatte einen Mietvertrag über einen Bazarladen wegen angeblicher Baumängel fristlos gekündigt und den Laden geräumt. Der Vermieter C rührte sich zunächst nicht, verlangte aber später weitere Mietzahlungen, weil die Kündigung unberechtigt und daher unwirksam sei. B erwiderte, das Mietverhältnis sei jedenfalls deshalb erloschen, weil die Kündigung gleichzeitig das Angebot zur vertraglichen Aufhebung des Mietvertrages enthalte, das C durch sein Stillschweigen angenommen habe (nach BGH NJW 1981, 43).

a) Allgemeines

Das Gesetz will dem mutmaßlichen Parteiwillen nach Möglichkeit zum Erfolg verhelfen. Der angestrebte wirtschaftliche Erfolg soll auch dann erreicht werden können, wenn eine rechtlich unwirksame Gestaltung gewählt wurde, aber eine rechtlich zulässige Möglichkeit offen steht, um dieses Ziel annähernd zu erreichen. Der rechtliche Weg hierzu ist die **Umdeutung** (Konversion) **nichtiger Rechtsgeschäfte:** Entspricht ein nichtiges Rechtsgeschäft den Erfordernissen eines anderen Rechtsgeschäfts, so gilt das letztere, wenn anzunehmen ist, dass dessen Geltung bei Kenntnis der Nichtigkeit gewollt sein würde (§ 140 BGB). An die Stelle des nichtigen Geschäfts tritt dann ein anderes, das sog. **Ersatzgeschäft.**

b) Vorrang der Auslegung

10 Dass dieses Ersatzgeschäft gewollt ist, kann sich freilich bereits durch Auslegung des Parteiwillens ergeben. Die **Auslegung geht der Umdeutung vor.** So kann etwa eine (unbegründete und daher wirkungslose) Anfechtung wegen arglistiger Täuschung (§ 123 Abs. 1 BGB) im Einzelfall dahin ausgelegt werden, dass sie zugleich die (begründete) Irrtumsanfechtung mitumfasst (BGHZ 78, 216 (221)). Eine entsprechende Umdeutung wäre dagegen nicht ohne Weiteres möglich, weil die Irrtumsanfechtung für den Anfechtenden die Haftung nach § 122 BGB auslöst. In der Praxis ist die Grenze zwischen Auslegung und Umdeutung allerdings fließend (vgl. BGH NJW 1975, 1700 zur „Auslegung oder Umdeutung" einer Anfechtungserklärung in eine fristlose Kündigung).

c) Voraussetzungen der Umdeutung

Die Umdeutung setzt ein **nichtiges Rechtsgeschäft** voraus. Bei Teilnichtigkeit kommt eine Umdeutung erst in Betracht, wenn das Rechtsgeschäft nach der Regel des § 139 BGB vollständig nichtig ist. Der Nichtigkeit steht es gleich, wenn das Rechtsgeschäft angefochten ist (arg. § 142 Abs. 1 BGB) oder wenn das zuvor nur schwebend unwirksame Rechtsgeschäft endgültig unwirksam geworden ist. 11

Weiter setzt die Umdeutung voraus, dass das nichtige Rechtsgeschäft **„den Erfordernissen eines anderen Rechtsgeschäfts"** entspricht. Es müssen daher die tatbestandlichen Voraussetzungen des Ersatzgeschäfts sämtlich erfüllt sein.

Im *Bazarmiete-Fall* ist die Umdeutung der Kündigung in ein Angebot zur vertraglichen Aufhebung des Mietvertrags grds. möglich, da das Angebot keiner Form bedarf.

Das Ersatzgeschäft gilt außerdem nur dann, **„wenn anzunehmen ist, dass dessen Geltung bei Kenntnis der Nichtigkeit gewollt sein würde".** Eine Umdeutung scheidet also von vornherein aus, wenn durch Auslegung feststeht, dass auch nur eine Partei das Ersatzgeschäft niemals abgeschlossen hätte. Steht ein solcher Wille nicht fest, kommt es auf den **mutmaßlichen Parteiwillen** im Zeitpunkt der Vornahme des nichtigen Rechtsgeschäfts an, der anhand der wirtschaftlichen Zielsetzung, der Interessenlage und der Begleitumstände zu ermitteln ist (BGH NJW 1980, 2517f.; 1997, 521 (522)). Regelmäßig kommt eine Umdeutung nur in Betracht, wenn das Ersatzgeschäft annähernd oder teilweise der wirtschaftlichen Zielsetzung der Parteien entspricht. Die Umdeutung ist folglich ausgeschlossen, wenn die Rechtswirkungen des Ersatzgeschäfts über die Zielsetzung der Parteien hinausgehen oder sie verfehlen. Dagegen ist es in der Regel unschädlich, wenn die Rechtsfolgen des Ersatzgeschäfts hinter der ursprünglichen Zielsetzung zurückbleiben. 12

Bei der Umdeutung einer Kündigung in ein Vertragsaufhebungsangebot ist sonach Vorsicht geboten. Sie würde uU dazu führen, dass zwischen den Beteiligten Unklarheit über ihre Rechtsbeziehungen entsteht. Im *Bazarmiete-Fall* hat der BGH (NJW 1981, 43) die Frage dahingestellt sein lassen, weil jedenfalls das Schweigen des C nicht als Annahmeerklärung zu werten sei. – Als **Beispiele für eine zulässige Umdeutung** kommen in Betracht: die Umdeutung eines unwirksamen OHG-Vertrages in einen BGB-Gesellschaftsvertrag (BGHZ 19, 272), eines Vertrages über die Begründung von Wohnungseigentum in einen solchen über ein Dauerwohnrecht (BGH NJW 1963, 339), eines Erbvertrags in eine Schenkung unter Lebenden (BGH NJW 1978, 423; str.), einer außerordentlichen Kündigung in eine ordentliche (BGH NJW 1998, 76; 1998, 1551; dazu ***Köhler* BGB AT PdW Fall 84**), einer Kündigung mit zu kurzer Kündigungsfrist in eine Kündigung zum nächst zulässigen Termin (BAG NJW 2010, 3740 Rn. 29), einer Abtretung in eine Einziehungsermächtigung (BGH NJW 1987, 3121 (3122)), eines aus formellen Gründen unwirksamen Prozessvergleichs in einen materiell-rechtlichen Vergleich (BGH NJW 1985, 1962), eines unwirksamen Schuldbeitritts in eine Bürgschaft (BGH NJW 2007, 1070 Rn. 24ff.). Weitere Beispiele bei *Lieder/Berneith* JuS 2015, 1063 (1065). – **Unzulässig** ist die Umdeutung etwa eines formnichtigen Bürgschaftsvertrages (§ 766 BGB) in einen (formlos gültigen) Garantievertrag, einer ordentlichen Kündigung in eine außerordentliche oder eines unwirksamen Wechselakzepts in ein abstraktes Schuldversprechen (BGH NJW 1994, 447).

d) Rechtsfolgen

Sind die Voraussetzungen der Umdeutung gegeben, so gilt das Ersatzgeschäft kraft Gesetzes. Das Gericht muss also von sich aus („von Amts wegen") prüfen, ob ein nichtiges Rechtsgeschäft im Wege der Umdeutung aufrechterhalten werden kann. 13

e) Ausschluss der Umdeutung

14 Grds. nicht umdeutungsfähig sind Rechtsgeschäfte, die wegen ihrer Zielsetzung nichtig sind, insbes. verbotene und sittenwidrige Rechtsgeschäfte (§§ 134, 138 BGB). Die Umdeutung widerspräche der **Schutzfunktion der Nichtigkeitsvorschriften:** die Nichtigkeitsdrohung soll die Parteien von der Vornahme solcher Rechtsgeschäfte abschrecken. Diese Wirkung entfiele, wenn solche Rechtsgeschäfte mit dem gesetzlich gerade noch zulässigen Inhalt aufrechterhalten würden (vgl. BGHZ 68, 204 (206)).

4. Die Bestätigung des nichtigen Rechtsgeschäfts (§ 141 BGB)

15 **Die Verkaufsförderung:** Um den Verkauf auf Vorrat gebauter Reihenhäuser anzukurbeln, schloss der Bauunternehmer A mit seinem Bekannten B zum Schein einen notariell beurkundeten Kaufvertrag über ein Reihenhaus. Wider Erwarten fand B danach Gefallen an dem Haus und wollte es tatsächlich erwerben. Er verständigte sich mündlich mit A darüber, dass der Kaufvertrag als gültig behandelt werden sollte. – Später entsteht Streit über die Wirksamkeit des Kaufvertrages.

a) Allgemeines

16 Ein Rechtsgeschäft bleibt auch dann nichtig, wenn später der Nichtigkeitsgrund wegfällt. Die Parteien können aber den Wunsch haben, am Rechtsgeschäft festzuhalten. Sie können in diesem Fall das Rechtsgeschäft „bestätigen", dh erklären, dass sie es als gültig ansehen und an ihm festhalten wollen (dazu ***Köhler*** **BGB AT PdW Fall 85**). Nach § 141 Abs. 1 BGB ist eine solche Bestätigung eines nichtigen Rechtsgeschäfts als erneute Vornahme zu beurteilen.

b) Voraussetzungen

17 Es muss ein nichtiges Rechtsgeschäft vorliegen. Dem steht der Fall des angefochtenen Rechtsgeschäfts gleich, wie sich aus § 142 Abs. 1 BGB ergibt. Dagegen ist eine Bestätigung ausgeschlossen, wenn der Tatbestand des Rechtsgeschäfts gar nicht erfüllt war (BGH NJW 1987, 1698 (1699)), etwa ein Vertrag infolge Dissenses noch gar nicht zustande gekommen war. Unerheblich ist, ob das Rechtsgeschäft einseitig oder mehrseitig ist.

18 Die Parteien müssen das nichtige Rechtsgeschäft **bestätigen.** Dies setzt einen (erkennbaren) **Bestätigungswillen** voraus. Die Parteien müssen also die Nichtigkeit des Rechtsgeschäfts kennen oder zumindest Zweifel an der Wirksamkeit haben (BGH NJW 2012, 1570 Rn. 21). Denn sonst haben sie keinen Anlass zu einer Bestätigung. Halten die Parteien an einem Rechtsgeschäft fest, weil sie irrtümlich von seiner Wirksamkeit ausgehen, liegt darin keine Bestätigung. Bei nicht formgebundenen Rechtsgeschäften kann die Bestätigung auch durch *„schlüssiges Verhalten"* erfolgen, zB durch Vertragsänderung oder Vertragserfüllung (vgl. BGH NJW 1982, 1981). Jedoch muss sich aus den Umständen zweifelsfrei ergeben, dass eine Bestätigung gewollt war. Daran fehlt es, wenn das Verhalten auch zB als bloße Erfüllung eines nichtigen Vertrages gedeutet werden kann.

19 Die Bestätigung ist als **erneute Vornahme** des Rechtsgeschäfts zu beurteilen. Das bedeutet zwar nicht, dass das Rechtsgeschäft erneut in allen Einzelheiten vorgenommen werden muss (Staudinger/*Roth* BGB § 141 Rn. 13). Denn sonst wäre die Regelung überflüssig. Wohl aber müssen alle Wirksamkeitsvoraussetzungen des zu bestätigenden Rechtsgeschäfts erfüllt sein. War das Rechtsgeschäft gesetzes- oder sittenwidrig,

ist eine Bestätigung also nur möglich, wenn das gesetzliche Verbot weggefallen oder ein Sittenverstoß nunmehr – etwa auf Grund einer damit verbundenen Vertragsänderung – zu verneinen ist. War das Rechtsgeschäft wegen Formmangels nichtig (§ 125 S. 1 BGB), muss es unter Wahrung der Form bestätigt werden. War das formbedürftige Rechtsgeschäft zwar formgerecht abgeschlossen worden, aber aus einem anderen Grunde (zB § 117 Abs. 1 BGB) nichtig, kann die Bestätigung ebenfalls nur unter (erneuter) Wahrung dieser Form erfolgen (BGH NJW 1985, 2579 (2580); aA Staudinger/*Roth* BGB § 141 Rn. 16; krit. auch *Medicus/Petersen* AT Rn. 532).

Im *Verkaufsförderungs-Fall* war der Kaufvertrag als Scheingeschäft nach § 117 Abs. 1 BGB nichtig. Wollen die Parteien später das Geschäft ernstlich, genügt es nicht, dass sie es mündlich oder schriftlich bestätigen. Sie müssen nach hM vielmehr den Kaufvertrag erneut notariell beurkunden lassen. Dabei können sie freilich auf den alten Vertrag Bezug nehmen.

c) Rechtsfolgen

Die Bestätigung hat, weil als Neuvornahme anzusehen, keine Rückwirkung. Das 20 Rechtsgeschäft ist vielmehr erst vom Zeitpunkt der Bestätigung an („ex nunc") wirksam. Jedoch sind die Parteien nach § 141 Abs. 2 BGB im Zweifel (Auslegungsregel!) verpflichtet, „einander zu gewähren, was sie haben würden, wenn der Vertrag von Anfang an gültig gewesen wäre".

Sollten im *Verkaufsförderungs-Fall* laut Vertrag Lasten und Nutzungen des Grundstücks vom Vertragsschluss an auf den Käufer übergehen und wird später dieser Vertrag durch notarielle Neubeurkundung bestätigt, so muss A dem B im Zweifel die zwischenzeitlich gezogenen Nutzungen herausgeben und B die bezahlten Lasten (Grundsteuer, Gebühren usw) erstatten.

II. Die schwebende Unwirksamkeit

Für bestimmte Rechtsgeschäfte ordnet das Gesetz an, dass zu ihrem Wirksamwerden 21 die Genehmigung eines anderen erforderlich ist. Das Genehmigungserfordernis kann dabei Schutz- oder Kontrollfunktion haben. Die wichtigsten Fälle sind: Vertragsschluss durch Minderjährige (§ 108 Abs. 1 BGB); Vertragsschluss durch Vertreter ohne Vertretungsmacht (§ 177 Abs. 1 BGB); Verfügung eines Nichtberechtigten (§ 185 Abs. 2 BGB) sowie die familiengerichtlichen Genehmigungserfordernisse (zB Genehmigung des Familiengerichts nach § 1829 Abs. 1 BGB).

Solange die Genehmigung nicht erteilt ist, ist das Rechtsgeschäft schwebend unwirksam, es kann also die intendierten Rechtsfolgen noch nicht herbeiführen. Um diesen Schwebezustand abzukürzen, sieht das Gesetz in einigen Fällen vor, dass der Gegner den Genehmigungsberechtigten auffordern kann, sich zu entscheiden. Wird die Genehmigung dann nicht fristgerecht erteilt, gilt sie als verweigert (vgl. §§ 108 Abs. 2, 177 Abs. 2, 1829 Abs. 2 BGB). Auch soweit diese Möglichkeit gesetzlich nicht vorgesehen ist (wie zB in § 185 Abs. 2 BGB), kann die Aufforderung des Gegners, sich über die Genehmigung zu erklären, nicht folgenlos sein. Vielmehr ist davon auszugehen, dass der Genehmigungsberechtigte dieses Recht verwirkt, wenn er sich nicht alsbald erklärt. Wird die Genehmigung verweigert oder gilt sie als verweigert, so wird das Rechtsgeschäft endgültig unwirksam. Wird die Genehmigung erteilt, wird das Rechtsgeschäft rückwirkend wirksam, sofern nichts anderes bestimmt ist (§ 184 Abs. 1 BGB).

III. Die relative Unwirksamkeit

22 **Der vorsichtige Münzsammler:** V hat an K eine Münzsammlung verkauft, aber aus fadenscheinigen Gründen immer noch nicht übereignet. Später hört K, dass V die Sammlung anderweit veräußern will. Als vorsichtiger Mann möchte er wissen, wie er sich dagegen schützen kann.

Von *relativer Unwirksamkeit* spricht man, wenn ein Rechtsgeschäft nur einer bestimmten Person gegenüber unwirksam, allen anderen gegenüber aber wirksam ist. Relative Unwirksamkeit ist vorgesehen bei Verfügungen, die gegen ein den Schutz bestimmter Personen bezweckendes Veräußerungsverbot verstoßen (§§ 135, 136 BGB) sowie in einigen sonstigen Fällen (vgl. §§ 883 Abs. 2, 888, 1124 Abs. 2, 1126 S. 3 BGB). Bei den relativen Veräußerungsverboten haben praktische Bedeutung nur die *behördlichen* Veräußerungsverbote iSd § 136 BGB (dazu ***Köhler*** **BGB AT PdW Fall 78**), da es *gesetzliche* Veräußerungsverbote iSd § 135 BGB mit Ausnahme von § 473 BGB im BGB nicht gibt (vgl. BGHZ 40, 156 (160)). Hauptfälle eines behördlichen Veräußerungsverbots sind die *Beschlagnahme* in der Zwangsvollstreckung (vgl. §§ 829, 846, 857 Abs. 1 ZPO) und die *einstweilige Verfügung* (§ 935 ZPO).

Im *Münzsammler-Fall* kann K gem. § 935 ZPO eine einstweilige Verfügung des zuständigen Gerichts erwirken, in der dem V untersagt wird, die Sammlung zu veräußern. – Übereignet V die Sammlung nach Erlass der einstweiligen Verfügung zur Sicherheit gem. § 930 BGB an B, so erwirbt B das Eigentum, aber nicht im Verhältnis zu K. Dies wirkt sich aus, wenn V danach doch die Sammlung an K übereignet. K erwirbt insoweit Eigentum vom Berechtigten, es spielt also keine Rolle, ob er im Hinblick auf die Sicherungsübereignung gutgläubig war oder nicht.

23 Der Schutz des vom Veräußerungsverbot Begünstigten ist jedoch durch § 135 Abs. 2 BGB begrenzt. Danach finden nämlich die Vorschriften zugunsten derjenigen, welche Rechte von einem Nichtberechtigten herleiten, entsprechende Anwendung. Gemeint sind insbes. die §§ 932ff., 892 BGB.

Hat V im *Münzsammler-Fall* die Sammlung trotz des Veräußerungsverbots an den Antiquitätenhändler A gem. § 929 S. 1 BGB übereignet, der von diesem Verbot nichts wusste und auch nichts wissen konnte, so erwirbt A nach § 135 Abs. 2 BGB iVm § 932 BGB auch gegenüber K Eigentum.

Da das relative Veräußerungsverbot nur den Schutz einer bestimmten Person bezweckt, muss es möglich sein, dass diese Person auf den Schutz verzichtet und entweder von vornherein in eine Verfügung einwilligt oder diese nachträglich genehmigt (§ 185 BGB).

24 Nach § 137 S. 1 BGB kann die **Befugnis zur Verfügung über ein veräußerliches** Recht nicht durch Rechtsgeschäft ausgeschlossen oder beschränkt werden (dazu → § 13 Rn. 4) Diese Vorschrift dient dem Schutz der Rechtssicherheit (genauer: des Vertrauens auf die Verkehrsfähigkeit eines Gegenstandes; vgl. BGH NJW 1997, 861 (862)) und der privaten Verfügungsmacht. Zulässig ist jedoch eine **Verpflichtung,** über ein solches Recht nicht zu verfügen (§ 137 S. 2 BGB). Bei einem Verstoß gegen eine solche Verpflichtung wird lediglich eine Schadensersatzpflicht begründet, die Verfügung ist aber wirksam (dazu ***Köhler*** **BGB AT PdW Fall 79**).

IV. Nichtigkeit und Gestaltungsrechte

Auch wenn ein Rechtsgeschäft nichtig ist, schließt dies nicht aus, dass ein Vertragsteil ein Gestaltungsrecht (Anfechtungs-, Widerrufs-, Kündigungs- oder Rücktrittsrecht) ausübt, das die Bindung an den Vertrag beseitigt (vgl. BGH NJW 2010, 610 Rn. 14ff.; *Schreiber* AcP 211 [2011], 35). 25

Literatur: Nichtigkeit: *Canaris,* Gesamtunwirksamkeit und Teilnichtigkeit rechtsgeschäftlicher Regelungen, FS Steindorff, 1990, 519; *Köhler,* Einschränkungen der Nichtigkeit von Rechtsgeschäften, JuS 2010, 665; *Krampe,* Die Konversion des Rechtsgeschäfts, 1980; *Lieder/Berneith,* Die Umdeutung nach § 140 BGB, JuS 2015, 1063; *M. Müller,* Die Bestätigung nichtiger Rechtsgeschäfte, 1989; *Schreiber,* Nichtigkeit und Gestaltungsrechte, AcP 211 (2011), 35.

Anfechtbarkeit: *Coester-Waltjen,* Die Anfechtung von Willenserklärungen, Jura 2006, 348; *Grigoleit,* Abstraktion und Willensmängel – Die Anfechtbarkeit des Verfügungsgeschäfts, AcP 199 (1999), 379.

Relative Unwirksamkeit: *Bülow,* Grundfragen der Verfügungsverbote, JuS 1994, 1; *Kollhosser,* Die Verfügungsbefugnis bei sog. Sperrkonten, ZIP 1984, 389; *Ruhwedel,* Grundlagen und Rechtswirkungen sogenannter relativer Verfügungsverbote, JuS 1980, 161.

§ 16. Die Verwendung von Allgemeinen Geschäftsbedingungen

Die Verwendung von Allgemeinen Geschäftsbedingungen spielt auch in der Ausbildung eine wichtige Rolle. Tauchen in einer Klausur AGB-Klauseln auf, sind in der Regel mehrere Punkte zu prüfen: Liegen Allgemeine Geschäftsbedingungen vor? Sind sie wirksam in den Vertrag einbezogen worden? Handelt es sich um überraschende Klauseln? Wie sind die Klauseln auszulegen? Sind die Klauseln inhaltlich wirksam? Welche Rechtsfolgen ergeben sich, wenn Klauseln nicht einbezogen oder nicht wirksam sind? All diese Fragen sollen im folgenden Abschnitt behandelt werden.

I. Allgemeines

Allgemeine Geschäftsbedingungen (AGB) sind aus dem heutigen Wirtschaftsleben 1 nicht mehr wegzudenken. Sie schaffen für den Massenvertrag eine einheitliche und detaillierte Regelung der Rechtsbeziehungen und vereinfachen dadurch den Geschäftsverkehr (Rationalisierungsfunktion). Die Verwendung von AGB ist unentbehrlich, soweit für den konkreten Vertragstyp dispositives Recht entweder gar nicht vorhanden ist oder nicht ausreicht oder wegen geänderter oder besonderer wirtschaftlicher Gegebenheiten nicht passt (Lückenfüllungsfunktion). Die Erfahrung lehrt jedoch, dass die Verwender von AGB damit einseitig ihre Interessen auf Kosten des Vertragspartners verfolgen und die Vertragsfreiheit dazu ausnutzen, auch das sachgerechte dispositive Recht zum Nachteil des Gegners abzubedingen. Insbes. können Unternehmen im Geschäftsverkehr mit Verbrauchern nahezu immer ihre AGB durchsetzen. Das hat zwei Gründe: Der Verbraucher nimmt solche AGB häufig nicht zur Kenntnis oder überschaut doch ihre Tragweite nicht (intellektuelle Unterlegenheit); er ist oft auch entweder wegen des Zeitaufwandes nicht willens oder aber gar nicht in der Lage, eine Abänderung oder Streichung der AGB durchzusetzen, weil er auf die Leistung des Unternehmers angewiesen ist oder in der ganzen Branche ähnliche AGB verwendet werden (wirtschaftliche Unterlegenheit).

2 Die rechtliche Kontrolle von AGB setzt allerdings kein wirtschaftliches oder intellektuelles Ungleichgewicht der Vertragsparteien voraus. Auch muss nicht notwendig ein Unternehmer am Vertrag beteiligt sein. Vielmehr knüpft die AGB-Kontrolle daran an, dass ein Vertragsteil einseitig die Gestaltungsmacht für Vertragsbedingungen für sich in Anspruch nimmt und der andere Vertragsteil auf die Ausgestaltung dieser Bedingungen gewöhnlich keinen Einfluss nehmen kann (BGH NJW 2010, 1131 Rn. 12; 2016, 1230 Rn. 24). Die einseitige Durchsetzung von Vertragsbedingungen stellt einen Missbrauch der Vertragsfreiheit dar. Denn die Vertragsfreiheit ist nur insoweit gerechtfertigt, als beide Parteien wenigstens grds. die Möglichkeit haben, ihre Interessen zur Geltung zu bringen.

2a Die rechtliche Kontrolle der Missstände auf dem Gebiet der AGB erfolgte nur zögernd. Am Anfang standen die Bemühungen der Gerichte um eine Inhaltskontrolle von AGB, gestützt auf die Generalklauseln der §§ 138, 242, 315 BGB. Der Gesetzgeber griff erst 1976 mit dem „Gesetz zur Regelung des Rechts der Allgemeinen Geschäftsbedingungen" (AGBG), in Kraft getreten am 1.4.1977, ein. Durch die *EG-Richtlinie über missbräuchliche Klauseln in Verbraucherverträgen* **(Klauselrichtlinie)** vom 5.4.1993 wurde ein europarechtlicher Rahmen für eine Klauselkontrolle geschaffen. Daher sind die deutschen Vorschriften, soweit sie **Verbraucherverträge** betreffen, *richtlinienkonform* auszulegen (dazu Palandt/*Grüneberg* BGB § 310 Rn. 23ff.). Der deutsche Gesetzgeber nahm die Schuldrechtsmodernisierung zum Anlass, die materiellrechtlichen Vorschriften des AGBG (§§ 1–11 AGBG) mit einigen sachlichen Änderungen in das BGB zu überführen. Sie sind nunmehr, obwohl systematisch eigentlich in den Allgemeinen Teil des BGB gehörend, in den §§ 305–310 BGB enthalten. Die verfahrensrechtlichen Bestimmungen (§§ 13ff. AGBG) wurden in das *Unterlassungsklagengesetz* (UKlaG) aufgenommen.

2b Eine Begriffsbestimmung der AGB findet sich in § 305 Abs. 1 S. 1 BGB. In den §§ 305 Abs. 2 und 3, 305a und 305c BGB sind die Voraussetzungen geregelt, unter denen AGB Vertragsbestandteil werden. Die §§ 305b und 305 Abs. 2 BGB stellen Auslegungsregeln auf. Das Herzstück bilden die Vorschriften über die Inhaltskontrolle in Gestalt einer Generalklausel (§ 307 BGB) und einer Reihe von speziellen Klauselverboten (§§ 308, 309 BGB). Um das Übel an der Wurzel packen zu können, sieht das **Unterlassungsklagengesetz** vor, dass bestimmte Verbraucher- und Wirtschaftsverbände gegen die Verwender und Empfehler von unwirksamen Klauseln auf Unterlassung klagen können (vgl. §§ 1, 3, 5–11 UKlaG). Die gleiche Möglichkeit besteht für Mitbewerber des Verwenders nach den § 8 Abs. 1, 3 Nr. 1, §§ 3 Abs. 1, 3a UWG iVm §§ 307–309 BGB (vgl. BGH NJW 2011, 76).

II. Der Begriff der „Allgemeinen Geschäftsbedingungen"

1. Die gesetzliche Definition (§ 305 Abs. 1 S. 1 BGB)

3 **Allgemeine Geschäftsbedingungen** (AGB) sind „alle für eine Vielzahl von Verträgen vorformulierten Vertragsbedingungen, die eine Vertragspartei (Verwender) der anderen Vertragspartei bei Abschluss eines Vertrages stellt" (§ 305 Abs. 1 S. 1 BGB).

Im Einzelnen bedeutet dies:

a) Vertragsbedingungen

Es muss eine „Vertragsbedingung“ vorliegen, dh eine Regelung, die sich auf den Abschluss oder Inhalt eines Vertrages bezieht (BGH NJW 1996, 2574 (2575); 2009, 1337 Rn. 11). (Nicht gemeint ist eine Bedingung iSd § 158 BGB). Art und Rechtsnatur des Vertrages spielen grds. keine Rolle (vgl. aber § 310 Abs. 4 BGB). Auch einseitige Rechtsgeschäfte des Kunden, die vom Verwender vorformuliert werden, fallen unter diesen Begriff, sofern sie im Zusammenhang mit einem Vertrag stehen (vgl. BGH NJW 2000, 2677). Auf das äußere Erscheinungsbild der Vertragsbedingungen kommt es nicht an, wie in § 305 Abs. 1 S. 2 BGB klargestellt wird. Danach ist gleichgültig, ob die Bestimmungen einen äußerlich gesonderten Bestandteil des Vertrages bilden oder in die Vertragsurkunde selbst aufgenommen werden, welchen Umfang sie haben, in welcher Schriftart sie verfasst sind und welche Form der Vertrag hat. Im Einzelfall kann allerdings zweifelhaft sein, ob eine rechtsgeschäftliche Erklärung oder eine rechtlich unverbindliche Äußerung vorliegt. Dann ist der Eindruck maßgebend, den die Erklärung bei den Empfängern hervorruft. 4

Taschenkontrollen im Supermarkt: Im Eingangsbereich eines Supermarkts wurden die Kunden durch ein Hinweisschild gebeten, ihre Taschen abzugeben. Daran schloss sich der Text an: *„andernfalls weisen wir Sie höflichst darauf hin, dass wir an den Kassen gegebenenfalls Taschenkontrollen durchführen müssen“.* – Trotz der höflichen Formulierung liegt hier eine AGB vor (BGH NJW 1996, 2574 (2575)). Denn der Durchschnittskunde gewinnt den Eindruck, der Kaufmann behalte sich dadurch das Recht einer Taschenkontrolle vor, und es solle dadurch der Inhalt eines (vor-)vertraglichen Rechtsverhältnisses geregelt werden (vgl. auch BGH NJW 2011, 139 Rn. 23, 24).

b) Vorformulierung

Die Vertragsbedingung muss „vorformuliert“, dh bereits vor Vertragsschluss vollständig formuliert und abrufbar sein. Die Art der Speicherung (Schriftstück; PC-Speicherung; Gedächtnis) ist unerheblich (BGHZ 141, 108 = NJW 1999, 2180 (2181)). Auch handschriftlich in einen Vertragstext eingefügte Klauseln können daher AGB sein, wenn sie öfters verwendet werden und „im Kopf gespeichert“ sind (BGH NJW 2005, 2543 (2544)). 5

c) Vielzahl von Verträgen

Die Vertragsbedingungen müssen für eine „Vielzahl von Verträgen“ vorgesehen sein (Ausnahme: § 310 Abs. 3 Nr. 2 BGB). Sie müssen also nicht mehrfach verwendet worden sein. Ausreichend ist vielmehr auch die erstmalige Verwendung, sofern nur vom Verwender (oder vom Aufsteller) eine mehrfache Verwendung beabsichtigt ist (BGH NJW 1997, 135). Eine solche Absicht kann sich aus Inhalt und Gestaltung der Klauseln ergeben (BGH NJW 2004, 502 (503)). Die unterste Grenze liegt bei drei Verwendungen (BGH NJW 2002, 138). 6

Das Mietvertragsformular: Der Hauseigentümer H vermietet sein Haus an den Mieter M und verwendet dabei ein Mietvertragsformular aus einem Handbuch des Mietrechts, in das lediglich die Namen der Parteien, der Mietzins und die Vertragsdauer eingesetzt werden müssen. – Hier handelt es sich um AGB (in Gestalt des *„Formularvertrags“*), da die Vertragsbedingungen nach der Absicht des Aufstellers (Handbuchverfasser) für eine Vielzahl von Mietverträgen verwendet werden sollen. Dass H selbst nur eine einmalige Verwendung plant, ist unerheblich (BGH NJW 2010, 1131 Rn. 10).

d) Stellen der Vertragsbedingungen

7 Weitere Voraussetzung für das Vorliegen von AGB ist, dass eine Partei, der sog. **„Verwender“**, sie der anderen Partei **„stellt“**. Es muss sich also so verhalten, dass eine Partei der anderen den Abschluss eines Vertrages zu diesen Bedingungen anbietet. Die Ausnutzung einer wirtschaftlichen oder intellektuellen Überlegenheit oder die Ausübung von Druck ist nicht erforderlich (BGH NJW 2010, 1131 Rn. 12). Es ist auch nicht erforderlich, dass der Verwender Unternehmer und der Gegner Verbraucher ist (vgl. aber § 310 Abs. 3 BGB).

Würde beispielsweise im *Mietvertragsformular-Fall* der Mieter dem Vermieter die Verwendung dieses Formulars vorgeschlagen haben, wäre er der *„Verwender“* dieser Vertragsbedingungen (vgl. BGH NJW 1995, 2034 (2035 f.)). Ihm käme daher auch nicht der Schutz des § 307 BGB zugute, da diese Vorschrift nur den Vertragspartner des Verwenders schützt. – Dagegen ist der Vermieter als Verwender anzusehen, wenn er den Mietinteressenten bittet, ein Mietvertragsformular der „Haus- und Grundbesitzervereinigung“ zum Vertragsschluss mitzubringen (BGH NJW-RR 2018, 843).

Ein „Stellen“ von Vertragsbedingungen liegt aber nicht vor, wenn die Einbeziehung vorformulierter Vertragsbedingungen in einen Vertrag auf einer freien Entscheidung desjenigen beruht, der vom anderen Vertragsteil mit dem Verwendungsvorschlag konfrontiert wird. Dazu ist es erforderlich, dass er in der Auswahl der in Betracht kommenden Vertragstexte frei ist und insbes. die Gelegenheit erhält, alternativ eigene Textvorschläge mit der effektiven Möglichkeit ihrer Durchsetzung in die Verhandlungen einzubringen (BGH NJW 2017, 2346 Rn. 9). Der Tatbestand des § 305 Abs. 1 S. 1 BGB ist auch nicht erfüllt, wenn beide Parteien unabhängig voneinander die Einbeziehung bestimmter Vertragsbedingungen (zB der VOB/B) fordern.

7a Schlägt ein **Dritter** (zB Notar, Makler) vorformulierte Vertragsbedingungen vor, ist zunächst die Sonderregelung in § 310 Abs. 3 Nr. 1 BGB zu beachten (→ Rn. 11). Greift sie nicht ein, so kommt es darauf an, ob eine der Vertragsparteien sich das Handeln des Dritten zurechnen lassen muss. Das ist nicht der Fall, wenn es sich um einen **neutralen** Dritten handelt (vgl. BGH NJW 2017, 1541 Rn. 11), wohl aber dann, wenn der Dritte im Auftrag und im Interesse einer Partei handelt. *Beispiel:* „Hausnotar“ einer Bauträgergesellschaft, die ihn beim Verkauf einer Vielzahl von Eigentumswohnungen einschaltet.

2. Abgrenzung zur Individualabrede (§ 305 Abs. 1 S. 3 BGB)

8 Allgemeine Geschäftsbedingungen liegen jedoch nach § 305 Abs. 1 S. 3 BGB nicht vor, **„soweit die Vertragsbedingungen zwischen den Vertragsparteien im Einzelnen ausgehandelt sind“**. Da der Vertragspartner hier von seiner Vertragsfreiheit zur Wahrung seiner Interessen Gebrauch gemacht hat, ist ein zusätzlicher Schutz durch das Gesetz nicht erforderlich. Ein **„Aushandeln“** setzt eine nicht bloß allgemeine, sondern eine deutliche und ernsthafte Abänderungsbereitschaft des Verwenders voraus (BGH NJW 2018, 2950 Rn. 33). Der Kunde muss die reale Möglichkeit haben, den Inhalt der Vertragsbedingungen zu beeinflussen (BGH NJW 2018, 2950 Rn. 33). Dazu muss er über den Inhalt und die Tragweite der Klausel(n) belehrt worden sein, es sei denn, er hat erkennbar deren Sinn verstanden (BGH NJW 2005, 2543 f.). IÜ genügt es nicht, dass der vorformulierte Text dem Kunden Wahlmöglichkeiten zwischen mehreren Vertragsbedingungen einräumt oder ihn zu Änderungen oder Streichungen auffordert (vgl. BGHZ 98, 24 (28); BGH NJW-RR 2018, 683)). Anderer-

seits ist für ein Aushandeln nicht begriffsnotwendig eine inhaltliche Abänderung erforderlich (BGHZ 153, 311 (321); BGH NJW 2013, 2027 Rn. 20). Sind die Bedingungen jedoch unverändert in den Vertrag einbezogen worden, kann von einem „Aushandeln" nur ausnahmsweise die Rede sein, nämlich dann, wenn der Verwender entweder in einem anderen Punkt (zB beim Preis) nachgibt oder er zumindest seine Abänderungsbereitschaft deutlich und ernsthaft zu erkennen gibt und der Vertragspartner sich nach gründlicher Erörterung mit der Regelung einverstanden erklärt, weil er sie als in der Sache gerechtfertigt ansieht (BGHZ 206, 305 Rn. 23). Ein Indiz dafür kann sein, dass ein Klauselwerk an mehreren zentralen Punkten abgeändert wurde (BGH NJW 2013, 2027 Rn. 20; im Einzelnen ist hier vieles streitig; vgl. *Habersack* FS Köhler, 2014, 209 (212ff.)). Die Beweislast, dass vorformulierte Bedingungen entgegen dem äußeren Anschein im Einzelnen ausgehandelt sind, trägt der Verwender (BGHZ 200, 326 Rn. 27). Er genügt dieser Beweislast noch nicht durch die Vorlage einer vom Kunden unterschriebenen Bestätigung, die Bedingungen seien im Einzelnen ausgehandelt worden. Eine solche Klausel ist sogar gem. § 309 Nr. 12b BGB unwirksam (BGHZ 99, 374 (378)).

Hat im *Mietvertragsformular*-Fall der Vermieter H sich auf Verlangen des Mieters M bereit erklärt, die Klausel über die Schönheitsreparaturen abzuändern, liegt insoweit eine sog. *„Individualabrede"* gem. § 305 Abs. 1 S. 3 BGB vor. Das Gleiche gilt, wenn H zwar an der Klausel festhält und dafür dem M beim Mietzins entgegenkommt. Ein Aushandeln wäre uU sogar dann anzunehmen, wenn H zwar seine Abänderungsbereitschaft erkennen lässt, M aber sich schließlich davon überzeugen lässt, dass die Klausel allgemein üblich und inhaltlich sachgerecht ist. Die übrigen Klauseln des Vertrages, über die nicht verhandelt wurde, unterliegen jedoch weiterhin der AGB-Kontrolle (arg. § 305 Abs. 1 S. 3 BGB: *„soweit"*).

III. Sonderregelung für Verbraucherverträge

In § 310 Abs. 3 BGB ist eine Sonderregelung für *„Verbraucherverträge"* getroffen, die den Anwendungsbereich des Rechts der AGB zum Schutze des Verbrauchers in drei Punkten erweitert. 9

1. Begriff des „Verbrauchervertrags"

Nach der Legaldefinition in § 310 Abs. 3 BGB ist dies ein Vertrag *„zwischen einem Unternehmer und einem Verbraucher"* (näher → § 5 Rn. 20ff.). Diese Begriffe sind wiederum in § 14 Abs. 1 BGB und § 13 BGB legaldefiniert. Als Unternehmer sind demnach nicht nur Gewerbetreibende, sondern zB auch Freiberufler, Handwerker und Landwirte anzusehen. Erforderlich ist nur eine auf eine gewisse Dauer gerichtete und auf Gewinn zielende selbstständige Tätigkeit. Zum Kreis der Verbraucher gehören nicht nur Privatpersonen, sondern auch Unternehmer, sofern nur der Vertragszweck ihrer Privatsphäre zuzuordnen ist. Hierfür tragen sie jedoch die Beweislast (Rechtsgedanke des § 344 HGB). Kauft etwa ein Handwerker ein Auto und will er sich gegenüber dem Händler auf § 310 Abs. 3 BGB berufen, so muss er darlegen und beweisen, dass er das Auto jedenfalls überwiegend privat nutzt (§ 13 BGB). 10

2. Kontrolle von „Drittbedingungen" (§ 310 Abs. 3 Nr. 1 BGB)

Die AGB-Kontrolle setzt nach § 305 Abs. 1 S. 1 BGB an sich voraus, dass eine Partei (Verwender) der anderen Partei bestimmte Vertragsbedingungen stellt. Weitergehend sieht § 310 Abs. 3 Nr. 1 BGB vor, dass AGB als vom Unternehmen gestellt gelten, außer wenn sie durch den Verbraucher in den Vertrag eingeführt wurden. Das bedeutet: 11

Auch solche AGB unterliegen der AGB-Kontrolle, die auf Vorschlag eines **Dritten** (zB Notar, Makler, Verband) in den Vertrag einbezogen werden. Das Gesetz fingiert („gelten"), dass solche Drittbedingungen vom Unternehmer gestellt wurden. Der Unternehmer kann sich dem nur durch den Nachweis entziehen, der Verbraucher (oder ein von ihm beauftragter Dritter) habe die Verwendung der AGB vorgeschlagen.

3. Kontrolle von „Einmalbedingungen" (§ 310 Abs. 3 Nr. 2 BGB)

12 Die AGB-Kontrolle setzt an sich voraus, dass es sich um „für eine Vielzahl von Verträgen vorformulierte Vertragsbedingungen" handelt. Bei Verbraucherverträgen genügt es dagegen, dass die vorformulierten Vertragsbedingungen *nur zur einmaligen Verwendung bestimmt sind.* Einschränkend ist allerdings hinzugefügt: *soweit der Verbraucher auf Grund der Vorformulierung auf ihren Inhalt keinen Einfluss nehmen konnte.* Letzteres wird insbes. bei längeren oder komplizierten Vertragsbedingungen im Zweifel anzunehmen sein. Sind diese Voraussetzungen erfüllt, unterliegen die Vertragsbedingungen der Kontrolle nach den §§ 305c Abs. 2, 306–309 BGB. Nach dem Gesetzeswortlaut sind also die § 305 Abs. 2, 3 BGB und § 305c Abs. 1 BGB nicht heranzuziehen. Diesem Regelungsdefizit lässt sich jedoch iRd Inhaltskontrolle nach § 307 BGB Rechnung tragen (*Eckert* ZIP 1996, 1238 (1240)). Dabei kommt dem Transparenzgebot des § 307 Abs. 1 S. 2 BGB besondere Bedeutung zu.

4. Erweiterte Inhaltskontrolle (§ 310 Abs. 3 Nr. 3 BGB)

13 Grds. ist bei der Inhaltskontrolle ein generell-objektiver Maßstab anzulegen (vgl. BGHZ 105, 24 (31)). Demgegenüber ordnet § 310 Abs. 3 Nr. 3 BGB an, dass bei der Beurteilung der unangemessenen Benachteiligung nach § 307 Abs. 1 und 2 BGB *auch die den Vertragsabschluss begleitenden Umstände zu berücksichtigen* sind. Als solche Einzelumstände kommen in Betracht die Besonderheiten der *Situation des Vertragsschlusses* (Ausnutzung des Zeitdrucks oder umgekehrt lange Prüfungsmöglichkeit des Verbrauchers), aber auch die Besonderheiten in der *Person des Verbrauchers* (etwa besondere Geschäftserfahrenheit oder -unerfahrenheit des Verbrauchers). Die jeweiligen Umstände können also zugunsten, aber auch zu Lasten des Verbrauchers gehen.

IV. Die Einbeziehung von AGB in den Vertrag

1. Die Einbeziehungsvereinbarung

14 Damit AGB Bestandteil eines Einzelvertrages werden, ist eine sog. Einbeziehungsvereinbarung erforderlich. Hierfür stellt § 305 Abs. 2 BGB drei Voraussetzungen auf (→ Rn. 15–17; dazu ***Köhler* BGB AT PdW Fall 109**). Kommt eine Einbeziehung der AGB nicht zustande, weil die Anforderungen des § 305 Abs. 2 BGB nicht erfüllt sind, so kommt der Vertrag ohne sie zustande. Eine nachträgliche Einbeziehung ist dann nur im Wege der Vertragsänderung möglich, für die wiederum die Anforderungen des § 305 Abs. 2 BGB sinngemäß gelten (BGH NJW 2010, 864 Rn. 39).

a) Ausdrücklicher Hinweis auf die AGB bei Vertragsschluss

15 Der Verwender muss **„bei Vertragsschluss"** auf die AGB hinweisen. Es genügt also nicht, dass der Hinweis bei einem früheren Vertragsschluss oder gar erst nach Vertragsschluss erfolgte. Das ist von Bedeutung bei AGB, die auf Eintrittskarten oÄ aufgedruckt sind: sie werden nicht Vertragsbestandteil, wenn die Aushändigung erst

nach Vertragsschluss erfolgt. Der Hinweis muss ferner **„ausdrücklich"** geschehen. Er muss also so deutlich sein, dass er von einem Durchschnittskunden nicht übersehen werden kann. Daran fehlt es beispielsweise, wenn der Verwender seine AGB auf der Rückseite des Angebotsschreibens abgedruckt hat, auf der Vorderseite aber nicht darauf hinweist. Ist ein ausdrücklicher Hinweis technisch nicht oder nur schwer möglich, genügt ein Hinweis **„durch deutlich sichtbaren Aushang am Ort des Vertragsabschlusses"** (§ 305 Abs. 2 Nr. 1 Alt. 2 BGB). Das ist insbes. bei der Benutzung automatischer Einrichtungen, bei denen es an einem persönlichen Kontakt fehlt, wie etwa Parkhäusern, Autowaschanlagen, von Bedeutung.

b) Verschaffung der Möglichkeit der Kenntnisnahme

Der Verwender muss darüber hinaus der anderen Vertragspartei die Möglichkeit verschaffen, in **zumutbarer** Weise vom Inhalt der AGB Kenntnis zu nehmen, und zwar ebenfalls spätestens bei Vertragsschluss. Die andere Vertragspartei soll die Gelegenheit erhalten, sich bei Vertragsschluss mit den AGB vertraut zu machen, damit sie die Rechtsfolgen und Risiken eines Vertragsschlusses abschätzen kann (BGH NJW 2010, 864 Rn. 38). Dazu muss sie vom Text der AGB **Kenntnis** nehmen können. Dies gilt auch bei weit verbreiteten und gebräuchlichen AGB, wie zB VOB/B (BGHZ 109, 195), sofern beim Gegner keine Kenntnis vorausgesetzt werden kann. Der Text muss darüber hinaus *leserlich* sein. Das ist er nicht, wenn er so klein gedruckt oder so unübersichtlich ist, dass ihn der Durchschnittskunde nicht mehr ohne Weiteres lesen kann (BGH WM 1986, 770). Der Text muss schließlich auch **verständlich** sein (*Transparenzgebot;* vgl. daneben § 307 Abs. 1 S. 2 BGB). Das ist er nicht, wenn er so abgefasst ist, dass ihn nur noch ein Jurist versteht, obwohl eine allgemeinverständliche und trotzdem unzweideutige Formulierung möglich wäre. So genügt es beispielsweise nicht, wenn es in einem Mietvertragsformular heißt: „§ 535 Abs. 1 Satz 2 ist unanwendbar." 16

c) Einverständnis des Gegners

Schließlich muss die andere Vertragspartei noch mit der Geltung der AGB einverstanden sein. Dieses Einverständnis ist in der Regel zu bejahen, wenn die beiden ersten Voraussetzungen erfüllt sind und der Gegner sich auf den Vertragsschluss einlässt. Hat allerdings der Gegner das Angebot abgegeben und der Verwender erst in seiner Annahmeerklärung (sog. Auftragsbestätigung) auf seine AGB Bezug genommen, gilt dies grds. gem. § 150 Abs. 2 BGB als Ablehnung des Angebots verbunden mit einem neuen Angebot. Das Schweigen des Kunden hierauf ist grds. nicht als Einverständnis zu werten. 17

2. Exkurs: Kollidierende AGB

Im Geschäftsverkehr zwischen Unternehmen kann es zu einer Kollision von AGB kommen, wenn jede Partei ihre eigenen AGB durchsetzen möchte (dazu ***Köhler* BGB AT PdW Fall 114**). So etwa, wenn ein Unternehmer bei einer Warenbestellung auf seine „Allgemeinen Einkaufsbedingungen" verweist, sein Vertragspartner in der Auftragsbestätigung dagegen auf seine „Allgemeinen Verkaufsbedingungen" Bezug nimmt. Hier ist zunächst zu beachten, dass bei Verwendung von AGB gegenüber Unternehmen § 305 Abs. 2 und 3 BGB nicht anwendbar ist (§ 310 Abs. 1 S. 1 BGB), an die Einbeziehung von AGB also geringere Anforderungen zu stellen sind. IÜ ist zu unterscheiden: 18

Verweisen beide Parteien auf ihre eigenen AGB, ist nicht § 150 Abs. 2 BGB anzuwenden. Denn dies würde der regelmäßigen Absicht der Parteien widersprechen, den Vertrag nicht an den AGB scheitern zu lassen. Vielmehr gilt insoweit (in Umkehrung der Auslegungsregel des § 154 Abs. 1 S. 1 BGB), dass ein Vertrag im Umfang der tatsächlichen Einigung zustande kommt. Das bedeutet, dass die vereinbarten Bedingungen (zB hinsichtlich Kaufgegenstand und -preis) gelten sowie die **AGB** der Parteien, soweit sie **inhaltlich übereinstimmen** oder von dem stillschweigenden Einverständnis der anderen Partei auszugehen ist (zB weil sie diese Partei lediglich begünstigen). Verbleibende Lücken des Vertrages sind nach allgemeinen Grundsätzen (dispositives Recht, ergänzende Vertragsauslegung) zu schließen. Der Vertrag mit diesem Inhalt kommt bereits dann zustande, wenn der Empfänger der Annahmeerklärung nicht unverzüglich widerspricht und nicht erst, wenn die Parteien den Vertrag tatsächlich durchführen (so aber BGH NJW 1991, 1606). Diese Grundsätze gelten auch dann, wenn die AGB beider Parteien sog. *Abwehrklauseln* enthalten, in denen zum Ausdruck kommt, dass nur die eigenen AGB gelten sollen.

19 Anders liegt es, wenn eine oder beide **Parteien ausdrücklich** (dh nicht nur in AGB) erklären, dass sie nur unter Geltung ihrer AGB abschließen wollen. Hier bleibt es beim Grundsatz des § 150 Abs. 2 BGB. Ein Vertrag kommt daher nur zustande, wenn der Empfänger der modifizierten Annahmeerklärung dieser zustimmt, dh sich unterwirft. Eine solche Zustimmung ist jedoch noch nicht im bloßen Schweigen auf die modifizierte Annahmeerklärung zu erblicken, sondern nur in der widerspruchslosen Vertragserfüllung.

V. Überraschende Klauseln

20 In aller Regel macht sich der Vertragspartner nicht die Mühe, die AGB in allen Einzelheiten durchzustudieren. Dies könnte sich der Verwender zunutze machen, indem er in den AGB Klauseln „versteckt", auf die sich sein Partner im Grunde nicht ohne Weiteres einlassen würde. Dem schiebt § 305 c Abs. 1 BGB einen Riegel vor (dazu ***Köhler* BGB AT PdW Fall 111**). Danach werden Bestimmungen in AGB, die nach den Umständen so ungewöhnlich sind, dass der Vertragspartner des Verwenders mit ihnen nicht zu rechnen braucht, nicht Vertragsbestandteil. Dies ist nach der Rspr. (vgl. BGHZ 102, 152 (158 f.)) dann der Fall, wenn den Bestimmungen ein *Überrumpelungs-* oder *Überraschungseffekt* innewohnt und zwischen ihrem Inhalt und den Erwartungen des Kunden eine deutliche Diskrepanz besteht. Die Erwartungen des Kunden können durch den Vertragstyp bestimmt sein und etwa durch den Grad der Abweichung vom dispositiven Recht oder von der üblichen Vertragsgestaltung enttäuscht werden. Maßgebend sind insoweit die Erkenntnismöglichkeiten des in Frage kommenden Kundenkreises.

Beispiele: Der Käufer einer Maschine muss nicht ohne Weiteres mit einer Klausel rechnen, die einen Dauerauftrag zur Reparatur und Wartung enthält (Erweiterung oder Begründung zusätzlicher Hauptpflichten). – Der Gastwirt, der mit der Brauerei einen „Darlehens-Vorvertrag" schließt, braucht nicht ohne Weiteres mit einer Klausel zu rechnen, die eine Bierbezugspflicht auch bei Nichtinanspruchnahme des Darlehens vorsieht (Beseitigung des Gegenseitigkeitscharakters des Vertrages). – Der Mieter muss nicht in einem AGB-Abschnitt über „Aufrechnung, Zurückbehaltung" mit einer Klausel über den Ausschluss der Garantiehaftung für anfängliche Mängel der Mietsache rechnen (fehlender systematischer Zusammenhang; BGH NJW 2010, 3152).

Die Erwartungen des Kunden können aber auch durch individuelle Begleitumstände des Vertragsschlusses bestimmt sein, etwa durch den Gang und Inhalt der Vertragsverhandlungen und durch den äußeren Zuschnitt des Vertrages (BGHZ 102, 152 (158f.); BGH NJW 1990, 576 (577)).

Beispiel: Ein Kunde braucht nicht mit einer Klausel zu rechnen, in der er versichert, Kaufmann zu sein, wenn dies mit dem konkret vorgesehenen Vertragsschluss nichts zu tun hat (BGHZ 84, 109 (112f.)).

VI. Die Auslegung von AGB

Für die Auslegung von AGB gelten zunächst die allgemeinen Grundsätze der Rechtsgeschäftsauslegung, einschließlich derer über die ergänzende Vertragsauslegung. Darüber hinaus muss jedoch den besonderen Aufgaben und Gefahren von AGB im Wirtschaftsleben Rechnung getragen werden. Dies erfordert zusätzliche Auslegungsgrundsätze (dazu ***Köhler*** **BGB AT PdW Fall 112**). 21

1. Der Grundsatz der objektiven Auslegung

Weil die AGB für eine Vielzahl von Verträgen Anwendung finden sollen und ihr Rationalisierungseffekt sich nur bei einheitlicher Auslegung erreichen lässt, sind sie **objektiv** auszulegen (BGH NJW 2009, 2671 Rn. 23). Das heißt, dass sie nach ihrem objektiven Inhalt und typischen Sinn einheitlich so auszulegen sind, wie sie von verständigen und redlichen Vertragspartnern unter Abwägung der Interessen der normalerweise beteiligten Verkehrskreise verstanden werden (BGH NJW 2018, 2117 Rn. 18). Ausgangspunkt der Auslegung ist in erster Linie der Wortlaut der AGB. Die besonderen Umstände des Einzelfalls bleiben außer Acht; desgleichen solche Verständnismöglichkeiten, die zwar theoretisch denkbar, praktisch aber fern liegend und nicht ernstlich in Betracht zu ziehen sind (BGH NJW 2018, 2117 Rn. 20). 22

2. Der Vorrang der Individualabrede (§ 305b BGB)

Haben die Parteien individuell etwas anderes vereinbart als in den AGB steht, geht diese individuelle Vertragsabrede nach § 305b BGB den AGB vor (dazu → Rn. 8; ***Köhler*** **BGB AT PdW Fall 113**). Denn die Individualabrede ist gegenüber den auf generelle Geltung angelegten AGB die speziellere Regelung und außerdem sollen die AGB Individualabreden nur ergänzen, aber nicht aushöhlen. 23

Der Liefertermin: A unterschreibt beim Autohändler B einen Kaufvertrag über einen Neuwagen, bei dem als Liefertermin der 1.4.2006 festgelegt wird. B ist an diesen Liefertermin gebunden, auch wenn seine AGB die Klausel enthalten: „Liefertermine sind unverbindlich", weil die Individualabrede gem. § 305b BGB Vorrang hat.

Der Grundsatz des Vorrangs der Individualabrede gilt auch, wenn die Individualabrede nur **mündlich** getroffen wurde, die AGB aber eine sog. **Schriftformklausel** (dazu ***Köhler*** **BGB AT PdW Fall 75**) enthalten (zB *„Nebenabreden sind nur wirksam, wenn sie schriftlich erfolgt sind"*). Denn jede Schriftformklausel kann auch formlos von den Parteien außer Kraft gesetzt werden (→ § 12 Rn. 21). Ist die Geltung einer formlos getroffenen Individualabrede gewollt, so verdrängt sie eine abweichende Vereinbarung in den AGB (BGH NJW 2006, 138 (139)). Dies gilt auch für eine in AGB vereinbarte **doppelte Schriftformklausel,** wie etwa: *„Jegliche Änderungen oder Ergänzungen dieses Vertrages sind nur wirksam, wenn sie schriftlich vereinbart werden. Dies gilt* *auch für eine Änderung dieser Schriftformklausel.*" (BGH NJW 2017, 1017 Rn. 16, 18). Unerheblich ist, ob die Parteien den Willen hatten, die Klausel zu ändern oder ob ihnen die Kollision mit der Klausel überhaupt bewusst war (BGH NJW 2017, 1017 Rn. 19). Die Beweislast für eine abweichende Vereinbarung trägt allerdings derjenige, der sich darauf beruft (BGH NJW 2006, 138 (139)).

23a Bei den sog. **Bestätigungsklauseln** (zB „Mündliche Nebenabreden bedürfen zu ihrer Wirksamkeit der schriftlichen Bestätigung") ist allerdings zu unterscheiden. Sie sind grds. wie Schriftformklauseln zu behandeln. Sie können aber auch die Bedeutung haben, auf eine beschränkte Vertretungsmacht der Angestellten des Verwenders hinzuweisen (vgl. BGH NJW 1982, 1389 (1390)). Hat ein Angestellter ohne ausreichende Vertretungsmacht die mündliche Nebenabrede getroffen, so kann – je nach den Umständen des Falles – eine Rechtsscheinvollmacht nach §§ 171, 172 BGB oder eine Duldungs- oder Anscheinsvollmacht vorliegen. Die Bestätigungsklausel könnte dann dazu führen, dass der Kunde die Beschränkung der Vertretungsmacht kennt oder kennen muss (vgl. § 173 BGB; § 54 Abs. 3 HGB) und daher eine wirksame Vertretung nicht vorliegt. Doch wird man dies nicht generell sagen können, es kommt vielmehr auf die Umstände an, etwa auf die besondere drucktechnische Hervorhebung der Klausel (vgl. BGH NJW 1986, 1809 (1810)). Das ergibt sich auch aus der Unklarheitenregel des § 305c Abs. 2 BGB (*Medicus/Petersen* AT Rn. 425). Ist die mündliche Nebenabrede nach den Grundsätzen über die Vertretungsmacht wirksam zustande gekommen, so geht sie nach § 305b BGB der Bestätigungsklausel vor. Ist dies nicht der Fall, so gelten die §§ 177ff. BGB.

24 Zu beachten ist, dass Schriftform- und Bestätigungsklauseln auch der Kontrolle nach § 307 BGB unterliegen. Das ist insbes. für die Unterlassungsklagen nach § 1 UKlaG wichtig, weil hier die Klausel als solche, ohne Rücksicht auf das Vorhandensein einer Individualabrede, überprüft wird und daher § 305b BGB als Prüfungsmaßstab nicht in Betracht kommt. Soweit Klauseln mit § 305b BGB unvereinbar sind, verstoßen sie auch gegen § 307 BGB (vgl. BGH NJW 1986, 1809 (1810); BB 1991, 1591; Palandt/*Grüneberg* BGB § 305b Rn. 5).

25 Von Schriftformklauseln zu unterscheiden sind **Vollständigkeitsklauseln** („Mündliche Nebenabreden sind nicht getroffen"). Solche Klauseln sind nach der Rspr. wirksam, da sie lediglich die allgemeine Vermutung der Vollständigkeit der Vertragsurkunde wiederholen und dem Kunden nicht den Gegenbeweis abschneiden (BGHZ 93, 60; BGH NJW 1985, 2329 (2331)). Das ist aber nicht unbedenklich, weil der Kunde die Klausel dahin verstehen könnte, dass er eine mündliche Nebenabrede nicht wirksam geltend machen könnte.

3. Die Unklarheitenregel (§ 305c Abs. 2 BGB)

26 Sind AGB-Bestimmungen **objektiv mehrdeutig,** also mehrere Auslegungsmöglichkeiten rechtlich vertretbar, gehen die Auslegungszweifel nach § 305c Abs. 2 BGB zu Lasten des Verwenders (dazu ***Köhler* BGB AT PdW Fall 112;** BGH NJW 2017, 1018 Rn. 23). Denn da er die AGB in den Vertrag einführt, liegt es an ihm, sich klar und unzweideutig auszudrücken. Tut er dies nicht, ist dies sein Risiko. Es gilt die dem Vertragspartner **günstigere** Auslegung. Von mehreren möglichen Auslegungsmöglichkeiten ist allerdings die *scheinbar kundenfeindlichste* im Ergebnis regelmäßig die dem Kunden günstigere, wenn sie nämlich zur Annahme führt, dass die betreffende Klausel

unwirksam ist (BGH NJW 2016, 2947 Rn. 12). Erst wenn sich die Klausel nach jeder in Betracht kommenden Auslegung als wirksam erweist, kommt die dem Vertragspartner *günstigste* Auslegung zum Tragen (BGH NJW 2010, 2041 Rn. 26). Außer Betracht bleiben lediglich Verständnismöglichkeiten, die zwar theoretisch denkbar sind, praktisch aber fernliegend sind und für die typischerweise Beteiligten nicht ernstlich in Betracht kommen (BGH NJW 2018, 2117 Rn. 20).

Der Hotelparkplatz: Ein herabstürzender morscher Ast beschädigt das Auto eines Hotelgasts. Der Gast verlangt vom Hotelier Ersatz. Dieser verweist auf ein am Hotelparkplatz angebrachtes Schild: „Parken auf eigene Gefahr". – Es handelt sich hierbei um AGB iSd § 305 Abs. 1 S. 1 BGB. Die Klausel lässt mehrere objektive Auslegungsmöglichkeiten im Hinblick auf das vom Parkenden zu tragende Risiko zu. Nach § 305 c Abs. 2 BGB gehen diese Zweifel zu Lasten des Hoteliers, so dass die Klausel eng auszulegen ist und sich nicht auf Gefahren bezieht, die sich aus dem Zustand des Parkplatzes ergeben (vgl. BGHZ 63, 333).

Im Verfahren nach den §§ 1, 3 ff. UKlaG ist allerdings im Interesse der Kunden § 305 c 27
Abs. 2 BGB nicht anzuwenden, sondern umgekehrt von der kundenfeindlichsten Auslegung auszugehen (BGHZ 108, 52 (56); BGH NJW 2003, 1237 (1238)). Denn insoweit geht es darum, die weitere Verwendung von unklaren AGB zu unterbinden (Präventivschutz vor unklaren AGB).

VII. Die Inhaltskontrolle von AGB und das Umgehungsverbot

1. Die Inhaltskontrolle von AGB

Sind AGB wirksam in den Vertrag einbezogen worden, so unterliegen sie gleichwohl 28
noch einer Inhaltskontrolle (dazu ***Köhler* BGB AT PdW Fall 110**) mit dem Ziel einer Überprüfung ihrer inhaltlichen Angemessenheit. Nach § 307 Abs. 3 S. 1 BGB unterliegen ihr aber nur „Bestimmungen in AGB, durch die von Rechtsvorschriften abweichende oder diese ergänzende Regelungen vereinbart werden", also zB nicht die Leistungsbeschreibung und Preisregelung in einem Vertrag. Allerdings unterliegen auch derartige Regelungen dem Transparenzgebot des § 307 Abs. 1 S. 2 BGB und können aus diesem Grund unwirksam sein (§ 307 Abs. 3 S. 2 BGB). Herzstück der Inhaltskontrolle ist die **Generalklausel des § 307 Abs. 1 S. 1 BGB.** Danach sind Bestimmungen in AGB unwirksam, **„wenn sie den Vertragspartner des Verwenders entgegen den Geboten von Treu und Glauben unangemessen benachteiligen".** Als unangemessen ist eine Klausel dann anzusehen, wenn der Verwender darin missbräuchlich eigene Interessen auf Kosten des Vertragspartners durchzusetzen versucht, ohne die Interessen des Vertragspartners hinreichend zu berücksichtigen und ihm einen angemessenen Ausgleich zuzugestehen (stRspr; BGH NJW 2016, 1230 Rn. 33). Nach § 307 Abs. 1 S. 2 BGB kann sich eine unangemessene Benachteiligung auch daraus ergeben, dass die Bedingung **nicht klar und verständlich** ist. Der Verwender muss daher seine AGB so formulieren, dass Rechte und Pflichten seines Vertragspartners möglichst klar und durchschaubar dargestellt werden **(Transparenzgebot).** Sie müssen die wirtschaftlichen Nachteile und Belastungen soweit erkennen lassen, wie dies nach den Umständen gefordert werden kann (BGH NJW 2018, 1544 Rn. 8). – Die Generalklausel wird in § 307 Abs. 2 BGB näher konkretisiert. Im Interesse größtmöglicher Klarheit und Rechtssicherheit sind in den §§ 308 und 309 BGB Kataloge von unzulässigen Klauseln aufgeführt. Die §§ 308 und 309 BGB sind daher vorrangig vor § 307 BGB zu prüfen. Einzelheiten der Darstellung gehören in das Schuldrecht.

2. Das Umgehungsverbot

29 Um eine Umgehung der §§ 305ff. BGB durch die Wahl anderer, scheinbar zulässiger Vertragsgestaltungen zu verhindern, sieht § 306a BGB ein **Umgehungsverbot** vor. Es greift dann ein, wenn eine als AGB nach den §§ 307–309 BGB unwirksame Regelung bei gleicher Interessenlage durch eine andere Gestaltung erreicht werden soll, die nur den Sinn haben kann, dem gesetzlichen Verbot zu entgehen (BGH NJW 2016, 2489 Rn. 21). Letztlich läuft dies auf eine analoge Anwendung dieser Bestimmungen auf solche Sachverhalte hinaus, die unter Berücksichtigung des Gesetzeszwecks wirtschaftlich gleichartig sind, sich aber nicht mehr im Wege der normalen Gesetzesauslegung unter die Verbote der §§ 307–309 BGB subsumieren lassen (dazu BGHZ 162, 294 (301); BGH NJW 2009, 1337 Rn. 20).

Der „Buchring": Ein Verlag organisiert den Vertrieb von Büchern in der Weise, dass Interessenten Mitglied eines „Buchrings" in der Rechtsform eines nichtrechtsfähigen Vereins werden müssen und den Kaufpreis in Gestalt von Beiträgen zahlen. Auf AGB, die in die Rechtsform der Vereinssatzung gekleidet sind, wären an sich die §§ 305ff. BGB gem. § 310 Abs. 4 BGB (Bereichsausnahme für Verträge auf dem Gebiet des Gesellschaftsrechts, einschließlich des Vereinsrechts) nicht anwendbar. Jedoch greift hier das Umgehungsverbot nach § 306a BGB ein, das insoweit eine teleologische Reduktion des § 310 Abs. 4 BGB gebietet.

VIII. Rechtsfolgen bei Nichteinbeziehung und Unwirksamkeit von AGB

30 **Die Deckungszusage:** H hatte für sein Motorboot telegrafisch um eine vorläufige Deckungszusage einer Versicherungsgesellschaft V gebeten. Diese telegrafierte zurück: „Erteilen hiermit Deckungsbestätigung ab sofort. Anträge folgen". Vor Abschluss des endgültigen Versicherungsvertrags war das Boot gesunken, weil über einen vom Frost gesprengten Auspuff Wasser ins Boot gedrungen war. Dem Anspruch des A auf Ersatz des Schadens hielt die V entgegen, gem. ihren *Allgemeinen Versicherungsbedingungen (AVB)* seien durch Frost verursachte Schäden nicht zu ersetzen (nach BGH NJW 1982, 824). – Zu Recht?

Verstößt eine AGB-Klausel gegen die §§ 307–309 BGB, ist sie grds. in vollem Umfang unwirksam. Es ist nicht Aufgabe der Gerichte, eine sog. „geltungserhaltende Reduktion" vorzunehmen, also durch ergänzende Vertragsauslegung oder Umdeutung eine Fassung der Klausel zu finden, die einerseits dem Verwender möglichst günstig, andererseits gerade noch zulässig ist (BGH NJW 2000, 1110 (1113); 2013, 991 Rn. 25). Sonst könnte der Verwender risikolos überzogene AGB einführen. Der Gegner könnte allenfalls erreichen, dass die Klausel auf das gerade noch zulässige Maß zurückgeführt würde. Dies aber widerspräche dem Zweck des Gesetzes, den Rechtsverkehr möglichst von unwirksamen Klauseln freizuhalten und den Verbraucher zu schützen, sowie auf einen ausgewogenen Inhalt von Klauseln hinzuwirken. Das Verbot der „geltungserhaltenden Reduktion" (dazu ***Köhler*** **BGB AT PdW Fall 116**) schließt jedoch eine „Zerlegung" der Klausel in einen wirksamen und einen unwirksamen Teil nicht aus, wenn die Klausel sprachlich und inhaltlich ohne Weiteres teilbar ist (vgl. BGHZ 108, 1 (12)). – Sind AGB-Bestimmungen unwirksam, so bleibt nach **§ 306 Abs. 1 BGB** der Vertrag iÜ wirksam. Diese Abweichung von der Regel des § 139 BGB, wonach bei Teilnichtigkeit im Zweifel der ganze Vertrag nichtig ist, ist zum Schutze des Kunden geboten, da er sonst überhaupt keine vertraglichen Rechte hätte. Das Gleiche gilt, wenn AGB-Bestimmungen ganz oder teilweise auf Grund der §§ 305 Abs. 2 und 305c Abs. 1 BGB nicht Vertragsbestandteil geworden sind.

An die Stelle der AGB-Bestimmungen, die nicht Vertragsbestandteil geworden oder unwirksam sind, treten gem. § 306 Abs. 2 BGB die gesetzlichen Vorschriften (dazu ***Köhler*** **BGB AT PdW Fall 115**). Dazu gehören auch die Bestimmungen der §§ 133, 157 BGB über die **ergänzende Vertragsauslegung** (BGH NJW 2015, 1167 Rn. 24). Sie kommt aber nur dann in Betracht, wenn sich die bestehende Regelungslücke nicht durch dispositives Gesetzesrecht füllen lässt und dies zu einem Ergebnis führt, das den beiderseitigen Interessen nicht mehr in vertretbarer Weise Rechnung trägt, sondern das Vertragsgefüge völlig einseitig zugunsten des Kunden verschiebt (BGHZ 186, 180 Rn. 50). Die Aufrechterhaltung des Vertrages kann allerdings zu Härtefällen führen. Daher sieht § 306 Abs. 3 BGB eine Ausnahmeregelung vor: Der Vertrag ist unwirksam, wenn das Festhalten an ihm auch unter Berücksichtigung der nach Absatz 2 vorgesehenen Änderung eine unzumutbare Härte für eine Vertragspartei darstellen würde. Solche Härtefälle sind weniger beim Kunden als beim Verwender denkbar. 31

Im *Deckungszusage-Fall* waren die AVB mangels wirksamer Einbeziehung gem. § 305 Abs. 2 AGBG nicht Inhalt des Vertrages über die vorläufige Deckungszusage geworden. Nach § 306 Abs. 1 BGB berührte dies jedoch nicht die Wirksamkeit des Vertrages im Übrigen. Für den Vertragsinhalt gelten nach § 306 Abs. 2 BGB die gesetzlichen Vorschriften, bei der Versicherung eines Schiffes ist dies § 129 Abs. 2 S. 1 VVG. Die Ausnahme des § 306 Abs. 3 BGB greift nicht ein, da keine unzumutbare Härte für V vorliegt: die Deckungszusage gilt ohnehin nur für einen kurzen Zeitraum und die Haftung entspricht dem dispositiven Gesetzesrecht (BGH NJW 1982, 821). – Da § 129 Abs. 2 S. 1 VVG keine Haftungseinschränkung vorsieht, haftet V.

Literatur: *Habersack,* Der Vorbehalt der Individualabrede (§ 305 Abs. 1 S. 3 BGB), FS Köhler, 2014, 209; *Leyens/Schäfer,* Inhaltskontrolle allgemeiner Geschäftsbedingungen, AcP 210 (2010), 771; *Leuschner,* AGB-Kontrolle im unternehmerischen Verkehr, JZ 2010, 875; *ders.,* Die Kontrollstrenge des AGB-Rechts, NJW 2016, 122; *Löhnig/Gietl,* Grundfälle zum Recht der Allgemeinen Geschäftsbedingungen, JuS 2012, 494; *Lorenz,* Grundwissen – Zivilrecht: Allgemeine Geschäftsbedingungen, JuS 2013, 199; *Miethaner,* AGB oder Individualvereinbarung – die gesetzliche Schlüsselstelle „im Einzelnen ausgehandelt", NJW 2010, 3121; *Oetker,* AGB-Kontrolle im Zivil- und Arbeitsrecht, AcP 212 (2012), 202; *Stoffels,* AGB-Recht, 2. Aufl. 2009; *von Westphalen,* Verbraucherschutz nach zwei Jahrzehnten Klauselrichtlinie, NJW 2013, 961.

Allgemeine Geschäftsbedingungen – Prüfungsreihenfolge

I. Vorliegen von AGB (§ 305 I 1, 2)
- Vertragsbedingungen
- „vorformuliert“
- für eine „Vielzahl von Verträgen“ **§ 310 III Nr. 2**
- vom Verwender „gestellt“ **§ 310 III Nr. 1**

↔ § 305 I 3 Individualabrede

II. Einbeziehungsvereinbarung (§ 305 II)
- ausdrücklicher Hinweis
- zumutbare Möglichkeit der Kenntnisnahme
- Einverständnis

↔ § 310 I

III. Ausschluss überraschender Klauseln (§ 305 c I)

IV. Auslegung der AGB
- Grundsatz der objektiven Auslegung (<–> einzelfallbezogene Auslegung)
- Vorrang der Individualabrede
- Auslegungszweifel zu Lasten des Verwenders **(§ 305 c II)**

V. Inhaltskontrolle
1. Anwendungsbereich der Inhaltskontrolle eröffnet? (§ 307 III)
2. Inhaltskontrolle
   - Verbotskatalog der **§§ 308, 309**
   - Generalklausel des **§ 307 I, II**

   Keine geltungserhaltende Reduktion!

   § 310 I
   § 310 III Nr. 3

VI. Rechtsfolge bei Nichteinbeziehung oder Unwirksamkeit
- **§ 306 I** – Wirksamkeit des Vertrags im Übrigen
- **§ 306 II** – Ersetzung durch gesetzliche Vorschriften
- **§ 306 III** – ausnahmsweise Gesamtnichtigkeit bei unzumutbarer Härte

3. Kapitel. Das subjektive Recht

§ 17. Rechtsverhältnis und subjektives Recht

Der folgende Abschnitt behandelt die Strukturen von „Rechten“ und „Pflichten“ und ist vor allem von rechtssystematischem Interesse.

I. Das Rechtsverhältnis

1. Begriff

Die Vorschriften des Privatrechts regeln die Beziehungen von Personen untereinander 1
und zu Gegenständen. Die einzelne rechtlich geregelte Beziehung einer Person zu einer anderen Person oder zu einem Gegenstand heißt **Rechtsverhältnis.** Rechtsverhältnisse zwischen Personen sind beispielsweise die Rechtsbeziehungen zwischen Verkäufer und Käufer, zwischen Vermieter und Mieter, zwischen Ehegatten und zwischen Gesellschaftern. Rechtsverhältnisse zwischen Personen und Gegenständen sind beispielsweise das Eigentum einer Person an einer Sache, das Patentrecht einer Person an einer Erfindung.

Das Rechtsverhältnis zwischen einer Person und einem Gegenstand schließt streng genommen die Regelung der Beziehungen anderer Personen zu diesem Gegenstand ein. Dies wird deutlich in § 903 BGB: der Eigentümer kann grds. „andere von jeder Einwirkung ausschließen“. Vielfach spricht man daher von einem *Rechtsverhältnis zwischen Personen in Bezug auf einen Gegenstand.* Ein *konkretes* Rechtsverhältnis zu einer anderen Person entsteht freilich erst, wenn von ihr ein störender Eingriff droht oder erfolgt. Erst wenn also zB dem Eigentümer die Sache von einem Dritten entwendet wird, entsteht zwischen beiden ein konkretes Rechtsverhältnis, das sog. Eigentümer-Besitzer-Verhältnis (§§ 985 ff. BGB).

Die einzelnen Vorschriften, die ein Rechtsverhältnis regeln, fasst man unter dem Be- 2
griff des **Rechtsinstituts** zusammen (zB Rechtsinstitut der Miete, der Ehe, des Eigentums).

2. Inhalt

Die wichtigsten Mittel zur Regelung der Beziehungen zwischen Personen und zu Ge- 3
genständen sind die Zuerkennung von (subjektiven) Rechten und die Auferlegung von Pflichten. Dementsprechend bilden **Rechte** und **Pflichten** den wesentlichen Inhalt von Rechtsverhältnissen. Hinzu kommt die Verteilung von Risiken. Weitere Inhalte können Erwerbsaussichten, Zuständigkeiten, Obliegenheiten und Gebundenheiten sein.

3. Entstehen, Änderung und Ende

Rechtsverhältnisse bestehen in der Zeit: sie entstehen und vergehen. Die Voraussetzungen 4
hierfür sind von der Rechtsordnung geregelt. Dabei ist es jedoch in weitem Umfang den Beteiligten selbst überlassen, ob, mit welchem Inhalt und auf welche Dauer sie Rechtsverhältnisse eingehen (Grundsatz der **Privatautonomie**).

Beispiel: Nimmt A mit B Kontakt wegen des Abschlusses eines Mietvertrages auf, so entsteht damit kraft Gesetzes ein Rechtsverhältnis, das sog. **Rechtsverhältnis der Vertragsverhandlungen** (§ 311 Abs. 2 Nr. 1 BGB). Es endet mit dem Abschluss eines Mietvertrages. Damit beginnt gleichzeitig kraft Parteiwillens ein neues Rechtsverhältnis, das **Mietverhältnis.** Es endet mit Ablauf der dafür vorgesehenen Zeit (§ 542

Abs. 2 BGB) oder durch Kündigung; jedoch können einzelne Pflichten daraus noch fortwirken (sog. **Abwicklungsverhältnis**).

Rechtsverhältnisse sind veränderlich: einzelne Pflichten oder Rechte können erlöschen oder sich ändern, andere können hinzutreten.

Beispiel: V hat an den K ein Motorrad verkauft. Noch bevor K es abholen kann, wird es bei einem Brand zerstört. Dadurch erlischt die Übereignungs- und Übergabepflicht des V gemäß § 275 Abs. 1 BGB. Gleichzeitig erlischt auch die Kaufpreiszahlungspflicht des K gemäß § 326 Abs. 1 BGB. Hat K bereits eine Anzahlung geleistet, erwächst ihm ein Rückzahlungsanspruch gemäß § 326 Abs. 4 BGB.

Rechtsverhältnisse können wechselnde Beteiligte haben: der Wechsel eines Beteiligten kann entweder kraft Gesetzes (zB durch Erbfolge) oder kraft Vertrages (zB Vertragsübernahme) erfolgen.

II. Das subjektive Recht

1. Begriff und Bedeutung

5 Ein wesentliches Gestaltungsmittel der Privatrechtsordnung ist die Zuerkennung subjektiver Rechte. Sie bezwecken, bestimmte rechtlich schutzwürdige Interessen des einzelnen abzugrenzen und ihm die Befugnis zu geben, diese Interessen selbst wahrzunehmen. Daraus ergibt sich der Begriff des subjektiven Rechts.

> Das **subjektive Recht** ist die dem Einzelnen verliehene Rechtsmacht zur Befriedigung bestimmter Interessen.

Das einzelne subjektive Recht ist grds. einem Rechtssubjekt, also einer oder mehreren Personen, zugeordnet. „Subjektlose Rechte" können nicht bestehen. Mit dem Tod einer Person gehen daher ihre Rechte, soweit sie nicht als „höchstpersönliche Rechte" erlöschen, auf den Erben über (§ 1922 Abs. 1 BGB). Ähnliche Regelungen gelten beim Wegfall von juristischen Personen (vgl. §§ 45, 88 BGB).

2. Arten

6 Nach der Funktion und Struktur der Einzelnen subjektiven Rechte sind zu unterscheiden:

a) Absolute Rechte

7 **Absolute Rechte** wirken gegenüber **jedermann.** Sie ordnen dem einzelnen bestimmte Freiräume im persönlichen Bereich oder Vermögensbereich ausschließlich zu und verleihen Schutz gegenüber rechtswidrigen Beeinträchtigungen durch Dritte. Dieser Schutz erfolgt insbes. durch § 823 Abs. 1 BGB. Mit dem Begriff „sonstige Rechte" in § 823 Abs. 1 BGB sind daher nur absolute Rechte gemeint.

8 Zu den absoluten Rechten gehören zunächst einmal die **Persönlichkeitsrechte,** dh Rechte auf Achtung der Person. Dazu rechnet in erster Linie das Recht auf **Leben, Körper, Gesundheit** und **Freiheit** (lies § 823 Abs. 1 BGB). Dazu zählen weiter die sog. besonderen Persönlichkeitsrechte, wie das **Namensrecht** (§ 12 BGB) oder das **Recht am eigenen Bild** (§§ 22 ff. KunstUrhG). Weitergehend hat die Rechtsprechung (erstmals BGHZ 13, 334 – Leserbriefe) das **allgemeine Persönlichkeitsrecht** entwi-

ckelt, das das „Recht des Einzelnen auf Achtung seiner Menschenwürde und Entfaltung seiner individuellen Persönlichkeit" zum Inhalt hat (dazu eingehend *Larenz* SchuldR BT I § 80).

Die Fernsehansagerin: In einer Reportage der Illustrierten Stern wurde eine Berliner Fernsehansagerin dahin gekennzeichnet, sie „passe in ein zweitklassiges Tingeltangel auf der Reeperbahn", sie sehe aus „wie eine ausgemolkene Ziege" und bei ihrem Anblick werde den Zuschauern „die Milch sauer". Ihr wurde seinerzeit wegen Verletzung des „allgemeinen Persönlichkeitsrechts" eine Entschädigung in Höhe von 10.000 DM zugesprochen (BGHZ 39, 124 (127)).

Den Persönlichkeitsrechten sind verwandt die **persönlichen Familienrechte.** So etwa das elterliche Sorgerecht für das Kind (§ 1626 Abs. 1 BGB) und das Recht auf Achtung der ehelichen Lebensgemeinschaft (vgl. § 1353 BGB).

Die Geliebte: Der Ehemann hatte seine Geliebte in die eheliche Wohnung aufgenommen und benutzte mit ihr ein Zimmer, während die Ehefrau mit der Tochter im ehelichen Schlafzimmer verblieb und einen getrennten Haushalt führte. Die übrigen Räume in der Wohnung wurden gemeinsam benutzt. Auf Klage der Ehefrau wurde die Geliebte wegen Verletzung des Rechts der Ehefrau auf Achtung der ehelichen Lebensgemeinschaft verurteilt, das Haus zu räumen (BGHZ 6, 360).

Zu den absoluten Rechten gehören weiter die sog. **Herrschaftsrechte.** Es sind dies 9
Rechte, die eine Herrschaftsmacht über einen Gegenstand gewähren. Je nach dem Gegenstand ist dabei zu unterscheiden zwischen Herrschaftsrechten an Sachen und an Immaterialgütern.

Das umfassende Herrschaftsrecht an einer Sache ist das **Eigentum** (§ 903 BGB). Um die Vielfalt möglicher Beeinträchtigungen durch Dritte adäquat zu erfassen, stellt das BGB unterschiedliche Ansprüche zur Verfügung. Sie bezwecken die Beseitigung bzw. den Ausgleich der Beeinträchtigung.

Die Hausbesetzung: A kommt von einer Urlaubsreise zurück und findet sein Haus „besetzt". A kann von den „Hausbesetzern" nach § 985 BGB *Herausgabe,* dh Räumung verlangen. Soweit sie Brennmaterial und Lebensmittel verbraucht haben, kann er von ihnen nach §§ 812 Abs. 1, 818 Abs. 2 BGB *Wertersatz,* soweit sie das Haus beschädigt haben, *Schadensersatz* nach §§ 992, 823 Abs. 1 BGB verlangen.

Der Eigentümer kann sich bestimmter Befugnisse begeben und sie einem Dritten einräumen, der dann ein **beschränktes dingliches Recht** erwirbt. Dazu gehören Nutzungsrechte (zB Nießbrauch, § 1030 BGB), Verwertungsrechte (zB Pfandrecht, § 1204 BGB) und Erwerbsrechte (zB dingliches Vorkaufsrecht, § 1094 BGB).

Herrschaftsrechte können auch an Immaterialgütern bestehen. Sie gewähren die (zeit- 10
lich begrenzte) Befugnis zur ausschließlichen Nutzung oder Verwertung der geistigen Schöpfung. Zu diesen „Immaterialgüterrechten" gehören insbes. das **Urheberrecht,** das **Patentrecht,** das **Gebrauchsmusterrecht,** das **Geschmacksmusterrecht** und die **Marke.**

Die unbekleideten Sirenen: Das Übermalen unbekleideter Sirenen auf einem Fresko ohne Einwilligung des Künstlers stellt eine Verletzung des Urheberrechts des Künstlers dar (RGZ 79, 397).

b) Relative Rechte

Relative Rechte richten sich **gegen eine bestimmte Person.** Dazu gehören Ansprü- 11
che, Gestaltungsrechte und Gegenrechte.

Der **Anspruch** ist das **Recht, von einem anderen ein Tun oder ein Unterlassen zu verlangen** (§ 194 Abs. 1 BGB). (Zu Einzelheiten s. unten § 18 BGB. Anspruch, Einwendung und Einrede.) Der Anspruch dient insbes. dazu, Beeinträchtigungen eines absoluten Rechts abzuwehren oder auszugleichen (s. o.). Er selbst ist aber kein absolutes Recht und genießt daher auch keinen Schutz nach § 823 Abs. 1 BGB.

Beispiel: V schließt mit K einen Kaufvertrag über eine Sache. Dadurch erlangt K aber noch nicht das Eigentum an der Sache, sondern lediglich einen Anspruch auf Übereignung und Übergabe (§ 433 Abs. 1 S. 1 BGB). Zerstört D die Sache, geht K seines Anspruchs verlustig (§ 275 Abs. 1 BGB). Er kann aber deswegen nicht von D Schadensersatz nach § 823 Abs. 1 BGB verlangen, da die Forderung kein „sonstiges Recht" iSd § 823 Abs. 1 BGB darstellt. (Einen Schadensersatzanspruch gegen D hat nur V als Eigentümer; er muss ihn aber auf Verlangen gem. § 285 BGB an K abtreten.)

12 Das **Gestaltungsrecht** verleiht die **Befugnis zur einseitigen Rechtsgestaltung,** nämlich der Begründung, inhaltlichen Bestimmung, Änderung oder Aufhebung eines Rechtsverhältnisses. Ihre **Ausübung** erfolgt regelmäßig durch Abgabe einer **Willenserklärung** gegenüber dem „Gebundenen". Gestaltungsrechte können auf Vertrag oder Gesetz beruhen. Von besonderer Bedeutung sind die Rechte zur Aufhebung eines Rechtsverhältnisses (Anfechtungs-, Rücktritts-, Kündigungs- und Widerrufsrechte).

Beispiel: Hat V den K beim Abschluss eines Kaufvertrages arglistig getäuscht, so erwächst daraus dem K ein *Anfechtungsrecht* (§ 123 Abs. 1 BGB). K kann dieses Recht durch Abgabe einer Anfechtungserklärung (§ 143 BGB) ausüben. Die Anfechtung bewirkt, dass der Vertrag als von Anfang an nichtig anzusehen ist (§ 142 Abs. 1 BGB).

Die Möglichkeit der einseitigen Rechtsgestaltung belastet den „Gebundenen" mit Ungewissheit. Daher ist die Ausübung des Gestaltungsrechts vielfach an eine bestimmte Frist („Ausschlussfrist") gebunden (vgl. zB §§ 121, 124, 355, 626 Abs. 2 BGB). Auch soll sich der Betroffene auf die geänderte Rechtslage einrichten können. Die Rechtsausübung ist daher grds. befristungs- und bedingungsfeindlich und unwiderruflich.

Beispiel: Erklärt der arglistig getäuschte K: „Ich fechte den Kaufvertrag an, falls ich den gekauften Wagen nicht in absehbarer Zeit weiterveräußern kann", so ist die Erklärung wegen unzulässiger Verknüpfung mit einer Bedingung unwirksam.

Bei Gestaltungswirkungen von erheblicher Tragweite, insbes. bei familien- und gesellschaftsrechtlichen Verhältnissen, ist die Gestaltungsbefugnis in die Hände des Richters gelegt. Der Berechtigte hat in diesem Fall nur ein „Gestaltungsklagerecht", die Rechtsgestaltung tritt mit Rechtskraft des „Gestaltungsurteils" ein. Dadurch wird gleichzeitig jeder Streit über die Wirksamkeit der Rechtsgestaltung ausgeschlossen.

Beispiele: Ausschluss eines Gesellschafters einer OHG aus wichtigem Grund (§ 140 HGB) durch gerichtliche Entscheidung auf Antrag der übrigen Gesellschafter. – Ehescheidung durch gerichtliche Entscheidung auf Antrag eines Ehegatten.

13 Ein **Gegenrecht** verleiht die **Befugnis zur Entkräftung eines Rechts.** Dazu gehören insbes. die **Einreden,** die ein (vorübergehendes oder dauerndes) Leistungsverweigerungsrecht gewähren. (Zu Einzelheiten s. u. § 18 BGB Anspruch, Einwendung und Einrede.)

c) Sonstige Arten

Die Unterscheidung zwischen absoluten und relativen Rechten lässt sich nicht streng durchführen. Auch lässt sich damit die Eigenart mancher Rechte nicht erfassen. 14

Ansprüche, also relative Rechte, können unter bestimmten Voraussetzungen auch gegen Dritte wirken und damit den absoluten Rechten angenähert sein. Man spricht insoweit von der **„Verdinglichung obligatorischer Rechte"**. 15

Beispiele: Die *Rechte des Grundstücksmieters* richten sich an sich nur gegen den Vermieter, aber gem. § 566 BGB auch gegen den Erwerber des vermieteten Grundstücks. – Der Anspruch auf Übereignung, Belastung usw eines Grundstücks kann durch eine *Vormerkung* im Grundbuch (§ 883 BGB) vor einer Vereitelung durch anderweitige Verfügungen über das Grundstück gesichert werden. – Das *Recht zum Besitz* aus einem Schuldverhältnis genießt als „sonstiges Recht" absoluten Schutz nach § 823 Abs. 1 BGB.

Bestimmte Rechte, nämlich der Nießbrauch und das Pfandrecht, können an anderen, übertragbaren Rechten begründet werden (§§ 1068 Abs. 1, 1273 Abs. 1 BGB). Diese **„Rechte an Rechten"** haben dieselbe Struktur wie das belastete Recht. Das Pfandrecht an einer Forderung ist also ein relatives, der Nießbrauch an einem Patentrecht ein absolutes Recht. 16

Als **Anwartschaftsrecht** bezeichnet man eine rechtlich gesicherte und grds. nicht mehr entziehbare Aussicht auf einen Rechtserwerb (vgl. BGH NJW 1982, 1639 (1640)). Das Anwartschaftsrecht bildet nur die Vorstufe zum Vollrecht, wird aber gleichwohl rechtlich weitgehend wie das Vollrecht behandelt und teilt auch dessen Struktur. 17

Beispiel: K erwirbt käuflich eine Sache von V unter *Eigentumsvorbehalt* (§ 449 BGB). Dies bedeutet, dass ihm die Sache unter der aufschiebenden Bedingung (§ 158 Abs. 1 BGB) der vollständigen Kaufpreiszahlung übereignet (§ 929 BGB) ist. K ist damit noch nicht (Voll-)Eigentümer. Er hat aber bereits ein *Eigentumsanwartschaftsrecht* erlangt, weil es nur noch von ihm (Kaufpreiszahlung!) abhängt, ob es zum Eigentumserwerb kommt. Dieses Eigentumsanwartschaftsrecht wird rechtlich weitgehend wie das Eigentum behandelt und genießt auch Schutz nach § 823 Abs. 1 BGB als „sonstiges Recht".

Auch die **Mitgliedschaft** in einem Personenverband (Verein, Gesellschaft) ist grds. als subjektives Recht zu behandeln, das nach außen absoluten Schutz genießt. Es stellt aber gleichzeitig ein Bündel von Rechten (Mitwirkungsrechte, insbes. das Stimmrecht, usw) und Pflichten (Mitwirkungspflichten usw) dar (vgl. BGHZ 110, 327; str.). 18

Das **Aneignungsrecht** verleiht die Befugnis, durch Besitzergreifung das Eigentum an einer herrenlosen Sache zu erwerben. Das allgemeine Aneignungsrecht (§ 958 Abs. 1 BGB) tritt jedoch hinter den sog. *ausschließlichen Aneignungsrechten* zurück (§ 958 Abs. 2 BGB). 19

Beispiel: Der Spaziergänger darf sich im Wald zwar einen weggeworfenen Regenschirm aneignen, nicht dagegen ein abgeworfenes Hirschgeweih. Denn dieses unterliegt dem ausschließlichen Aneignungsrecht des Jagdberechtigten (§ 1 Abs. 5 BJagdG).

3. Erwerb und Verlust

a) Erwerb

Der Erwerb eines Rechts durch eine Person ist entweder ursprünglich oder abgeleitet. 20

Ursprünglich (= originär) ist der Rechtserwerb, wenn er unabhängig davon eintritt, ob das Recht vorher überhaupt bestand oder einem anderen zustand. 21

Beispiele: Aneignung einer herrenlosen Sache (§ 958 Abs. 1 BGB); Eigentumserwerb durch Verbindung, Vermischung oder Verarbeitung (§§ 946ff. BGB) oder Ersitzung (§ 937 BGB) oder gutgläubigen Erwerb (§§ 932ff., 892 BGB). Letzteres ist str.

22 **Abgeleitet (= derivativ)** ist der Rechtserwerb, wenn er sich durch **Rechtsnachfolge,** also durch Übergang des Rechts von einem Rechtsträger („Rechtsvorgänger“) auf einen anderen („Rechtsnachfolger“), vollzieht. Voraussetzung des Rechtserwerbs ist dabei, dass das Recht dem Rechtsvorgänger zustand und *übertragbar* ist. Rechte sind grds. übertragbar. Jedoch kann die Übertragbarkeit eines Rechts seiner Natur nach oder kraft Gesetzes oder kraft Rechtsgeschäfts ausgeschlossen oder eingeschränkt sein.

So bei den *absoluten Rechten* beispielsweise die reinen Persönlichkeitsrechte, das Urheberrecht (§ 29 S. 2 UrhG), die beschränkte persönliche Dienstbarkeit (§ 1092 Abs. 1 S. 1 BGB). – Bei den *Ansprüchen* beispielsweise die familienrechtlichen Ansprüche, oder die Forderungen, deren Abtretung vertraglich ausgeschlossen wurde (§ 399 BGB). – Bei den *Gestaltungsrechten* ist zu unterscheiden: selbstständige Gestaltungsrechte, wie zB Aneignungs- oder Wiederkaufsrechte, sind grds. übertragbar; unselbstständige, an ein Hauptrecht oder an die Stellung als Vertragspartei gebundene Gestaltungsrechte, wie zB das Kündigungsrecht des Darlehensgebers (§ 489 BGB) oder das Rücktrittsrecht, können nicht isoliert übertragen werden (vgl. hierzu Palandt/*Grüneberg* BGB § 413 Rn. 5ff.).

23 Es sind zwei Arten der Rechtsnachfolge zu unterscheiden:

Die **Einzelnachfolge** (= Singularsukzession) bezieht sich auf ein einzelnes Recht. Sie bildet den Regelfall der Rechtsnachfolge unter Lebenden und erfolgt grds. durch Rechtsgeschäft.

Beispiel: Verkauft V an K ein Unternehmen, so muss er die zum Unternehmen gehörigen Vermögensgegenstände (Grundstücke, Mobiliar, Waren, Forderungen, Patentrechte) einzeln übertragen. Die Grundstücke also jeweils durch Auflassung und Eintragung ins Grundbuch (§§ 873, 925 BGB), bewegliche Sachen durch Einigung und Übergabe (§ 929 BGB), Forderungen und Patente durch Abtretung (§§ 398, 413 BGB). Kurz: so viele Gegenstände, so viele Verfügungen.

Das Erfordernis der Einzelübertragung (sog. Spezialitätsprinzip) dient der Klarheit und Sicherheit des Rechtsverkehrs.

24 Die **Gesamtnachfolge** (= Universalsukzession) bezieht sich auf eine Gesamtheit von Rechten. Sie erfolgt typischerweise kraft Gesetzes. Die für die Übertragung der einzelnen Rechte geltenden Vorschriften sind also nicht anwendbar. Den Hauptfall der Gesamtnachfolge bildet die *Erbfolge* (§ 1922 BGB).

Beispiel: Gehört zum Nachlass des Erblassers ein Grundstück, so wird der Erbe im Zeitpunkt des Erbfalls automatisch Eigentümer des Grundstücks. Seine Eintragung im Grundbuch erfolgt lediglich zum Zwecke der Grundbuchberichtigung.

Jedoch gibt es auch Fälle der Gesamtnachfolge unter Lebenden.

Beispiel: Vereinbarung der Gütergemeinschaft zwischen Ehegatten (§ 1416 BGB).

b) Verlust

25 Der Rechtsträger verliert sein Recht, wenn es auf einen anderen übergeht. Das Recht kann aber auch erlöschen. Im Einzelnen:

26 Rechte, die ihrer Natur nach zeitlich begrenzt sind, erlöschen mit **Zeitablauf.** So beispielsweise bestimmte Immaterialgüterrechte (vgl. § 16 PatG; § 14 GebrMG; § 64

UrhG) sowie Gestaltungsrechte, für deren Ausübung eine Ausschlussfrist vorgesehen ist (vgl. §§ 121, 124, 355, 626 Abs. 2 BGB).

Herrschaftsrechte erlöschen mit **Untergang** ihres Gegenstandes. So beispielsweise das Eigentum mit dem Untergang der Sache. 27

Höchstpersönliche, also nicht vererbliche Rechte erlöschen mit dem **Tod des Berechtigten.** So beispielsweise Unterhaltsansprüche (§ 1615 BGB), der Nießbrauch (§ 1061 BGB) und (vom postmortalen Persönlichkeitsschutz abgesehen) die Persönlichkeitsrechte. 28

Ein Recht kann auch durch **Verzicht** untergehen. Er erfolgt regelmäßig durch einseitige Willenserklärung (vgl. zB § 959 BGB, Aufgabe des Eigentums). Ausnahmsweise sind zusätzliche Erfordernisse aufgestellt (vgl. zB §§ 875, 928 BGB). Der Verzicht auf eine Forderung setzt einen Erlassvertrag voraus (§ 397 BGB). Aber nicht jedes Recht ist verzichtbar, so zB nicht das Persönlichkeitsrecht oder der Unterhaltsanspruch nicht für die Zukunft (§ 1614 Abs. 1 BGB). 29

Forderungen erlöschen durch **Erfüllung** (§ 362 BGB) oder Erfüllungssurrogate (zB Aufrechnung, § 389 BGB). 30

4. Die Rechtsausübung

Unter Rechtsausübung versteht man die Geltendmachung oder Realisierung eines Rechts, genauer: der Befugnisse, die das subjektive Recht verleiht. Umfang und Inhalt dieser Befugnisse sind von Recht zu Recht verschieden. Dies soll an einigen Beispielen verdeutlicht werden: 31

Das **Eigentum** umfasst nach § 903 BGB die grundsätzliche Befugnis, „mit der Sache nach Belieben (zu) verfahren und andere von jeder Einwirkung aus(zu)schließen". Die positiven Befugnisse bestehen in der Berechtigung, die Sache zu beherrschen, sie zu nutzen und darüber zu verfügen. 32

Beispiel: Der Bauer kann seine Kuh schlachten, sie als Milchkuh verwenden oder sie veräußern oder verpfänden. Die negativen Befugnisse bestehen darin, andere von jeder Einwirkung auszuschließen. Um diese Befugnisse auch durchsetzen zu können, gewährt die Rechtsordnung dem Eigentümer bei Beeinträchtigungen seines Eigentums „sekundäre Rechte": wird dem Bauern die Kuh gestohlen, kann er vom Dieb Herausgabe nach § 985 BGB und/oder Schadensersatz nach § 823 Abs. 1 BGB verlangen; wird die Kuh von einem Dritten gegen seinen Willen gemolken oder geschlachtet, kann der Eigentümer Ersatz der Nutzungen (zB nach §§ 987, 989 BGB) oder des Wertes (zB nach §§ 812, 818 Abs. 2 BGB bzw. §§ 989, 990 BGB) verlangen.

Die **Forderung** gibt ihrem Inhaber, dem „Gläubiger", das Recht, vom „Schuldner" eine Leistung, zB Zahlung einer Geldsumme, zu verlangen (§ 241 Abs. 1 S. 1 BGB). Daneben gibt es aber auch noch andere Befugnisse, die mit der Forderung verbunden sind. So etwa die Befugnis, den Schuldner zu mahnen mit der Folge, dass er von diesem Zeitpunkt an Verzugszinsen entrichten muss (§§ 280 Abs. 2, 286, 288 BGB); oder aber die Befugnis, diese Forderung zur Aufrechnung gegen eine Gegenforderung des Schuldners zu verwenden (§§ 387 ff. BGB). 33

Das **Anfechtungsrecht** wird ausgeübt durch Erklärung gegenüber dem Anfechtungsgegner (§ 143 BGB) und wird dadurch verbraucht: es hat damit seinen Zweck, eine Willenserklärung zu beseitigen, erfüllt. 34

5. Grenzen der Rechtsausübung

35 Jedes Recht ist **inhaltlich begrenzt** und der Berechtigte muss diese Grenzen einhalten. So darf der Eigentümer seine scheinbar umfassende Herrschaftsmacht nur ausüben, „soweit nicht das Gesetz oder Rechte Dritter entgegenstehen" (§ 903 BGB). Solche Einschränkungen können im Privatrecht enthalten sein (zB in den §§ 904, 905 S. 2, 906 BGB).

Die Schweinemästerei: Bauer B erwarb in einer Villengegend ein Grundstück und errichtete dort eine Schweinemästerei, von der ein unerträglicher Gestank ausging. Die Nachbarn klagten mit Erfolg auf Beseitigung der Geruchsbelästigung, weil die Grenze des § 906 BGB überschritten war (nach BGHZ 48, 31).

Sie können sich aber auch aus dem öffentlichen Recht ergeben.

Beispiel: A möchte auf seinem Grundstück ein Haus errichten. Er darf dies aber nur, wenn ihm eine Baugenehmigung nach dem Baurecht (= gesetzliche Eigentumsbeschränkung) erteilt wurde.

36 Auch innerhalb dieser Grenzen ist die Rechtsausübung nicht schlechthin zulässig. Im Laufe der Zeit setzte sich nämlich immer stärker der Gedanke der **Pflichtbindung** des subjektiven Rechts durch, wie er auch in Art. 14 Abs. 2 S. 1 GG („Eigentum verpflichtet") zum Ausdruck kommt. Damit ist gemeint, dass die Rechtsausübung nicht ohne Rücksicht auf die gesellschaftliche Funktion des subjektiven Rechts und die Interessen der Betroffenen erfolgen darf. Daraus entwickelte sich das *Verbot des Rechtsmissbrauchs.* Die missbräuchliche Rechtsausübung braucht nicht beachtet zu werden, dem Betroffenen steht insoweit eine *Einwendung* zu. Im Einzelnen sind drei Formen der unzulässigen Rechtsausübung zu unterscheiden (dazu ***Köhler*** **BGB AT PdW Fall 155**).

a) Schikane

37 Nach § 226 BGB ist die Ausübung eines Rechts unzulässig, wenn sie nur den Zweck haben kann, einem anderen Schaden zuzufügen. Da die Schadenszufügung *einziger* Zweck des Handelns sein muss, sind Anwendungsfälle selten.

Die Attrappe: A errichtet auf seinem Grundstück eine riesige Schornsteinattrappe, nur um seinem Nachbarn die Aussicht zu verderben. Der Nachbar hat gegen A einen Anspruch aus § 823 Abs. 2 BGB iVm § 226 BGB (Schutzgesetz!) auf Beseitigung.

b) Sittenwidrige Rechtsausübung

38 Das Verbot der vorsätzlichen sittenwidrigen Schädigung (§ 826 BGB) gilt auch für die Rechtsausübung. Die Rechtsausübung soll darüber hinaus bereits dann unzulässig sein, wenn sie objektiv gegen die guten Sitten verstößt, gleichgültig ob ein Schaden entstanden oder Vorsatz gegeben ist (str.).

Die Bordellerrichtung: A errichtet auf seinem Grundstück ein Bordell, um das Nachbargrundstück im Wert zu drücken (RGZ 57, 239).

c) Treuwidrige Rechtsausübung

39 Die Rechtsausübung ist unzulässig, wenn sie im Widerspruch zu *Treu und Glauben* erfolgt. Diesen allgemeinen Grundsatz haben die Gerichte aus § 242 BGB entwickelt und damit die Anforderungen an die Rechtsausübung über die §§ 226, 826 BGB hinaus weiter verschärft. Die Generalklausel von „Treu und Glauben" gibt freilich nur

eine allgemeine Richtschnur und bedarf der *Konkretisierung.* Der Richter ist aufgerufen zu prüfen, ob der Rechtsausübung unter Berücksichtigung der Interessen der Betroffenen und der Umstände des Einzelfalls ein rechtlich schutzwürdiges Interesse zugrunde liegt. Er darf seiner *Interessenabwägung* aber *nicht bloße Billigkeitserwägungen* zugrunde legen, sondern muss sich an *rechtlichen Bewertungsmaßstäben orientieren.* In der Rechtsprechung haben sich hierzu einige typische Fallgruppen herausgebildet.

Eine Fallgruppe bildet der **unredliche Rechtserwerb.** Die Ausübung eines Rechts ist 40
unzulässig, wenn der Berechtigte es durch unredliches (treuwidriges) Verhalten erworben hat.

Der Heiratsschwindler: A heiratete die B und nahm ihren Namen als Ehenamen an, um unter diesem Namen ungestört Betrügereien begehen zu können. B kann von A nach der Ehescheidung verlangen, dass A ihren Namen nicht weiterführt (nach OLG Braunschweig NJW 1979, 1463).

Eine zweite Fallgruppe bildet das **widersprüchliche Verhalten.** Die Rechtsausübung 41
kann im Einzelfall treuwidrig sein, wenn sich der Berechtigte damit in Widerspruch zu seinem früheren Verhalten setzt *(venire contra factum proprium).*

Der verletzte Fußballspieler: Wird ein Fußballspieler bei regelgerechter Spielweise verletzt und macht er einen Schadensersatzanspruch gegen den Mitspieler geltend, der ihn verletzt hat, so setzt er sich damit in unzulässigen Widerspruch zu seinem vorhergehenden Verhalten. Denn er hat selbst die Lage mitgeschaffen, die ungewollt zu Verletzungen führen kann und hätte ebenso gut einen anderen Spieler verletzen können (BGH NJW 1975, 109 (110)).

Ein Unterfall der unzulässigen Rechtsausübung wegen widersprüchlichen Verhaltens 42
ist die **Verwirkung.** Sie setzt voraus (vgl. BGHZ 212, 207 Rn. 30), dass (a) der Berechtigte ein Recht längere Zeit nicht geltend macht, obwohl er dazu in der Lage wäre (= Zeitmoment) und (b) der Verpflichtete sich mit Rücksicht auf das gesamte Verhalten des Berechtigten darauf einrichten durfte und eingerichtet hat, das Recht werde auch künftig nicht ausgeübt (= Umstandsmoment).

Beispiel: Hat ein Mieter Instandsetzungsarbeiten vorgenommen, macht er seinen Aufwendungsersatzanspruch (§ 539 Abs. 1 BGB) aber längere Zeit nicht geltend und zahlt er auch die Miete vorbehaltlos, so kann sein Anspruch verwirkt sein (BGH LM § 558 aF Nr. 2).

Die Rechtsausübung kann schließlich im Einzelfall treuwidrig sein, wenn sie gegen das 43
Übermaßverbot verstößt, also eine übermäßige Reaktion auf geringfügige Pflichtverletzungen darstellt (vgl. BGH NJW 1981, 2686 (2687)).

Beispiel: Geltendmachung einer Vertragsstrafe bei geringfügigem Pachtzinsrückstand (LG Berlin NJW 1972, 1324).

III. Pflichten und Obliegenheiten

1. Pflichten

(Rechts-)Pflichten sind von der Rechtsordnung aufgestellte **Verhaltensanforderun-** 44
gen. Sie sind in **Gebote** (Pflichten zu einem bestimmten Tun) oder **Verbote** (Unterlassungspflichten) gekleidet. Ihre Nichtbeachtung löst Sanktionen, zumeist Schadensersatzpflichten aus.

In der Regel entsprechen (subjektives) Recht und Pflicht einander: Dem Recht des einen entspricht die Pflicht des anderen, dieses Recht zu beachten und nicht zu beeinträchtigen. So begründet der Anspruch (§ 194 BGB) das Recht des einen auf eine Leistung, für den anderen die Pflicht hierzu. Dem absoluten Recht (zB Eigentum) entspricht die Pflicht aller anderen, nicht auf die Sache einzuwirken.

Nicht jeder Pflicht entspricht aber auch ein Recht. Dies gilt insbes. für die Pflichten, die der Aufrechterhaltung der öffentlichen Ordnung und Sicherheit dienen (zB Pflichten der Straßenverkehrsordnung). Der Einzelne hat hier keinen Anspruch auf Einhaltung dieser Pflichten. Wohl aber kann ihm, wenn die Pflicht auch zum Schutze seiner Interessen aufgestellt ist, aus einer Pflichtverletzung ein Schadensersatzanspruch erwachsen (vgl. § 823 Abs. 2 BGB).

Beispiel: Das Rechtsfahrgebot (§ 2 Abs. 2 S. 1 StVO) dient dem Schutze der Verkehrsteilnehmer, die in Längsrichtung fahren (Überhol- und Gegenverkehr), nicht dagegen zugunsten eines entgegenkommenden Linksabbiegers (BGH NJW 1981, 2301). Nur ersteren kann also bei einer Verletzung dieser Pflicht ein Schadensersatzanspruch aus § 823 Abs. 2 BGB zustehen.

2. Obliegenheiten

45 **Obliegenheiten** sind Verhaltensanforderungen, deren Nichtbeachtung lediglich einen Rechtsverlust oder sonstige **Rechtsnachteile** nach sich zieht (daher auch „Pflichten gegen sich selbst“ genannt).

Beispiel: Nach § 377 Abs. 1 HGB hat der Käufer beim Handelskauf die Ware unverzüglich zu untersuchen und einen entdeckten Mangel anzuzeigen. Diese sog. *„Untersuchungs- und Rügepflicht“* ist eine bloße Obliegenheit. Kommt ihr der Käufer nicht nach, verliert er etwaige Mängelansprüche (§ 377 Abs. 2 HGB), nicht jedoch macht er sich gegenüber dem Verkäufer schadensersatzpflichtig.

Literatur: *Aicher,* Das Eigentum als subjektives Recht, 1975; *Bötticher,* Besinnung auf das Gestaltungsrecht und das Gestaltungsklagerecht, FS Dölle, Bd. I, 1963, 41; *Bucher,* Das subjektive Recht als Normsetzungsbefugnis, 1965; *Coing,* Zur Geschichte des Begriffs „subjektives Recht“, in: Coing/Lawson/Grönfors (Hrsg.), Das subjektive Recht und der Rechtsschutz der Persönlichkeit, 1959, 7; *Fezer,* Teilhabe und Verantwortung, 1986; *Kasper,* Das subjektive Recht – Begriffsbildung und Bedeutungsmehrheit, 1967; *Larenz,* Zur Struktur „subjektiver Rechte“, FG Sontis, 1977, 129; *L. Raiser,* Der Stand der Lehre vom subjektiven Recht im deutschen Zivilrecht, JZ 1961, 465; *Rebe,* Der Wandel des Mißbrauchsbegriffs als Ausdruck eines veränderten Rechtsdenkens, JA 1977, 6; *Schapp,* Das subjektive Recht im Prozeß der Rechtsgewinnung, 1977; *J. Schmidt,* Zur formalen Struktur des subjektiven Rechts, Rechtstheorie 1979, 71; *Siebert,* Vom Wesen des Rechtsmißbrauchs, 1935.

§ 18. Anspruch, Einwendung und Einrede

1 Die meisten Rechtsstreitigkeiten gehen darüber, ob eine Person von einer anderen etwas verlangen kann, etwa die Zahlung einer Geldsumme oder die Herausgabe einer Sache. In der juristischen Terminologie gesprochen ist sie dazu berechtigt, wenn ihr ein „Anspruch“ zusteht, der weder durch eine „Einwendung“ noch durch eine „Einrede“ entkräftet ist. Im folgenden Abschnitt sollen diese für den Klausuraufbau unerlässlichen Kategorien näher dargestellt werden. Bei den Einreden wird die in der Praxis wichtigste, nämlich die Einrede der Verjährung, ausführlicher behandelt.

I. Anspruch

1. Begriff und Bedeutung des Anspruchs

Der **Anspruch** ist das (relative) Recht, von einem anderen ein Tun oder Unterlassen zu verlangen (§ 194 Abs. 1 BGB). Dieses Recht ist grds. im Wege der Leistungsklage durchsetzbar. Umgekehrt ist einem Leistungsbegehren des Klägers („Anspruch im prozessrechtlichen Sinn", § 253 Abs. 2 Nr. 2 ZPO) nur stattzugeben, wenn ein entsprechender Anspruch besteht. Durch den Anspruch wird materiellrechtlich festgelegt, **wer** („Berechtigter") **was** („Anspruchsinhalt") **von wem** („Verpflichteter") **verlangen** kann. 2

2. Arten des Anspruchs

Nach dem Rechtsgebiet, dem sie zugehören, unterscheidet man zwischen schuldrechtlichen (= obligatorischen), dinglichen, familienrechtlichen und erbrechtlichen Ansprüchen. Der schuldrechtliche Anspruch heißt **Forderung** (= Schuldverhältnis ieS), die daran Beteiligten heißen Gläubiger und Schuldner (§ 241 BGB). Nach dem Entstehungsgrund unterscheidet man zwischen gesetzlichen und rechtsgeschäftlichen, insbes. vertraglichen Ansprüchen. 3

3. Anspruchsgrundlage

Jeder Anspruch setzt eine **Anspruchsgrundlage** voraus. Das ist das Rechtsgeschäft oder die Norm (Anspruchsnorm), die einen solchen Anspruch gewährt. Ihr Tatbestand legt die Voraussetzungen für das Entstehen des Anspruchs fest. 4

Beispiel: Nach § 985 BGB kann der Eigentümer von dem Besitzer die Herausgabe der Sache verlangen. Diese Norm ist die Anspruchsnorm. Sie setzt als Tatbestand voraus, dass der eine Eigentümer, der andere Besitzer der Sache ist.

Die Tatbestandvoraussetzungen der Anspruchsnorm lassen sich vielfach nur durch Heranziehung von Hilfsnormen klären. 5

Beispiel: Um zu klären, ob jemand Eigentümer der Sache ist, deren Herausgabe verlangt wird, müssen ggf. die Vorschriften über den Eigentumserwerb, etwa §§ 929ff., 932ff. BGB, herangezogen werden.

Rechtsgeschäftliche Ansprüche setzen die wirksame Vornahme des Rechtsgeschäfts voraus. Der Anspruch wird dabei entweder unmittelbar durch das Rechtsgeschäft oder aufgrund von ergänzenden gesetzlichen (bzw. gewohnheitsrechtlichen) Regelungen begründet. 6

Beispiel: Der Kaufpreisanspruch des Verkäufers ergibt sich unmittelbar aus dem Vertrag, die Anspruchsnorm des § 433 Abs. 2 BGB ist nur deklaratorischer Natur. – Der Anspruch des Käufers auf Verzugszinsen ergibt sich aus ergänzenden Vorschriften (§ 288 BGB), wobei die Merkmale des Verzugs in der Hilfsnorm des § 286 BGB geregelt sind.

4. Allgemeine Regeln

Der Allgemeine Teil enthält nur wenige Vorschriften, die für alle Ansprüche gelten (zB hinsichtlich Verjährung, §§ 194ff. BGB; Selbsthilfe, §§ 229ff. BGB). Wohl dagegen enthält das Schuldrecht für schuldrechtliche Ansprüche (Forderungen) eingehende Regelungen (zB hinsichtlich ihres Übergangs, ihres Erlöschens und der Folgen ihrer Nichterfüllung). Sie sind auf andere Ansprüche analog anzuwenden, sofern nicht deren Eigenart oder eine spezielle Regelung dies verbietet. 7

Beispiel: Auf den *dinglichen* Anspruch des § 985 BGB sind die *schuldrechtlichen* Vorschriften über den Gläubigerverzug (§§ 293 ff. BGB) uneingeschränkt, die über den Schuldnerverzug (§§ 280 Abs. 2, 286 ff. BGB) eingeschränkt (§ 990 Abs. 2! BGB) und die über die Abtretung (§§ 398 ff. BGB) überhaupt nicht anwendbar.

5. Mehrheit von Ansprüchen und Anspruchsgrundlagen

8 Aus einem Sachverhalt können sich mehrere Ansprüche ergeben, die auf verschiedene Leistungen gerichtet sind. Sie können dem Berechtigten nebeneinander oder wahlweise zustehen. Im ersten Fall spricht man von Anspruchshäufung, im zweiten von alternativen Ansprüchen.

Beispiele: Beim Auftrag (§ 662 BGB) kann der Auftraggeber vom Beauftragten nach § 666 BGB Auskunft und Rechenschaftslegung sowie nach § 667 BGB Herausgabe des Erlangten verlangen *(Anspruchshäufung).*

9 Aus einem Sachverhalt können sich mehrere Ansprüche ergeben, die auf dieselbe Leistung gerichtet sind, so dass mit Erfüllung des einen auch die anderen erlöschen. In diesem Fall spricht man von **Anspruchskonkurrenz.** (Teilweise sagt man jedoch, es liege hier nur ein Anspruch vor, der sich auf mehrere Anspruchsgrundlagen stütze, und bezeichnet dies als Anspruchsnormenkonkurrenz). Grds. folgt dann jeder Anspruch seinen eigenen Regeln, insbes. hinsichtlich der Verjährungsfrist. Jedoch kann ausnahmsweise der Regelungszweck eines Anspruchs den Vorrang dieser Regelung gebieten (dazu ***Köhler*** **BGB AT PdW Fall 150**).

Beispiel: Beschädigt der Mieter die Mietsache, hat der Vermieter sowohl einen Anspruch aus Pflichtverletzung (§ 280 Abs. 1 BGB = *vertraglicher Anspruch*) als auch einen Anspruch aus § 823 Abs. 1 BGB *(= deliktischer Anspruch)* auf Schadensersatz. Es besteht also *Anspruchskonkurrenz* bzw. Anspruchsnormenkonkurrenz. – Der vertragliche Anspruch *verjährt* gem. § 548 Abs. 1 BGB in einer Frist von sechs Monaten. Der deliktische Anspruch verjährt an sich gem. §§ 195, 199 BGB in drei Jahren. Jedoch wendet man § 548 Abs. 1 BGB auch auf den *deliktischen Anspruch* an, weil sonst der Zweck der kurzen Verjährungsfrist ausgehöhlt würde (lies BGHZ 66, 315).

II. Einwendungen und Einreden

1. Einwendungen

10 Gegen einen Anspruch besteht eine Einwendung, wenn er entweder nicht wirksam entstanden oder nachträglich erloschen ist. Im ersten Fall spricht man von einer **rechtshindernden** Einwendung,

Beispiel: Ein vertraglicher Anspruch setzt zu seinem Entstehen einen wirksamen Vertrag voraus. Ist der Vertrag aus irgendeinem Grunde (vgl. §§ 117, 118, 134, 138 BGB) nichtig, so besteht gegenüber dem Anspruch eine rechtshindernde Einwendung.

Im zweiten Fall spricht man von einer **rechtsvernichtenden** Einwendung.

Beispiel: Ein Anspruch kann nachträglich durch Erfüllung (§ 362 BGB), Aufrechnung (§ 389 BGB), Verzicht (§ 397 BGB) oder Verwirkung (§ 242 BGB) erlöschen. Dann besteht eine rechtsvernichtende Einwendung gegen den Anspruch.

2. Einreden

11 Gegen einen Anspruch besteht eine **Einrede,** wenn dem Schuldner ein **Leistungsverweigerungsrecht** zusteht. Der Schuldner **kann** dieses Recht geltend machen, er muss es aber nicht. Macht der Schuldner davon Gebrauch, geht der Anspruch nicht unter.

Er wird nur in seiner Durchsetzung gehemmt. Je nach Art der Hemmung unterscheidet man:

Die **dauernde** (= peremptorische) Einrede gibt dem Schuldner das Recht, die Leistung dauernd zu verweigern. Dazu gehört insbes. die Einrede der **Verjährung** (→ Rn. 18ff.). 12

Die **aufschiebende** (= dilatorische) Einrede gibt dem Schuldner das Recht, die Leistung vorübergehend zu verweigern. Dazu gehören die Einrede der **Stundung** und die Einrede der **Vorausklage** (§ 771 BGB). 13

Die **anspruchsbeschränkende** Einrede hindert zwar nicht die gerichtliche Durchsetzung des Anspruchs, schränkt sie aber ein. So führt die Einrede des **Zurückbehaltungsrechts** (§ 273 BGB) zur Verurteilung Zug um Zug. 14

3. Berücksichtigung von Einwendung und Einrede im Prozess

Die eigentliche Bedeutung von Einwendung und Einrede kommt zum Tragen, wenn der Anspruch durch Klage geltend gemacht wird. Dies lässt sich am Beispiel einer Kaufpreisklage verdeutlichen: Dem Kläger obliegt es, die klagebegründenden Tatsachen („Klagetatsachen“) vorzutragen, bei einer Kaufpreisklage also die Tatsache des Abschlusses eines Kaufvertrages. Sache des Beklagten ist es, sich dagegen zu verteidigen. Dazu stehen ihm zwei Wege offen: 15

a) Bestreiten der Klagetatsache („Klageleugnen“)

Der Beklagte kann die Klagetatsachen bestreiten, im Beispielsfall etwa behaupten, es wäre gar nicht zu einem Vertragsschluss, sondern nur zu Vorverhandlungen gekommen. Dann muss der Kläger die Klagetatsachen beweisen. Gelingt ihm dies nicht, so trägt er hierfür die Beweislast, dh die Folgen der Beweislosigkeit, und seine Klage ist abzuweisen. 16

b) Vorbringen von Verteidigungstatsachen („Einreden im prozessrechtlichen Sinn“)

Der Beklagte kann stattdessen oder daneben zu seiner Verteidigung auch selbst Tatsachen vortragen, im Beispielsfall etwa die Zahlung des Kaufpreises oder Verjährung behaupten. Dieses Vorbringen bezeichnet man als Einrede im prozessrechtlichen Sinn. Es kann sich beziehen auf **rechtshindernde** Tatsachen, also Tatsachen, die eine rechtshindernde Einwendung begründen; ferner auf **rechtsvernichtende** Tatsachen, also Tatsachen, die eine rechtsvernichtende Einwendung begründen und schließlich auf **rechtshemmende** Tatsachen, also Tatsachen, die das Bestehen und die Geltendmachung einer Einrede belegen. 17

Die von ihm vorgetragenen Einredetatsachen muss der Beklagte im Bestreitensfalle beweisen. Vermag er dies nicht, so trägt er insoweit die Beweislast. Sind daher die Klagetatsachen zugestanden (§ 288 ZPO), nicht bestritten (§ 138 Abs. 3 ZPO) oder bewiesen, die Einredetatsachen dagegen bestritten und unbewiesen, so ist der Beklagte zu verurteilen.

Die **„Einrede im prozessrechtlichen Sinne“** bezieht sich also auf die **Einwendungen und Einreden im materiellrechtlichen Sinne.** Einwendungsbegründende Tatsachen sind im Prozess stets („von Amts wegen“) zu berücksichtigen, einredebegründende

Tatsachen dagegen nur dann, wenn gleichzeitig feststeht, dass der Schuldner die Einrede erhoben hat. Entscheidend ist daher, ob der Schuldner – was ihm freisteht – von der Einrede Gebrauch macht oder nicht.

III. Die Einrede der Verjährung

1. Begriff und Zweck der Verjährung

18 Verjährung bedeutet Verlust der Durchsetzbarkeit eines Anspruchs infolge Zeitablaufs. Mit Eintritt der Verjährung ist der Schuldner berechtigt, die Leistung zu verweigern: Es steht ihm die Einrede der Verjährung zu (§ 214 Abs. 1 BGB). Die Verjährung dient dem Schutz des Schuldners, der Sicherheit des Verkehrs und dem Rechtsfrieden (vgl. BGHZ 59, 72 (74)). Je länger der Gläubiger mit seinem Anspruch nämlich zuwartet, desto schwieriger kann die Klärung der Rechtslage werden. Daraus können Streitigkeiten entstehen und der Schuldner kann in Beweisnot geraten (zB durch Unauffindbarkeit einer Quittung oder Tod eines Zeugen). Dies wird durch die Verjährung vermieden; sie zwingt den Gläubiger, seinen Anspruch beizeiten geltend zu machen. Das Recht der Verjährung ist in den §§ 194–218 BGB geregelt.

2. Anwendungsbereich der Verjährung

19 Der Verjährung unterliegen nur **Ansprüche** (§ 194 Abs. 1 BGB), **nicht** dagegen **absolute Rechte** und **Gestaltungsrechte.** Der Unterschied wird deutlich beim Eigentum: Nicht das Eigentum verjährt, nur der daraus entspringende Herausgabeanspruch gegen einen Dritten (§ 985 BGB).

Beispiel: Stiehlt D eine Sache des A, so verjährt dessen Herausgabeanspruch (§ 985 BGB) in 30 Jahren (§ 197 Abs. 1 Nr. 2 BGB). Nach Verjährungseintritt kann D die Herausgabe verweigern (§ 214 Abs. 1 BGB). Er ist aber dadurch nicht Eigentümer geworden. – Stiehlt daher später E diese Sache bei D, kann A von E Herausgabe nach § 985 BGB verlangen. E kann sich nicht auf die bei D eingetretene Verjährung berufen. – Anders wäre es, wenn D die Sache an E veräußert hätte. Dann käme ihm als Rechtsnachfolger gem. § 198 BGB die bei D eingetretene Verjährung zugute.

Auch Gestaltungsrechte unterliegen nicht der Verjährung. Für sie kann es jedoch sog. Ausschlussfristen geben (zB §§ 122 Abs. 1, 124 BGB für das Anfechtungsrecht), nach deren Ablauf das Gestaltungsrecht erlischt (dazu ***Köhler*** **BGB AT PdW Fall 148**). Eine praktisch bedeutsame Sonderregelung enthält auch § 218 BGB.

Einzelne Ansprüche sind von der Verjährung ausgenommen. Dazu gehören bestimmte Ansprüche aus dem Bereich des Familienrechts (§ 194 Abs. 2 BGB), des Nachbarrechts (§ 924 BGB), des Unionsrechts (§§ 758, 2042 BGB) und des Grundstücksrechts (§§ 898, 902 BGB).

3. Verjährungsfristen

a) Grundsatz

20 Die **regelmäßige** Verjährungsfrist beträgt nach § 195 BGB **drei Jahre.** Diese Frist gilt zum einen für die meisten vertraglichen Ansprüche, und zwar sowohl für die Ansprüche auf Leistung als auch auf Schadensersatz (§§ 280ff. BGB), zum anderen für die Ansprüche aus gesetzlichen Schuldverhältnissen, wie etwa aus unerlaubter Handlung (§§ 823ff. BGB), aus ungerechtfertigter Bereicherung (§§ 812ff. BGB) oder Ge-

schäftsführung ohne Auftrag (§§ 677ff. BGB). Der **Beginn** der regelmäßigen Verjährungsfrist ist in § 199 BGB geregelt (dazu → Rn. 22).

b) Spezialregelungen

Für eine Reihe von Ansprüchen stellt das Gesetz Spezialregelungen auf. Davon sind besonders zu erwähnen: 21

- **Ansprüche aus Grundstücksgeschäften.** Für schuldrechtliche Ansprüche aus Grundstücksgeschäften (zB einem Grundstückskaufvertrag) gilt nach § 196 BGB eine *zehnjährige* Verjährungsfrist, und zwar nicht nur für den Anspruch auf Eigentumsübertragung (§ 433 Abs. 1 S. 1 BGB), sondern auch für den Anspruch auf die Gegenleistung (§ 433 Abs. 2 BGB).
- **Anspruch auf Eigentumsherausgabe.** Für den dinglichen Herausgabeanspruch aus § 985 BGB gilt – wie früher – eine *dreißigjährige* Verjährungsfrist (§ 197 Abs. 1 Nr. 1 BGB).
- **Mängelansprüche.** Für kauf- und werkvertragliche Ansprüche wegen mangelhafter Lieferung gelten die differenzierenden Regelungen der §§ 438 und 634a BGB. Weist beispielsweise ein verkauftes Mietshaus einen Mangel auf, so gilt nach § 438 Abs. 1 Nr. 2a BGB) eine *fünfjährige* Verjährungsfrist, weist dagegen ein verkauftes Auto einen Mangel auf, so gilt nach § 438 Abs. 1 Nr. 3 BGB eine *zweijährige* Verjährungsfrist.
- **Ersatzansprüche des Mieters und Verwendungsansprüche des Mieters.** Für sie gilt nach § 548 BGB eine *sechsmonatige* Verjährungsfrist.

4. Beginn der Verjährung

a) Beginn der regelmäßigen Verjährungsfrist

Für den Beginn der dreijährigen Regelverjährungsfrist stellt § 199 BGB eine komplizierte Regelung auf. Als Grundsatz gilt nach § 199 Abs. 1 BGB, dass die Verjährungsfrist mit dem Schluss des Jahres beginnt, in dem (1) der Anspruch **entstanden** ist und (2) der Gläubiger von den den Anspruch begründenden Umständen und der Person des Schuldners **Kenntnis** erlangt oder **ohne grobe Fahrlässigkeit** erlangen müsste. Entstanden ist ein Anspruch, sobald er geltend gemacht werden kann (BGHZ 113, 188 (193)), also erst im Zeitpunkt seiner Fälligkeit (§ 271 BGB). 22

Der Blechschaden: Autofahrer A beschädigt am 3.1.2016 beim Einparken fahrlässig das Auto des B. Da B nicht anzutreffen ist, bringt er an der Windschutzscheibe einen Zettel an, in dem er sich zu dem Unfall bekennt und seine Adresse angibt. Bei seiner Urlaubsrückkehr fünf Tage später entdeckt B den Zettel und steckt ihn ein. – Der Schadensersatzanspruch des B gegen A aus § 823 Abs. 1 BGB verjährt nach § 195 BGB in drei Jahren. Jedoch beginnt nach § 199 Abs. 1 BGB diese Frist erst am Ende des Jahres zu laufen, in dem der Anspruch entstanden ist und der B von den in Anspruch begründenden Umständen und der Person des Schuldners Kenntnis erlangt hat oder ohne grobe Fahrlässigkeit hätte erlangen müssen. Der Anspruch ist hier im Zeitpunkt des Unfalls entstanden, da er sofort fällig wurde (§ 271 Abs. 1 BGB). B erlangte fünf Tage später Kenntnis vom Unfall und der Person des Schuldners. Somit beginnt die Dreijahresfrist am 31.12.2016 24 Uhr zu laufen und endet am 31.12.2019.

Von diesem Grundsatz macht das Gesetz aber mehrere Ausnahmen (§ 199 Abs. 2–5 BGB). So verjähren nach § 199 Abs. 4 BGB andere Ansprüche als Schadensersatzansprüche ohne Rücksicht auf die Kenntnis oder grobfahrlässige Unkenntnis in zehn Jahren von ihrer Entstehung an.

Der angeschossene Hund: D findet bei einer Wanderung einen angeschossenen Hund. Er bringt ihn zu einem Tierarzt und kommt für die Behandlung auf. Es lässt sich aber nicht aufklären, wer Halter des Tieres ist. Erst zehn Jahre später kommt heraus, dass der Hund dem Gastwirt G gehört hatte. – D hat hier zwar einen Aufwendungsersatzanspruch aus den §§ 683 S. 1, 670 BGB gegen den Tierhalter G. Dieser Anspruch ist jedoch verjährt, da seit seiner Entstehung bereits zehn Jahre vergangen sind.

b) Beginn sonstiger Verjährungsfristen

Für sonstige Verjährungsfristen gilt, dass sie im Zeitpunkt der Entstehung zu verjähren beginnen, soweit keine Sonderregelung besteht. Das ist im Gesetz jeweils angegeben. So beginnen die kaufrechtlichen Mängelansprüche, wenn es Grundstücke betrifft, erst mit *Übergabe,* in allen anderen Fällen, insbes. bei beweglichen Sachen, mit *Ablieferung* zu verjähren (§ 438 Abs. 2 BGB). Eine *Ablieferung* liegt vor, wenn der Verkäufer die Sache aus seiner Verfügungsgewalt entlässt und derart in den Machtbereich des Käufers verbringt, dass dieser nunmehr anstelle des Verkäufers die Verfügungs- und Untersuchungsmöglichkeit besitzt (vgl. BGH NJW 1995, 3381 (3382)). Dies setzt keine Übergabe voraus, jedoch ist mit Übergabe stets auch Ablieferung gegeben.

5. Verjährungshindernisse

23 Dem normalen Ablauf der Verjährungsfrist können Hindernisse entgegenstehen, die einen Neubeginn, eine Hemmung oder eine Ablaufhemmung der Verjährung bewirken.

24 Die Verjährung beginnt erneut (**Neubeginn der Verjährung;** früher Unterbrechung genannt), wenn der Schuldner den Anspruch anerkennt oder eine gerichtliche oder behördliche Vollstreckungshandlung vorgenommen oder beantragt wird (§ 212 BGB). Ein **Anerkenntnis** liegt vor, wenn sich aus dem tatsächlichen Verhalten des Schuldners gegenüber dem Gläubiger sein Bewusstsein vom Bestehen des Anspruchs unzweideutig ergibt und der Gläubiger darauf vertrauen darf, der Schuldner werde sich nicht auf Verjährung berufen (BGH NJW 1988, 1259 (1260)). Darunter fällt neben den in § 212 Abs. 1 Nr. 1 BGB angeführten Beispielen (Abschlagszahlung, Zinszahlung, Sicherheitsleistung) insbes. das Stundungsgesuch und – bei Mängelansprüchen – die Erklärung, Mängel zu beseitigen (BGH NJW 1988, 1259 f.).

25 Die **Hemmung** hält den Lauf der Verjährungsfrist an: Nach Wegfall der Hemmung läuft die Verjährungsfrist weiter. Es wird also lediglich der Zeitraum der Hemmung in die Verjährungsfrist nicht eingerechnet (§ 209 BGB). Die Verjährung wird gehemmt in den Fällen der §§ 203–208 BGB. Ein Anwendungsfall ist die **Aufnahme von Verhandlungen** über den Anspruch oder die den Anspruch begründenden Umstände (§ 203 S. 1 BGB). Die Rspr. fasst den Begriff der Verhandlungen außerordentlich weit und lässt jeden Meinungsaustausch über den Anspruch oder den anspruchsbegründenden Sachverhalt genügen, wenn nicht sofort und eindeutig eine Verpflichtung abgelehnt wird (BGH NJW 2007, 587 Rn. 10). Es ist nicht erforderlich, dass irgendeine Vergleichsbereitschaft signalisiert wird. Die Verjährung ist solange gehemmt, bis der eine oder andere Teil die Fortsetzung der Verhandlungen verweigert. (Zur Beendigung der Hemmung durch „Einschlafen" von Verhandlungen vgl. BGHZ 213, 213.) Die Verjährung tritt allerdings frühestens drei Monate nach dem Ende der Hemmung ein (§ 203 Abs. 1 BGB).

Die Verjährung wird des Weiteren durch **Rechtsverfolgung** gehemmt. Dazu gehört aber noch nicht die bloße Mahnung iSv § 286 BGB. Erforderlich ist vielmehr die Geltendmachung im Rahmen eines Verfahrens. Die Einzelnen, eine Hemmung begründenden Rechtsverfolgungsmaßnahmen sind in § 204 Abs. 1 BGB aufgezählt. Für die Praxis wichtig sind insbesondere: (1) Die **Erhebung einer Leistungs- oder Feststellungsklage** (§ 204 Abs. 1 Nr. 1 BGB). Die Klage ist erhoben, wenn sie bei Gericht eingereicht und dem Beklagten zugestellt worden ist (§ 253 ZPO). Allerdings reicht die Einreichung der Klage für den Eintritt der Hemmung aus, wenn die Klage demnächst zugestellt wird (§ 167 ZPO). (2) Die **Zustellung des Mahnbescheids** im Mahnverfahren (§ 204 Abs. 1 Nr. 3 BGB iVm § 693 Abs. 2 ZPO). (3) Die **Zustellung des Antrags auf Erlass einer einstweiligen Verfügung** (§ 204 Abs. 1 Nr. 9 BGB). Die Hemmung endet sechs Monate nach der rechtskräftigen Entscheidung oder anderweitigen Beendigung des eingeleiteten Verfahrens (§ 204 Abs. 2 S. 1 BGB).

Die Verjährung ist ferner nach § 205 BGB gehemmt, solange der Schuldner auf Grund einer Vereinbarung mit dem Gläubiger **vorübergehend zur Verweigerung der Leistung berechtigt** ist (sog. **Stillhalteabkommen**). Dazu gehört aber nicht, wie man meinen könnte, eine nachträgliche Stundungsvereinbarung, weil diese bereits ein Anerkenntnis iSv § 212 Abs. 1 Nr. 1 BGB darstellt und daher einen Neubeginn der Verjährung auslöst. Gemeint sind vielmehr Fälle, in denen die Parteien die Entscheidung in einem anderen Prozess oder die Schadensentwicklung abwarten wollen (vgl. Palandt/*Ellenberger* BGB § 205 Rn. 2).

Die **Ablaufhemmung** schiebt den Eintritt der Verjährung hinaus. Sie tritt ein bei Ansprüchen, deren Einklagung vorübergehend nicht möglich ist. So bei Ansprüchen von nicht voll Geschäftsfähigen ohne gesetzlichen Vertreter (§ 210 BGB) und bei Ansprüchen in ungeklärten Nachlasssachen (§ 211 BGB). Die Verjährungsfrist läuft hier grds. weiter. Jedoch tritt Verjährung erst sechs Monate nach Wegfall des Ablaufhemmungsgrundes ein. Damit soll die Möglichkeit eingeräumt werden, sich über das Bestehen des Anspruchs zu informieren. 26

Beispiel: Der Minderjährige A hat einen Anspruch gegen B, der am 31.12.2002 verjähren würde. Am 20.12.2002 verliert A seine Eltern durch einen Unfall. Am 5.1.2003 wird für ihn ein Vormund bestellt. Die Verjährung tritt erst sechs Monate später, also mit Ablauf des 5.7.2003, ein (§ 210 Abs. 1 S. 1 BGB).

Ein befristeter Verjährungsverzicht ist grds. zulässig, im Zweifel aber dahin auszulegen, dass der Gläubiger den Anspruch vor Ablauf der Frist gerichtlich geltend machen kann. Es wird dadurch nicht die Verjährungsfrist verlängert, sondern nur die Befugnis des Schuldners, die Einrede der Verjährung zu erheben für den genannten Zeitraum ausgeschlossen (BGH NJW 2009, 1598 Rn. 22; 2015, 2267 Rn. 18ff.). 26a

6. Wirkungen der Verjährung

a) Entstehen eines Leistungsverweigerungsrechts

Nach Vollendung der Verjährung ist der Schuldner berechtigt, die Leistung zu verweigern (§ 214 Abs. 1 BGB). Es steht ihm die Einrede der Verjährung zu. Ob er von dieser Einrede auch Gebrauch macht, steht in seinem freien Belieben. Aus welchen Gründen er sich nicht auf Verjährung beruft, ist unerheblich. Im Prozess wird die Verjährung nur dann berücksichtigt, wenn feststeht, dass der Schuldner sich darauf berufen hat. Ist dies nicht geschehen, muss der Schuldner zur Leistung verurteilt werden, auch wenn der Gläubiger die verjährungsbegründenden Umstände selbst vorgetragen hat (BGH NJW 2010, 2422 Rn. 27). 27

Beispiel: K klagt gegen B auf Zahlung. Aus seiner Klagebegründung ergibt sich aber, dass der Anspruch verjährt ist. Beruft sich B in der mündlichen Verhandlung auf Verjährung, ist die Klage abzuweisen. Tut B dies nicht, ist er zur Zahlung zu verurteilen.

In Ausnahmefällen kann die Berufung auf Verjährung eine unzulässige Rechtsausübung und damit unzulässig sein. Nämlich dann, wenn der Schuldner dem Gläubiger begründeten Anlass gegeben hat, von der Unterbrechung der Verjährung durch Klageerhebung abzusehen (vgl. BGH NJW 1988, 265 (266)). Auch **Unterlassungsansprüche** (vgl. zB §§ 12, 1004 BGB) unterliegen der Verjährung (vgl. §§ 199 Abs. 5, 200 S. 2 BGB). Nach Ablauf der Verjährungsfrist erlangt aber der Schuldner kein Recht zur Verweigerung der Unterlassung, dh zur Zuwiderhandlung. Die Verjährung hat lediglich zur Folge, dass der Gläubiger wegen dieser Zuwiderhandlung keinen Vollstreckungstitel mehr erlangen kann, der bei einer weiteren Zuwiderhandlung die Verhängung eines Ordnungsmittels (§ 890 ZPO) ermöglicht (vgl. *Köhler* GRUR 1996, 231 (233)).

Materiell-rechtlich – etwa hinsichtlich des Verzugs – wirkt die Geltendmachung der Verjährungseinrede auf den Zeitpunkt des Eintritts der Verjährung zurück (BGH NJW 2010, 2422 Rn. 29).

b) Keine Rückforderung des Geleisteten

28 Der Anspruch bleibt trotz Verjährung erfüllbar. Hat der Schuldner, sei es auch in Unkenntnis der Verjährung, geleistet, kann er seine Leistung nicht zurückfordern (§§ 214 Abs. 2 S. 1, 813 Abs. 1 S. 2 BGB; dazu ***Köhler* BGB AT PdW Fall 153.**)

c) Fortbestand dinglicher Sicherheiten

29 Hat sich der Gläubiger dingliche Sicherheiten geben lassen, so kann er sich daraus auch nach Verjährung des Anspruchs befriedigen. Für Pfandrecht und Hypothek ergibt sich dies aus § 216 Abs. 1 BGB, für sonstige Sicherheiten, wie Sicherungseigentum, Sicherungsabtretung und Eigentumsvorbehalt, aus § 216 Abs. 2 BGB.

7. Regelung der Verjährung durch Rechtsgeschäft

a) Grundsatz der Vertragsfreiheit

30 Entsprechend dem Grundsatz der Vertragsfreiheit sind – mit bestimmten Grenzen – auch formlos wirksame Vereinbarungen über die Verjährung, nämlich deren Dauer, Beginn, Hemmung usw zulässig. Ein einseitiger Verzicht des Gläubigers auf die Einrede der Verjährung ist dagegen grds. erst zulässig, wenn die Verjährung bereits eingetreten ist (BGH NJW 1973, 1690). Bei den Grenzen der Vereinbarung ist zu unterscheiden nach ihren Auswirkungen.

b) Erschwerung der Verjährung

31 Die Vereinbarung über eine Erschwerung der Verjährung ist grds. zulässig, jedoch nicht über eine Verjährungsfrist von 30 Jahren ab dem gesetzlichen Verjährungsbeginn hinaus (§ 202 Abs. 2 BGB). In der Praxis spielt dies eine Rolle bei Verkäufergarantien über die gesetzlichen Verjährungsfristen hinaus.

c) Erleichterung der Verjährung

Eine Erleichterung der Verjährung, insbes. eine Verkürzung der Verjährungsfrist, ist ebenfalls grds. zulässig. Nach § 202 Abs. 1 BGB ist dies jedoch bei Haftung wegen Vorsatzes nicht im Voraus, dh vor Entstehung des Schadensersatzanspruchs, zulässig. Eine weitere Grenze ergibt sich aus § 475 Abs. 2 BGB für Mängelansprüche beim Verbrauchsgüterkauf. Ist die Verjährungsvereinbarung in **Allgemeinen Geschäftsbedingungen** enthalten, setzt § 309 Nr. 8b) ff. BGB eine Grenze hinsichtlich der Mängelansprüche aus Kauf- und Werkverträgen. IÜ gilt der allgemeine Kontrollmaßstab des § 307 BGB. 32

Literatur: *Gröschler,* Zur Wirkungsweise und zur Frage der Geltendmachung von Einrede und Einwendung im materiellen Zivilrecht, AcP 201 (2001), 48; *Köhler,* Zur Geltendmachung und Verjährung von Unterlassungsansprüchen, JZ 2005, 489; *Mansel,* Die Neuregelung des Verjährungsrechts, NJW 2002, 89; *Medicus,* Anspruch und Einrede als Rückgrat einer zivilistischen Lehrmethode, AcP 174 (1974), 313; *Meller-Hannich,* Die Einrede der Verjährung, JZ 2005, 656; *Pohlmann,* Verjährung, Jura 2005, 1; *H. Roth,* Die Einrede des Bürgerlichen Rechts, 1988; *Schapp,* Das Zivilrecht als Anspruchssystem, JuS 1992, 537; *Thomale,* Die Einrede als materielles Gestaltungsrecht, AcP 212 (2012), 920; *Ulrici/Purrmann,* Einwendungen und Einreden, JuS 2011, 104; *Witt,* Schuldrechtsmodernisierung 2001/2002 – Das neue Verjährungsrecht, JuS 2002, 105.

§ 19. Rechtsdurchsetzung und Rechtsschutz

Wer ein Recht hat, muss es auch durchsetzen können. Sonst bräuchte es niemand zu beachten. Die Rechtsordnung verbietet aber grds. die eigenmächtige Durchsetzung eines wirklichen oder nur vermeintlichen Rechts (**„Faustrecht“**) im Interesse des Rechtsfriedens. Sie gewährt stattdessen staatlichen Rechtsschutz und gibt dem einzelnen ein Recht, diesen Schutz in Anspruch zu nehmen (**„Justizgewährungsanspruch“**). Nur in Ausnahmefällen erlaubt die Rechtsordnung dem einzelnen, sein Recht selbst durchzusetzen. 1

I. Der staatliche Rechtsschutz

Der staatliche Rechtsschutz erfolgt im Regelfall in zwei Abschnitten, dem Erkenntnisverfahren und dem Vollstreckungsverfahren; hinzu kommt das Verfahren des einstweiligen Rechtsschutzes.

1. Erkenntnisverfahren

Das Erkenntnisverfahren wird durch **Klage** (§§ 253 ff. ZPO) eingeleitet und durch **Urteil** (§§ 300 ff. ZPO) abgeschlossen. In diesem Verfahren prüft das Gericht, ob das Begehren des Klägers berechtigt ist. 2

Die Kaufpreisschuld: V hat gegen K in München eine Kaufpreisforderung über 3.000 Euro. Zahlt K nicht freiwillig, darf V das Geld nicht mit Gewalt eintreiben. Er muss vielmehr beim *örtlich* und *sachlich zuständigen* Gericht, hier dem Amtsgericht München (§§ 12, 13 ZPO; § 23 Nr. 1 GVG), *Klage* auf Zahlung erheben. Im Prozess prüft das Gericht, falls erforderlich durch *Beweisaufnahme,* etwa Zeugenvernehmung, ob die Forderung besteht. Wenn ja, erlässt es ein *Endurteil,* in dem K zur Zahlung verurteilt wird.

2. Vollstreckungsverfahren

3 Erwirkt der Kläger ein ihm günstiges Urteil und befolgt der Beklagte das Urteil nicht, so schließt sich daran das Vollstreckungsverfahren (§§ 704ff. ZPO) an. Es dient der Verwirklichung des Leistungsanspruchs durch staatlichen Zwang.

Beispiel: Ist im Fall der *Kaufpreisschuld* das *Urteil* gegen K *rechtskräftig* oder *vorläufig vollstreckbar* (§ 704 ZPO), mit einer Vollstreckungsklausel versehen (§§ 724ff. ZPO) und dem K *zugestellt* (§ 750 ZPO), kann die Zwangsvollstreckung beginnen. Zu diesem Zweck kann V dem zuständigen *Gerichtsvollzieher* einen *Vollstreckungsauftrag* (§ 753 ZPO) erteilen. Dieser kann dann, notfalls mit Gewaltanwendung (§ 758 ZPO), Sachen des K *pfänden* und *öffentlich versteigern* (§§ 803ff., 814ff. ZPO). Aus dem *Erlös* wird dann V nach Abzug der Kosten *befriedigt*.

Das Urteil ist keine notwendige Voraussetzung für das Vollstreckungsverfahren. Es gibt auch andere Vollstreckungstitel, insbes. den Vollstreckungsbescheid auf Grund des Mahnverfahrens (§§ 688ff. ZPO), den Prozessvergleich und die Unterwerfung unter die sofortige Zwangsvollstreckung in einer Urkunde (vgl. § 794 ZPO).

3. Verfahren des einstweiligen Rechtsschutzes

4 Bei einer akuten Gefährdung seiner Rechte kann der Gläubiger auch den sog. einstweiligen Rechtsschutz (§§ 916ff. ZPO) in Anspruch nehmen. Er dient der Sicherung, nicht der Befriedigung des Gläubigers. Die Mittel hierzu sind **Arrest** und **einstweilige Verfügung.**

Besteht im Fall der *Kaufpreisschuld* die Gefahr, dass K sein Vermögen ins Ausland verschiebt und damit die Zwangsvollstreckung in sein Vermögen vereitelt wird, kann V einen dinglichen Arrest beantragen, der nach den Vorschriften über die Zwangsvollstreckung vollzogen wird (§§ 917, 928 ZPO).

II. Selbstverteidigung (Notwehr, Notstand) und Selbsthilfe

1. Überblick

5 In Ausnahmefällen erlaubt die Rechtsordnung dem einzelnen, sich mit Gewalt gegen eine Beeinträchtigung seiner Rechte oder Rechtsgüter zur Wehr zu setzen. Im Allgemeinen Teil ist die Selbstverteidigung gegenüber Angriffen (Notwehr, § 227 BGB) und Gefahren (Notstand, § 228 BGB) sowie die Selbsthilfe (§§ 229ff. BGB) zur Durchsetzung oder Sicherung eigener Rechte geregelt. Hinzu kommen speziell geregelte Befugnisse zur Gewaltanwendung (vgl. §§ 562b Abs. 1, 859, 860, 904, 910, 962; § 34 StGB).

2. Notwehr

a) Begriff und Voraussetzungen

6 „Notwehr ist diejenige Verteidigung, welche erforderlich ist, um einen gegenwärtigen rechtswidrigen Angriff von sich oder einem anderen abzuwenden" (§ 227 Abs. 2 BGB = § 32 Abs. 2 StGB). Die Notwehr zugunsten eines anderen heißt auch Nothilfe. Die Notwehr setzt eine Notwehrlage und eine Notwehrhandlung voraus.

7 Die **Notwehrlage** setzt einen gegenwärtigen rechtswidrigen Angriff voraus. **Angriff** ist ein menschliches Verhalten, das die rechtlich geschützten Interessen eines anderen verletzt oder zu verletzen droht. Bloßes Unterlassen genügt, auch bei Bestehen einer sog. Garantenstellung, nicht (str.). Die von einem Tier ausgehende Bedrohung fällt unter

§ 228 BGB, sofern das Tier nicht als Angriffsmittel benutzt wird (zB Hetzen eines Hundes auf einen Menschen).

Der Angriff muss **gegenwärtig** sein. Er muss also bereits begonnen haben und darf noch nicht beendet sein. Diese Zeitspanne reicht vom Beginn der konkreten Gefährdung des Rechtsguts (zB Ziehen einer Pistole; vgl. BGH NJW 1973, 255) bis zu ihrem endgültigen Ende (zB Sicherung des Diebesguts; RGZ 111, 371).

Der Angriff muss **rechtswidrig** sein. Dies beurteilt sich im Regelfall nach der Lehre vom Erfolgsunrecht. Danach ist ein Angriff rechtswidrig, wenn kein besonderer Rechtfertigungsgrund vorliegt. Ein Verschulden des Angreifers ist nicht erforderlich. Notwehr ist daher grds. auch gegenüber Kindern, Betrunkenen oder Geisteskranken möglich.

Der Angriff muss einem **anderen,** dh den rechtlich geschützten Interessen einer Person gelten. Notwehrfähig sind daher nicht nur Leib und Leben, sondern auch Eigentum und Persönlichkeit des einzelnen. Auch zugunsten der Rechtsgüter einer juristischen Person, einschließlich des Staates, ist Notwehr möglich. Nicht notwehrfähig ist freilich die öffentliche Ordnung (vgl. BGHZ 64, 178: Einschreiten eines Theologen gegen den Verkauf pornographischer Schriften).

Die **Notwehrhandlung** ist die zur Abwehr des Angriffs erforderliche Verteidigungshandlung. Die Verteidigungshandlung muss von einem Verteidigungswillen getragen sein (str.). Dies setzt Kenntnis von der Notwehrlage voraus. 8

Die Verteidigungshandlung muss **erforderlich** sein (dazu ***Köhler* BGB AT PdW Fall 156**). Zulässig ist also nur die mildeste Maßnahme, die (noch) eine sofortige und endgültige Gefahrenabwehr ermöglicht; auf ein in der Wirkung zweifelhaftes Verteidigungsmittel braucht sich der Angegriffene aber nicht zu beschränken. Dagegen verlangt das Gesetz keine Verhältnismäßigkeit zwischen Verteidigung und Angriff. Notwehr ist daher grds. auch möglich, wenn der Schaden aus der Verteidigung den Schaden aus dem Angriff weit übersteigt: Das Recht braucht dem Unrecht nicht zu weichen. Jedoch gilt auch für die Notwehr das Verbot des Rechtsmissbrauchs (§ 242 BGB; BGH NJW 2008, 571 Rn. 17). Insbes. bei erkennbar nicht schuldhaft handelnden Angreifern (zB Kindern, Betrunkenen) oder bei Provokation des Angriffs ist daher eine gewisse Rücksichtnahme bis hin zum Ausweichen vor dem Angriff geboten.

b) Rechtsfolge

Die **Notwehrhandlung ist rechtmäßig** (§ 227 Abs. 1 BGB). Der Angreifer muss sie daher dulden (keine „Notwehr" gegenüber Notwehr!). Der Verteidiger ist ihm auch nicht zum Schadensersatz verpflichtet. – Dies gilt aber nicht im Verhältnis zu einem unbeteiligten Dritten, der dabei zu Schaden kommt. Ihm haftet der Verteidiger nach allgemeinen Grundsätzen (§§ 823 ff. BGB), sofern nicht sonstige Rechtfertigungsgründe eingreifen. 9

Der Bauchschuss: Der Besitzer einer Diskothek gab im Verlauf einer Schlägerei mit eingedrungenen Rockern zunächst einen Warnschuss ab, der erfolglos blieb. Danach feuerte er gezielt auf den Bandenführer. Eine Kugel durchschlug dessen Bauch, prallte vom Boden ab und drang einem unbeteiligten Gast in den Bauch. Das Handeln war dem Gast gegenüber weder durch Notwehr noch sonst wie gerechtfertigt. Da der Besitzer das Zusammentreffen mit den Rockern auf Grund der besonderen Umstände des Falles hätte vermeiden können und wegen der unausweichlichen Gefährdung der anderen Lokalbesucher den Schusswaffengebrauch hätte vermeiden müssen, war sein Handeln auch schuldhaft. Er wurde daher zum Schadensersatz verurteilt (BGH NJW 1978, 2028).

10 Wer die Grenzen der erforderlichen Verteidigung überschreitet **(Notwehrexzess)** oder irrtümlich eine Notwehrlage annimmt **(Putativnotwehr)**, handelt dagegen **rechtswidrig.** Eine Schadensersatzpflicht nach §§ 823ff. BGB tritt jedoch nur bei Verschulden ein (aA *Kuchinke* FS Krause, 1990, 327: bei Putativnotwehr Haftung ohne Verschulden gem. § 231 BGB analog). Hierfür genügt, dass der Irrtum auf Fahrlässigkeit beruht (vgl. BGH NJW 1987, 2509). Der Täter muss seine Schuldlosigkeit beweisen. Aufseiten des Verletzten kann Mitverschulden (§ 254 BGB) in Betracht kommen.

3. Notstand

a) Begriff und Arten des Notstands

11 Notstand ist eine Gefahrenlage, die man unter bestimmten Voraussetzungen durch Eingriff in fremde Rechtsgüter abwenden darf. Diese Voraussetzungen sind unterschiedlich geregelt. So im BGB der Verteidigungsnotstand in § 228 BGB und der Angriffsnotstand in § 904 BGB. Hinzu kommt der rechtfertigende Notstand des § 34 StGB (dazu ***Köhler*** **BGB AT PdW Fall 157**). Dabei handelt es sich um Rechtfertigungsgründe. Ihnen liegt als gemeinsames Prinzip der Gedanke der Güterabwägung zugrunde. Davon zu trennen ist der *entschuldigende Notstand* (§ 35 StGB), der für das bürgerliche Recht keine unmittelbare Bedeutung hat, weil das Verschulden im bürgerlichen Recht nach anderen Kriterien zu beurteilen ist (vgl. Palandt/*Ellenberger* BGB § 228 Rn. 2a).

b) Verteidigungsnotstand (§ 228 BGB)

12 Ein **Verteidigungsnotstand** liegt vor, wenn dem Handelnden oder einem Dritten Gefahr durch eine fremde Sache (oder ein fremdes Tier, § 90a BGB) droht. Die Sache muss aus sich heraus gefahrdrohend sein (andernfalls greift § 227 BGB oder § 904 BGB ein). Die Gefahr muss weiter einer Person drohen. Damit ist nicht nur eine Gefährdung von Leib oder Leben, sondern eines jeden Rechtsguts (auch Vermögen) gemeint. Die Gefahr muss schließlich drohen, sie braucht also noch nicht gegenwärtig zu sein, vielmehr genügt die Wahrscheinlichkeit eines Schadenseintritts.

13 Die **Notstandshandlung** besteht in der Beschädigung oder Zerstörung der gefahrbringenden Sache. Ebenso wie bei der Notwehr muss die Handlung von einem Verteidigungswillen getragen (BGHZ 92, 359) und zur Abwendung der Gefahr erforderlich sein. Es darf also kein milderes Mittel zur Verfügung stehen. Darüber hinaus darf der Schaden nicht außer Verhältnis zur Gefahr stehen (dazu ***Köhler*** **BGB AT PdW Fall 158**). Dabei sind objektiv-normative Maßstäbe anzulegen, wobei allerdings auch das Affektionsinteresse zu berücksichtigen ist.

Beispiel: Greift ein Rassehund eine Katze an, so darf ihr Eigentümer den Hund töten, wenn anders die Katze nicht zu retten ist. Der angerichtete Schaden steht nicht außer Verhältnis zur Gefahr. Denn mag auch die Katze objektiv keinen Vermögenswert haben, so ist doch das Affektionsinteresse des Eigentümers zu berücksichtigen (vgl. auch § 251 Abs. 2 S. 2 BGB).

14 Die Notstandshandlung ist **rechtmäßig** (§ 228 S. 1 BGB), Notwehr des Sacheigentümers gegen sie also unzulässig. Der Handelnde haftet nicht auf Schadensersatz, außer wenn er die Gefahr verschuldet hat (§ 228 S. 2 BGB).

Nimmt der Handelnde irrtümlich eine Notstandslage an **(Putativnotstand)** oder überschreitet er die Grenzen zulässiger Abwehr **(Notstandsexzess),** ist sein Handeln **rechtswidrig,** verpflichtet aber nur bei verschuldetem Irrtum zum Schadensersatz. 15

c) Angriffsnotstand

Der **Angriffsnotstand** setzt eine **„gegenwärtige Gefahr"** für einen anderen voraus. Es muss also irgendein Rechtsgut (Leib, Leben, Eigentum usw) einer Person bedroht sein. Von wem die Gefahr ausgeht und ob ihr ein rechtswidriger Angriff zugrunde liegt, spielt keine Rolle. Die Gefahr darf aber nicht von der Sache ausgehen, auf die der Handelnde einwirkt, da dann Verteidigungsnotstand vorliegt. 16

Die **Notstandshandlung** besteht in der „Einwirkung" auf eine fremde Sache (oder ein fremdes Tier, § 90a BGB), sei es durch Benutzung, Beschädigung, Zerstörung oder Verfügung. Die Einwirkung muss zur Gefahrenabwehr **„notwendig"** sein. Der Handelnde muss also die Abwehr der Gefahr von sich oder einem anderen (Nothilfe) bezwecken und es darf keine andere, weniger einschneidende Möglichkeit der Gefahrenabwehr geben. Schließlich muss der „drohende Schaden gegenüber dem aus der Einwirkung dem Eigentümer entstehenden Schaden unverhältnismäßig groß" sein. 17

Beispiel: A wird von einer Kreuzotter gebissen. B kommt hinzu und sieht, dass A sofort ins Krankenhaus muss. Er „requiriert" den Wagen des C und bringt den A ins Krankenhaus. – Diese Einwirkung auf das Eigentum des C ist notwendig zur Gefahrenabwehr und der Schaden, der dem A droht (Lebensgefahr) ist gegenüber dem Schaden des C (bloßer Vermögensschaden) unverhältnismäßig groß.

Der Eigentümer ist nicht berechtigt, die Einwirkung zu verbieten, sie ist also **rechtmäßig.** Das bedeutet, dass ein Widerstand des Eigentümers gegen die Einwirkung nicht durch Notwehr (§ 227 BGB) gedeckt ist und der Einwirkende seinerseits notwehrberechtigt ist. 18

Beispiel: Geht C gegen B gewaltsam vor, um sich gegen die Wegnahme des Wagens zu wehren, ist das Handeln nicht durch Notwehr gedeckt, weil es an einem rechtswidrigen Angriff fehlt. B kann sich seinerseits gegen die Gewaltanwendung zur Wehr setzen.

Allerdings kann der Eigentümer nach § 904 S. 2 BGB Schadensersatz verlangen (Aufopferungsgedanke!). Zum Ersatz verpflichtet ist nicht der Begünstigte, sondern der Einwirkende (BGHZ 6, 102; sehr str.), zumal dieser regelmäßig leichter feststellbar ist.

Beispiel: Schadensersatz wegen der Entziehung des Wagens kann C nicht vom Begünstigten A, sondern nur vom Einwirkenden B verlangen. Dieser hat jedoch einen Regressanspruch gegen A aus §§ 683, 670 BGB.

4. Selbsthilfe (§§ 229–231 BGB)

a) Begriff der Selbsthilfe

Unter Selbsthilfe versteht man die gewaltsame Durchsetzung oder Sicherung eigener Ansprüche. 19

b) Voraussetzungen der Selbsthilfe

20 Die Selbsthilfe ist nur unter engen Voraussetzungen zulässig, die auch nicht vertraglich erweitert werden können (dazu ***Köhler*** **BGB AT PdW Fall 159**): Dem Handelnden muss ein eigener, gerichtlich durchsetzbarer **Anspruch** zustehen. Selbsthilfe ist also unzulässig hinsichtlich vermeintlicher oder Dritten zustehender oder unklagbarer (vgl. § 762 BGB) oder verjährter oder nicht vollstreckungsfähiger (vgl. § 888 ZPO) Ansprüche. – **Obrigkeitliche Hilfe** darf *nicht* rechtzeitig zu erlangen sein. Als eine solche Hilfe kommen vor allem Arrest und einstweilige Verfügung in Betracht; ggf. auch die Polizei. – Schließlich muss die *Verwirklichung des Anspruchs gefährdet* sein. Hierzu reicht die drohende Zahlungsunfähigkeit nicht aus.

c) Mittel der Selbsthilfe

21 Die Mittel der Selbsthilfe sind zum einen die Wegnahme, Zerstörung oder Beschädigung einer Sache. Jedoch dürfen, wie sich aus § 230 Abs. 2 BGB mittelbar ergibt, nur Sachen weggenommen werden, in die vollstreckt werden kann.

Beispiele: Der Wirt kann einem Gast, der ihn um die Zeche prellen und verschwinden will, zu seiner Sicherung zwar einen Brillantring, nicht aber den Trauring wegnehmen (vgl. § 811 Nr. 11 ZPO). – Sitzt der Gast schon im Auto, kann er einen Reifen zerstechen, um ihn an der Flucht zu hindern.

Zum anderen die Festnahme des Verpflichteten bei Fluchtverdacht.

Beispiel: Der Wirt kann den Gast, der zu verschwinden droht, vorläufig in ein Zimmer einsperren.

Zum dritten die Beseitigung von Widerstand, sofern eine Duldungspflicht besteht.

Beispiel: Wehrt sich der Gast gegen seine Festnahme, darf der Wirt seinen Widerstand mit Gewalt brechen. Vgl. auch BGH NJW 1994, 188: Taschenkontrolle im Supermarkt zulässig bei konkretem Diebstahlsverdacht.

d) Grenzen der Selbsthilfe

22 Die Selbsthilfe darf nicht weiter gehen, als zur Abwendung der Gefahr **erforderlich** ist (§ 230 Abs. 1 BGB). Im Falle der Wegnahme von Sachen oder der Festnahme des Verpflichteten hat der Handelnde außerdem den dinglichen bzw. persönlichen Arrest (vgl. §§ 916–918 ZPO) zu beantragen (§ 230 Abs. 2, 3 BGB). Wird der Arrestantrag verzögert oder abgelehnt, sind die weggenommenen Sachen zurückzugeben bzw. der Verpflichtete freizulassen (§ 230 Abs. 4 BGB). Die Selbsthilfe ist also nur als **vorläufige** Maßnahme zulässig.

e) Rechtsfolge

23 Die Selbsthilfe ist unter den Voraussetzungen der §§ 229, 230 BGB **rechtmäßig,** Notwehr gegen sie also unzulässig. Liegen diese Voraussetzungen nicht vor (Fälle der Putativselbsthilfe oder des Selbsthilfeexzesses), haftet der Handelnde auch bei unverschuldetem Irrtum auf Schadensersatz (§ 231 BGB: wer Selbsthilfe übt, handelt auf eigene Gefahr; Fall der Gefährdungshaftung). Dazu ***Köhler*** **BGB AT PdW Fall 160.**

Literatur: Notwehr: *Adomeit,* Wahrnehmung berechtigter Interessen und Notwehrrecht, JZ 1970, 495; *Hoyer,* Das Rechtsinstitut der Notwehr, JuS 1988, 89; *Kuchinke,* Verantwortlichkeit und Haftung eines Täters bei Notwehrüberschreitung und Putativnotwehr, FS Krause, 1990, 327; *Schwabe,* Grenzen des Notwehrrechts, NJW 1974, 670; *Schröder,* Notwehr bei schuldhaftem Vorverhalten, JuS 1973, 157.

Notstand: *Canaris,* Notstand und „Selbstaufopferung" im Straßenverkehr, zugleich ein Beitrag zur allgemeinen Problematik des Notstands im Zivilrecht, JZ 1963, 655; *ders.,* Geschäfts- und Verschuldensfähigkeit bei der Haftung aus „culpa in contrahendo", Gefährdung und Aufopferung, NJW 1964, 1987; *Konzen,* Aufopferung im Zivilrecht, 1969; *Kraffert,* Der Ersatzpflichtige im Falle des § 904 BGB, AcP 165 (1965), 453; *Küper,* Zum rechtfertigenden Notstand bei Kollision von Vermögenswerten, JZ 1976, 515; *Lampe,* Defensiver und aggressiver übergesetzlicher Notstand, NJW 1968, 88.

Selbsthilfe: *Schünemann,* Selbsthilfe im Rechtssystem, 1985.

4. Kapitel. Die Rechtssubjekte

§ 20. Die natürlichen Personen

I. Der Mensch als Rechtssubjekt

1 Rechtssubjekte, also Träger von Rechten und Pflichten, sind nach dem BGB nur natürliche und juristische Personen sowie rechtsfähige Personengesellschaften (§ 14 Abs. 2 BGB). **Natürliche Person** ist der Mensch.

Beispiel: Setzt A seine Katze „Betzi" testamentarisch zum Alleinerben ein, so ist dieses Testament unwirksam. Denn Erbe (§ 1922 BGB) und damit Träger der Rechte und Pflichten aus dem Nachlass kann nur eine Person, nicht auch ein Tier (vgl. § 90a BGB) sein.

II. Die Rechtsfähigkeit des Menschen

1. Begriff und Bedeutung der Rechtsfähigkeit

2 Unter Rechtsfähigkeit versteht man ganz allgemein die Fähigkeit, Träger von Rechten und Pflichten zu sein (hM). Sie kommt nur den Rechtssubjekten zu. Die Rechtsfähigkeit ist von der Handlungsfähigkeit zu unterscheiden (→ Rn. 6).

Eine *Mindermeinung* versteht unter Rechtsfähigkeit die *Fähigkeit, sich rechtserheblich zu verhalten,* sei es auch durch Vertreter oder Organe. – Diese Auffassung ist indessen zu eng. Denn eine Person kann Rechte und Pflichten auch ohne eigenes oder fremdes Verhalten erwerben, etwa durch Erbfolge. Außerdem kommt diese Auffassung in Schwierigkeiten, wenn eine natürliche Person vorübergehend ohne gesetzlichen Vertreter oder eine juristische Person vorübergehend ohne Organ ist.

Rechtsfähig ist zunächst einmal der Mensch (vgl. § 1 BGB), und zwar jeder Mensch ohne Unterschied nach Geschlecht, Rasse, Herkunft usw. Dahinter steht der Gedanke der Freiheit und Gleichheit aller Menschen im Privatrecht als Ergebnis einer langen geschichtlichen Entwicklung.

2. Beginn der Rechtsfähigkeit

3 Die Rechtsfähigkeit des Menschen beginnt mit der Vollendung der **Geburt** (§ 1 BGB). Hierzu sind der vollständige Austritt aus dem Mutterleib und danach Lebenszeichen erforderlich. Es macht demnach einen Unterschied, ob ein Kind während oder nach der Geburt stirbt.

Beispiel: Sterben während des Geburtsvorganges Mutter und Kind, ist der Tod des Kindes erbrechtlich bedeutungslos. – Hat das Kind nach der Geburt aber noch kurze Zeit gelebt, ist es Erbe seiner Mutter geworden (vgl. auch § 1923 Abs. 2 BGB) und wird seinerseits beerbt. Dadurch kann das Vermögen der Mutter ganz oder teilweise anderen Personen zufallen, als im ersten Fall.

Das **ungeborene Kind** (Leibesfrucht, nasciturus) ist nicht rechtsfähig. Zu seinem Schutze wird es aber für den Fall der Lebendgeburt vielfach so behandelt, als ob es schon geboren wäre.

Im *Erbrecht* gilt das zurzeit des Erbfalls erzeugte, aber noch nicht geborene Kind als vor dem Erbfall geboren (§ 1923 Abs. 2 BGB). Stirbt also der Vater eines Kindes noch vor dessen Geburt, wird das Kind gleichwohl mit seiner Geburt Erbe seines Vaters.

Im *Familienrecht* kann schon vor Geburt eines Kindes ein Pfleger (§ 1708 BGB) oder Vormund (§ 1774 S. 2 BGB) bestellt werden. Zur Sicherung des künftigen Unterhalts kann schon vor Geburt eines Kindes eine einstweilige Verfügung gegen seinen Vater auf Unterhaltszahlung beantragt werden (§ 1615o Abs. 1 S. 2 BGB).

Im *Deliktsrecht* genießt die Leibesfrucht ebenfalls Schutz. Dies gilt einmal für den Verlust des *künftigen Unterhaltsanspruchs* gegen den Unterhaltsverpflichteten: Wird zB der Vater eines noch ungeborenen Kindes getötet, so erwirbt das Kind mit seiner Geburt einen Schadensersatzanspruch gegen den Täter (§ 844 Abs. 2 S. 2 BGB). – Wird die Leibesfrucht *im Mutterleib geschädigt,* erwirbt das Kind im Falle seiner Geburt einen *Schadensersatzanspruch wegen vorgeburtlicher Schädigung* gegen den Schädiger („anderer" iSd § 823 Abs. 1 BGB ist auch die Leibesfrucht; BGHZ 58, 48; 93, 351). Das Gleiche gilt, wenn die *Ver*letzungshandlung bereits *vor Zeugung* erfolgte und erst später zu einer Schädigung zuerst der Leibesfrucht und danach des Kindes führt (BGHZ 8, 243: Bluttransfusion vom Blut eines Lueskranken; Infektion überträgt sich auf das später gezeugte Kind).

3. Ende der Rechtsfähigkeit

Die Rechtsfähigkeit des Menschen endet mit seinem **Tode.** Seine Rechte und Pflich- 4
ten erlöschen, soweit sie nicht auf die Erben übergehen. Der maßgebliche Zeitpunkt des Todes ist eine Frage der Medizinwissenschaft; nach heutiger Auffassung kommt es nicht auf den Atem- oder Herztod, sondern auf den *Hirntod* an.

4. Beweisfragen und Todeserklärung

Geburt und Tod eines Menschen sind in die Personenstandsbücher (Geburten- und 5
Sterbebuch) einzutragen. Diese Eintragungen erleichtern im Rechtsverkehr, etwa in Erbschafts-, Unterhalts- oder Versicherungsangelegenheiten, den *Beweis* für die Geburt oder den Tod eines Menschen (§ 60 PStG).

Wer **verschollen** ist, kann für tot erklärt werden (dazu ***Köhler* BGB AT PdW Fall 18**). Die Voraussetzungen und das Verfahren der **Todeserklärung** sind im Verschollenheitsgesetz geregelt. Die gerichtliche Todeserklärung begründet die Vermutung, dass der Verschollene in einem bestimmten Zeitpunkt gestorben ist (§ 9 VerschG). Sie dient dazu, den Zustand der Ungewissheit über den Tod einer Person im Interesse vor allem ihrer Angehörigen zu beseitigen. Diese Vermutung ist allerdings widerleglich: es kann ja sein, dass der für tot Erklärte noch lebt und wieder auftaucht.

Beispiel: Der Weltumsegler A ist seit 1999 *verschollen.* Seine Frau lässt ihn 2001 für tot erklären. Danach lässt sie sich als gesetzliche Erbin des A einen *Erbschein* ausstellen, setzt sich in den Besitz seines Vermögens und *heiratet neu.* 2002 kehrt A unerwartet zurück und verlangt von ihr, dass sie zu ihm zurückkehrt und ihm sein Vermögen zurückgibt. Ersteres ist ausgeschlossen, da nach § 1319 Abs. 2 BGB mit Schließung der neuen Ehe die frühere Ehe aufgelöst wurde. Letzteres verlangt er zu Recht (§ 2031 BGB).

5. Rechtsfähigkeit und Handlungsfähigkeit

Von der Rechtsfähigkeit zu unterscheiden ist die **Handlungsfähigkeit** als der Fähig- 6
keit eines Menschen zu rechtlich relevantem Verhalten. Unter diesem Begriff werden die **Geschäftsfähigkeit** und die **Deliktsfähigkeit** zusammengefasst. Geschäftsfähigkeit ist dabei die Fähigkeit, wirksam Rechtsgeschäfte vorzunehmen (vgl. §§ 104, 105 BGB), Deliktsfähigkeit die Fähigkeit, sich durch schuldhaftes Handeln verantwortlich zu machen (vgl. §§ 827, 828 BGB; ferner § 276 Abs. 1 S. 2 BGB).

Beispiel: Ein sechsjähriges Kind ist zwar rechtsfähig, aber weder geschäftsfähig (§ 104 Nr. 1 BGB) noch deliktsfähig (§ 828 Abs. 1 BGB). Es kann also weder einen wirksamen Kaufvertrag über einen Lutscher abschließen, noch sich durch das Einwerfen einer Fensterscheibe schadensersatzpflichtig machen (vgl. aber § 829 BGB).

6. Rechtsfähigkeit und Parteifähigkeit

7 **Parteifähigkeit** ist die Fähigkeit, in einem Zivilprozess Partei (Kläger oder Beklagter) zu sein. Parteifähig ist, wer rechtsfähig ist (§ 50 Abs. 1 ZPO), also die natürlichen und juristischen Personen; darüber hinaus bestimmte Personenvereinigungen (vgl. § 50 Abs. 2 ZPO – nichtrechtsfähiger Verein; § 124 HGB – OHG und KG; zur BGB-Gesellschaft vgl. BGHZ 146, 341 (347 ff.)). – Das prozessuale Gegenstück zur Geschäftsfähigkeit ist die **Prozessfähigkeit** als der Fähigkeit, wirksam Prozesshandlungen vorzunehmen. Prozessfähig ist, wer sich durch Verträge verpflichten kann (§ 52 Abs. 1 ZPO).

Beispiel: Zahlt A für sein einjähriges nichteheliches Kind keinen Unterhalt, kann er auf Zahlung verklagt werden. Kläger ist dabei das Kind, das – weil prozessunfähig (§ 52 Abs. 1 ZPO iVm § 104 Nr. 1 BGB) – durch die Mutter (§§ 1626a Abs. 2, 1629 Abs. 1 S. 2 BGB) im Verfahren vertreten wird.

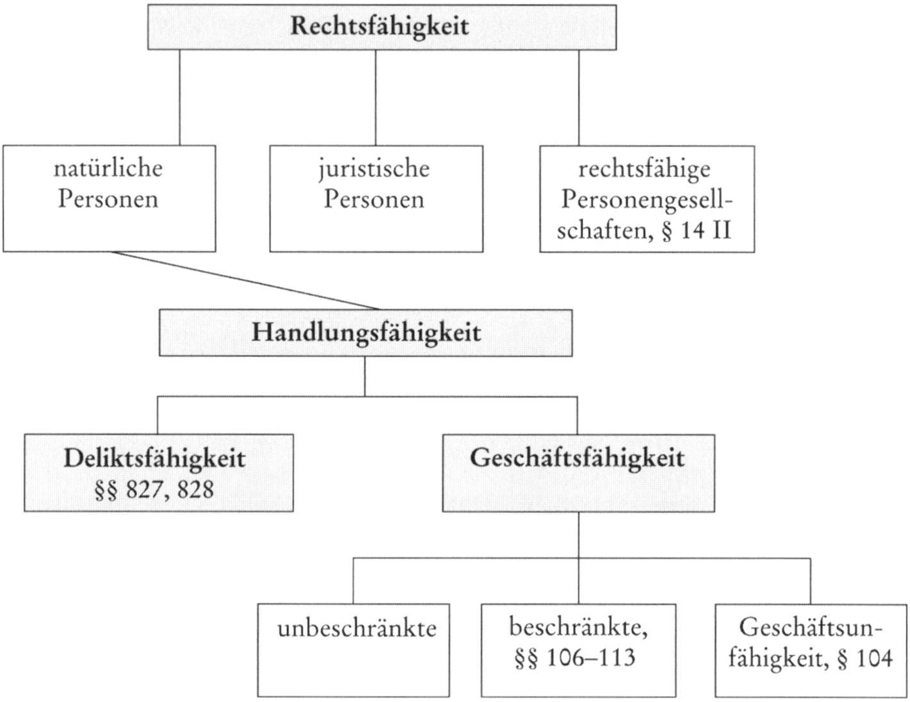

III. Der Wohnsitz

1. Begriff und Bedeutung

8 Unter dem **Wohnsitz** eines Menschen ist der **räumliche Schwerpunkt der Lebensverhältnisse** zu verstehen. (Juristische Personen haben einen **Sitz;** vgl. zB § 55 BGB). Da ein Mensch zumeist an diesem Ort tätig und erreichbar ist, ist der Wohnsitz Anknüpfungspunkt sowohl für Rechtsbeziehungen zu anderen, als auch für die Rechtsdurchsetzung.

Beispiel: V in München verkauft an K in Nürnberg einen Oldtimer, ohne dass eine Abrede über die Überführung getroffen wird. Dann ist nach § 269 Abs. 1 BGB Leistungsort der Wohnsitz des V, also München, so dass K den Oldtimer selbst abholen muss. – Weigert sich V, den Oldtimer herzugeben, muss K ihn am örtlich zuständigen Gericht verklagen. Es ist dies das Gericht in München, weil V in dessen Bezirk seinen Wohnsitz hat (§§ 12, 13 ZPO) und die Vertragserfüllung ebenfalls in München zu erfolgen hat (§ 29 ZPO iVm § 269 Abs. 1 BGB).

Ein Mensch kann einen, mehrere (§ 7 Abs. 2 BGB) oder (zB als Landfahrer) keinen Wohnsitz haben. Der Wohnsitz ist zu unterscheiden von der Wohnung einerseits und vom Aufenthalt andererseits. Der Wohnsitz ist die kleinste politische Einheit (idR Gemeinde), in der ein Mensch seine Wohnung hat. Der Ort, an dem sich ein Mensch vorübergehend oder dauernd aufhält (**Aufenthalt;** vgl. § 132 Abs. 2 S. 2 BGB; § 20 ZPO), muss nicht gleichzeitig sein Wohnsitz sein.

2. Gewählter und gesetzlicher Wohnsitz

Der Wohnsitz kann frei gewählt (gewählter Wohnsitz) oder durch Gesetz (gesetzlicher Wohnsitz) zugewiesen sein. 9

Der **(gewählte)** Wohnsitz wird begründet durch die (1) ständige Niederlassung an einem Ort (2) mit dem Willen, diesen Ort zum Schwerpunkt der Lebensverhältnisse zu machen (§ 7 Abs. 1 BGB). Er wird aufgehoben, wenn die Niederlassung mit dem Willen aufgehoben wird, sie aufzugeben (§ 7 Abs. 3 BGB). Begründung und Aufgabe setzen also einen Realakt und einen Willensakt (aber kein Rechtsgeschäft!) voraus. 10

Beispiel: Der 20-jährige Student A aus München mietet sich in Bonn ein möbliertes Zimmer, um dort zu studieren. Es ist nicht anzunehmen, dass A in Bonn einen Wohnsitz begründet, da der Aufenthalt in Bonn von Anfang an nur als vorübergehend gedacht ist. Bonn wird jedoch dann (uU zum zweiten) Wohnsitz, wenn A den Willen hat, sich dort ständig niederzulassen.

Wegen der schwerwiegenden Bedeutung verlangt das BGB für die Begründung und Aufgabe des Wohnsitzes volle Geschäftsfähigkeit (§ 8 BGB).

Beispiel: Reißt der 17-jährige A von seinem Elternhaus in München aus und zieht er in eine Wohngemeinschaft in Nürnberg, so bleibt sein Wohnsitz München (§ 11 S. 1 BGB). Denn ohne Zustimmung seiner Eltern kann er nach § 8 BGB, da nur beschränkt geschäftsfähig (§ 106 BGB), weder den Wohnsitz in München aufgeben noch in Nürnberg einen Wohnsitz begründen.

Einen **gesetzlichen** Wohnsitz hat das **minderjährige Kind:** Es teilt den Wohnsitz der Eltern (§ 11 S. 1 BGB), bis es ihn rechtsgültig aufhebt (§ 11 S. 3 BGB). Leben die Eltern getrennt, hat das Kind einen doppelten Wohnsitz. Hat nur ein Elternteil oder ein Dritter das Sorgerecht, teilt es dessen Wohnsitz (§ 11 S. 1 Hs. 2, S. 2 BGB). Ein Soldat hat seinen gesetzlichen Wohnsitz am Standort (§ 9 Abs. 1 S. 1 BGB). Dies gilt aber nicht für Wehrpflichtige oder minderjährige Soldaten (§ 9 Abs. 2 BGB). Neben dem gesetzlichen Wohnsitz kann auch ein gewählter Wohnsitz bestehen. Dazu ***Köhler*** **BGB AT PdW Fall 15.** 11

IV. Name und Namensschutz

1. Begriff und Arten des Namens

Der **Name** einer Person ist ihre sprachliche Kennzeichnung zur Unterscheidung von anderen Personen (BGH NJW 1959, 525). Der **bürgerliche Name** besteht aus dem *Familiennamen* und mindestens einem *Vornamen.* Der Erwerb des Familiennamens ist im Familienrecht (§§ 1355, 1616ff., 1720, 1737, 1757 BGB) geregelt. Der Vorname wird dem Kind durch den Sorgeberechtigten (idR Eltern, § 1626 BGB) ge- 12 geben. Eine *Namensänderung* kann auf Antrag bei Vorliegen eines wichtigen Grundes durch die Verwaltungsbehörde erfolgen (Namensänderungsgesetz v. 1938). Der **Deckname** (Pseudonym), wie ihn sich häufig Künstler und Schriftsteller beilegen, verdrängt den bürgerlichen Namen nicht, kann aber auf Antrag bei entsprechendem Bekanntheitsgrad im Melderegister und im Pass oder Personalausweis eingetragen werden. Der **Handelsname** (Firma) ist der Name, unter dem ein Kaufmann im Handel seine Geschäfte betreibt und die Unterschrift abgibt (§ 17 Abs. 1 HGB); er kann, muss aber nicht, mit dem bürgerlichen Namen des Kaufmanns identisch sein (vgl. § 22 HGB). Der **Domainname** ist der als Internetadresse für eine Person registrierte Name (dazu BGH NJW 2009, 1756).

2. Das Namensrecht

13 Der Namensträger hat ein subjektives **Recht zum Gebrauch seines Namens** (§ 12 BGB). Dieses Namensrecht gehört zu den (besonderen) Persönlichkeitsrechten (BGH NJW 2000, 2195 (2197)). Das Namensrecht erlischt mit dem Tod des Namensträgers (BGH NJW 2007, 684 Rn. 8); jedoch kommt insoweit noch ein postmortaler Persönlichkeitsschutz in Betracht (dazu → Rn. 24). Soweit dem Namen im geschäftlichen Verkehr eine Werbefunktion zukommt, steht das Namensrecht allerdings den Immaterialgüterrechten nahe. So ist das Recht an einer Firma oder einer Marke auch dann übertragbar, wenn sie einen bürgerlichen Namen enthalten. Die Übertragung der Firma darf aber nicht ohne das dazugehörige Unternehmen erfolgen (§§ 22, 23 HGB).

Beispiel: Jakob Müller, Inhaber der „Firma Jakob Müller", kann sein Geschäft samt Firma auf den Albert Huber übertragen. Huber tritt dann im Handelsverkehr unter der Firma Jakob Müller auf.

3. Der Schutz des Namens

14 Das Recht zum Gebrauch eines Namens kann durch Namensbestreitung und Namensanmaßung verletzt werden.

a) Namensbestreitung

15 Eine Namensbestreitung (§ 12 S. 1 Alt. 1 BGB) liegt vor, wenn ein Dritter das Recht des Namensträgers zum Namensgebrauch bestreitet.

Beispiele: A erzählt überall herum, dass Herr von B sein Adelsprädikat (= Namensbestandteil) zu Unrecht trage (ausdrückliches Bestreiten). Der Arbeitgeber S nimmt die Namensänderung seiner Angestellten T infolge Eheschließung nicht zur Kenntnis und nennt sie weiterhin T (konkludentes Bestreiten).

Für die Namensverletzung genügt das bloße Bestreiten. Ein besonderes Interesse des Namensträgers muss nicht verletzt sein.

b) Namensanmaßung

16 Eine Namensanmaßung liegt vor, wenn das Interesse des Namensberechtigten dadurch verletzt wird, dass ein anderer unbefugt den gleichen Namen gebraucht (§ 12 S. 1 Alt. 2 BGB). Die Anwendung dieser Vorschrift wirft zT schwierige Fragen auf.

17 Nicht jede Namensverwendung ist bereits ein **Namensgebrauch.** Erforderlich ist vielmehr die Gefahr einer „namensmäßigen Zuordnungsverwirrung" (BGH NJW 2007, 682 Rn. 14; 2007, 2633 Rn. 11). Das ist der Fall, wenn der fremde Name für sich oder einen Dritten verwendet wird. Dazu ***Köhler* BGB AT PdW Fall 17.**

Beispiele: Der Hochstapler A gibt sich im Hotel als der bekannte Filmschauspieler F aus. – Der Geschäftsmann G nimmt seine Sekretärin S auf eine Geschäftsreise mit und gibt sie dort als seine Frau aus (nach RGZ 108, 230). – Der Unternehmer U lässt den Namen des Schauspielers K als Domain-Namen registrieren (BGH NJW 2007, 682 Rn. 14).

Ein Namensgebrauch liegt aber auch dann vor, wenn der Namensträger zu bestimmten Einrichtungen, Gütern oder Erzeugnissen in Bezug gesetzt wird, mit denen er nichts zu tun hat (BGHZ 119, 237 (245)).

Beispiel: Der wenig erfolgreiche Maler M signiert seine Bilder mit dem Namen des bekannten Malers S, um sie besser verkaufen zu können (vgl. den Fall BGHZ 107, 384). Hierin liegt eine Namensanmaßung (und zugleich eine Urkundenfälschung), weil der Verkehr annimmt, das Gemälde stamme von S.

Es reicht sogar aus, dass im Verkehr der Eindruck entsteht, der Namensträger habe die Zustimmung zur Verwendung seines Namens erteilt (Namenslizenz).

Beispiel: Geschäftsmann G vertreibt T-Shirts mit dem Aufdruck *„Boris Becker Superstar"* ohne dessen Zustimmung (Fall nach BGHZ 110, 196).

Kein Namensgebrauch liegt dagegen in der bloßen Nennung des Namens eines Dritten, etwa in einem Pressebericht, mag diesem auch der Bericht unangenehm sein. Hier kann allenfalls eine Verletzung des „allgemeinen Persönlichkeitsrechts" (dazu → Rn. 24ff.) vorliegen.

Es muss der **gleiche** Name gebraucht werden. Hierzu genügt aber, dass für die an- 18
gesprochenen Kreise eine **Verwechslungsgefahr** besteht. Buchstäbliche Namensübereinstimmung ist daher nicht erforderlich.

Beispiel: Der wenig erfolgreiche Schriftsteller S legt sich das Pseudonym „Gunter Grass" zu. Dies wäre eine Namensanmaßung gegenüber Günther Grass, da bei einem Teil des Publikums die Gefahr einer Verwechslung besteht.

Der Namensgebrauch muss **unbefugt** sein. Das ist stets der Fall, wenn keine Gestat- 19
tung vorliegt. Probleme ergeben sich aber bei **Gleichnamigkeit,** wenn eine Verwechslungsgefahr besteht. Hier ist zu unterscheiden. Der Gebrauch des eigenen bürgerlichen Namens ist im bürgerlichen und amtlichen Verkehr niemals unbefugt. Im Geschäftsverkehr muss dagegen der später Auftretende grds. seinem Namen einen unterscheidungskräftigen Zusatz hinzufügen (vgl. auch § 30 HGB), um einer Verwechslungsgefahr im Wettbewerb vorzubeugen (vgl. BGHZ 14, 155 (161) – Farina). Zu den Besonderheiten bei der Registrierung eines Namens als *Internet-Domain* vgl. BGH NJW 2007, 682 Rn. 24.

Der Namensgebrauch muss das **Interesse des Berechtigten** verletzen. Zu berücksich- 20
tigen ist dabei jedes **schutzwürdige** Interesse, selbst ein Affektionsinteresse (vgl. BGH NJW 1994, 245 (247)). Das Interesse ist verletzt, wenn durch den Namensgebrauch der Eindruck entstehen kann, zwischen Träger und Benützer des Namens bestünden irgendwelche (zB familiäre oder geschäftliche) Beziehungen (BGH NJW 1994, 245 (247)).

c) Verletzungsfolgen

21 Der Verletzte kann **Beseitigung** der Beeinträchtigung verlangen (§ 12 S. 1 BGB). Dieser Beseitigungsanspruch setzt kein Verschulden voraus, geht dafür aber auch nicht auf Schadensersatz.

Beispiele: Wer öffentlich den Namen eines anderen bestreitet, muss öffentlich seine Behauptung *widerrufen*. – Wer auf seinen Briefbögen zu Unrecht einen fremden Namen führt, muss den Namen *unkenntlich* machen. – Wer ein Gemälde mit dem Namen eines Dritten signiert hat, muss die Signatur entfernen (BGHZ 107, 384 (394)). – Wer einen ihm nicht zustehenden Namen als Internet-Domain hat eintragen lassen, muss ihn auf Verlangen wieder löschen lassen (BGH NJW 2007, 684 Rn. 7 – kinski-klaus.de).

Sind weitere Beeinträchtigungen zu befürchten (sog. **Wiederholungsgefahr**), kann der Verletzte auch auf **Unterlassung** klagen (§ 12 S. 2 BGB), dh es besteht auch ein Unterlassungsanspruch.

22 Das Namensrecht ist ein *„sonstiges Recht"* iSd § 823 Abs. 1 BGB. Schuldhafte Beeinträchtigungen verpflichten daher zum **Schadensersatz.** Der Verletzte hat dabei die Möglichkeit der **dreifachen Schadensberechnung,** nämlich wahlweise Ersatz des entgangenen Gewinns (§ 252 BGB), Zahlung einer angemessenen Lizenzgebühr oder Herausgabe des Verletzergewinns (vgl. BGHZ 60, 206 – Miss Petite). Hat sich der Verletzer durch den Eingriff in die vermögenswerten Bestandteile des Namensrechts, nämlich durch kommerzielle Nutzung, auf Kosten des Namensträgers bereichert, steht dem Verletzten ein Bereicherungsanspruch (§ 812 Abs. 1 S. 1 Alt. 2 BGB; sog. Eingriffskondiktion), gerichtet auf Wertersatz in Gestalt der Zahlung einer angemessenen Lizenzgebühr, zu (BGH WRP 2008, 1524 Rn. 11 – Zerknitterte Zigarettenschachtel).

4. Die Ausdehnung des Namensschutzes

23 § 12 BGB bezieht sich an sich nur auf den bürgerlichen Namen (vgl. demgegenüber § 37 HGB; §§ 14, 15 MarkenG). Die Rspr. hat jedoch im Laufe der Zeit den Namensschutz erweitert. Geschützt sind insbesondere: der **Deckname,** soweit er Verkehrsgeltung erlangt hat (vgl. BGH NJW 2007, 684 Rn. 8 – kinski-klaus.de); der Name **juristischer Personen** des Privatrechts und des öffentlichen Rechts (vgl. RGZ 74, 114 – Verein für deutsche Schäferhunde; BGH NJW 2007, 682 Rn. 14 – solingen.info); der **Domain-Name** (Internet-Adresse); der Name **nichtrechtsfähiger Vereinigungen** (vgl. BGHZ 43, 245 – GdP); die **Firma** von Kaufleuten und Handelsgesellschaften (RGZ 114, 90 – Neuerburg); **Geschäftsbezeichnungen** (Unternehmens- oder Warenbezeichnungen; vgl. BGH GRUR 1977, 165 – Parkhotel; BGH GRUR 1959, 25 – Triumph); **schlagwortartige Bezeichnungen** oder **Abkürzungen** mit Verkehrsgeltung (BGHZ 15, 107 – Koma); Wahrzeichen, Wappen und **Siegel** (BGHZ 119, 237 (245) – Universitätsemblem; BGHZ 126, 291 – Rotes Kreuz).

V. Der allgemeine Persönlichkeitsschutz

24 Das Namensrecht (§ 12 BGB) gehört zusammen mit dem Urheberpersönlichkeitsrecht (§§ 11 ff. UrhG) und dem Recht am eigenen Bild (§§ 22 ff. KunstUrhG) zu den sog. **besonderen Persönlichkeitsrechten** (BGH NJW 2007, 684 Rn. 8 – kinski-klaus.de). Sie schützen Teilaspekte der Persönlichkeit, geben jedoch keinen umfassenden Persönlichkeitsschutz. Ihn gewährleistet das **„allgemeine Persönlichkeitsrecht".**

Dieses allgemeine Persönlichkeitsrecht war im BGB allerdings nicht vorgesehen. Man trug Bedenken, ob sich der Persönlichkeitsschutz hinreichend genau abgrenzen lasse und lehnte es ab, immaterielle Schäden in Geld zu ersetzen (vgl. § 253 BGB). Ein umfassender Persönlichkeitsschutz wurde jedoch angesichts der gesteigerten technischen Möglichkeiten des Eindringens in die Privatsphäre unerlässlich. Der Bundesgerichtshof (BGHZ 13, 334 – Leserbriefe) schuf daher in richterlicher Rechtsfortbildung, gestützt auf Art. 1 Abs. 1 GG (Menschenwürde) und Art. 2 Abs. 1 GG (Handlungsfreiheit) das allgemeine Persönlichkeitsrecht. Es ist heute allgemein anerkannt (vgl. BVerfG NJW 1971, 1645 – Mephisto). Es werden ihm auch vermögenswerte Bestandteile zuerkannt (BGHZ 143, 214 (227ff.); BGH NJW 2013, 793). Die Persönlichkeit des Menschen wird über seinen Tod hinaus geschützt. Dies folgt zwar nicht aus Art. 2 Abs. 1 GG, wohl aber aus Art. 1 Abs. 1 GG. Bei diesem **postmortalen** Persönlichkeitsschutz ist allerdings zwischen den ideellen und den vermögenswerten Bestandteilen des Persönlichkeitsschutzes zu unterscheiden. Bei einer Verletzung der ideellen Bestandteile stehen nur dem Wahrnehmungsberechtigten (Angehörigen) Ansprüche, und zwar nur Abwehr-, nicht auch Schadensersatzansprüche zu. Bei einer Verletzung der vermögenswerten Bestandteile (zB durch Vermarktung des Namens des Verstorbenen) können nur die Erben Ansprüche, und zwar auch Schadensersatzansprüche, geltend machen, allerdings endet dieser Schutz zehn Jahre nach dem Tod der Person (§ 22 S. 3 KUG analog). Ob eine rechtswidrige Verletzung des postmortalen Persönlichkeitsrechts vorliegt, ist jeweils im Einzelfall auf Grund einer Güter- und Interessenabwägung unter Berücksichtigung auch der Grundrechte aus Art. 5 Abs. 1 und 3 GG festzustellen (vgl. BGH NJW 2007, 684 Rn. 9ff.).

Literatur: *Götting,* Persönlichkeitsrechte als Vermögensrechte, 1995; *Petersen,* Namensrecht und Domain-Namen, Jura 2007, 175; *Staake/von Bressensdorf,* Grundfälle zum deliktischen Schutz des allgemeinen Persönlichkeitsrechts, JuS 2015, 683, 687.

§ 21. Juristische Personen

1 Das BGB geht in seiner Gliederung vom Oberbegriff der Personen aus und unterscheidet zwei Arten: die natürlichen Personen und die juristischen Personen. Während klar ist, dass mit natürlicher Person der Mensch gemeint ist, wird der Begriff der juristischen Person nicht weiter definiert. Damit und vor allem mit dem Verein beschäftigt sich der folgende Abschnitt.

I. Allgemeines

1. Begriff und Bedeutung

Das BGB führt lediglich zwei Erscheinungsformen der juristischen Person an: den **Verein** und die **Stiftung.** Wenn diese Organisationen als *„Personen"* bezeichnet werden, soll dies zum Ausdruck bringen, dass sie selbst – ebenso wie der einzelne Mensch – Rechtssubjekt sind und damit Träger von Rechten und Pflichten sein können. Bei der juristischen Person handelt es sich also um eine **rechtlich verselbstständigte Organisation,** die von den hinter ihr stehenden Menschen (Mitgliedern; Stiftern) zu unterscheiden ist.

2 Die „Erfindung" der juristischen Person ist eine große rechtstechnische Leistung. Die rechtliche Verselbständigung der Organisation ermöglicht es nämlich, dass die Organisation anstatt der hinter ihr stehenden Menschen am Rechtsverkehr teilnimmt. Das erleichtert den Rechtsverkehr im Interesse aller. Außerdem wird damit eine Vermögens- und Haftungstrennung ermöglicht.

Der Golfclub: Wird ein Golfclub als Verein gegründet und in das Vereinsregister eingetragen, so ist er als eingetragener Verein eine juristische Person (§ 21 BGB). Erwirbt der Vorstand für den Golfclub ein Grundstück, so ist dieser im Grundbuch als Eigentümer einzutragen, nicht etwa die einzelnen Clubmitglieder. Für den Kaufpreis haftet nur der Club mit seinem (Vereins-)Vermögen, nicht dagegen die Mitglieder mit ihrem Privatvermögen.

2. Arten und Entstehung der juristischen Person

a) Juristische Personen des Privatrechts

3 Das Bürgerliche Recht stellt, wie erwähnt, zwei Organisationsformen zur Verfügung: den Verein und die Stiftung. Hinzukommen als Sonderformen des Vereins die sog. Kapitalgesellschaften, nämlich die *Aktiengesellschaft* (§ 1 Abs. 1 S. 1 AktG) und die *Gesellschaft mit beschränkter Haftung* (§ 13 Abs. 1 GmbHG), die *Kommanditgesellschaft auf Aktien* (§ 278 AktG) und die *SE (europäische Aktiengesellschaft)*. Weiter kommen hinzu die *eingetragene Genossenschaft* (§ 17 GenG) und der Versicherungsverein auf Gegenseitigkeit (§ 15 VAG). Diese juristischen Personen dienen typischerweise privaten Zwecken. Jedoch können sich auch der Staat und die Gemeinden dieser Rechtsformen zur Erfüllung öffentlicher Aufgaben bedienen, soweit dem nicht öffentliches Recht entgegensteht. So können etwa die Verkehrsbetriebe einer Stadt als GmbH organisiert werden.

4 Für das Entstehen einer juristischen Person des Privatrechts gibt es unterschiedliche Regelungsmodelle. Man unterscheidet seit alters her zwischen dem Konzessionssystem, dem System der Normativbestimmungen und dem System der freien Körperschaftsbildung. (1) Nach dem Konzessionssystem entsteht die juristische Person durch staatliche Konzession (Verleihung, Genehmigung), deren Erteilung im pflichtgemäßen Ermessen der zuständigen Behörde liegt. Dieses System gilt für den wirtschaftlichen Verein (§ 22 BGB), den Versicherungsverein auf Gegenseitigkeit sowie für die Stiftung (§ 80 BGB). (2) Nach dem System der Normativbestimmungen muss die Organisation bestimmte gesetzliche Mindestvoraussetzungen erfüllen und wird dann in ein öffentliches Register (Vereinsregister, Handelsregister usw). eingetragen. Prüfung und Eintragung erfolgen durch die dafür bestimmte staatliche Stelle. Dieses System gilt für die Kapitalgesellschaften (AG, GmbH, KGaA) und auch für den Idealverein (§§ 21, 55ff. BGB). (3) Nach dem System der freien Körperschaftsbildung entsteht die juristische Person bereits dann, wenn die dafür vorgesehenen rechtlichen Voraussetzungen erfüllt sind, ohne dass es noch einer staatlichen Mitwirkung bedürfte. Es gilt beispielsweise in der Schweiz für den Idealverein. – Der Gesetzgeber ist allerdings nicht völlig frei, welche Anforderungen er im Einzelnen aufstellt. Vielmehr darf er das Grundrecht der Vereinigungsfreiheit (Art. 9 Abs. 1 GG) nicht mehr als notwendig einschränken (BVerfG NJW 1979, 699 (706)).

b) Juristische Personen des öffentlichen Rechts

5 Neben den juristischen Personen des Privatrechts stehen die juristischen Personen des öffentlichen Rechts. Es sind dies, wie sich aus § 89 BGB ergibt, die **Körperschaften,**

Stiftungen und **Anstalten des öffentlichen Rechts.** Diese Organisationen erfüllen typischerweise Aufgaben der unmittelbaren oder mittelbaren Staatsverwaltung. Sie entstehen, soweit sie nicht schon gewohnheitsrechtlich anerkannt sind, durch Gesetz oder Verwaltungsakt. Körperschaften zeichnen sich dadurch aus, dass sie Mitglieder haben. Man unterscheidet insoweit zwischen **Gebietskörperschaften** (Bund, Länder und Gemeinden) und **sonstigen Körperschaften** (zB Rechtsanwalts-, Ärztekammern). Die Stiftungen (zB Stiftung Preußischer Kulturbesitz) erfüllen einen bestimmten Stiftungszweck. Die Anstalten (zB Bundesanstalt für Arbeit; Rundfunkanstalten; Sparkassen) dienen der Erfüllung einer bestimmten öffentlichen Aufgabe.

3. Die Relativierung der juristischen Person

a) Verein und Gesellschaft als Organisationsmodelle

Personenvereinigungen können grds. als „Verein" oder als „Gesellschaft" organisiert 6 sein. Der Verein weist eine körperschaftliche Struktur auf: er ist eine gegenüber den Mitgliedern verselbstständigte, auf Dauer angelegte Organisation, deren Bestand grds. vom Mitgliederwechsel unabhängig ist. Davon zu unterscheiden ist die Gesellschaft als ein bloßer Zusammenschluss mehrerer zur Erreichung eines bestimmten Zwecks. Gesellschaft idS ist die *Gesellschaft bürgerlichen Rechts* (§§ 705ff. BGB). Dazu kommen als Sonderformen die *Offene Handelsgesellschaft* (§§ 105ff. HGB), die *Kommanditgesellschaft* (§§ 161ff. HGB), die Stille Gesellschaft (§§ 230ff. HGB) sowie die Europäische wirtschaftliche Interessenvereinigung (EWIV) und – für freiberufliche Tätigkeiten – die Partnerschaftsgesellschaft (§§ 1ff. PartGG). (Der Gesetzgeber verwendet freilich den Begriff der Gesellschaft auch für körperschaftlich verfasste Organisationen wie die Gesellschaft mit beschränkter Haftung und die Aktiengesellschaft, die sog. Kapitalgesellschaften. Diese sind dem Namen nach zwar Gesellschaften, ihrer Struktur nach aber Vereine.)

An die strukturelle Unterscheidung von Verein und Gesellschaft knüpfte eine be- 7 stimmte gesetzgeberische Konzeption: nur Vereine, nicht auch Gesellschaften sollten den Status der juristischen Person (des Privatrechts) erlangen können. Eine Personenvereinigung, die diesen Status erlangen will, muss sich also grds. einer der im Gesetz vorgesehenen Vereinsformen bedienen. Die strukturelle Unterscheidung zwischen Verein und Gesellschaft ist freilich nur idealtypisch. In der Rechtswirklichkeit finden sich Übergänge.

b) Die „rechtsfähige Personengesellschaft"

Stellt man auf die Rechtsfolgen ab, nämlich dass die juristische Person das rechtstech- 7a nische Mittel ist, um einer Organisation Rechtsfähigkeit zuzuerkennen (vgl. zB §§ 21–23, 81 BGB; § 13 Abs. 1 GmbHG), so verwischen sich die Unterschiede zwischen Verein und Gesellschaft. Für die Offene Handelsgesellschaft und die Kommanditgesellschaft ist beispielsweise vorgesehen, dass sie unter ihrer Firma Rechte erwerben und Verbindlichkeiten eingehen, vor Gericht klagen und verklagt werden können (§§ 124, 161 Abs. 2 HGB). Sie sind damit jedenfalls in den Rechtswirkungen der juristischen Person angenähert. Folgerichtig stehen den juristischen Personen die „rechtsfähigen Personengesellschaften" (§§ 14 Abs. 2, 1059a Abs. 2 BGB) gleich. Damit sind insbes. die OHG und die KG (aber auch die PartG und die EWIV) gemeint. Sieht man den Zweck der Zuerkennung der Rechtsfähigkeit darin, den Geschäftsverkehr zu erleichtern, steht nichts entgegen, auch der Gesellschaft des bürgerlichen

Rechts teilweise Rechtsfähigkeit zuzuerkennen. Diesen Schritt hat der BGH in einer Aufsehen erregenden Entscheidung (BGHZ 146, 341) getan. Danach besitzt die (Außen-)Gesellschaft bürgerlichen Rechts Rechtsfähigkeit, soweit sie durch Teilnahme am Rechtsverkehr eigene Rechte und Pflichten begründet. Ob man dann so weit geht, die rechtsfähigen Personengesellschaften auch als juristische Personen anzusehen, ist im Wesentlichen eine terminologische Frage.

II. Der rechtsfähige Verein

1. Entstehung

a) Gründungsvertrag

8 Der Verein entsteht mit Abschluss des **Gründungsvertrages** der ersten Mitglieder. Der Gründungsvertrag ist auf die Schaffung einer Organisation gerichtet, die der Erreichung bestimmter Zwecke dienen und vom jeweiligen Bestand der Mitglieder unabhängig sein soll. Mängel des Gründungsvertrages, die in der Person eines Gründers liegen (zB Geschäftsunfähigkeit oder Willensmängel), berühren daher seine Wirksamkeit iÜ nicht.

b) Erlangung der Rechtsfähigkeit

8a Es ist zu unterscheiden nach dem Vereinszweck. Ist der Zweck „auf einen wirtschaftlichen Geschäftsbetrieb gerichtet“ (wirtschaftlicher Verein), erlangt der Verein Rechtsfähigkeit durch staatliche Verleihung (§ 22 BGB), einem rechtsgestaltenden Verwaltungsakt. Ist der Zweck „nicht auf einen wirtschaftlichen Geschäftsbetrieb gerichtet“ (Idealverein), erlangt der Verein Rechtsfähigkeit durch (konstitutive) Eintragung in das Vereinsregister (§ 21 BGB).

9 Der **wirtschaftliche Verein** erlangt Rechtsfähigkeit durch staatliche Verleihung (§ 22 BGB). Ein Rechtsanspruch darauf besteht nicht. Die Verwaltungsbehörde muss vielmehr die Verleihung ablehnen, wenn für den wirtschaftlichen Geschäftsbetrieb andere geeignete Rechtsformen (zB GmbH, AG, Genossenschaft) zur Verfügung stehen. Denn andernfalls könnten durch Ausweichen in die Rechtsform des Vereins die scharfen, dem Schutz der Gläubiger und Mitglieder dienenden Gründungs-, Haftungs- und Publizitätsvorschriften für jene juristischen Personen umgangen werden (vgl. BVerwG NJW 1979, 2261 (2265); BGH NJW 1983, 569 (570)).

Der Feststellung, ob der Verein einen **„wirtschaftlichen Geschäftsbetrieb“** bezweckt, kommt daher große Bedeutung zu. Die Abgrenzung ist im Einzelnen schwierig und umstritten (vgl. *K. Schmidt* AcP 182 [1982], 1). Vereinfacht lässt sich sagen: Ein wirtschaftlicher Geschäftsbetrieb liegt vor, wenn der Verein an einem Außenmarkt (dh gegenüber Nichtmitgliedern) planmäßig und dauerhaft entgeltliche Leistungen erbringt (Beispiel: VG Wort). Auf eine Gewinnerzielung kommt es nicht an. Ein wirtschaftlicher Geschäftsbetrieb liegt auch dann vor, wenn der Verein am Binnenmarkt (dh gegenüber den Mitgliedern) planmäßig und dauerhaft entgeltliche Leistungen erbringt. Voraussetzung ist hier jedoch, dass der Verein Tätigkeiten übernimmt, die an sich zur Erwerbstätigkeit der Mitglieder gehören (Verlagerung von Teilfunktionen der Mitgliedsunternehmen auf den Verein, wie zB Funktaxizentralen). – Die bloß mittelbare Förderung der Mitglieder, mögen sie auch Unternehmen sein, genügt nicht. Hierzu gehört die Tätigkeit etwa von Haus- und Grundbesitzervereinen oder Arbeitnehmer-

und Arbeitgeberverbänden. – Der wirtschaftliche Geschäftsbetrieb muss Hauptzweck des Vereins sein. Ist er lediglich Nebenzweck eines ideellen Hauptzwecks, wie zB der Betrieb einer Vereinsgaststätte durch einen Sportverein, liegt ein Idealverein (§ 21 BGB) vor (sog. **Nebenzweckprivileg;** vgl. dazu BGH NJW 1983, 569 (570)). Doch sollte das Nebenzweckprivileg nicht gelten, wenn die wirtschaftliche Tätigkeit eines Vereins einen größeren Umfang annimmt, wie zB bei den Fußballbundesliga-Vereinen der Fall.

Der **Idealverein** (zB Sport-, Musik-, Tierschutzverein) erlangt Rechtsfähigkeit durch **Eintragung in das Vereinsregister** des zuständigen Amtsgerichts (§ 21 BGB iVm §§ 55ff. BGB). Die Eintragung erfolgt, wenn gewisse Mindestvoraussetzungen bezüglich Satzung, Mitgliederzahl und Anmeldung (§§ 55ff. BGB) erfüllt sind. Mit der Eintragung erhält der Vereinsname den Zusatz „eingetragener Verein" (eV) (§ 65 BGB). 10

c) Vorverein

Zwischen Vereinsgründung und Erlangung der Rechtsfähigkeit kann geraume Zeit verstreichen. Der Verein ist in diesem Stadium ein **nichtrechtsfähiger** Verein (§ 54 BGB). Als sog. Vorverein ist er jedoch mit dem späteren rechtsfähigen Verein identisch. Der rechtsfähige Verein wird daher automatisch Träger der Rechte und Pflichten des Vorvereins. Eine etwaige persönliche Haftung der Vereinsmitglieder und der für den Vorverein Handelnden (§ 54 S. 2 BGB) erlischt, da den Gläubigern nunmehr der rechtsfähige Verein haftet (vgl. BGHZ 80, 182 zur Vorgesellschaft bei der GmbH; im Einzelnen str.). 11

2. Mitgliedschaft

a) Begründung und Beendigung

Vereinsmitglied können natürliche und juristische Personen, sogar Gesamthandsgemeinschaften (BGH WM 1981, 1286) sein. Die Mitgliedschaft wird erworben durch Teilnahme an der Vereinsgründung oder späteren Beitritt (dazu ***Köhler* BGB AT PdW Fall 20**). Der **Beitritt** erfolgt durch Vertrag zwischen Verein und Mitglied (BGHZ 101, 193 (196)) oder durch einseitige Beitrittserklärung, falls dies in der Satzung vorgesehen ist. Bei Mängeln der Gründungs- bzw. Beitrittserklärung des Mitglieds ist zu unterscheiden: auf fehlende Geschäftsfähigkeit kann sich das Mitglied immer berufen; die Anfechtung wegen Irrtums und wohl auch wegen arglistiger Täuschung ist dagegen nur mit Wirkung ex nunc (Einschränkung zu § 142 Abs. 1 BGB) möglich (hM). Denn insoweit überwiegt das Interesse des Vereins und seiner Gläubiger am Ausschluss einer Rückabwicklung (Parallele zu den Grundsätzen über die fehlerhafte Gesellschaft; vgl. BGHZ 55, 8). 12

Beispiel: Die Beitrittserklärung eines *Minderjährigen* ist schwebend unwirksam, wenn die Zustimmung des gesetzlichen Vertreters fehlt (§§ 107, 108 BGB). Er kann die bereits gezahlten Beiträge zurückverlangen (§ 812 Abs. 1 BGB). – Ist ein Mitglied durch *arglistige Täuschung* zum Beitritt bewogen worden, kann es seine Beitrittserklärung zwar anfechten, aber nur mit Wirkung für die Zukunft. Er braucht daher für die Zukunft keine Beiträge mehr zu zahlen, kann aber die bereits geleisteten Beiträge nicht zurückverlangen.

Eine Pflicht zur Aufnahme eines Mitglieds (sog. **Aufnahmezwang**) besteht nur, wenn dies in der Satzung festgelegt ist (BGH NJW 1985, 1214) oder der Verein im wirtschaftlichen oder sozialen Bereich eine Monopolstellung oder doch überragende Machtstellung inne hat und die Ablehnung eine sachlich ungerechtfertigte Ungleich- 13 behandlung oder unbillige Behinderung gegenüber den aufgenommenen Mitgliedern darstellt (Rechtsgedanke des § 826 BGB und des § 20 Abs. 6 GWB; vgl. BGHZ 63, 282; 93, 151; anders für politische Parteien BGHZ 101, 193 (201)).

Die Mitgliedschaft **endet** durch Tod, Austritt (§ 39 BGB), Ausschluss oder in den sonstigen satzungsmäßig bestimmten Fällen. Der Ausschluss ist, soweit nicht in der Satzung geregelt, nur bei Vorliegen eines wichtigen Grundes (§ 737 BGB analog) zulässig.

b) Inhalt

14 Die Mitgliedschaft begründet ein personenrechtliches Rechtsverhältnis zwischen Mitglied und Verein. Es ist durch die Treuepflicht der Mitglieder und ihr Recht auf Gleichbehandlung geprägt. Nach außen genießt die Mitgliedschaft Schutz als **„sonstiges Recht"** iSd § 823 Abs. 1 BGB (BGHZ 110, 323 (327)). Ihr entspringen die einzelnen Mitgliedschaftsrechte und -pflichten. Zu den **Mitgliedschaftsrechten** gehören die sog. Organschaftsrechte (insbes. Teilnahme- und Stimmrecht in der Mitgliederversammlung) und die sog. Genussrechte (insbes. Inanspruchnahme von Einrichtungen und Leistungen des Vereins), ferner das Recht, gemäß den vereinsrechtlichen Bestimmungen behandelt zu werden (BGH NJW 1990, 2877 (2878)). Verletzt der Vorstand Mitgliedschaftsrechte, so haftet der Verein nach den Grundsätzen über die Pflichtverletzung (§ 280 BGB) dem Mitglied auf Schadensersatz. Sonderrechte eines Mitglieds (zB qualifiziertes Stimmrecht; Beitragsfreiheit) können nicht ohne seine Zustimmung beseitigt werden (§ 35 BGB). Zu den **Mitgliedschaftspflichten** gehören insbes. die Beitragspflicht und die Treuepflicht. Sonderpflichten eines Mitglieds (zB höherer Beitrag) können nur mit seiner Zustimmung begründet werden (§ 35 BGB analog).

c) Vereinsstrafen

15 Vereinsstrafen gegen ein Mitglied (zB Geldbuße, Aberkennung von Ehrenämtern, Ausschluss) sind zulässig, soweit sie in der Satzung festgelegt sind. Mit Anerkennung der Satzung unterwirft sich das Mitglied nämlich der „Vereinsgewalt". Diese ist Ausfluss der Vereinsautonomie und dient der Wahrung der inneren Ordnung des Vereins. Der Ausschluss ist bei Vorliegen eines wichtigen Grundes stets, auch wenn in der Satzung nicht vorgesehen, zulässig (§ 737 BGB analog).

Die Vereinsstrafe ist zu unterscheiden von der staatlichen Kriminalstrafe einerseits und von der Vertragsstrafe (§§ 339ff. BGB) andererseits. Der Unterschied zeigt sich zB in folgendem: Das Mitglied kann sich einer drohenden Vereinsstrafe ohne Weiteres durch Austritt entziehen, weil es dann nicht mehr dem Verband angehört (BGH MDR 1980, 737).

Vereinsstrafen werden durch die Mitgliederversammlung verhängt (§ 32 BGB), sofern die Satzung kein anderes Organ (zB Ehrengericht) vorsieht (§ 40 BGB). Das betroffene Mitglied kann jedoch auf Feststellung der Unwirksamkeit des Beschlusses klagen (dazu ***Köhler*** **BGB AT PdW Fall 21**). Für den Umfang der **gerichtlichen Nachprüfung** gilt:

16 Die **Tatsachenfeststellung** unterliegt der *vollen* gerichtlichen Überprüfung (BGHZ 87, 337 (345)) dahin, ob sie objektiv und an rechtsstaatlichen Grundsätzen ausgerichtet war. Sonst könnten die Gerichte nicht verhindern, dass ein Mitglied wegen einer Tat bestraft wird, die es gar nicht begangen hat.

Beispiel: Die Mitglieder A, B und C des Taubenvereins T werden beschuldigt, bei einem Taubenwettflug manipuliert und dadurch die Ergebnisse verfälscht zu haben. Gestützt auf die Satzung, die einen Ausschluss wegen „grob unkameradschaftlichen Verhaltens" vorsieht, werden sie durch Beschluss der Mitgliederversammlung aus dem Verein ausgeschlossen. A klagt auf Feststellung der Unwirksamkeit des Beschlusses, weil er die ihm vorgeworfene Handlung gar nicht begangen habe. Das Gericht muss hierüber Beweis erheben und der Klage stattgeben, wenn die Täterschaft des A nicht bewiesen werden kann.

Die **Rechtsanwendung** (Subsumtion) unterliegt nur einer **begrenzten gerichtlichen** 17 **Überprüfung.** Geprüft wird nur, ob (1) die verhängte Maßnahme eine Grundlage im Gesetz oder in der Satzung hat, ob (2) ein ordnungsmäßiges, insbes. satzungsmäßiges Verfahren eingehalten worden ist, ob (3) sonst Gesetzes- oder Sittenverstöße vorgekommen sind und ob (4) die Maßnahme nicht grob unbillig oder willkürlich ist (BGH NJW 1997, 3368).

Beispiel: Wird auf der Mitgliederversammlung nur A ausgeschlossen, während B und C, die über einflussreiche Freunde verfügen, mit einer Rüge davon kommen, so kann A gegen den Beschluss mit Erfolg gerichtlich vorgehen. Denn der Beschluss ist wegen Verstoßes gegen den Grundsatz der Gleichbehandlung *„offenbar unbillig"*.

Die begrenzte gerichtliche Überprüfung rechtfertigt sich aus der Vereinsautonomie, der sich das Mitglied durch seinen Vereinsbeitritt freiwillig unterworfen hat. Folglich ist eine uneingeschränkte rechtliche Nachprüfung geboten, wenn die Freiwilligkeit der Vereinsmitgliedschaft nur eine scheinbare ist, weil das Mitglied aus beruflichen, wirtschaftlichen oder sozialen Gründen auf sie angewiesen ist. Die Rspr. überprüft mitgliedschaftsregelnde Satzungsnormen (Inhaltskontrolle nach § 242 BGB; BGH NJW 1989, 1724 (1726)) und Ausschlussentscheidungen von Monopolverbänden sowie Vereinen oder Verbänden mit überragender Machtstellung im wirtschaftlichen oder sozialen Bereich (zB Gewerkschaften) darauf hin, ob sie durch sachliche Gründe gerechtfertigt und damit nicht unbillig sind (BGH NJW 1997, 3368 (3370)). Sie respektiert aber die Vereinsautonomie insoweit, als sie einen begrenzten Ermessens- und Beurteilungsspielraum zugesteht (BGHZ 102, 265 (276f.)).

3. Organisation und Willensbildung

a) Die Vereinsverfassung

Die Verfassung des Vereins wird durch die **Satzung** und die sie **ergänzenden Vor-** 18 **schriften** des BGB gebildet (§ 25 BGB). Die Satzung darf nicht gegen gesetzliche Verbote (§ 134 BGB) oder die guten Sitten (§ 138 Abs. 1 BGB) verstoßen. Für ihren Inhalt gibt das Gesetz einige, teils zwingende Vorschriften (vgl. §§ 57ff. BGB). Sie muss alle das Vereinsleben bestimmenden Grundentscheidungen über Organisation, Tätigkeit und Mitgliedschaft enthalten (vgl. BGH NJW 1989, 1724 (1725); str.). Dies gebietet der Schutzzweck des § 33 Abs. 1 S. 1 BGB (Minderheitenschutz). Für die **Auslegung** der Satzung gelten besondere Grundsätze: die Satzung ist aus sich selbst heraus unter Berücksichtigung des Vereinszwecks und der Mitgliederinteressen auszulegen; auf die Vorstellungen der Gründer oder einzelner Mitglieder kommt es nicht an, da der Verein vom Wechsel einzelner Mitglieder gerade unabhängig ist (BGH NJW 1994, 51 (52)). Jedoch kann eine bisherige Übung zu berücksichtigen sein (vgl. BGHZ 47, 179; 63, 282).

b) Die Organe des Vereins

19 Jeder Verein muss zwei Organe haben: den Vorstand (§ 26 BGB) und die Mitgliederversammlung (§ 32 BGB). Weitere Organe sind möglich.

aa) Der Vorstand

20 Der **Vorstand** kann aus einer oder mehreren Personen bestehen (§ 26 Abs. 2 S. 1 BGB), ihre Mitgliedschaft im Verein ist nicht notwendig. Der Vorstand wird regelmäßig von der Mitgliederversammlung bestellt (§ 27 Abs. 1 BGB). In dringenden Fällen kann das Amtsgericht auf Antrag einen Notvorstand bestellen (§ 29 BGB). In der Satzung können besondere Vertreter für gewisse Geschäfte vorgesehen werden (§ 30 BGB). Die Bestellung zum Vorstand ist jederzeit widerruflich; durch die Satzung kann der Widerruf auf wichtige Gründe beschränkt werden (§ 27 Abs. 2 BGB).

21 Der Vorstand vertritt den Verein gerichtlich und außergerichtlich. Er hat die Stellung eines **gesetzlichen Vertreters** (§ 26 Abs. 1 S. 2 BGB). Der Umfang der Vertretungsmacht ist grds. unbeschränkt. Der Vorstand missbraucht jedoch seine Vertretungsmacht, wenn er ein Geschäft tätigt, das völlig außerhalb des Vereinszwecks liegt. Es gelten dann die Grundsätze über den Missbrauch der Vertretungsmacht (→ § 11 Rn. 49). Die Satzung kann den Umfang der Vertretungsmacht mit Wirkung gegen Dritte beschränken (§ 26 Abs. 1 S. 3 BGB), zB Grundstücksgeschäfte ausschließen.

Zum Schutze der Geschäftsgegner des Vereins müssen die Mitglieder des Vorstandes, etwaige Änderungen im Vorstand und der Umfang der Vertretungsmacht in das Vereinsregister eingetragen werden (vgl. §§ 64, 67 BGB). Dritte können sich anhand des Vereinsregisters über die Vertretungsverhältnisse beim Verein informieren. Zu ihrem Schutze genießt das Vereinsregister die sog. negative Publizität (§§ 68, 70 BGB). Dies besagt zweierlei:

22 Ist eine Änderung bei den Vertretungsverhältnissen erfolgt, aber noch nicht eingetragen, kann der Verein sie einem Dritten nur entgegenhalten, wenn dieser sie bei Vornahme des Rechtsgeschäfts kannte.

Beispiel: Durch Satzungsänderung werden Grundstücksgeschäfte von der Vertretungsmacht des Vorstands ausgenommen. Kauft der Vorstand noch vor Eintragung der Satzungsänderung in das Vereinsregister ein Grundstück von G, so ist an sich der Kaufvertrag mangels Vertretungsmacht des V schwebend unwirksam (§ 177 Abs. 1 BGB). Der Verein kann dies aber gegenüber G nur einwenden, wenn er beweist, dass G die Beschränkung der Vertretungsmacht des V kannte (§§ 68 S. 1, 70 BGB).

23 Ist eine Änderung bei den Vertretungsverhältnissen erfolgt und eingetragen, kann sie der Verein dem Dritten nicht entgegenhalten, wenn dieser schuldlos die Änderung nicht kennt (§§ 68 S. 2, 70 BGB).

Fortsetzung des Beispiels: Wie oben, jedoch war die Änderung bereits im Vereinsregister eingetragen. Der Verein kann die Unwirksamkeit einwenden, sofern D nicht beweist, dass er schuldlos die Änderung nicht kannte. Dieser Beweis ist praktisch kaum möglich, da Fahrlässigkeit schon dann vorliegt, wenn eine mögliche Einsichtnahme in das Vereinsregister unterlassen wird.

24 Bei mehreren Vorstandsmitgliedern ist zu unterscheiden zwischen der **Aktivvertretung** und der **Passivvertretung.** Zur Passivvertretung (Entgegennahme von Willenserklärungen) ist jedes Vorstandsmitglied berechtigt (§ 26 Abs. 2 S. 2 BGB). Für die Aktivvertretung (Abgabe von Willenserklärungen) ist zunächst die Satzung maß-

gebend. Sie kann zB Einzelvertretungsmacht jedes Vorstandsmitglieds vorsehen. In diesem Fall spielt es keine Rolle, ob der Vornahme des Rechtsgeschäfts ein Beschluss des Vorstands (§ 28 Abs. 1 BGB) vorangegangen ist. Schweigt die Satzung, so gilt nicht Gesamtvertretung, sondern das Mehrheitsprinzip (§ 26 Abs. 2 S. 1 BGB).

Die **Geschäftsführung** umfasst alle Maßnahmen, die dem Zweck des Vereins dienen, gleichgültig, wem gegenüber sie vorgenommen werden. Soweit die Maßnahme rechtsgeschäftlicher Natur ist, liegt gleichzeitig ein Akt der Vertretung vor. Die Geschäftsführung obliegt ebenfalls dem Vorstand, jedoch kann die Satzung die Geschäftsführung einem anderen Organ übertragen (BGHZ 69, 250). Der Umfang der Geschäftsführungsbefugnis entspricht der Vertretungsbefugnis, sofern die Satzung nichts anderes bestimmt (BGH NJW 1993, 191 (192)). Für die Geschäftsführung gelten nach § 27 Abs. 3 BGB die Regeln über den **Auftrag,** soweit die Satzung nichts anderes bestimmt (§ 40 BGB). Der Vorstand bekommt also seine Auslagen erstattet (§ 670 BGB), ist aber rechenschaftspflichtig (§ 666 BGB) und macht sich nach § 280 Abs. 1 BGB schadensersatzpflichtig, wenn er seine Pflichten schuldhaft verletzt (BGH NJW 2008, 1589 Rn. 9). Allerdings sieht § 31 a BGB eine Haftungsbeschränkung vor (dazu → Rn. 34b). 25

bb) Die Mitgliederversammlung

Die **Mitgliederversammlung** ist das oberste Organ des Vereins. Sie entscheidet in den Angelegenheiten, die nicht dem Vorstand oder anderen Organen zugewiesen sind (§ 32 Abs. 1 S. 1 BGB). 26

Ihre Berufung muss in der Satzung klar geregelt sein. Die Mitgliederversammlung muss berufen werden, wenn das Vereinsinteresse es erfordert (§ 36 BGB) oder wenn mit begründetem Antrag 1/10 der Mitglieder dies verlangt (§ 37 Abs. 1 BGB). Auch wenn die Rechte der Mitgliederversammlung eingeschränkt sind, hat diese doch die sog. Kompetenzkompetenz: sie kann durch Beschluss wieder ihre Rechte verstärken, während der Vorstand das nicht vermag. Der Mitgliederversammlung obliegt insbes. die Bestellung und Abberufung des Vorstandes (§ 27 Abs. 1, 2 BGB) und die Aufnahme neuer Mitglieder, sofern die Satzung nichts anderes bestimmt.

Die Mitgliederversammlung entscheidet durch **Beschlussfassung** (§ 32 Abs. 1 S. 1 BGB). Zur Gültigkeit des Beschlusses ist erforderlich, dass der Gegenstand bei der Berufung (also in der Tagesordnung) bezeichnet wird (§ 32 Abs. 1 S. 2 BGB). Bei der Beschlussfassung entscheidet die **Mehrheit** der abgegebenen Stimmen (§ 32 Abs. 1 S. 3 BGB). Die Mehrheit ist also nur nach der Zahl der abgegebenen Ja- und Nein-Stimmen zu berechnen. **Enthaltungen** sind nicht mitzuzählen. Eine abweichende Regelung ist möglich, muss aber aus der Satzung eindeutig hervorgehen (BGH NJW 1987, 2430). – Eine Satzungsänderung bedarf einer 3/4-Mehrheit, eine Änderung des Vereinszwecks der Zustimmung aller Mitglieder (§ 33 Abs. 1 BGB), sofern die Satzung nichts anderes bestimmt (§ 40 BGB). 27

Bei der Beschlussfassung hat jedes Mitglied eine Stimme, soweit die Satzung nichts anderes vorsieht. Ein Mitglied ist nicht stimmberechtigt, wenn die Beschlussfassung die Vornahme eines Rechtsgeschäfts mit ihm oder die Einleitung oder Erledigung eines Rechtsstreits zwischen ihm und dem Verein betrifft (§ 34 BGB; Grund: Gefahr eines Interessenwiderstreits). Die Stimmabgabe ist eine Willenserklärung. Ihre Unwirksamkeit (zB wegen Geschäftsunfähigkeit oder Anfechtung) berührt die Wirksamkeit eines

Beschlusses aber nur, wenn das Ergebnis von ihr abhing. Ein Beschluss ist nichtig, wenn er gegen das Gesetz, die guten Sitten oder die Satzung verstößt (BGHZ 59, 369 (372)). Zur Gültigkeit eines Beschlusses ist nach § 32 Abs. 1 S. 2 BGB erforderlich, dass der Gegenstand bei der Einberufung der Mitgliederversammlung bezeichnet wird. Ist dieser Gegenstand nicht oder so ungenau bestimmt, dass den Mitgliedern eine sachgerechte Vorbereitung der Versammlung oder eine Entscheidung über die Teilnahme an der Versammlung nicht möglich ist, so sind die auf der Versammlung gefassten Beschlüsse nach § 32 Abs. 1 S. 2 BGB nichtig (BGH NJW 2008, 69 Rn. 38).

4. Vertretung und Haftung

28 Der Verein ist zwar rechtsfähig, aber nicht handlungsfähig. Für ihn handeln seine Organe oder die von diesen beauftragten Personen. Bei der Frage, inwieweit sich der Verein das Handeln seiner Organe und sonstiger Personen zurechnen lassen muss, ist zu unterscheiden:

a) Vertretung bei Rechtsgeschäften

29 Schließen der Vorstand oder sonstige Vertreter im Rahmen ihrer Vertretungsmacht (vgl. §§ 26 Abs. 1 S. 2, 3, 30 BGB) im Namen des Vereins ein Rechtsgeschäft ab, wird daraus der Verein allein verpflichtet.

Beispiel: Der Vorstand V des Tennisvereins T hat für einen Faschingsball den Saal des Gastwirts G gemietet. Die Pflicht zur Zahlung der Miete (§ 535 S. 2 BGB) trifft den T. Nur er haftet mit seinem Vermögen für diese Verbindlichkeit.

b) Haftung des Vereins

30 Das Handeln in Vereinsangelegenheiten kann es mit sich bringen, dass Dritte dabei zu Schaden kommen. Dann stellt sich die Frage, ob der Verein für den Schaden aufzukommen hat.

Das Fußballturnier: Da bei einem Fußballturnier eines Sportvereins S die vereinseigenen Parkplätze nicht ausreichen, weist der Platzwart P die Besucher an, ihre Fahrzeuge auf dem Grundstück des Nachbarn N zu parken, ohne diesen um Erlaubnis gefragt zu haben. Die Grasnarbe des Grundstücks wird schwer geschädigt. N möchte von S Schadensersatz.

Das BGB enthält in den §§ 278 und 831 BGB allgemeine Regelungen über die Verantwortung für das Handeln Dritter. Sie gelten grds. auch für die Verantwortung des Vereins für das Handeln der von ihm beauftragten Personen. Handelt es sich dabei um Personen in leitender Stellung, so greift jedoch insoweit die Sonderregelung des § 31 BGB ein. Sie ordnet eine uneingeschränkte Haftung an und ist insoweit strenger als § 278 BGB und § 831 BGB. Denn § 278 S. 2 BGB lässt einen Haftungsausschluss und § 831 Abs. 1 S. 2 BGB einen Entlastungsbeweis zu.

Im Fall des *Fußballturniers* haftet S für das Handeln des P also entweder nach § 831 Abs. 1 S. 1 BGB mit der Möglichkeit der Entlastung nach § 831 Abs. 1 S. 2 BGB oder nach § 31 BGB ohne eine Entlastungsmöglichkeit. Entscheidend ist, ob P zu dem Personenkreis zählt, für den § 31 BGB eine gesteigerte Verantwortung des Vereins anordnet.

aa) Die Organ- und Repräsentantenhaftung (§ 31 BGB)

Nach § 31 BGB ist der Verein für den Schaden verantwortlich, den der Vorstand, ein Mitglied des Vorstands oder ein anderer verfassungsmäßig berufener Vertreter durch eine in Ausführung der ihm zustehenden Verrichtungen begangene, zum Schadensersatz verpflichtende Handlung einem Dritten zufügt. **30a**

Zum **Personenkreis,** für den § 31 BGB die Verantwortlichkeit des Vereins anordnet, gehören der Vorstand bzw. die Vorstandsmitglieder sowie die „verfassungsmäßig berufenen Vertreter". Man bezeichnet sie als **Organe** des Vereins und die Verantwortlichkeit des Vereins dementsprechend als **Organhaftung.** „Verfassungsmäßig berufen" bedeutet dabei, dass die Berufung in der Satzung vorgesehen ist (vgl. § 30 BGB).

Um den Anwendungsbereich des § 831 BGB einzuengen, hat die Rechtsprechung die Organhaftung nach § 31 BGB zu einer **Repräsentantenhaftung** erweitert. Der Verein haftet nach § 31 BGB analog auch für solche Personen, die zwar keine Organe sind, aber denen „durch die allgemeine Betriebsregelung und Handhabung bedeutsame, wesensmäßige Funktionen der juristischen Person zur selbstständigen, eigenverantwortlichen Erfüllung zugewiesen sind, so dass sie die juristische Person im Rechtsverkehr repräsentieren" (BGH NJW 1998, 1854 (1856); vgl. auch BGH NJW 2007, 2490 Rn. 16). Dahinter steht die Erwägung, dass der Verein nicht selbst darüber entscheiden soll, für wen er ohne Entlastungsmöglichkeit haftet. Es kommt also allein auf die tatsächlich innegehabte Stellung an, nicht darauf, ob sie auch in der Satzung verankert ist.

Im Fall des *Fußballturniers* kommt es also darauf an, ob P lediglich Verrichtungsgehilfe des Vereins iSd § 831 BGB oder aber Organ bzw. Repräsentant des Vereins ist. Bei einem Sportverein gehört die Verwaltung des Vereinsgeländes und die Entscheidung der damit zusammenhängenden organisatorischen Fragen zu den bedeutsamen, wesentlichen Vereinsaufgaben. Sind sie dem P auf Grund der allgemeinen Betriebsregelung und Handhabung zur selbstständigen, eigenverantwortlichen Erfüllung zugewiesen, ist er als „Repräsentant" anzusehen.

§ 31 BGB begründet selbst keinen Schadensersatzanspruch, sondern setzt eine zum Schadensersatz verpflichtende Handlung eines Organs (bzw. Repräsentanten) voraus (BGHZ 99, 298 (302)). Dazu gehören zunächst einmal alle Haftungstatbestände außerhalb der vertraglichen bzw. vertragsähnlichen Haftung. Also insbes. die Deliktshaftung (§§ 823ff. BGB), die Gefährdungshaftung (zB § 833 S. 1 BGB; § 7 StVG) und die Haftung aus Geschäftsführung ohne Auftrag (§§ 677, 678 BGB).

Im Falle des *Fußballturniers* haftet also S nach § 31 BGB für das Handeln des P nur, wenn dieser durch sein Handeln den Tatbestand einer unerlaubten Handlung (§ 823 Abs. 1 BGB) erfüllt hat. Das ist hier zu bejahen, da P durch sein Handeln rechtswidrig und schuldhaft die Ursache für die Beschädigung der Grasnarbe gesetzt hat.

§ 31 BGB ist darüber hinaus auch auf die Vertragshaftung (zB aus § 280 Abs. 1 BGB) und die vertragsähnliche Haftung (zB aus culpa in contrahendo; §§ 311 Abs. 2, 280 Abs. 1 BGB) des Vereins anwendbar und verdrängt insoweit § 278 BGB. Zwar haftet der Schuldner nach § 278 BGB auch für das Verschulden seiner gesetzlichen Vertreter. Damit sind aber richtiger Ansicht nach nicht die Organe der juristischen Person gemeint (Palandt/*Grüneberg* BGB § 278 Rn. 6; str.). Denn sonst könnte der Verein seine Haftung nach § 278 S. 2 BGB auch für vorsätzliches Handeln seiner Organe ausschließen, was untragbar wäre.

Wenn daher im Fall des *Faschingsballs* der Vorstand nicht, wie vereinbart, für die anschließende Entfernung der Dekoration und die Saalreinigung sorgt, haftet der Verein T für diese Vertragsverletzung des Vorstands nach § 31 BGB iVm § 280 Abs. 1 BGB.

31 Das Organ (bzw. der Repräsentant) muss die Handlung **„in Ausführung der ihm zustehenden Verrichtungen"** begangen haben. Es muss also zwischen dem Aufgabenkreis des Organs (bzw. Repräsentanten) und der schädigenden Handlung ein **sachlicher, innerer Zusammenhang** bestehen.

Dieser Zusammenhang kann auch noch dann gegeben sein, wenn das Organ seine Vertretungsmacht überschreitet (vgl. BGHZ 98, 148 (151 ff.)) oder sogar vorsätzlich seine Stellung missbraucht (BGH NJW 1980, 115). – Zu unterscheiden davon ist (wie bei § 278 BGB und § 831 BGB) das sog. Handeln *„bei Gelegenheit"*. § 31 BGB greift auch nicht bei bloßen Vorbereitungshandlungen eines (später ausgeschiedenen) Organs ein (BGHZ 99, 298 (302)).

32 Liegen diese Voraussetzungen vor, haftet der Verein für den einem Dritten zugefügten Schaden, ohne Rücksicht darauf, ob daneben auch das Organ (bzw. der Repräsentant) selbst haftet und ohne die Möglichkeit eines Entlastungsbeweises.

Beispiel: Der Vorstand V des Tennisvereins T darf laut Satzung Bankkredit nur mit Zustimmung der Mitgliederversammlung aufnehmen. Er erschwindelt sich durch Vorlage eines gefälschten Mitgliederbeschlusses bei der Bank B einen Kredit, den er nicht zurückzahlt. B hat zwar keinen vertraglichen Rückzahlungsanspruch gegen T, da das Handeln des V nicht von seiner Vertretungsmacht gedeckt war (§ 26 Abs. 2 S. 2 BGB) und der gute Glaube der B an den gefälschten Beschluss nicht geschützt wird. B hat aber einen Anspruch aus § 31 BGB iVm § 823 Abs. 2 BGB, § 263 StGB (Betrug) gegen T. Denn der von V verübte Betrug stand noch in einem inneren Zusammenhang mit seiner „Amtstätigkeit" als Vorstand, mag er auch seine Stellung missbraucht haben (vgl. BGH NJW 1980, 115).

§ 31 BGB wird **analog** auf alle anderen juristischen Personen des öffentlichen Rechts (§ 89 BGB) und des Privatrechts (zB AG, GmbH), darüber hinaus auf den nichtrechtsfähigen Verein, die OHG und KG und die BGB-Gesellschaft angewandt (BGHZ 172, 169 Rn. 9).

bb) Gehilfenhaftung

33 Ein Verschulden von Personen, die, ohne Organ (oder Repräsentant) zu sein, bei **Erfüllung eines Schuldverhältnisses** tätig werden, muss sich der Verein nach § 278 BGB zurechnen lassen.

Für Personen, die, ohne Organ (oder Repräsentant) zu sein, vom Verein zu einer Verrichtung bestellt sind **(„Verrichtungsgehilfen"),** haftet der Verein nach § 831 Abs. 1 S. 1 BGB. Die Haftung setzt ebenfalls ein Handeln „in Ausübung der Verrichtung", also einen sachlichen, inneren Zusammenhang mit der übertragenen Tätigkeit voraus. Der Verein kann sich jedoch durch den Nachweis sorgfältiger Auswahl und sorgfältiger Überwachung des Gehilfen von der Haftung befreien (sog. Entlastungsbeweis, § 831 Abs. 1 S. 2 BGB).

Beispiel: Der Hausmeister H des Tennisvereins T stiehlt aus den abgelegten Kleidern der Spieler Geldbörsen. T haftet nicht nach § 31 BGB für den Schaden, weil H kein Organ ist. Die Haftung aus § 831 BGB würde voraussetzen, dass die schädigende Handlung noch „in Ausführung" und nicht bloß „bei Gelegenheit" der Tätigkeit des H für den Verein erfolgte. Dies ist hier zweifelhaft. Jedenfalls haftet T dann nicht, wenn er darlegt, dass er den H sorgfältig ausgesucht und überwacht hat.

Selbst wenn sich der Verein aber exkulpieren kann, kann er unter Umständen gleichwohl für den von einem Mitglied verursachten Schaden unter dem Gesichtspunkt der Freistellungsverpflichtung haftbar sein.

Die Gletschertour: Das Mitglied M des Vereins A führt ehrenamtlich eine Gletschertour im Auftrag des Vereins durch. Dabei kommt es infolge fahrlässigen Verhaltens des M zu einem Unglück, bei dem der Teilnehmer T schwer verletzt wird. T verlangt von M Schadensersatz. Dieser begehrt von A Freistellung von der Schadensersatzpflicht, weil er im Auftrag des Vereins gehandelt habe (Fall nach BGH NJW 2005, 981).

Hat der Verein ein Mitglied mit der unentgeltlichen Wahrnehmung einer satzungsmäßigen Aufgabe betraut, bei der sich eine damit typischerweise verbundene Gefahr verwirklicht, so kann das Mitglied vom Verein aus Billigkeitsgründen Ersatz oder Freistellung von den daraus resultierenden, unfreiwillig erlittenen Nachteilen verlangen (BGHZ 89, 153 (156ff.); BGH NJW 2005, 981). Dies lässt sich mit einer analogen Anwendung des § 670 BGB (daneben auch mit dem allgemeinen Grundsatz der Risikozurechnung bei Tätigkeit im fremden Interesse) begründen. Die Ersatz- oder Freistellungspflicht entfällt, wenn dem Mitglied Vorsatz oder grobe Fahrlässigkeit zur Last fällt (dazu BGH NZG 2012, 113).

Im Fall der **Gletschertour** kann M von A nach § 670 BGB analog Freistellung von seiner Schadensersatzpflicht gegenüber T verlangen. Denn er nahm im Auftrag des Vereins eine Aufgabe wahr, die typischerweise mit einem erheblichen Risiko für Leib und Leben für ihn selbst und die von ihm betreuten Teilnehmer verbunden war. Die Haftung des A ist auch nicht ausgeschlossen, da M nur leicht fahrlässig gehandelt hatte.

cc) Haftung für Organisationsmängel

Es ist nicht nur das Recht, sondern auch die Pflicht einer juristischen Person für alle 34
wesentlichen Aufgaben, deren Erfüllung Selbstständigkeit und Eigenverantwortung erfordert, entweder eine ausreichende Zahl von Vorstandsmitgliedern oder einen „besonderen Vertreter" iSd § 30 BGB zu bestellen. Andernfalls hätte es die juristische Person in der Hand, sich ihrer Verantwortung nach § 31 BGB zu entziehen, indem sie kein Organ bestellt. Unterbleibt daher die Bestellung eines Vertreters, für dessen Handeln die juristische Person nach § 31 BGB uneingeschränkt einstehen würde, so haftet die juristische Person unter dem Gesichtspunkt des Organisationsmangels (vgl. BGH NJW 1980, 2810 (2811); 1982, 1144 (1145)).

Beispiel: Die Mitgliederversammlung des Sportvereins S unterlässt es, einen Nachfolger für das zurückgetretene Vorstandsmitglied V, das für die Betreuung der Sportanlagen zuständig war, zu bestellen. Seine Aufgaben werden übergangsweise von dem Angestellten A erledigt. Begeht dieser eine unerlaubte Handlung gegenüber einem Dritten, etwa durch Verletzung einer Verkehrssicherungspflicht, so könnte sich S einer Haftung für das Verhalten des A nach § 831 Abs. 1 S. 1 BGB durch den Entlastungsbeweis nach § 831 Abs. 1 S. 2 BGB entziehen. S haftet hier aber nach § 31 BGB analog wegen Organisationsverschulden für das Verhalten des A.

dd) Haftung der Vereinsmitglieder?

Für Verbindlichkeiten des eingetragenen Vereins haftet regelmäßig nur dieser selbst 34a
und nicht die hinter ihm stehenden Vereinsmitglieder (Trennungsgrundsatz). Eine sog. **Durchgriffshaftung** kommt nur in Betracht, wenn die Ausnutzung der rechtlichen Verschiedenheit zwischen der juristischen Person und den hinter ihr stehenden natürlichen Personen rechtsmissbräuchlich ist (BGHZ 175, 12 Rn. 15).

5. Haftung von Vorstandsmitgliedern

34b Da der Verein für zum Schadensersatz verpflichtende Handlungen seiner Vorstandsmitgliedern nach § 31 BGB haftet, kann er grds. bei ihnen Regress nach den §§ 27 Abs. 3, 664, 280 Abs. 1 BGB nehmen, wenn sie schuldhaft gehandelt haben (→ Rn. 25). Dieses Risiko kann gerade für **ehrenamtlich** tätige Vorstandsmitglieder eine unangemessene Belastung darstellen und vor der Übernahme solcher Ämter abschrecken. Daher ordnet § 31 a Abs. 1 S. 1 BGB eine Haftungserleichterung für Vorstandsmitglieder an, die unentgeltlich tätig sind oder für ihre Tätigkeit eine Vergütung erhalten, die 500 Euro jährlich nicht übersteigt. Sie haften dem Verein nur, wenn sie vorsätzlich oder grob fahrlässig gehandelt haben. Dies gilt auch für die Haftung gegenüber Vereinsmitgliedern (§ 31 a Abs. 1 S. 2 BGB). Sind sie selbst vom Geschädigten in Anspruch genommen worden, können sie vom Verein Befreiung von der Verbindlichkeit verlangen (§ 31 a Abs. 2 S. 1 BGB), es sei denn, sie haben den Schaden vorsätzlich oder grob fahrlässig verursacht. Es gelten also letztlich die gleichen Grundsätze, wie sie die Rspr. zur Haftung von beauftragten Vereinsmitgliedern entwickelt hat (→ Rn. 33).

6. Erlöschen, Auflösung und Verlust der Rechtsfähigkeit des Vereins

a) Erlöschen und Auflösung

35 Der Verein erlischt, hört also zu existieren auf, wenn alle Mitglieder (zB durch Tod oder Austritt) ausgeschieden sind oder wenn er verboten und sein Vermögen eingezogen wurde (§§ 3 ff. VereinsG). Der Verein wird aufgelöst, wenn die Mitglieder dies beschließen (§ 41 BGB) oder das Insolvenzverfahren eröffnet wird (§ 42 BGB).

b) Verlust der Rechtsfähigkeit

36 Der Verein verliert seine Rechtsfähigkeit durch Entziehung (§§ 43, 73 BGB) und durch Verzicht. Er bleibt als nichtrechtsfähiger Verein aber (zunächst) weiter bestehen mit der Folge, dass die Mitglieder von diesem Zeitpunkt an nach § 54 BGB persönlich haften (BGHZ 175, 12 Rn. 19).

c) Liquidation

37 Mit Auflösung des Vereins oder Verlust der Rechtsfähigkeit fällt das Vereinsvermögen an die in der Satzung bestimmten Personen, sonst an den Fiskus (§ 45 BGB). Fällt das Vereinsvermögen nicht an den Fiskus, muss eine Liquidation stattfinden (§ 47 BGB). Dazu müssen die laufenden Geschäfte beendigt, Forderungen eingezogen, das übrige Vermögen in Geld umgesetzt, die Gläubiger befriedigt und der Überschuss an die Anfallsberechtigten ausbezahlt werden (§ 49 Abs. 1 BGB). Der Verein gilt bis zur Beendigung der Liquidation als fortbestehend, soweit der Zweck der Liquidation es erfordert (§ 49 Abs. 2 BGB). Das Vermögen eines durch die Verwaltungsbehörde aufgelösten Vereins kann eingezogen werden (§ 11 VereinsG).

III. Der nichtrechtsfähige Verein

1. Allgemeines

38 Der **nichtrechtsfähige Verein** findet sich in der Rechtswirklichkeit zumeist als Kleinverein (zB Kegelclub, Gesangverein) oder als Untergliederung eines rechtsfähigen Vereins (BGHZ 90, 331 (333); NJW 2008, 69 Rn. 50). Jedoch sind auch Gewerkschaf-

ten, politische Parteien, Arbeitgeber- und Arbeitnehmerverbände in dieser Rechtsform organisiert. Auf den nichtrechtsfähigen Verein finden nach § 54 S. 1 BGB die **Vorschriften über die Gesellschaft** (§§ 705 ff. BGB) Anwendung. Dies widerspricht an sich seiner körperschaftlichen Struktur, der Gesetzgeber verfolgte aber mit dieser Regelung politische Zwecke.

Nach der ursprünglichen Fassung des BGB war die Bildung einflussreicher politischer, religiöser oder sozialpolitischer Vereinigungen in der Rechtsform des eingetragenen Vereins erschwert: Die Verwaltungsbehörde konnte nach § 61 Abs. 2 BGB aF bei einer solchen Zielsetzung der Eintragung widersprechen bzw. nach § 42 Abs. 2 BGB aF dem Verein die Rechtsfähigkeit entziehen. Das Ausweichen solcher Vereinigungen in die Rechtsform des nichtrechtsfähigen Vereins sollte sie durch Unterstellung unter das (schwerfällige) Gesellschaftsrecht am Erwerb eines größeren Vermögens hindern und ihre gesellschaftliche Einflussmöglichkeit schmälern (vgl. BGHZ 50, 325 (328)).

Diese Zwecksetzung ist weggefallen, wäre zudem unvereinbar mit Art. 9 Abs. 1, 3 GG (Vereinigungsfreiheit). Daher ist auf den nichtrechtsfähigen Verein, entgegen dem Wortlaut des § 54 S. 1 BGB, das **Vereinsrecht** anzuwenden, soweit es nicht die Rechtsfähigkeit voraussetzt. 39

Beispiel: Das freiwillige Ausscheiden eines Mitglieds erfolgt *nicht* durch *Kündigung* (§ 723 BGB), sondern durch Austritt (§ 39 BGB). Dem ausgeschiedenen Mitglied steht *kein Abfindungsanspruch* wegen seines Anteils am Vereinsvermögen (§ 738 Abs. 1 S. 2 BGB) zu.

Weist eine Vereinigung sowohl körperschaftliche als auch personalistische Strukturmerkmale auf, ist jeweils zu prüfen, ob die Anwendung vereinsrechtlicher oder gesellschaftlicher Normen sachgerechter ist (BGH NJW 1979, 2304; vgl. auch BGHZ 146, 190).

2. Teilnahme am Rechtsverkehr

Der nichtrechtsfähige Verein ist an sich kein Rechtssubjekt, er kann aber bei Teilnahme am Privatrechtsverkehr Zuordnungssubjekt von Rechten und Pflichten, insbes. Partei eines Vertrages sein (BGHZ 146, 190 (196)). Schließt der Vorstand oder ein sonstiger bestellter Vertreter im Namen des Vereins Verträge, werden daraus nicht nur der Verein als solcher, sondern auch die Mitglieder als Gesamtschuldner verpflichtet (§§ 54 S. 1, 714, 427 BGB; zur Begrenzung ihrer Haftung → Rn. 42). Erworbenes Vermögen steht den Mitgliedern **zur gesamten Hand** zu. 40

Dies führt insbes. beim Grundstückserwerb zu Schwierigkeiten: als Eigentümer müssten im Grundbuch sämtliche Mitglieder eingetragen werden (§ 47 GBO), was bei Großvereinen mit wechselndem Mitgliederbestand praktisch undurchführbar ist. Vielfach behilft man sich daher mit der Einschaltung von Treuhändern oder der Gründung einer GmbH, die formell als Vermögensträger fungieren. Richtiger Ansicht nach sollte es zumindest dann zulässig sein, die Mitglieder unter dem Vereinsnamen als Gesamtbezeichnung in das Grundbuch einzutragen, wenn – wie zB bei der GmbH-Vorgesellschaft oder einer politischen Partei – die Identität des Verbandes ausreichend bestimmbar ist (vgl. *Konzen* JuS 1989, 20).

3. Rechtsverfolgung gegen und durch den Verein

Zum Schutze der Vereinsgläubiger ist der nichtrechtsfähige Verein für **passiv parteifähig** erklärt (§ 50 Abs. 2 ZPO). Der Verein kann daher als solcher verklagt werden; gegen ihn kann vollstreckt werden (§ 735 ZPO). Hierbei sind unter dem Vereinsnamen die Mitglieder als Gesamthandsgemeinschaft erfasst. Der Verein wird insoweit vom Vorstand gesetzlich vertreten. 41

Dagegen wurde dem nichtrechtsfähigen Verein die **aktive Parteifähigkeit** vom Gesetzgeber verwehrt. Im Wege richterlicher Rechtsfortbildung hat die Rspr. – ebenso wie bereits der BGB-(Außen-)Gesellschaft – auch dem nichtrechtsfähigen Verein die aktive Parteifähigkeit zuerkannt (BGH NJW 2008, 69 Rn. 55).

4. Haftung

a) Haftung der Vereinsmitglieder

42 Für **rechtsgeschäftliche** Verbindlichkeiten des Vereins würden die Mitglieder nach dem Gesetzeswortlaut an sich als Gesamtschuldner haften (§§ 54 S. 1, 714, 427 BGB). Die Haftung auch mit dem Privatvermögen würde jedoch beim nichtrechtsfähigen Idealverein weder dem Willen der Mitglieder noch den Erwartungen der Geschäftspartner entsprechen. Die Haftung ist daher auf das **Vereinsvermögen** als Gesamthandsvermögen der Mitglieder beschränkt (dazu ***Köhler*** **BGB AT PdW Fall 22**). Begründen lässt sich dies aus einer stillschweigenden oder sich aus der körperschaftlichen Struktur des Vereins ergebenden Beschränkung der Vertretungsmacht des Vorstandes und der sonstigen Vertreter (BGH NJW 1985, 619 zu § 714 BGB) oder mit einer stillschweigend vereinbarten Haftungsbeschränkung. – Der nichtrechtsfähige wirtschaftliche Verein ist nach den Grundsätzen über die OHG zu behandeln. Die Mitglieder haften gem. § 128 HGB analog unbeschränkt (vgl. BGHZ 146, 190 (201)).

Für **unerlaubte** (und sonstige zum Schadensersatz verpflichtende) **Handlungen** der *Organe* des nichtrechtsfähigen Vereins gilt § 31 BGB entsprechend. Den Gläubigern haftet jedoch wiederum nur das Vereinsvermögen.

b) Die Haftung des Handelnden (§ 54 S. 2 BGB)

43 Wer im Namen eines nichtrechtsfähigen Vereins auftritt, haftet aus einem mit einem Dritten vorgenommenen Rechtsgeschäft persönlich; handeln mehrere, so haften sie als Gesamtschuldner (§ 54 S. 2 BGB). Diese Haftung ist unabhängig davon, ob gleichzeitig daneben die Vereinsmitglieder in ihrer Gesamtheit verpflichtet werden (s. o.) oder nicht (dazu ***Köhler*** **BGB AT PdW Fall 22**).

Beispiel: Der nichtrechtsfähige Verein „Liedertafel Harmonie“ plant einen Faschingsball und beauftragt das Mitglied A damit, einen Saal zu mieten und eine Tanzkapelle zu engagieren. Der Abend wird ein finanzieller Reinfall. Obwohl die Mitglieder mit dem Vereinsvermögen für die Verbindlichkeiten haften, kann daneben auch A als „Handelnder“ auf Zahlung in Anspruch genommen werden.

Damit sollten die Mitglieder angehalten werden, die Rechtsfähigkeit des Vereins anzustreben. Diese Zielsetzung kann heute nicht mehr ohne Weiteres gebilligt werden. Es folgt daraus aber, dass die Haftung des Handelnden erlischt, wenn der Verein die Rechtsfähigkeit erlangt und damit automatisch in die bestehende Verbindlichkeit eintritt (s. o. II 1 c).

IV. Die Stiftung

1. Begriff und Bedeutung

44 Die **Stiftung** ist eine rechtsfähige Einrichtung (Stiftungsorganisation), die einem bestimmten Zweck (Stiftungszweck) auf Dauer zu dienen bestimmt ist. Sie stellt keine Personenvereinigung, sondern ein rechtlich verselbstständigtes Zweckvermögen dar.

Von den Stiftungen des Privatrechts (zB „Stiftung Warentest") zu unterscheiden sind die Stiftungen des öffentlichen Rechts (zB Stiftung „Preußischer Kulturbesitz").

Die Rechtsform der Stiftung kann *gemeinnützigen* und *nichtgemeinnützigen* Zwecken dienstbar gemacht werden. Gemeinnützige (und deshalb steuerbegünstigte) Stiftungen bestehen in großer Zahl. Sie dienen ua der Förderung kirchlicher, weltanschaulicher, wissenschaftlicher, sozialer, kultureller oder staatsbürgerlicher Zwecke, etwa durch den Betrieb von Einrichtungen, durch Finanzierung von Projekten, durch Stipendien. Bekannte gemeinnützige Stiftungen sind beispielsweise die „Stiftung Volkswagenwerk" und die „Stiftung Mitbestimmung". Zu den nichtgemeinnützigen Stiftungen rechnen insbes. die sog. Familienstiftungen, bei denen der Stifter, seine Angehörigen und deren Abkömmlinge Nutznießer („Destinatäre") des Stiftungsvermögens sind. Familienstiftungen werden dazu benutzt, ein bestimmtes Vermögen über Generationen hinweg zusammenzuhalten. Durch die Einbringung des Vermögens in eine Stiftung wird verhindert, dass bei zu vielen Erben das Vermögen zersplittert, bei unfähigen Erben das Vermögen vergeudet wird (zur Besteuerung vgl. §§ 1 Abs. 1 Nr. 4, 9 Abs. 1 Nr. 4, 15 Abs. 2 S. 3 ErbStG). Ob die Stiftung Unternehmensträgerin sein kann, ist bestritten, weil es (anders als bei der AG und GmbH) an Vorschriften zum Schutze der Gläubiger fehlt. Diese Bedenken entfallen natürlich, wenn die Stiftung nur die Anteile an einer Kapitalgesellschaft, die das Unternehmen betreibt, hält.

Von der selbstständigen Stiftung zu unterscheiden ist die sog. **unselbständige** (fiduziarische) Stiftung: Der Stifter überträgt ein bestimmtes Vermögen auf einen Dritten, der es für den festgelegten Zweck (zB auf Grund eines Auftrages oder eines Vermächtnisses unter Auflage) verwenden soll. Keine Stiftung liegt auch vor beim sog. **Sammelvermögen,** das durch eine öffentliche Sammlung für einen bestimmten Zweck zusammengebracht wird. Die gesammelten Beträge stehen dabei zunächst im gemeinschaftlichen Eigentum der Spendergemeinschaft (str.), bevor sie dem angestrebten Zweck zugeführt werden. Sind die zur Verwaltung und Verwendung berufenen Personen weggefallen, kann gem. § 1914 BGB ein Pfleger bestellt werden.

2. Entstehen, Verfassung und Erlöschen der Stiftung

a) Entstehen der Stiftung

Die Gründung einer Stiftung erfordert ein einseitiges Rechtsgeschäft des Stifters, das 45 **Stiftungsgeschäft.** Es muss eine bestimmte Form und einen bestimmten Mindestinhalt aufweisen. Das Stiftungsgeschäft kann entweder gem. § 81 Abs. 1 BGB unter Lebenden durch eine einfache schriftliche Erklärung oder gem. § 83 BGB als Verfügung von Todes wegen (Testament, Erbvertrag) vorgenommen werden. Inhaltlich müssen dem Stiftungsgeschäft, zumindest durch Auslegung, der Wille zur Errichtung einer selbstständigen Stiftung, ferner Bestimmungen über Zweck und Organe der Stiftung sowie über die Vermögenswidmung zu entnehmen sein. Die Stiftung erlangt Rechtsfähigkeit durch staatliche **Genehmigung** (§ 80 S. 1 BGB; Konzessionssystem!). Ob und unter welchen Voraussetzungen die Genehmigung erteilt wird, ist in den Stiftungsgesetzen der Länder geregelt. Nach Genehmigung muss der Stifter das im Stiftungsgeschäft zugesagte **Vermögen** auf die Stiftung übertragen (§ 82 S. 1 BGB). Abtretbare Rechte, insbes. Forderungen, gehen nach § 82 S. 2 BGB im Zweifel automatisch auf die Stiftung über. Für die Stiftung von Todes wegen (vgl. BGHZ 70, 322) gilt § 1922 BGB iVm § 84 BGB. Diese Vorschriften sollen den Vermögenserwerb der Stiftung sicherstellen, damit sie ihren Zweck verfolgen kann.

b) Die Organisation der Stiftung

Die **Verfassung** der Stiftung regelt Name, Sitz, Zweck, Vermögen und Organe der 46 Stiftung sowie Verwendung der Stiftungserträge. Sie wird in erster Linie durch zwingendes Bundes- und Landesrecht, in zweiter Linie durch das Stiftungsgeschäft (Satzung) bestimmt (§ 85 BGB). Regelungslücken des Stiftungsgeschäfts sind durch Auslegung, iÜ durch dispositives Bundes- und Landesrecht auszufüllen. Für die **Stiftungsorgane** und ihre Tätigkeit gilt im wesentlichen Vereinsrecht (§ 86 BGB). Die Stiftung muss also einen Vorstand haben, der für sie handelt. Der Stifter kann auch die Verwaltung der Stiftung durch eine öffentliche Behörde (zB Universität bei einer Stipendienstiftung) anordnen. Für das Handeln ihrer Organe haftet die Stiftung nach § 31 BGB. Die Kontrolle der Stiftungsorgane erfolgt durch die **staatliche Stiftungsaufsicht.** Sie ist in den Stiftungsgesetzen der Länder geregelt. Die Aufsichtsbehörde ist auf eine Rechtsaufsicht beschränkt. (Zur Haftung bei unterlassener Aufsicht vgl. BGHZ 68, 142.)

c) Erlöschen der Stiftung

47 Die Stiftung erlischt durch Eröffnung des Insolvenzverfahrens (§§ 86, 42 BGB) oder Aufhebung durch die Verwaltungsbehörde (§ 87 BGB). Im Stiftungsgeschäft kann darüber hinaus das Erlöschen durch Zeitablauf oder Bedingungseintritt vorgesehen sein. Mit dem Erlöschen fällt das Vermögen an die in der Verfassung bestimmten Personen (§ 88 S. 1 BGB). Sofern das Vermögen nicht an den Fiskus fällt, ist eine Liquidation erforderlich (§§ 88 S. 2, 46ff. BGB).

Literatur: *Damm,* Personenrecht, Klassik und Moderne der Rechtsperson, AcP 2002 (202), 841; *Grunewald,* Vereinsaufnahme und Kontrahierungszwang, AcP 1982 (1982), 181; *Habersack,* Die Anerkennung der Rechts- und Parteifähigkeit der GbR und der akzessorischen Gesellschafterhaftung durch den BGH, BB 2001, 477; *Lehmann,* Der Begriff der Rechtsfähigkeit, AcP 207 (2007), 225; *Lettl,* Der vermögensrechtliche Zuweisungsgehalt der Mitgliedschaft beim Idealverein, AcP 2003 (203), 149; *van Look,* Vereinsstrafen, 1990; *Martinek,* Repräsentantenhaftung, 1979; *Mummenhoff,* Gründungssysteme und Rechtsfähigkeit, 1979; *Oetker,* Der Wandel vom Ideal- zum Wirtschaftsverein, NJW 1991, 385; *Petersen,* Das Stiftungsrecht des BGB, Jura 2007, 277; *Reuter,* Grenzen der Verbandsstrafgewalt, ZGR 1980, 101; *ders.,* Stiftungsform, Stiftungsstruktur und Stiftungszweck, AcP 207 (2007), 1; *ders.,* Rechtsfähigkeit und Rechtspersönlichkeit, AcP 207 (2007), 673; *K. Schmidt,* Die BGB-Außengesellschaft: rechts- und parteifähig, NJW 2001, 993; *Timme/Hülk,* Rechts- und Parteifähigkeit der Gesellschaft bürgerlichen Rechts, NJW 2001, 993, JuS 2001, 536; *H. P. Westermann,* Erste Folgerungen aus der Anerkennung der Rechtsfähigkeit der BGB-Gesellschaft, NZG 2001, 289.

5. Kapitel. Die Rechtsobjekte

§ 22. Rechtsobjekt, Vermögen und Unternehmen

I. Die Rechtsobjekte

1. Begriff und Bedeutung

Jedermann kann Vermögenswerte, wie Grundstücke, Autos, Aktien, Bankguthaben, besitzen, erwerben und veräußern. Um nun solche Güter und die darauf bezogenen Nutzungs- und Verwertungsbefugnisse rechtlich erfassen und ihre Zuordnung zu einer Person und Übertragung auf eine andere Person rechtlich regeln zu können, bedarf es einer begrifflichen Einteilung und Unterscheidung. In der Rechtswissenschaft wurde hierzu als Gegenstück zum Begriff des „Rechtssubjekts" der Begriff des „Rechtsobjekts" entwickelt. Das BGB benutzt hierfür den Begriff des **„Gegenstandes"** (vgl. zB §§ 90, 260 BGB), verwendet ihn freilich aber auch in anderem Zusammenhang (vgl. zB §§ 611, 631 Abs. 2 BGB). Als Rechtsobjekt bezeichnet man ein Gut, das der rechtlichen Beherrschung durch eine Person unterliegen kann. Die rechtliche Beherrschung bezieht sich dabei auf die Nutzung und Verwertung dieses Guts. Im Einzelnen gehören dazu: 1

Sachen sind nach § 90 BGB „körperliche Gegenstände" (zu Tieren vgl. § 90a BGB). 2
An ihnen können Herrschaftsrechte, wie etwa Eigentum oder Pfandrecht, einer Person begründet werden. Sie sind das rechtstechnische Mittel, um einer Person bestimmte Nutzungs- und Verwendungsbefugnisse an einer Sache zu verleihen, die ihrerseits wieder durch „Verfügung" über diese Rechte übertragen, geändert oder aufgehoben werden können.

Beispiel: Grundstücke (= unbewegliche Sachen), Autos (= bewegliche Sachen). An ihnen kann Eigentum begründet werden. Dieses Eigentum kann durch Verfügung („Übereignung") auf eine andere Person übertragen werden.

Immaterialgüter sind geistige Güter, an denen (in beschränktem Umfang) Herr- 3
schaftsrechte begründet werden können.

Beispiel: An einer Erfindung (= Immaterialgut) kann ein Patentrecht (= Herrschaftsrecht) gewährt werden.

Über die körperlichen Gegenstände und geistigen Güter hinaus sind es die **Rechte** 4
selbst, die – soweit gesetzlich zugelassen – der rechtlichen Herrschaft einer Person unterliegen und daher ebenfalls genutzt und verwertet werden können.

Beispiel: Aktien (= urkundlich verkörperte Rechte) und Bankguthaben (= Forderungen) sind Rechtsobjekte, da sie genutzt und verwertet werden können.

2. Abgrenzung

Nicht unter den Begriff des „Rechtsobjekts" fallen: 5

Der **Mensch** ist kein Rechtsobjekt, da an ihm nach heutiger Auffassung keine Herrschaftsrechte begründet werden können (anders zB das römische Recht, das den Sklaven wie eine Sache behandelte). Der sog. „Spielerkauf" im Profisport ist also nicht nach den Regeln des Kaufs einer Sache zu behandeln (dazu *Wertenbruch* NJW 1993, 179). Probleme ergeben sich freilich bei der Organtransplantation und der Behandlung des Leichnams.

Beispiel: Wem gehört der Leichnam eines Menschen? Kann darüber vom Menschen selbst zu seinen Lebzeiten oder von seinen Angehörigen nach seinem Tod verfügt werden? Ist der Handel mit Organen zulässig? Zu diesen Fragen s. u. § 23 BGB.

6 Das **Persönlichkeitsrecht** ist nach heutiger Auffassung kein Herrschaftsrecht des Menschen an seiner Person. Ebenso wenig begründen die Familienrechte, wie zB das elterliche Sorgerecht, Herrschaftsrechte an Familienangehörigen.

Beispiel: Der Vater kann das Sorgerecht für seinen Sohn nicht auf dessen Onkel übertragen, allenfalls zur „Ausübung“ überlassen.

7 **Leistungshandlungen** können zwar „Gegenstand“ eines schuldrechtlichen Vertrages sein (vgl. §§ 611 Abs. 2, 631 Abs. 2 BGB), sind aber selbst keine Rechtsobjekte. Lediglich der Anspruch auf solche Leistungshandlungen kann, da ein Recht, Rechtsobjekt sein.

8 Das **Vermögen** ist kein Rechtsobjekt, sondern lediglich der Inbegriff der einer Person zustehenden Rechte und Güter, ebenso wenig das Unternehmen als eine funktionelle Zusammenfassung bestimmter Rechte und Güter. Es gibt kein Herrschaftsrecht am Vermögen oder Unternehmen, über das verfügt werden könnte (→ Rn. 15 und 17).

II. Das Vermögen

1. Begriff

9 Das BGB verwendet den Begriff des Vermögens an zahlreichen Stellen und in unterschiedlichen Zusammenhängen, gibt aber keine Definition. Inhalt und Tragweite des jeweiligen Vermögensbegriffs erschließen sich letztlich aus der Funktion der jeweiligen Normen. Als Vermögen bezeichnet man im Allgemeinen die Summe aller geldwerten Rechte und Güter einer Person. Es sind dies das Eigentum und sonstige dingliche Rechte an Sachen (nicht die Sachen selbst!); Forderungen; Immaterialgüterrechte; Mitgliedschaftsrechte. Voraussetzung ist, dass sie Geldwert haben, also entweder gegen Geld veräußerlich sind oder einen in Geld ausdrückbaren Nutzen gewähren. Hinzu kommen die sonstigen geldwerten Güter, insbes. das Know-how (technisches Geheimnis) und der Kundenstamm eines Unternehmens. Sie sind keine Rechte, da für ihre Verwertung keine rechtlich fixierten Formen bestehen, somit auch keine Verfügung im Rechtssinne möglich ist. – Nicht zum Vermögen gehören die Persönlichkeits- und Familienrechte und die Arbeitskraft eines Menschen.

2. Bedeutung

10 Das Vermögen einer Person bildet neben ihrer Arbeitskraft ihre **Existenzgrundlage.** Um es vor unüberlegten Maßnahmen zu schützen, verlangt § 311 b Abs. 3 BGB die notarielle Beurkundung eines Vertrages, in dem sich jemand zur Übertragung seines gegenwärtigen Vermögens oder eines Bruchteils davon verpflichtet. Nach § 311 b Abs. 2 BGB ist ein solcher Vertrag, wenn er sich auf das künftige Vermögen bezieht, nichtig.

Das Vermögen einer Person bildet weiter die **Haftungsgrundlage** für die Gläubiger. 11
Diese können die **Zwangsvollstreckung** in die Vermögensgegenstände des Schuldners betreiben, um sich wegen ihrer Forderungen zu befriedigen.

Die Zwangsvollstreckung erfolgt bei beweglichen Sachen durch Pfändung und Versteigerung (§§ 803ff. ZPO), bei Grundstücken durch Zwangsverwaltung, Zwangsversteigerung oder Eintragung einer Sicherungshypothek (§ 866 ZPO), bei Forderungen und sonstigen Rechten durch Pfändung und Überweisung (§§ 829ff., 857 ZPO).

Kommt es zur Insolvenz des Schuldners, kann ein **Insolvenzverfahren** eingeleitet werden. Sein Zweck ist es, das Vermögen des Schuldners zwecks gleichmäßiger Befriedigung aller Gläubiger zu verwerten. Bevorrechtigt sind allerdings die Gläubiger, die sich ein Sicherungsrecht an einzelnen Gegenständen des Schuldnervermögens ein räumen ließen. Sie können sich daraus befriedigen ohne Rücksicht auf die übrigen Gläubiger.

Sicherungsmittel an *beweglichen Sachen* sind das *Pfandrecht* (§§ 1204ff. BGB) und die Sicherungsübereignung (§ 930 BGB). Sicherungsmittel an *Grundstücken* sind die *Grundpfandrechte (Hypothek,* §§ 1113ff. BGB; *Grundschuld,* §§ 1191ff. BGB; *Rentenschuld,* §§ 1199ff. BGB). Sicherungsmittel an *Forderungen* und *sonstigen Rechten* sind das *Pfandrecht* (§§ 1273ff. BGB) und die *Sicherungsabtretung* (§§ 398, 413 BGB).

Geht das Vermögen einer Person als Ganzes auf eine andere Person über, ordnet das Gesetz in bestimmten Fällen zum Schutze der Gläubiger vor einem Entzug der Haftungsgrundlage die **Haftung des Übernehmers** für die bestehenden Verbindlichkeiten an. Jedoch ist dem Übernehmer zugleich die Möglichkeit einer Haftungsbeschränkung auf das übernommene Vermögen eingeräumt.

So geht nach § 1922 BGB mit dem Tod eines Menschen sein Vermögen als Ganzes auf den Erben über. Folglich lässt § 1967 BGB den Erben auch für die Verbindlichkeiten des Erblassers haften. Der Erbe kann jedoch nach §§ 1975ff. BGB seine Haftung auf den Nachlass beschränken. Vgl. weiter § 25 HGB.

Das Vermögen einer Person ist auch **Schutzobjekt** im Schadensersatzrecht. Man 12
spricht insoweit vom „Vermögensschaden" (vgl. § 253 BGB). In diesem Zusammenhang ist unter dem Vermögen die Gesamtheit aller geldwerten Rechte und Güter einer Person einschließlich künftiger Erwerbsaussichten (vgl. § 252 BGB) abzüglich der Verbindlichkeiten zu verstehen. Ein Vermögensschaden ist also auch dann gegeben, wenn Gewinnaussichten zerstört oder Verbindlichkeiten erhöht werden.

Innerhalb eines Vermögens können bestimmte Vermögensmassen einem Sonderrecht 13
unterstellt sein **(Sondervermögen).** Die Sonderregelungen bezwecken meist den Ausschluss oder die Beschränkung der Verwaltungs- und Verfügungsbefugnis des Vermögensinhabers für eine bestimmte Vermögensmasse zu seinem Schutze oder zum Schutze Dritter.

Der Erbe, der an sich mit seinem ganzen Vermögen für die Nachlassverbindlichkeiten haftet (§ 1967 BGB), hat im Falle der Zahlungsunfähigkeit oder Überschuldung des Nachlasses das Nachlassinsolvenzverfahren (§ 1980 BGB) zu beantragen. IÜ kann er die *Nachlassverwaltung* beantragen (§ 1981 BGB). Damit verliert er zwar die Verwaltungs- und Verfügungsbefugnis über den Nachlass zum Schutze der Nachlassgläubiger (§ 1984 BGB). Andererseits erreicht er damit die Beschränkung seiner Haftung auf den Nachlass. Der *Nachlass* stellt insoweit ein *Sondervermögen* dar.

Eine bestimmte Vermögensmasse kann mehreren Personen gemeinsam (zur gesamten 14
Hand) zustehen. Ein solches **Gesamthandsvermögen** gibt es bei der Personengesell-

schaft (§ 718 BGB; §§ 105 Abs. 2, 161 Abs. 2 HGB), bei der ehelichen Gütergemeinschaft (§ 1415 BGB) und bei der Erbengemeinschaft (§ 2032 BGB). Das Gesamthandsvermögen stellt im Verhältnis zum sonstigen Vermögen einer Person ein Sondervermögen dar. Der einzelne Gesamthänder kann nämlich nicht über seinen Anteil an den Gegenständen des gemeinschaftlichen Vermögens verfügen, auch nicht (Ausnahme: § 2033 Abs. 1 BGB) über seinen Anteil am gemeinschaftlichen Vermögen (§§ 719 Abs. 1, 1419 Abs. 1 BGB).

15 Für den **Übergang** des Vermögens einer Person auf eine andere gilt: **Kraft Gesetzes** kann das Vermögen oder Teile davon auf eine andere Person oder Personengruppe übergehen. So beim Erbfall (§ 1922 BGB), bei Vereinbarung der Gütergemeinschaft (§ 1415 BGB) oder bei Verschmelzung von Gesellschaften (§§ 2ff. UmwG). – Dagegen ist eine **rechtsgeschäftliche Verfügung** über das Vermögen im Ganzen nicht möglich. Im Interesse der Klarheit und Offenkundigkeit der Güterzuordnung muss vielmehr über die einzelnen Gegenstände des Vermögens gesondert verfügt werden (Spezialitätsprinzip; vgl. auch § 1085 BGB). Zulässig ist freilich eine schuldrechtliche **Verpflichtung** zur Übertragung des Vermögens im Ganzen (§ 311b Abs. 3 BGB: notarielle Beurkundung erforderlich).

III. Das Unternehmen

1. Begriff

16 Als Unternehmen (= Gewerbebetrieb = Handelsgeschäft) bezeichnet man im Allgemeinen die organisatorische Einheit von personellen und sachlichen Mitteln zur Erreichung eines wirtschaftlichen Zwecks. Bestandteile des Unternehmens können sein: Grundstücke; Maschinen; Waren; Patente; Marken; technisches und kaufmännisches Know-how; Rechtsverhältnisse zu Arbeitnehmern, Kunden, Lieferanten und Kreditgebern, aus denen sich der „good will" ableitet; Forderungen. – Das Unternehmen ist also ein „Inbegriff von Vermögensgegenständen". Vom Unternehmen als Vermögenswert zu unterscheiden ist sein Inhaber, der *Unternehmer* (vgl. § 14 Abs. 1 BGB).

2. Bedeutung

17 **„Der kleine Tierfreund":** Die H.-Kunstverlag GmbH betrieb ein Zeitschriftenunternehmen, das ua die Zeitschrift „Der kleine Tierfreund" verlegte. Sie übereignete ihr Unternehmen als Ganzes zur Sicherheit an die Stadt M. In einem insolvenzrechtlichen Rechtsstreit ging es um die Frage, ob ein Unternehmen als solches überhaupt zur Sicherheit übereignet werden kann (nach BGH LM Nr. 2 zu § 413 BGB).

Das Unternehmen ist weder ein Herrschaftsrecht noch Gegenstand eines solchen. Eine Verfügung (Übereignung, Sicherungsübereignung, Nießbrauchbestellung, Verpfändung usw) über das Unternehmen als Ganzes ist daher rechtlich nicht möglich. Soll ein Unternehmen, etwa auf Grund eines Kaufvertrages oder Sicherungsvertrages, übertragen werden, bedarf es dazu der Übertragung der zum Unternehmen gehörenden Gegenstände nach den für sie geltenden Vorschriften. Es gilt das Spezialitätsprinzip. Bewegliche Sachen sind daher nach den §§ 929ff. BGB zu übertragen, Grundstücke nach §§ 873, 925 BGB, Forderungen nach § 398 BGB usw.

Im Fall des *„kleinen Tierfreunds"* war also die Sicherungsübereignung des Zeitschriftenunternehmens als solchen rechtlich nicht möglich und daher wirkungslos (BGH LM Nr. 2 zu § 413 BGB).

Das Unternehmen kann Gegenstand eines Kauf- oder Pachtvertrages sein (vgl. § 453 Abs. 1 BGB; §§ 22, 23, 25 HGB). Das Unternehmen wird vor bestimmten störenden Eingriffen Dritter nach § 823 Abs. 1 BGB geschützt („Recht am eingerichteten und ausgeübten Gewerbebetrieb" als „sonstiges Recht" iSd § 823 Abs. 1 BGB; vgl. zB BGHZ 45, 296; 86, 152). Das Unternehmen ist darüber hinaus Gegenstand konzernrechtlicher (vgl. §§ 15ff. AktG) und kartellrechtlicher (vgl. §§ 1ff. GWB) Regelungen. Der Unternehmensbegriff dieser Normen bestimmt sich allerdings nach deren jeweiligen Schutzzweck. So gilt etwa im Kartellrecht ein funktionaler Unternehmensbegriff, der durch „jedwede Tätigkeit im geschäftlichen Verkehr" erfüllt wird (vgl. BGHZ 67, 81 (84)). 18

§ 23. Sache, Bestandteil, Zubehör und Nutzungen

Die Begriffe Sache, Bestandteil, Zubehör und Nutzungen spielen in zahlreichen Vorschriften des BGB eine Rolle. So beziehen sich die §§ 433ff. BGB auf den Verkauf einer Sache, so erstreckt sich die Verpflichtung zur Übertragung einer Sache nach § 311c BGB im Zweifel auf das Zubehör und nach § 818 Abs. 1 BGB erstreckt sich die Herausgabepflicht auf die gezogenen Nutzungen. Für diese Begriffe sind im Allgemeinen Teil (§§ 90ff. BGB) einige Definitionen und Erläuterungen gegeben. Die Regelung über die Bestandteile (§§ 93ff. BGB) und das Zubehör (§§ 97, 98 BGB) ist getragen vom Bestreben, wirtschaftliche Einheiten nach Möglichkeit auch rechtlich als Einheit zu behandeln. 1

I. Die Sachen

1. Begriff und Abgrenzung

Sachen iSd Gesetzes sind nur körperliche Gegenstände (§ 90 BGB). Ein Gegenstand ist dann „körperlich", wenn er sinnlich wahrnehmbar, räumlich abgegrenzt und tatsächlich beherrschbar ist. Maßgebend ist die Verkehrsanschauung, Beurteilungskriterium die Möglichkeit der Besitzverschaffung. Die Abgrenzung ist notwendig, weil nur an Sachen Eigentum und beschränkt dingliche Rechte möglich sind. Formelartig lässt sich sagen: Sache ist, was greifbar ist. 2

Im Rechtssinne sind auch Pflanzen Sachen, nicht dagegen etwa elektrischer Strom, Wärme, Schallwellen. Auf den Aggregatzustand kommt es grds. nicht an. Flüssigkeiten oder Gase sind freilich nur dann Sachen, wenn sie konkret gefasst (zB in Behältern) oder doch fassbar sind. Computersoftware ist eine Sache, wenn sie auf einem Datenträger gespeichert ist.

Tiere sind keine Sachen (§ 90a S. 1 BGB), sondern Mitgeschöpfe. Jedoch sind die für Sachen geltenden Vorschriften entsprechend anzuwenden, soweit nicht etwas anderes bestimmt ist (§ 90 S. 3 BGB). Besondere Bestimmungen enthalten ua § 251 Abs. 2 S. 2 BGB und § 903 S. 2 BGB (dazu *Braun* JuS 1992, 758). 3

Keine Sache ist der **menschliche Körper,** da der Mensch nach heutiger Rechtsauffassung nicht Gegenstand des Rechtsverkehrs sein kann; wohl dagegen abgetrennte Körperteile (zB das gespendete Blut, abgeschnittene Haare, gezogene Zähne). Umgekehrt verlieren Sachen, die in den menschlichen Körper dauerhaft eingefügt werden (zB Goldplomben, Herzschrittmacher) ihre Eigenschaft als Sachen und unterliegen fortan dem Persönlichkeitsrecht des Menschen an seinem Körper. Ob der Leichnam herren- 4 lose Sache oder Rückstand der Persönlichkeit ist, ist umstritten. Jedenfalls ist er aus Gründen des Persönlichkeitsschutzes nicht als Objekt des Rechtsverkehrs anzusehen. Verpflichtungsverträge über die Abtrennung und Überlassung von Körperteilen (zB Verpflichtung zum Blutspenden, zur Organspende) sind innerhalb der Grenzen der guten Sitten (§ 138 Abs. 1 BGB) zulässig; desgleichen Verfügungen des Verstorbenen oder seiner nächsten Angehörigen über den Leichnam oder Teile davon (Organtransplantationen!). Im Einzelnen ist manches str. und vom Gesetzgeber in einem Transplantationsgesetz zu klären (vgl. *Taupitz* JuS 1997, 203).

2. Arten

a) Unbewegliche und bewegliche Sachen

5 Um den Rechtsverkehr über Grund und Boden zu ermöglichen und überschaubar zu machen, ist seine Aufteilung in einzelne Grundstücke (= Immobilien = Liegenschaften) und ihre Registrierung im Grundbuch (vgl. § 3 GBO) erfolgt. Als unbewegliche Sache oder **Grundstück** ist daher ein abgegrenzter Teil der Erdoberfläche, der im Grundbuch eingetragen ist, zu verstehen. Zum Grundstück gehören auch die sog. wesentlichen Bestandteile (zB darauf errichtete Gebäude; § 94 BGB).

Bewegliche Sachen (= Mobilien = Fahrnis) sind alle Sachen, die weder Grundstücke noch Grundstücksbestandteile sind.

Die Unterscheidung ist insbes. bedeutsam bei Verpflichtungsverträgen (vgl. § 311b Abs. 1 BGB), bei Verfügungen (vgl. §§ 873ff. BGB für Grundstücke und §§ 929ff. BGB für bewegliche Sachen) und in der Zwangsvollstreckung (vgl. §§ 803ff. ZPO für bewegliche Sachen, §§ 864ff. ZPO für Grundstücke).

Beispiele: Der Verkauf eines Grundstücks bedarf der notariellen Beurkundung (§ 311b Abs. 1 S. 1 BGB), die Übereignung eines Grundstücks bedarf der Auflassung und Eintragung im Grundbuch (§§ 873, 925 BGB). – Der Verkauf einer beweglichen Sache ist formlos möglich, die Übereignung erfolgt durch Einigung und Übergabe (§§ 929ff. BGB). – Die Zwangsvollstreckung in eine bewegliche Sache erfolgt durch Pfändung (§ 803 ZPO), in ein Grundstück durch Eintragung einer Sicherungshypothek, durch Zwangsversteigerung oder durch Zwangsverwaltung (§ 866 ZPO).

b) Vertretbare Sachen und Gattungssachen

6 Vertretbare Sachen sind bewegliche Sachen, die im Verkehr nach Zahl, Maß oder Gewicht bestimmt zu werden pflegen (§ 91 BGB). Es gelten für sie, da wirtschaftlich gesehen untereinander austauschbar, einige Sonderregelungen (vgl. §§ 607, 651, 700, 706, 783 BGB).

Beispiele: Naturprodukte wie Eier, Kartoffeln, Kohlen, Wein (BGH NJW 1985, 2403); Bargeld und Wertpapiere; Industrieprodukte, soweit serienmäßig hergestellt, wie Autos. – Nicht *vertretbare* Sachen sind dagegen nach besonderen Bestellerwünschen angefertigte und nicht oder nur schwer anderweit absetzbare Sachen (wichtig bei § 651 BGB; vgl. BGH NJW 1971, 1793 (1794)).

Von der vertretbaren Sache ist die Gattungssache zu unterscheiden, für die ebenfalls bestimmte Sonderregelungen gelten (vgl. § 243 BGB). Die Vertretbarkeit beurteilt sich nach den Anschauungen des Verkehrs, die Gattungszugehörigkeit nach der Bestimmung durch die Parteien. Häufig fallen beide Begriffe zusammen. Doch können auch nicht vertretbare Sachen nach dem Parteiwillen zu einer Gattung zusammengefasst sein.

Beispiel: Hat ein Künstler einen Holzschnitt in fünfzig einzeln nummerierten und signierten Exemplaren hergestellt, so handelt es sich dabei um nicht vertretbare Sachen. Vereinbart er jedoch mit einer Kunsthandlung die Lieferung von drei Exemplaren aus dieser Serie, so sind die fünfzig Drucke eine Gattung und der Kauf ein Gattungskauf iSd § 243 BGB.

Umgekehrt braucht eine vertretbare Sache nicht notwendig eine Gattungssache zu sein. Sie kann nach dem Parteiwillen auch eine Speziessache sein, die nicht mit anderen Sachen austauschbar sein soll.

c) Verbrauchbare Sachen

Verbrauchbare Sachen sind bewegliche Sachen, deren bestimmungsmäßiger Gebrauch 7
in dem Verbrauch oder in der Veräußerung besteht (§ 92 Abs. 1 BGB); ferner bewegliche Sachen, die zu einem Warenlager oder sonstigen Sachinbegriff gehören und zur Veräußerung bestimmt sind (§ 92 Abs. 2 BGB). Die Unterscheidung ist insbes. für Nutzungsrechte bedeutsam (§§ 1067, 1075 BGB).

Beispiele: Nahrungsmittel, Kohlen, Benzin sind zum Verbrauch bestimmt, nicht dagegen Sachen, die durch Gebrauch allmählich entwertet werden, wie Maschinen. – Münzen, Geldscheine, Wertpapiere sind zur Veräußerung bestimmt.

d) Teilbare Sachen

Teilbare Sachen sind Sachen, die sich ohne Wertminderung in gleichartige Teile zerle- 8
gen lassen (vgl. § 752 S. 1 BGB). Die Teilbarkeit ist von Bedeutung bei der Aufhebung von Rechtsgemeinschaften (vgl. § 752 BGB sowie §§ 731 S. 2, 1477 Abs. 1, 2042 Abs. 2 BGB).

Beispiel: Ein Ehepaar, das in Gütergemeinschaft lebt, lässt sich scheiden. Zum gemeinschaftlichen Vermögen gehören Bargeld, eine Aktie und ein Grundstück. Dieses Vermögen ist gem. §§ 1477 Abs. 1, 752 BGB, soweit möglich, in Natur zu teilen. Beim Bargeld ist dies (ggf. durch Wechseln) ohne Weiteres möglich, bei der Aktie nicht (§ 8 Abs. 3 AktG), beim Grundstück (durch Parzellierung) dann, wenn der Wert der Parzellen nicht hinter dem Wert des Grundstücks zurückbleibt.

II. Einzelsache und Sachgesamtheit

„Sache" iSd BGB ist die Einzelsache, die sich freilich aus mehreren Bestandteilen zu- 9
sammensetzen kann („zusammengesetzte Sache"). Davon zu unterscheiden ist die Sachgesamtheit (vgl. § 92 Abs. 2 BGB: „Sachinbegriff", „Warenlager"; §§ 586 Abs. 1, 1048 BGB: „Inventar"). Sie besteht aus mehreren, unter wirtschaftlichen Gesichtspunkten zusammengefassten Einzelsachen. Die Abgrenzung erfolgt anhand der Verkehrsanschauung.

Beispiel: Die einzelnen Blätter eines Kartenspiels bilden nach der Verkehrsanschauung eine einheitliche Sache, die einzelnen Bände einer Bibliothek dagegen eine Sachgesamtheit.

Die Unterscheidung ist notwendig, weil nach dem Sachenrecht Verfügungen für jede Sache getrennt vorzunehmen sind (Spezialitätsprinzip!). Dementsprechend können die einzelnen Sachen unterschiedliche rechtliche Schicksale haben. Verpflichtungsgeschäfte sind allerdings auch über Sachgesamtheiten möglich. Die Sachgesamtheit genießt ferner Schutz nach § 823 Abs. 1 BGB (vgl. BGHZ 76, 216 (219)).

Beispiel: V will an K seine Bibliothek, bestehend aus 200 Bänden, verkaufen und übereignen. Hierzu genügt ein Kaufvertrag, jedoch sind im Rechtssinne 200 Übereignungen erforderlich (die freilich faktisch in einem Akt erfolgen können). – Die einzelnen Bände können auch unterschiedliche Rechtsschicksale haben: Waren zwei Bände gestohlen, so erwirbt K daran, auch wenn er gutgläubig war, kein Eigentum (vgl. § 935 BGB).

III. Die Bestandteile

1. Begriff

10 Bestandteile sind die unselbstständigen, körperlich abgegrenzten Teile einer Sache. Einzelsachen können durch Verbindung mit anderen Sachen ihre Sacheigenschaft verlieren und zu Bestandteilen der anderen Sache oder einer neu entstandenen Sache werden. Ob dies der Fall ist, bestimmt sich in erster Linie nach der Verkehrsanschauung, daneben nach der wirtschaftlichen Funktion der Sachverbindung.

Beispiele: Wird ein Skiständer an ein Autodach angeschraubt, so bleibt er gleichwohl eine selbstständige Sache. – Werden Fensterglas und Rahmen zu einem Fenster verbunden, sind sie Bestandteile einer neuen Sache, dem Fenster. Wird das Fenster in ein Haus eingefügt, wird es Bestandteil des Hauses.

2. Arten

11 Zu unterscheiden sind **wesentliche** und **unwesentliche** (einfache) Bestandteile. Das BGB hat nur für wesentliche Bestandteile eine Regelung getroffen (§ 93 BGB), bestimmt aber im Einzelnen die möglichen Bestandteile von Grundstücken (§§ 94–96 BGB).

a) Die allgemeine Regelung für wesentliche Bestandteile (§ 93 BGB)

12 Wesentliche Bestandteile sind Bestandteile einer Sache, die von einander nicht getrennt werden können, ohne dass der eine oder der andere zerstört oder in seinem Wesen verändert wird (§ 93 BGB). Es kommt also nicht darauf an, wie sich die Trennung auf die Gesamtsache, sondern wie sie sich auf die Bestandteile auswirkt. Maßgebend ist, ob der abgetrennte Bestandteil und die Restsache weiterhin in der bisherigen Art wirtschaftlich nutzbar sind, sei es auch erst nach Verbindung mit anderen Sachen (BGHZ 61, 81).

Beispiel: Ein serienmäßig hergestellter Motor wird durch den Einbau in ein Fahrzeug nicht zu dessen wesentlichem Bestandteil. Denn der Motor kann wieder ausgebaut werden, ohne dass er selbst oder das (restliche) Fahrzeug zerstört würden. Auch eine Wesensveränderung tritt nicht ein. Denn nach dem Ausbau lassen sich sowohl Motor als auch Fahrzeug weiterhin in der gleichen Art wirtschaftlich verwenden: in das Fahrzeug kann ein anderer Motor, der Motor kann in ein anderes Fahrzeug eingebaut werden (vgl. BGHZ 61, 81).

Über den Wortlaut des § 93 BGB hinaus ist ein wesentlicher Bestandteil auch dann anzunehmen, wenn die Aufwendungen für Trennung bzw. anderweitige Verbindung den Wert des abgetrennten Bestandteils übersteigen. Denn auch hier wäre eine Trennung wirtschaftlich unvernünftig.

b) Die Regelung für Grundstücke (§§ 94–96 BGB)

13 Für Grundstücke und Gebäude erweitert § 94 BGB im Interesse der Rechtsklarheit den Begriff des wesentlichen Bestandteils. Zu den wesentlichen Bestandteilen eines Grundstücks gehören die mit dem Grund und Boden fest verbundenen Sachen, insbes. Gebäude (§ 94 Abs. 1 S. 1 BGB). Eine feste Verbindung ist anzunehmen, wenn die Trennung unverhältnismäßig teuer käme oder die verbundenen Teile dabei zerstört oder erheblich beschädigt würden (vgl. RGZ 158, 362 (374f.)).

Beispiel: Ein unterirdischer, fest einbetonierter Öltank ist wesentlicher Bestandteil des Grundstücks, nicht ohne Weiteres dagegen eine transportable Fertiggarage, die nur auf den Erdboden aufgesetzt wird (bejahend zB BFH NJW 1979, 392; verneinend zB MüKoBGB/*Holch* § 94 Rn. 6).

Zu den wesentlichen Bestandteilen eines Gebäudes gehören die zur Herstellung des Gebäudes eingefügten Sachen (§ 94 Abs. 2 BGB), also Sachen, ohne die das Gebäude nach der Verkehrsauffassung noch nicht fertiggestellt ist (vgl. BGH NJW 1987, 3178).

Beispiele: Sachen, die der *Erstellung* (oder Renovierung) des Baukörpers dienen, wie Ziegel, Fenster, Türen, sind stets zur Herstellung eingefügt. – Ebenso Sachen, welche erst die *vorgesehene Nutzung* ermöglichen, wie Heizanlagen, Herde. – *Nicht* dagegen *bloße Einrichtungsgegenstände,* außer wenn sie dem Gebäude besonders eingepasst wurden (wie zB Einbauküchen; BGH NJW-RR 1990, 587) oder ihm ein bestimmtes Gepräge geben.

Die Sache muss eingefügt, die vorgesehene (nicht notwendig feste) Verbindung mit dem Gebäude also bereits erfolgt sein.

Beispiel: Ist der Heizkessel erst auf das Grundstück, aber noch nicht an den vorgesehenen Aufstellungsort gebracht worden, ist er auch noch nicht wesentlicher Bestandteil (vgl. BGH NJW 1979, 712).

Wesentliche Bestandteile eines Gebäudes sind gleichzeitig (mittelbare) wesentliche Bestandteile des Grundstücks, wenn das Gebäude seinerseits wesentlicher Bestandteil des Grundstücks ist.

Keine (nicht einmal unwesentliche) Bestandteile eines Grundstücks oder Gebäudes 14
sind die nur zu einem *vorübergehenden Zweck* damit verbundenen oder eingefügten Sachen (**Scheinbestandteile;** § 95 BGB). Dies ist dann anzunehmen, wenn bei der Verbindung oder Einfügung die spätere Trennung beabsichtigt war. Dafür spricht eine – freilich widerlegliche – Vermutung, wenn die Maßnahme auf Grund eines befristeten Vertrages erfolgt (vgl. BGHZ 104, 298 (301)). Auf die wirtschaftliche Lebensdauer der Sache kommt es nicht an (BGH NJW 2017, 2099 Rn. 14ff.). Die Übereignung solcher Scheinbestandteile erfolgt nach den §§ 929ff. BGB.

Beispiel: Errichtung eines Gartenhäuschens durch einen Grundstücksmieter.

Das Gleiche gilt bei Verbindung eines Gebäudes oder anderen Werks mit einem Grundstück „in Ausübung eines Rechts an einem fremden Grundstücke" (§ 95 Abs. 1 S. 2 BGB). Gemeint sind damit dingliche Rechte, wie zB Nießbrauch (§ 1030 BGB) und Überbaurecht (§ 912 BGB).

Rechte, die mit dem Eigentum an einem Grundstück verbunden sind, gelten als Be- 15
standteile des Grundstücks (§ 96 BGB). Es sind dies insbes. Grunddienstbarkeiten (§ 1018 BGB), Notweg- (§ 917 BGB) und Überbaurechte (§ 912 BGB). Diese Rechte sind darüber hinaus wesentliche Bestandteile, da sie vom Grundstückseigentum nicht abtrennbar sind.

3. Rechtliche und wirtschaftliche Bedeutung

a) Rechtliche Bedeutung

Wesentliche Bestandteile einer Sache können nicht Gegenstand besonderer Rechte 16
sein (§ 93 BGB). Sie teilen also das rechtliche Schicksal der Hauptsache. Dem tragen für Sachverbindungen die §§ 946, 947 BGB Rechnung.

Beispiel: L liefert an B unter Eigentumsvorbehalt (§ 449 BGB) Türen und Fenster, die dieser zum Bau seines Hauses verwendet. Sie werden dadurch zu wesentlichen Bestandteilen des Gebäudes (§ 94 Abs. 2 BGB) und gleichzeitig des Grundstücks (§ 94 Abs. 1 S. 1 BGB). Nach § 946 BGB erstreckt sich damit das Eigentum am Grundstück auf diese Sachen. Dies bedeutet, dass L sein Eigentum kraft Gesetzes verliert.

Der Eigentümer der Sache kann nur einheitlich darüber verfügen. Gesonderte Verfügungen über wesentliche Bestandteile, etwa die Sicherungsübereignung eines solchen Bestandteils, sind ausgeschlossen: die Sache kann nur ganz oder gar nicht übereignet werden. Schuldrechtliche Verpflichtungen zur Trennung und Übereignung von Bestandteilen sind dagegen möglich (zB Verkauf von noch zu fällenden Bäumen).

Für **unwesentliche** Bestandteile gilt § 93 BGB zwar nicht, es können daher dingliche Rechte an ihnen bestehen. Ist dies nicht der Fall, teilen sie das rechtliche Schicksal der Hauptsache.

Beispiel: Baut U in das Fahrzeug des B einen serienmäßig hergestellten Austauschmotor ein, an dem er sich das Eigentum vorbehalten hat, so wird dieser nicht wesentlicher Bestandteil. Daher greift nicht § 947 BGB ein, vielmehr bleibt U Eigentümer des Motors. Zahlt B nicht, kann U Herausgabe nach § 985 BGB, also Ausbau und Rückgabe verlangen.

„Scheinbestandteile" (§ 95 BGB) bleiben selbstständige Sachen. Für ihre Übereignung gelten die §§ 929ff. BGB.

b) Wirtschaftliche Bedeutung

17 Die Bestandteilsregelung der §§ 93–96 BGB dient der Erhaltung wirtschaftlicher Werte und (im Falle des § 94 BGB) der Rechtsklarheit. Hinter dem Allgemeininteresse an der Werterhaltung müssen die Interessen der Warenlieferanten, die unter Eigentumsvorbehalt (§ 449 BGB) liefern, zurücktreten (§§ 946, 947 BGB). Begünstigt werden dadurch häufig die dinglich gesicherten Geldkreditgeber, weil dem Eigentumsverlust der Warenkreditgeber eine Wertsteigerung des Haftungsobjekts entspricht.

IV. Das Zubehör

18 Eine Sache kann Zubehör haben, das ihre wirtschaftliche Nutzung ermöglicht oder erleichtert. So etwa das Mobiliar einer Gaststätte. Da das Zubehör mit der Sache eine wirtschaftliche Einheit bildet, soll es nach Möglichkeit das rechtliche Schicksal der Sache teilen.

1. Begriff

19 Zubehör sind bewegliche Sachen, die, ohne Bestandteil der Hauptsache zu sein, dem wirtschaftlichen Zwecke der Hauptsache zu dienen bestimmt sind und zu ihr in einem dieser Bestimmung entsprechenden räumlichen Verhältnisse stehen (§ 97 Abs. 1 S. 1 BGB). Dieses bedeutet im Einzelnen:

a) Selbstständige bewegliche Sache

20 Zubehör kann nur eine bewegliche Sache („Nebensache") sein, die nicht Bestandteil der Hauptsache, also selbstständig ist. Die Hauptsache kann ein Grundstück, Grundstücksbestandteil (Gebäude) oder eine bewegliche Sache sein (BGHZ 62, 49 (51)), nicht dagegen ein Unternehmen als solches (vgl. § 98 BGB).

b) Funktioneller Zusammenhang

Die Nebensache muss dem wirtschaftlichen Zweck der Hauptsache zu dienen bestimmt sein. Dazu muss erstens die Hauptsache einen bestimmten wirtschaftlichen Zweck haben, dem die Nebensache dienen kann (sog. *Unterordnungsverhältnis*). 21

Beispiel: Befindet sich ein Fabrikgebäude erst im Rohbau, kann es noch nicht für den vorgesehenen Zweck genutzt werden. Bereits angelieferte Maschinen stellen also noch kein Zubehör dar. – Dagegen sind Baumaterialien, die angeliefert, aber noch nicht eingebaut wurden, Zubehör des Baugrundstücks (BGHZ 58, 309).

Zweitens muss eine Widmung der Nebensache für diesen Zweck erfolgt sein, wofür eine schlüssige Handlung genügt. Indiz dafür ist die tatsächliche Nutzung der Nebensache für diesen Zweck, wobei jedoch eine nur vorübergehende Nutzung nicht ausreicht (§ 97 Abs. 2 S. 1 BGB). Die Zubehöreigenschaft endet daher, wenn die Widmung dahin geändert wird, dass die Sache nur noch vorübergehend dem Zweck der Hauptsache dienen soll (BGH NJW 1984, 2278). Gewerbliches und landwirtschaftliches Inventar ist nach § 98 BGB stets dem wirtschaftlichen Zweck der Hauptsache zu dienen bestimmt; jedoch müssen auch hier die sonstigen Voraussetzungen des § 97 BGB vorliegen.

Beispiele: Maschinen einer Fabrik sind grds. deren Zubehör (§ 98 Nr. 1 BGB). Dies gilt aber nicht, wenn es sich nur um *gemietete* Maschinen handelt, da dann nur eine vorübergehende Nutzung gewollt ist. – Dagegen ist der Fuhrpark eines Speditionsunternehmens nicht als Zubehör des Betriebsgrundstücks anzusehen (BGHZ 85, 234 (238)).

c) Räumlicher Zusammenhang

Die Nebensache muss in einem der Zweckbestimmung entsprechenden räumlichen Verhältnis zur Hauptsache stehen. Eine vorübergehende räumliche Trennung von der Hauptsache schadet nicht (§ 97 Abs. 2 S. 2 BGB). 22

Beispiel: Der Lastwagen einer Fabrik, mit dem die Produkte ausgeliefert werden, bleibt auch dann Zubehör, wenn er unterwegs ist (BGHZ 85, 234 (238)).

d) Vorrang der Verkehrsauffassung

Eine Sache ist nicht Zubehör, wenn sie im Verkehr nicht als Zubehör angesehen wird (§ 97 Abs. 1 S. 2 BGB). 23

2. Rechtliche Bedeutung

Zubehörsachen sind zwar rechtlich selbständige Sachen und können daher Gegenstand besonderer Rechte sein, insbes. kann das Eigentum an Zubehör und Hauptsache auseinanderfallen. Zubehör und Hauptsache sollen jedoch wegen ihrer wirtschaftlichen Zusammengehörigkeit nach Möglichkeit ein rechtlich einheitliches Schicksal haben. Dem dienen mehrere Vorschriften. So erstreckt sich die Verpflichtung zur Veräußerung oder Belastung einer Sache im Zweifel auf das Zubehör (§ 314 BGB). Die Grundstücksübereignung erstreckt sich im Zweifel auf das Zubehör (§ 926 Abs. 1 S. 2 BGB). Die Hypothekenhaftung erstreckt sich auf das Zubehör (§ 1120 BGB). 24

Beispiel: Verkauft A an B ein Fabrikgrundstück, so sind im Zweifel die Maschinen als Zubehör mitverkauft (§ 311c BGB). Auch die Grundstücksübereignung erstreckt sich im Zweifel auch auf das Zubehör (§ 926 Abs. 1 S. 2 BGB). Eine gesonderte Übereignung der Maschinen nach § 929 BGB ist dann nicht mehr erforderlich (§ 926 Abs. 1 S. 1 BGB). – Ruht auf dem Grundstück eine Hypothek, so kann sich der Hypothekengläubiger im Wege der Zwangsversteigerung aus dem Grundstück und dem Zubehör befriedigen. – Eine Pfändung des Zubehörs durch andere Gläubiger ist ausgeschlossen (vgl. § 865 Abs. 2 S. 1 ZPO). – B kann zwar die Maschinen nach § 930 BGB an einen Dritten zB zur Sicherheit übereignen, jedoch erlischt dadurch die Hypothekenhaftung des Zubehörs nicht (vgl. zum Ganzen *Kollhosser* JA 1984, 196).

V. Nutzungen, Früchte und Lasten

25 Eine Sache oder ein Recht kann einen Nutzen abwerfen, auf ihnen können aber auch Lasten ruhen (so etwa die Mieterträge eines Hauses einerseits, die Grundsteuer andererseits). Kommen mehrere Personen in Betracht, denen dieser Nutzen zustehen kann oder die die Lasten zu tragen haben, muss das Gesetz eine Verteilung vornehmen. Hierfür sind in den §§ 99, 100 BGB einige Begriffsbestimmungen und in den §§ 101–103 BGB einige allgemeine Ausgleichsregelungen getroffen.

1. Begriffe

26 **Nutzungen** sind die Früchte einer Sache oder eines Rechts sowie die Vorteile, welche der Gebrauch der Sache oder des Rechts gewährt (§ 100 BGB). Der Begriff der Nutzungen ist also der Oberbegriff für Früchte und Gebrauchsvorteile.

27 Bei den **Früchten** ist zu unterscheiden zwischen Sachfrüchten und Rechtsfrüchten. Früchte einer Sache sind die Erzeugnisse der Sache und die sonstige Ausbeute, welche aus der Sache bestimmungsgemäß gewonnen wird (§ 99 Abs. 1 BGB; sog. unmittelbare Sachfrüchte), darüber hinaus die Erträge, welche eine Sache vermöge eines Rechtsverhältnisses gewährt (§ 99 Abs. 3 BGB; sog. mittelbare Sachfrüchte).

Beispiele: Unter die *Erzeugnisse* einer Sache fallen Tierprodukte, wie Milch und Kalb einer Kuh, und Bodenprodukte, wie Bäume und Kartoffeln. Unter die bestimmungsmäßige Ausbeute fallen die anorganischen Produkte, wie Kies, Sand, Kohle und Torf bei einem Grundstück. – Eine *mittelbare Sachfrucht* ist etwa der Pachtzins aus der Verpachtung einer Kiesgrube.

Früchte eines Rechts sind die Erträge, welche das Recht seiner Bestimmung gemäß gewährt (§ 99 Abs. 2 BGB; sog. unmittelbare Rechtsfrüchte), darüber hinaus die Erträge, welche ein Recht vermöge eines Rechtsverhältnisses gewährt (§ 99 Abs. 3 BGB; sog. mittelbare Rechtsfrüchte).

Beispiele: Ertrag eines Pfandbriefs sind die Zinsen, Ertrag eines Pachtrechts an einer Kiesgrube der geförderte Kies, Ertrag eines Jagdrechts ist die Jagdbeute (BGHZ 112, 398). – Aus der Sicht des Verpächters ist der Kies also eine mittelbare Sachfrucht, aus der des Pächters eine Rechtsfrucht. – Die Lizenzgebühr für die Nutzung eines Patents ist eine mittelbare Rechtsfrucht.

28 **Gebrauchsvorteile** sind Vorteile jeder Art, die der Besitz der Sache oder die Innehabung des Rechts gewährt.

Beispiele: Die Gebrauchsvorteile eines Kraftfahrzeugs bestehen in seiner Benutzung. – Der Gebrauchsvorteil einer Aktie ist das Stimmrecht, nicht dagegen der Kursgewinn aus einem Aktienverkauf (vgl. OLG Bremen DB 1970, 1436).

Lasten sind die den Sacheigentümer (oder Rechtsinhaber) treffenden Leistungspflich- 29
ten. Das Gesetz spricht plastisch von „auf der Sache ruhenden Lasten“ (vgl. § 1047 BGB).

Beispiele: Hypothekenzinsen (= privatrechtliche Last); Grundsteuer (= öffentliche Last).

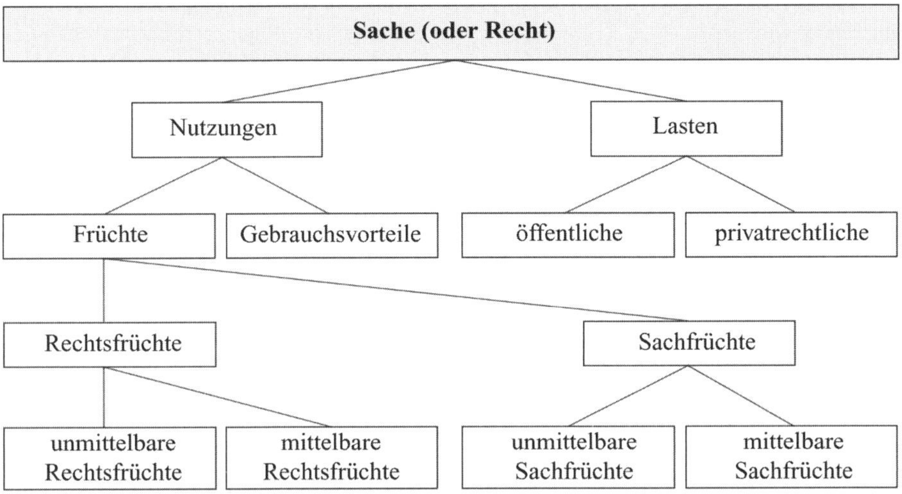

2. Bedeutung

Die Begriffe Nutzungen, Früchte, Lasten usw werden in unterschiedlichem Zusam- 30
menhang verwendet. So regeln die §§ 953ff. BGB den Eigentumserwerb an den Erzeugnissen einer Sache; nach § 581 BGB muss der Verpächter dem Pächter den Gebrauch der Sache und den Genuss der Früchte gewähren. Bedeutsam sind vor allem die Regelungen über die Nutzungen: nach § 446 Abs. 1 S. 2 BGB gebühren dem Käufer nach Gefahrübergang die Nutzungen und trägt er die Lasten der Sache; nach § 818 Abs. 1 BGB erstreckt sich die Verpflichtung zur Herausgabe wegen ungerechtfertigter Bereicherung auf die gezogenen Nutzungen (vgl. weiter §§ 987, 988, 989, 993, 2020 BGB).

Beispiel: V verkauft und übergibt dem K ein Kraftfahrzeug. Nachdem er es ein halbes Jahr gefahren hat, ficht er den Kaufvertrag wegen arglistiger Täuschung (§ 123 BGB) an. Er kann dann gem. §§ 812 Abs. 1, 818 Abs. 1 BGB Rückzahlung des Kaufpreises sowie die daraus gezogenen Nutzungen (Zinsen) Zug um Zug gegen Rückgabe des Fahrzeugs und der gezogenen Nutzungen (Gebrauchsvorteile), wobei nach § 818 Abs. 2 BGB deren Wert zu vergüten ist, verlangen.

Die §§ 101–103 BGB geben darüber hinaus noch einige schuldrechtliche Regelungen über die Verteilung von Früchten, den Ersatz von Fruchtgewinnungskosten und die Verteilung von Lasten bei einem Wechsel der Berechtigten bzw. Verpflichteten.

Beispiel: Erweist sich der Pachtvertrag über einen Bauernhof später als nichtig, muss der Pächter nach §§ 812 Abs. 1, 818 Abs. 1 BGB auch das zwischenzeitlich geerntete Getreide herausgeben. – Er kann jedoch gem. § 102 BGB die Kosten für das aufgewandte Saatgut und die aufgewandte Arbeitskraft ersetzt verlangen.

Anhang. Technik der Fallbearbeitung

1 Am Rechtsfall zeigt sich der Jurist. Sein Wissen ist tot, wenn er es nicht am „Fall" anwenden kann. Erfahrungsgemäß tut sich der Studienanfänger schwer, Fälle zu bearbeiten. Auch hier gilt: Es ist noch kein Meister vom Himmel gefallen! Das Klausurenschreiben will geübt sein. Dafür gibt es eine Reihe von Regeln, die man beachten sollte.

I. Vorbereitung der Niederschrift

2 Vom Bearbeiter wird verlangt, dass er eine Lösung des Falles erarbeitet. Die eigentliche Niederschrift ist dabei nur der letzte Schritt. Mindestens genauso wichtig ist die gedankliche Vorarbeit. Dafür gilt als

Regel Nr. 1: Den Fall gründlich durchlesen!

3 Üblicherweise besteht ein Klausurfall aus der Schilderung eines Sachverhalts, also eines wirklichen oder erfundenen Lebensvorganges, und einer oder mehreren Fallfragen. Der erste Schritt bei der Fallbearbeitung ist das sorgfältige Erfassen des Sachverhalts. Man sollte sich dabei Zeit lassen und den Text mehrmals, mindestens zweimal lesen. Dies gilt auch dann, wenn man den Fall schon zu kennen glaubt; ja gerade dann ist besondere Sorgfalt erforderlich.

Regel Nr. 2: Genau auf die Fragestellung achten!

4 Der zweite Schritt ist das genaue Erfassen der Fragestellung. Der Sachverhalt wird in der Regel mehrere Aspekte aufweisen, zu denen man rechtliche Ausführungen machen könnte. Der Bearbeiter darf aber nur die vom Aufgabensteller gestellten Fragen beantworten. Hält er sich nicht daran – etwa weil er meint, er müsse sein umfangreiches Wissen beweisen – bringt dies keine Zusatzpunkte.

Aus der Fragestellung wird sich auch ergeben, welche Informationen im Sachverhalt für die Lösung des Falles von Bedeutung und welche nur schmückendes Beiwerk sind. Man muss daher den Sachverhalt unter dem Blickwinkel der Fragestellung sehen. Und man hat ihn so hinzunehmen, wie er abgedruckt ist! Auch wenn man den Sachverhalt für unvollständig hält, darf man ihn nicht nach eigenen Vorstellungen ergänzen oder ändern. – Natürlich kann es einmal vorkommen, dass der Aufgabensteller einmal einen Punkt übersehen oder sich unklar ausgedrückt hat. Aber bevor man dies annimmt, sollte man die eigene Vorstellung noch einmal überprüfen. Hat man Zweifel, ist von der Sachverhaltsgestaltung auszugehen, die dem normalen oder typischen Geschehensablauf entspricht.

Ist also zB über das Alter der Beteiligten nichts ausgesagt, hat man davon auszugehen, dass sie volljährig sind. Ist beim Handeln eines Minderjährigen nicht erwähnt, ob die Eltern damit einverstanden sind, muss man vom Fehlen einer Einwilligung ausgehen.

Bei den sog. „Anspruchsklausuren", welche die Regel sind, soll der Bearbeiter eines Falles prüfen, ob zwischen bestimmten Personen bestimmte Ansprüche bestehen. Die Fallfrage kann manchmal sehr konkret formuliert sein.

So kann es etwa heißen: „Kann A von B Zahlung des Kaufpreises verlangen?"

Die Fallfrage kann aber auch allgemeiner und unbestimmter gehalten sein. Manchmal ist sogar nur danach gefragt, wie die „Rechtslage" ist. Dann muss der Bearbeiter alle zwischen den Beteiligten in Betracht kommenden Ansprüche zunächst ermitteln und dann prüfen. – In seltenen Fällen ist nicht nach dem Bestehen eines Anspruchs, sondern nach einem Rechtszustand gefragt (zB Ist X Eigentümer geworden? Oder: Ist Y Erbe geworden).

Regel Nr. 3: Eine Skizze anfertigen!

Zumindest bei komplexeren Fällen ist es ratsam, sich einen Überblick zu verschaffen. 5
Dazu dient eine Skizze mit einer graphischen Darstellung der beteiligten Personen und ihrer Rechtsbeziehungen. Enthält der Sachverhalt viele Daten und Ereignisse, sollte man auch eine Zeittabelle anlegen.

Regel Nr. 4: In Ruhe überlegen!

In jedem Fall stecken einige Rechtsprobleme, die der Bearbeiter erkennen und lösen 6
soll. Vielfach wird einem beim ersten Durchlesen nicht klar, um welche Probleme es sich dabei handelt. Man kann mit dem Fall nichts „anfangen". Diesen „Schock" gilt es zu überwinden, indem man Ruhe bewahrt und nachdenkt. Zumeist wird man die Probleme finden, wenn man den Fall zerlegt und schrittweise vorgeht.

Regel Nr. 5: Ein Lösungskonzept entwickeln!

Vor der Niederschrift der Lösung sollte man ein Lösungskonzept entwickeln. Das 7
kann durch eine Kurzgliederung geschehen, die mit Stichworten und Paragrafen aufgefüllt wird. Wichtig ist dabei, dass es nur um eine Gedankenstütze für die spätere Niederschrift der Lösung geht. Also keine Sätze ausformulieren! Das kostet nur Zeit.

Regel Nr. 6: Ausreichend Zeit für die Niederschrift der Lösung reservieren!

Die Bearbeitungszeit ist normalerweise so bemessen, dass man den Fall angemessen 8
bearbeiten kann. Trotzdem kommen viele Studierende in Zeitnot, vor allem, wenn sie zu lange überlegen und zu spät mit der Niederschrift anfangen. Daher: man muss sich die zur Verfügung stehende Zeit einteilen (uU Uhr auf den Schreibtisch legen) und sich genügend Zeit für die Niederschrift der Lösung reservieren. Als Faustregel kann gelten, dass für die Niederschrift mindestens die Hälfte der vorgegebenen Zeit verbleiben sollte. Manchmal muss man mit der Niederschrift beginnen, obwohl einem die Lösung noch nicht (vollständig) klar ist. Oft kommt einem aber gerade während des Schreibens der „rettende Einfall".

II. Aufbau und Gestaltung der Niederschrift

9 Auf den Aufbau und die äußere Gestaltung der Falllösung ist größte Sorgfalt zu verwenden. Natürlich ersetzt das Wissen um die richtige Klausurtechnik nicht die fehlenden Kenntnisse. Aber dieses Wissen hilft, vermeidbare Fehler zu vermeiden, und zeigt häufig auch den Weg, auf die Fallprobleme zu stoßen.

Regel Nr. 7: Sich um einen systematischen Aufbau bemühen!

10 Bei der Niederschrift muss man systematisch vorgehen. Die für die Lösung des Falles relevanten Aspekte müssen Punkt für Punkt abgehandelt werden. Die „innere" Gliederung des Stoffes muss sich in der äußeren Form der Darstellung widerspiegeln. Das bedeutet: Die Fallfragen sind der Reihe nach zu behandeln. Innerhalb der einzelnen Ansprüche ist nach Anspruchsgrundlagen zu gliedern. Es gilt der Merksatz: „Wer kann was von wem woraus verlangen?".

Jeder wichtige Punkt sollte durch einen Absatz und – jedenfalls in der Hausarbeit – eine Überschrift kenntlich gemacht sein. Das dient der Selbstkontrolle, ob bestimmte Punkte vergessen worden sind. Vor allem aber wird dem Korrektor der Überblick erleichtert.

Regel Nr. 8: Jede Anspruchsgrundlage systematisch durchprüfen!

11 Hat man eine Anspruchsgrundlage, dh eine Norm, deren Rechtsfolge dem Begehren des Anspruchstellers entspricht, gefunden, sind zunächst die **Tatbestandsmerkmale** (= anspruchsbegründenden Voraussetzungen) herauszuarbeiten.

Welche Tatbestandsvoraussetzung eine Anspruchsgrundlage hat, ergibt sich in aller Regel aus der betreffenden Norm. So setzt etwa der Anspruch aus § 812 Abs. 1 S. 1 Alt. 1 BGB voraus, dass (1) der Gegner „etwas" erlangt hat, dass (2) dem eine „Leistung" des Anspruchsstellers zugrunde liegt und dass (3) die Leistung „ohne rechtlichen Grund" erbracht wurde.

Meist gibt es für Tatbestandsmerkmale eine – im Gesetz bereits enthaltene, oder von der Rspr. oder Lehre entwickelte Definition. Diese ist dann anzugeben.

So ist zB unter „Leistung" jede bewusste und zweckgerichtete Vermehrung fremden Vermögens zu verstehen.

Die Prüfung, ob die Tatbestandsvoraussetzungen im konkreten Fall erfüllt sind, erfolgt durch die sog. **Subsumtion** (dazu → § 4 Rn. 3). Hierbei liegt die eigentliche Aufgabe der Rechtsanwendung, die im Einzelfall sehr schwierig sein kann.

Nach den Anspruchsvoraussetzungen ist, sofern der Sachverhalt dazu Anlass gibt, zu prüfen, ob dem Anspruch **Einwendungen** entgegenstehen, die sein Entstehen verhindern oder ihn nachträglich vernichten, oder ob dem Anspruchsgegner **Einreden** zustehen. (Zur Wiederholung den Abschnitt § 18 BGB. Anspruch, Einwendung und Einrede lesen.)

Hat man beispielsweise alle Voraussetzungen eines Bereicherungsanspruchs nach § 812 Abs. 1 S. 1 Alt. 1 BGB bejaht, so kann ggf. weiter zu prüfen sein, ob der Anspruch nach § 818 Abs. 3 BGB wegen nachträglichen Wegfalls der Bereicherung weggefallen (rechtsvernichtende Einwendung) oder ob der Anspruch nach den §§ 195, 199 BGB verjährt (dauernde Einrede) ist.

Regel Nr. 9: Nach weiteren Anspruchsgrundlagen Ausschau halten!

Hat man eine „passende" Anspruchsgrundlage gefunden und geprüft, muss man weiter fragen, ob nicht noch andere Anspruchsgrundlagen in Frage kommen, die es zu prüfen gilt. Insoweit unterscheidet sich das Gutachten vom Urteil: Der Richter kann sich mit einer Anspruchsgrundlage begnügen, wenn er zum Ergebnis kommt, dass sie den Klageanspruch rechtfertigt. Der Gutachter muss sämtliche in Betracht kommenden Anspruchsgrundlagen prüfen. 12

Geht es um Herausgabeansprüche, so können zB neben Ansprüchen aus Bereicherungsrecht (§§ 812ff. BGB) auch solche aus Eigentum (§ 985 BGB), Besitz (§§ 861, 1007 BGB) oder Delikt (§§ 823ff. BGB) in Frage kommen.

Die wichtigsten Anspruchsgrundlagen müssen dem Bearbeiter bekannt sein. Sie gehören zu der elementaren Wissensausstattung. Dafür gibt es auch sog. Anspruchsschemata, die durchaus hilfreich sein können, dass man nichts vergisst. (Man darf sie aber nicht in der Klausur verwenden!). Kommen mehrere Anspruchsgrundlagen in Betracht, ist grds. der vertragliche Anspruch zuerst zu prüfen. Dies schon aus Zweckmäßigkeitsgründen, weil man sonst genötigt ist, diese Frage innerhalb der Prüfung einer anderen Anspruchsgrundlage vorzunehmen, wodurch die Darstellung unübersichtlich wird. Nach den vertraglichen und quasivertraglichen (§§ 280 Abs. 1, 311 BGB) prüft man die vertragsähnlichen Ansprüche (§ 179 BGB, Geschäftsführung ohne Auftrag). Danach sind dingliche Ansprüche zu prüfen, anschließend bereicherungsrechtliche und schließlich deliktische.

Regel Nr. 10: Das Wesentliche vom Unwesentlichen unterscheiden!

Der gute Jurist zeichnet sich dadurch aus, dass er das Wesentliche vom Unwesentlichen unterscheidet. Das gilt auch und vor allem für das Klausurenschreiben. Der Aufgabensteller hat in den Fall ein oder mehrere Rechtsprobleme verpackt. Auf ihrer gründlichen Behandlung liegt das Schwergewicht der Lösung. Über Selbstverständlichkeiten ist kein Wort zu verlieren. 13

Ist beispielsweise in einem Fall davon die Rede, dass ein Vertrag geschlossen worden ist, darf man sich nicht mit Ausführungen über das Zustandekommen des Vertrages durch Angebot und Annahme aufhalten.

Ist die Subsumtion unter einzelne Tatbestandsmerkmale einer Norm unproblematisch, erübrigen sich weitschweifige Begründungen.

Heißt es beispielsweise im Fall, dass A eine Vase „versehentlich" umstößt, ist ohne Weiteres davon auszugehen, dass er fahrlässig gehandelt hat.

Vielfach gibt es zu einem bestimmten Rechtsproblem mehrere Meinungen. Diese sind mit ihren Hauptargumenten darzustellen. Anschließend muss man zu einer eigenen Entscheidung kommen, die – das ist sehr wichtig – begründet werden muss. In der Regel wird man sich einer Meinung anschließen.

Man könnte zB formulieren, dass der hM beizupflichten sei, weil sie dem Gedanken der Rechtssicherheit besser Rechnung trage als die Mindermeinung.

In der Klausur sind Zitate zu Rechtsauffassungen nicht angebracht, in der Hausarbeit dagegen verlangt.

Regel Nr. 11: Im „Gutachtenstil" schreiben!

14 Vom Fallbearbeiter wird, falls nicht anders angegeben, ein „Gutachten" verlangt. Die Fragestellung muss also am Anfang und das Ergebnis am Schluss stehen. (Beim Urteil dagegen steht das Ergebnis am Anfang und wird dann im Einzelnen begründet.)

Lautet die Fallfrage beispielsweise, ob V von K Zahlung des Kaufpreises verlangen kann, kann die Lösung mit dem Satz beginnen: „V kann von K Zahlung des Kaufpreises gem. § 433 II BGB verlangen, wenn zwischen ihnen ein Kaufvertrag zustande gekommen ist."

Der Gutachtenstil zeichnet sich durch das ständige Aufwerfen neuer Fragen und deren Beantwortung aus. Dementsprechend heißt es häufig „daher", „also", „infolgedessen", „somit" usw. Jeder Unterpunkt sollte mit Formulierungen wie „zu prüfen ist" oder „dazu muss [...] vorliegen" eingeleitet werden. Man muss dann aber auch jeweils ein (Zwischen-)Ergebnis liefern! Der Gutachtenstil ist also im Grundsatz bei jedem einzelnen Tatbestandsmerkmal beizubehalten.

So wäre etwa im vorigen Beispiel fortzufahren: „Weitere Voraussetzung für den Zahlungsanspruch ist, dass der Kaufvertrag nicht infolge wirksamer Anfechtung gem. § 142 I nichtig ist."

Allerdings ist das nicht sklavisch durchzuhalten. Bei Tatbestandsmerkmalen, unter die problemlos subsumiert werden kann, kann man getrost im „Urteilsstil" verfahren.

Prüft man zB einen Anspruch aus positiver Vertragsverletzung, der bekanntlich Verschulden voraussetzt, so kann etwa zum Verschulden der Satz genügen: „A hat fahrlässig gehandelt, indem er die Vase versehentlich umstieß".

Regel Nr. 12: Rechtsnormen vollständig zitieren!

15 Ein Paragraf besteht meist aus mehreren Absätzen und Sätzen. Hier muss man genau zitieren.

Also zB nicht: „Anspruch des A gegen B auf Herausgabe gem. § 812", sondern „Anspruch des A gegen B auf Herausgabe gem. § 812 I 1 Alt. 1 (Leistungskondiktion)".

Ungenauigkeiten im Zitieren von Vorschriften führen meist auch zu Ungenauigkeiten in der Darstellung.

Regel Nr. 13: Sich um einen klaren und knappen Ausdruck bemühen!

16 Das Gutachten braucht kein sprachliches Kunstwerk zu sein. Der Bearbeiter soll sich aber darum bemühen, klar und knapp zu schreiben. Das bedeutet vor allem: umständliche Formulierungen vermeiden und Genauigkeit anstreben.

Also nicht: „Es fragt sich, ob im vorliegenden Fall K einen Anspruch gegen V auf Lieferung der Kaufsache, die im vorliegenden Falle in einem Fahrrad bestehen könnte, haben könnte. Als Anspruchsgrundlage könnte § 433 in Betracht kommen. Dazu ist im Folgenden zu prüfen, ob ein Kaufvertrag zustande gekommen ist." Sondern: „K könnte einen Anspruch auf Lieferung des Fahrrads gem. § 433 I haben, wenn ein Kaufvertrag zustande gekommen ist."

Regel Nr. 14: Das Ergebnis kontrollieren!

Man sollte sich auch immer fragen, ob das gefundene Ergebnis „vernünftig" ist. Dies unter zwei Aspekten: Zum einen, ob das Ergebnis gerecht erscheint. Zum anderen (klausurtaktisch), ob bei diesem Ergebnis alle relevanten Gesichtspunkte des Falles angesprochen sind. Ist dies nicht der Fall, sollte man die eigene Lösung noch einmal überprüfen. Kann man keinen Fehler entdecken, empfiehlt es sich, ein Hilfsgutachten zu fertigen, in denen die weiteren Aspekte behandelt werden. – Hat der Fall noch eine Abwandlung, spricht eine gewisse Vermutung dafür, dass dort ein anderes Ergebnis herauskommen könnte. 17

III. Muster eines Falles mit Lösung

1. Fall

Der 17-jährige M will sein Mountain-Bike verkaufen, weil er Geld braucht. Er bittet seinen gleichaltrigen Freund V, der für seine Geschäftstüchtigkeit bekannt ist, für ihn „die Sache durchzuziehen" und übergibt ihm das Rad. V erklärt sich einverstanden und wendet sich ua an den Studenten D und teilt ihm mit, er habe ein Mountain-Bike „im Auftrag" des M zu verkaufen. D besichtigt das Rad und nach längeren Verhandlungen wird man sich bei einem Kaufpreis von 650 Euro einig. Da D nicht so viel Geld bei sich hat, wird vereinbart, dass er das Rad am nächsten Tag bezahlen und abholen soll. V berichtet dem M am Abend vom geglückten Verkauf, der darauf auch seine Eltern informiert. Die Eltern sind aufgebracht und verlangen von M, dass er „die Sache sofort rückgängig mache". 18

1. Kann M von V das Rad herausverlangen?
2. Kann D von V Schadensersatz statt der Leistung verlangen, wenn V ihm das Rad nicht verschaffen kann?

2. Lösung

I. Anspruch des M gegen V auf Herausgabe des Rads

1. aus § 667 BGB

M könnte gegen V einen Anspruch auf Herausgabe des Rads gem. § 667 BGB haben. Voraussetzung dafür ist das Bestehen eines Auftrags iSd § 662 BGB. Der Auftrag ist ein Vertrag. Es ist daher zu prüfen, ob zwischen M und V ein Vertrag zustande gekommen ist oder ob eine bloße Gefälligkeitsabrede getroffen wurde. Maßgebend ist das Vorliegen eines Rechtsbindungswillens. Da es um den Verkauf einer wertvollen Sache geht und erkennbar Vermögensinteressen des M auf dem Spiel stehen, ist ein Rechtsbindungswille zu bejahen und die Einigung daher als Vertragsschluss anzusehen. Weitere Voraussetzung ist die Wirksamkeit des Vertrags, der hier § 108 Abs. 1 BGB entgegen stehen könnte. Da M als 17-jähriger minderjährig ist (§§ 2, 106 BGB), ist er nur beschränkt geschäftsfähig. Er bedarf nach § 107 BGB zu einer Willenserklärung, durch die er nicht lediglich einen rechtlichen Vorteil erlangt, der Einwilligung seines gesetzlichen Vertreters, also seiner Eltern (§§ 1626 Abs. 1, 1629 Abs. 1 BGB). Da der Auftrag für den Auftraggeber Pflichten begründet (vgl. etwa § 670 BGB), ist sein Abschluss für den M nicht lediglich vorteilhaft. Da M keine Einwilligung seiner Eltern besaß, ist der von ihm geschlossene Vertrag nach § 108 Abs. 1 BGB schwebend unwirksam. In der Aufforderung der Eltern, die „Sache sofort rückgängig zu machen", ist die Verweigerung der Genehmigung zu erblicken. Damit steht die endgültige Unwirksamkeit des Auftrags fest. (Es kommt also auf die Minderjährigkeit des V und eine etwaige Erteilung oder Verweigerung der Genehmigung durch seine Eltern nicht mehr an.) Mangels wirksamen Auftrags hat M daher keinen Anspruch aus § 667 BGB. 19

2. aus § 985 BGB

M könnte einen Herausgabeanspruch aus § 985 BGB haben. Dazu ist Voraussetzung, dass M Eigentümer und V Besitzer des Rads ist. Außerdem darf V kein Recht zum Besitz haben (§ 986 BGB).

a) Ursprünglich stand das Fahrrad im Eigentum des M. Er könnte jedoch seine Eigentümerstellung durch die Aushändigung des Rades an den V verloren haben. Da V jedoch das Rad nur „im Auftrag" des M verkaufen sollte, war nur die bloße Besitzverschaffung (Übergabe), nicht aber gleichzeitig eine Einigung über den Eigentumsübergang iSv § 929 S. 1 BGB gewollt.

M könnte sein Eigentum durch eine Übereignung des V namens des M an D verloren haben. Zwar hat V mit D einen Kaufvertrag abgeschlossen, ein Eigentumsübergang ist damit aber nicht verbunden (Trennungsprinzip!). Vielmehr wäre eine Übereignung nach §§ 929ff. BGB erforderlich gewesen. Dagegen spricht bereits die fehlende Einigung über den Eigentumsübergang. Zudem ist auch die Übergabe iSd § 929 S. 1 BGB nicht erfolgt.

M ist daher Eigentümer des Rads geblieben.

b) V ist Besitzer des Fahrrads.

c) Ein Recht zum Besitz für V könnte allenfalls aus dem Auftrag folgen. Da der Auftrag, wie dargelegt, unwirksam ist, besteht auch kein Besitzrecht.

d) M hat daher gegen V einen Anspruch auf Herausgabe.

3. aus § 812 Abs. 1 S. 1 Alt. 1 BGB (Leistungskondiktion)

M könnte gegen V weiterhin einen Anspruch aus § 812 Abs. 1 S. 1 Alt. 1 BGB auf Herausgabe des Fahrrades haben. Voraussetzung hierfür ist, dass V etwas durch Leistung des M ohne rechtlichen Grund erlangt hat. V müsste zunächst „etwas" erlangt haben. „Etwas" kann jedes vermögenswerte Gut sein. V hat den Besitz am Fahrrad erlangt und damit ein vermögenswertes Gut. V könnte den Besitz „durch Leistung" des M erlangt haben. Leistung ist dabei jede bewusste und zweckgerichtete Mehrung fremden Vermögens. M hat dem V das Fahrrad ausgehändigt, damit dieser den Auftrag ausführen kann. Darin liegt eine zweckgerichtete Zuwendung. Folglich hat V den Besitz am Fahrrad durch Leistung des M erlangt. Schließlich müsste die Leistung „ohne rechtlichen Grund" erfolgt sein. Als rechtlicher Grund kommt hier allein der Auftrag in Betracht. Dieser ist jedoch, wie dargelegt, unwirksam.

M kann daher von V das Fahrrad gemäß § 812 Abs. 1 S. 1 Alt. 1 BGB herausverlangen.

4. aus § 861 Abs. 1 BGB

Ein Anspruch aus § 861 BGB auf Herausgabe des Fahrrades scheidet schon deshalb aus, weil V den Besitz nicht durch verbotene Eigenmacht iSd § 858 Abs. 1 BGB erlangt hat.

5. aus § 1007 Abs. 1 BGB

Schließlich könnte dem V gegen M noch ein Herausgabeanspruch aus § 1007 Abs. 1 BGB zustehen. Voraussetzung hierfür ist jedoch, dass V bei Besitzerwerb des Fahrrades nicht in gutem Glauben war. Dabei bezieht sich der gute Glaube auf das Bestehen eines gegenüber dem M wirkenden Besitzrechts. Ob V jedoch hinsichtlich seines Besitzrechtes gutgläubig war, lässt sich aus dem Sachverhalt nicht entnehmen. Geht man von der Gutgläubigkeit des V aus, geht ein Anspruch des M aus § 1007 Abs. 1 BGB ins Leere.

Wäre V gutgläubig gewesen, könnte M auch nicht nach § 1007 Abs. 2 BGB Herausgabe verlangen, da ihm das Rad nicht abhanden gekommen ist, er es vielmehr freiwillig dem V ausgehändigt hat.

II. Anspruch des D gegen V auf Schadensersatz

1. aus §§ 280 Abs. 3, 281 BGB

D könnte gegen V einen Anspruch auf Schadensersatz statt der Leistung haben, wenn zwischen ihnen ein wirksamer Kaufvertrag bestünde. V ist jedoch beim Abschluss des Kaufvertrages mit D ausdrücklich „im Auftrag" des M aufgetreten. Daraus wurde deutlich, dass er als Vertreter des M handelte. Ein Vertrag zwischen D und V ist nicht zustande gekommen.

Sonach hat D gegen V keinen Anspruch aus §§ 280 Abs. 3, 281 BGB.

2. aus § 179 Abs. 1 BGB

D könnte gegen V einen Schadensersatzanspruch gem. § 179 Abs. 1 BGB haben.

a) Dies setzt voraus, dass V als Vertreter ohne Vertretungsmacht einen Vertrag geschlossen hat.

V ist als Vertreter des M aufgetreten. Dieser hatte ihn zwar gem. § 167 Abs. 1 Alt. 1 BGB bevollmächtigt, sein Mountainbike zu verkaufen. Doch ist in Hinblick auf § 111 S. 1 BGB zu prüfen, ob die Bevollmächtigung nichtig ist, da sie ein einseitiges Rechtsgeschäft darstellt. M ist gem. §§ 2, 106 BGB beschränkt geschäftsfähig. Da die Bevollmächtigung auf den Abschluss eines Kaufvertrages gerichtet ist, der den M rechtlich verpflichten würde, ist sie nicht als lediglich rechtlich vorteilhaft iSd § 107 BGB. Die sonach erforderliche Einwilligung der Eltern des M (§§ 1626 Abs. 1, 1629 Abs. 1 BGB) liegt nicht vor. Die Bevollmächtigung ist also nach § 111 S. 1 BGB von vornherein unwirksam.

Zwar wird in der Literatur teilweise die Ansicht vertreten, auf die Bevollmächtigung zum Abschluss eines Vertrages sei nicht § 111 BGB, sondern § 108 Abs. 1 BGB anzuwenden, da man die Bevollmächtigung nicht vom Vertrag trennen dürfe und andernfalls der vom Vertreter geschlossene Vertrag nicht mehr genehmigt werden könnte. Diese Ansicht übersieht aber, dass bei Anwendung des § 111 S. 1 BGB der Vertreter ohne Vertretungsmacht gehandelt hat, so dass ein Fall des § 177 Abs. 1 BGB vorliegt, eine Genehmigung des Vertretergeschäfts also sehr wohl in Betracht kommt.

Im vorliegenden Fall kommt es auf die Streitfrage nicht an, weil die Eltern des M mit ihrer Erklärung, M möge die „Sache rückgängig" machen, die Genehmigung des von V geschlossenen Kaufvertrages sowohl nach § 108 Abs. 1 BGB als auch nach § 177 Abs. 1 BGB verweigert haben.

b) Sonach hat V als Vertreter ohne Vertretungsmacht einen Vertrag geschlossen, dessen Genehmigung nach § 177 Abs. 1 BGB von M bzw. seinem gesetzlichen Vertreter verweigert wurde.

c) Also haftet V dem D grds. nach § 179 Abs. 1 BGB auf Schadensersatz.

d) Der Anspruch ist aber gem. § 179 Abs. 3 S. 2 BGB ausgeschlossen, wenn V in seiner Geschäftsfähigkeit beschränkt ist und ohne Zustimmung seines gesetzlichen Vertreters gehandelt hat. Da V minderjährig ist und der Sachverhalt über eine Zustimmung seiner Eltern nichts aussagt, ist eine Haftung des V sonach ausgeschlossen.

D hat gegen V keinen Schadensersatzanspruch gem. § 179 Abs. 1 BGB.

Literatur: *Brox,* Zur Methode der Bearbeitung eines zivilrechtlichen Falles, JA 1987, 169; *Diederichsen,* Die Zwischenprüfung im Bürgerlichen Recht, 4. Aufl. 2011; *Diederichsen/Wagner,* Die BGB-Klausur, 9. Aufl. 1997; *Fahse/Hansen,* Übungen für Anfänger im Zivil- und Strafrecht, 9. Aufl. 2001; *Fritzsche,* Technik der zivilrechtlichen Fallbearbeitung, JuS 1993, 57; *Köbler,* Die Anfängerübung im bürgerlichen Recht, Strafrecht und öffentlichen Recht, 7. Aufl. 1995; *Kornblum/Schünemann,* Privatrecht für den Bachelor, 12. Aufl. 2013; *Medicus/Petersen,* Bürgerliches Recht, 25. Aufl. 2015, Rn. 1 ff.; *Schimmel,* Juristische Klausuren und Hausarbeiten richtig formulieren, 11. Aufl. 2014; *E. Schneider,* Zivilrechtliche Klausuren, 4. Aufl. 1984; *Tettinger,* Einführung in die juristische Arbeitstechnik, 4. Aufl. 2009; *Teubner,* Die Examens- und Übungsklausur im Bürgerlichen, Straf- und Öffentlichen Recht, 4. Aufl. 1995; *Werner/Saenger,* Fälle mit Lösungen für Anfänger im Bürgerlichen Recht, Bd. 2: Vertiefung, 3. Aufl. 2007; *Wieser,* Übungen im Bürgerlichen Recht für Anfänger, 4. Aufl. 1991; *Wörlen,* Anleitung zur Lösung von Zivilrechtsfällen, 9. Aufl. 2009.

Sachverzeichnis

Die **fett** gesetzten Ziffern verweisen auf die Paragrafen dieses Buches, die mageren auf deren Randnummern.